Georg Zundel „Es muss viel geschehen!"

Georg Zundel

„Es muss viel geschehen!"

Erinnerungen eines friedenspolitisch engagierten Naturwissenschaftlers

Verlag für Wissenschafts- und Regionalgeschichte
Dr. Michael Engel, Berlin

Bibliographische Information der Deutschen Bibliothek:
Die Deutsche Bibliothek verzeichnet diese Publikation
in der Deutschen Nationalbibliografie;
detaillierte bibliografische Daten sind im Internet über
http://dnb.ddb.de abrufbar.

Dr. Michael Engel
Kaiserdamm 102, 14057 Berlin-Charlottenburg
www.verlag-engel.de

ISBN 3-929134-50-0

Lektorat: Reiner Steinweg und Renate Zundel
Gestaltung: Gabriele Brauneis, Grafik-Design, Linz/Donau
Gedruckt von der Druckerei Gutenberg, Linz/Donau

Inhalt

Seite

Auseinandersetzungen und politisches Engagement

Forschung und Initiativen 1961-1966

Akademisches Engagement und Habilitation

Stiftungen

Die ereignisreichen 70er Jahre

Die 80er Jahre – Veränderung und Kontinuität

Anhang

Vorwort

Georg Zundel hat bereits früh erkannt, in welch enormer Gefahr unser Planet sich angesichts der atomaren Bedrohung und der immer knapper werdenden Ressourcen befindet, und dass es daher entscheidend darauf ankommt, mit Konflikten gewaltfrei umzugehen. Er hat es jedoch beim Erkennen nicht bewenden lassen, sondern einen beträchtlichen Teil der Mittel, die ihm als Bosch-Erbe zur Verfügung standen, dafür eingesetzt, das Erfahrungswissen über Methoden und Wege der gewaltfreien Konfliktbearbeitung zu vertiefen – und dies auf jeder Ebene: vom Umgang mit Gewalt und Konflikt im Alltag und in den Schulen über den Rüstungswahn und den Leichtsinn bei der Nutzung der Atomenergie bis hin zu den ethnopolitischen Auseinandersetzungen seit Anfang der 90er Jahre.

Die von ihm gegründete und aktiv begleitete „Berghof Stiftung für Konfliktforschung" hat seit 35 Jahren auf dem Gebiet der Friedens- und Konfliktforschung eine Art Vorreiterrolle gehabt, indem sie Ansätze, Fragestellungen und Methoden aufgriff, die in der staatlichen Förderung (noch) keine Chance hatten, sei es, weil sie dem politischen Zeitgeist zu kritisch oder innovativ gegenüber standen, sei es, weil sie Methoden verwendete, die in der akademischen Wissenschaft erst noch etabliert werden mussten (z.B. die Aktions- oder Veränderungsforschung in verschiedenen Spielarten oder ein ethnologisch und psychoanalytisch angereichertes Gruppendiskussionsverfahren). Dabei lag der Akzent dieser Forschungen und das Interesse von Georg Zundel und seiner Stiftung immer auf dem Beitrag zur praktischen Veränderung der Verhältnisse und Verhaltensweisen, die der Gewalt in all ihren Formen – dazu gehört auch die Gewalt gegenüber der Natur – zugrunde liegen.

Ich lernte Georg Zundel Mitte der 80er Jahre kennen, als er über fünf Jahre (1983-88) hinweg meine Ringvorlesung „Wissenschaft und Friedenssicherung" an der Ludwig-Maximilians-Universität München – mit wöchentlichen Vorträgen kompetenter Wissenschaftler und Wissenschaftlerinnen im Auditorium Maximum – tatkräftig unterstützte und sich an weiterführenden Gesprächsrunden in meiner Wohnung über die Verantwortung der Wissenschaft maßgeblich beteiligte. Als Biophysiker, der einen der zentralen Bausteine des Lebens, die Wasserstoffbrücken, erforschte, griff er gelegentlich auf die Quantentheorie zurück, um seine empirischen Befunde theoretisch zu vertiefen. Wir hatten somit einen gemeinsamen wissenschaftlichen Schnittpunkt. Was uns aber vor allem

verband, war das Bestreben, gewaltfreie Zukunftsoptionen zu entwickeln, die sich im Einklang mit der Natur befinden, sowie die Stärkung der Verantwortung der Wissenschaftler für die Erhaltung des Lebens auf unserem Planeten.
Das vorliegende Buch gibt einen Einblick in den Lebensweg dieses Naturwissenschaftlers von Weltrang und in die Vielfalt seines Engagements – von der Friedenserhaltung über Forst- und Landwirtschaft bis hin zur bildenden Kunst. Es ist der Weg eines im besten Sinne universalen Geistes. Dass es solche Geister und Praktiker gibt, möge die ermutigen, die nach uns kommen und mit all den hochkomplexen Problemen fertig werden müssen, die wir ihnen hinterlassen werden.

Hans-Peter Dürr

Die Wasserstoffbrücke

Eine Einführung von Bogumił Brzezinski und Franz Bartl

Georg Zundel hat sein wissenschaftliches Leben der Erforschung von Wasserstoffbrückenbindungen, kurz Wasserstoffbrücken, gewidmet. In diesen chemischen Bindungen sind zwei Gruppen, nämlich eine Donor- und eine Akzeptorgruppe über ein Wasserstoffatom miteinander verknüpft. In der Donorgruppe ist der Wasserstoff an ein Atom, z. B Sauerstoff, Stickstoff oder andere Atome gebunden. Die Akzeptorgruppe besteht aus einem Atom mit einem oder mehreren freien Elektronenpaaren, die mit dem Wasserstoff der Donorgruppe wechselwirken.

Obwohl Wasserstoffbrücken, verglichen mit anderen chemischen Bindungen, schwache Wechselwirkungen sind, bestimmen sie die spezifischen Eigenschaften vieler für das Leben essentieller Moleküle. Wenn z.B. Wassermoleküle nicht über Wasserstoffbrücken verknüpft wären, dann würde Wasser nicht bei 0° schmelzen und bei 100° sieden, sondern es würde beides erst bei zwei- bis dreistelligen Minustemperaturen eintreten. Die Folge wäre, dass es auf der Erde kein flüssiges Wasser, sondern nur Wasserdampf gäbe und somit Leben in der jetzigen Form nicht möglich wäre.

Wasserstoffbrücken stabilisieren auch die Strukturen von Proteinen und sorgen so für ihre biologische Funktion. Ohne Wasserstoffbrücken wären enzymatische Prozesse undenkbar. In der DNA schließlich verbinden Wasserstoffbrücken die einzelnen Stränge zur charakteristischen Doppelhelixstruktur.

Bevor wir auf die Bedeutung Georg Zundels für unser heutiges Verständnis von Wasserstoffbrücken zurückkommen, sei ein kurzer Blick auf die Historie ihrer Erforschung erlaubt. Bereits 1920 wurde der Begriff „Wasserstoffbrücke" von Latimer und Rhodebush eingeführt [J.Amer. Chem.Soc. **42**, 1419 (1920)][1]. Unabhängig von diesen Autoren schrieb M. Huggins folgendes: „... in terms of the Lewis theory, a free pair of electrons on one water molecule might be able to exert sufficient force on a hydrogen held by a pair of electrons on another water molecule to bond the two molecules together." Es war dann Linus Pauling, der 1939 (Georg Zundel war gerade acht Jahre alt) in seinem Buch „Nature of the

[1] Im vorliegenden Buch wird zitiert, wie es in den Naturwissenschaften üblich ist: J.Amer.Chem.Soc. **42**, 1419 (1920) bedeutet: Journal of the American Chemical Society. Band 42, Seite 1419, erschienen 1920.

Chemical Bond" ein Kapitel über Wasserstoffbrücken veröffentlichte und damit das Konzept endgültig unter dem uns heute bekannten Namen in der Fachliteratur verankerte.
Im Jahre 1957 fand in Ljubljana, Jugoslawien, die von Hadži organisierte erste internationale Konferenz über Wasserstoffbrücken statt und 1960 erschien „The Hydrogen Bond" von Pimental und McClellan, das erste Buch, das ausschließlich den Wasserstoffbrücken gewidmet war. Die Forschung an Wasserstoffbrücken war bis dahin hauptsächlich fokussiert auf die Stabilisierung von verschiedenen Strukturen durch diese Wechselwirkung.
1961 griff Georg Zundel mit seiner ersten Publikation in das Geschehen ein und erweiterte die Forschung an Wasserstoffbrücken um einen wichtigen, neuen, bis dahin wenig beachteten Aspekt. Wasserstoffbrücken sind nämlich nicht nur für die Stabilisierung von Strukturen verantwortlich, sondern auch essentiell für Protontransferreaktionen, also solche Reaktionen, bei denen ein Proton von einer Donorgruppe auf eine Akzeptorgruppe übertragen wird. Da sie praktisch in allen biologischen Prozessen eine entscheidende Rolle spielen, sind Protontransferreaktionen die häufigsten Reaktionen in der Biosphäre. Das Proton kann dabei nur entlang von Wasserstoffbrücken übertragen werden. Daher hat sich Georg Zundel in besonderem Maße mit dem dynamischen Verhalten des Protons in Wasserstoffbrücken befasst. Er hat damit unser Wissen über den Mechanismus des Protontransfers grundlegend erweitert. Die Technik, die er zur Untersuchung von Wasserstoffbrücken anwendete, war in erster Linie die Infrarotspektroskopie, die auch jetzt noch die Methode der Wahl ist, wenn es darum geht, Protontransferprozesse zu studieren.
Das erste Modellsystem, welches er infrarotspektroskopisch untersuchte, waren wasserhaltige Folien der Polystyrolsulfonsäure, einem Ionenaustauscher. Die wichtigste Beobachtung dabei war eine ungewöhnlich breite Absorption, die er „kontinuierliche Absorption" nannte, und die heute als *Zundel Kontinuum* oder kurz Kontinuum in der Literatur zu finden ist. Er forschte nach der Ursache für dieses Kontinuum und fand sie in der schnellen Bewegung des Protons in der Gruppierung $H_5O_2^+$, die aus einem Proton und zwei Wassermolekülen aufgebaut ist. In einem theoretischen Ansatz hat er gezeigt, dass die Wasserstoffbrücken in dieser und in anderen Gruppierungen sehr große Polarisierbarkeiten aufweisen. Damit ist gemeint, dass das Proton weder an der Donor- noch an der Akzeptorgruppe lokalisiert ist und sich innerhalb der Brücke bewegen kann. Es wird leicht durch lokale elektrische Felder verschoben.

Dieser Sachverhalt ist heute in der Fachliteratur *„Zundel Polarizability"* genannt.
Dank Georg Zundels Überlegungen können detaillierte Aussagen über das Verhalten von Protonen in Wasserstoffbrücken, über Brückenstärke und Brückenlänge und über die Rolle von Wasser in biologischen und vielen anderen Systemen getroffen werden. Dies führte zum Beispiel zu einem tieferen Verständnis der anomal hohen Protonenleitfähigkeit des Wassers, aber auch zur Klärung der für viele biologische Prozesse fundamental wichtigen Frage, wie Protonen in Proteinen verschoben werden. Durch die Tatsache, dass die Gruppierung $H_5O_2^+$ unter dem Namen *„Zundel Cation"* Eingang in die Literatur gefunden hat (ein Vorgang, den sich die meisten Wissenschaftler sehnlichst wünschen, aber niemals erreichen), soll aber nicht vergessen werden, dass Georg Zundel hunderte von verschiedenen Wasserstoffbrückensystemen untersucht hat, in denen sich das Proton schnell zwischen der Donor- und Akzeptorgruppe bewegen kann und die somit in den Infrarotspektren ein *„Zundel Kontinuum"* verursachen. Seine Arbeit hat nicht nur eine Fülle von wertvollen Informationen über die verschiedensten Arten von Wasserstoffbrücken hervorgebracht: Die *Zundel'sche Kontinuumsabsorption* ermöglicht heute ein besseres Verständnis der Protontransferprozesse und damit insbesondere die Aufklärung elektrochemischer und biologischer Prozesse auf molekularer Ebene. Viele Arbeiten, die in den letzten Jahren in angesehenen wissenschaftlichen Journalen publiziert wurden, sind durch Georg Zundels Forschung inspiriert.

Herkunft

Ich sitze im Garten in Salzburg
und überlege, wie dies alles so geworden ist.

Meine Mutter und ihre Familie

Robert Bosch

Mein Großvater Robert Bosch wurde am 23. September 1861 in Albeck bei Ulm auf der Ostalb geboren. Albeck liegt an einer Steige, und mein Urgroßvater betrieb dort ein Vorspann-Gasthaus, das „Gasthaus zur Krone". Es steht heute noch. Vor dem Bau der Geislinger Steige gab es keine Eisenbahn zwischen Stuttgart und Ulm. Der gesamte Verkehr lief über die Landstraße. An der steilen Albecker Steige wurde ein Vorspann benötigt. Man erzählte, dass das Pferd eines Gastes, der häufig bei meinem Urgroßvater einkehrte, jedes Mal einen Eimer Bier bekam.

Robert Bosch d.Ä.

Mein Urgroßvater hatte einen ausgeprägten Gerechtigkeitssinn, wie die folgende Begebenheit zeigt. Einmal saßen einige Dorfhonoratioren noch spät in seinem Wirtshaus zusammen. Auch ein Landstreicher war anwesend. Der Dorfpolizist, der nach dem Rechten sah, schickte die Honoratioren nach Hause, den Landstreicher aber steckte er in den Dorfarrest. Mein Urgroßvater besorgte sich den Schlüssel und ließ ihn frei. Dafür wurde er wegen *Auflehnung gegen die Staatsgewalt* verhaftet und eine Woche im Staatsgefängnis von Württemberg auf dem Hohen Asperg in Gewahrsam genommen.

In der Jugendzeit meines Großvaters wurde die Eisenbahn Stuttgart-Ulm gebaut. Sein Vater gab daher seinen Gasthof auf und übersiedelte nach Ulm, wo er als Pensionär lebte.

Anna Bosch

Meine Großmutter Anna Bosch, geborene Kayser, stammte aus Obertürkheim. Sie kam dort am 8. März 1864 zur Welt. Obertürkheim liegt östlich von Stuttgart am rechten Ufer des Neckar. An den Hängen über dem Ort erstrecken sich ausgedehnte Weinberge. Auch meine impulsive Urgroßmutter Kayser hatte dort einen Weinberg. Es ist überliefert, dass sie im Herbst oft in den Weinberg rannte und die Spatzen mit den Worten verscheuchte: „Erst vor einer halben Stunde habe ich euch gesagt, dass ihr nicht in meinen Weinberg dürft, und jetzt seid ihr schon wieder da!"

Meine Urgroßmutter hatte einen Hund. Einmal wurde sie vom Bahnhofsvorsteher angesprochen, jetzt müsse sie bald zahlen, denn ihr Hund fahre täglich einmal nach Untertürkheim. Er hatte dort vermutlich eine Freundin, die er besuchte.

Mutter Paula Zundel

Meine Mutter Paula Zundel wurde am 25. Dezember 1889 in Stuttgart geboren. Meine Großeltern Robert und Anna Bosch wohnten zu dieser Zeit in der Olgastraße. Viele Jahre später erbaute mein Großvater für seine Familie den Heidehof. Meine Mutter war bei der Errichtung dieses Baues sehr engagiert und überwachte die Bauarbeiten. Der Heidehof liegt in einem prächtigen Park mit alten Bäumen. Er ist heute Sitz der Robert Bosch Stiftung.

Georg Friedrich Zundel: Porträt Anna Bosch, 1924, 38 x 31cm

Paula, Margarete und Robert Bosch d.J. als Kinder

Jemand riet meinem Großvater, der durch den frühen Herztod eines Freundes erschreckt war, er solle auf die Jagd gehen, damit ihm nicht ähnliches widerfahre. Seine erste Jagd war bei Magstadt, westlich von Stuttgart. Später erwarb er die Kastenalm im Karwendel bei Scharnitz. Er wurde ein begeisterter Jäger. Meine Tante berichtete, dass sie einmal mit ihrem Vater auf der Jagd war. Als er auf einen Gamsbock zielte, habe sie darum gebetet, dass er danebenschieße, und so geschah es auch. Als sie das meinem Großvater später erzählte, habe er gelacht und gesagt: „Ich habe schon genug Gämsen geschossen".

Eine andere Äußerung meiner Tante bezeugt, dass mein Großvater sich seiner besonderen unternehmerischen Fähigkeiten durchaus bewusst

war. Sie erzählte, dass er einmal sagte: *„Meinen Erfolg verdanke ich dem, dass ich stets versucht habe, mich mit fähigen Mitarbeitern zu umgeben"*. Dabei dachte er wohl insbesondere an Gottlob Honold, den Erfinder des Zündapparates.
Über der Familie Bosch lag in diesen Jahren ein dunkler Schatten. Eines Tages hatte der Hausarzt Dr. Göhrum bei meinem Onkel Robert Multiple Sklerose diagnostiziert. Meine Großeltern haben alles getan, um ihn zu heilen. So verbrachte er mehr als ein halbes Jahr in der Oase Biskra in Algerien, weil man sich vom trockenen, heißen Klima Heilung versprach. Mein Onkel hat ein interessantes Tagebuch über die Zeit in Biskra hinterlassen. Er war sehr an den Naturwissenschaften interessiert und war ein guter Beobachter. Teile seiner Mineraliensammlung verschwanden leider auf dem Berghof, die übrig gebliebenen Mineralien sind in Salzburg. Robert brachte aus Algerien einen Waran und einen Uromastix mit, die beide ausgestopft bei mir fortleben. Alle Bemühungen, meinen Onkel Robert zu heilen, blieben erfolglos. Er wurde zunehmend mehr und mehr gelähmt und starb im Alter von 30 Jahren am 6. April 1921. Für meinen Großvater war dies ein sehr schwerer Schlag, denn er hatte gehofft, dass Robert sein Lebenswerk fortsetzen würde.

Robert Bosch

Paula und Robert Bosch d.J.

Streik bei Bosch

Mein Großvater war, wie seine Töchter Margarete und Paula, dem Sozialismus sehr zugeneigt. Umso unverständlicher war es, dass gerade der Betrieb meines Großvaters eines Tages bestreikt wurde. Führende Sozialisten haben dies später als großen Fehler gebrandmarkt. Mein Großvater hatte bekanntlich viele soziale Einrichtungen, wie z.B. zuerst den 9- und dann den 8-Stundentag sowie den freien Samstagnachmittag in seinem Betrieb eingeführt. Beides war in dieser Zeit sehr ungewöhnlich.
Meine Tante Gretel und meine Mutter erzählten, dass sie 1913 einmal während dieses Streiks nachts am Fenster auf dem Heidehof, dem Wohnhaus meines Großvaters standen und Lieder hörten, die die streikenden Arbeiter beim Zug durch Stuttgart sangen. Dies gab den Anstoß, dass meine Tante und meine Mutter aus dem Elternhaus auszogen und sich in Tübingen auf dem Österberg ansiedelten. Dieser Streik war durch eine Intrige ausgelöst worden. Mein Großvater ließ den Arbeitern mitteilen: „Ich weiß nicht, wann ich verhandeln kann." Übermittelt wurde jedoch statt „wann": „ob ich verhandeln kann."

Margarete Bosch

Meine Tante machte das Abitur nach und studierte in Tübingen und Berlin Volkswirtschaft. Sie war eine der ersten Studentinnen an der Universität, denn das Studium war in dieser Zeit noch eine männliche Domäne. Sie schloss dieses Studium mit dem Doktorgrad „summa cum laude" ab. Der Titel ihrer Doktorarbeit war „Die wirtschaftlichen Bedingungen der Befreiung des Bauernstands". Sie verfasste später das Buch „Gelenkte Marktwirtschaft – die geschichtliche Notwendigkeit einer Gestaltung der Wirtschaft". Dieses erschien 1939 im Kohlhammer Verlag in Stuttgart, in der Zeit des Dritten Reiches, und fand damit wenig Beachtung.
Im Vorwort steht einleitend:

„Die vorliegende Arbeit geht in ihren Anfängen bis auf das Jahr 1931 zurück. Sie sollte ein Baustein werden zu einer neuen Wirtschaft, zu einer Wirtschaft, in welcher der technische Fortschritt so organisiert ist, dass er nicht länger zu Arbeitslosigkeit und Elend, sondern zur Entfaltung aller schöpferischen Kräfte führt, zu einer Produktionsleistung, die allen Arbeit und Brot gibt."

Mein Vater Georg Friedrich Zundel

Mein Vater Georg Friedrich Zundel wurde am 13. Oktober 1875 in Iptingen nahe Wiernsheim geboren, einem kleinen Ort in der Nähe von Mühlacker in Württemberg. Er hatte einen Bruder Wilhelm und drei Stiefschwestern. Sein Vater war Weinbauer und Gastwirt. Er besaß in Wiernsheim nahe Maulbronn den Gasthof „Zum Löwen" sowie eine kleine Brauerei und am Elfinger Berg einen Weinberg. Das Gasthaus „Zum Löwen" existiert noch. Den Löwen hat mein Vater verewigt, indem er ihn später in sein Siegel aufnahm. Zwei steinerne Löwen sitzen rechts und links am Tor des Berghofs in Tübingen, meinem Elternhaus (siehe Foto S. 53).

Seine ersten, sehr glücklichen Kindheitsjahre verbrachte mein Vater in Wiernsheim. Er hatte ein besonders herzliches Verhältnis zu seiner Mutter. Es gibt aus dieser Zeit eine Anekdote, die mir mein Vater erzählt hat: Im Haus seiner der Eltern gab es einen Ficus. Eines Tages lief mein Vater zu seiner Mutter und teilte ihr mit, der Pfiffikus sei die Treppe hinuntergefallen, woran er selbst sicher nicht ganz unschuldig war.

Als mein Vater sechs Jahre alt war, starb die Mutter. Über die folgenden Jahre hat er sehr wenig erzählt. Eines steht jedoch fest, er hatte zu seiner Stiefmutter eine sehr schlechte Beziehung. So kam es, dass er mit 14 Jahren sein Elternhaus verließ. Er erzählte mir oft, wie er sich am Gartentor verabschiedet hat. Seine Habseligkeiten führte er in einer kleinen

Verlassen des Elternhauses

Ledertasche des jungen Georg Friedrich Zundel

Ledertasche mit sich, die er sein Leben lang aufbewahrte. Alle erwarteten, dass er in wenigen Tagen zurück sein werde, doch er hat sein Elternhaus nie mehr aufgesucht.

Mein Großvater modernisierte die Brauerei und hat sich dabei so übernommen, dass er sie an seine Gläubiger verlor. Er verdingte sich daher als Braumeister bei der Brauerei Funk in Luxemburg. So kommt es, dass mein Vater in späteren Urkunden als aus Luxemburg stammend aufgeführt ist. Aus dieser Zeit ist auch ein Diplom erhalten, mit dem mein Großvater in Luxemburg für seine Braukunst ausgezeichnet wurde. Später machte er sich nochmals mit einer kleinen Brauerei am Bodensee, in Nußdorf bei Überlingen, selbständig. Kurze Zeit danach starb er. Mein Vater reiste nach Überlingen, um den Nachlass zu regeln.

Als 14-jähriger wanderte mein Vater zunächst nach Pforzheim, wo er sich bei einem Malermeister verdingte. Nach zweijähriger Lehre machte er die Gesellenprüfung. Er ging dann nach Frankfurt und arbeitete in einem Dekorationsmalergeschäft. Von den sparsamen Trinkgeldern, die er erhielt, kaufte er sich als erstes Buch eine Ausgabe von Schiller, die ihn sein Leben lang begleitete. An dem Schillergedicht *„Die Künstler"* vermerkte er *„mein Lied "*. Wie mein Vater erzählte, war in dieser Zeit auch prägend für ihn eine Diphtherie, die er in einer kalten Dachkammer nur mit Mühe überlebte.

Schillers „Die Künstler"

Bei seiner Tätigkeit auf dem Bau lernte mein Vater die Nöte der Arbeiter kennen. Im neunzehnten Jahrhundert gab es ja noch keinerlei soziale Absicherung der arbeitenden Bevölkerung. Seine Beobachtungen erweckten in ihm eine soziale Berufung. Er fühlte, dass er dahingehend wirken müsse, hier Hilfe zu leisten, sah jedoch ein, dass er als Dekorationsmaler keine Möglichkeit hatte, dies zu verwirklichen. Er sparte die Pfennigbeträge seiner Trinkgelder und erwarb eine Künstleranatomie.

Um 1897 begann er mit dem Besuch der Kunstgewerbeschule in Karlsruhe, anschließend besuchte er die Kunstakademie in Stuttgart, wo er später als freier Künstler arbeitete. Er lernte dort Felix Hollenberg kennen, der der Maler der Schwäbischen Alblandschaft wurde. Mit ihm blieb er zeitlebens eng befreundet. Als ich ihn mit meinem Vater besuchte, hat er mir, da mein Vater sie nicht annehmen wollte, drei kleine Landschaften in Öl geschenkt.

Im Jahr 1898 organisierte mein Vater mit Felix Hollenberg an der Kunstakademie einen Streik. Er verlor dadurch jede Arbeitsmöglichkeit. Not, Sorgen und Melancholie, die ihn in dieser Zeit quälten, drücken sich in tristen Kohlezeichnungen aus. Der „Notschrei" stellt einen verzweifelten jungen Mann dar. Mein Vater erzählte, wie er eines Morgens in die Ana-

Felix Hollenberg: Birkenwald beim Schönblick, 1905, 42 x 26 cm

tomie kam, um Studien zu betreiben und dort eine junge Tote vorfand, die in der Nacht eingeliefert worden war. Diese Tote hat ihn zu einem seiner ausdrucksvollsten Bilder *„Tote Jugend"* inspiriert. Es flammte bei meinem Vater erneut der Gedanke auf: Wie kann Gott Derartiges zulassen? Dieser Gedanke hat ihn sein Leben lang beschäftigt.

„Tote Jugend"

August Bebel

Mein Vater erzählte, dass eine Rede von August Bebel seine eigene humanitäre Verpflichtung mit dem Sozialismus zusammenführte und ihm einen Weg aufzeigte, gegen die damalige ungerechte Behandlung und Ausbeutung der Arbeiter tätig zu werden.
In Stuttgart verkehrten Felix Hollenberg und mein Vater in sozialistischen Kreisen. Dort lernte mein Vater Clara Zetkin kennen. Sie war mit ihren beiden Söhnen Kostja und Maxim nach dem Tod ihres Mannes Ossip von Frankreich nach Deutschland zurückgekehrt. Im November 1899 heiratete mein Vater die 18 Jahre ältere Clara. Es war eine Heirat, die sich stark mit der Sympathie meines Vaters zu den beiden Söhnen verband. Er siedelte sich im Oktober 1903 mit ihr und den Kindern in der Kirchheimer Straße in Sillenbuch oberhalb von Stuttgart an, in einem Gelände, das damals noch weitgehend unerschlossen war. In den folgenden Jahren hatte mein Vater seine kreativste Zeit. Es sind damals die Arbeiterbilder entstanden, die den Arbeiter als Persönlichkeit darstellen, dies ganz im Gegensatz zu den Bildern von Käthe Kollwitz, die mein Vater sehr schätzte. Man kann meines Vaters Bilder aus dieser Zeit als *„Porträts von Arbeiterpersönlichkeiten"* bezeichnen.

Clara Zetkin

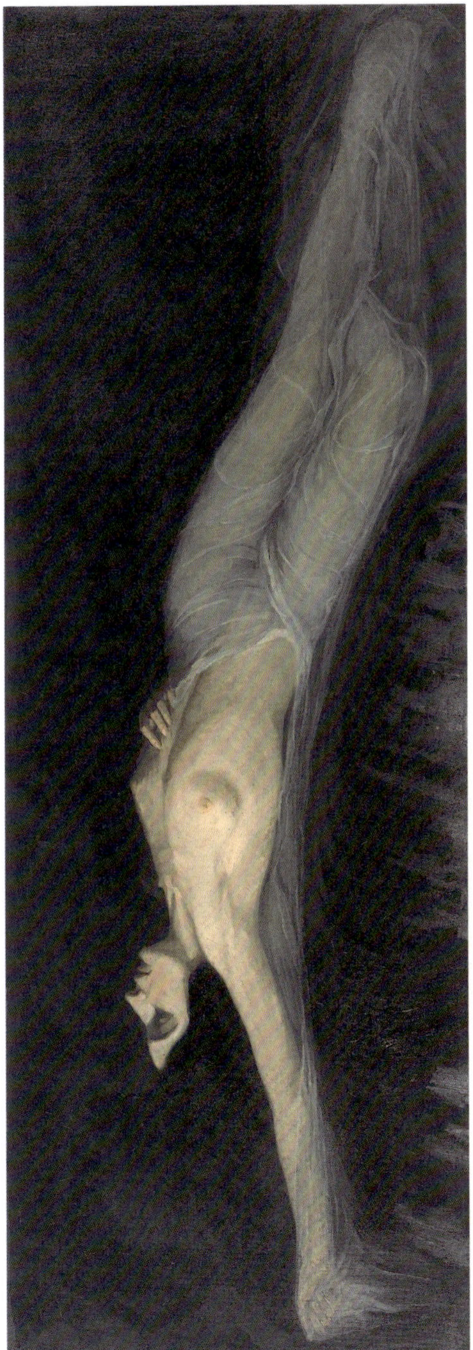

Georg Friedrich Zundel: Tote Jugend, 1998, 80 x 227 cm

Georg Friedrich Zundel: Streik, 1903, 198 x 90 cm

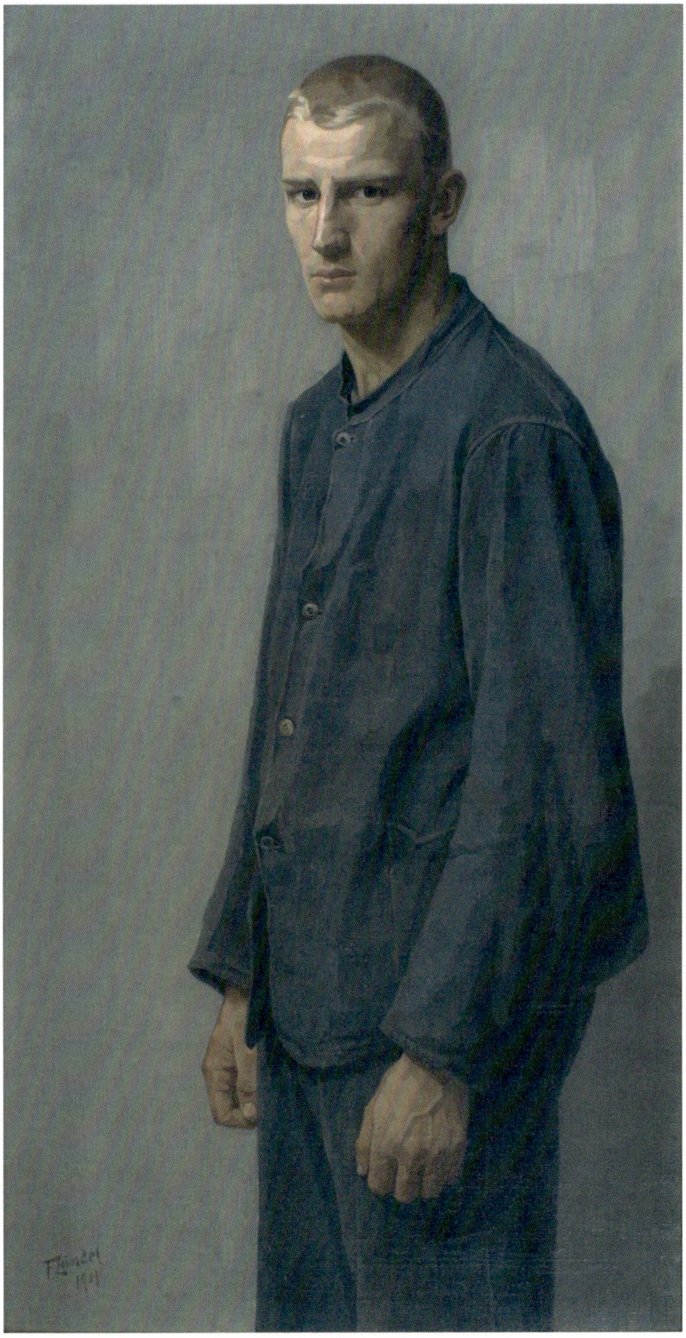

Georg Friedrich Zundel: Der Schlosser, 1901, 127 x 67 cm

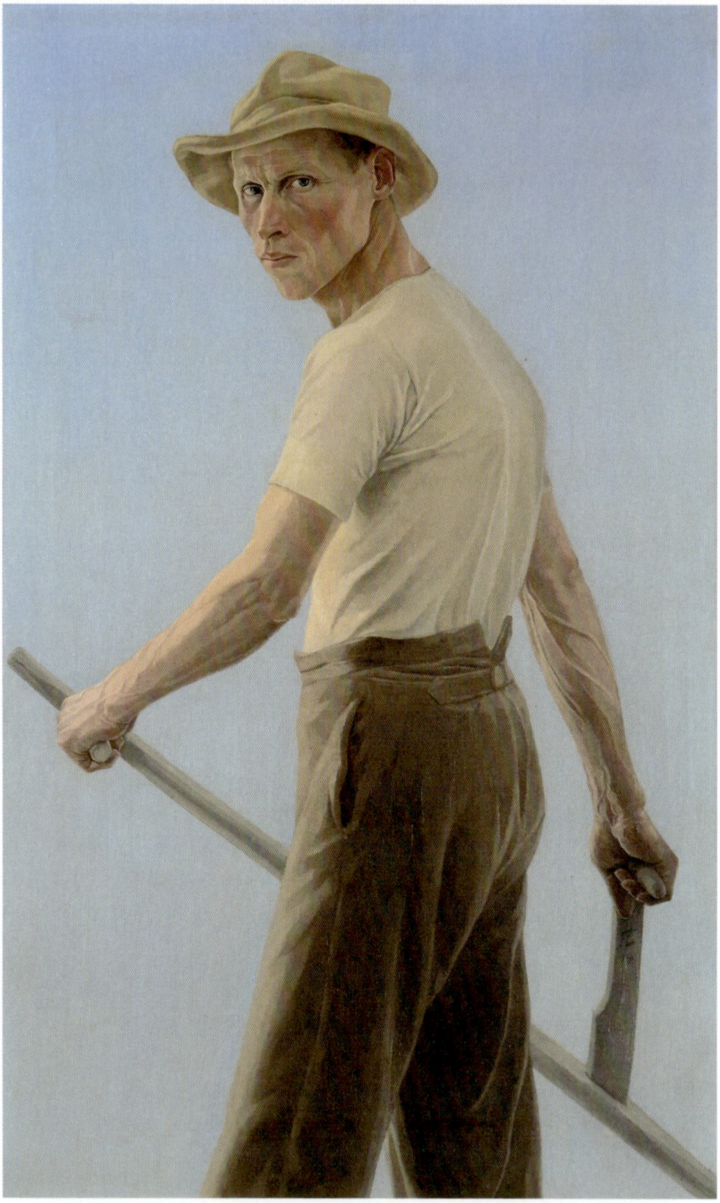

Georg Friedrich Zundel: Der Mäher, 1914, 130 x 80 cm

Einen wesentlichen Niederschlag dieser sozialen künstlerischen Auffassung findet man in dem Vortrag „Kunst und Proletariat", den Clara Zetkin 1911 hielt. Dieser Vortrag, an dessen Entstehung mein Vater entscheidend mitgewirkt hat, prägte die Einstellung von Lenin zur bildenden Kunst wesentlich. So verbot Lenin in einem seiner ersten Edikte die Vernichtung jeglicher, insbesondere auch religiöser Kunstwerke.

Graf Casanova

Der wichtigste Mäzen der Stuttgarter Kunstszene war – neben Baron Faxenfeld aus dem Hohenlohischen – Graf Casanova. Der Graf war mit meinem Vater eng befreundet. Sein Schloss, die Villa San Remigio, liegt in Pallanza am Lago Maggiore, er hielt sich aber oft in Stuttgart auf. Ich habe ein silbernes Zigarettenetui, das der Graf meinem Vater geschenkt hat. In dieses ist folgende Widmung eingraviert: „F.Z. da E.H.C.C. Muto testimonio di un' amicizia senza parole Luglio 1900".

Zigarettenetui mit Widmung für Friedrich Zundel von Graf Casanova

Die Frau des Grafen war Künstlerin. Casanova hatte ihr in seinem Schlosspark am Lago Maggiore ein kleines Atelier erbaut. Dorthin lud er meinen Vater oft zum Malen ein. Mein Vater porträtierte die vornehmen englischen Gäste des Grafen und erhielt von diesen die Beträge, die er in Mark verlangte, in Pfund. Mit dem dort verdienten Geld konnte er das Haus und ein Atelier in Sillenbuch bauen. Es muss eine schöne und fruchtbare Zeit gewesen sein, denn mein Vater hat oft und gerne von ihr berichtet. Unter anderem erzählte er, wie er einmal spät abends nicht mehr ganz nüchtern nach Hause kam und vom Gärtner noch ins Schloss eingelassen wurde. Auch vermittelte Casanova meinem Vater andere Aufträge in Italien, so insbesondere am Hof von Siena. Das Atelier steht übrigens heute noch, worauf ich später zurückkommen werde.
Trotz dieser schönen Erlebnisse hat es meinen Vater stets nach Stuttgart zurückgezogen, wovon eines seiner eindrucksvollsten Bilder zeugt: „Die Erde". Es stellt einen Bauern auf seiner Scholle dar. Es handelt sich unverkennbar um die Filderlandschaft zwischen Stuttgart und Echterdingen. Hans Westmeyer, der Sohn des Sozialisten Fritz Westmeyer, erzählte mir, wie er als Kind mit seinem Vater auf die Felder hinter Sillenbuch hinauswanderte, um meinen Vater aufzusuchen, der dort Landschaftsskizzen für „Die Erde" machte.

Skizzen für „Die Erde"

Georg Friedrich Zundel: Die Erde, 1904, 235 x 172 cm

Rosa Luxemburg

In dieser Zeit schaffte sich mein Vater sein erstes Auto an und wurde ein begeisterter Autofahrer. Die Rennfahrer von Daimler kannte er gut, z.B. Manfred v. Brauchitsch, Hans Stuck und Rudolf Caracciola. Letzterer gewann auf Mercedes 27 Rennen. Er war Europameister und stellte 17 Weltrekorde auf. Caracciola war Sieger beim ersten Gaisbergrennen in Salzburg. Diese Rennfahrer waren, als ich jung war, für uns Idole wie für die heutige Jugend Michael Schumacher. Rosa Luxemburg schrieb 1907 an Clara Zetkin aus dem Gefängnis in Berlin: „Auf das Autosausen jeden Abend und Morgen freue ich mich schon diebisch. Dein Dichter hat wahrhaft dichterische Einfälle, wenn er dabei nicht Pleite macht."

Lieber Genosse! Ich war soeben in Ihrem Atelier und bedaure sehr, dass ich nicht den Maestro selbst sehen konnte. Ich fand Clara und die Jungen sehr wohl und munter, auch die Gesellschaft Ihres Freundes H[ollenberg] habe ich 20 Minuten genossen. Ich hoffe fest, Sie in Hannover zu sehen. Also auf Wiedersehen bei Philippi! A rivederci vostra

1000 Grüße
Milles.
Rosa Luxemburg

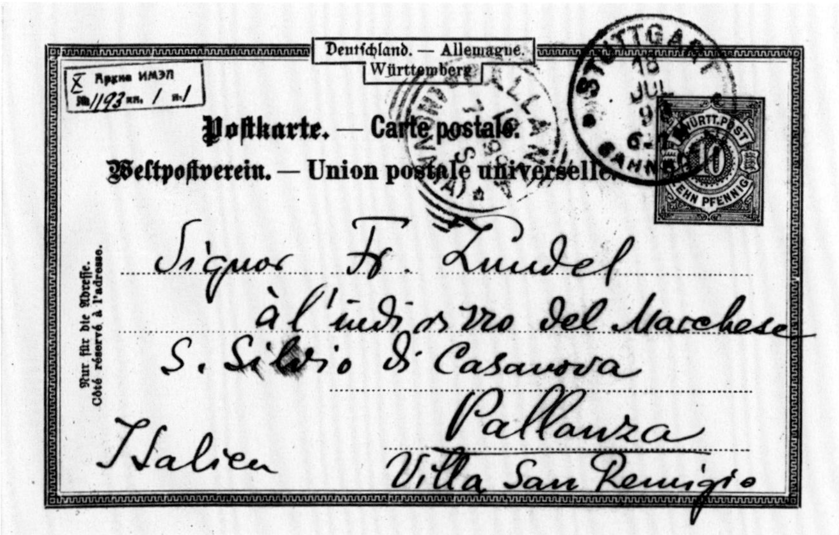

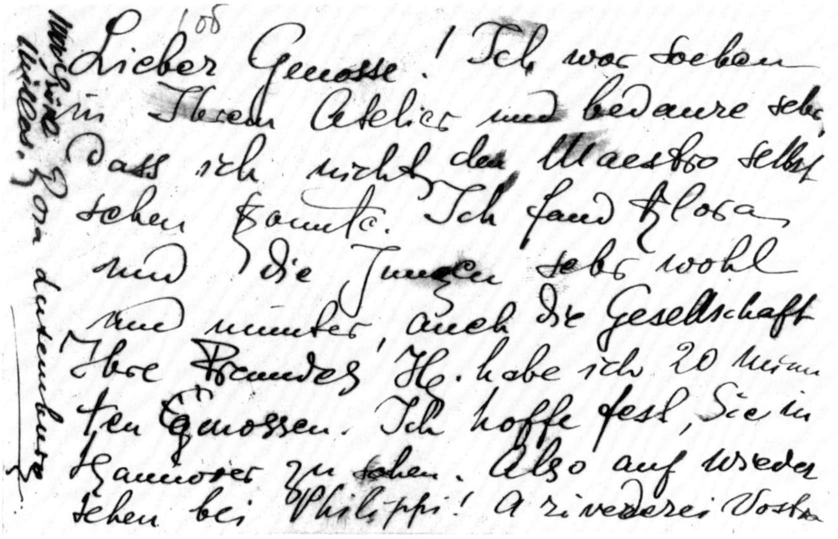
Lieber Genosse! Ich war soeben
in Ihrem Atelier und bedaure sehr,
dass ich nicht den Maestro selbst
sehen konnte. Ich fand [illegible]
und die Jungen sehr wohl
und munter, auch die Gesellschaft
Ihres [illegible] H. habe ich 20 [illegible]
ten Genossen. Ich hoffe fest, Sie in
Hannover zu sehen. Also auf Wieder
sehen bei Philippi! A rivederci Vostra
[illegible] Rosa Luxemburg

Postkarte von Rosa Luxemburg an Georg Friedrich Zundel vom 18.7.1899

Ein Foto zeigt meinen Vater am Steuer seines Autos vor dem Haus in Sillenbuch, neben ihm vermutlich Maxim und im Fond die Hollenbergs. Wenige Minuten südwestlich des Zundel-Zetkin-Hauses liegt das Waldheim, eine sozialistische Einrichtung. Fritz Westmeyer gründete 1909 mit Stuttgarter Gewerkschaftlern und SPD-Mitgliedern den Waldheimverein. Mein Vater hat sich bei der Bauplanung und -ausführung sowie dem Betrieb des Waldsheims stark engagiert.

Ein wesentlicher Grund dafür, dass mein Vater nach 1910 nicht mehr ausstellte, war sein parteipolitisches Engagement. Überdies war sein frühes Werk von einer bestimmten Art der Realitätsauffassung geprägt, die er nicht in eine moderne Formensprache umsetzen konnte.

Im Hause Zundel-Zetkin in Sillenbuch verkehrten in den Jahren vor dem Ersten Weltkrieg alle führenden Sozialisten, insbesondere auch Rosa Luxemburg, August Bebel und Lenin, der damals in der Schweiz lebte. Lenin
Es wurde viel über die Zukunft des Sozialismus diskutiert. Clara Zetkin gab die Zeitschrift „Die Gleichheit. Zeitschrift für die Interessen der Arbeiterinnen" heraus. Die Abonnentenzahl stieg von 2000 im Jahr 1892 auf 125.000 im Jahr 1914 an. Mein Vater war Clara bei der Herausgabe sehr behilflich. Erst 1908 erlaubte das neue Reichsgesetz offiziell Frauen die Teilnahme an politischen Versammlungen.

Probenummer. 2. Jahrgang.

Die Gleichheit.

Zeitschrift für die Interessen der Arbeiterinnen.

Herausgegeben von Emma Ihrer in Velten (Mark).

Die „Gleichheit" erscheint alle 14 Tage einmal. Preis der Nummer 10 Pf., durch die Post bezogen beträgt der Abonnements-Preis vierteljährlich ohne Bestellgeld 55 Pf.; unter Kreuzband 85 Pf. Inseratenpreis die zweigespaltene Petitzeile 20 Pf.

Stuttgart
Samstag, den 28. Dezember 1891.

Zuschriften an die Redaktion der „Gleichheit" sind zu richten an Fr. Klara Eißner (Zetkin), Stuttgart, Rothebühl-Straße 147, IV. Die Expedition befindet sich in Stuttgart, Furthbach-Straße 12.

An die Leser!

Mit dieser Nummer tritt „Die Gleichheit" an die Stelle der vielen liebgewordenen Zeitschrift „Die Arbeiterin." Wer „Die Arbeiterin" bisher und unter schwierigen Verhältnissen am Werk gesehen, der kennt mithin auch das Programm, das sich „Die Gleichheit" stellt, die prinzipielle Grundlage, auf der ihre Haltung fußt.

Allein in Folge veränderter äußerer Umstände hoffen wir, den Wirkungskreis des Blattes beträchtlich zu erweitern, und für die neu hinzukommenden Leser dürften einige Worte der Erklärung nicht überflüssig sein.

„Die Gleichheit" tritt für die volle gesellschaftliche Befreiung der Frau ein, wie sie einzig und allein in einer im Sinne des

Menschen ein Ende nimmt. In diesem Kampfe aber sind die ausgedehntesten politischen Rechte — die Arbeiterbewegung hat dies bewiesen — vorzügliche und unentbehrliche Waffen.

Die wohlhabende Frau bedarf zu ihrer Emanzipation, ihrer Befreiung blos der rechtlichen Gleichstellung mit dem Manne.

Die Frau des Proletariats dagegen bleibt, auch wenn sie ihre rechtliche Gleichstellung mit dem Manne errungen, noch unfrei, abhängig vom Kapitalisten. Sie muß deshalb alle Bestrebungen unterstützen, welche darauf abzielen, die Macht der Kapitalistenklasse zu beschränken, die Macht der Arbeiterklasse dagegen zu erweitern; sie muß der Bourgeoisie alle die Konzessionen abzuringen suchen, welche geeignet sind, das Proletariat körperlich, geistig und

Reden gegen den Krieg

Während mein Vater seine Bilder der Arbeiter schuf, agierte Frau Zetkin in ganz Deutschland mit flammenden Reden gegen den drohenden Krieg. Die nationale Begeisterung der Bevölkerung war jedoch zu groß, als dass ihre sehr nachdrücklichen Reden den Ausbruch des Krieges im Jahr 1914 hätten verhindern können. Viele Jahre später sah ich den Dokumentarfilm *„Ich führe euch herrlichen Zeiten entgegen"*. In ihm ist auch Clara zu sehen, wie sie mit Vehemenz ihre Zuhörer zum Frieden bekehren will und gegen den Krieg aufstachelt.

So ging die Zeit ins Land. Die Zetkin-Buben waren inzwischen erwachsen geworden. Beide studierten Medizin und wurden Chirurgen. 1914 brach der Erste Weltkrieg aus. Kostja und Maxim wurden eingezogen. Mein Vater erzählte, dass Maxim plötzlich in Stuttgart auftauchte, um an der Frau eines hohen Offiziers eine Gehirnoperation durchzuführen. Es stellte sich natürlich die Frage, warum ein so fähiger Chirurg an der Front Dienst leistete. Im Hinblick auf seine Herkunft war diese Frage leicht zu beantworten. Beide Männer haben jedoch den Krieg überlebt.

Im Sanitätskorps

1916 meldete sich mein Vater freiwillig zur Sanität und leitete ein Sanitätskorps. Für seine Leistungen, u.a. für die Räumung eines Typhus-Lazaretts, erhielt er Auszeichnungen, die sich in meinem Besitz befinden. 1918 hat sein Sanitätskorps während der Revolution den König von Württemberg aus Stuttgart herausgeholt und nach Bebenhausen

gebracht. Als später der Berghof gebaut wurde, wanderte der König bisweilen von dort durch den Schönbuch, ein ausgedehntes Waldgebiet, um sich den Baufortschritt anzusehen.
Die Beziehungen zwischen meinem Vater und Clara kühlten in diesen Jahren merklich ab. Dennoch klammerte sich Clara bis zur Scheidung 1927 an meinen Vater. Clara Zetkin gehörte als Abgeordnete dem Reichstag an. Maxim kaufte für sie ein Haus in Birkenwerda, nördlich von Berlin, nahe dem Bahnhof. Dieses Haus ist heute ein Clara Zetkin-Museum. 1921 ging Clara mit der Nansen-Mission nach Russland. Die Nansen-Mission hatte die Aufgabe, im Westen Klarheit über die Folgen der Revolution in Russland zu schaffen. In Russland siedelte sich Clara Zetkin in Archangelskoje an, einem kleinen Ort südwestlich von Moskau, wo sie am 20. Juni 1933 im Alter von 76 Jahren verstarb. Kurz vor ihrem Tod war sie noch einmal in Deutschland, um als Alterspräsidentin den Reichstag zu eröffnen. Ihr Grab am Roten Platz ist das erste Grab an der Kremlmauer, rechts neben dem Lenin-Mausoleum.

Clara Zetkin in der UdSSR

Es ist erstaunlich, wie offen die Stuttgarter Gesellschaft in den Jahren vor dem Ersten Weltkrieg war. Meine Mutter berichtete, dass mein Großvater oft stundenlange Diskussionen im Treppenhaus mit dem einen Stock tiefer wohnenden Kommunisten Karl Kautsky über soziale Fragen führte. Eines Tages kam meine Großmutter nach Hause und sagte, sie habe einen Künstler gefunden, „der Menschen als Menschen malt". Von ihm wolle sie ihre Kinder malen lassen, und so geschah es. Es entstand ein enger Kontakt zwischen der Familie Bosch und der Familie Zundel-Zetkin. So lernte mein Vater meine Mutter kennen, die er mehr als zwanzig Jahre später heiratete. Es gibt verschiedene Porträts, die mein Vater in dieser Zeit (um 1907) von meiner Mutter und ihrer Schwester Margarete (meiner Tante Gretel) malte.

Karl Kautsky

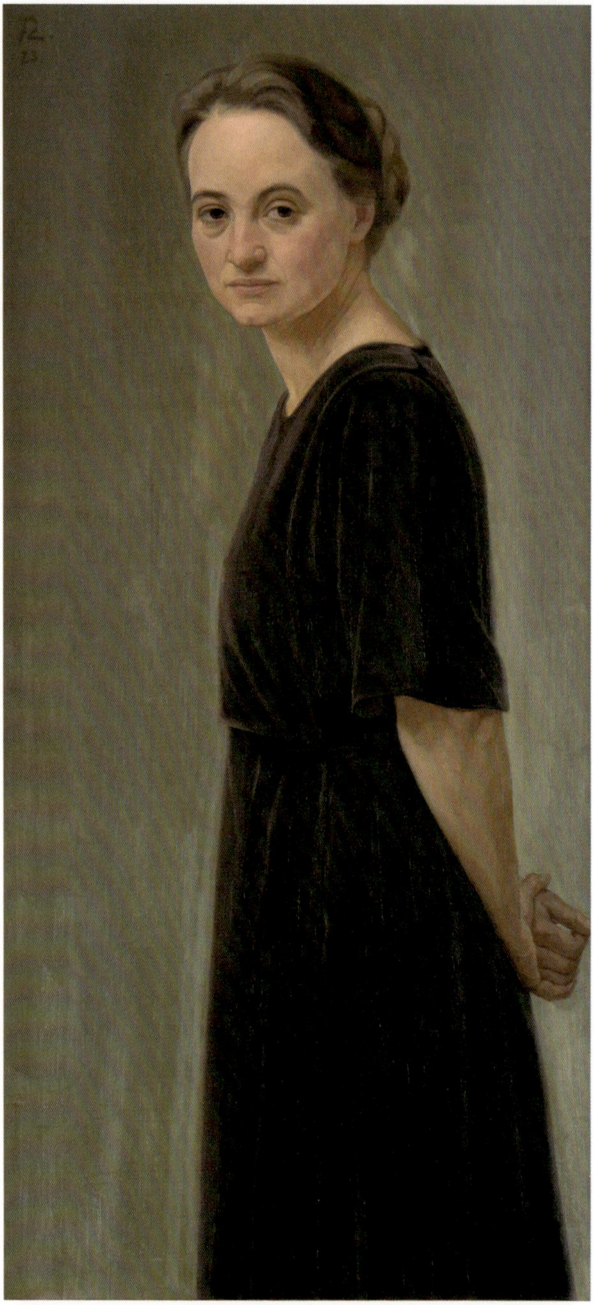

Georg Friedrich Zundel: Bildnis Margarete Bosch, nachmals Dr. Fischer, 1907, 196 x 48 cm

Georg Friedrich Zundel: Bildnis Paula Bosch, nachmals Zundel, 1907, 196 x 48 cm

Georg Friedrich Zundel
als junger Mann in Sillenbuch

Maler
und Bauer

Mein Vater hat nicht nur gemalt, sondern auch gedichtet, er verstand sich jedoch gegen Ende seines Lebens als Maler und Bauer. Ich erinnere mich, dass rechts hinten auf seinem eichenen Schreibtisch zwei dicke Hefte mit seinen Gedichten lagen. Diese Gedichtbücher hat mein Vater kurz vor seinem Tod verbrannt. Sein Spitzname in Sillenbuch war „Der Dichter". Er schrieb das Drama mit dem Titel „Die Entlassenen", das im Katalog der Kunsthalle Tübingen, der zu seinem 100. Geburtstag 1975 erschien, abgedruckt ist. Seine frühen Bilder signierte er jedoch mit „Zundel, Maler".

Der Berghof in Tübingen-Lustnau

Meine mit meiner Mutter in Tübingen lebende Tante Gretel wanderte viel im Schönbuch. Auf einer Wanderung nach Bebenhausen kam sie oberhalb von Lustnau aus dem Wald. Beim Blick auf die Schwäbische Alb dachte sie, an dieser Stelle müsste man sich ansiedeln! Um 1921 bauten die Schwestern am Waldrand über Lustnau den Berghof. Mein Vater war ihnen dabei behilflich. Für sich selbst errichtete er ein Atelier,

das durch einen Gang mit dem Wohnhaus verbunden ist. Der Architekt war Franz Bärtle, mein Vater wirkte jedoch entscheidend mit. Berghof und Sonnhalde gehören zu den schönsten Jugendstilhäusern Württembergs.
Die Hungersnot war in diesen Jahren groß und so kam es, dass als erstes Haustier auf dem Berghof eine Geiß gehalten und von Fräulein Elisabeth Fischer versorgt wurde. Fräulein Fischer blieb dem Berghof bis an ihr Lebensende im Herbst 1948 treu und spielte in meiner Kindheit eine große Rolle. Sie machte mit mir schöne Wanderungen, wobei ich bestimmen durfte, wo es hinging.
Einige Zeit später brach über den Berghof eine Katastrophe herein: Alle Bewohner lagen mit einer Vanillevergiftung darnieder. Zur Aushilfe kam Fräulein Frieda Pfau aus Römlinsdorf im Schwarzwald. Als sie hörte, dass Fräulein Fischer bereits zwei Jahre auf dem Berghof sei, erklärte sie: „So lange werde ich nirgends bleiben". Sie blieb dem Berghof jedoch bis an ihr Lebensende, d.h. mehr als 50 Jahre treu. In meiner Kindheit nannte ich sie „Tante Frieda", später „Pfau".

Tante Frieda

Kühe und Hühner wurden angeschafft. Es entstand eine Hühnerfarm, die von Fräulein von Scanzoni betreut wurde. Milch und Eier wurden von Herrn Häußer an die Haushalte in Tübingen ausgefahren. Mein Vater kaufte Grund, und so entwickelte sich der Berghof zunehmend zu einer Landwirtschaft. Es wurden Leute eingestellt, Herr Grauer, und insbesondere als Lehrling Karl Fink aus Erpfingen auf der Schwäbischen Alb, der aus der Sophienpflege, einem Heim für Waisen, stammte. Der erste Verwalter der Landwirtschaft des Berghofs war Herr Scheuerle. Karl Fink wurde sein Nachfolger.

Landwirtschaftlicher Betrieb

In diesen Jahren waren Margarete Frank und ihre drei Töchter Nana, Ruth und das Dorle, die mein Vater alle gemalt hat, häufig zu Gast auf dem Berghof. Das Dorle blieb sogar ein halbes Jahr. Frau Frank aus Stuttgart war eine Freundin meiner Mutter und meiner Tante. Das Verhältnis zwischen der jüngsten Tochter Dorle und meinem Vater war so herzlich, dass Herr Frank eifersüchtig wurde. Für Dorle war mein Vater der „Onkel Geist".
Auch Herr Gutbrod, ein Freund meines Vaters, besuchte den Berghof häufig. Er wohnte in Böblingen und wanderte die etwa 30 Kilometer zu Fuß durch den Schönbuch zum Berghof. Herr Gutbrod war Berater bei der Post. Er machte häufig große Weltreisen und kam dabei bis nach China.

Heirat der Eltern und Wiederverheiratung des Großvaters

Um Clara Zetkin abfinden zu können und damit frei zu sein für die Heirat mit meiner Mutter, verkaufte mein Vater sein Anwesen in Sillenbuch, wobei ihm Maxim behilflich war. Dies muss meinem Vater sehr schwer gefallen sein, denn es verband sich sein ganzes bisheriges Leben mit diesem Stück Erde. Alle Bäume in dem schönen, großen Garten hatte er selbst gepflanzt. Meine Eltern erwarben diesen Besitz wenige Jahre später zurück. Am 20. März 1928 heirateten meine Eltern in Freudenstadt im Schwarzwald. Ein Jahr später wurde neben dem Berghof das Haus Sonnhalde errichtet. Die Sonnhalde wurde von meinem Großvater für seine erste Frau, meine Großmutter Anna Bosch erbaut, denn er hatte sich inzwischen scheiden lassen und Margarete Wörz geheiratet. Es war für ihn ein Herzenswunsch, einen Erben für seine Firma zu haben. Am 29.01.1928 wurde mein zweiter Onkel geboren, der wieder Robert genannt wurde, und am 12.12.1931 meine Tante Eva.

Georg Friedrich Zundel: Paula Bosch, 1923, 44 x 35,50 cm

Kindheit

Ich kam am 17. Mai 1931 zur Welt. Meine Mutter war damals bereits über 40 Jahre alt, und die Geburt verlief mit Komplikationen. Erst spät abends ließ mich Professor August Maier, der Leiter der Tübinger Frauenklinik, mit einem Kaiserschnitt das Licht der Welt erblicken. August Maier sollte eigentlich auf den Balkan reisen, um dort einen Prinzen in die Welt zu befördern. Er blieb in Tübingen, um meiner Mutter bei der Geburt beistehen zu können. Ich hoffe, dass der Prinz es auch ohne ihn geschafft hat. In der Nacht meiner Geburt tobte in Tübingen ein schweres Hagelwetter. Die Körner waren taubeneiergroß.
Tante Irma, eine Base meiner Mutter, die in Obertürkheim lebte, schrieb meinen Eltern zu meiner Geburt:

Obertürkheim, den 19.5.1931

Liebe Paula, lieber Frieder,
jetzt freuen wir uns aber, dass der „Bua" da ist, und gratulieren Euch von ganzem Herzen! – Wir sind sehr begierig heute noch mehr von dem Ereignis zu hören, bekamen schon Gerüchte an die Ohren, dass es ein ganz reizendes Kindlein sein soll. „Ganz der Papa."
Wie bereichert ist nun Euer Leben; und wie schön ist´s für Mutter Bosch sich wieder in ihrem Element bewegen zu können. Sie ist ja ordentlich aufgelebt in der letzten Zeit.
Nur Du, liebe Paula, hast wohl fest die Zähne zusammen beißen müssen! Du kannst es ja! Aber bald ist das vergessen, und der Bub wird alles wieder gut machen. Wir freuen uns schon auf das „Sehen dürfen" später und grüßen Euch herzlichst

Eure Irma

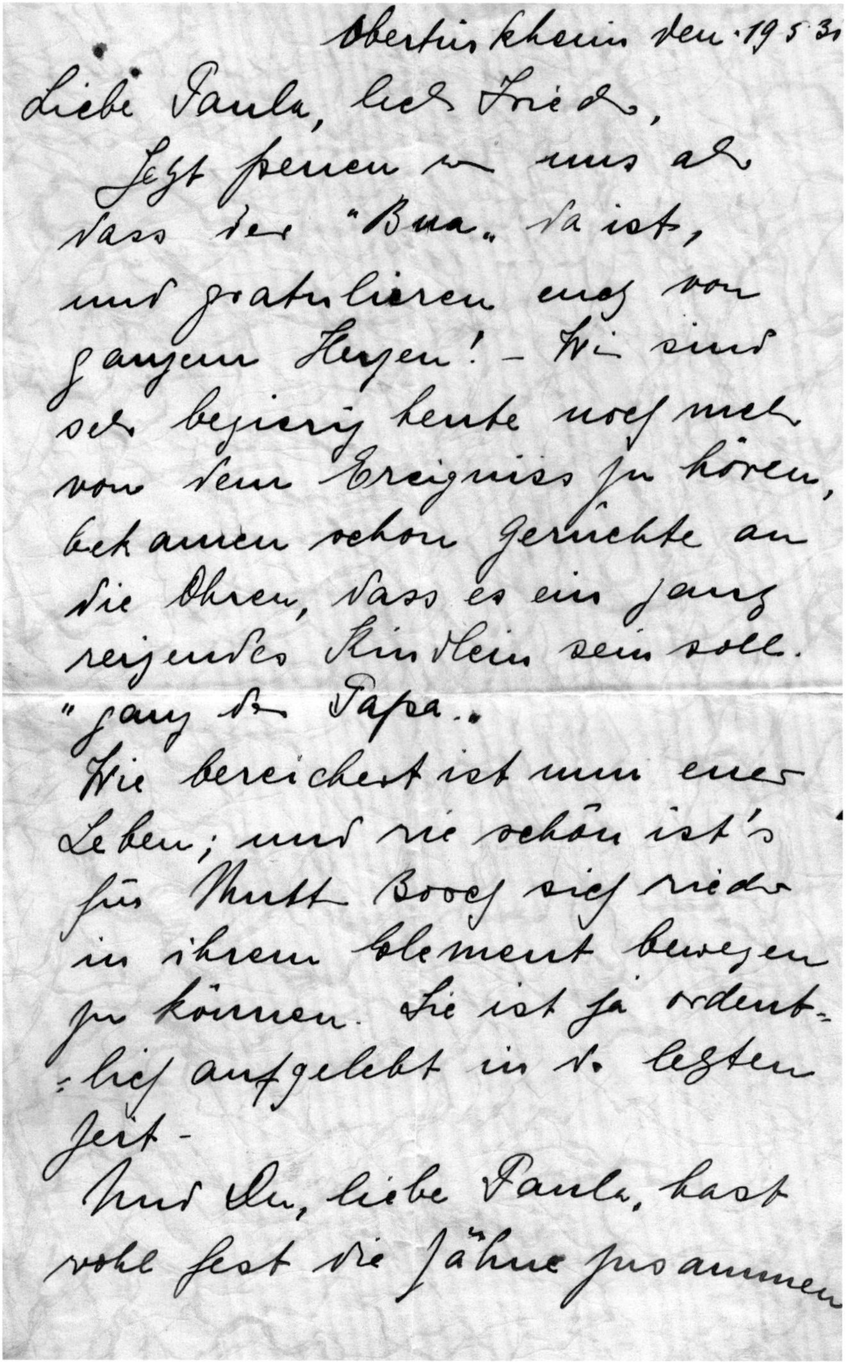

Obertürkheim den 19.5.31

Liebe Paula, lieber Friedl,

Jetzt freuen wir uns aber
dass der "Bua" da ist,
und gratulieren euch von
ganzem Herzen! – Wir sind
sehr begierig heute noch mehr
von dem Ereigniss zu hören,
bekamen schon Gerüchte an
die Ohren, dass es ein ganz
reizendes Kindlein sein soll.
"ganz der Papa."
Wie bereichert ist nun euer
Leben; und wie schön ist's
für Mutt Booch sich wieder
in ihrem Element bewegen
zu können. Sie ist ja ordentlich aufgelebt in d. letzten
Zeit –
Und du, liebe Paula, hast
wohl fest die Zähne zusammen

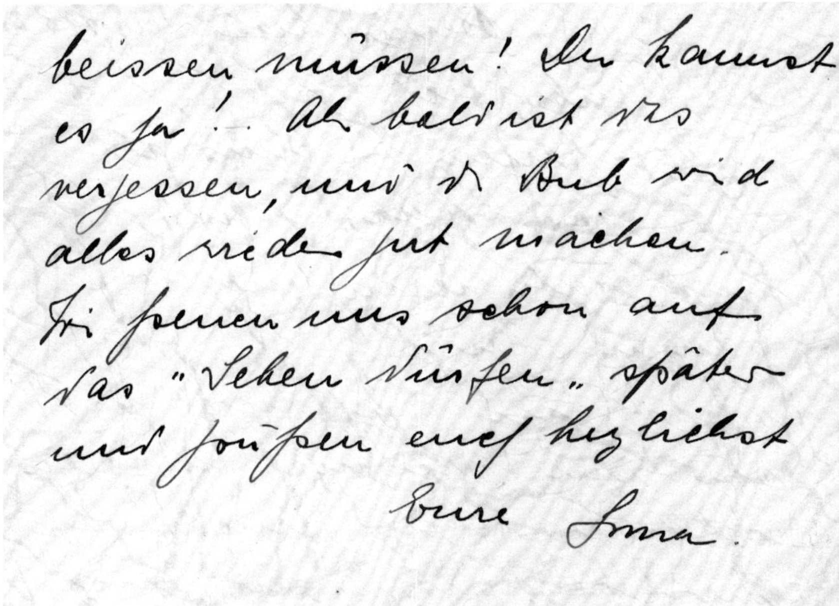
beissen müssen! Du kannst
es ja!.. Ach bald ist das
vergessen, und der Bub wird
alles wieder gut machen.
Wir freuen uns schon auf
das „Sehen dürfen“ später
und grüßen euch herzlichst
Eure Irma.

Die ersten acht Lebensjahre

Die ersten Wochen wurde ich – wie man mir erzählte – sehr vernachlässigt, denn meine Mutter war durch die Operation so geschwächt, dass sie nicht in der Lage war, sich um mich zu kümmern. Dies wurde von meinem Vater übernommen. So kam es, dass ich vollständig auf ihn geprägt wurde. Nach einem triumphalen Einzug auf den Berghof, wie man aus Fotos schließen kann, verliefen die ersten drei Jahre meines Lebens ohne besondere Ereignisse. Zunächst hatte ich eine Kinderschwester namens Else, die sich mit mir nicht gut verstand.

Im Jahr 1931 erwarben meine Eltern und meine Tante einen etwa 30 Hektar großen Hof in Haisterkirch bei Bad Waldsee im Schwäbischen Oberland, 114 km von Tübingen entfernt, und tauften ihn St. Georgshof. In meinem Vater erwachte seine bäuerliche Herkunft, und so beschäftigte er sich mit dem Ausbau dieses Hofs zu einem fortschrittlichen landwirtschaftlichen Betrieb mit ca. 100 Hektar Ackerland und Wiesen. Als Verwalter wurde Karl Kettenacker angestellt.

St. Georgshof

In vielen Dörfern des Schwäbischen Oberlandes, so auch in Haisterkirch, herrschten in diesen Jahren sehr desolate Zustände, denn die Buchauer

Juden hatten viele Höfe durch Beleihen in ihre Hände gebracht. In Buchau am Federsee, etwa 25 km von Haisterkirch entfernt, wohnten vorwiegend Juden, die sich infolge der ihnen seit dem Mittelalter auferlegten Beschränkungen auf den Geldverleih spezialisiert hatten. Mein Vater löste einige der betroffenen Bauern aus und sicherte so ihre Existenz, wenn auch auf etwas kleineren Höfen. So konnte der St. Georgshof auf ca. 100 Hektar aufgestockt und weitgehend arrondiert werden.
Der Vorbesitzer des Hofs war Wilhelm Bosch, der aber mit der Familie meines Großvaters nicht näher verwandt war. Er war kinderlos und Witwer. Ende der zwanziger Jahre hatte er ein neues, modernes Stallgebäude errichtet. Dies brannte jedoch kurz darauf durch einen Blitzschlag ab, worauf Herr Bosch resignierte. So kam der Verkauf zustande.
Zur gleichen Zeit regierte als Schultheiß in Haisterkirch Josef Deient aus Osterhofen, einem kleinen Ort, der ebenfalls zur Gemeinde gehörte. Er war sehr tatkräftig und führte auf freiwilliger Basis eine Feldbereinigung durch. Nicht bei allen Bauern stieß er dabei auf Gegenliebe. Herr Deient erzählte meinem Vater, dass er in dieser Zeit abends nur begleitet von seinen Knechten ausgehen konnte.
Durch das Dorf floss ein kleiner Bach, der leider heute verdolt ist. An diesem tummelten sich oft viele Gänse. Wenn sie mich mit vorgestrecktem Hals anzischten, bekam ich stets schreckliche Angst.
Ganz besonders interessierte meinen Vater die Viehzucht. Dabei kam ihm sein künstlerisches Auge bei der Formenerkennung sehr zu Nutzen.

Braunviehzucht

Er war langjähriger Vorsitzender des Braunvieh-Zuchtverbands und verstand sich gut mit dessen Leiter Dr. Albrecht Walther. Unter seinem Vorsitz wurde in Waldsee auf der Bleiche die Tierzuchthalle für die Versteigerungen errichtet. Mit ihrem Oberlicht hatte sie Ateliercharakter. Diese schöne Halle wurde vor einigen Jahren abgerissen, obwohl sich die Bevölkerung massiv für ihre Erhaltung einsetzte. Sie sollte nach Meinung der Bürger als „Amphitheater" für Veranstaltungen genutzt werden. Der langjährige Waldseer Bürgermeister Forcher war jedoch ein Gegner von allem, was nichts mit Kurort zu tun hatte. Ihm war die Einsicht völlig fremd, dass sich Bad Waldsee in einer ländlichen Umgebung befindet. So wurde die Tierzuchthalle gegen den Willen der Bevölkerung abgerissen. Als Kind war ich bisweilen mit auf Versteigerungen. Einmal habe ich mit der Versteigerungstafel meines Vaters gespielt und so beinahe einen Stier ersteigert.
Meine Eltern und meine Tante bauten für sich vis-a-vis vom Hof ein Wohnhaus. Auf dem Nachbargrundstück baute sich Herr Bosch ein entsprechendes Haus als Alterssitz. Ich kann ihn mir noch gut denken, wie

er seine Rosen pflegte. Ich bewunderte die schönen farbigen Glaskugeln in seinem Garten. Nach Herrn Boschs Tod erwarb die Gemeinde dieses Haus für den Oberlehrer Georg Knöpfler.

Georg in Haisterkirch

Auf dem Feld in Haisterkirch gibt es zwei Kapellen, die erstmals 1511 dokumentierte Gottvaterkapelle und die Wendelinuskapelle. Beide Kapellen waren in einem sehr heruntergekommenen Zustand. Mein Vater ließ sie herrichten. In Haisterkirch wirkte damals ein sehr origineller Pfarrer. Als mein Vater am Pfarrhaus vorbeikam, bat ihn der Pfarrer hereinzukommen und sagte, dass er vom bischöflichen Ordinariat in Rottenburg einen Verweis bekommen habe, weil er einen Evangelischen die Kapellen herrichten hat lassen. Der Herr Pfarrer meinte: „Darauf trinken wir einen!" Ein andermal waren wir bei ihm zu Besuch. Irene, die Tochter von Oberlehrer Knöpfler, versuchte, wie berichtet wird, mich daran zu hindern, den Nachttopf des Herrn Pfarrer zu besichtigen. Irene ist wenig später bei einem Schulausflug am Wackerstein bei Reutlingen tödlich abgestürzt. Ich erinnere mich an die Trauerbirke auf ihrem Grab.

Georg Friedrich und Paula Zundel mit Georg in Haisterkirch

Schwester Julie

Um 1934 waren wir in Arosa in der Schweiz zur Erholung, als meine neue Kinderschwester Julie Lemberger anreiste. Sie stammte aus der Bäckerei Lemberger (heute „Universitätsbäckerei") in der Tübinger Wilhelmstraße. Ihr Bruder war ein begeisterter Flugzeugbauer, musste aber die elterliche Bäckerei übernehmen. Er baute neben Modellen der ersten Flugmaschinen sogar ein Motorflugzeug, das wirklich geflogen ist. In seinen Grabstein im Alten Stadtfriedhof hat seine Frau ein Flugzeug einmeißeln lassen.
Die Ankunft von Schwester Julie führte zu grundlegenden Veränderungen, denn sie war eine äußerst phantasievolle Spielgefährtin, was für die Anregung meiner Phantasie einen entscheidenden Beitrag leistete. Ich bin sicher, dass sich hierdurch manche Möglichkeiten in meinem Leben eröffneten, die mir sonst verschlossen geblieben wären und die mir insbesondere auch in meinem Beruf sehr zugute kamen. Ich erinnere mich, wie wir Schwester Julie im autofreien Arosa mit der Pferdedroschke abholten. Mein Vater saß auf dem Bock.

Georg mit Schwester Julie

Taufe in Sillenbuch

1934 wurde ich in Sillenbuch getauft. Meine Eltern traten deshalb wieder in die Kirche ein. Sie stifteten anlässlich meiner Taufe Glocken für die Sillenbucher Kirche. Auf meiner Glocke steht: *„Lasset die Kindlein zu mir kommen und wehret ihrer nicht."* Ich erinnere mich, wie ich bei meiner Taufe mit dem Dreirad um den Esstisch fuhr.

In diesen Jahren lebte ich oft in meinem Traumland. Es hieß Raal und erstreckte sich um eine Kiefer hinter der Sonnhalde. Meine Kühe waren Tannenzapfen. In Raal regnete es nur in der Nacht, am Tag schien stets die Sonne, Scheren und Messer schnitten nicht, und die Hexen waren alle ganz brav.

Häufig hielten wir uns in Sillenbuch auf. Zwischen dem Haus und dem angrenzenden Wald hatte ich meine Dreiradrennstrecke. Der schöne Garten wurde vom Gärtner Treiber gepflegt. Mein Vater hatte ja früher viele Bäume gepflanzt. Damit ernteten wir dort herrliches Obst, insbesondere auch Kirschen und Nüsse. Vor dem Haus stand eine riesige Wellingtonie. Mein Vater erzählte mir, wie er diese um die Jahrhundertwende als kleines Bäumchen im Rucksack von Stuttgart heraufgetragen hatte. Es tat mir sehr leid, dass dieser prächtige Baum im kalten Kriegswinter 1942 erfroren ist. Auch empfand ich, dass mein Vater davon sehr betroffen war. Ein großer, alter Nussbaum ist der Stammvater der Nussbäume in Tübingen, Haisterkirch und auch in Salzburg. Ich erinnere mich noch gut, wie mein Vater mit mir, als ich etwa fünf Jahre alt war, vor dem Obsthaus in Tübingen Nüsse gesteckt und die Bäume dann mit mir großgezogen hat. An Weihnachten baute ich in dem sonnigen, alten Sillenbucher Atelier meines Vaters meine Eisenbahn auf. Mein Vater half mir dabei. Von dem schönen Sillenbuchgarten wurden durch die Verbreiterung der Kirchheimer Straße immer wieder Streifen abgeschnitten.

Nussbäume

1934 erhielt ich meinen ersten Hund. Es war ein schwarzer Riesenschnauzer, der auf den Namen Moritz hörte. Nach kurzer Zeit mochte mich Moritz gern und wir hatten viel Spaß miteinander. Einmal rannte er einem Hasen nach. Als dieser einen Haken schlug, machte Moritz einen dreifachen Salto. Mit seinem früheren Herrn, dem Lammwirt, ging er stets morgens ins Schlachthaus, um sich zu verköstigen. Diese Tradition setzte er vom Berghof aus fort. Ein derartiger Ausflug wurde ihm nach Jahren zum Verhängnis. Bereits die Würste im Geiste vor der Nase, rannte er in ein Bierauto und wurde tödlich überfahren. Er ist im Berghofgarten am Waldrand begraben.

Mein Riesenschnauzer „Moritz"

Georg mit Riesenschnauzer Moritz

Rechts neben unserem Gartenhaus am Wald bekam ich einen schönen, großen Sandkasten, in dem ich Berge mit Tunnel baute. Meine Großmutter stocherte mit ihrem Stock stets morgens in diese, um sicher zu sein, dass sich dort keine Schlange einquartiert hatte, denn Schlangen gibt es auf dem Berghof durch die im Wald gelegenen Steinbrüche viele. Jahrzehnte später hat sich einmal eine über zwei Meter lange Ringelnatter um den Fahrradlenker von Hans Metzger gewickelt.
Meine Mutter legte hinter dem Haus einen Steingarten an, den sie liebevoll pflegte. Besonders schön waren die Enziane. Im Glashaus meines Vaters zog ich viele Pflanzen, vor allem Sonnenblitze, ein Sukkulentengewächs mit vielen kleinen, roten Blüten. Die von mir großgezogenen Pflanzen verschenkte ich an Weihnachten an alle Berghofbewohner.

Sonnenblitze

Georg und sein Vater mit Zuchtstier am Berghof

Ich hatte einen sehr schönen König Nussknacker. Eines Tages fehlte das Fieberthermometer – ich hatte es in den Nussknacker gesteckt. Als ich Anfang April mit Schwester Julie spazieren ging, fand diese, dass es intensiv nach Maiglöckchen rieche, was völlig richtig war, denn ich hatte mich überreichlich mit Maiglöckchenpomade eingeschmiert.
Mein Gewand schneiderte mir in dieser Zeit Schneider Staigle. Er wohnte in der Langen Gasse, heute Steinbößstraße. Steinböß war ein Dorf, das auf dem Gelände der Engelhardtsäcker beim Brünnele stand. Es ist im Dreißigjährigen Krieg untergegangen. Herr Staigle war noch ein richtiger Schneider, der bei seiner Arbeit mit gekreuzten Beinen auf dem Tisch saß. Einmal schneiderte er für mich aus einem Hosenbein meines Vaters eine Hose.

Ferien auf Schloss Elmau

Unsere Ferien verbrachten wir in diesen Jahren im Sommer wie im Winter auf dem Schloss Elmau von Johannes Müller am Wettersteingebirge bei Garmisch. Wir machten dort schöne Wanderungen, im Winter unternahm ich meine ersten Versuche im Skifahren, jedoch mit geringem Erfolg. Ich suchte mir einen nicht sehr langen, dafür aber recht steilen Hang aus. Nach jeder Abfahrt steckte ich unten im Schnee, sodass man mich befreien musste. Auf Schloss Elmau tätigte ich meinen ersten selbständigen Einkauf, Briefmarken für meine Sammlung. In unseren Ferien begleitete uns häufig Tante Irma aus Obertürkheim bei Stuttgart. Sie ist mir noch in guter Erinnerung, denn sie hatte einen einmaligen Humor und schrieb Gedichte, die leider nicht erhalten sind. Als ihr eines Tages jemand riet, sie solle eine Sauna aufmachen, sagte sie, dass sie dies sicher nicht tun werde, da, wenn sie dies tun würde, alle sagen würden „I gang zur Sau na".

Ich spielte häufig am Bach unterhalb des Schlosses. Dort errichtete ich Staudämme und andere Bauwerke. Einmal traten die Regensburger Domspatzen im Schloss auf. Am Nachmittag zerstörten sie alle meine kunstvollen Bauten. Als ich eines Tages vom Bach zurückkam, stand Tante Irma braungebrannt auf dem Balkon. Sie war über die Schachenhütte zur Meilerhütte gegangen. Ich war sehr neidisch, denn auch ich wäre gerne im Gebirge herumgestiegen. Später machten auch wir einen Ausflug zur Schachenhütte.

In Tübingen fuhr ich im Winter oft unterhalb des Berghofs in der Neuhalde mit Schwester Julie Schlitten. Dort machte ich weitere Skifahrversuche. Wir bauten eine Sprungschanze. Mein weitester Sprung war über fünf Meter.

Königsfeld

Einmal machten wir in Königsfeld im Südschwarzwald Ferien. Ich fuhr fleißig Schlittschuh, was durch Fotos belegt ist. In Königsfeld wurde ich mit dem Sachverhalt konfrontiert, dass das Leben mit dem Tod endet. Diese Erkenntnis hat mich lange sehr beschäftigt. Den Anlass dazu weiß ich nicht mehr.

Oberbozen

Mehrmals verbrachten wir unsere Ferien in Oberbozen im Hotel Holzner, das heute noch existiert. Die lange Bahnfahrt empfand ich als sehr spannend, den ganzen Tag verfolgte ich die vorbeiziehende Landschaft. Von Oberbozen hat man einen herrlichen Panoramablick auf den Rosengarten und den Schlern. Wir wohnten in einer Dependance des Hotels. Ich bewunderte ein Dienstmädchen Lisi, das täglich mit einem sehr schweren Tablett Silbergeschirr auf der Schulter zu uns herüberkam. Von der Hotelleitung bekam ich Briefmarken für meine Sammlung.

Mein Gemüseanbau

Oft ging ich mit meinem Vater aufs Feld, der dort nach dem Rechten sah und Karl Fink entsprechende Anweisungen gab. Unserem Gärtner Hermann Schmied bettelte ich ein Stück Land ab und bebaute es mit Gemüse. Ich ging dabei, so wie ich es bei meinem Vater sah, systematisch vor. Ich stellte einen Anbauplan auf und beachtete dabei sehr sorgfältig die Fruchtfolge. Mein Garten erstreckte sich links entlang der Straße, die zum Hof führt.

Georg Zundel bei der Heuernte. „Es muss viel geschehen!"

In dieser Zeit wurde mein Vater einmal von seinen Wiernsheimern besucht. Eine ganze Busladung kam angereist. Unter dem Birnbaum gab es ein Vesper. Ich schnappte in der Küche auf, wie Tante Frieda bemerkte, sie habe nur noch drei Laibe Brot. Dies verkündigte ich gleich meinem Vater. Damit löste ich stürmische Heiterkeit bei allen Gästen aus.
Meine Mutter litt während meiner Kindheit unter schrecklichen Migräneanfällen, die etwa drei Tage dauerten. Mein Vater, der auch nur hilflos zusehen konnte wie meine Mutter litt, war stets völlig niedergeschlagen. Der ganze Berghof war betroffen. Jemand riet meiner Mutter zu einer Kneippkur in Bad Wörishofen. Diese Kur wirkte wie ein Wunder. Meine Mutter hatte von da an keinen Anfall mehr.

Besuch beim Großvater

Ich erinnere mich an einen Besuch bei meinem Großvater auf dem Heidehof in Stuttgart. Wir fuhren mit der Straßenbahn Richtung Heidehof, da überholte uns mein Großvater mit dem Auto. Er wollte uns abholen, hatte uns aber am Bahnhof verpasst. Später unterhielt sich mein Großvater mit uns. Er ruhte dabei auf seiner Liege in der Eingangshalle. Sein großer weißer Bart hat mich beeindruckt. Mein Onkel Robert (Sohn aus der zweiten Ehe meines Großvaters) zeigte mir die von ihm gebauten Modellflugzeuge. Dann wurde ich von meiner temperamentvollen Tante Eva, die ein halbes Jahr jünger ist als ich, durch den schönen Heidehofgarten gezerrt, ihre Mutter spornte sie noch dazu an.

Die ersten Schuljahre

1938 änderte sich mein Leben grundlegend, denn ich kam Ostern in die Schule und verließ den schützenden Hort des Berghofs. In den ersten Wochen begleitete mich Schwester Julie in die alte Dorfschule bei der Kirche, in der ich zwei Jahre unterrichtet wurde. Unsere erste Lehrerin hieß Elisabeth Pfleiderer. Sie war nie ohne Parteiabzeichen zu sehen. Ich habe sie als energische Frau im blauen Faltenrock in Erinnerung. In den ersten Schuljahren war ich sehr viel krank, da ich nicht genug Abwehrkräfte besaß. Die anderen Kinder kannten sich vom Kindergarten. Ich freundete mich jedoch bald mit Hermann Walker, Karl Kress, dem Sohn eines Schusters, und Otto Fromm an. Hermann Walker hatte ein Stück denselben Schulweg wie ich, denn er wohnte in der Pfrondorfer Straße. In der alten Dorfschule verschafften sich die Lehrer noch mit dem Rohrstock Autorität. Die Dorfkinder waren das von Zuhause gewöhnt, ich jedoch war entsetzt, als ich dies das erste Mal mitbekam. Jungen und Mädchen bekamen bis zu vier Tatzen auf die Handteller. Darüber hinaus pflegte sich unsere Lehrerin Elisabeth Pfleiderer nach dem Unterricht vor der Klasse aufzupflanzen und zu erklären: „Diejenigen, die ich jetzt herausrufe, haben [dies oder das] angestellt. Damit das nicht mehr vorkommt, werde ich sie jetzt überlegen." Ich erinnere mich noch genau, wie ein Mitschüler herausgerufen wurde. Er musste eine nachdrückliche Moralpredigt über sich ergehen lassen, wurde mit stramm gezogener Hose über die Pultkante gelegt und bekam mit dem Rohrstock zehn „Sachliche" aufs Hinterteil. Fräulein Pfleiderer verteilte auch Lobzettel. Ich bekam einmal einen mit einem Wiedehopf, denn ich war damals noch sehr brav. Wir waren die letzte Klasse, die Fräulein Pfleiderer in Lustnau unterrichtete, sie wurde nach Rübgarten, d.h. aufs Land versetzt, wo sie ihre pädagogischen Fähigkeiten an den Dorfkindern auslassen durfte.
Wieder einmal machte ich mit dem Tod Bekanntschaft. Es starb mein Freund Karl Kress an einer Diphtherie. Ich erinnere mich an mein Entsetzen, wie ich erfuhr, dass ihn mehrere Schwestern festhalten mussten, als er erstickte. Als ich wenig später mit anderen Kindern im Garten meiner

Großmutter spielte, sahen seine Eltern zum Gartentor herein. Ich empfand ihre tiefe Betroffenheit.

Ferien auf Hiddensee

Im Sommer 1939 verbrachten wir herrliche Ferien in Klosters auf Hiddensee, einer Insel nahe Rügen. Wir wohnten nördlich, außerhalb von Klosters in einer kleinen Pension oberhalb der Klippen. Jeden Abend jagte Tante Irma Spinnen, die sehr zahlreich im Haus lebten. Die Pension hatte einen Esel, mit dem ich mich anfreundete. Bisweilen spielte ich mit einem Jungen aus Bremen. Ich hielt mit ihm Kontakt, bis er Opfer eines Luftangriffs wurde. Zum Meer ging es nur wenige Minuten steil den Berg hinunter. Es war ein steiniger Strand. Ich baute einen hohen Wall um unseren Strandkorb. Täglich durfte ich im Meer baden. Gegen Ende unseres Aufenthaltes hatte ich ein unschönes Erlebnis. Am Strand war ein kleines Häuschen. Der Besitzer hielt einen Affen, den ich fotografieren wollte, doch er riss sich los und biss mich in den Arm. Ich bekam eine Tetanusspritze. Diese Geschichte hatte schwere Folgen. Einige Wochen später erkrankte ich. Ich litt unter furchtbaren Krämpfen und hatte schreckliche Muskelschmerzen. Ob daran der Affe oder die Spritze schuld war, ist bis heute ungeklärt. Nur langsam kam ich wieder auf die Beine.

Während unseres Aufenthaltes verfinsterte sich der politische Himmel. Wir reisten deshalb vorzeitig ab und übernachteten in Berlin im Hotel Kaiserhof. Es war so schön, dass Tante Irma meinte: „Es ist zu schön zum Schlafen." Ich war von dem geschäftigen Treiben der Stadt sehr beeindruckt. Vor der Reichskanzlei fotografierte ich die Wachen. Diese konnten sich das Lachen nicht verkneifen. Wir fuhren durch Leuna, das riesige Chemiewerk mit seinen Röhren und Schloten fand ich toll.

Nach Haisterkirch zurückgekehrt, erlebte ich den Kriegsausbruch: Ich stand am Nachmittag im Wohnzimmer am Fenster, die Kirchenglocken läuteten über eine Stunde. Es war unheimlich. Dies war am Nachmittag nach dem Einfall Hitlers in Polen. Hitler verkündete am 1.9.1939 scheinheilig: „Ab 4 Uhr 45 nachts wird zurückgeschossen."

Die Kriegsjahre

1939 verließ mich meine Kinderschwester Julie Lemberger, um ihre über neunzigjährige Mutter zu pflegen. Von jetzt an begleitete sie unsere Familie nur noch in den Ferien.

In der dritten Klasse übersiedelten wir aus dem alten Schulgebäude bei der Kirche in die Dorfackerschule. Dort hatten wir einen sehr jähzornigen Lehrer, Herrn Häcker. In seinem Affekt schlug er uns Kinder brutal. Einmal zog er meinen Vordersitzer Fritz Schaal, einen schmächtigen Jungen, aus der Bank heraus und schlug mit aller Kraft auf den auf dem Boden Liegenden ein. Als das Fritzle wieder auf den Beinen stand, rieb es sein lädiertes Körperteil und sagte: „Ich sag's meiner Mama". Auch Herr Häcker war nie ohne Parteiabzeichen zu sehen. Nach 1945 wurde er nicht mehr in den Schuldienst aufgenommen. Er arbeitete in der Frottierweberei als Packer.

Heuernte

Im Sommer beneidete ich die Dorfkinder, die oft schulfrei bekamen, um auf dem Feld mitzuarbeiten. Ich war sehr beglückt, als mein Vater mir an einem herrlichen Sommertag erlaubte, auch zu Hause zu bleiben, um bei der Heuernte in unserem Obstgarten zu helfen.

Ferien in Wildbad

Ferien machten wir mehrmals in Wildbad im Schwarzwald, denn mein Vater nahm dort Bäder. Wir wohnten oberhalb im Sommerberghotel, das durch eine seilgezogene Bahn mit dem Ort verbunden war. Schwester Julie und ihre Nichte Gerhild Schaible waren auch mit von der Partie. Wir unternahmen weite Wanderungen durch den schönen Wald, so z.B. zum Wildsee. Wir sammelten Heidelbeeren und Himbeeren. Ich übte im Wald Flöte, dies wohl zum Entsetzen der Rehlein, sofern diese musikalisch waren.

Sondermeldungen

Der Krieg verlief für Hitler zunächst erfolgreich. Er eroberte Polen, dann große Teile Frankreichs und daraufhin den Balkan. Ich erinnere mich an die Sondermeldungen über die Siege im Rundfunk. Ich saß vor dem Atelier auf einem Baum und pflückte Äpfel, Französische Goldrenetten, als die Sondermeldung über die Eroberung des Isthmus von Korinth durch Fallschirmjäger durch den Äther zu mir vordrang.

Meiner Mutter habe ich nach Bad Wörishofen folgenden Brief geschrieben, der zeigt, wie es damals auf dem Berghof zuging:

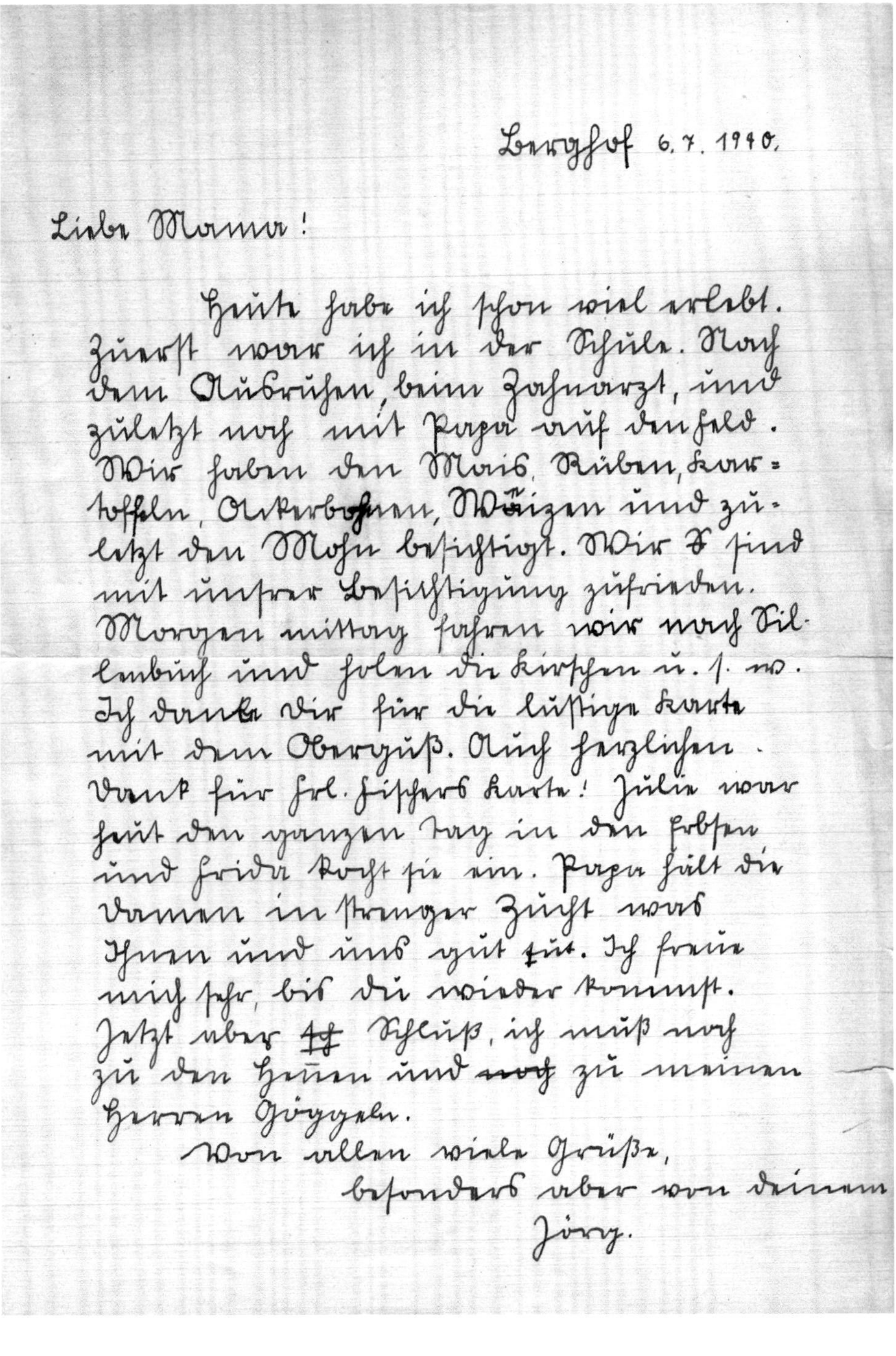

Berghof 6.7.1940.

Liebe Mama!

Heute habe ich schon viel erlebt. Zuerst war ich in der Schule. Nach dem Ausruhen, beim Zahnarzt, und zuletzt noch mit Papa auf dem Feld. Wir haben den Mais, Rüben, Kartoffeln, Ackerbohnen, Weizen und zuletzt den Mohn besichtigt. Wir ~~F~~ sind mit unserer Besichtigung zufrieden. Morgen mittag fahren wir nach Sillenbuch und holen die Kirschen u.s.w. Ich danke Dir für die lustige Karte mit dem Obergruß. Auch herzlichen Dank für Frl. Fischers Karte! Julie war heut den ganzen Tag in den Erbsen und Frieda kocht sie ein. Papa hält die Damen in strenger Zucht was Ihnen und uns gut tut. Ich freue mich sehr, bis du wieder kommst. Jetzt aber ~~Sch~~ Schluß, ich muß noch zu den Hennen und ~~noch~~ zu meinen Herren Göggeln.

Von allen viele Grüße,
besonders aber von deinem
Jörg.

Berghof, 6.7.1940

Liebe Mama!
Heute habe ich schon viel erlebt. Zuerst war ich in der Schule. Nach dem Ausruhen beim Zahnarzt, und zuletzt noch mit Papa auf dem Feld. Wir haben den Mais, Rüben, Kartoffeln, Ackerbohnen, Weizen und zuletzt den Mohn besichtigt. Wir sind mit unserer Besichtigung zufrieden. Morgen Mittag fahren wir nach Sillenbuch und holen die Kirschen u.s.w. Ich danke Dir für die lustige Karte mit dem Oberguß. Auch herzlichen Dank für Fräulein Fischers Karte! Julie war heute den ganzen Tag in den Erbsen und Frieda kochte sie ein. Papa hält die Damen in strenger Zucht, was ihnen und uns gut tut. Ich freue mich sehr, bis Du wiederkommst. Jetzt aber Schluss, ich muss zu den Hennen und zu meinen Herren Göggeln.

Von allen viele herzliche Grüße,
besonders aber von Deinem
Jörg*

Mäusejagd

Mein Taschengeld verdiente ich mir in dieser Zeit mit Mäusejagd. Ich hatte über den ganzen Berghof verteilt etwa zwei Dutzend Fallen. Die toten Mäuse hatten recht unterschiedliche Preise. Die billigsten waren die Getreidespeichermäuse, die teuersten die Speisekammermäuse.

Solbäder in Berchtesgaden

Im Sommer 1940 reisten wir nach Berchtesgaden. Ich bekam dort Solbäder. Die Gletschermühlen, die ich mit Schwester Julie besuchte, beeindruckten mich sehr. Wir machten viele Wanderungen, z.B. in die Schönau. Anlässlich der Eröffnung eines großen Hotels habe ich Hitler gesehen. Mit hochgeschlagenem Kragen verließ er im Gedränge das neue Hotel. Dieses steht heute noch. Damals herrschte in Berchtesgaden rege Bautätigkeit, denn Hitler bereitete alles darauf vor, um seine besiegten Feinde zu empfangen. So wurde hierzu extra ein Bahnhof errichtet. Im darauffolgenden Jahr ließen wir uns ein Fässchen Salzsole schicken und ich nahm die Solbäder in Haisterkirch.
In den harten, schneereichen Kriegswintern war die Pfrondorfer Straße, die zum Berghof hinaufführt, eine rasante Rodelbahn. Viele Kinder kamen auch von weit her, um diese Wintersporteinrichtung zu genießen. Nur alle paar Stunden störte ein Auto.

Fliegeralarm

Häufig gab es nachts Fliegeralarm. Wir verbrachten viele Stunden im Keller des Berghofs. Wenn Nachtalarm war, hatten wir erst um 9:30 Uhr Unterricht. Einmal waren wir in Sillenbuch gewesen und kehrten nur kurz

*) In Tübingen wurde ich Jörg genannt.

vorher auf den Berghof zurück. Meine Mutter schickte mich trotzdem ohne Entschuldigung los. Ich bin selten so gerannt, denn ich malte mir dabei die schmerzhaften Folgen aus für den Fall, dass ich zu spät käme. Das Herz schlug mir bis zum Hals, aber es gelang mir gerade noch, bevor der Lehrer eintrat, das Klassenzimmer zu erreichen.
Zu dieser Zeit bekam ich den ersten Heiratsantrag. Als wir nach der großen Pause auf der Freitreppe des Schulhofs warteten, um in unsere Klassenzimmer zu gehen, sagte ein Mädchen zu mir: „Du bist ein Held. Wenn wir groß sind, heirate ich Dich." Was das Gertrudle dazu bewog, weiß ich nicht mehr, wahrscheinlich hatte ich sie in der Pause vor irgendwelchen groben Mitschülern beschützt.

Dorfackerschule

Hiebe gab es auch in der Dorfackerschule schon für Kleinigkeiten. In der vierten Klasse musste beim Lesen stets einer vorlesen. Unser Lehrer saß auf dem Pult und rief immer wieder einen anderen auf, der weiterlesen musste. Wehe, wenn er dies nicht gleich konnte. Dies passierte meinem Nebensitzer Hermann Walker. Unser Lehrer stürzte sich auf ihn, streckte ihm die Hände aus und versetzte ihm – direkt an meiner Nasenspitze vorbei – zwei kräftige Tatzen auf die Handteller. In der vierten Klasse kann ich mir keinen Schultag denken, an dem der Rohrstock nicht in Aktion trat.

Flug von Rudolf Heß nach England

Im Mai 1941 erfuhr man in den Mittagsnachrichten, dass Rudolf Heß, einer der engsten Vertrauten von Hitler, nach England geflogen und dort abgesprungen sei. Hitler hatte ihn nach Göring zu seinem zweiten Nachfolger bestimmt. Nachmittags ging ich mit meinem Vater auf das Pfrondorfer Feld, um diese Neuigkeit unseren Arbeitern mitzuteilen, die dort Mohn hackten und vereinzelten. So weit ich weiß, ist es bis heute nicht geklärt, ob dies ein Alleingang von Heß war, oder ob er im Auftrag Hitlers flog. Letzteres wäre denkbar, da sich Hitler eventuell für seinen Angriff auf Russland den Rücken frei halten wollte. Doch Heß hat dieses Geheimnis mit ins Grab genommen. Er wurde beim Nürnberger Prozess zu lebenslanger Haft verurteilt. Seit 1966 war er der letzte Gefangene in Berlin-Spandau.

Euthanasie

Ich stand mit meinen Eltern in der Zufahrt zum Berghof beim Hühnerstall. Irgend jemand erzählte meinen Eltern von den Euthanasiemorden der Nazis in Grafeneck auf der Schwäbischen Alb. Die geistig Behinderten wurden mit Bussen, deren Fenster mit schwarzen Tüchern verhängt waren, zu ihrer Ermordung herbeigeschafft, wurden entkleidet, bekamen eine Phenolspritze und wurden noch lebend in die Grube zu den Sterbenden und Toten geworfen. Ich weiß noch, wie mir bei dieser Schilderung plötzlich schlecht wurde, ich konnte nicht mehr stehen. Es war, als ob man mir die Füße wegziehen würde. Ich wollte weglaufen. Auf dem Sofa im Atelier meines Vaters kam ich wieder zu Bewusstsein.

Uhland-Gymnasium

1942 wechselte ich von der Lustnauer Dorfackerschule in das Uhland-Gymnasium. Unser Rektor in der Dorfackerschule, Herr Schumm, war sehr erstaunt, als ich mich für die Aufnahmeprüfung zum Gymnasium meldete. Offenbar waren alle Lustnauer Schüler bisher in die Kepler-Oberschule gegangen. Das Gymnasium passte jedoch besser zur Atmosphäre des Berghofs, denn mein Vater beschäftigte sich im Zusammenhang mit seiner Kunst sehr viel mit der Antike. Weniger gut passte dies jedoch zu meinen Anlagen, denn ich war hauptsächlich naturwissenschaftlich begabt. In dieser Zeit las ich mit großem Interesse „Die Höhlenkinder im Heimlichen Grund" von A. Th. Sonnleitner, „Die Mammutjäger im Lohnetal" von Professsor Weinreich und „Die Langerudkinder" von Marie Hamsun, der Frau von Knut Hamsun.
Bei der Aufnahmeprüfung in das Uhland-Gymnasium saß ich neben einem Schüler, der ebenfalls keinen Mitschüler kannte. Die anderen Schüler waren ja aus Tübingen und kannten sich von der Grundschule. Der Name meines Nebensitzers war Christoph Plag. Er stammte aus einer Pfarrfamilie, die in Reutlingen in der Gustav-Werner-Straße lebte. Zwischen uns entstand eine lebenslange Freundschaft. Christoph lebt heute im Pauline-Krone-Altersheim am Philosophenweg in Tübingen. Leider ist er an Muskelschwund erkrankt.

Christoph Plag

In der Schule tat ich mich mit Latein sehr schwer, denn ich hatte zu Hause niemand, der mir helfen konnte. Mit Mühe erlernte ich die Deklinationen und Konjugationen, das Ganze sagte mir sehr wenig zu. Der Aufwand erschien mir für das zu Erreichende zu groß. Dieser Meinung bin ich heute noch. Warum man sich bevorzugt mit den militaristischen Römern befasst, kann ich nur unter dem Gesichtspunkt verstehen, dass in der Bourgeoisie der Militarismus stark verankert ist. Die vornehmen Römer hatten ja für ihre Kinder griechische Hauslehrer. Die großen geistigen Leistungen der Antike entwickelten sich nicht in Rom, sondern in Griechenland. Insbesondere die Gedanken von Sokrates und Platon sind Marksteine der geistigen Geschichte der Menschheit. Man sollte sich in den Schulen vielmehr mit den geistigen Inhalten und weniger mit der Sprache befassen. Diese Einsicht hatten jedoch unsere Lehrer am Gymnasium nicht. Meine naturwissenschaftlichen Interessen kamen in dieser Schule viel zu kurz.

Das Uhland-Gymnasium in Tübingen liegt am Neckar, in der Nähe des Bahnhofs. In der ersten Klasse hatten wir in dem Präzeptor Pflomm einen Herrn, der so war, wie man sich einen Präzeptor vorstellt (siehe „Feuerzangenbowle"). In jungen Jahren hatte er sicher den Schülern die lateinischen Deklinationen und Konjugationen eingeprügelt. In seinem Schrank hatte er noch eine Sammlung von Rohrstöcken. In der großen Pause wanderte ich mit meinen Freunden Christoph Plag und Joachim Hermann (Sohn des Komponisten Hugo Hermann, der an der Musikhochschule in Trossingen auf der Schwäbischen Alb tätig war) um den Anlagensee.

In den folgenden Jahren war unser Klassen- und Lateinlehrer Herr Rainer. Er war im Krieg in Russland schwer verwundet worden und hatte einen Fuß verloren. Seine Prothese gab ein knarrendes Geräusch von sich, was ihm, zusammen mit seinen Erzählungen darüber, welche Geräusche russisches Kanonenfeuer verursacht, den Spitznamen „Ratsch Bumm" einbrachte. Leider konnte mich auch sein sehr guter Lateinunterricht nicht für die Sprache der Römer begeistern. Bei unserem Abiturienten-Treffen zum 50-jährigen Jubiläum habe ich erfahren, dass Herr Rainer – in der Zwischenzeit 92 Jahre alt – noch lebte.

„Ratsch Bumm"

Wenn ich eine Stunde früher schulfrei hatte und auf den Bus warten musste, besuchte ich stets meine frühere Kinderschwester Julie, die im Haus der Bäckerei ihres Bruders Karl in der Wilhelmstraße lebte. Als ich ihr sagte, dass ich später in Hohenheim Landwirtschaft studieren und in Sillenbuch wohnen wollte, schlug Julie vor, mir den Haushalt zu führen. Um die Sache für mich attraktiver zu machen, hat sie gemeint, ich dürfe auch nette Studentinnen mitbringen.

Im Winter 1942/43 erkrankte ich sehr schwer an der aus Russland eingeschleppten Grippe. Sie endete bei Kindern häufig tödlich. Professor Birk, der Leiter der Kinderklinik, rettete mir das Leben durch eine für damalige Verhältnisse ungewöhnlich fortschrittliche Idee. Er spritzte mir mehr als einen Liter Blutserum meines Vaters. Dieses enthielt natürlich viel mehr Antikörper als mein Blut. Darunter waren offensichtlich auch solche, die gegen diese Grippe wirkungsvoll waren. In wenigen Tagen kam ich wieder auf die Beine. Im Jahr 1943 schrieb ich folgenden Brief nach Wörishofen an meine Mutter, die dort kneippte:

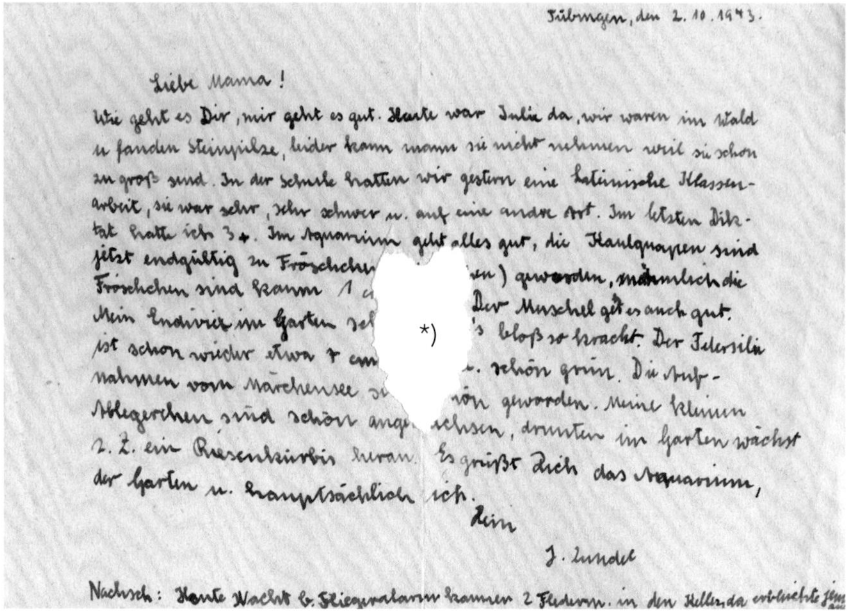

Tübingen, den 2.10.1943.

Liebe Mama!
Wie geht es Dir, mir geht es gut. Heute war Julie da, wir waren im Wald
u. fanden Steinpilze, leider kann man sie nicht nehmen weil sie schon
zu groß sind. In der Schule hatten wir gestern eine lateinische Klassenarbeit, sie war sehr, sehr schwer u. auf eine andere Art. Im letzten Diktat hatte ich 3+. Im Aquarium geht alles gut, die Kaulquappen sind
jetzt endgültig zu Fröschche … en) geworden, nämlich die
Fröschchen sind kaum 1 c … Der Muschel gehts auch gut.
Mein Endivie im Garten sc … s bloß so kracht. Der Petersilie
ist schon wieder etwa 7 cm … u. schön grün. Die Aufnahmen vom Märchensee s … ön geworden. Meine kleinen
Ablegerchen sind schön ange … chsen, drunten im Garten wächst
z.Z. ein Riesenkürbis heran. Es grüßt Dich das Aquarium,
der Garten u. hauptsächlich ich.
Dein
J. Zundel

Nachsch: Heute Nacht b. Fliegeralarm kamen 2 Fledermä. in den Keller, da erbleichte jem

*) hier war eine hungrige Berghofmaus tätig.

Tübingen, den 2.10.1943

Liebe Mama!
Wie geht es Dir, mir geht es gut. Heute war Julie da, wir waren im Wald und fanden Steinpilze, leider kann man sie nicht nehmen, weil sie schon zu groß sind. In der Schule hatten wir gestern eine lateinische Klassenarbeit, sie war sehr schwer und auf eine andere Art. Im letzten Diktat hatte ich 3+. Im Aquarium geht alles gut, die Kaulquappen sind jetzt endgültig zu Fröschchen geworden, nämlich die Fröschchen sind kaum 1 cm groß. Der Muschel geht es auch gut. Mein Endivie im Garten schießt, dass es bloß so kracht. Die Petersilie ist schon wieder etwa 7 cm gewachsen und schön grün geworden. Die Aufnahmen vom Märchensee sind schön geworden. Meine kleinen Ablegerchen sind schön angewachsen, drunten im Garten wächst z.Z. ein Riesenkürbis heran. Es grüßt Dich das Aquarium, der Garten und hauptsächlich ich.

Dein J. Zundel

Nachsch[rift].: Heute Nacht bei Fliegeralarm kamen zwei Fledermäuse in den Keller, da erbleichte jemand.

Anmerkung: Tante Frieda hatte schreckliche Angst vor Mäusen, insbesondere vor Fledermäusen. Wenn man im Treppenhaus einen Schrei hörte, hing dort eine Fledermaus und behinderte Tante Frieda am Weiterkommen.

Aus Stuttgart – vor den Luftangriffen evakuiert – fand bei uns Horst Lemberger, ein ferner Verwandter von Schwester Julie, Aufnahme. Wir gingen in dieselbe Klasse. Leider waren unsere Anschauungen und Interessen so verschieden, dass wir nicht zusammenfanden. Wir haben uns oft schrecklich gestritten. Er war ein Stadtkind. Nach dem Krieg haben wir uns nie mehr gesehen.
Einquartiert war in dieser Zeit bei uns ein Oberstabsapotheker. Er wohnte im obersten Stock im südwestlichen Zimmer. Vor seinem Zimmer stand der Schlummerkorb meines Hundes Moritz. Eines Tages klagte unser Apotheker, er habe furchtbar viele Flöhe. Alle waren zunächst schockiert. Später kam heraus: Er hatte eine seltene Blutgruppe; die Hundeflöhe finden das Blut dieser Menschen besonders schmackhaft.
Das Eindringen von Hitlers Armeen in Russland verfolgte ich mit großem Interesse auf der Landkarte. Ich markierte mit Stecknadeln die Front.
Am Mittwochnachmittag besuchte uns während des Semesters stets Professor Bruno Niekau. Er hatte früher seine Praxis in Lustnau und war jetzt Internist am Krankenhaus in Oberesslingen. Jeden Mittwoch hielt er an der Universität in Tübingen eine Vorlesung. Meine Mutter kochte dann mit ihrer raffinierten Kona Kaffeemaschine Kaffee, den er sehr schätzte.
Es gab nun bereits häufig Fliegeralarm, das Ziel Stuttgart war nahe, und die Flieger sammelten sich zum Angriff über dem Schönbuch. Anfangs verbrachten wir die Zeit des Fliegeralarms im Keller des Berghofs. Der Schulunterricht wurde häufig durch das Heulen der Sirenen unterbrochen. Trotz akuter Luftgefahr wurden wir heimgeschickt. Wir hatten sehr gute Lehrer, unser Französisch-Lehrer, Herr Rupp, der bereits im Ersten Weltkrieg ein Bein verloren hatte, war jedoch nicht der Hellste. So geschah es eines Tages, dass wir uns wohl oder übel wieder bei akuter Luftgefahr auf den Heimweg machten. Wir befanden uns gerade auf der Neckarbrücke, als drei silbern glänzende Jagdbomber vom strahlend blauen Himmel auf uns niederstießen. Herr Rupp, der sich auf dem Gehsteig befand, fuchtelte mit seiner Krücke und brüllte: „Nieder, nieder!" Das war unter diesen Umständen auf einer Brücke sicherlich nicht das Richtige. Wir traten in die Pedale. Doch die Jagdbomber hatten mit der Bevölkerung Erbarmen und zogen ohne abzuwerfen wieder hoch.

Jagdbomber

Einmal, ich schob mein Fahrrad die Staffeln bei unserem Gemüsegarten hoch, brauste in weniger als 50 Metern Höhe von Westen ein deutscher Flieger heran, hinter ihm ein französischer Jäger. Ich warf mich über mein Fahrrad. Der Franzose drückte ab. Im Gemüsegarten unmittelbar neben mir spritzte durch die Einschläge der Geschosse die Erde hoch. Dies wäre beinahe schief gegangen. Damit wäre Ihnen die vorliegende Lektüre erspart geblieben.
Wir hatten einen sehr tüchtigen Melker, Herrn Tepan. Dieser wurde, ich glaube im Jahre 1943, eingezogen und war bereits nach vierzehn Tagen tot.
Viele Jahre, auch in den Kriegsjahren, arbeitete bei uns Reinhard Kunselmann aus Pfrondorf. Er versorgte das Jungvieh und die Schweine. Als er pensioniert wurde, zahlte ihm meine Mutter eine zusätzliche Rente für die langjährige Treue zum Berghof. Der im Folgenden wiedergegebene Brief zeigt die Güte dieses sehr einfachen Menschen.

Pfrondorf, 13.8.73

Guten Morgen Frau Zundel.
Ich habe den Brief dankend erhalten. Und vernommen, dass sie mir die Rente wieder weiter geben wollen. Frau Zundel. Ich habe in letzter Zeit den Körperbehinderten 500 Geld Spende gegeben. Und später 1000 Mark für Körperbehinderte für Pfrondorf. Ich habe auch ein gutes Herz für andere. Und dem Musikverein Pfrondorf auch 1000 M. Spende gegeben. Es hat mich sehr gefreut, so lange Rente gegeben von Frau Zundel. Und jetzt habe ich Geld genug zum Spenden. Es ist ganz unnötig, die Rente mir wieder geben. Reinhart hat eine schöne Rente 600,33 Mark. Das ist doch ein schönes Geld. Ich werd auch schon 83 Jahre alt. Noch nie gedacht so lange leben. Wo immer ein bisschen krank gewesen. Und die vielen Operationen in Tübingen und dergleichen. Frau Zundel. Sie werden auch 84 Jahre. Wenn man überlebt. Und wünsche Frau Zundel gute Besserung. In diesem Alter.

Mit Gruß Kunselmann

Die Sommerferien verbrachte ich in diesen Jahren stets mit meinem Freund Bernd Niekau in Haisterkirch. Unsere Eltern waren befreundet, denn Professor Niekau hatte, wie bereits erwähnt, früher in Lustnau seine Praxis. Wir pressten Blumen, fingen Frösche und Krebse, sammelten Pilze, unternahmen ausgedehnte Radtouren und gingen ins schöne Strandbad in Waldsee schwimmen.

„Kegelclub Explosiv"

In einem dieser Sommer brach in Haisterkirch eine Epidemie aus, und zwar eine Darmgrippe, verbunden mit schrecklichem Durchfall. Alle außer mir waren betroffen. Flachs musste damals händisch ausgerissen werden, um auch die Wurzeln zu erhalten. Das Flachsfeld lag glücklicherweise neben dem Maisacker, der infolge der Epidemie reichlich gedüngt wurde. Wenn wir von Waldsee kamen, ersehnten alle den Wald. Dort befand sich eine Bank. Zur selben Zeit bekam die Mutter von Tante Frieda eine Geburtstagsgratulation von einem Kegelclub Excelsior. Ich nahm die Gelegenheit wahr und taufte unseren explosiven Verein „Kegelclub Explosiv". Damit erhielt auch die Bank den Namen: „Bank des Kegelclubs Explosiv". Leider ist diese Bank vor einigen Jahren verschwunden.

Getreideernte

Ich erinnere mich, wie an dem langen Acker an der Wendelinuskapelle das Getreide noch mit der Sense geschnitten wurde. Sechs Mäher verrichteten hintereinander diese mühsame Arbeit. Besonders unangenehm war das Einbringen der Gerste in die Scheuern, denn die Grannen juckten auf der bloßen Haut. Wenn hinten auf dem Hof unter dem Vordach gedroschen wurde, vergnügte sich eine kleine Heerschar Spatzen an der Spreu, um ihren Speiseplan zu ergänzen. Abends wurden auf dem Hof unter dem Vordach die Sensen gedengelt. Beim Schmied Neyer wurden Pferde neu beschlagen. Im Sommer dauerte es lange, bis im Dorf Ruhe einkehrte.

Im Winter stand die Dreschmaschine unter dem Vordach gegenüber dem Atelier. Die schweren Getreidesäcke trug man auf der Schulter zum Getreidespeicher über dem Maschinenschuppen. An Fronleichnam wurde unter diesem Vordach ein Altar aufgebaut. Vom Atelier kann man auch heute noch an diesem Festtag die neueste Hutmode der Haisterkircherinnen studieren.

Auf dem Hof in Haisterkirch hatten wir eine Polin, die Polen-Martha. Sie bekam eines Tages ein Kind von einem unserer französischen Kriegsgefangenen. In ihrer Notlage brachte sie ihr Kind um. Dies blieb mir nicht verborgen. Von den Erwachsenen bekam ich keine Auskunft über das Schicksal des Kindes. Dieses Geschehnis beschäftigte mich lange Zeit intensiv.

Der Unterricht im Gymnasium fand nur noch sehr sporadisch statt. In der Nacht vom 15. auf den 16. März 1944 herrschte ein Föhnsturm. Die Bomber wurden von Stuttgart abgedrängt, damit ging der Luftangriff auf uns nieder. Wir befanden uns im Keller. Ich lag zitternd auf meinem Strohsack. Meine Mutter versuchte, mich zu beruhigen. Das Pfeifen und die Detonationen der Sprengkörper waren schrecklich. Die Phosphorkanister verursachten ein nervenaufreibendes Klappern. Bei jeder Detonation bebte der Kellerboden. Als wir aus dem Keller kamen, blickte ich zum Fenster des Verbindungsgangs (Gang zwischen Wohnhaus und Atelier meines Vaters) hinaus. Über den Orten Kusterdingen und Wankheim jenseits des Neckartals stand eine riesige, durch den Wind etwas nach Osten geneigte, züngelnde Flamme. In Lustnau brannten sechs Höfe ab.

Bomben-
angriffe

Unterhalb des Berghofs waren zwei Häuser durch Sprengbomben zerstört. Ihre Bewohner haben glücklicherweise im Bierkeller überlebt. Das Uhlandhaus am Beginn der Tübinger Gartenstraße war durch eine Luftmine im wahrsten Sinne des Wortes weggeblasen worden, ebenso das Denkmal des Grafen Eberhardt im Barte auf der Neckarbrücke.
Glücklicherweise war das Gros der Spreng- und Brandbomben auf dem freien Feld niedergegangen. Die über sechzig Sprengkörper und etwa dreißigtausend Brandbomben hätten, wären sie auf bewohntes Gebiet gefallen, Furchtbares angerichtet. Eine Luftmine, die im Wald hinter der Sonnhalde explodierte, deckte bei uns alle Dächer ab und drückte viele Fenster ein, obwohl diese vorsichtshalber nicht verschlossen, sondern nur mit Federn zugehalten waren. Das Oberlicht des Ateliers meines Vaters wurde heruntergedrückt und verursachte an seinem Schreibtisch, den ich heute benutze, sichtbare Narben. Wir zählten auf einem unserer Äcker auf dem Steudach über dreißig Brandbomben.
In den nächsten Tagen bekam ich, wenn die Sirenen heulten, jedes Mal Panik und Angst. Ich sammelte im Garten Bombensplitter. Einmal fand ich im Wald nahe beim Steinbruch eine nicht gezündete Brandbombe. Von da an gingen auch wir bei Fliegeralarm in den Bierkeller. In diesem ausgedehnten Kellersystem lagerte früher die Brauerei Leicht ihr Bier. Im Dunkeln war jedoch der Weg über die Staffeln zum Bierkeller hinunter recht mühsam, zumal oft Eile geboten war. Eines Tages – wir saßen gerade beim Mittagessen – überflog uns ein Bomberverband mit großem Gebrumm. Mein Vater wollte, dass ich den Esstisch nicht verließ und hielt mich am Handgelenk fest. Ich war jedoch nicht zu halten und stürzte ins Freie. Ich sah, wie die Bomben aus den Flugzeugrümpfen in die Tiefe auf die Kasernen und den Bahnkörper stürzten. Einige Häuser in der Bismarckstraße, die am Bahnkörper entlang standen, waren zerstört worden. Ich fuhr hin und erinnere mich an eine Gruppe von Kindern, ein etwas älterer Junge sagte: „Mit denen, die hier unter den Trümmern liegen, haben wir vor einer Stunde noch gespielt." Mein Vater hat sich nachher bei mir entschuldigt. Er sagte, er habe die Situation falsch eingeschätzt.
Als wir nach dem furchtbaren Angriff auf das über fünfzig Kilometer Luftlinie entfernte Pforzheim aus dem Bierkeller zum Berghof hinaufstiegen,

sahen wir die riesigen Flammen, die über dieser Stadt in die Höhe züngelten. In dieser Nacht verbrannten in Pforzheim über vierzigtausend Menschen. Wenige Tage später erhielt mein Vater die Nachricht, dass man seine drei Stiefschwestern als eng umschlungene, verkohlte Skelette im Keller ihres Hauses gefunden habe.

In der zweiten Hälfte des Krieges arbeitete bei uns eine ukrainische Zwangsarbeiterin namens Eva. Sie kam mit ihrer einzigen Habe, einem Huhn unter dem Arm, bei uns an. Sie kochte für die Arbeiter auf dem Hof und sicher nicht schlecht, was man ihrer Figur ansah. Nach dem Krieg wurde sie, obwohl sie gerne bei uns geblieben wäre, zwangsrepatriiert, wie dies genannt wurde, was auch mein Vater nicht verhindern konnte. Ihr Huhn, das natürlich auch den Namen Eva trug, musste sie zurücklassen. Es hat bei uns nie ein Ei gelegt, dennoch durfte es noch jahrelang Gnadenkörner picken, dies bis zu seinem natürlichen Ende.

Zwangsarbeit

Die Sommerferien verbrachten wir in Haisterkirch. 1944 flogen täglich viele Pulks von jeweils etwa 25 silbern glitzernden Bombern nach München, um zwei Stunden später nach erfolgtem Vernichtungswerk zurückzukehren. Die Bomber flogen ohne Schutz durch Jagdflugzeuge völlig unbehelligt. Aus meiner heutigen Sicht waren diese Terrorangriffe gegen die schutzlose Zivilbevölkerung ein völkerrechtswidriges Kriegsverbrechen, das nach dem Krieg hätte gesühnt werden müssen. Die aufkommende Aggression der Amerikaner gegen die Russen führte zu dem entsetzlichen Bombardement von Dresden, in dem sich hunderttausende Flüchtlinge aus den Ostgebieten aufhielten. Ich vermute, dass die westlichen Alliierten Dresden nicht unzerstört den Russen überlassen wollten und deshalb den Tod der Bevölkerung und der Flüchtlinge in Kauf nahmen.

Die Veranstaltungen des Jungvolks habe ich nur unregelmäßig besucht. Ich erinnere mich an einige spannende Geländespiele. Im Herbst 1944 kam ich in die Hitlerjugend, und zwar in die Nachrichten-Abteilung. Was wir dort lernten, unter anderem Funken, sprach mich sehr an. Die Ausbildung erfolgte durch zwei Obergefreite, die uns – insbesondere im Gelände – sehr rüde behandelten. Wegen Kleinigkeiten ließen sie uns auf allen Vieren durchs Gelände robben. Diese Ausbildung wurde natürlich im Hinblick auf eine spätere Verwendung beim Militär durchgeführt. Aber soweit kam es Gott sei Dank nicht mehr, denn die Fronten rückten von allen Seiten näher.

Hitlerjugend

Bereits im Januar wurde Aachen von den Alliierten besetzt. Einmal hatten wir eine Hitlerjugendveranstaltung im Pfleghofsaal. Es gab Luftalarm, akute Luftgefahr. Darauf marschierten alle singend zum Schloss, um dort im Schlosskeller die Veranstaltung fortzuführen. Ich setzte mich mit einigen anderen ab. Wir fanden im Luftschutzkeller in der Brunnenstraße Zuflucht. Am nächsten Tag wurde ich von einem meiner Mitschüler, Tulo Müller – sein Vater war Arzt im Tropengenesungsheim – in der Schule darauf angesprochen, dass wir desertiert seien. Tulo Müller war in Deutsch-Ostafrika geboren. Alle Auslandsdeutschen waren besonders national.

Unser Gärtner, Hermann Schmied, war den ganzen Krieg u.k. gestellt (vom Wehrdienst zurückgestellt), da wir in großem Umfang Obstbau und für die Ernährung wichtigen Feldgemüseanbau betrieben. Er hatte vier Kinder, die Älteste, Ilse, war Patenkind meines Vaters. Diese u.k.-Stellung hat Hermann Schmied meinem Vater sehr übel genommen, denn er fühlte sich den anderen Männern gegenüber, die eingezogen wurden, zurückgesetzt. Im Januar 1945 wurde er zum Schanzen an den Westwall geholt. Er bekam Typhus und war bereits nach drei Tagen tot. Die große Anzahl von Obstbäumen musste dennoch geschnitten werden. So kam es, dass mich mein Vater hierzu anlernte. Den ganzen Februar und März habe ich mit ihm unermüdlich Bäume geschnitten. Von der Erlernung dieser Kunst profitiere ich heute noch.

Französische Kriegsgefangene

Auf unserem Hof in Tübingen arbeiteten sehr tüchtige französische Kriegsgefangene. Zweien von ihnen gelang die Flucht in ihre Heimat. Ein besonders gutes Verhältnis hatten wir zu einem Bretonen. Als das Kriegsende nahte, zeigte er meinem Vater, dass er für uns im Obsthaus hinter den Kisten Getreide versteckt hatte, dies vor seinen eigenen Landsleuten! Einmal musste ich in Hitlerjugenduniform mit Hakenkreuzarmbinde an unseren französischen Kriegsgefangenen vorbei, die im Garten arbeiteten. Ich empfand dies als sehr peinlich.

Besuch der Bosch-Direktoren auf dem Berghof

Im Februar 1945 bekamen wir Besuch aller Bosch-Direktoren. Sie wollten sich offenbar unserer Solidarität vergewissern. Es ging um das Verhältnis der Firma zum NS-Regime. Mein Großvater hatte Carl Goerdeler unterstützt, einen der führenden Vertreter des konservativen Widerstands gegen Hitler. Goerdeler war am 2. Februar 1945 hingerichtet worden. Wir begleiteten die Direktoren zum Lustnauer Bahnhof. Die kleine Heerschar schwarzbefrackter Herren sah aus wie eine Schar Pinguine.

Vereidigung

Als Hitlerjunge wurde ich noch im März 1945 in der Aula der Universität Tübingen feierlich auf Hitler vereidigt. Mit erhobenem rechtem Arm mussten wir Hitler ewige Treue schwören. Meine Eltern wollten sehen, was man mit mir vorhatte und wohnten deshalb auf dem Balkon der Aula dieser Zeremonie bei.

Kurz darauf übersiedelten wir nach Haisterkirch. Als ich eines Tages mit meinem Vater in Graben (Weiler auf dem Höhenzug über Haisterkirch) war, mussten wir uns vor einem Tiefflieger in den glücklicherweise nahen Wald retten. Diese Tiefflieger hießen Marauder. Wir rannten Richtung Wald. Mein Vater, damals fast siebzig, konnte nicht so schnell. Er bedeutete mir, ich solle vorausrennen, was ich jedoch in keinem Fall wollte. Der Tiefflieger musste, um uns wieder ins Visier zu bekommen, eine Schleife fliegen. Dabei verlor er uns aus dem Gesichtsfeld. Wir erreichten den Wald. Seine Salve zerfetzte wenig neben uns die Bäume. Es war sehr schlimm, wie die Bauern bei der Frühjahrsbestellung durch die Tiefflieger gefährdet wurden. Die Feldbestellung konnte nur nachts durchgeführt werden.

Tiefflieger

Ich arbeitete gerade im Stall, als unser Tübinger Fähnleinführer in Haisterkirch vorbeikam. Er lobte mich, dass ich für das Vaterland wichtige Dienste leiste. Er war auf der Flucht Richtung Gebirge. Er stellte bei uns umfangreiches Gepäck ab, das wir in der Garage aufbewahrten. Als wir dieses viel später öffneten, sahen wir, dass es viele Uniformen mit Hakenkreuzbinden enthielt. Lange Zeit hatten die Franzosen, davon nichts ahnend, in dieser Garage ihre Werkstatt. Meine Hitlerjugenduniform brachten wir in das Dickicht im Wald rechts vom Weg zur Sebastianskapelle. Das Paket war bereits nach wenigen Tagen verschwunden.

Das Kriegsende

Drei Tage lang drängten sich die Kolonnen der fliehenden Schwarzwaldarmee über die Straßen des Oberlands und auch durch Haisterkirch nach Osten. Unter diesen Kolonnen befand sich auch ein Trupp KZ-Häftlinge. Einige brachen am Haisterkircher Berg zusammen, zwei wurden erschossen. Ein ungarischer Weinkaufmann konnte fliehen und wurde von einer Familie in Ehrensberg (kleiner Weiler bei Haisterkirch) versteckt. Zum Dank dafür sandte er nach dem Krieg an diese Familie jedes Jahr zu Weihnachten eine Kiste Wein. Die zwei Ermordeten wurden später auf den Friedhof überführt. Die Dorfbewohner mussten an den Aufgebahrten vorbeidefilieren.

Unser Verwalter in Haisterkirch, Karl Kettenacker, war ein Feldwebeltyp. In der Tat war er im Ersten Weltkrieg Feldwebel gewesen. Aus Zorn hatte er einmal einen unserer französischen Kriegsgefangenen, Moritz, geohrfeigt. Die anrückenden Franzosen versetzten ihn deshalb in Panik. Als die sich zurückziehenden Deutschen unsere vier Paar Pferde mitgenom-

Kriegsgefangene in Haisterkirch

men hatten, die ja damals für den Hof lebensnotwendig waren, getraute er sich nicht, sie zurückzuholen. So musste es mein Vater selbst versuchen. Er kam bald mit den Pferden zurück, denn diese waren nur als Vorspann am Haidgauer Berg benötigt worden.
Moritz verhielt sich völlig loyal. Es hatte ihm offenbar trotz allem bei uns gut gefallen. Nach dem Krieg kam er mehrmals und zeltete in unserem Obstgarten mit seiner von Jahr zu Jahr wachsenden Familie. Die letzte Tat unserer französischen Gefangenen war es, dass sie für uns zwischen Haus und Atelier ein Stück Wiese als Gemüseland umgruben.
Mein Vater machte sich große Sorgen, dass der Berghof zerstört werden könnte, wenn um das Neckartal gekämpft würde. Ich stieg mit ihm auf die Höhe über Haisterkirch. An den Bränden sah man die von Westen herannahende Front. Einige Tage später zog ich mich gerade morgens im Atelier meines Vaters an, als im Garten unseres Nachbarn Maierhofer eine Granate einschlug. Ein Granatsplitter zertrümmerte die Fensterscheibe, hinter der ich stand.
Bei uns im Haus wohnte die Frau eines Oberstabsapothekers, Frau Hielscher. Diese hatte Unmengen von ihrem Mann in Frankreich gestohlenen Cognac. Um Unheil zu verhüten, verstauten wir diesen in der hofeigenen Brunnenstube. Zwei Kisten Wein meines Vaters vergruben wir im Wald bei der Holzwiese. Wir hatten einen originellen Bauunternehmer, Herrn Krattenmacher. Er sagte zu meinem Vater, sein Rauchfleisch habe er unter dem Blumenbeet vergraben und Vergissmeinnicht darauf gepflanzt.

Einmarsch der Franzosen

Wenig später herrschte morgens im Ort große Aufregung. Französische Panzer standen auf der von Bad Waldsee kommenden Straße oben am Wald vor einer Straßensperre, die die abziehenden deutschen Truppen errichtet hatten. Die Franzosen drohten mit dem Beschuss des Dorfes. Mein Vater beseitigte mit einigen Männern dieses gefährliche Hindernis. Als die Franzosen Haisterkirch mit drei Schützenpanzern, denen vier Scharfschützen vorangingen, besetzten, standen wir vor der Haustür. Die Besatzung der Schützenpanzer grüßte freundlich. Um den Höhenzug im Osten über Haisterkirch wurde drei Tage lang gekämpft. Einmal kam ein deutscher Spähtrupp ins besetzte Dorf. Mein Vater gab den Männern Essen und Wein. Am Friedhof standen französische Geschütze, die das Nachbardorf Ziegelbach in Brand schossen. Ein französischer Panzer, der zur Erkundung in Richtung Haidgau vorgeschickt worden war, zog sich so eilends den Haidgauer Berg herunter zurück, dass er sich überschlug und kopfüber im Garten des Schmieds Neyer landete.

Maria Knöpfler, die Frau des Oberlehrers an der Haisterkircher Schule, hat die Ereignisse um das Kriegsende niedergeschrieben. Dieser Bericht ist als *Anhang 1* zu finden.
Das Panzerkorps, das Haisterkirch erobert hatte, stieß gleich weiter in Richtung Alpen vor. In Sonthofen war eine Napola (Nationalpolitische Erziehungsanstalt). Die zwölf- bis sechzehnjährigen Jungen setzten den Franzosen erbitterten Widerstand entgegen. Das Panzerkorps kehrte nach etwa zehn Tagen zurück. Bei ihrer Quartiersuche stürmten die Franzosen ins Atelier meines Vaters, wo wir uns gerade aufhielten. Unter der Tür blieben sie beim Anblick des Bildes „Der Schlosser" verblüfft stehen. Ein ellenlanger Elsässer bemerkte: „Nein, hier ist kein Quartier". Sie quartierten sich schließlich in unserem Wohnhaus ein, das Atelier blieb uns überlassen. Meine Großmutter wurde auf dem Hof untergebracht.
Einer der Panzer, der unter unserem Scheunenvordach stand, war noch voll vom eingetrockneten Blut seines Kommandanten, der bei den Kämpfen in Sonthofen an einem der letzten Kriegstage gefallen war.

Besatzung

Ein französischer Offizier aus dem Elsaß war Volkswirtschaftler und kannte das Buch meiner Tante über „Gelenkte Marktwirtschaft". Beide diskutierten nächtelang.
Am 8. Mai veranstalteten die Franzosen auf der Wiese südlich von unserem Haus eine große Siegesfeier mit Feuerwerk. Es folgte eine einwöchige Besetzung durch französische Maquistruppen. Diese waren ursprünglich Partisanentruppen, die vom französischen Widerstand gesteuert wurden. Sie waren sehr unzugänglich und schossen auf alles, was ihnen in den Weg kam. Meine Mutter suchte mich eines Tages verzweifelt. Sie fand mich friedlich lesend im Atelier. Die nächste Einquartierung waren Marokkaner. Wir hatten etwa 50 Soldaten mit ihren Maultieren auf dem Hof. Mein Vater versorgte sie mit Milch. Als sie abzogen – wir kamen gerade von einem Spaziergang zurück – wollte einer von ihnen meinem Vater eine Schürze voller Münzen als Bezahlung für die Milch geben. Die Marokkaner – selbst aus einem besetzten und unterdrückten Land – hatten wohl Mitgefühl mit den Deutschen, sie waren sehr deutschfreundlich. Einmal wollte mich einer zu seinem Mittagessen einladen, das er auf dem Boden neben unserem Schweinestall hockend kochte. Nach etwa vier Wochen zogen die marokkanischen Truppen wieder ab. Wir hatten zunächst keine Besatzungstruppen mehr.
Tante Frieda hatte den Berghof mutig verteidigt. Ein Franzose namens Pièrre kümmerte sich hilfreich um sie und ihre Probleme. Mein Vater hat sie später oft im Hinblick auf ihren Pièrre aufgezogen.

Die Franzosen hatten Tübingen für ihre marokkanischen Truppen drei Tage lang zum Plündern und Schänden freigegeben. Der Plünderei auf dem Berghof ist unter anderem meine Märklin-Eisenbahn zum Opfer gefallen. Else Gräter, ein sechzehnjähriges Mädchen, das bei uns Lehre machte, wollte noch nach Hause und wurde auf dem Heimweg sieben Mal von Marokkanern vergewaltigt. Über siebentausend Frauen mussten nach diesen Geschehnissen in der Universitätsklinik behandelt werden.
Im Lateinischen und Griechischen tat ich mich sehr schwer, deshalb hatte ich nach dem Krieg Nachhilfeunterricht bei dem pensionierten Pfarrer Bayer, der am Denzenberg wohnte. Er war querschnittgelähmt und dadurch an den Rollstuhl gebunden. Er erzählte mir, dass in den Tagen der Plünderung ein Mädchen Tag und Nacht neben seinem Rollstuhl gekniet sei, während man vom oberen Stock Schreie eines Mädchens hörte, das von den Marokkanern gequält und vergewaltigt wurde.
Bereits am 9. Mai 1945 konnte uns Tante Frieda durch einen Franzosen einen Brief senden, der uns jedoch erst viel später erreichte. In diesem teilte sie uns mit, dass auf dem Berghof alles glimpflich abgegangen war. Sie schrieb:

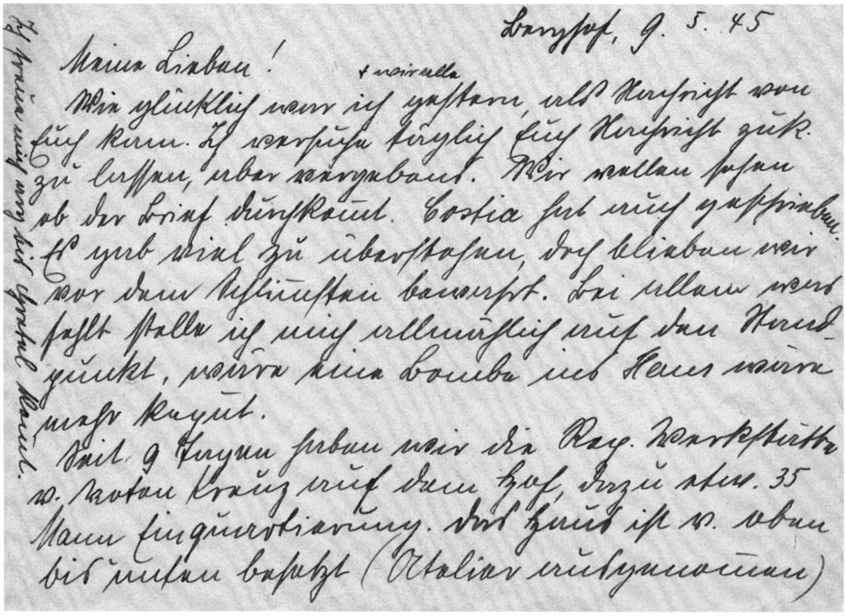
Berghof, 9. 5. 45

Meine Lieben! + Marcella

Wie glücklich war ich gestern, als Nachricht von euch kam. Ich versuche täglich euch Nachricht zukommen zu lassen, aber vergebens. Wir wollen sehen ob der Brief durchkommt. Costia hat auch geschrieben. Es gab viel zu überstehen, doch blieben wir vor dem Schlimmsten bewahrt. Bei allem was passiert stelle ich mich allmählich auf den Standpunkt, wäre eine Bombe ins Haus wäre mehr kaputt.

Seit 9 Tagen haben wir die Reg. Werkstätte v. roten Kreuz auf dem Hof, dazu etw. 35 Mann einquartiert. Das Haus ist v. oben bis unten besetzt (Italiar ausgenommen)

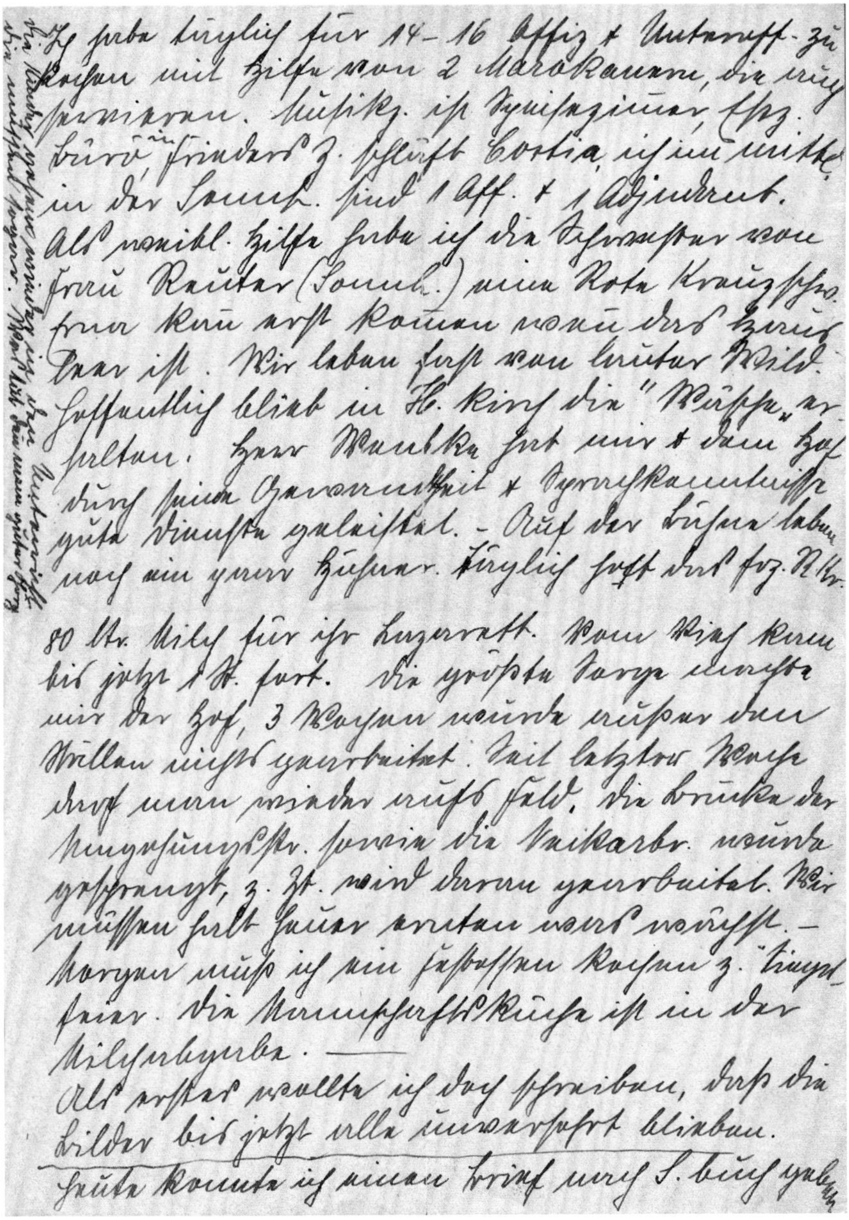

Ich habe täglich für 14–16 Offiz + Unteroff. zu
kochen mit Hilfe von 2 Marokkanern, die nur
servieren. Musikz. ist Speisezimmer, Schz.
büro, Kinderschl. schläft Cortia, ich im Mittelz.
in der Sonne. sind 1 Off. + 1 Adjudant.
Als weibl. Hilfe habe ich die Schwester von
Frau Reuter (Sonne.) eine Rote Kreuzschwe-
ster kann erst kommen wenn das Zeug
frei ist. Wir leben fast von lauter Wild.
Hoffentlich bleibt in H. Kirch die "Wäsche" erhalten. Herr Wanke hat mir + dem Hof
durch seine Gewissenhaftigkeit + Sprachkenntnisse
gute Dienste geleistet. – Auf der Wiese leben
noch ein paar Hühner. Täglich holt das frz. R.Kr.
80 Ltr. Milch für ihr Lazarett. Vom Vieh kam
bis jetzt 1 St. fort. Die größte Sorge machte
mir der Hof, 3 Wochen wurde außer dem
Stellen nichts gearbeitet. Seit letzter Woche
darf man wieder aufs Feld. Die Brücke der
Hugenottenstr. sowie die Veitsbr. wurde
gesprengt, z. Zt. wird daran gearbeitet. Wir
müssen selbst Feuer machen wenn morgens. –
Morgen muß ich ein Festessen kochen z. Siegesfeier. Die Mannschafts Küche ist in der
Milchabgabe. –
Als erstes wollte ich doch schreiben, daß die
Bilder bis jetzt alle unversehrt blieben.
Heute konnte ich einen Brief nach S. durchgeben

[illegible]

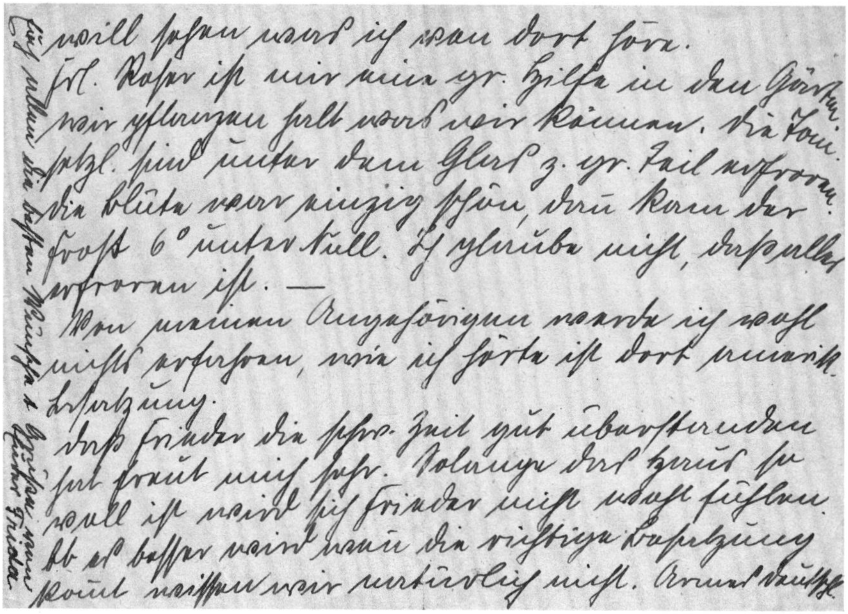

will sehen was ich von dort höre.
Frl. Roser ist mir eine gr. Hilfe in dem Garten
wir pflanzen halt was wir können. Die Tomaten-
pflz. sind unter dem Glas z. gr. Teil erfroren
die Blüte war einzig schön, dann kam der
Frost 6° unter Null. Ich glaube nicht, daß alles
erfroren ist. —
Von meinen Angehörigen werde ich wohl
nicht erfahren, wie ich hörte ist dort [illegible]
Besetzung.
Daß Frieder die schw. Zeit gut überstanden
hat freut mich sehr. Solange das Herz so
voll ist wird sich Frieder nicht wohl fühlen.
Ob es besser wird wenn die richtige Besetzung
kommt wissen wir natürlich nicht. [illegible]

Euch allen die besten Wünsche u. Grüßen [illegible] Frida

Berghof, 9.5.45

Meine Lieben!
Wie glücklich war ich und wir alle gestern, als Nachricht von Euch kam. Ich versuche täglich Euch Nachricht zukommen zulassen, aber vergebens. Wir wollen sehen, ob der Brief durchkommt. Costia hat auch geschrieben. Es gab viel zu überstehen, doch blieben wir vor dem Schlimmsten bewahrt. Bei allem, was fehlt, stelle ich mich allmählich auf den Standpunkt, wäre eine Bombe ins Haus gefallen, wäre mehr kaputt.
Seit 9 Tagen haben wir die Reparaturwerkstätte vom Roten Kreuz auf dem Hof, dazu etwa 35 Mann Einquartierung. Das Haus ist von oben bis unten besetzt (Atelier ausgenommen). Ich habe täglich für 14 - 16 Offiziere und Unteroffiziere zu kochen, mit Hilfe von zwei Marokkanern, die auch servieren. Musikzimmer ist Speisezimmer, Esszimmer ist Büro, in Frieders Zimmer schläft Costia, ich im mittleren, in der Sonnhalde wohnt ein Offizier und ein Adjudant. Als weibliche Hilfe habe ich die Schwester von Frau Reuter, eine Rote Kreuz Schwester. Erna kann erst kommen, wenn das Haus leer ist. Wir leben fast von lauter Wild. Hoffentlich blieb in Haisterkirch die Wäsche erhalten. Herr Wenske hat mir und dem Hof durch seine Gewandtheit und Sprachkenntnisse gute Dienste geleistet. Auf der Bühne haben wir noch ein paar Hühner. Täglich holt das französische Rote Kreuz 80 Liter

Milch für ihr Lazarett. Vom Vieh kam bis jetzt ein Stück fort. Die größte Sorge machte mir der Hof. Drei Wochen wurde außer in den Ställen nichts gearbeitet. Seit letzter Woche darf man wieder aufs Feld. Die Brücke der Umgehungsstraße sowie die Neckarbrücke wurden gesprengt, z.Zt. wird daran gearbeitet. Wir müssen halt heuer ernten was wächst. – Morgen muß ich ein Festessen kochen zur Siegesfeier. Die Mannschaftsküche ist in der Milchabgabe.
Als erstes wollte ich doch schreiben, dass die Bilder alle unversehrt blieben. Heute konnte ich einen Brief nach Sillenbuch geben, will sehen, was ich von dort höre. Fräulein Roser ist mir eine große Hilfe in den Gärten. Wir pflanzen halt, was wir können. Die Tomatensetzlinge sind unter dem Glas z.gr. Teil erfroren. Die Blüte war einzig schön, dann kam der Frost, 6° unter Null. Ich glaube nicht, dass alles erfroren ist. –
Von meinen Angehörigen werde ich wohl nichts erfahren. Wie ich hörte, ist dort amerikanische Besatzung.
Dass Frieder die schwere Zeit gut überstanden hat, freut mich sehr. Solange das Haus so voll ist, wird sich Frieder nicht wohl fühlen. Ob es besser wird, wenn die richtige Besatzung kommt, wissen wir natürlich nicht. Armes Deutschland.

Euch allen die besten Wünsche und Grüße von
Eurer Frieda

Ich freue mich arg bis Gretel kommt.
Die Kinder gehen wieder in den Unterricht, die müssen sogar. Was tut denn mein guter Jörg?

Am 15. Mai schrieb meine Mutter an Tante Frieda folgenden Brief, den ein französischer Offizier überbrachte:

Haisterkirch, 15.5.45

Liebe Frieda!
Wir haben schon 2 Mal versucht, durch französische Offiziere, die durch Tübingen kamen, Dir Nachricht zu geben. Da sie nicht wussten, ob sie die Möglichkeit haben werden, die Briefe abzugeben, wissen wir nicht, ob diese Briefe Dich erreicht haben. Wir haben schwere Zeiten hinter uns, doch blieb der Hof unversehrt. Wir sind in großer Sorge um Dich und sehr froh, dass heute ein französischer Korporal so liebenswürdig ist, einen Brief an Dich mitzunehmen. Die Antwort auf unseren Brief wird er morgen früh wieder

abholen. Bewirte ihn gut und gib ihm, wenn Du noch hast, von dem selbst gebrauten Schnaps 1/2 l. Schreib uns, wie es Dir und dem Hof geht. Ist Lothar Kaiser zur Arbeit gekommen? Sind Rosers noch da? Sind die Bilder unversehrt? Musstet Ihr viel Vieh abgeben? Ist die Obstbaumblüte erfroren? Wende Dich in allen Obstbausachen an Herrn Obstbauinspektor Kost. Hast Du Nachricht von den Stuttgarter Verwandten? Vielleicht kannst Du durch Doktor Thomä, der in Tübingen bei Hauptmann Böhm in der Fürbergstraße wohnt, durch einen Boten Nachricht holen lassen. Thomä kann Dir sicher sagen, wie es Fischers geht und ob die Firma weitere Zerstörungen erlitten hat.
Hast Du gehört, wie es der Familie Wizenmann geht? Vermittle an Frl. Margarete Kurz, Kielmeyerstr. 5 in Tübingen (am Wehr) bei Rottenmeyer die Nachricht, dass ihre Schwester Elfriede bei uns eine Stellung gefunden hat und dass es ihr gut geht.
Gretel hat versucht mit dem Korporal hinunter zu fahren, aber leider keine Erlaubnis erhalten. Sie kommt so bald wie möglich. Mach Dir inzwischen keine so großen Sorgen. Schone Dich und bleib gesund.
Grüße alle herzlich, auch Wenskes.

Wir grüßen Dich alle von Herzen.
Deine Paula

Wenn Du die Möglichkeit hast, dann gib durch Thomä die Nachricht, dass wir und der Hof unversehrt sind, an das Sekretariat und an Dr. Fischer durch.

Auch Costia, ein Neffe meines Vaters, der einen Tag vor der Besatzung auf den Berghof kam, schrieb an meine Eltern:

Berghof, 9.5.45

Lieber Onkel! Liebe Tante!
Wir erhielten gestern Euren Brief von vorgestern, worüber wir uns sehr gefreut haben. Auch hier ist alles gesund. Seit 10 Tagen haben wir Einquartierung einer Sanitätskompanie, die die Feldpost Nr. Secteur SP 75385 (Tübingen Lustnau Berghof) hat. Frieda kocht für den Stab und hat sehr viel Arbeit. Der größte Teil des Hauses ist belegt, auch auf dem Hof. Das Vieh ist noch vorhanden (mit Ausnahme der meisten Hühner). Besondere Rücksicht wurde in Tübingen nicht genommen, da im Bebenhäuser Tal auch einige Schüsse fielen, wurde auch der Berghof mehrmals abgegrast. Die Panzer fahren z. Zeit am Hof vorüber.

Am allermeisten freut es uns, dass ihr zusammen mit Jörg gesund seid.
In der Sonnhalde ist trotz mehrfachem Eindringen auch alles wohlauf. Karl Fink ist auf dem Hof.
Frieda weiß von ihren Angehörigen nichts, da Ulm von Amerikanern besetzt ist.
Einen Tag vor der Besetzung kam ich hierher. Unsere Mutter ist in der Nervenklinik, es geht ihr gut. Von meinem Bruder wissen wir nichts, er verließ Tübingen vorher.
Frieda hat auch einen Brief geschrieben, den wir versuchen mitzugeben.

Mit herzlichen Grüßen von Allen! Costia

Eines Nachmittags suchten wir nach den im Wald bei der Holzwiese vergrabenen zwei Kisten Wein. Wir waren lange erfolglos. Durch systematisches Stochern mit seinem Stock wurde mein Vater schließlich fündig.

Ein Brasilianer, der sich relativ frei bewegen durfte, agierte mit dem Fahrrad als Postbote. So konnte meine Mutter am 15.6. an Tante Frieda schreiben:

St. Georgshof, 15. 6. 1945

Liebe Frieda!
Gestern kamen Deine Briefe in unsere Hände, vom 19., 23. und 29. Mai. Wir waren ganz erschüttert, was Ihr durchmachen mußtet. Die arme Erna! Man könnte weinen, dass so viele unschuldige Menschen für anderer Vergehen büßen sollen. Vor dem Schlimmsten hat uns bis jetzt Frieder bewahren können. Ebenso waren Gretels Sprachkenntnisse eine große Hilfe. Ich wusste wohl, warum ich drunten bleiben wollte, willigte ja auch nur ein, als Frieder beschloß, bei Dir zu bleiben. Das Schicksal hat es anders gewollt, da Frieder hier erkrankte. Vielleicht hat es so sein sollen, dass Frieder bei seinem Kind blieb. Was aus uns geworden wäre, wenn er nicht hier gewesen wäre, weiß ich nicht. Es wäre uns wohl schlimm ergangen. Als wir noch mitten in der Gefahr standen (Jörg wäre beinah von einem Granatsplitter getroffen worden; die Granate schlug direkt beim Hof ein und zertrümmerte das äußere Atelierfenster) hörten wir, dass Tübingen tatsächlich kampflos übergeben wurde. Ich kann Dir nicht sagen, wie glücklich ich war, als ich das erfuhr. Damals hoffte ich, dass Du dort weniger gefährdet seiest als wir hier. Was aber dann noch kam, nun wissen wir es war und es ist noch nicht vorüber, weder hier noch

dort. Was haben wir für Sorgen um Dich gehabt, als die Briefe nicht mehr durchkamen. Und was sorgen wir uns, da immer noch keine Nachricht von Gretel da ist. Am Montag schon hofften wir auf Nachricht. Und trotzdem hoffen wir, dass Du nun nimmer allein bist, dass Dir Gretel und O. beistehen kann. Mögt Ihr doch jetzt etwas mehr Ruhe haben! Wie hast Du gesundheitlich durchgehalten? Frl. Menzel schreibt, dass Du kollosal viel geleistet hast, hoffentlich nicht über die Kraft. Doch sobald Gretel da ist, mußt Du Dich schonen und pflegen. Und vielleicht kommt es bald einmal wieder, dass wir beisammen sein können. Heimweh hab ich eben doch und das Bedürfnis sich wieder auszusprechen, sich wiederzusehen, nach all dem Schweren, was wir durchgemacht haben und durchmachen!
Wenn Frieder hinauskommt und Du brauchst Gretel, so werde ich allein fertig. Elfriede, die sehr fleißig, tüchtig und angenehm ist im Umgang – es ist in der Not mir wieder die Richtige geschickt worden – will nach Tübingen zu ihrer Schwester, aber da Hedwig ja nur noch drei Zimmer zu richten hätte, müßte es auch gehen. Die große Wäsche ging ganz glatt vorüber, obwohl die eigene Waschmaschine kaputt ist. Aber wie gut haben wir draußen mit unserer Einrichtung zu arbeiten gegen hier! Aber es muß auch gehen. Nun sagt Frieder, ich dürfe nicht allein bleiben hier. Aber nochmals: ich bin zu allem bereit. Sollte Frieder m. Auto geholt werden, was ich immer hoffe, dass O. einen Passierschein für F[rieder]. erhält, dann kann Gretel ja mit heraufkommen, falls die Verhältnisse hier sich weiter verschlimmern, sodass ich tatsächlich nicht allein hier bleiben könnte. Ev. kann sie ja wieder mit hinunterfahren, wenn es d. hiesigen Verhältnisse erlauben. Doch Du warst nun so lange allein, nun mache ich es auch einmal. Wie froh war ich, dass Du schriebst, Du seiest immer achtungsvoll behandelt worden.
Nun leb wohl, liebe Frieda. Hab Dank für alles, was Du für uns und den schönen Berghof getan und gelitten hast.

Grüße alle!
Deine Paula

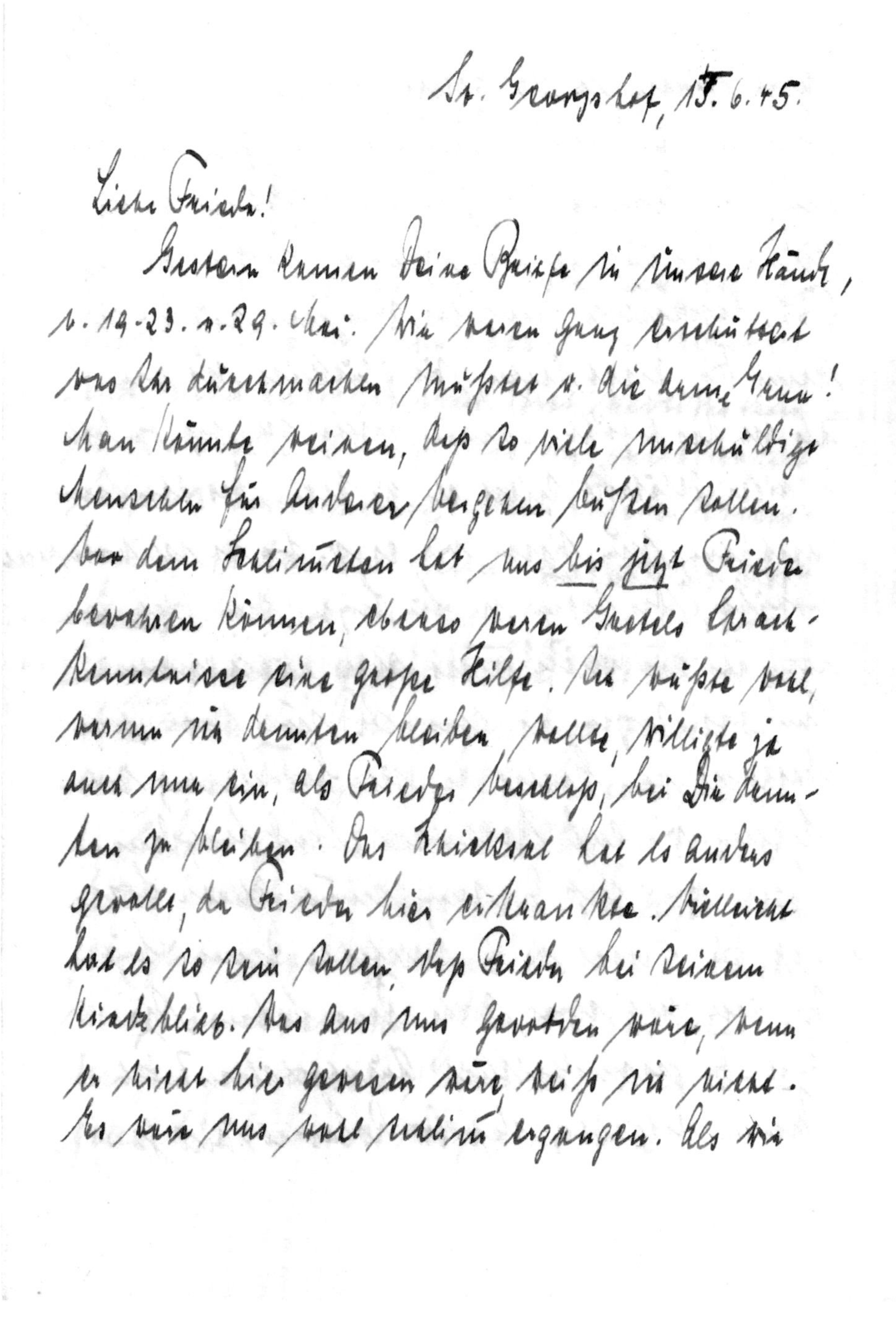

St. Georgshof, 15. 6. 45.

Liebe Frieda!

Gestern kamen Deine Briefe in unsere Hände, v. 19.-23. u. 29. Mai. Wir waren ganz erschüttert was Ihr durchmachen mußtet u. die arme Hanna! Man könnte weinen, daß so viele unschuldige Menschen für Anderer Vergehen büßen sollen. Vor dem Schlimmsten hat uns bis jetzt Friedr. bewahren können, ebenso waren Gretels Sprachkenntnisse eine große Hilfe. Du wüßtest wohl, warum wir drunten bleiben wollte, willigte ja auch nur ein, als Friedr. beschloß, bei Dir drunten zu bleiben. Das Schicksal hat es anders gewollt, da Friedr. hier erkrankte. Vielleicht hat es so sein sollen, daß Friedr. bei seinem Kirchspiel blieb. Was aus uns geworden wäre, wenn er nicht hier gewesen wäre, weiß ich nicht. Es wäre uns wohl schlimm ergangen. Als wir

noch mitten in der Gefahr standen (Papa wäre
beinahe von einem Granatsplitter getroffen worden; die Granate schlug direkt i. Hof ein u. zer-
sprengte das äußere Atelierfenster) hörten wir daß
Tüb. tatsächlich kampflos übergeben wurde; ich
kann Dir nicht sagen, wie glücklich ich war,
als ich das erfuhr. Damals hoffte ich, daß Du dort
weniger gefährdet seiest als wir hier. Was aber dann
noch kam, nun wissen wir es u. ~~wir~~ es ist noch nicht
vorüber [illegible]. Was haben wir für Sorgen um Dich gehabt, als die Briefe nicht mehr durchkamen.
Und was sorgen wir uns, da immer noch keine
Nachricht von Grete da ist. Am Montag schon
hofften wir auf Nachricht. Und trotzdem
hoffen wir, daß Du nun nicht allein bist,
daß Dir Grete u. C. beistehen kann. Möge
Sie doch jetzt etwas mehr Ruhe haben! Wie
hast Du gesundheitlich durchgehalten? Frl.
Mengel schreibt, daß Du kolossal viel ge-

liebster Hans, hoffentlich nicht über die [illegible]?
Oder sobald Hansel da ist, mußt Du Dich schonen
u. pflegen. Und vielleicht kommt doch bald einmal wieder, daß wir beisammen sein können.
Heimweh hab ich eben doch u. das Bedürfnis
sich wieder auszusprechen, sich wiederzusehen
nach all dem Schweren, was wir durchgemacht
haben u. durchmachen! Wenn Frieden [illegible]
kommt u. Du [illegible], so werde ich allein
fertig. Elfriede, die sehr fleißig, tüchtig
u. angenehm ist im Umgang – es ist in der
Not wie wieder die Richtige geschickt worden –
will nach Tübingen zu ihrer Schwester, – aber
da Hedwig ja nun noch 3 Kinder zu erziehen
hatte, mußte es auch gehen. Die große Wäsche
ging glatt vorüber, obwohl die eigene Waschmaschine kaputt ist. Aber wie gut haben wir
[illegible] in unserer Einrichtung zu arbeiten
gegen hier! Aber es muß auch gehen!

Nun sagt Frieda, sie dürfe nicht allein bleiben
hier. Ich sagte nochmals: ich bin zu allem bereit. Sollte
Frieda m. Auto geholt werden, was ich immer hoffe, daß B. einen
Passierschein f. F. drunten erhält, dann kann Gretel
ja einmal mit heraufkommen, falls die Verhältnisse hier sich weiter verschlimmern, sodaß ich
letztendlich nicht allein hier bleiben könnte.
Br. kann sie ja wieder mit hinunterfahren,
wenn es d. hiesigen Verhältnisse erlauben.
Nun warst Du nun so lange allein, nun
muss ich es auch einmal. Wie froh war
ich, daß Du schriebst, Du wirst immer als Lungen-
fall behandelt werden.

Nun leb wohl, liebe Frieda. Viel Dank
für alles, was Du für uns u. den schönen
Berghof getan u. gelitten hast.

Grüße alle!

Deine

Paula.

Anfang Juni bekam meine Tante Gretel einen Passierschein, um auf den Berghof zu fahren. Tante Frieda hatte Unterstützung dringend nötig. Ende Juni erhielt mein Vater einen Passierschein und konnte damit auch nach Tübingen fahren. Er fand dort alles in guter Verfassung, und insbesondere Tante Frieda, wohlbehalten vor. Der nächste Brief stammt vom 28. Juli.

Haisterkirch, 28. Juli 1945

Liebe Frieda!
Nun habe ich Nachricht von Lotte*). Der Brief liegt bei. Gott sei Dank immer noch besser, als ich zu hoffen wagte, es ist ihr doch kein Leid geschehen. Hoffentlich darf ihr Mann bald nach Hause. Es kommen immer wieder welche, so Wolfgang Knöpfler gestern.
Ich habe eine Menge Arbeit. Hedwig geht morgen für einige Tage. Die Haushaltstochter ist seit gestern da. Bertas Vater sagte, sie könne nur für einige Tage weg. Er braucht seine Tochter. Waschen, Einmachen, Gartenarbeit, Kochen. Gott sei Dank, mein Fuß ist ordentlich. Hatte große Sehnsucht nach der Waschküche v. Berghof. Hier ist's eine Schinderei. Maschine wieder kaputt. Eingemacht habe ich 31 Gläser Kompott, 15 Marmelade und 30 Flaschen Johannisbeersaft. Hatte keinen Zucker. Mußte eben Gelee draus machen.
Gretel schreibt, sie habe eine Art Grippe. Hoffentlich geht ihr's wieder gut. Man hat eben viel zu viel an sich hängen. Schade, dass Julie auch krank ist, wir hätten uns so sehr über ihr Kommen gefreut. Das Abgespanntsein von allen in dieser Zeit ist schwer. Ich helfe mir durch die viele Arbeit drüber weg. Ich freu mich so über Euren Brief, der am Mittwoch kam. Vielen Dank. Wie geht es Frieder? Hoffentlich ist er jetzt ruhiger, seit dem er bei Euch ist. Der Arme hat sich fürchterlich gesorgt. Wenn nur der Schlaf wieder besser wird. Lotte* schicke ich Lebensmittel bei nächster Gelegenheit. Es kommt in nächster Zeit jemand nach Kreßbronn. Was macht Dein Arm? Hoffentlich erholst Du Dich.
Und nun leb wohl. Vielleicht sind wir doch bald wieder beieinander.

Mit vielen herzlichen Grüßen von uns allen.
Deine Paula

*) Nichte von Tante Frieda in Kreßbronn

Den ganzen Sommer arbeitete ich auf dem Hof. Ich wollte damals noch Landwirtschaft studieren, dies im Hinblick auf Pflanzenzüchtung. Ich molk täglich morgens und abends bis zu 14 Kühe. Ich hatte Latein- und Griechisch-Unterricht bei unserem Nachbarn, Herrn Oberlehrer Knöpfler.
Im letzten Haus von Haisterkirch Richtung Osterhofen wohnte ein Ingenieur Fiedler. Vom deutschen Raketenbauzentrum in Peenemünde hatte es ihn nach Haisterkirch verschlagen. Eines Nachts wurden die Fiedlers überfallen, wobei Herr Fiedler verletzt wurde. Kurze Zeit später holten ihn die Amerikanern nach Cape Canaveral, dem amerikanischen Raketenzentrum.
In den folgenden Tagen ging das Gerücht um, die nächsten, die überfallen würden, seien wir. Wir holten daher vom Hof die drei großen Kuhglocken und deponierten sie auf dem Dachboden. Im Ernstfall wollten wir damit so großen Lärm machen, dass es den Räubern vergehen sollte. Passiert ist jedoch nichts. Der nächste Brief stammt vom 5. September:

St. Georgshof, 5. 9. 1945

Liebe Frieda!
Nun mußt auch Du noch einige Worte direkt bekommen. Gretel liest Dir ja meine Briefe vor. Ich habe immer so viel zu tun, da geht es rascher mit Stenographieren.
Hast Du Dich in Deinem Urlaub etwas*) erholt? Ich habe zwar noch immer alle Hände voll zu tun, aber das schwere Heben bei der Wäsche und die ganz grobe Arbeit nimmt mir Bertha doch ab. So erhole ich mich auch.
Jörg ist selig mit seinem Geist (Schwester Bertha). Er sieht sehr viel besser aus. Die Obsternte tut ihm nun so gut. Er ist wieder sehr fleißig auch hier. Dann habe ich mir einen Ersatz für Lore Federolf zugelegt, eine sehr brave Elisabeth, Tochter v. Dr. Walther. Sie ist recht brauchbar. Ich bringe sie natürlich mit, da sie eine regelrechte Lehre durchmacht, also bei mir bleiben muß. Gretel hat ja ein junges Mädel engagiert. Hoffentlich ist sie brauchbar. Ich wundere mich, dass sie so ein junges Ding genommen hat. Doch der Haushalt ist ja klein beieinander, wenn Jörg und ich weg sind.
Einmacherei gibt es ja keine mehr nachher, und auch der Garten macht nimmer die Arbeit, wie im Sommer. Mit weniger Leuten geht's allemal viel leichter. Wenn auch die Viertelskraft von Hedwig zuletzt, als sie so Heimweh

*) An dieser Sau ist Jörg schuld. **) [„Sau" bedeutet hier „Tintenklecks".]
**) typisch (Anm. d. Verf.)

hatte, doch zuwenig war zu Gartenarbeit, Einmachen und großer Wäsche neben dem Haushalt.
Nun werden wir uns bald wieder sehen, will's Gott. Es war eine schwere, ereignisreiche Zeit. Doch wir wollen nicht klagen, da wir alle noch leben. Hier habe ich mich so eingelebt, dass mir andererseits das Weggehen schwer fällt. Ich muss mich auf dem Berghof wohl zuerst an die Zerstörungen gewöhnen. Andererseits kommt Bertha mit ihrer Nähmaschine und will putzen, nähen, flicken und die Kleider aufdämpfen. Das macht sie tadellos. Du siehst, ich komme mit Hilfen, die sich sehen lassen können. Bertha sagt, sie sei das 'auf der Bühne schlafen' in letzter Zeit gewöhnt worden in Göppingen. Der deutsche Mensch muss sich in alles finden, sein Schicksal zu tragen. Glücklich dem, der es wie Bertha mit Humor meistert. Das ist ein frohes Lachen den ganzen Tag. Übrigens Bertha kommt nicht gleich mit. Nicht, dass Du meinst, Du müßtest für sie richten. Vielleicht kann sie kommen, wenn Du einige Zeit Ferien nimmst.
Hier ist es nun sehr ruhig geworden. Die Franzosen sind sehr streng gegen die Plünderer vorgegangen. Die Anführer der Banden, die uns bedrohten, sind gefangen. Die Kuhglocken bleiben von jetzt an hoffentlich eine Dekoration. Ich hoffe, dass Otto Fischer die Ruhe, die nun hier herrscht, genießen wird. Ich will ihn recht herausfüttern. Mutter bekommt unsere gute Küche recht. Sie sieht entschieden besser aus und will auch wieder unter die Leute gehen. Alles in allem ist dies ein schöner Fortschritt. Seit 8 Tagen nimmt sie keine Schlafmittel mehr. Aber der Bruch plagt sie sehr.
Ich bin begierig, was Du von Deiner lieben Mutter berichtest und von Deinen Verwandten. Ich will sehen, dass ich von Lotte in nächster Zeit noch Nachricht erhalte.
Nun wirst Du unsere nächsten Nachrichten von Frieder bekommen.
Ich hoffe, dass sich Andres gut einlebt. Mußt ein bisschen nach ihm sehen. Jörg ist gut Freund mit ihm.

Nun leb wohl! Grüße alle herzlichst!
Von uns allen die besten Grüße
Deine Paula

Ende Oktober siedelten wir nach Tübingen über. Das Land war noch unter strenger Kontrolle des französischen Militärs. An den zahlreichen Straßensperren, so z.B. in Dürmendingen, wurden wir und unser Auto genau kontrolliert. Im November begann die Schule wieder. Der Unterricht fand im Zeichensaal statt. Wir waren damals schon eine gemischte Schule, da die Professoren ihre Töchter auch aufs Gymnasium schicken wollten. Ich saß neben einem sehr netten blonden Mädchen, Silvia Wais, der Tochter des Landeskonservators. Sie nannte mich immer Zundele, was sich recht verliebt anhörte.

„Zundele"

Unsere Lehrer versuchten, das verlorene Schuljahr aufzuholen. Dadurch gab es schrecklichen Schulstress. 16 von 22 Schülern wiederholten das verlorene Jahr. Auch mir blieb dies nicht erspart. In der neuen Klasse saß ich neben Rainer Hähnle, mit dem ich seither befreundet bin. Er studierte später in Tübingen Chemie und arbeitete anschließend bei der Firma Hoechst. Er wohnt in Hofheim im Taunus mit Blick auf seinen früheren Brötchengeber.

Alle unsere Autos waren bei Kriegsende von den Franzosen requiriert worden. Daher ließ sich mein Vater ein kleines Auto, einen Opel Kadett, zusammenbasteln. Mit diesem fuhren wir mehrmals nach Haisterkirch, um dort nach dem Rechten zu sehen. Das hierzu notwendige Benzin beschaffte sich mein Vater auf dem schwarzen Markt beim Altwarenhändler Möck. Einmal mussten wir nach Haisterkirch, da die Franzosen als Reparationsleistung Vieh requirieren wollten. Alle Tiere mussten im Freien angebunden werden. Die Franzosen waren von unserer Herde sehr beeindruckt. Sie wählten sich die besten Kühe aus. Auf der Höhe über Haisterkirch wurden große Waldbestände als Reparationsleistungen geschlägert.

Reparationen in Haisterkirch

In Tübingen wohnten wir damals in und über dem Atelier, denn im Wohnhaus war Colonel Roulies mit seiner Familie einquartiert. Er war die rechte Hand des französischen Gouverneurs Wiedmer von Südwürttemberg. Das Verhältnis zu Colonel Roulies und zu seiner Familie war sehr gut. Meine Großmutter durfte sogar in ihrem Zimmer inmitten der Familie Roulies bleiben. Meine Großmutter und die Roulies'sche Großmutter strickten zusammen im Garten und verständigten sich mit Mühe, aber nicht ohne Erfolg. Mit seinem Sohn wollte ich mich anfreunden, jedoch hatten wir keine gemeinsamen Interessen. Einmal wurde ich von der Familie Roulies zum Mittagessen eingeladen. Für mich war dies eine echte Orgie, denn es wurde mir viel Wein und auch ein Schnaps eingeflößt. Herr Roulies meinte nachher entschuldigend zu meiner Mutter: „Der eine Schnaps ist doch kein Alkohol." Ich habe diese Einladung jedenfalls

Colonel Roulies

gut überstanden. Die hübsche Tochter Geniève von Colonel Roulies verunglückte kurze Zeit später bei einem Verkehrsunfall in Südfrankreich tödlich.
Herr Roulies, ein Verwaltungsfachmann, musste leider bald nach Frankreich zurückkehren, um eine Präfektur im Departement Frejus zu übernehmen. Als dort der katastrophale Dammbruch passierte, spendeten wir Geld, wofür sich Herr Roulies sehr herzlich bedankte. Er besuchte uns auch öfters – seine Zeit in Tübingen hatte er offenbar in bester Erinnerung.
Sein Nachfolger war ein arroganter Berufsoffizier, angeblich ein Herzog. Insbesondere seine Kinder brachten es in kurzer Zeit fertig, unser Haus so zu demolieren, dass den Beamten vom Amt für Besatzungsschäden die Haare senkrecht zu Berge standen. Das Geschirr, insbesondere das Besteck, sah aus als ob es von Vandalen benutzt worden wäre. Kein Messer war mehr im Heft. Durch eine dicke Wand zwischen zwei Zimmern im ersten Stock hatten die Kinder ein Loch geschlagen.

Steinobst

Im Herbst gab es auf dem Berghof sehr viel Steinobst. Wir verkauften es in der Milchküche. Dort wartete am späten Nachmittag eine lange Menschenschlange. Mein Vater achtete darauf, dass das Steinobst so verteilt wurde, dass jeder etwas von der täglichen Ernte bekam. Man kann es sich heute nicht vorstellen, dass die Hungersnot so groß war, dass täglich dutzende Leute von Tübingen auf den Berghof wanderten, dies bloß wegen eines Pfundes Steinobst.

Jugend

Krankheit und Tod meines Vaters

Um 1946 bekam mein Vater eine kleine Geschwulst links hinten am Hals. Er wurde zunächst von Professor Ostertag ärztlich betreut. Danach ließ sich mein Vater am Städtischen Krankenhaus in Esslingen von Professor Niekau behandeln. Auch meine Mutter lag dort. Sie hatte infolge einer unsauberen Spritze, die ihr Professor Ostertag verpasst hatte, einen Abszess bekommen.
Ein Besuch bei meinen Eltern in Esslingen war damals nicht so einfach realisierbar, denn bei Bempflingen war die Grenze zwischen der französischen und der amerikanischen Besatzungszone, d.h. man brauchte ein Visum. Fräulein Diegel, die Pflegerin meiner Großmutter, hatte Geschick im Umgang mit den Behörden. Es gelang ihr stets, mir ein solches Visum zu beschaffen. Im Winter waren diese Zugreisen jedoch eine sehr kalte Angelegenheit, denn die meisten Züge hatten kriegsbedingt keine Fenster. Wer kein Visum bekam, musste mit der Lokalbahn nach Urach fahren, von dort nach Neuffen wandern und mit einer anderen Lokalbahn zur Hauptstrecke Tübingen–Stuttgart zurückkehren. Von Tübingen nach Esslingen zu gelangen, das nur 40 km entfernt ist, war ohne Visum ein Tagesunternehmen.
Die Behandlung hatte bei meinem Vater keinen Erfolg, die Geschwulst wurde immer größer. Schließlich ließ er sich im Marienhospital in Stuttgart operieren. Nach der Operation wurde er von Professor Glauner mit Röntgenstrahlen behandelt. An den Wochenenden besuchte ich ihn. Die Sache wurde schlimmer und schlimmer. Es war ein Sarkom. Aufgrund meiner Kenntnisse der Strahlenbiologie kam mir später der Verdacht, dass dies erst durch die sehr langwierigen Röntgenstrahlenbehandlungen entstanden sein könnte. Man erkannte die Gefahr der radioaktiven Strahlung erst, nachdem die Folgen der Atombombenabwürfe in Hiroshima und Nagasaki bekannt wurden.

Unvollendetes Spätwerk

Aus seinem sozialistischen Engagement war bei meinem Vater ein intensives Interesse am Erlösungsgedanken hervorgegangen. So waren in seinem Atelier auf dem Berghof große Kohlezeichnungen als Entwürfe zu den Themen Prometheus, Christus und Ödipus auf Kolonos entstanden. Die literarisch-philosphische Auseinandersetzung mit diesen Persönlichkeiten hat meinen Vater zum Christentum zurückgeführt, denn er erkannte die großen ethischen Leistungen dieser Gestalten. Hier erinnere ich mich einer Äußerung meines Vaters, dass er sich mit dem rechts im Kreuzigungsentwurf dargestellten römischen Krieger identifiziere, der das Geschehen der Kreuzigung mit Zweifel verfolgt. Mein Vater war jedoch nicht im Stande, diese Werke in Ölfarbe zu vollenden. Erst als er todkrank in seinem Atelier vor den Entwürfen saß, gewann er eine Vorstellung, wie er vorgehen wollte. Er hatte die Idee, sie in kräftigen Farben – ähnlich wie Kokoschka – zu gestalten. Er kam nicht mehr dazu.

Georg Friedrich Zundel: Skizze zu „Kreuzigung", 1929, 18 x 22,50 cm

Mein Vater litt unter qualvollen Schmerzen und starb am 7. Juni 1948 im alten Robert-Bosch-Krankenhaus in Stuttgart. Es waren heiße Sommertage. Vom Krankenhaus hatte man einen beeindruckenden Rundblick über das in der Sommerhitze schmachtende Stuttgart. Ich wurde an diesem Tag nach Tübingen geschickt. Ich weiß noch wie heute, wie ich mit Tante Frieda die Treppen zum Hof hinaufstieg. Am Amboss in der Schmiede arbeitete Karl Fink. Als er erfuhr, dass mein Vater sterben werde, brach er über dem Amboss zusammen und weinte wie ein Kind.

Karl Fink stammte aus Erpfingen auf der Schwäbisch Alb. Vor vielen Jahren hatte mein Vater ihn aus dem Waisenhaus „Sophienpflege" auf den Berghof geholt und wie ein eigenes Kind behandelt. Später wurde Karl Fink Verwalter des Berghofs. Seine Frau stammte aus der Familie Metzger, einer der angesehensten Familien Lustnaus. Er hatte vier Kinder, zwei Mädchen und zwei Jungen. Martha, die älteste, war wenig jünger als ich.

Zwei Tage später fuhren wir wieder nach Stuttgart und ich nahm von meinem toten Vater Abschied. Er erhielt ein Ehrengrab auf dem Tübinger Stadtfriedhof. Pfarrer Plag aus Reutlingen, der Vater meines Freundes Christoph, hielt die Predigt am Grab. Auf meines Vaters Grabstein stehen auf seinen Wunsch hin die Goetheverse aus „Urworte - Orphisch":

Ehrengrab auf dem Tübinger Stadtfriedhof

„Wie an dem Tag, der dich der Welt verliehen,
Die Sonne stand zum Gruße der Planeten,
Bist alsobald und fort und fort gediehen
Nach dem Gesetz, wonach du angetreten.
So musst du sein, dir kannst du nicht entfliehen,
So sagten schon Sybillen, so Propheten;
Und keine Zeit und keine Macht zerstückelt
Geprägte Form, die lebend sich entwickelt."

Die Nachkriegszeit

Wenige Wochen später kam die Währungsreform. Jeder erhielt 40 DM, die Reichsmark wurde auf zehn Prozent abgewertet. Plötzlich war genug Ware in den Geschäften, die offenbar vorher gehortet wurde.

Mit Schwester Julie machte ich eine zehntägige herrliche Wanderung von Reutlingen über den Wackerstein, die Nebelhöhle, den Lichtenstein zum Traifelberghotel, von dort nach Urach, auf den Neuffen, zum Randecker Maar, auf den Reußenstein und schließlich nach Wiesensteig.

Das Erntedankfest war im Dritten Reich, aber auch in den Nachkriegsjahren, sowohl auf dem Berghof als auch auf dem St. Georgshof ein großes Fest. Auf dem Berghof schmückte man einen Erntewagen mit allem, was Feld und Garten zu bieten hatten. Im Dritten Reich war anlässlich des Erntedankfestes der Berghof reich beflaggt. In Haisterkirch wurde beim Erntedankfest auf dem Getreideboden wild getanzt. Ich erinnere mich,

Erntedankfest auf dem Berghof und dem St. Georgshof

wie der damals schon todkranke Oberlehrer Knöpfler diesem Treiben zusah. Selbstverständlich gab es auch reichlich und gutes Essen. Frau Veronika Künstle aus Pfrondorf kochte für die Mannschaft auf dem Berghof. Beim Erntedankfest 1948 stand sie tränenüberströmt in der Küche, denn es war viel weniger gegessen worden als in den Jahren zuvor. Sie war davon überzeugt, dass ihr das Erntedankessen nicht gelungen sei und die Festgesellschaft deshalb nicht richtig zugegriffen hätte.

Erntedankwagen in Tübingen, etwa 1936
Hermann Schmied, Frieda Pfau, Christian Kehrer

Auf der Wiese hinter dem St. Georgshof standen damals noch viele große Obstbäume. Im Herbst kam zur Obsternte Herr Holoch. Er war sehr originell. Oft stand er bereits morgens früh um fünf Uhr oben auf der siebenundzwanzigsprossigen Leiter und sang, dass es über ganz Haisterkirch hinweg schallte. Durch die Importe aus Südtirol wurde der Obstbau leider bald so unrentabel, dass wir diesen einstellen mussten. Eine große Obstplantage, die wir in der Wasserfurche angelegt hatten, wurde umgehackt, bevor sie zum Ertrag kam.

Meine Tante Gretel kümmerte sich intensiv um den St. Georgshof. Wir hatten damals als Berater Herrn Jäckle. Er war auch Berater aller Betriebe des Bruderhauses, d.h. der Gustav-Werner-Stiftung. Diese ist eine große diakonische Einrichtung in Reutlingen, die sich unter anderem um Waisenkinder kümmert. Zu ihr gehörten damals etwa 25 Höfe. Ein Brief von Herrn Jäckle an meine Tante zeigt, womit man sich beschäftigte.

Tante Gretel auf dem St. Georgshof

27.7.1948

Sehr geehrtes Fräulein Doktor!
Herzlichen Dank für Ihr Schreiben vom 23. d. Mts. Es lag mir natürlich völlig fern, Sie mit dem Hinweis auf die Inzucht in der dortigen Herde zu beunruhigen. Es ist mir völlig geläufig, dass diese Methode von vielen Züchtern gerne benutzt wird, um zu durchgezüchteten Beständen zu kommen. Das Verfahren kann glücken – braucht es aber nicht immer zu tun, wie unzählige Fälle beweisen. Nachdem derzeit gerade im Braunviehzuchtgebiet die Wogen hoch gehen, und die eine Partei mit ihrem nicht gerade kleinen Anhang, vorwiegend der Inzucht mit den möglichen nachteiligen Folgen, die Schuld zuschiebt, halte ich es für ratsam, vorsichtig zu sein. Es liegt mir dabei durchaus fern, den Standpunkt dieser Partei zu teilen, da der Beweis für dessen Richtigkeit noch fehlt, jedoch sollte man vom kaufmännischen Standpunkt aus, nicht ohne Not etwas betreiben, das die anderen stark anprangern. Und deshalb hielt ich es für meine Pflicht, Ihr Augenmerk hierauf zu lenken. – Es würde zu weit führen, diesen Fragenkomplex schriftlich eingehend zu erörtern, jedoch stehe ich hierzu bei meinem nächsten Besuch zur Verfügung. Jetziges Ergebnis: Weitermachen wie seither, bis zu meinem nächsten Besuch. Morgen fahre ich nach Oberbayern und werde mir vom Leiter des Tierzuchtamtes Weilheim den dortigen Stand der künstlichen Besamung zeigen lassen. Ich werde Ihnen dann über meine Ansicht berichten. Bullenabsatzstörungen fürchte ich in den nächsten Jahren nicht, da diese Kunst weitab von der Vollkommenheit ist.
Dass der Düngerzukauf so klappte, ist beachtlich und freut mich. Von den Verkäufen in Waldsee habe ich schon am Tag nach der Versteigerung gehört und sind die Erlöse ja befriedigend.
Nach Ihrer Mitteilung sind die Feldarbeiten ja programmmäßig verlaufen. Wenn der Senf zu spät reifen sollte, ist von der Stoppelsaat dieses Ackers Abstand zu nehmen, da Aussaaten nach Juli meist erfolglos sind. Dasselbe ist von einer Senfsaat auf dem 2. Roggenacker zu sagen; zur Silierung reicht es nur bei stärkster Düngung und ob die sich lohnt, hängt zu sehr vom Wetter ab.

Für verschiedene Betriebe benötige ich noch Roggensaatgut. Teilen Sie mir doch bitte mit, welche Mengen Sie noch frei haben.
Mit Frl. Jakob habe ich vereinbart, dass 1 Ztr. Wintererbsen diese Woche nach Lustnau mitgenommen wird. Ich nehme an, dass von dort die Möglichkeit für Weiterbeförderung nach Haisterkirch besteht. Die Erbsen sind zur Beisaat in den Futterroggen am „Mastenweg" bestimmt.
Zur Ernte wünsche ich gutes Wetter und begrüße Sie herzlich

Ihr ergebener
Jäckle

Forstbetrieb im Odenwald

Meine Eltern und meine Tante hatten in den dreißiger Jahren im Odenwald, nahe Obernburg im Mömlingtal dreihundert Hektar Wald gekauft. Der Mühlberg, ein Südwesthang, war – was schon lange nicht mehr erlaubt ist – von einem Adeligen, der Geld brauchte, kahl geschlagen und nicht wieder aufgeforstet worden. Tante Gretel und mein Vater haben diesen Hang wieder aufgeforstet. Unser Wald wurde von Wilhelm Hattemer, dem Oberforstmeister des Fürsten Löwenstein betreut. Im Sommer 1948 fuhr ich mit meiner Mutter und meiner Tante das erste Mal nach Mömlingen. Wir wohnten in einem Privatquartier in Laudenbach, wo sich auch die Löwenstein'sche Forstverwaltung von Herrn Hattemer befand. Wenn Herr Hattemer etwas unterschreiben musste, sagte er immer: „Da setze ich jetzt meinen Wilhelm drunter." Der Main war damals noch so sauber, dass man in ihm schwimmen konnte.
Zwei Tage lang zeigte uns Herr Hattemer den Wald. Der Mühlberg hatte durch die mangelnde Pflege im Krieg und durch die heißen Sommer der Nachkriegszeit gelitten. Der Kiefernjungwuchs sah sehr kümmerlich aus. Auf der anderen Talseite waren noch alte Buchenbestände mit oft recht astigen Bäumen. Herr Hattemer sagte, auf diese mit dem Stock deutend: „Diese Säue müssen so bald wie möglich raus." Wilhelm Hattemer hat mich bei diesem und den folgenden jährlichen Besuchen für die Forstwirtschaft begeistert. Das führte viel später zum Kauf des Forstes im Maltatal in Österreich

Ferien im Kleinen Walsertal

Ab 1948 machte ich im Sommer wie im Winter Ferien im Kleinen Walsertal, das ja zu Österreich gehört, aber nur von Deutschland aus zugänglich ist. Anfangs brauchte man noch ein Visum, das man am Bahnhof in Oberstdorf erhielt. Die Firma Bosch hatte in Riezlern ein Gästehaus, das von Fräulein Reveliu geführt wurde. Paul Schweizer von der Firma Bosch erteilte am Hang oberhalb des Gästehauses Skiunterricht. Mechthild

Walz, die fesche Tochter von Hans Walz, dem ersten der von Robert Bosch eingesetzten Testamentsvollstrecker, war häufig auch mit von der Partie. Mit ihr wollte mich Paul Schweizer verkuppeln. Ich hatte jedoch zu dieser Zeit ganz andere Interessen. Ich machte herrliche Wanderungen mit den Skiern auf das Hahnenköpfle unter dem Hohen Ifen mit Abfahrt über den Olympiahang oder über das Gotteskarplateau und durch das Mahtal, durch das Schwarzwassertal auf den Didamskopf und zur Kanzelwand. Im Sommer erstieg ich über die Gemstalalpe, wo wir übernachteten, den Widderstein. Da ich nicht schwindelfrei bin, dies mit einigem Herzklopfen.

Trockene Sommer und die Wünschelrute

Die Sommer in der zweiten Hälfte der vierziger Jahre waren sehr trocken. Die Hänge um den Berghof waren gelb, so wie dies im Sommer in Italien der Fall ist. Deshalb kam bei uns der Gedanke auf, nach Wasser zu suchen, zumal in feuchten Jahren östlich vom Obsthaus Wasser austritt. Ich mobilisierte mehrere Wünschelrutengänger. Sie fanden, dass sich eine Wasserader vom Wald kommend nördlich des Ateliers beobachten lässt, und dass sich diese bis zum Obsthaus erstreckt. Ich habe mich in der folgenden Zeit mit dem Phänomen Wünschelrute beschäftigt. Man muss bedenken, dass zwei Drittel alles auf der Erde gefundenen Wassers durch Rutengänger geortet werden. Meine Mutter war auch sensitiv. Die Wünschelrute ist nur ein Zeiger, der auf Zuckungen der Muskulatur des Rutengängers anspricht. Ich habe mir damals überlegt, dass turbulent strömendes Wasser eventuell im Zentimeter-Wellenbereich strahlt, und dass die Rutengänger auf solche Strahlung empfindlich sein könnten. Wenn sich die Muskulatur in einem angespannten metastabilen Zustand befindet, könnte auch ein nur geringfügiger Anstoß eine Reaktion auslösen. Leider habe ich mir nie die Zeit genommen, dieses Phänomen zu erforschen. Ich habe herausgefunden, dass die gleichzeitige Anwesenheit von zwei Rutengängern zu unreproduzierbaren Verhältnissen führt, da sie sich offenbar gegenseitig stören. Dies dürfte die Ursache sein, dass Versuche, wie sie von Professor Gerlach in München durchgeführt wurden, ohne sinnvolle Ergebnisse blieben. Im Hinblick auf die große ökonomische Bedeutung des Wassers wäre eine wissenschaftliche Klärung dieser Vorgänge sehr wünschenswert. Fest steht jedoch, dass die verkauften „Entstrahlungsgeräte" Humbug sind.

Erster Kontakt zur Universität

Ich war naturwissenschaftlich sehr interessiert. Am humanistischen Gymnasium hatten wir jedoch nahezu keinen naturwissenschaftlichen Unterricht. Deshalb ging ich Ende 1946 ins Zoologische Institut der Universi-

tät und freundete mich mit einem Doktoranden von Professor Kühn, mit Fritz Kaudewitz, an. Dieser stammte aus Breslau und hatte mit vierzehn als Hitlerjunge an der Schlacht um Breslau teilgenommen. Nur er und ein zweiter Schüler seiner Klasse haben die Schlacht überlebt.
Ich hatte das Mikroskop meiner Tante entdeckt, ein sehr gutes Leitz-Mikroskop, das sogar mit Ölimersion ausgerüstet ist. Ich fing an, fleißig zu mikroskopieren. Von Herrn Kaudewitz erhielt ich gegen Lebensmittel das für die Anfertigung mikroskopischer Präparate notwendige Material und die entsprechende Anleitung. Auch fing ich für Fritz Kaudewitz die für seine Doktorarbeit notwendigen Wasserflöhe. Unermüdlich fuhr ich mit dem Fahrrad auf die Schwäbische Alb und sammelte dort Fossilien, die mir von Dr. Hölder vom Geologischen Institut bestimmt wurden. Herr Kaudewitz wurde später Professor für Bakteriengenetik in München und Herr Hölder Professor für Geologie in Münster. Einmal fand ich bei Eningen im Weißjura einen offenbar sehr seltenen, kleinen Ammoniten, den mir Herr Hölder abschwatzte. So kommt es, dass sich in der Sammlung des Geologischen Instituts der Universität Tübingen ein von mir gestifteter Ammonit befindet.
Neben der Befriedigung all dieser Interessen plagte ich mich in der Schule schrecklich mit Griechisch und Latein. Meinen Lehrern am Uhland-Gymnasium gelang es nicht, mich hierfür zu motivieren. Wir hatten einen sehr aufgeschlossenen naturwissenschaftlichen Lehrer, Herrn Erich Schwegler. Er opferte oft seinen ganzen Samstag, um uns chemische Experimente zu ermöglichen und uns anzuleiten. Auch er bestimmte mir Fossilien, denn er war von Haus aus Geologe, ein Spezialist für Belemniten-Krankheiten.

Führerschein

Da nach dem Tod meines Vaters bei uns niemand Auto fahren konnte, machte ich im Juli 1948 als Siebzehnjähriger mit einer Sondergenehmigung den Führerschein der Klasse III. Ich hatte einen hervorragenden Fahrlehrer, Herrn Erbe. So konnte ich bereits am vierten Tag gegen Abend die Fahrprüfung mit Erfolg ablegen. Herr Erbe lud mich danach in Reutlingen zu einem für die Verhältnisse kurz nach der Währungsreform opulenten Abendessen ein. Er hatte offenbar zu dem Gasthaus die entsprechenden Beziehungen.
Ich schaffte mir ein Zweitaktmotorrad der Firma Maiko an, um meinen weiten Schulweg zu erleichtern. Diese Motorräder wurden in Pfäffingen bei Tübingen produziert. Mit meinem Motorrad fuhr ich nicht bis zur Schule, sondern stellte es am Lustnauer Tor ab. Eines Morgens im Winter, es war noch nicht recht Tag, näherte sich mir ein Mann, dessen Ver-

halten ich eigenartig empfand. Er stellte sich als Kriminalkommissar vor. Ich erfuhr, dass am Vortag ein neben meinem stehendes Motorrad gestohlen worden war. Der Dieb hatte sich auch an meinem Motorrad zu schaffen gemacht, es gelang ihm jedoch nicht, das Sicherheitsschloss aufzubrechen.

Mit dem Motorrad in die Schweiz

In den Herbstferien fuhr ich mit meinem Motorrad zu unseren Verwandten, der Familie Otto Borst, die in Zürich-Zollikon mit prächtigem Blick auf den See lebte. Otto Borst war Textilgroßhändler. Der Grenzübertritt bei Kreuzlingen war damals eine etwa einstündige Prozedur. Für mein Motorrad brauchte ich ein Carnet de Passage. Der Schweizer Grenzbeamte untersuchte alles aufs Genaueste. Als ich ihn fragte, was er suche, sagte er: „Das weiß ich nicht. Das steht in den Bestimmungen." – Bei herrlichem Herbstwetter stieg ich auf den Ütliberg, den Zürcher Hausberg. Von Zürich aus machte ich wunderschöne Ausflüge. Der schönste war ein Dreitagesausflug: Ich fuhr über den Flüelapass ins Engadin. Dort besuchte ich das Segantinimuseum. Über den Julier- und den St. Gotthart-Pass kam ich nach Lugano. Für den direkten Weg, der höchstens halb so weit war, hätte man damals ein Italienvisum gebraucht. Von Lugano aus machte ich einen Ausflug nach Cassarate, einem sehr fotogenen kleinen Ort am See, östlich von Lugano. Zurück ging es durch das Emmental im Berner Oberland. In Bern besuchte ich die Bären und gedachte Einsteins, der dort am Patentamt tätig gewesen war.

Reiten

Im Reitstall in Tübingen lernte ich Reiten, was mir viel Spaß machte – insbesondere die abendlichen Ausritte auf die Waldhäuser Höhe über Tübingen. Die Stunde Reitunterricht kostete damals für Schüler 3,50 Mark. Ich lernte auch Pferde zureiten. Ein kleiner schwarzer Hengst, der als nicht zureitbar galt, warf mich eines Tages in hohem Bogen ab. Dabei blieb ich in den Steigbügeln hängen und zog mir einen Muskelriss am Bein und einen Knöchelriss zu. Dem Hengst bekam dies jedoch viel schlechter. Er wurde wenige Tage danach geschlachtet. Ich konnte eine Woche lang nicht in die Schule und fand Zeit, mich auf meine kommende Reise vorzubereiten, denn für den Sommer 1951 plante ich mit meinem Schulfreund Christoph Plag eine dreiwöchige Motorradreise durch Italien.

Italienreise 1951

Ich wollte sehen, wo die Römer gelebt haben, mit deren Sprache ich mich so herumplagen musste. Ich kaufte mir ein stärkeres Motorrad, eine BMW R25 mit Gepäckbeiwagen, und fuhr dieses bei herrlichem Wetter quer durch Württemberg ein. Fräulein Diegel, die Spezialistin im Umgang mit den Behörden, beschaffte uns die notwendigen Visa. Da wir nur sehr wenige Devisen bekamen, mussten wir unsere gesamte Verpflegung mitnehmen (zu dieser Reise siehe auch den Tagebuchauszug von Christoph Plag, *Anhang 2)*. Unterwegs besuchten wir die Borsts in Zürich. Weiter fuhren wir über den St. Gotthardt nach Italien. In Pallanza suchten wir das Schloss der Casanovas auf. Die Gräfin war bereits 94 Jahre alt. Ihre Hofdame, Frau Kurz, stammte von der Glockengießerfamilie Kurz aus Reutlingen und lebte bereits über sechzig Jahre in Pallanza. Ihr Deutsch hatte darunter etwas gelitten. Ihr Faktotum Luigi zeigte uns das Atelier im Park, in dem mein Vater einst gemalt hatte. In diesem Atelier war alles noch so, wie es mein Vater 1905 verlassen hatte. An den Wänden hingen die Porträts der Familie Casanova, aber auch Arbeiterbilder, insbesondere ein Sklave. Später versuchten wir wegen dieser Bilder mit einer Enkelin Casanovas, die in Mailand lebte, ins Gespräch zu kommen. Diese behauptete jedoch steif und fest, die Bilder seien im Krieg in Stuttgart zerstört worden, was nach unserem Augenschein nicht richtig ist. Die Bilder sind bis heute verschollen.

Verschollene Bilder meines Vaters

Wir zelteten im Apennin-Gebirge vor Genua an der Autobahn. Kaum, dass wir unser Zelt aufgeschlagen hatten, kamen Carabinieri, die uns zunächst für Mafiosi hielten. Nach Aufklärung dieses Missverständnisses beschützten sie uns die ganze Nacht. Von Genua aus fuhren wir, einem Rat von Herrn Kaudewitz folgend, nach Portofino Kulm und wanderten von dort nach San Fruttuoso hinunter, das in einer Bucht mit dichten Olivenwäldern liegt. In Pisa erstiegen wir den Schiefen Turm, den man damals noch ersteigen durfte. Am Ladurner See errichteten wir unser Zelt. In Rom besichtigten wir das Forum Romanum, den Vatikan und andere Sehenswürdigkeiten. Gezeltet haben wir auf einer Verkehrsinsel am Palast des Kaisers Hadrian, wo unser Zelt von allen Hunden der Umgebung als Fremdkörper wütend umheult wurde. Am nächsten Abend zelteten wir am Strand in Ostia, dem Hafen des Alten Rom.

Rom

Von Rom aus fuhren wir nach Tivoli und zum Castell Gandolfo, der Sommerresidenz des Papstes, wo wir an einer Audienz Pius des XII. teilnahmen. Die Kinder begrüßten den Papst mit gewaltigem Gebrüll. In Neapel zelteten wir auf dem Vesuv, nur wenig unterhalb des Kraterrandes.

Die Asche war angenehm warm. Am nächsten Morgen wanderten wir um den Krater. Der südlichste Punkt unserer Reise waren die griechischen Tempel von Paestum, herrliche Tempel, die daran erinnern, dass Süditalien einmal griechisch war. Dort zelteten wir am Strand. Deutsche Geschäftsleute luden uns zu einem opulenten Abendessen ein, was meinem Freund Christoph nicht gut bekommen ist. Paestum
Von Paestum fuhren wir nach Benevent, wo wir den Triumphbogen bewunderten, und dann ging es auf oft recht schlechten Straßen durch die Abruzzen nach Florenz. Wir zelteten oben in Fiesole mit herrlichem Blick auf die Stadt. Von Florenz fuhren wir nach Venedig und schließlich durch die Dolomiten. Diese Reise erleichterte mir das Lateinstudium im kommenden Jahr, denn der Augenschein machte für mich Cäsar, Tacitus und die anderen alten Römer lebendig.

Diskussionen über die Wiederbewaffnung der Bundesrepublik

Das politische Umfeld veränderte sich in diesen Jahren fundamental. Die Siegermächte Amerika und Russland begannen sich zu bekämpfen, der Kalte Krieg brach aus. Nach dem Zweiten Weltkrieg waren wir zum Pazifismus erzogen worden. Wie die folgende Episode aus dieser Zeit zeigt, nicht ohne Erfolg: Eines Tages besuchte die französische Erziehungsoffizierin unsere Schule in Galauniform. Sie war so aufreizend, dass sie von uns Schülern ausgepfiffen wurde, was eine sehr große Aufregung auslöste. Die Franzosen wollten unsere Schule schließen, denn sie sahen nicht ein, dass dieses Ereignis eine Folge ihrer eigenen, offensichtlich erfolgreichen Umerziehungsmaßnahmen war. Durch schwierige und langwierige Verhandlungen konnte die Schließung abgewandt werden. Wir bekamen lediglich vier Wochen Strafunterricht. Damit waren wir in Tübingen die einzige Schulklasse, die im Winter 1947 normalen Unterricht genoss, denn in allen Tübinger Schulen war in diesem Winter aus Heizkostengründen Kurzunterricht eingeführt worden. Die Logik dieses Vorgehens machten sich die Akteure offensichtlich nicht klar!
Das veränderte politische Umfeld führte dazu, dass die Bundesrepublik Deutschland wiederbewaffnet werden sollte. In der Schule gab es hierüber lange, heftige Debatten. Ich setzte mich vehement gegen die Wiederbewaffnung ein. Bei unserer Geschichtslehrerin, Fräulein Böhm, fand ich große Bewunderung. Ein besonders überzeugter Befürworter der Wiederbewaffnung war mein Onkel Otto. Ich weiß noch, wie er zu einem seiner Neffen Honold, der den Wehrdienst verweigern wollte, nach-

drücklich bemerkte: *„Was meinst Du, wozu ich im Ersten Weltkrieg meinen Arm verloren habe!"* Ein im Ersten Weltkrieg verlorener Arm und die Wiederbewaffnung – ein wahrhaft obskurer Zusammenhang.

Das Abitur

Ich freundete mich mit Wolfgang König, einem Studenten der Physik an. Durch unseren Physiklehrer, Herrn German, vermittelt, wohnte er bei uns auf dem Berghof. Sein Vater Robert König war Mathematikprofessor an der Universität München. Damit hatte ich später in München gleich Anschluss. An einem herrlichen Pfingstsonntag machten wir zusammen einen Fahrradausflug zur Falkensteiner Höhle bei Urach. Sie war damals noch nicht zugänglich gemacht, man musste bisweilen gebückt durch die Höhle kriechen und klettern. Wolfgangs weiße Hose erhielt dadurch eine eigene Höhlennote.

Zentralabitur

Im Frühjahr 1952 machte ich Abitur. Dieses fand nach dem französischen Muster statt, d.h. als sogenanntes Zentralabitur. Alle Arbeiten wurden verschickt und anonym korrigiert. Hierdurch entstand ein Vergleich zwischen den Schulen. Die Lehrer waren deshalb aufgeregter als wir Schüler. So fielen an einer Schule, wenn ich mich recht erinnere in Konstanz, 17 von 20 Schülern durch. Das Niveau unserer Schule war jedoch so hoch, dass alle bestanden haben. In Deutsch erreichte ich 19 von 20 Punkten mit dem Aufsatz: „Der Mensch soll um der Liebe und Güte willen dem Tod keine Herrschaft einräumen über seine Gedanken. Glauben Sie, dass diese Worte eines deutschen Dichters der Gegenwart unser Leben bestimmen dürfen oder halten Sie die Mahnung ‚memento mori' für eine bessere Hilfe?" Die anonyme Korrektur hatte sich hiermit sehr bewährt, denn ich war von Herrn Haußmann nur mit „befriedigend" angemeldet worden, 17 und mehr Punkte entsprachen der Note „sehr gut". Ähnlich verbessert gegenüber der Anmeldung von Herr Haußmann habe ich mich auch im Griechischen. Herr Haußmann und ich hatten sehr weit auseinanderliegende Weltanschauungen. Für ihn gab es nur die Antike, wir konnten uns geistig nicht näherkommen. Herr Haußmann wurde später Rektor des Eberhardt-Ludwig-Gymnasiums in Stuttgart. In Chemie wurde ich von einem Franzosen mündlich über das Haber-Bosch-Verfahren geprüft und erreichte ebenfalls 19 von 20 Punkten.

Am Abend nach dem Abitur machte ich mit meinen Mitschülern bei herrlichem Vollmondschein eine lange Wanderung über den Spitzberg zur Wurmlinger Kapelle. Im Saal der Sonnhalde veranstaltete ich mit unseren Lehrern und meinen Mitschülern eine Abiturfeier. Ich holte einige unserer Lehrer, so auch die Herren Haag und Haußmann, mit dem Auto ab. Sie hatten während dieser Fahrt nichts Besseres zu tun, als über die Technik und die Naturwissenschaften zu schimpfen. Es war ihnen offenbar nicht klar, dass sie ohne Technik hätten zu Fuß gehen müssen.

Studium und Reisen

Das erste Semester an der Universität München

In den letzten Schulklassen hatten wir bei Herrn Hartlich einen ausgezeichneten Philosophieunterricht. Er erweckte in mir mehr und mehr das Interesse an der Philosophie. Ich studierte sorgfältig das Werk Oswald Spenglers „Der Untergang des Abendlandes". Ich interessierte mich besonders für die Naturphilosophie, sah jedoch, dass hierfür sehr gute naturwissenschaftliche Kenntnisse eine notwendige Voraussetzung sind. Deshalb begann ich im Mai 1952 mit dem Studium der Physik an der Universität München.

Mit meinem Alukoffer hinten auf dem Motorrad startete ich nach München. Meine Abreise und damit mein Physikstudium begannen mit einem Knalleffekt. Ich verabschiedete mich von den Leuten unten auf dem Hof. Als ich bereits nahe am Haus war, schlug ein gewaltiger Blitz ein: Telefon, Dachrinne und Blitzableiter schmolzen durch, und ich wurde durch die Schrittspannung zu Boden geschleudert. An den Folgen dieses Ereignisses habe ich mehrere Jahre gelitten. Ich wachte häufig mitten in der Nacht mit heftigem Herzklopfen auf. Als ich von der Alb oberhalb von Böhringen nochmals zurückblickte, lagen über der Tübinger Gegend dunkle Gewitterwolken.

Studienbeginn mit Blitz und Donner

In München bezog ich ein Zimmer in der Veterinärstraße, sehr nahe der Universität, bei Frau Lehner. Meine Tante Eva (die Tochter aus der zweiten Ehe meines Grossvaters) hatte es gemietet, beschloss dann aber, erst später nach München zu kommen und trat es mir einstweilen ab. Die Einschreibung an der Universität war damals noch ein komplizierter bürokratischer Vorgang mit vielen Formularen. Besonders erschwerend war es, dass mein Zimmer nicht beim studentischen, sondern beim städtischen Wohnungsamt registriert war. Ich reiste von einem Amt zum anderen und benötigte drei Tage, um alles zu regeln. Meine Behausung hatte den einzigen Nachteil, dass Frau Lehner klaute. Am ersten Sonntag wanderte ich durch den Englischen Garten am Kleinhesseloher See vorbei zum Aumeister, einem Gasthaus am nördlichen Ende des Englischen Gartens. Dort geht dieser in die Isarauen über. Ein Ehepaar mit Tochter am Nachbartisch machte sich über mich lustig und platzte nahezu vor Lachen. Offenbar fand es, dass ich sehr komisch aussah.

Walter Gerlach

Mein Physiklehrer war Professor Walter Gerlach. Er hielt, da das Physikalische Institut noch völlig zerstört war, in einem für eine Experimentalvorlesung nicht vorgesehenen Hörsaal, d.h. unter sehr schwierigen Bedingungen, eine ausgezeichnete Vorlesung. In Mathematik waren meine Lehrer Professor Mack und Professor Aumann. Mit den Mathematikübungen tat ich mich sehr schwer. Ich sah, dass ein humanistisches Gymnasium nicht die Voraussetzung für ein Physikstudium bietet. Häufig machte ich herrliche Motorradausflüge ins Gebirge. Das Pfingstwochenende verbrachte ich mit Wolfgang König und seiner Freundin, seiner späteren ersten Frau, in Steinberg am Guffert. Wir zelteten oberhalb von Steinberg mit Blick auf den Guffert und das Rofangebirge.

Griechenlandreise 1952

Im Sommer 1952 unternahm ich mit meinem Schulfreund Rainer Hähnle eine achtwöchige Griechenlandreise mit dem Motorrad. Als es bekannt wurde, dass ich über den Balkan nach Griechenland fahren wolle, ertönten bei meiner Mutter von verschiedenen Seiten fürchterliche Kassandrarufe, dass sie dies nicht zulassen dürfe. Unser Hausarzt Dr. Hopf schrieb mir einen Brief, der sich so liest, als ob auf dem südlichen Balkan noch mittelalterliche Zustände herrschten und hinter jeder Wegbiegung Straßenräuber lauerten:

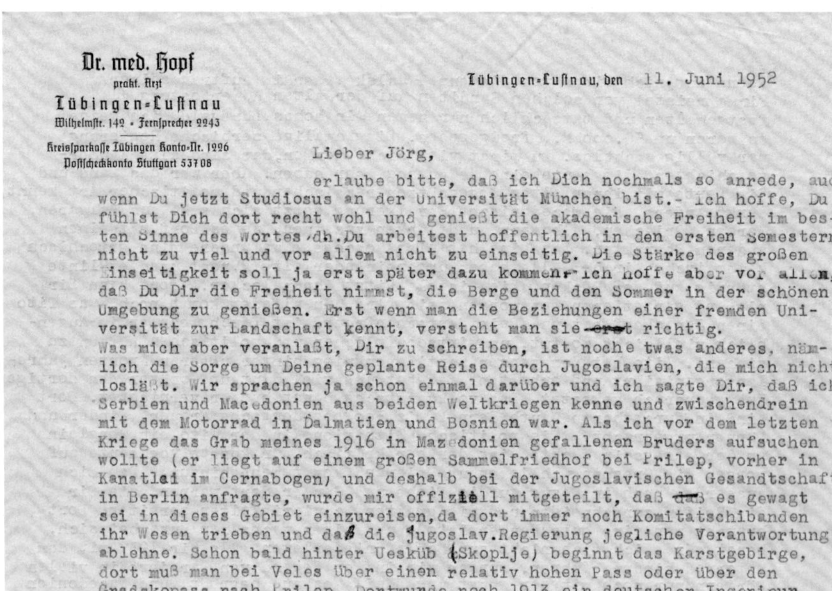

Dr. med. Hopf
prakt. Arzt
Tübingen-Lustnau
Wilhelmstr. 142 · Fernsprecher 2243

Kreissparkasse Tübingen Konto-Nr. 1226
Postscheckkonto Stuttgart 53708

Tübingen-Lustnau, den 11. Juni 1952

Lieber Jörg,

erlaube bitte, daß ich Dich nochmals so anrede, auch wenn Du jetzt Studiosus an der Universität München bist.- Ich hoffe, Du fühlst Dich dort recht wohl und genießt die akademische Freiheit im besten Sinne des Wortes/dh. Du arbeitest hoffentlich in den ersten Semestern nicht zu viel und vor allem nicht zu einseitig. Die Stärke des großen Einseitigkeit soll ja erst später dazu kommen.- Ich hoffe aber vor allem, daß Du Dir die Freiheit nimmst, die Berge und den Sommer in der schönen Umgebung zu genießen. Erst wenn man die Beziehungen einer fremden Universität zur Landschaft kennt, versteht man sie ~~erst~~ richtig.
Was mich aber veranlaßt, Dir zu schreiben, ist noche twas anderes, nämlich die Sorge um Deine geplante Reise durch Jugoslavien, die mich nicht losläßt. Wir sprachen ja schon einmal darüber und ich sagte Dir, daß ich Serbien und Macedonien aus beiden Weltkriegen kenne und zwischendrein mit dem Motorrad in Dalmatien und Bosnien war. Als ich vor dem letzten Kriege das Grab meines 1916 in Mazedonien gefallenen Bruders aufsuchen wollte (er liegt auf einem großen Sammelfriedhof bei Prilep, vorher in Kanatlai im Cernabogen) und deshalb bei der Jugoslavischen Gesandtschaft in Berlin anfragte, wurde mir offiziell mitgeteilt, daß ~~daß~~ es gewagt sei in dieses Gebiet einzureisen, da dort immer noch Komitatschibanden ihr Wesen trieben und daß die Jugoslav. Regierung jegliche Verantwortung ablehne. Schon bald hinter Ueskiib (Skoplje) beginnt das Karstgebirge, dort muß man bei Veles über einen relativ hohen Pass oder über den Gradskopass nach Prilep. Dortwurde noch 1913 ein deutscher Ingenieur,

(wenn ich nicht irre von Siemens & Halske, der im Auftrag seiner Firma reiste) von solchen Banditen auf der alten Römerfestung festgehalten und tatsächlich nur gegen ein hohes Lösegeld, ich meine es waren um 50.000 M., freigegeben. Die damalige serbische Regierung war völlig machtlos. Du wirst vielleicht denken, das sind alte Räubergeschichten, die heutekeine Bedeutung mehr haben. Aber wer das Land und die Leute mit ihren alten Gegensätzen rassischer und politischer Art kennt, denkt anders. Die macedonische Bevölkerung setzt sich z.B. aus Bulgaren, Serben, Griechen, Albanern, und Türken zusammen. Jedes Dorf hat einen anderen Charakter, das eine hat eine Moschee, das andere eine griechisch-katholische Kirche. Alle haben untereinander alte Händel unddie Flinte ständig auf dem Rücken, die Pistole sitzt ihnen locker. Dort kann Dir niemand garantieren was morgen sein wird. Zu alledem kommt noch, das Tito einen Januskopf hat und kein Deutschenfreund ist (auch wenn er im Augenblick vielleicht so tut, um wirtschaftlichen und politischen Nutzen zu ziehen). Tito hat den ganzen Partisanenkrieg hinter unseren Fronten jahrelang organisiert und erhalten. Das hat uns viel Blut und später den dortigen Zusammenbruch gekostet. Das volksdeutsche Banat hat er vernichtet. Dort sind in furchtbaren Blutbädern 2 bis 300.000 deutsche Frauen, Kinder und Männer umgebracht. Die politische Situation, in der Tito ein Zünglein an der Wage sein möchte, ist denkbar kritisch, er könnte von heute auf morgen die Grenzen schließen und niemand kommt mehr hinaus. Laß Dich ausserdem noch in Bezug aufdie Diebe und Gauner dort warnen, die Dir die Reifen zerschneiden und die größten Schwierigkeiten bereiten. Dort braucht man eine gute Mauserpistole und einen wachsamen Hund bei sich, sonst würde ich mich nicht zum Schlaf niederlegen. Als wir 1937 mit dem Motorrad hindurchfuhren, wurden wir in der Gegend von Sarajewo in vielen Dörfern nur noch mit der Faust und "Heil Moskau" begrüßt. Und Macedonien ist von altersher ein politisches Pulverfaß.-

Lieber Jörg, Du wirst mir glauben, daß ich keine persönlichen Interessen habe, Dich irgendwie zu beeinflussen oder von Deinen schönen Reiseplänen abzulenken. Im Gegenteil halte ich es für richtig, daß Du Dir das Land der Griechen ansiehst, solange noch eine Möglichkeit dazu besteht. Aber ich möchte Dir doch wieder nahelegen, die Reise von Venedig aus mit dem italienischen Dampfer bis an die griechische Küste aus zu machen. Die Möglichkeit das Motorrad an Bord zu nehmen ist immer gegeben, auch wenn das Schiff auf der Rhede liegt. Oder vielleicht gibt es auch eine Möglichkeit der Überfahrt von Süd-Italien aus. Wo ein Wille ist, da ist auch ein Weg, aber es muß der richtige sein!

Mit herzlichen Grüßen und Wünschen

Dein ("Ihr Hausarzt")

H. Hoff

Dass sich gerade durch Tito seit dem Krieg etwas grundlegend geändert hatte, war ihm nicht klar.
Auch die Testamentsvollstrecker versuchten meine Reise zu verhindern. So schrieb deren Vorsitzender Hans Walz:

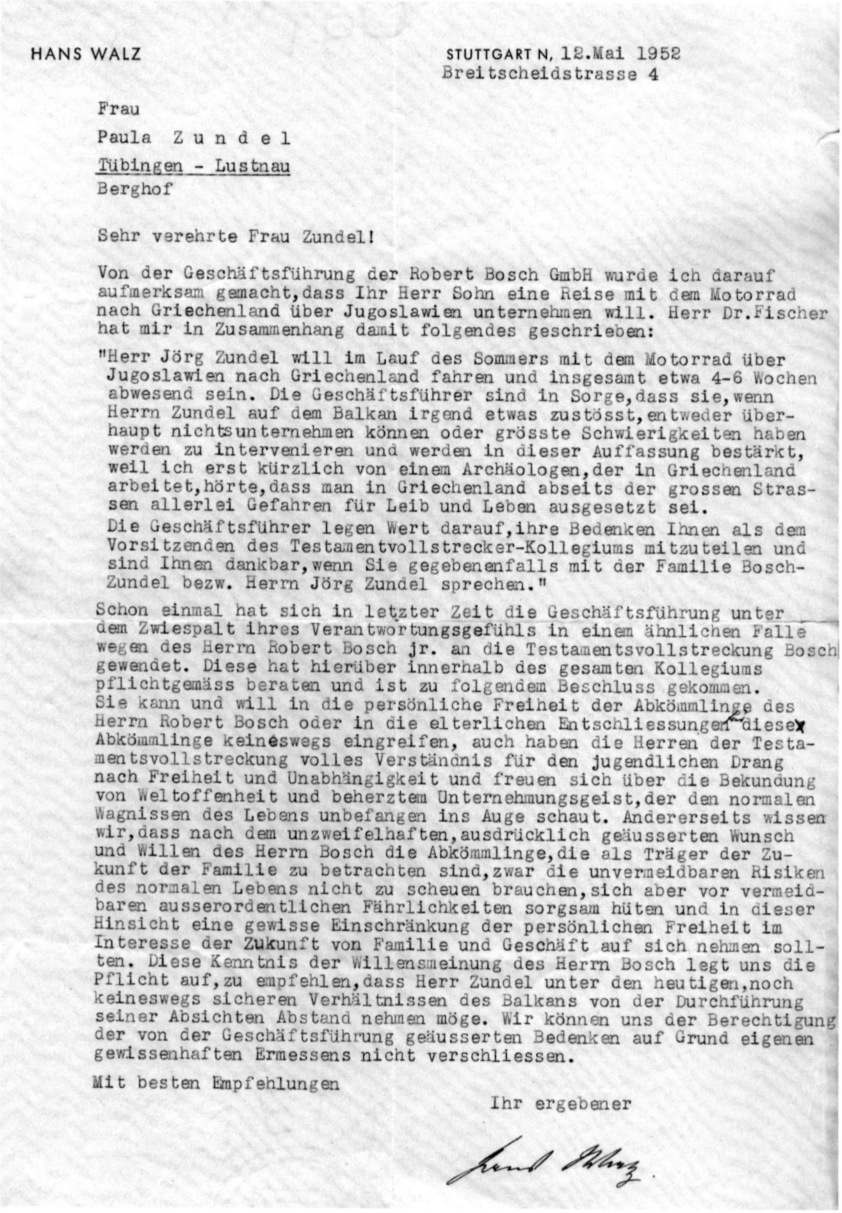

HANS WALZ

STUTTGART N, 12.Mai 1952
Breitscheidstrasse 4

Frau
Paula Z u n d e l
Tübingen - Lustnau
Berghof

Sehr verehrte Frau Zundel!

Von der Geschäftsführung der Robert Bosch GmbH wurde ich darauf aufmerksam gemacht, dass Ihr Herr Sohn eine Reise mit dem Motorrad nach Griechenland über Jugoslawien unternehmen will. Herr Dr. Fischer hat mir in Zusammenhang damit folgendes geschrieben:

"Herr Jörg Zundel will im Lauf des Sommers mit dem Motorrad über Jugoslawien nach Griechenland fahren und insgesamt etwa 4-6 Wochen abwesend sein. Die Geschäftsführer sind in Sorge, dass sie, wenn Herrn Zundel auf dem Balkan irgend etwas zustösst, entweder überhaupt nichts unternehmen können oder grösste Schwierigkeiten haben werden zu intervenieren und werden in dieser Auffassung bestärkt, weil ich erst kürzlich von einem Archäologen, der in Griechenland arbeitet, hörte, dass man in Griechenland abseits der grossen Strassen allerlei Gefahren für Leib und Leben ausgesetzt sei.
Die Geschäftsführer legen Wert darauf, ihre Bedenken Ihnen als dem Vorsitzenden des Testamentvollstrecker-Kollegiums mitzuteilen und sind Ihnen dankbar, wenn Sie gegebenenfalls mit der Familie Bosch-Zundel bezw. Herrn Jörg Zundel sprechen."

Schon einmal hat sich in letzter Zeit die Geschäftsführung unter dem Zwiespalt ihres Verantwortungsgefühls in einem ähnlichen Falle wegen des Herrn Robert Bosch jr. an die Testamentsvollstreckung Bosch gewendet. Diese hat hierüber innerhalb des gesamten Kollegiums pflichtgemäss beraten und ist zu folgendem Beschluss gekommen. Sie kann und will in die persönliche Freiheit der Abkömmlinge des Herrn Robert Bosch oder in die elterlichen Entschliessungen dieser Abkömmlinge keineswegs eingreifen, auch haben die Herren der Testamentsvollstreckung volles Verständnis für den jugendlichen Drang nach Freiheit und Unabhängigkeit und freuen sich über die Bekundung von Weltoffenheit und beherztem Unternehmungsgeist, der den normalen Wagnissen des Lebens unbefangen ins Auge schaut. Andererseits wissen wir, dass nach dem unzweifelhaften, ausdrücklich geäusserten Wunsch und Willen des Herrn Bosch die Abkömmlinge, die als Träger der Zukunft der Familie zu betrachten sind, zwar die unvermeidbaren Risiken des normalen Lebens nicht zu scheuen brauchen, sich aber vor vermeidbaren ausserordentlichen Fährlichkeiten sorgsam hüten und in dieser Hinsicht eine gewisse Einschränkung der persönlichen Freiheit im Interesse der Zukunft von Familie und Geschäft auf sich nehmen sollten. Diese Kenntnis der Willensmeinung des Herrn Bosch legt uns die Pflicht auf, zu empfehlen, dass Herr Zundel unter den heutigen, noch keineswegs sicheren Verhältnissen des Balkans von der Durchführung seiner Absichten Abstand nehmen möge. Wir können uns der Berechtigung der von der Geschäftsführung geäusserten Bedenken auf Grund eigenen gewissenhaften Ermessens nicht verschliessen.

Mit besten Empfehlungen

Ihr ergebener

Hans Walz

Offensichtlich hatten alle, die sich hier einmischten, vom Balkan wilde Vorstellungen. Als ich jedoch drei Jahre später durch den Mittleren Osten nach Indien fuhr, waren dieselben Leute von diesem meinem Vorhaben begeistert.

Devisenbeschränkung

Die Reise führten wir mit meiner BMW R25 mit Gepäckbeiwagen durch. Da man pro Person nur 300 Mark in Devisen umtauschen konnte, mussten wir mit sechshundert Mark die acht Wochen leben und insbesondere auch den Kraftstoff bestreiten. Deshalb nahmen wir den überwiegenden Teil der Verpflegung mit.

Mit Rainer Hähnle auf der BMW R25

In der zweiten Nacht überraschte uns am See in Bled in Slowenien ein heftiges Dauergewitter. Wir mussten uns in einen Straßentunnel retten, wo wir morgens völlig durchnässt mit Mühe unseren Benzinkocher in Gang brachten. Eine Frau half uns dabei. Über Zagreb fuhren wir auf der neuen, 400 Kilometer langen Autobahn nach Belgrad. Diese war von deutschen Kriegsgefangenen gebaut worden, wie mir ein Münchner Rechtsanwalt, der hierbei unfreiwillig mitgewirkt hat, erzählte. Wir begegneten zwischen Zagreb und Belgrad auf den 400 Kilometern keinem halben Dutzend Autos. Oft aalten sich schwarze Schweine auf dem heißen Asphalt.

Unter der Brücke in Belgrad

In Belgrad übernachteten wir unter einer Brücke. Der Lärm von einem benachbarten Rummelplatz war gewaltig. Auf allen offiziellen Gebäuden prangten damals noch Sowjetsterne. Von Belgrad fuhren wir nach Süden, besuchten das Nationaldenkmal, den Topola. In Niš verfolgte uns ein Mann und wollte uns zurückhalten, da er offenbar dachte, wir seien Spione. Kurz vor Skopje zelteten wir an einem Brunnen. Zahlreiche Leute umringten uns. Als wir mit unserem Abendessen begannen, zogen sie sich diskret zurück. Am nächsten Morgen fuhren wir vollends nach Skopje, das mit seinen Minaretten viele Fotomotive bot. Leider wurde das malerische Skopje wenige Jahre später durch ein schweres Erdbeben völlig zerstört.

Es ging nun weiter nach Gevgelia zur griechischen Grenze. Geschlafen haben wir in meinem kleinen Deuter-Sportzelt, das wir jedoch im heißen Griechenland nicht aufschlugen, sondern nur als Unterlage beim Schlummern verwendeten. In Saloniki zelteten wir oberhalb der Stadt am östlichen Stadtrand. Ich kochte mit unserem Milchpulver Grießbrei. Da das Milchpulver jedoch nach unseren Erlebnissen in Bled verdorben war, war unser Grießbrei ungenießbar. Dies fand auch ein Hund, an den ich ihn verfüttern wollte. Ich soll geseufzt haben: „Ach, wenn er ihn doch fressen würde!"

Zum Berg Athos

Von Saloniki machten wir einen Abstecher zum Berg Athos. Den Beiwagen ließen wir zurück. Auf dem Schotterweg hatten wir einen sehr schlimmen Sturz mit dem Motorrad. Ich hatte durch meine zerbrochene Brille eine tiefe Schnittwunde oberhalb des rechten Auges. Eine Frau machte mir einen Verband mit Kräutern. Abends erreichten wir das nördliche Ende der Halbinsel Athos. An diesem Ort hatte Alexander der Große die Halbinsel durchstechen und einen Schiffskanal bauen lassen. Wir hatten nichts mehr zu essen. Glücklicherweise wurden wir von Fischern gastlich aufgenommen, die uns sogar ihre Koje für die Nacht zur Verfügung stellten. Am nächsten Morgen setzten sie uns weiter südlich an der Küste ab. Wir wanderten quer über die Halbinsel zum Kloster Vatopedi, wo wir nächtigten. Zum Abendessen gab es eine Suppe, das reichlich aufgedeckte Geschirr hätte allerdings viel mehr erwarten lassen. Am nächsten Tag durften wir die Klosterbibliothek mit ihren prächtigen Folianten besichtigen. Wir wanderten dann zum Kloster Lavra.

Dort klagte uns abends ein Laienbruder sein Leid. Ihm fiel die Entsagung des Weltlichen sehr schwer.

Zu unserem Motorrad zurückgekehrt, fuhren wir nach Saloniki. Dort schenkte mir ein freundlicher Optiker eine neue Brille. Nun fuhren wir zum Tempetal. Durch dieses führt die Eisenbahnstrecke Saloniki–Athen. Die dem Krieg zum Opfer gefallenen Eisenbahnwaggons verrosteten hier langsam. Dies entsprach nicht der in der klassischen Literatur geschilderten friedlichen Pracht. Durch die thessalische Ebene ging es nach Westen zu den Meteora-Klöstern. Diese Fluchtklöster wurden auf hoch aufragenden Felsklötzen errichtet. Herr Gutbrod, der bereits erwähnte Freund meines Vaters, hatte sie vor vielen Jahren besucht und wurde noch in einem Korb hochgezogen, einen anderen Zugang gab es damals nicht. Heute sind in die steilen Felsen Treppen geschlagen. Der Engpass der Thermophylen, wo Leonidas Griechenland gegen die Perser erfolgreich verteidigte („Wanderer kommst Du nach Sparta, so sage, Du hast uns hier liegen gesehen!"), ist kein Engpass mehr. Dort erstreckt sich heute eine weite Ebene, denn das Meer ist verlandet.

Über einen Gebirgszug erreichten wir am Abend die mit Ölbäumen bewachsene Ebene der Bucht von Ithea. Am nächsten Tag besuchten wir Delphi. Wir zelteten unterhalb des Heiligtums am Rundtempel. Die Pythia berauschte sich einst an den Dämpfen, die im Heiligtum aus einer Spalte aufstiegen, und orakelte. Sich auf dieses Gefasel berufend, machten die Priester ihre Prophezeiungen, die in das Geschehen der damaligen Welt fundamental eingriffen. Die Prophezeiungen waren bisweilen sehr zweideutig. So sagte z.B. das Orakel einem Herrscher voraus, dass er, wenn er seinen Feind angriffe, ein großes Reich zerstören werde. Dummerweise war es dann jedoch sein eigenes!

Beim Orakel in Delphi

In Chaironea besuchten wir den an die Schlacht erinnernden Löwen. Über Theben ging es nach Athen. Dort zelteten wir bei dem kleinen Kloster Kaisariani am Fuße des Hymettos. Wir wurden jedoch die ganze Nacht von einem trompetenden Esel belästigt. Immer, wenn wir gerade am Einschlafen waren, fing er wieder an zu trompeten. Deshalb übersiedelten wir die nächste Nacht in die Bucht von Eleusis (Elefsina). An der Straße nach Eleusis liegt das Kloster Daphne mit einem prächtigen Mosaik des Pantokrators in der Kuppel. Am Strand von Eleusis war es sehr schön.

Nach Athen zurückgekehrt, stiegen wir auf die Akropolis, wo man sich in Ruhe den heiligen Stätten widmen konnte, denn es gab damals nur sehr wenige Besucher. Das Akropolis-Museum war noch nicht wiedereröffnet. Es muss sehr mühevoll gewesen sein, die schweren Säulentrommeln des

Akropolis

Parthenon aufeinander zu setzen, dies ohne modernes Gerät. Man kann sich leicht das Treiben der Athener vorstellen, wie sie von der Agora aus zur Akropolis hinaufstiegen, wo der Geist der Göttin Athene wohnte. Unterhalb der Propyläen, dem Eingang zur Akropolis, befindet sich ein großer Fels, der Ariopag. Auf diesem Felsen tagte einst der Stadtrat von Athen. Sicher wurde hier auch beraten, wie man mit einem Kauz wie Sokrates umzugehen hätte. Man diskutierte über die Beziehungen Athens zu seinen Nachbarn, insbesondere zu Sparta. Stürmisch muss es zugegangen sein, als man beriet, wie man sich gegen das einfallende Perserheer verteidigen könnte.

In Athen lebten wir hauptsächlich von dem schmackhaften Joghurt, den es in allen Caférions gab. Wir erstiegen den Lykabettos, einen kleinen Hügel in Athen, von dem man einen herrlichen Blick auf die Akropolis hat.

Kap Sunion

Am Kap Sunion zelteten wir unmittelbar am Tempel mit seinen schneeweißen Säulen. Morgens erlebten wir einen prächtigen Sonnenauf- und abends ein nicht weniger prächtigen Sonnenuntergang.

Apollo-Tempel von Korinth

Von Athen aus fuhren wir nach Korinth, vorbei am Golf von Salamis, jenem Ort, an dem die Perser in der Seeschlacht von den Griechen besiegt wurden. In Korinth schliefen wir in einer hellen Vollmondnacht im Apollo-Tempel. Wenn der Mond um eine der Säulen herumkam, wachte ich jedes Mal auf. Akrokorinth erschien als dunkle Silhouette. Am nächsten Tag besuchten wir Mykene, was Erinnerungen an den Trojanischen Krieg erweckte. Wir übernachteten im Amphitheater in Epidaurus (Epidavros) in den obersten Rängen. Die Akustik ist in diesem Theater unglaublich, man versteht oben jedes in der Arena geflüsterte Wort.

Die Straße durch das Taygetos-Gebirge war damals ein schmaler Schotterweg. Wir gelangten wohlbehalten in Sparta und Mistra an. Mistra ist eine Ruinenstadt der Kreuzfahrer, die im Faust II eine große Rolle spielt. Am Südwestende des Peloponnes liegt die Insel Sphakteria. Der Peloponnesische Krieg wurde unterbrochen, weil auf dieser Insel 30 Spartaner von den Athenern gefangen gehalten wurden.

Der Weg wurde immer schlechter und endete schließlich in einem Dornengestrüpp. Es wollte offenbar ein Bauer seinen Acker bestellen und hat deshalb den Weg einfach mit Dornen verrammelt. Wir mussten schließlich unser Motorrad mit Beiwagen auf einen Zug verladen, der durch diese Aktion eine dreiviertel Stunde Verspätung bekam.

Der Tempel von Bassae

Ein Abstecher ins Landesinnere führte uns nach Andritsena. Wir wollten den südlich davon gelegenen Tempel von Bassae besuchen. Auf einer nach Südosten gerichteten Terrasse der Berge des Peloponnes erbaute

Iktinos, der Baumeister des Parthenon, diesen kunstgeschichtlich interessanten Tempel, der dem Apollon Epukurios geweiht war. Wir machten uns am späten Nachmittag auf den Weg Richtung Tempel. Als wir gegen Mitternacht nicht mehr konnten, legten wir uns schlafen. Im ersten Morgenlicht lag der Tempel jenseits einer tiefen Schlucht. Mit Mühe stiegen wir hinunter und wieder hinauf. Vom Tempel aus hat man einen prächtigen Blick nach Südosten bis zum Taygetos-Gebirge. Mittags wanderten wir zurück nach Andritsena. Diese Wanderung war sehr mühsam, erquickend waren jedoch die zahlreichen Trinkschalen aus Stein mit kaltem Gebirgswasser. Von Andritsena erreichten wir Olympia, wo wir am Rande des Hains zelteten. Der Zeustempel war durch ein Erdbeben zerstört worden. Die riesigen herumliegenden Säulentrommeln zeigen, welch gewaltige Kräfte hier am Werk waren. Der Fries des Zeustempels befindet sich, ebenso wie der Fries des Tempels von Bassae, im Britischen Museum in London.

Nach Athen zurückgekehrt, fuhren wir mit dem Schiff zur malerischen Insel Mykonos. Wir begegneten dort zwei französischen Ehepaaren, die wir schon mehrmals getroffen hatten. Die Männer schwärmten von der Zeit ihrer Gefangenschaft in Ostpreußen. Wir übernachteten etwas abseits im Gelände. Eine der Französinnen produzierte sich im Vollmondschein als Venus von Milo. Sie wollte offenbar den antiken Statuen Konkurrenz machen, was ihr auch überzeugend gelang.

Überzeugende Venus

Wir heuerten einen Fischer an, der uns und die beiden französischen Ehepaare am späten Nachmittag nach Delos brachte. Die Insel war in der Antike das Handelszentrum im östlichen Mittelmeer. Während der Fischer die Nacht über seinem Beruf nachging, schliefen wir in den heiligen Ruinen. Es war eine herrliche Vollmondnacht. Das benötigte Wasser schöpften wir aus den alten Zisternen. Morgens stieg ich zum Sonnenaufgang auf den kleinen Berg. Kurz unterhalb des Gipfels befindet sich die Grotte, in der Apollo geboren sein soll.

Delos

Von Mykonos kehrten wir nach Athen zurück. Von dort aus besuchten wir noch die Insel Ägina. Vom Hafen wanderten wir quer über die Insel zum Aphaia Tempel, einem der schönsten Tempel des antiken Griechenland.

In Piraeus schifften wir uns mit unserem Motorrad nach Brindisi in Italien ein. Wir „wohnten" neben unserem Motorrad auf dem Vorderdeck. Durch den Kanal von Korinth kamen wir an die Südspitze von Korfu, wo wir in einen sehr heftigen Sturm gerieten. Ich kochte Nudeln, in der einen Hand den Benzinkocher, in der anderen den Topf. Viele Passagiere erschienen seekrank an Deck, um Poseidon ihr Opfer zu erbringen. Am nächsten Morgen erreichten wir Brindisi.

Heimreise

Wir hatten gerade noch genug Geld für das benötigte Benzin. So machten wir uns schnellstens an der italienischen Ostküste entlang auf den Weg nach Norden. Das Lager des Vorderrades quietschte bedenklich. Am übernächsten Abend zelteten wir auf einem Bauernhof in der Poebene. So abgerissen, wie wir aussahen, betrachteten uns die Leute mit Bedenken, ließen uns aber gewähren. In der nächsten Nacht fuhren wir über den Splügenpass. Es schneite und war grimmig kalt. Wir erreichten durch die Via Mala Zürich. Dort trafen wir meine Mutter, die mit meinem Vetter Hermann Fischer bei den Borsts auf uns wartete.

Das Studium bis zum Vordiplom

Im Herbst 1952 setzte ich mein Studium an der Ludwig-Maximilian-Universität in München fort. Anfang 1953 zog ich bei der klauenden Frau Lehner aus. Ich wohnte dann mehrere Jahre sehr schön gleich neben der Universität in der Ludwigstraße bei der Gräfin von Geldern. Sie hatte zwei kleine Mädchen. Herr von Geldern fuhr zur See.
Im Februar 1953 ging ich mit einer Grippe auf den Fasching und holte mir eine Lungenentzündung. Meine Mutter kam angereist und pflegte mich in einer Woche wieder gesund.
Im Frühjahr 1953 machte ich mit drei etwas älteren Kollegen, darunter Hans Händel, die Stubai-Skitour. Rechts und links ein Paar Ski und unsere übrigen Habseligkeiten im Rucksack, fuhren wir mit unseren zwei Motorrädern nach Ranalt, dem Ausgangspunkt. Wir stiegen zur Franz-Senn-Hütte auf und über ein Joch zur Amberger Hütte. In dichtem Nebel überquerten wir den Gletscher zum Daunjoch mit Kompass und Höhenmesser. Oben klarte es auf und wir fuhren zur Dresdner Hütte ab. Von dort stiegen wir zur Schaufelspitze auf und fuhren zur Hildesheimer Hütte ab. Von meiner Grippe geschwächt, habe ich damals das Zuckerhütel nicht geschafft. Insgesamt waren wir eine gute Woche unterwegs. Hans Händel hatte als Fallschirmjäger im Krieg mehr als dreißig Absprünge, unter anderem auch den am Kanal von Korinth, überlebt, allerdings mit zahlreichen Narben von Magengeschwüren. In Deutschland waren damals die Karrierechancen, insbesondere an den Universitäten, sehr schlecht, deshalb wanderte er, wie viele meiner älteren Kollegen, in die USA aus. Das letzte, was ich von ihm hörte, war, dass er für ein Militärunternehmen Schutzanstriche für Panzer entwickelte.

Stubai-Skirundtour

In den folgenden vier Semestern kämpfte ich mit großer Mühe, aber siegreich, mit den Mathematikübungen.

Bei der Gräfin von Geldern wohnte auch Professor Erich Schmidt. Er hatte während und nach dem Krieg das Chemische Institut verwaltet. Dieses war teilweise nach Bad Reichenhall in das Kloster St. Zenon ausgelagert. Dorthin zog sich Professor Schmidt häufig zurück. Er war sehr vielseitig gebildet. Besonders schätzte er das Werk des österreichischen Schriftstellers und Philosophen Egon Friedell. Ich diskutierte oft mit ihm. Er hatte im Chemischen Institut ein Labor, in dem er mit einigen Mitarbeitern fleißig über Senföle forschte. Mit ihm und seinen Mitarbeitern ging ich wöchentlich Kegeln. Erich Schmidt

Bisweilen kam auch sein Sohn Gerhard zu Besuch. Da seine Mutter Jüdin war, war sie mit ihm in der Hitlerzeit nach Australien geflohen. Er arbeitete als Kristallograph am Weizmann-Institut in Israel. Anfang der sechziger Jahre führte ich für Gerhard IR-Untersuchungen an Oximen, d.h. an Verbindungen mit interessanten Wasserstoffbrücken durch. Auf diese komme ich später noch zurück. Leider bekam Gerhard einen vermutlich strahleninduzierten Tumor. Unheilbar krank, brachte er sich in einem Hotel in Basel um. Seine Frau lernte ich viel später bei einem Besuch des Weizmann-Instituts in Israel kennen. Als ich dort einen Vortrag hielt, stellte sie sich mir vor.

Wenn mir die Großstadt zu sehr auf die Nerven ging, fuhr ich mit dem Motorrad nach Deining, südlich von München, und arbeitete am Waldrand bei Egling. Mehrmals zeltete ich auch dort. Ein Rehbock, der es mit seinen Geißen treiben wollte, war sehr ergrimmt und kläffte ganz empört.

Ich freundete mich mit einem etwas älteren Physiker an, Eberhardt Kern, einem Freund von Wolfgang König. Er machte seine Doktorarbeit bei Professor Joos an der TH. Aufgrund des ausgezeichneten Lehrbuches von Joos hatte er sich bei diesem um eine Doktorarbeit beworben, wurde aber sehr enttäuscht, weil er keinerlei Unterstützung, insbesondere keine geistigen Anregungen von Joos bekam. Eberhardt Kern war mir bei den Mathematikübungen sehr behilflich. Eberhardt Kern

Da Eberhardt eine theoretische Arbeit durchführen wollte, lud ich ihn für ein Jahr auf den Berghof ein. Kurze Zeit später heiratete er. Leider hatten wir keinen Kontakt mehr. In der Zwischenzeit habe ich erfahren, dass er in Essen lebte und 2002 gestorben ist. Wie seine Frau sagte, war er ein starker Raucher. Als ich ihn kannte, hat er nie geraucht. Offenbar haben ihm die Zwänge der Industrie, für die er arbeitete, sehr zugesetzt. Seine Kinder leben in Bremen.

Die Chemischen Institute der Universität München waren als Folge des Krieges noch weitgehend zerstört. Die Zulassung zum Chemischen Praktikum musste man sich durch eine schriftliche Aufnahmeprüfung erwerben. In den Sommerferien 1953 überlebte ich dieses Praktikum nur mit Mühe unter für heutige Verhältnisse unglaublichen Bedingungen. Über sechzig Teilnehmer arbeiteten in einem Tiefparterrelabor, häufig ohne Abzug. Man konnte sich von der einen zur anderen Laborseite vor Chemiedämpfen nicht mehr erkennen. Anfangs hatte ich nur einen Arbeitsplatz von etwa einem halben Meter Breite. Dies verbesserte sich jedoch bald, da viele dieses Praktikum aus gesundheitlichen Gründen abbrechen mussten.

Chemisches Praktikum

Ein Ereignis während dieses Praktikums charakterisiert die aufgeschlossene Einstellung der Nachkriegsstudentengeneration. Wir beschäftigten uns an einem Nachmittag intensiv mit unseren Analysen. Plötzlich kam das Gerücht auf, dass der spanische Philosoph Ortega y Gasset in dem wenige Wochen vorher neu eröffneten Herkulessaal der Residenz einen Vortrag halten werde. Sämtliche Teilnehmer des Praktikums ließen alles liegen und stürzten zu dem Vortrag. Das berühmteste Werk von Ortega y Gasset, der unter anderem in Marburg studiert hatte, ist „Der Aufstand der Massen".

Ortega y Gasset

Ausflüge ins Gebirge

Mit meinem Schulfreund Volker Beneke, der bei der Buchhandlung Ludwig in der Theatinerstraße eine Lehre machte, fuhr ich in diesem Sommer oft mit dem Motorrad ins Gebirge, um mich von den chemischen Giften der Woche zu reinigen und zu erholen. Einen ganz besonders schönen Ausflug machten wir nach Zell am See und zur Glocknerstraße. Wir zelteten an der Ostseite des Sees. Als wir eine delikate Erbsensuppe gekocht hatten, zeigte es sich, dass wir fast alles hatten, jedoch kein Besteck. Beflügelt von einer Flasche Schnaps vertilgten wir die Suppe mit Hilfe einer Zündholzschachtel als Löffel. Ein anderes Mal machten wir einen Ausflug in den Bayrischen Wald, da Beneke eine Freundin in Regensburg hatte. Es wurde so spät, dass wir in den Anlagen übernachten mussten. Es war die Nacht vor der Bundestagswahl 1953. Die Plakatkleber überklebten ihre Plakate gegenseitig und verprügelten sich, als sie keine mehr hatten. Am nächsten Tag fuhren wir durch den Bayrischen Wald, am Arber vorbei, nach München zurück.

Wahlkampf 1953

Vordiplom

Im Wintersemester 1954/1955 legte ich ohne hinreichende Vorbereitung das Vordiplom ab. Professor Mack musste ich beweisen, dass die Gerade die kürzeste Verbindung zwischen zwei Punkten ist. Professor Schmidt befragte mich über das Schmidtsche Orthogonalisierungsverfahren. Unangenehm war die eineinhalbstündige Prüfung bei Professor

Gerlach. Er prüfte mich und meinen Kollegen Funk. Wir saßen an einem schmalen Tischchen Gerlach gegenüber, der uns auf und ab gehend mit Penetranz Fragen stellte. Öfters ging seine Zigarre aus, worauf er besonders grimmig war. Obwohl ich Herrn Funk zu helfen versuchte, hat dieser die Prüfung nicht bestanden. Er hat sich von diesem Schock nicht erholt und verließ die Universität München, um in Erlangen weiter zu studieren. Ich habe das Vordiplom auf Anhieb bestanden, wenn auch ohne große Lorbeeren.

Indienreise 1955

Eines Abends, im Sommer 1954, war ich zu Gast bei Familie Lebling, Freunden von Tante Irma, die in der Kardinal-Faulhaber-Straße wohnten. Professor Lebling war früher ein erfolgloser Verehrer Tante Irmas. Er arbeitete als Geologe an der Universität. Auf dem Tisch lag ein Atlas, in dem die Seite „Mittlerer Osten" aufgeschlagen war. Da ich mich, angeregt durch meine Griechenlandreise, sehr dafür interessierte, wie die Perserkriege die griechische Kultur befruchtet haben, hat diese aufgeschlagene Karte mein Interesse an der Kultur dieser Länder aufs Neue angeregt. Ich fasste damals den Entschluss, möglichst bald dorthin zu reisen.
Nach Abschluss der Prüfungen bereitete ich mich anhand der spärlichen Quellen auf diese Reise vor. Am ergiebigsten waren hierbei der erste Band „Das Vermächtnis des Ostens" aus der Reihe „Die Geschichte der Zivilisation" von Will Durant sowie Reiseberichte, insbesondere der von Ella Mailand, einer Schweizerin, die in den dreißiger Jahren mit einer Freundin Afghanistan bereist hatte. Ich suchte nach einem Begleiter. Alle waren zunächst begeistert, zogen sich aber, sobald es Ernst wurde, siegreich zurück. Mein Freund Wolfgang König entschloss sich schließlich, mit mir zu reisen. Seine erste Frau war damals in den USA. Er bekam von Siemens, wo er arbeitete, einen viermonatigen unbezahlten Urlaub. Oft traf ich mich mit Wolfgang und seiner feschen, italienischen Freundin in der „Kleinen Liebe" in der Kurfürstenstraße, wo wir unsere Pläne schmiedeten.
Für die Reise stand uns ein Unimog der Firma Daimler zur Verfügung. Ich machte bei Daimler in Gaggenau einen dreitägigen Monteurkurs, bei dem ich alles lernte, nur nicht das, womit ich später den Unimog hätte reparieren können. In Gaggenau erlebte ich das erste und einzige Mal in meinem Arbeitsleben den Achtstundentag. Dieses Erlebnis hat mich

Unimog-Monteurkurs

sehr beeindruckt, denn am nicht zu späten Nachmittag war ich frei von allen Verpflichtungen. An einem herrlichen Fühlingsabend stieg ich auf die Hügel westlich von Gaggenau. Ich hatte eine schöne Aussicht auf die Abhänge des Westschwarzwaldes, die teilweise noch schneebedeckt in goldenem Abendlicht vor mir lagen.
Der Unimog bekam durch die Firma Auwärter in Vaihingen einen Aufbau, in dem wir übernachten konnten. Dieser Aufbau steht heute in unserem Garten. Mitte März holten wir den Unimog bei der Firma Auwärter ab und verstauten unsere Habseligkeiten. An der Einfahrt der Autobahn nach München verabschiedeten wir uns endgültig von meiner Mutter. So schafften wir es abends noch bis München, wo wir bei Wolfgang in Solln übernachteten; er in seiner Wohnung mit Freundin, ich als Versuch im Unimog, der ja für die nächsten acht Monate unser Zuhause sein sollte.
Auf dem südlichen Balkan gab es noch einen strengen Wintereinbruch. Schnee und Eis behinderten unser Fortkommen. Als wir nachts durch Priština fuhren, sah man überall Gestalten mit Turban. Es war der mohammedanische Neujahrstag.

Türkei

Am vierten Tag erreichten wir Istanbul. Da am Unimog bereits einiges zusammengebrochen war und repariert werden musste, blieben wir mehrere Tage. Wir sahen uns in der malerischen Stadt um. Die Hagia Sophia ist von außen und innen grandios.
Nun setzten wir mit der Fähre über den Bosporus und verließen damit Europa. Auf der Fähre lernten wir eine Journalistin kennen. Sie wollte in Üschküdar den letzten lebenden Eunuchen aufsuchen. Wir machten uns darüber lustig, wie sie dies wohl feststellen würde. In Ankara war das einzig Eindrucksvolle ein großes Reiterstandbild Atatürks, der in den zwanziger Jahren die Türkei modernisiert und europäisiert hat. Jetzt ging es an der Küste des Schwarzen Meeres entlang nach Trapezunt. Die Straße führt durch riesige, prächtig blühende Rhododendrenwälder. Von Trapezunt fuhren wir südwärts durch die Berge Kurdistans, über den Zignapass erreichten wir Erzurum. Kurz nach Trapezunt wollte ich einige Feldarbeiterinnen fotografieren. Dadurch wurde bei den Männern ein Volksaufstand ausgelöst. Ich gab den Männern den Film und konnte so die Lage retten.

In Erzurum besuchten wir Osman Atali, den dortigen Vertreter von Daimler. Er mietete eine Pferdedroschke, um mit uns durch die Stadt zu fahren. Er wollte den Leuten zeigen, welch hohen Besuch er hatte. Osman saß vorne auf dem Bock und lüftete jedes Mal, wenn er einen Bekannten sah, den Hut. Dann suchte er mit uns einen Fotografen auf, von dem er sich zusammen mit uns ablichten ließ.

Osman Atali in Erzurum

In Erzurum mit Wolfgang König (links) und Osman Atali (Mitte)

Beim Abschied bat er mich, ihm eine Rechenmaschine zu schicken. Es zeigte sich, dass er darunter ein Gerät verstand, mit dem man rechnet, indem man Kugeln verschiebt. Herr Atali war offenbar aufgeschlossen und tüchtig, denn wenige Jahre später verlegte er sein Geschäft nach Istanbul.

Kurz nach Erzurum wurden wir vom türkischen Militär aufgehalten. Wir kamen an ein militärisches Sperrgebiet, denn die Beziehungen der Türkei zu Armenien, das damals zur Sowjetunion gehörte, waren sehr schlecht. Nach einigem Hin und Her bekamen wir als Begleitung ein Militärfahrzeug mit einem netten, sogar deutsch sprechenden Offizier, der uns durch das Sperrgebiet schleuste. Im Norden erhoben sich majestätisch die Schneegipfel des Großen und des Kleinen Ararat. Wie ich später erfuhr, weiß man heute, dass die Arche Noah viel weiter südwestlich in Kurdistan gestrandet ist. Abends erreichten wir die türkisch-iranische Grenzstation. Sie war bereits geschlossen, und so mussten wir übernachten. Die Grenzstation liegt in einer Schlucht. Im Mondlicht sah die Landschaft phantastisch aus. Die blühenden Mandelbäume dufteten intensiv. Diese Atmosphäre war fast irreal. Bei der Grenzabfertigung bekam ich einen Zettel, worauf stand, dass das Wechseln von Geld außerhalb der Banken bei Todesstrafe verboten sei.

Iran

Durch eine Landschaft mit vielen kleinen Hügeln fahrend, erreichten wir nach langer Fahrt die Teppichstadt Täbris. Dort ging ich zur Bank. Nach unzähligen Tassen Tee erklärte mir der Bankdirektor, dass er kein Geld wechseln könne, ich solle in den Bazar gehen, was ich auch wohl oder übel tat.

In Täbris wohnten wir bei einem deutschen Arzt. Den Abend verbrachten wir auf seinem Hausdach. Der Blick über die vollmondbeschienene Stadt war märchenhaft. Unser einsamer Gastgeber erzählte uns seine ganze Lebensgeschichte, er war sehr deprimiert über seine gescheiterte Ehe.

Täbris

Am nächsten Tag besuchten wir die Ruine der Blauen Moschee und anschließend eine Teppichknüpferei. Die Teppiche wurden dort in finsteren Räumen von vier- bis zehnjährigen Kindern geknotet. Ein etwas älterer Junge hatte die Aufsicht. Die Kinder arbeiteten unter diesen Bedingungen täglich etwa 10 Stunden.

Persische Kinder beim Teppichknüpfen

Durch eine Landschaft mit kargen Hügeln ging es am nächsten Tag weiter nach Teheran, einer großen, modernen Stadt. Wir wohnten bei einer weißrussischen Familie, die anlässlich der russischen Revolution, wie viele ihrer Landsleute, in den Iran geflohen war.

Teheran

Unser Iranvisum war in persischer Schrift ausgestellt, und wir konnten diese natürlich nicht lesen. Als ich das Visum jemandem zeigte, erfuhr ich, dass es bereits abgelaufen war. Ich ging sofort zur deutschen Botschaft. Dort hatte man jedoch kein Interesse, uns zu helfen. Man erklärte mir: „Solche Reisenden wie Sie haben sich schon öfters an uns gewandt, denen zu helfen haben wir kein Interesse." Diese Geschichte hatte ein Nachspiel. Die Firma Daimler beschwerte sich beim damaligen Außenminister von Brentano, der selbstverständlich alle Vorwürfe zurückwies.

Ein Zufall rettete uns vor herannahendem Ärger. In der Daimlerwerkstatt stand neben unserem Unimog ein großer schwarzer Mercedes. Sein Besitzer, der iranische Kriegsminister, konnte sich schwer verständigen, da er nur französisch sprach. Ich konnte ihm helfen, das einzige Mal, dass ich von meinen Französischkenntnissen profitierte. Ich klagte ihm mein Leid, und er meinte sofort, dass wir mit ihm kommen sollten, er werde dies alles für uns regeln. Als Kriegsminister war er in einem Land, in dem infolge der Machtbestrebungen Mossadeks (dieser hatte das Erdöl verstaatlicht) der Ausnahmezustand herrschte, der mächtigste Mann. Er schrieb auf einen Zettel, welcher wie ein Arztrezept aussah, alle unsere Wünsche und gab uns einen Dolmetscher mit. So kamen wir bereits nach kurzer Zeit zu iranischen Inlandspässen, einer Fotografiererlaubnis, der Genehmigung für einen Besuch des Pfauenthrons und anderem mehr.

Ich kaufte noch einen Teppich, der nach Isfahan geschickt wurde, damit wir ihn auf unserer Rückreise mitnehmen konnten.

Damals ahnte niemand, dass 50 Jahre später die Bevölkerung des Iran, insbesondere die Jugend, durch die mittelalterliche Mullahherrschaft drangsaliert und gepeinigt werden würde.

Nach einigen Tagen verließen wir Teheran und fuhren durch das Elbrusgebirge hinab zum Kaspischen Meer. Parallel zur Straße verläuft eine von den Weißrussen erbaute Eisenbahnlinie, die über kühn gebaute Viadukte den großen Höhenunterschied von fast zweitausend Metern überwindet. Wir übernachteten am Kaspischen Meer. Morgens erschien ein Offizier, der offenbar nach dem Rechten sehen wollte. Er war sehr freundlich. Mit einem kleinen Boot fuhr er uns zu einer Insel, auf der sich eine Kaviarfabrik befand. Plötzlich zog er einen Revolver. Es zeigte sich aber, dass er nur Enten schießen wollte. Wir wurden durch die Fabrik geführt.

Am Kaspischen Meer

شماره ۱۸۵۵
تاریخ ۲۰/۱/ ماه ۱۳۳۴
وزارت کشور
اداره کل شهربانی
دارنده این برگ ... نام خانوادگی ... تبعه ... کار ...
شناسنامه / پروانه اقامت ... شماره ۸۱۵۵ فرستاده از ... مجاز است طبق مقررات
عکس برداری با دوربین عکاسی مارک ... شماره ...
اندازه ... از نقاط غیر ممنوعه عکس برداری نماید.
از طرف ... اداره اماکن عمومی

Jeder Stör enthält etwa fünf Kilogramm Kaviar. Dieser wurde gereinigt, gewaschen und gesalzen. Abschließend bekamen wir Kaviar soviel wir wollten.

Gonbad-i-Kawus

Weiter fuhren wir nach Gonbad-i-Kawus. Dort steht ein riesiger zylinderförmiger Backsteinbau, das gewaltige Grabmal eines Mongolenfürsten. Im kegelförmigen Dach unter einer nach Südosten gerichtete Luke war der Sarg des Fürsten aufgehängt. Bei der Besichtigung wurde ich plötzlich verhaftet. Mein Inlandspass befreite mich jedoch sofort.

Nun ging es wieder hinauf auf das iranische Hochplateau. Die erste größere Stadt, die wir erreichten, war Shahrud. Am nächsten Morgen brachen wir sehr früh auf. Über Nacht waren die Ausfallstraßen der Ortschaft verbarrikadiert worden. Dieses Hindernis mussten wir zunächst beseitigen. Wir fuhren los und nach einiger Zeit, als es Tag wurde, merkten wir, dass wir in die falsche Richtung gefahren waren, denn wir kamen nach Damghan. Dort besuchten wir das berühmte Grabmal der 40 Töchter, das uns sonst entgangen wäre. Dann ging es wieder zurück.

Grabmal eines Mongolenfürsten in Gonbad-i-Kawus

In Nischapur stand einsam und ohne Schienen ein Bahnhof der Europa-Indien-Eisenbahnlinie. (Am 18.02.2004 ereignete sich in Nischapur ein furchtbares Zugunglück. Ein mit Chemikalien und Benzin beladener Güterzug raste in den Bahnhof von Nischapur und explodierte.) Von dort erreichten wir Meschhed, wo sich eine der heiligsten und berühmtesten Moscheen befindet. Diese zu besuchen ist aber Nichtmohammedanern verboten. Durch einen Trick bin ich in den Hof der Moschee gekommen: Ich fotografierte die Moschee von außen, obwohl dies auch nicht erlaubt war, und wurde daraufhin von einem Mullah in den Hof der Moschee gebracht, ein riesiges Areal. Seine etwa 20 Meter hohen Wände sind völlig mit blauen Kacheln verkleidet. Der Obermullah, der sich vermutlich langweilte, war sehr freundlich und entließ mich nach einer längeren Unterhaltung.

Meschhed

Südöstlich von Meschhed befand sich im Mittelalter die große Stadt Merv, die von Dschingis Khan vollständig dem Erdboden gleichgemacht worden war. Auf dem Hinweg kamen wir zu einem schlimmen Verkehrsunfall. Ein Taxifahrer aus Meschhed war auf dem Rollsplitt ins Schleudern gekommen und hatte einen Familienvater tödlich überfahren. Die Frau und die herbeieilenden Kinder klagten herzzerreißend.

Afghanistan

Weiter ging es nun in Richtung Herat in Afghanistan. Gradlinig erstreckte sich der schmale Schotterweg durch die Steppe. In Herat wohnten wir bei dem deutschen Arzt Dr. Pfister. Dieser hatte kurz vorher einen schweren Schicksalsschlag erlitten: Seine Frau wollte zur Entbindung nach Kabul fliegen, doch das Flugzeug stürzte beim Start vor seinen Augen ab. Seine Kinder waren daraufhin bei einer Pflegerin in Deutschland. Diese Pflegerin heiratete er im folgenden Jahr. Als ich im Jahr darauf nach Pfingsten in die Stuttgarter Zeitung sah, fand ich seine Todesanzeige. Wie ich später erfuhr, hatte er Selbstmord begangen.

Herat

In Herat hielten wir uns zwei Tage auf, besichtigten die Stadt, insbesondere die Ladenstraße und schöne alte Minarette.
Durch Afghanistan führen von West nach Ost drei Straßen, die kürzeste durch den Hindukusch war um diese Jahreszeit noch nicht befahrbar. Daneben gibt es eine Süd- und eine weit interessantere Nordroute durch Turkestan. Diese wählten wir. Östlich von Herat bogen wir an einem Gebilde, das ein Wegweiser sein konnte, links nach Norden ab. Nun ging es etwa achthundert Kilometer durch ein Gebiet, welches vor Jahrtausenden wohl so ähnlich ausgesehen hat. Zuerst passierten wir herrliche Tafelberge. Der Weg ging über windiges Rutschgelände, so dass man jeden Augenblick befürchten musste, mit dem Unimog einige hundert Meter abzurutschen. Außerdem wurde der Weg schlechter und schlechter.

Oase Maimana

Am Abend erreichten wir die Oase Maimana. Danach ging es durch eine grüne Hügellandschaft, hinter jedem Hügel kam sofort wieder der nächste. Oft fuhren wir an schwarzen Nomadenzelten vorbei, die von recht wilden Hunden bewacht wurden. Die Nomaden sind den Winter über in Pakistan und im Sommer besiedeln sie dieses Gebiet. Sie züchten Karakulschafe, deren Felle in Europa zu Pelzmänteln verarbeitet werden.
Endlich öffnete sich der Blick in die turkmenische Ebene. Es wurde sehr warm. Einmal standen einige Esel auf der Straße. Sie sahen wie ausgestopft aus und waren nicht dazu zu bewegen, wegzugehen. Wir waren wohl oder übel die Klügeren und gaben nach, d.h. wir fuhren, die Straße verlassend, um die Esel herum.
Am Straßenrand befanden sich bisweilen Grabmäler zum Gedenken an dort Ermordete. Meist erhob ein Nachfahre einen Obolus.

Unser Unimog war in einer erbärmlichen Verfassung, alles Mögliche, beispielsweise die Federhalterung am linken Hinterrad, begann zu brechen. Mit Mühe erreichten wir Anchoi. Bei der Einfahrt nach Anchoi befand sich rechts auf einem künstlichen Hügel ein Bauwerk, der frühere Sitz eines Khans. Es erinnerte uns an die Walhalla bei Regensburg. Anchoi ist eine kleine Stadt in Turkestan, an der Nordwestecke Afghanistans, sehr nahe der russischen Grenze. Die Häuser sind aus Lehm und Kuhmist gebaut und haben außer der Tür keine Öffnungen zur Straße. Es stellte sich heraus, dass unsere Walhalla ein Gästehaus war, in dem wir für eine Mark pro Tag wohnen konnten.

Anchoi

Wir reparierten unser Fahrzeug in dem, was man in Anchoi als eine Werkstatt bezeichnete. Sie gehörte einem Türken. Mit ihm und seinem Gehilfen brachten wir den Unimog in einen Zustand, der uns hoffen ließ, dass er nicht vor Erreichen der Zivilisation völlig zusammenbrechen würde. Jeden Morgen wanderte ich von unserer Walhalla zu dieser Werkstatt. Die Straßen waren rechts und links durch hohe, fensterlose Mauern aus Lehmziegeln begrenzt. Hinter diesen Mauern waren die Behausungen atriumähnlich um wunderschöne Gärten angelegt, in deren Mitte sich ein Teich befand.
Vom Bürgermeister bekam ich einen Leibwächter, der mir stets im Abstand von zwei Schritten folgte. Dadurch wurde es mir ermöglicht, dass ich überall und insbesondere auch auf dem Vieh- und Getreidemarkt fotografieren und filmen konnte. Der überdachte Bazar roch nach allen Düften des Orients. Die Verständigung war jedoch sehr schwierig, denn auch der herbeigerufene Lehrer verstand ebenso wenig ausländisch wie wir türkisch.
Ich erhandelte dort einige Teppiche, unter anderem einen schönen blauen Gebetsteppich um fünfundfünfzig Mark. Der Mann, von dem ich diesen Teppich kaufte, hatte, wie dies der Koran offiziell zulässt, vier Frauen, die ihm die Teppiche knüpften. Die Bevölkerung war sehr freundlich zu uns. Die Leute hatten bisher offensichtlich nur wenige Europäer zu Gesicht bekommen.
Etwa nach einer Woche war der Unimog notdürftig repariert und wir konnten weiterreisen. Es ging ziemlich weglos durch die turkmenische Steppe. Einige Kilometer nach einer Karawanserei machten wir spät abends Halt, um in der Steppe zu übernachten. Wolfgang weckte mich, denn plötzlich kamen zwei mit Gewehren bewaffnete Männer auf uns zu. Es stellte sich heraus, dass sie gekommen waren, um uns vor potentiellen Räubern zu beschützen.

Am „Steilhang" unserer Radspur arbeitete am Morgen unermüdlich ein Pillendreher. Der Käfer schob eine Sandkugel den „Steilhang" hinauf und ließ sie hinunterrollen. So vergrößerte sie sich zunehmend. In der Kugel befindet sich sein Nachwuchs. Die Arbeit dieses Käfers erinnerte uns an Sisyphus.

Masar-i-Scharif

Am nächsten Morgen fuhren wir weiter nach Masar-i-Scharif, der größten Stadt Nordafghanistans. Bei Masar-i-Scharif besuchten wir die ehemalige Hauptstadt Baktriens, Balch (heute Wazirabad). Auch von Balch hat Dschingis Khan nur einen Hügel, der aus Knochen besteht, hinterlassen.

Der Zustand der gebrochenen Federhalterung wurde immer bedenklicher. Die Feder drohte herauszurutschen. Wir verklemmten deshalb die Federhalterung gegen den Aufbau und entlasteten sie, indem wir von hinten unseren Anker in die Karosserie hineinschoben. Dieser Anker sollte dazu dienen, uns mit unserer Seilwinde aus dem Schlamm zu ziehen, wenn wir einmal versunken wären, was tatsächlich bald passierte.

In Masar-i-Scharif trafen wir einen Schweizer, Herrn Buchmann. Er war als UNO-Beobachter dort. Wir erfuhren, dass Afghanistan gegen Pakistan mobil gemacht hatte. Er saß fest, da er für seinen Jeep kein Benzin mehr bekam. Glücklicherweise waren wir nicht betroffen, da wir mit Lampenpetroleum fahren konnten, das es überall reichlich gab. Wir nahmen Herrn Buchmann bis nach Kabul mit.

Nach etwa 40 Kilometern verließen wir die turkmenische Steppe und fuhren den Kundusfluss entlang durch das Gebirge nach Süden. Nach etwa einem Tag erreichten wir wieder die Zivilisation, nämlich ein Kraftwerk und eine Baumwollfabrik, die von Herrn Rupez, einem Deutschen, geleitet wurde. Wir wurden herzlich aufgenommen. Man konnte dort natürlich schweißen und damit unseren Unimog, insbesondere die gebrochene Federhalterung reparieren.

Nach einigen Tagen ging es weiter auf einem schmalen Weg durch das oft schluchtartige, wilde Kundustal nach Süden. Auf Felsvorsprüngen saßen mächtige Adler. Wir übernachteten an einem Teehaus (Tschaichané).

Die Buddha-Statuen von Bamian

Ein Abstecher führte uns in das Tal von Bamian. Bamian war im dritten Jahrhundert nach Christus ein großes buddhistisches Zentrum. Das Hochtal von Bamian wird im Norden durch eine etwa 150 Meter hohe Felswand begrenzt. In diese Felswand sind Buddhas, insbesondere eine über 50 Meter hohe Statue eingemeißelt. Leider wurde der Buddha später von den Mohammedanern durch Beschuss mit einer Kanone teilweise und jetzt durch die Taliban völlig zerstört. In der Felswand neben

der Statue befinden sich viele Höhlen, die früher bewohnt waren, so auch heute wieder, da viele Häuser im Krieg gegen die Taliban zerstört wurden. Vom „Buddha von Bamian" hatten wir einen herrlichen Blick auf den Kuh-i-Baba, den Berg des Herrn, den höchsten Berg des Hindukusch. Eine Pappelallee führte von dem auf einer Erhebung erbauten Gästehaus zum Buddha.
Von Bamian aus wollten wir eine der schönsten Stellen Afghanistans besuchen, nämlich die Seen von Bandi Amir. Leider versank unser Unimog bis zu den Achsen in der tundraähnlichen Landschaft. Aus einem Dorf holten wir Hilfe. Es kamen Männer, die lange Stangen mitbrachten. Die Aktion dauerte eineinhalb Tage. Die Menschen dort sind sogenannte Hazara („Die Tausend"). Diese sind Mongolen, die bei den Feldzügen Dschingis Khans im Inneren des Hindukusch sesshaft wurden. In der Nacht nahmen sie uns in ihr Dorf mit. Die Hunde kläfften schreckerregend von den Dächern. In einem Raum, in dem bereits ein Mann schlief, konnten wir auf dem Boden liegend übernachten. Am nächsten Tag bekamen wir den Unimog frei und traten den siegreichen Rückzug an. An Bamian vorbei erreichten wir die Nord-Süd-Straße und fuhren noch in der Nacht über den Shibar-Pass nach Kabul, wo wir am 9. Mai ankamen.

Die Hazara helfen, den eingesunkenen Unimog zu befreien

Kabul

Kabul liegt am Rand einer großen fruchtbaren Ebene. Wir wohnten bei Familie Hellhoff. Herr Hellhoff war Repräsentant der Firma Siemens in Afghanistan. In der Technischen Schule wurde der Unimog grundlegend überholt. Der Leiter, Herr Weiler, war uns dabei sehr behilflich. Er kümmerte sich persönlich um unser zusammengebrochenes Gefährt. Wir nahmen den ganzen Aufbau herunter und befestigten drei Holzträger mit Briden am Rahmen des Unimog. Auf diesen Trägern fixierten wir unsere Wohnkiste. Damit war der Aufbau nicht völlig starr mit dem Rahmen

des Unimog verbunden. Diese Konstruktion hat die restlichen 28.000 Kilometer gut überstanden.
Wieder dauerte die Reparatur etwa eine Woche. Währenddessen hielt ich mich häufig in dem interessanten Bazar auf. Hierbei war mir eine Deutsche, die mit einem Afghanen verheiratet war, sehr behilflich. Sie war natürlich unverschleiert und erregte somit stets großes Aufsehen. Der Bazar war nach Handwerken gegliedert, so gab es z.B. einen Geräuschbazar, in dem man alle Handwerker fand, die Lärm machten, z.B. die Spengler. Am Kabulfluss wurden Teppiche verkauft, die dort über die Ufermauer ausgebreitet waren. Herr Hellhoff half mir beim Teppichkauf. Ich erwarb neben anderen Teppichen zwei schöne Sitzkissen, die aus dem Gebiet um Buchara stammen. Ich erstieg den Hausberg von Kabul, von dem man einen umfassenden Blick über die ganze Stadt und die sich dahinter erstreckende, fruchtbare Ebene hat. Der dort gelegene Flugplatz konnte damals nur bei trockenem Wetter angeflogen werden. Mit Herrn Hellhoff besuchten wir das Schloss des Königs Amanullah, der in den dreißiger Jahren versuchte, Afghanistan zu europäisieren. Da er dabei zu überstürzt vorging, hatte er keinen Erfolg. Westlich von Kabul erbaute er am Hindukusch die kleine Ortschaft Bagram im europäischen Stil, die wir ebenfalls aufsuchten. Es gab dort sogar ein Schwimmbad, allerdings ein Relikt ohne Wasser.
Von Kabul aus machte ich allein mit dem Unimog ohne Aufbau einen

Gazni

Ausflug nach Gazni. Ich nahm sechs Afghanen mit, die sich am Rahmen meines Fahrzeuges festklammerten; Gott sei Dank ist keiner abgestürzt. Gazni liegt im Süden von Kabul auf etwa 3000 m Seehöhe und war einst eine sehr große Stadt, von der aus zu ihrer Blütezeit ganz Nordindien beherrscht wurde. Von dieser Stadt sind jedoch nur die Überreste von zwei Türmen erhalten, die so genannten Siegestürme von Gazni. Auf der Zeichnung eines Engländers aus dem neunzehnten Jahrhundert sind diese Türme noch doppelt so hoch. In der Nähe der Türme fand ich eine Pfeilspitze, ein Überbleibsel der schweren Kämpfe, bei denen die Stadt untergegangen ist.
In Kabul fand ich im Konsulat einen Brief meiner Mutter vom 25. April vor. Er war zwei Wochen unterwegs gewesen. Auch später erhielt ich immer wieder einmal Post von ihr.
Als unser Unimog repariert war, brachen wir Richtung Pakistan auf. Hinter einer scharfen Kehre, ich konnte gerade noch bremsen, lag ein toter Esel, auf dem etwa fünfzig Geier hockten. Das nächste Ziel war eine große Baustelle. Dort errichteten deutsche Ingenieure der Firmen Züblin und Baresel ein Wasserkraftwerk, das Kabul mit Strom versorgen sollte.

Die Siegestürme von Gazni, Afghanistan; links aus Encyclopaedia Britannica

Zum Kaiberpass

Wir blieben über Nacht. Der Bauleiter hatte zwei kleine Affen. Als er zu mir in den Unimog stieg, um das Unimogfahrgefühl auszuprobieren, waren diese Äffchen total verzweifelt, sie fühlten sich im Stich gelassen. Weiter ging es nach Dschelalabad, dann durch ein langes, breites Hochtal in Richtung Kaiberpass. Zu dieser Fahrt habe ich in meinem Tagebuch notiert: „Auf den Bergen überall Wachtürme. Der schmale Pfad ist streng bewacht. Über ihn sind die Schätze Indiens zur Seidenstraße und über sie nach Europa gewandert. Tar Khan ist der letzte afghanische Ort. Ein Posten kommt, ein anderer wird gerufen, noch einige andere Beamte – alle besehen sich unseren Unimog. 150 Meter weiter unten liegt ein Hof. Einer der Afghanen fährt mit uns hinunter. Schließlich will einer unsere Pässe, ein anderer bittet uns, ein Auto, das etwas abseits steht, wieder in Gang zu bringen. Es ist der Wagen des pakistanischen Botschafters in Kabul, den er hier zurückgelassen hat, ein Chevrolet. Das Zündkabel ebenso wie die Benzinleitung sind abgerissen – Sicherheitsmaßnahmen, die der Botschafter wohl zu Recht getroffen hatte. Wie der Technik ganz allgemein, stehen die Afghanen dem Wagen wie einem Spielzeug gegenüber, nur eben schade, dass es nicht funktioniert. Nach langem Hin und Her bringen wir ihnen bei, dass wir das Auto nicht reparieren können, sie sollen zum Schmied."
Die afghanischen Grenzbeamten, denen es langweilig war, untersuchten unseren Unimog auf das Genaueste. Die Pakistani sahen von der anderen Seite interessiert mit Ferngläsern zu.

Pakistan

Meine Tagebucheintragung: „Nur 200 Meter weiter grüßen uns zwei Soldaten in kurzen Hosen. Die pakistanischen Grenzbeamten sprechen natürlich Englisch. Sie erkundigen sich über Afghanistan und erzählen über das Problem Kaiberpass. Die Formalitäten regeln sich rasch, jedoch, wie ich nachher entdecke, auf das Ausfüllen eines Carnets scheint man sich auch hier nicht zu verstehen. Es beginnt eine ausgezeichnete Asphaltstraße, der Linksverkehr wird akut. In Kurven windet sich die Straße hoch, auf der Passhöhe ein Ort, die Häuser sind wehrhaft gebaut und verraten, dass der Übergang nicht stets so ungefährlich war."

Dann ging es über den berühmt-berüchtigten Kaiberpass. Auf jedem Berg und auf jedem Felsenvorsprung steht eine verfallene Festung. Von hier versuchten die Engländer mehrmals Afghanistan zu erobern, sind aber stets am erbitterten Widerstand der Afghanen gescheitert. Einmal blieb von einer ganzen Division nur ein Mann, ein Arzt, übrig, der von den Afghanen zurückgeschickt wurde, um seinen Landsleuten von der verlorenen Schlacht zu berichten.

Weiter ging es nach Peshawar, der ersten größeren Stadt in Pakistan. Im Europäerviertel viel Grün und Häuser im englischen Kolonialstil. Dort kehrten wir in die Zivilisation zurück. Nach der langen Wüstenfahrt war das üppige Grün dieser Stadt wohltuend.

Lahore

Das nächste Ziel war Lahore, das wir kurz vor Pfingsten erreichten. Wir wohnten bei Familie Beckerts. Am Pfingstsonntag, dem Morgen eines sehr schönen Tages, fuhr ich in die Stadt zur Moschee. Sie besteht, wie üblich, aus einem großen Hof und der eigentlichen Moschee. Das gesamte Bauwerk ist aus einem rötlichen Stein errichtet, der in pastellfarbenes Morgenlicht getaucht war.

Indien

Weiter ging es zur pakistanisch-indischen Grenze, die wenige Kilometer östlich von Lahore verläuft. Es war damals der einzige Grenzübergang auf der etwa dreitausend Kilometer langen Grenze zwischen diesen beiden Staaten. Zudem war dieser Grenzübergang nur von Sonnenaufgang bis Sonnenuntergang geöffnet.

Amritsar

Die erste Stadt in Indien ist Amritsar. Dort befindet sich der heilige Tempel der Sikhs, deren Religion im Nordwesten von Indien eine große Rolle spielt. Ich komme auf diese noch zurück. Der Tempel ist von einem Teich umgeben, der stark veralgt und von Fischen bewohnt ist. Das Teichwasser ist der eigentliche Nektar, denn Amritsar bedeutet Nektar. Will man den Tempel betreten, muss man von diesem Nektar trinken. Das Wasser war offenbar so heilig, oder wir bereits so widerstandsfähig, dass dies keine Folgen hatte. Im Tempel wird Tag und Nacht bei Musik aus einem großen Buch vorgelesen. Die Atmosphäre ist überaus stimmungsvoll und feierlich.

Von Amritsar fuhren wir nach Hardwar und Rishikesh, wo der Ganges aus dem Himalaja kommend in die indische Ebene hinaustritt. Dies ist ein besonders heiliger Platz, und viele Inder badeten dort im Ganges, denn es waren die Tage des Monsunfestes. Abends machten wir noch einen Abstecher den Ganges entlang in den Himalaja hinein. Wir kehrten aber bald um, da man uns vor den schwarzen Panthern gewarnt hatte. Unser Unimog war ja vorne ganz offen, so dass wir keinerlei Schutz vor derartigen hungrigen Miezekatzen hatten.

Rishikesh

Weiter ging es nach Delhi. In der Vormonsunzeit war es sehr heiß. Delhi besteht aus drei Teilen, dem modernen Neu-Delhi, der alten Stadt der Inder und einem Ruinengelände mit prächtigen Bauten aus der Mogulzeit (16. - 17. Jahrhundert), z.B. der Grabmoschee des Mogulkaisers Humaiun. In Delhi trafen wir zufällig meine Tante Eva, die sich in dieser Zeit in Madras aufhielt, um alte indische Tänze zu erlernen. Wir wohnten bei Frau Saran, der Frau des früheren Boschvertreters, der durch einen Flugzeugabsturz bei Bombay ums Leben gekommen war. Wir schliefen alle in ihrem schönen Garten. Eines Tages nahm uns Frau Saran zu einem Hochzeitsfest mit. Auch Nehru war anwesend. Mit überkreuzten Beinen saß er wie alle anderen unter den Hochzeitsgästen. Nehru flog am nächsten Tag in die Sowjetunion.

Delhi

Tante Eva

Von Delhi ging es nach Agra. Durch einen Staubsturm war die Landschaft in gelbgrünes Licht gehüllt. Von der Festung Agra hat man einen eindrucksvollen Blick auf den einige Kilometer südlich am Fluss liegenden Taj Mahal. Er wurde von einem der Mogulkaiser als Grabmal für seine Frau erbaut und zählt zu den sieben Weltwundern. Jenseits des Flusses wollte der Kaiser für sich ein ähnliches Bauwerk errichten, wurde jedoch vorher festgenommen und in der Festung von Agra mit Blick auf den Taj Mahal bis an sein Lebensende gefangen gehalten. Der Taj Mahal besteht aus weißem Marmor, alle Steine sind mit Einlegearbeiten reich verziert. Im milchigen Dunst der Vormonsunzeit bot er ein völlig anderes Bild als das von Fotos bekannte mit blauem Himmel. Wir übernachteten am Eingang zum Taj Mahal im Unimog. Ich machte einen herrlichen Mondscheinspaziergang durch den Park.

Taj Mahal

Es hatte auch nachts Überkörpertemperatur. Besonders litten die Hunde, sie streckten alle Viere von sich und lagen mit weit heraushängender Zunge da, denn Hunde können nur an der Zunge schwitzen und sich so Abkühlung verschaffen.
Bei der Weiterfahrt kamen wir zur Stelle des Zusammenflusses von Ganges und Yumna. Dies ist wieder ein heiliger Platz. Die Inder fahren mit Booten hinaus, um an der eigentlichen Vereinigungsstelle der beiden Flüsse, der besonders heiligen Stelle, zu baden.
Das nächste Ziel war Luknow mit seiner großen Festung. Dort brach um die Mitte des neunzehnten Jahrhunderts der erste große Aufstand gegen die Engländer aus.

Benares

Wir erreichten die heilige Stadt Benares. Aus der engen Altstadt, in der sich heilige Kühe tummeln, führen große Freitreppen zum Ganges hinunter. Unten an den Treppen badeten die Pilger, denn dort ist der heiligste Badeplatz der Hindus. Auf den Treppen saßen viele heilige Bettler, so genannte Sadus. Sie dürfen nur wenige Gegenstände besitzen, z.B. ein Lendentuch und eine Klapper, mit der sie die Aufmerksamkeit auf sich ziehen. Ihre ausgemergelten Körper reiben sie mit Asche ein. Unten am Fluss brannten Feuer. Dort wurden Tote verbrannt, denn ein Tod in Benares garantiert den sofortigen Eingang in den indischen Himmel, genannt Swarg. Die mehr oder weniger verbrannten Überreste nimmt der Ganges mit sich.

Der Bo-Baum von Sarnat

Zwei Tage später fuhren wir weiter nach Sarnat. Hier soll Buddha unter einem Bo Baum geboren worden sein. Ein Nachkomme dieses Bo Baumes ist heute noch zu sehen. Neben der alten ist eine moderne buddhistische Universität errichtet worden.
Den Ganges entlang ging es durch eine Steppenlandschaft in Richtung Kalkutta. Etwa 100 km vor Kalkutta ändert sich dieses Landschaftsbild, es wird üppig grün mit großen Palmen. Stundenlang quälten wir uns durch die engen Vorstadtstraßen. In Kalkutta wohnten wir bei der indischen Familie Day, in der so genannten „black town". Das Betreten dieser Altstadt war bis vor wenigen Jahren für Europäer verboten. Einen der Söhne dieser Familie kannte Wolfgang aus München. Bei unserer Ankunft gab es eine große Aufregung, denn die Betten, die man extra für uns hatte anfertigen lassen (die Inder schlafen üblicherweise auf dem Boden), waren noch nicht fertig. Von der Frau des Hauses wurden wir empfangen, indem sie in die Tür unseres Zimmers trat und sich mit gefalteten Händen stumm verneigte. Hier lernten wir das erste Mal die indische Küche kennen. Das von der Frau des Hauses gekochte Essen war vorzüglich, aber für uns damals fast ungenießbar scharf.

Kalkutta

Die Söhne der Familie Day zeigten uns Kalkutta. Der Ganges ist hier ein mächtiger Strom, auf dem auch Ozeandampfer die Stadt erreichen. Wir besuchten Kali Gate, den Tempel der Kali, einer in der Hindu-Religion sehr wichtigen Göttin. Philosophisch interessant ist, dass Kali zugleich Untergang und Entstehung verkörpert. Sie hat zwei Händepaare, das eine dient zum Segnen, im anderen hält sie ein Schwert bzw. einen abgeschlagenen Kopf. Im Kali Gate werden täglich Hammel in einer heiligen Handlung geschlachtet. Auch besuchten wir den botanischen Garten. Besonders in Erinnerung ist mir ein Baum, der wie ein grüner Hügel aussieht. Er wird von seinen unzähligen Luftwurzeln gestützt. In den drei Tagen, in denen wir uns in Kalkutta aufhielten, genossen wir die uneingeschränkte Gastfreundschaft der Familie Day.

Kali Gate

Weiter ging es nach Tatanagar, dem großen Industriezentrum einige hundert Kilometer südwestlich von Kalkutta. Wie Tata, nach dem das Industriezentrum benannt wurde, waren damals die Unternehmer Indiens meist Parsen, d.h. Anhänger Zarathustras. In Tatanagar hatte Daimler eine Lastwagenfabrik gebaut, in der man die Fahrzeuge aus importierten Einzelteilen zusammensetzte. Unser Unimog wurde gründlich überholt.

Tatanagar

Man sagte uns, dass in Puri, an der Ostküste, demnächst das sogenannte Car Fest stattfinden werde. Um noch rechtzeitig dort anzukommen, fuhren wir die ganze Nacht durch. An der Straße marschierten oft Gruppen von etwa sechs Männern mit einem großen Spieß. Offensichtlich ging da ein menschenfressender Tiger um. Normalerweise gehen Tiger keine Menschen an. Sobald jedoch einer auf den Geschmack gekommen ist – offensichtlich schmecken wir delikat – ist dieser Tiger sehr gefährlich. Als Warnung vor diesem „man eater" werden Warnschilder an den Straßen aufgestellt.

An der Straße nach Puri wurden alle Pilger, es kamen zirka dreihunderttausend, gegen Seuchen geimpft. Bei uns genügte der Impfpass. In Puri konnten wir uns auf dem Dach eines Hauses einen Platz erobern, von dem wir eine hervorragende Aussicht auf das Geschehen hatten. Beim Car Fest geht Folgendes vor sich: Aus dem Tempel werden große Götterstandbilder gebracht. Der Radscha kommt mit seinem Gefolge auf Elefanten angeritten. Die Götterstandbilder werden auf achträdrige Tempelwagen verladen. Sie werden dann zu einer Waschung ans Meer gefahren. Früher war dies eine sehr blutige Angelegenheit, denn wer von einem Tempelwagen tödlich überfahren wurde, ging sofort ins Nirwana ein. Heute achtet die Polizei sorgfältig darauf, dass niemand so schnell ins Nirwana kommt. Die Szene war sehr farbenprächtig. Inzwischen gibt es über dieses Fest einen Kulturfilm.

Das Car Fest in Puri

Konorak

Nahe Puri liegt Konorak. Dort besuchten wir am nächsten Tag einen riesigen, aus Stein gemeißelten Tempelwagen. Auf dem Weg nach Konorak geriet ich mit dem linken Vorderrad in die steile, weiche Böschung. Ich wurde förmlich von der Straße weggezogen. Mit einem großen Satz sprang ich zunächst nach vorne ab. Als sich die Lage stabilisiert hatte, lavierte ich den Unimog vorsichtig mit Allrad und Differentialsperre nach hinten. Die Geschichte ging noch einmal gut.

Die Fahrt nach Madras entlang der Ostküste dauerte drei Tage. Wir kamen in Bhuvaneshvar vorbei. Dort stehen über 200 Tempel, als Phallussymbole gebaut, die die Fruchtbarkeit verherrlichen. Öfters mussten wir den Unimog auf windige Fähren verladen und so große Ströme, z.B. die Kistna, überqueren, denn der beginnende Monsun hatte die Ströme gewaltig anschwellen lassen.

Mahavalipuram

Madras bot nichts Besonderes. Wir trafen uns zum zweiten Mal mit meiner Tante Eva. Wir badeten im Meer und bewunderten anschließend im Aquarium mit Entsetzen die giftigen Meerschlangen. Kein Wunder, dass außer uns niemand badete. Von Madras fuhren wir weiter nach Mahavalipuram. Dort gibt es etwas sehr Interessantes zu sehen. Vor etwa 1000 Jahren waren alle Tempel aus Holz gebaut und wurden daher bald Opfer des Klimas oder des Feuers. In Mahavalipuram hat vor Jahrhunderten ein Kunstfreund die verschiedenen Tempel verkleinert aus Stein meißeln lassen. Auf einem Relief sieht man einen Kater, der büßt, weil er Mäuse gefressen hat. So etwas findet man nur in Indien.

Madurai

Über Trivandrum erreichten wir Madurai. Dort befindet sich eines der größten Tempelareale Indiens, in das vier Tore führen, die von etwa 50 Meter hohen Tortürmen (Gopuram) gekrönt sind. Wir erstiegen einen dieser überaus reich mit Figuren geschmückten Türme. In der Blütezeit der Anlage lebten hier mehr als tausend heilige Prostituierte. Außerdem beherbergte die Tempelanlage zahlreiche Elefanten.

Weiter ging es zur Südspitze Indiens. Große, üppige Reisfelder säumten die Straße. An der Südspitze machten wir einen Tag Rast und erlebten einen herrlichen Sonnenauf- und Sonnenuntergang. Es steht dort, wie an allen besonderen Plätzen Indiens, ein Tempel. Ein Inder meinte, ich könne den Tempel ruhig betreten, ich müsse mir nur meinen Gott darin vorstellen. Dies ist ein Beispiel für indische Toleranz.

Wir fuhren durch die Provinz Kerala, der Südwestecke Indiens, nach Cochin. Die Vegetation ist dort sehr üppig. Die Bevölkerungsdichte ist extrem groß, zu jeder Hütte gehören nur wenige Palmen. In dieser Provinz leben sehr viele Christen, die bereits einige Jahrhunderte nach Christus missioniert wurden. Die Christen sind für die Inder Kastenlose.

Wir bogen nach Osten ab und fuhren hinauf in die Nilgiri Hills. Die Straße führte durch ausgedehnte Teeplantagen. Das Essen in den Gasthäusern war vorzüglich, aber für uns unmäßig scharf. Wir waren sehr durstig. Man bot uns über Pfefferschoten gesäuerte Milch an – es war ein Gefühl, als ob man einem ein Schwert in den Hals stecken würde. Das Essen erhält man auf einem Bananenblatt, und zwar einen Berg Reis, um den etwa zehn Häufchen verschiedener Curries (sehr stark gewürzte Gemüse) angerichtet sind. Die Kost ist vegetarisch, denn die Mehrzahl der Bevölkerung isst kein Fleisch. Curry und Reis mischt man mit den Fingern der rechten Hand und isst ihn mit den Fingern, wobei nur die untersten Fingerglieder mit dem Essen in Berührung kommen dürfen.

Die Nilgiri Hills

Wir erreichten ein großes Naturschutzgebiet, eine verzweigte Seenlandschaft. Darin befand sich ein Hotel, das durch einen tiefen Graben ringsherum vor Elefanten geschützt war. Hier waren die Tiere in Freiheit, die Menschen im „Käfig". Am nächsten Morgen machten wir eine Bootsfahrt. Wir sahen wilde Elefanten und eine boa constrictor.

In Mysore überraschte uns eine große, neugotische Kirche. Bei einem gewaltigen, schwarzen Nandi Bullen bat ein Hindupriester um Almosen. Nun war es nicht mehr weit bis Bangalore, wo Bosch eine Fabrik mit damals ca. 4500 Beschäftigten betrieb, die von Herrn Lang geleitet wurde. Von ihm erfuhren wir viel Interessantes, so zum Beispiel, dass sich Nehru zur Zeit in Russland aufhielt, um zu verhindern, dass bei der Wahl in Indien viel Geld an die indischen Kommunisten fließt. Eine Stimme kostete damals drei Rupien, d.h. etwa zwei Mark fünfzig. Wir wurden ins Hotel und unser Unimog zur Reparatur gebracht.

Bangalore

Das größte Problem Indiens war der Bevölkerungszuwachs, der von der Religion abgesegnet wurde. Unternahm man etwas gegen die Religion, so förderte man den Kommunismus. Abends nahm uns Herr Lang mit in den Club, in dem sich die Europäer trafen. Am nächsten Tag zeigte er uns die Fabrik, die durchaus einer Fabrik in Deutschland glich. Die meisten Beschäftigten stammten aus Kreisen der Lehrer und Beamten, dies, da nur Mitarbeiter mit Englischkenntnissen zu gebrauchen sind. Wie alle Betriebe von Ausländern in Indien gehörte die Fabrik damals zu 51% dem indischen Staat. Mittags waren wir bei Familie Lang eingeladen, Frau Lang hatte Spätzle für uns gekocht. Am nächsten Tag zeigte uns Herr Lang die Technische Hochschule, eine von 18 Hochschulen, die Tata gegründet hatte, die aber schon in Staatshand war. Die Mehrzahl der Professoren waren Ausländer, Deutsch war Pflichtsprache. Wir besuchten einen Professor für Maschinenbau. Er führte uns durch sein Institut, das einen sehr guten Eindruck machte, aber auch zeigte, dass wohl die meisten Dinge, die die Entwicklung betrafen, damals noch von Ausländern gemacht wurden.

Am nächsten Tag nahmen wir Abschied von Bangalore mit dem Ziel Bijapur. Zentralindien ist großteils mohammedanisch. Sowohl die Hauptstadt Hyderabat als auch Bijapur sind mohammedanische Städte. In Bijapur gibt es ein sehr originelles Haus, das jemand aufgrund eines Gelübdes errichtete. Er hatte geschworen, dass er für den ersten, den er morgens zu Gesicht bekäme, ein Haus bauen würde. Dies war sein Sweeper (Diener, der das Haus sauber hält). Aus Ärger darüber ließ er diese „Missgeburt" eines Hauses errichten. In der größten Moschee, Gole Gumbad, ist die Kuppel ein Flüstergewölbe, d.h., wenn man auf der einen Seite leise spricht, versteht man dies auf der anderen.

Bijapur

Das „missgestaltete" Haus in Bijapur

Auf dem Weg nach Poona kamen wir an eine Furt des Stromes Kistna, die durch den Monsun überflutet war. Als der Motor unter Wasser kam, zogen wir uns siegreich zurück. Eine Brücke war erst im Bau. Wir fuhren die ganze Nacht einen riesigen Umweg bis zur nächsten Brücke. Zwischen Poona und Bombay besuchten wir oben am Berg einen Tempel und eine Aschokasäule. Aschoka war im dritten Jahrhundert v. Chr. in Indien ein bedeutender Herrscher, der seine Edikte durch die Errichtung derartiger Säulen verbreitete. Wir übernachteten bei einer Arztfamilie. Deren Hundekäfige waren auch oben vergittert, damit die Hunde nicht nachts von großen, hungrigen Miezen geholt wurden.

Bombay

Bombay ist eine von Parsen und Engländern geprägte Großstadt. Wir besuchten das Tor, das für den Einzug der englischen Königin Elisabeth I. am Hafen errichtet worden war. Dort bedrängte uns ein Mann mit dem wohl einzigen deutschen Wort, das er kannte: „Hühneraugen", die er offenbar beseitigen wollte. Wir lehnten ab. Oberhalb von Bombay liegt eine prächtige Gartenanlage, die Hängenden Gärten von Bombay, mit umfassendem Blick auf die Stadt. Über dem Malabar Hill kreiste eine Unzahl Geier, denn neben dem Park befinden sich die „Türme des Schweigens". In diesem Areal werfen die Parsen ihre Toten den Geiern vor. Für die Parsen sind Feuer, Erde und Wasser heilig, deswegen können sie ihre Toten nicht verbrennen oder begraben.

Wir verließen Bombay mit dem Ziel Ellora. Es hatte geregnet, und auf der Straße lagen unzählige totgefahrene Kobras. In Pimpalgaon, wo wir über Nacht blieben, sprang am nächsten Morgen der Unimog nicht an. Offensichtlich war die Einspritzpumpe kaputt. Wir hatten zwar eine Ersatzpumpe mit, aber nicht das Spezialwerkzeug, um diese einzubauen. Ich stellte mich an die Straße. Ein ganzer Wagenkonvoi hielt an. Der Chauffeur des feudalsten Wagens erklärte mir, er dürfe niemanden mitnehmen, dies seien die Wagen des Maharadscha. Gegen Mittag endlich nahm mich ein freundlicher Herr zum Bahnhof von Nasik mit. Aber erst abends ging ein Zug nach Bombay. Also ging ich zurück zur Straße. Ein Mann mit einem ungeheuer klapprigen Auto beförderte mich schließlich nach Bombay zum Hotel, von dem wir vorgestern gestartet waren.

Am nächsten Tag fuhr ich mit einem Monteur und dem notwendigen Werkzeug zum Unimog. Wolfgang hatte in der Zwischenzeit im Gästebungalow von Pimpalgaon Quartier bezogen. Derartige travellers' bungalows gibt es überall in Indien. Sie dienten den englischen Verwaltungsbeamten bei ihrer Tätigkeit. Es gab jedoch im ganzen Ort außer etwas Reis nichts zu essen. Wir bauten die neue Pumpe ein. Doch auch mit der neuen Pumpe wollte der Unimog nicht laufen. Wir fuhren auf ebener Straße im zweiten Gang zum Mittagessen. Das Ernährungsproblem hatte sich im Vergleich zum Vortag nicht gebessert, wir bekamen nur etwas Reis. Zurück ging es zum Bungalow. Was war zu tun, damit der Motor seine normale Kraft bekäme? Der Monteur versuchte alles, doch es wurde nicht besser. Endlich – es war schon vier Uhr – hörte sich der

Klang des Motors wieder normal an. Ich machte eine Probefahrt. Große Freude! Zum Abschied tranken wir in unserem Restaurant noch einen Kaffee, besser gesagt Milch mit Kaffeespuren. Wir verabschiedeten uns, und weiter ging es mit Gebraus Richtung Ellora.

Der Kailasa-Tempel in Ellora

Erst nachts um halb elf Uhr sahen wir den Wegzeiger „Ellora - Kailasa-Tempel". Aus dem Tempel hörte man den Gesang eines Priesters. Da eine Lösung des Ernährungsproblems im Dunkeln nicht zu erkennen war, gab es rohe Eier mit Zucker, das Letzte, was im Unimog noch an Essbarem zu finden war.

Am nächsten Morgen besichtigten wir den Tempel, der aus dem schwarzen Vulkangestein herausgearbeitet ist. Dazu wurden tiefe Spalten in den Fels hineingehauen, um den 250 mal 160 Fuß großen Block, der den Tempel bildete, abzusondern. Dann wurden die Wände zu mächtigen Pfeilern, Statuen und Flachreliefs geformt. Der Kailasa-Tempel ist einer der bedeutendsten und eindrucksvollsten Tempel Nordindiens.

Die Höhlen von Ajanta

Darauf besuchten wir die Höhlen von Ajanta. Sie befinden sich in einem engen bewaldeten, am Ende geschlossenen Tal. Sie wurden erst im neunzehnten Jahrhundert von einem jagenden Engländer entdeckt. Wir stiegen in das Höhlental hinauf, doch mit dem Petroleumlicht sah man herzlich wenig. Der Mann, der uns begleitete, konnte nach einigen fehlgeschlagenen Versuchen die elektrische Beleuchtung in Gang bringen. Die Höhlen beherbergen eindrucksvolle buddhistische Malereien. Sie sind beispielhaft für die Menschenkunst, halb Architektur und halb Skulptur. Höhle I und II haben geräumige Versammlungshallen, deren nüchterne, aber geschmackvoll geschnitzte und bemalte Decken von mächtigen, gerieften, unten quadratischen und oben runden Pfeilern getragen werden, die mit bunten Leisten geschmückt und von majestätischen Kapitellen gekrönt sind. Höhle XIX zeichnet sich durch eine mit dickbäuchigen Plastiken und komplexen Flachreliefs reich gezierte Fassade aus. In Höhle XXVI steigen gigantische Säulen zu einem mit Figuren überladenen Fries auf, den nur größter religiöser und künstlerischer Eifer mit solcher Detailbehandlung meißeln konnte. Ajanta gehört zu den bedeutendsten Kunstwerken der Menschheit. Jahre später erschien ein sehr schöner Band der UNESCO über diese Höhlen.

Es wurde Abend, und wir verließen das Höhlental. Die nun zahlreich erschienenen Affen warfen uns Steine nach, was sie wohl von den Menschen gelernt haben. Affen machen dem Wort „nachäffen" wirklich Ehre. An Straßenbäumen leben bisweilen Affengroßfamilien. Sie sehen einem nach, wobei sie auch bei trübem Wetter ihre Augen mit der Hand so abschirmen wie wir es tun, wenn wir in Richtung Sonne blicken.

Wir gingen zurück zum Unimog. In einem Teehäuschen bekamen wir etwas schmutzige Milch. Am nächsten Tag erhielten wir vom Verwalter ein Frühstück. Erst gegen Mittag fuhren wir ab. An der Straße gab es in einer riesigen Bar Alkohol, wir hatten damit den „trockenen" Distrikt Bombay verlassen. Noch lange fuhren wir in die Nacht hinein.

Am nächsten Tag ging es durch Hügelland mit vom Monsun sattgrünen Wäldern. Die Ortschaften machten durch ihre hohen Mauern einen besonders großartigen Eindruck auf uns. Die Straße war im Bau. Kolonnen von Frauen transportierten auf dem Kopf die dazu notwendigen Steine. Die Landschaft wurde trockener und trockener, und man sah zunehmend mehr Baumwollfelder. Durch eine heiße Ebene erreichten wir Ahmedabad. Hier lebte der Mann, der Indien im zwanzigsten Jahrhundert am meisten beeinflusst hat, Mahatma (große Seele) Ghandi. Hier setzte er sich – um ein Vorbild zu geben – jeden Tag vier Stunden ans Spinnrad. Hier trat er oft in den Hungerstreik, um politische Notwendigkeiten durchzusetzen. Hier verbüßte er wegen seiner politischen Tätigkeit Gefängnisstrafen.

Ahmedabad – Gandhi

Wir besuchten in Ahmedabad den großen Sikhtempel. Eine erste Bekanntschaft mit den Sikhs hatten wir ja bereits in Amritsar gemacht. Die Religionsgemeinschaft der Sikhs wurde um 1500 n.Chr. von Nanak gegründet. Heute beachten sowohl die Sikhs als auch die Hindus die Lehre Nanaks und verehren, eifersüchtig voneinander getrennt, den Namen des Mannes, der Mohammedaner und Hindus zu einigen versuchte. Die Sikhs sind rühriger als viele Hindus. Sie haben auch ein gutes technisches Verständnis. Auffallend viele Taxifahrer sind Sikhs.

Ein Sikh lud uns zum Tee ein. Er behauptete, dass der ganze Hass zwischen Indien und Pakistan nur von einem kleinen Kreis geschürt wird. Wir lernten einen Vertreter von Chevrolet kennen, der uns zum Abendessen einlud. Er sagte, er könnte wesentlich mehr Wagen verkaufen, wenn der Import freigegeben würde, was wohl nicht verwunderlich ist, aber woher sollten die Devisen kommen? Erst spät kamen wir an diesem Abend zum Unimog.

Frühmorgens brachen wir nach Norden in Richtung Berg Abu auf. Entlang einer neuen Straße, die sich damals gerade im Bau befand, ging es durch eine trockene Landschaft. Der Straßenbau wurde rein händisch durchgeführt. Auch hier besorgten Frauen den Materialtransport, indem sie die Steine auf dem Kopf trugen. Die Dörfer waren farbenfreudig, aber unglaublich arm. Die Straße wurde zu einer kaum noch befahrbaren Spur, die schlechter und schlechter wurde und schließlich auf einer Farm endete. Wir nahmen eine andere Spur, es ging eine Zeit lang gut, jedoch

An einer Tankstelle in Indien

war dann die Welt wieder mit Brettern vernagelt, oder besser gesagt mit einem Dornengestrüpp. Langsam tasteten wir uns weiter. Die Leute grüßten ehrfürchtig. Nun ging es hinein in die Berge. Ob wir wohl heute wirklich noch irgendwo herauskommen würden? Plötzlich eine gute Straße. Noch 14 Meilen sollten es nach Abu Road sein. Es ging abwärts durch vertrocknete Wälder.

Abu Road

Der lange Rücken des Berg Abu lag vor uns. Obwohl es schon spät war, fuhren wir hinauf. Es ging durch herrlich duftende Wälder. Gegen neun Uhr waren wir oben, es war angenehm kühl.

Am nächsten Morgen machte ich mich früh auf den Weg. Der Ort bot das Bild eines heruntergekommenen Kurortes außerhalb der Saison. Er war verfallen – auch die schönen Sportplätze – alles verwahrlost. Nach dem Frühstück machten wir einen Ausflug zum Gipfel, und anschließend besuchten wir den prächtigen Jain-Tempel. Der Jainismus ist eine im Nordwesten Indiens beheimatete Religion. In unzähligen Nischen befinden sich Standbilder von Tirthankaras, die Mittler zwischen spiritueller und materieller Welt sind. Besonders eindrucksvoll ist die figurenüberladene Kuppel.

An den elektrischen Leitungen hingen viele tote Fliegende Hunde, riesige Fledermäuse. Sie sind so groß, dass sie von einer Phase zur anderen reichen und sich damit tödlich elektrisieren.

Abends machten wir einen Spaziergang an Maharadschaschlössern vorbei, bis zum sunset point, wo sich die Inder treffen, um den Sonnenuntergang zu bewundern. Die Sonne ging in der Wüste Radschastans unter. Von hier erstreckt sich die Wüste siebentausend Kilometer bis zum Mittelmeer. Ich musste daran denken, was uns noch alles bevorstand: „Um nach Hause zu kommen, müssen wir diese riesige Wüstenlandschaft durchqueren!"

Tags darauf fuhren wir weiter. Gegen vier Uhr erreichten wir Ajmer mit seinem bunten Bazar und einer Moschee, die persischen Einfluss verriet. Spät in der Nacht kamen wir in Jaipur an und übernachteten in einem Hotel mit dem vertrauenerweckenden Namen „Gourmet Hotel". Jaipur

Am nächsten Tag besichtigten wir den Palast des Mahardscha und eine interessante alte Sternwarte. Sie besteht aus gemauerten Teilen, anhand derer die Planetenbahnen verfolgt werden können.

Einen Tag später, am 2. August 1955, halb elf Uhr, erreichten wir Delhi. Es war uns von unserem Besuch bei der Hinreise vieles bekannt. Wir suchten den Bosch-Dienst auf. Sein Leiter versprach, dass er sich bemühen werde, mir ein Visum für Kaschmir zu beschaffen. Dies war jedoch sehr schwierig, denn in Kaschmir herrschte bereits damals zwischen Indien und Pakistan Kriegszustand. Besonders erschwerend war, dass ich in meinem Pass zwei Visa für Pakistan hatte, was natürlich den Indern nicht gefiel. Daimler wollte mit seinem Unimog werben und organisierte eine Pressekonferenz. Es erschien ein Artikel über uns in der Abendzeitung von Delhi.

Wolfgang flog nach Deutschland zurück, denn er konnte bei Siemens keinen längeren Urlaub bekommen.

Am 6. August erhielt ich endlich das Visum für Kaschmir. Es regnete in Strömen. Am 7. August brach ich auf. Mittags erreichte ich Chandigarh. Hier sollte eine neue indische Hauptstadt für die Provinz Punjab entstehen, die alte Hauptstadt Lahore liegt ja in Pakistan. Corbusier hatte die neue Hauptstadt geplant, es standen aber damals nur wenige Gebäude – der Hohe Gerichtshof, die Häuser der Minister und ein Studentenheim. Diese Gebäude in der sonst unbewohnten Landschaft machten einen verlorenen Eindruck. Chandigarh ist heute eine Millionenstadt. Chandigarh

Am Nachmittag fuhr ich noch ein Stück Richtung Kaschmir. Am nächsten Tag ging es über die Berge des Himalaja. Auf einer Polizeistation erfuhr ich, dass Deutsche einen Tunnel bauten, so dass man später einmal nicht mehr über den Banihal Pass müsse. Der Tunnel ist strategisch wichtig, da er im Winter für die Inder den einzigen Zugang zu Kaschmir offen hält. Spät abends kam ich auf der Baustelle an. Der Tunnel wurde von der

Firma Baresel aus Stuttgart gebaut. Die Arbeiter der Nachtschicht begrüßten mich mit großem Hallo. Der Nachtschichtleiter bot mir sein Bett an, ein Angebot, das ich gern annahm.

Srinagar/ Kaschmir

Am nächsten Morgen fuhr ich über den Banihal Pass, der in dichten Wolken lag, nach Srinagar, der Hauptstadt des indischen Teils von Kaschmir. Ein junger Mann sprach mich an und lud mich zum Mittagessen ein. Er nahm mich in den Laden seines Vaters mit. Dort gab es Kaschmir- und Tibetkunst. Ich kaufte einige Kupfergefäße und Kannen. Er versuchte, mir auch Seiten eines alten indischen Buches zu verkaufen. Ich wollte jedoch nicht, dass dieses Buch zerrissen wird, ich wollte das ganze Buch. Dies zu bekommen, machte jedoch ein mehrtägiges Verhandeln notwendig. Es kostete schließlich 60 Rupien, d.h. etwa 50 Mark. (Ich ließ das Buch später in München restaurieren und von einem Indologen kommentieren.) Anschließend fuhren wir zu einem üppigen Garten, in dem sogar Apfelbäume wuchsen. Der Garten war von einem Mogulkaiser angelegt worden.

Wir besuchten einen Freund des jungen Mannes, der mich in sein Hausboot einlud. Srinagar ist von Wasserläufen durchzogen und viele Bewohner leben in Hausbooten.

Gulmarg

Es war nicht weit nach Gulmarg. Ich fuhr dorthin und stieg am nächsten Morgen durch einen dichten, hohen Weißtannenwald nach Kilmarg hinauf. Auch unsere Tannen stammen aus dem Himalaya. Man findet zwei genetisch unterscheidbare Arten. Die eine wanderte über Nordafrika und Spanien, die andere über den Balkan nach Deutschland, die eine findet man im Murhardter Wald bei Stuttgart, die andere am Schwarzen Grat bei Isny. Kilmarg ist eine Art Alm. Dort stand ein Zelt, und es gab zum Frühstück Erdbeeren mit Nanga-Parbat-Blick.

Nach Srinagar zurückgekehrt, heuerte ich einen Kuli mit zwei Pferden an, denn ich wollte den Sonnwendgletscher, der in Richtung Leh liegt, besuchen. Wir ritten zu einer Hütte. Auf dem Weg dorthin kamen wir an einem Kiosk vorbei, in dem es bereits eine tibetische Zeitung zu kaufen gab. Der Kuli kochte für uns ein Abendessen. Ich saß noch lange an dem rauschenden Bach, der unterhalb der Hütte vorbei floss, und dachte über den Pantheismus nach.

Am nächsten Morgen ritten wir zum Gletscher. Man fühlte sich wie in den Alpen. Wir kamen an riesigen uralten Birken vorbei, die einen Stammdurchmesser von ca. drei Metern hatten. Der Gletscher war aper und spaltenfrei. So konnte ich noch weit hinaufsteigen. Nachmittags ging es in rasantem Ritt zurück nach Srinagar, Einheimische begleiteten uns. Die Pferdchen schwammen durch reißende Gebirgsbäche, man musste nur

aufpassen, nicht vom Pferd zu fallen. Ich fuhr noch bis zur Schranke, von der es zum Banihal Pass hinaufgeht. Banihal Pass
Am folgenden Tag überquerte ich im dichten Nebel den Pass. Ich besuchte wieder die Stuttgarter Tunnelbauer und wurde zum Frühstück eingeladen. In einem hoffnungslosen Monsunregen ging es weiter. Einmal kam ich dabei dem Himalaja zu nahe. Die Beulen an der Unimogkiste sind heute noch zu sehen. In der Ebene zurück, bekam ich schreckliche Krämpfe und Schmerzen, ich dachte schon, dass ich hier auf der Strecke bleiben würde. Doch mit der Zeit ließen die Schmerzen nach. Vermutlich hatte mir der plötzliche Höhenunterschied von 5000 Metern zugesetzt. Ich erreichte am nächsten Tag gegen neun Uhr Amritsar. Wieder in Amritsar

Rückreise

Heinz Buschmann, den ich in Kalkutta kennen gelernt hatte, wollte mit mir nach Europa zurückfahren. Um uns in Amritsar zu treffen, hatte ich ihm telegrafiert. In Amritsar traf ich aber keinen Herrn Buschmann an, mein Telegramm hatte ihn nicht erreicht. Ich wollte telefonieren, die Post war aber wegen eines Feiertages geschlossen. Vom Hotel aus gelang das Telefonat. Herr Buschmann traf am nächsten Tag um halb zehn Uhr per Bahn in Amritsar ein. Heinz Buschmann
Tags darauf kamen wir nach einem komplizierten Grenzübertritt mittags wieder bei Familie Beckerts in Lahore an. Der Unimog musste dringend repariert werden. Dies nahmen wir gleich in Angriff. Mit Herrn Beckerts besuchte ich nochmals die Stadt, v.a. die prachtvolle Moschee. Lahore
Am nächsten Tag brachen wir bei ziemlich schlechtem Wetter auf. In der Nacht fuhren wir noch bis Sahîwal (Montgomery). Der Eindruck, den dieser Ort machte, war nicht so englisch wie der Name. Wir besichtigten ein pakistanisches Dorf und hielten es im Film fest. Nachmittags gerieten wir in einen heftigen Monsunregen. Tags darauf erreichten wir mittags Rorhi. Die Straße war sehr schlecht und der Weg nach Karachi schien kein Ende zu nehmen. Über Hyderabat erreichten wir am 21. August um acht Uhr abends Karachi. Da ich Fieber hatte, blieben wir einige Tage dort. Ein Arzt konnte bei mir nichts Außergewöhnliches feststellen. Es machten sich wohl die Strapazen der Reise bemerkbar. Wir hatten Gelegenheit, verschiedene Fabriken zu besichtigen. Karachi
Durch ein trostloses Flüchtlingsviertel fuhren wir in das Industriegebiet von Karachi. Die Flüchtlinge waren Mohammedaner, die im Krieg zwischen Indien und Pakistan aus Indien geflohen waren. Das Industriegebiet fiel durch seine großzügige Anlage auf. Vor sechs Jahren war hier

noch Wüste, jetzt standen rechts und links der Straße kleine Fabriken, mitunter allerdings nur Schilder, die auf den zukünftigen Bau einer Fabrik hinwiesen. Die Sache hinterließ den Eindruck einer guten Planung.
Wir besuchten eine Wollweberei. Die Fabrik hatte damals ungefähr 50 Arbeiter. Wegen Rohstoffmangels wurde kurzgearbeitet. Der Mangel beruhte darauf, dass die pakistanische Wolle zu grob war, daher war man auf Wolle aus England oder Australien angewiesen. Der Leiter der Fabrik klagte sehr über die Korruption und Unfähigkeit der Regierung. Die Löhne betrugen für Kinder pro Tag zwei Rupien, 100 Rupien für ungelernte Arbeiter. Fachkräfte erhielten damals 300 - 400 Rupien. Die Fabrik befand sich in Privatbesitz.
Anschließend besichtigten wir eine Unterwäschefabrik. Sie glich in Größe und Struktur der Wollweberei. Auffallend waren die japanischen Maschinen. Den Abschluss bildete eine Fabrik, die kosmetische Artikel herstellte. Es wurde mit einer deutschen Lizenz von Dralle gearbeitet. Der Besitzer zeigte uns seine deutschen Maschinen und erzählte, dass er schon dreimal in Deutschland gewesen sei. Den Parfüms werden sehr viel größere Mengen an Duftstoffen zugegeben als in Deutschland.
Jetzt fuhren wir zu einer Oase mit heiligen Krokodilen, die wie tot in ihrem Teich lagen. Bestenfalls zwinkerte eines einmal mit einem Augendeckel. Es verwundert nicht, dass man, wenn man so gemütlich lebt, sechshundert Jahre alt wird. Eine Promenade führte an den Strand hinunter. Es war eine herrliche Stimmung am Meer, das wir lange nicht mehr sehen sollten. Abends lud man uns in den Englischen Club ein.

Hyderabad

Am 28. August brachen wir um die Mittagszeit auf und erreichten abends Hyderabad. Tags darauf rettete uns ein indischer Kaufmann vor der Moharam Prozession in seine Bank. Dort konnten wir vom Dach aus diese Prozession beobachten und filmen. Am eindrucksvollsten war eine Gruppe junger Männer mit bloßem Oberkörper. Sie geißelten sich selbst mit Bündeln kleiner Messer den Rücken, bis das Blut in Strömen floss.
Nachmittags verließen wir Hyderabad und fuhren genau um Mitternacht über die große Indusbrücke von Sukkur nach Westen. Wir besuchten die

Mohendjo Daro

interessanten Überreste von Mohendjo Daro, eine Ruinenstadt südwestlich von Sukkur. Sie ist ein Überbleibsel der Harappa Kultur (etwa 2500 - 1700 v. Chr.). Die Bauwerke wurden aus Ziegeln errichtet. Was man vorfand, zeugte von einer relativ hoch entwickelten Zivilisation. Die Stadt bestand aus weitläufigen Wohnbezirken mit gut gebauten Häusern, Priesterwohnungen, einem kultischen Bad und Toiletten mit Wasserspülung für mehrere Personen. Zufällig war auch der Kulturminister von Pakistan anwesend, der uns freundlich begrüßte.

Auf einer sehr schlechten Straße kamen wir nach Jakobabad, wo wir im Hof der Karawanserei übernachteten. Durch die Gebirgswüste ging es nach Quetta, das 1936 durch ein furchtbares Erdbeben total zerstört wurde. Es war noch nicht wieder aufgebaut und man sah sehr wenige Bemühungen, dies zu tun. Dies ist verständlich, da große Teile der Bevölkerung bei dieser Naturkatastrophe umgekommen sind.
Am folgenden Tag fuhren wir mittags ab. Es ging bei glühender Hitze durch Belutschistan. Parallel zu unserer Straße gab es eine Eisenbahnlinie, auf der sogar ein Zug verkehrte. Dies ist der südliche Strang der unvollendeten Europa-Indien-Eisenbahnlinie, deren nördlichem wir bei unserer Hinfahrt in Nischapur begegnet waren. Abends erreichten wir die Oase Dalbandin. Es waren nur wenige Häuser. Wasser war hier etwas sehr, sehr Kostbares. Aus dem einzigen Wasserhahn der Oase tropfte es nur.

Oase Dalbandin

Wir fuhren über ein ebenes Plateau und erreichten am nächsten Tag mittags Nok Kundi, die Grenze Pakistan-Iran. Der Grenzbeamte hatte so lange Fingernägel, dass er fast nicht schreiben konnte. Lange Fingernägel sollten zeigen, dass man der gehobenen Klasse angehörte. Am Abend erreichten wir die Oase Sahidan. Wir übernachteten im Gasthaus und aßen bei einem Griechen, der dort ein Restaurant hatte, sehr gut zu Abend. In der Oase gab es reichen Obstanbau.
Am folgenden Tag, am 3. September, brachen wir sehr früh auf, denn wir hatten eine der heißesten Strecken vor uns. Zwei Jungen wollten unbedingt ein Stück mitfahren. Über den Afghan Pass kamen wir zur Wüste Lut. Links an der Straße stand ein alter Wachturm. Trotz einer Reifenpanne erreichten wir abends noch die Oase Bam und übernachteten in deren Karawanserei. Das alte Bam liegt hoch in den Bergen, vor Räubern geschützt. Als es keine Räuber mehr gab, baute die Bevölkerung das neue Bam in der Ebene, am Rand der Wüste Lut. Wir fanden leider keine Zeit das alte Bam zu besuchen, das durch das Klima als Geisterstadt völlig konserviert war. Es wurde am 26. Dezember 2003 durch ein schweres Erdbeben völlig zerstört.

Oase Bam

Tags darauf fuhren wir mittags weiter und erreichten am Abend Kerman, wo wir vom deutschen Arzt sehr herzlich aufgenommen wurden. Kerman ist eine große Stadt mit Bank, Bazar und Teppichknüpfereien. Der Arzt freute sich über unseren Besuch und war uns behilflich, unsere Reifen zu überholen. Es wurden Mantelstücke an den schadhaften Stellen hineingenäht. Ich hatte große Zweifel, doch dieses Vorgehen bewährte sich ausgezeichnet.

Kerman

An einem wunderbaren, kühlen Morgen, die Sonne ging gerade über den Bergen auf, starteten wir zum schwierigsten Stück unserer Reise. Es ging nun durch die Gebirgswüste Südwestpersiens Richtung Schiras. Am ersten Abend erreichten wir über einen eingetrockneten Salzsee – eine herrliche Piste, wir konnten den Unimog endlich wieder einmal ausfahren – einen besetzten Wachturm, neben dem wir über Nacht blieben. Am nächsten Morgen ging es auf einer nur mit Phantasie erkennbaren Piste nach Niris an der „Räuberstraße". Es war erst vier Uhr nachmittags und wir hatten den Ort bereits verlassen, als uns die Ordnungswächter wieder zurückholten. Im Garten des Bürgermeisters wurden wir großzügig aufgenommen. Der Ort wurde für die Nacht verbarrikadiert.

Niris

Bei der Weiterfahrt am nächsten Morgen hatten wir einen herrlichen Blick zurück auf den nur teilweise ausgesalzten See von Niris. Gegen Abend erreichten wir Schiras, eine relativ moderne Stadt, die allerdings durch Khomeini wieder ins Mittelalter zurückfiel. Khomeini hat die Scharia, das dreizehnhundert Jahre alte Recht des Koran, wieder als offizielles Gesetz eingeführt! Die Scharia wird im Iran durch die Herrschaft der Mullahs heute wieder praktiziert.

Schiras

Am nächsten Morgen besuchten wir die moderne Gedenkstätte für den persischen Dichter Hafis. Nun ging es weiter nach dem nahe gelegenen Persepolis, der Hauptstadt des Perserreiches von Darius und Xerxes. Sie liegt auf einem nur wenig über einer großen Ebene erhabenen Plateau. Man kann sich anschaulich vorstellen, wie in dieser Ebene das siegreich zurückgekehrte Heer der Perser lagerte. Von einem Tempel waren noch Säulen erhalten, auf einem Tor prangte das Relief des geflügelten Löwen. Ich habe zahlreiche Dias von den herrlichen Reliefs, die dann unter der Herrschaft des Ajatholla Khomeini zerstört wurden. Wenige Kilometer von Persepolis entfernt sind die monumentalen Gräber von Xerxes und Darius in eine Felswand gemeißelt.

Persepolis

Abends fuhren wir weiter. Die Wachtürme an der Hauptstraße von Schiras nach Isfahan waren alle besetzt und lagen auf Sichtweite voneinander entfernt. Herr Buschmann fuhr, und ich leuchtete die Gegend mit unserem großen Suchscheinwerfer ab. Zwischen zwei Wachtürmen versperrten uns plötzlich etwa zwölf Männer den Weg. Ich strahlte sie mit unseren Scheinwerfern an. Wir waren entschlossen, uns nicht überfallen zu lassen. Die Männer sprangen im letzten Augenblick zur Seite – die Situation war gerettet.

Am nächsten Morgen frühstückten wir in einem Teehäuschen an der Straße. Der Tee wird in Persien in kleinen Gläsern sehr heiß ausgeschenkt. Durstig, wie wir waren, brauchten wir mindestens ein halbes Dutzend davon. Man erhielt diese aber nur eines nach dem anderen, obwohl wir gleich zwei oder drei zu bestellen versuchten.

Wir blieben nur einen Tag in Isfahan. Tatsächlich erhielten wir den Teppich, den ich bei der Hinreise in Teheran gekauft hatte. Isfahan war mehrere Jahrhunderte die Hauptstadt von Persien. Viele Moscheen mit prächtigen blauen Kacheln erinnern an diese Zeit. Herr Buschman erwarb eine Kachel und schenkte sie mir. Ich ließ sie zu Hause in Schmiedeeisen fassen. Isfahan

Kachel aus der alten persischen Hauptstadt Isfahan

Wir mussten nach Hause, denn ich wollte im Wintersemester weiterstudieren. Deshalb fuhren wir bereits am nächsten Tag über Hamadan und Kermansha Richtung Bagdad. Es ging über einen dreitausend Meter hohen Pass. So hoch oben wuchsen noch sehr kleine, verkrüppelte Eichen. Plötzlich hatte man einen Ausblick auf die Euphrat-Tigris-Ebene. Durch sie schlängelte sich – oh Wunder – das schwarze Band einer Asphaltstraße. Wir überquerten die Grenze Iran-Irak bei Khanaqin und erreichten am Nachmittag Bagdad. Morgens um zehn scheuchten wir das noch schlummernde Daimlerteam aus den Betten, denn unser Unimog musste dringend überholt werden.

Die Firma Daimler hat uns in Bagdad in einem originellen Quartier untergebracht. Wir wohnten im Obergeschoß einer Pension unter zahlreichen, sehr spärlich bekleideten Mädchen, die in Bars arbeiteten und im Bagdad

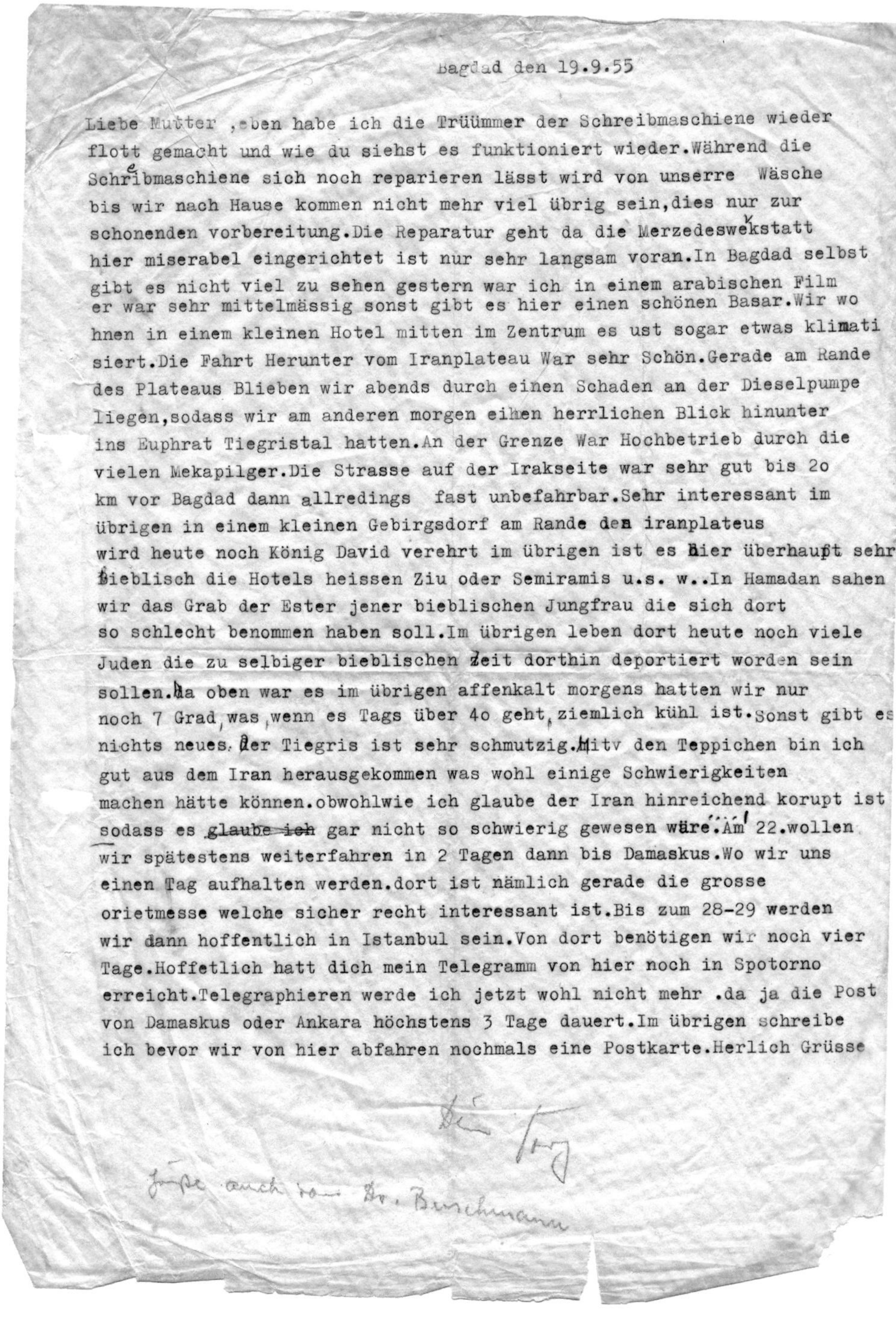
Bagdad den 19.9.55

Liebe Mutter ,eben habe ich die Trüümmer der Schreibmaschiene wieder flott gemacht und wie du siehst es funktioniert wieder.Während die Schreibmaschiene sich noch reparieren lässt wird von unserre Wäsche bis wir nach Hause kommen nicht mehr viel übrig sein,dies nur zur schonenden vorbereitung.Die Reparatur geht da die Merzedeswerkstatt hier miserabel eingerichtet ist nur sehr langsam voran.In Bagdad selbst gibt es nicht viel zu sehen gestern war ich in einem arabischen Film er war sehr mittelmässig sonst gibt es hier einen schönen Basar.Wir wohnen in einem kleinen Hotel mitten im Zentrum es ust sogar etwas klimatisiert.Die Fahrt Herunter vom Iranplateau War sehr Schön.Gerade am Rande des Plateaus Blieben wir abends durch einen Schaden an der Dieselpumpe liegen,sodass wir am anderen morgen eihen herrlichen Blick hinunter ins Euphrat Tiegristal hatten.An der Grenze War Hochbetrieb durch die vielen Mekapilger.Die Strasse auf der Irakseite war sehr gut bis 2o km vor Bagdad dann allredings fast unbefahrbar.Sehr interessant im übrigen in einem kleinen Gebirgsdorf am Rande des iranplateus wird heute noch König David verehrt im übrigen ist es hier überhaupt sehr bieblisch die Hotels heissen Ziu oder Semiramis u.s. w..In Hamadan sahen wir das Grab der Ester jener bieblischen Jungfrau die sich dort so schlecht benommen haben soll.Im übrigen leben dort heute noch viele Juden die zu selbiger bieblischen Zeit dorthin deportiert worden sein sollen.Da oben war es im übrigen affenkalt morgens hatten wir nur noch 7 Grad, was, wenn es Tags über 4o geht, ziemlich kühl ist.Sonst gibt es nichts neues. Der Tiegris ist sehr schmutzig.Mitv den Teppichen bin ich gut aus dem Iran herausgekommen was wohl einige Schwierigkeiten machen hätte können.obwohlwie ich glaube der Iran hinreichend korupt ist sodass es ~~glaube ich~~ gar nicht so schwierig gewesen wäre.Am 22.wollen wir spätestens weiterfahren in 2 Tagen dann bis Damaskus.Wo wir uns einen Tag aufhalten werden.dort ist nämlich gerade die grosse orietmesse welche sicher recht interessant ist.Bis zum 28-29 werden wir dann hoffentlich in Istanbul sein.Von dort benötigen wir noch vier Tage.Hoffetlich hatt dich mein Telegramm von hier noch in Spotorno erreicht.Telegraphieren werde ich jetzt wohl nicht mehr .da ja die Post von Damaskus oder Ankara höchstens 3 Tage dauert.Im übrigen schreibe ich bevor wir von hier abfahren nochmals eine Postkarte.Herlich Grüsse

Grüße auch von Dr. Buschmann

Übrigen wohl ihrem uralten Gewerbe nachgingen. Das Daimlerteam kannte sich offensichtlich aus. Hier konnten wir den ganzen Schmutz des Iran wegbaden.
Von Bagdad machten wir einen Abstecher nach Süden. Ein Federbruch hinderte uns am schnellen Vorwärtskommen, wir mussten eine Ersatzfeder einbauen. Verspätet erreichten wir Ktesiphon. Dort steht ein interessantes, riesiges Tonnengewölbe aus alter Zeit. Es wurde durch Aufschütten und anschließendes Wiederabgraben des Geländes errichtet.
Etwas weiter südlich liegt Babylon. Vom Turm zu Babel haben die Archäologen nur Löcher im Gelände hinterlassen. Die berühmten Baudenkmäler, wie z.B. das Ischtartor, sind im Pergamonmuseum in Berlin zu bestaunen. Wir kehrten frustriert nach Bagdad zurück. Babylon
Meiner Mutter schrieb ich den nebenstehenden Brief.
Von Bagdad fuhren wir auf einer passablen Asphaltstraße vierhundert Kilometer nach Westen zur Grenzstation Rutba. Rutba

Mit dem Grenzbeamten an der Grenzstation Rutba, Grenze Irak/Syrien

Große schwarze Rauchfahnen zeigten an, dass Erdöl abgefackelt wurde. Der Asphalt wird gewonnen, indem man einfach das Erdöl abfackelt. Von Rutba ging es über eine Piste durch die Wüste nach Damaskus. Oft begegneten wir großen Sattelschlepper-Omnibussen, die offenbar Damaskus mit Bagdad verbanden. Der Flugverkehr war ja damals noch wenig entwickelt. Nachts weckte mich Herr Buschmann. Wir hatten uns bei der Abzweigung zur Oase Palmira verfahren. Ich suchte mit dem Kompass den Polarstern, der im Süden nicht so leicht auszumachen ist, denn der

Große Wagen ist hinter dem Horizont. Im Südwesten konnte man bisweilen Scheinwerferlicht von Lastwagen erkennen. So fanden wir die Piste wieder. Morgens erwachte ich durch einen gewaltigen Rumpler. Herr Buschmann war eingeschlafen und wir waren in einer großen Sanddüne gelandet. Mit Allrad und Differentialsperre konnte ich den Unimog wieder befreien. So kamen wir am späten Vormittag gut in Damaskus an. Ich hatte es jetzt eilig, nach Hause zu kommen, um mein Studium fortzusetzen. So schnell wir konnten, fuhren wir durch die Türkei und über den Balkan Richtung Heimat. Am Südportal des Tauern-Eisenbahntunnels verbrachten wir die letzte Nacht. Es war für unsere Verhältnisse eisig kalt. Wir nahmen telefonisch Kontakt mit Stuttgart auf. Am nächsten Tag wurden wir am Irschenberg von einer uns entgegenkommenden Mannschaft der Firma Bosch unter Herrn Sonder in Empfang genommen, denn unser Unimog war dem Zusammenbruch nahe und für europäische Verhältnisse nicht verkehrstüchtig. Auch Wolfgang war gekommen. Wir fuhren die ganze Nacht durch und erreichten am Morgen den Berghof. So kamen wir Mitte Oktober 1955 wieder zu Hause an.

Damaskus

Neue Sekretärin auf dem Berghof

Während meiner Abwesenheit hatte sich bei meiner Mutter eine neue Sekretärin und Fahrerin beworben. Nach einigem Hin und Her teilte meine Mutter ihr am 29. April mit, dass sie sie einstellen wolle, aber ohne ihre Holzwürmer. Diese solle sie zu Hause lassen:

„Ich habe die Überzeugung, dass wir gut zusammenarbeiten werden und hoffe sehr, dass Sie sich bei uns wohl fühlen werden. Ihr Radio dürfen Sie gerne mitbringen wie auch Ihre Couch und den Schreibtisch. Auf eines möchte ich Sie aufmerksam machen. Sie schrieben, dass die Couch von Ihrer Großmutter stammt. Bei älteren Möbeln weiß ich aus Erfahrung, dass es vorkommt, dass der Holzwurm sich eingenistet hat. Dies ist eine Gefahr für die übrigen Möbel. Würden Sie sich davon überzeugen, dass dies nicht der Fall ist. So leid es mir wäre, aber ich wäre dann doch bange für die Möbel des Hauses. Der Schreiner sagte mir, dass man den Wurm selbst nie sieht, die Motte aber fliegt umher und nistet sich so ein. Ich kann mir denken, dass Sie sich ungern von Möbeln trennen würden, an denen sicher liebe Erinnerungen knüpfen."

Zwei Frankfurter Semester

Wenige Tage nach meiner Rückkehr aus Indien fuhr ich nach Frankfurt, da ich Anfang November mein Studium fortsetzen wollte. Ich hatte vor, später im Max-Planck-Institut für Biophysik in Frankfurt zu arbeiten. Herr Dirolf, der Leiter des Bosch Verkaufshauses, fand für mich ein schönes Zimmer in der Feldbergstraße, in der Nähe des Palmengartens, bei zwei alten Jungfern, die mit Antiquitäten handelten.
Zurück in Tübingen beschäftigte ich mich mit der Aufarbeitung meiner Indienreise. Insbesondere verteilte ich Geschenke an alle, die mir bei der Vorbereitung behilflich waren und hielt viele Diavorträge.
Anfang November ging ich dann endgültig nach Frankfurt. Im Wintersemester machte ich ein großes elektrotechnisches Praktikum. Zusammengearbeitet habe ich in diesem mit einem etwas älteren Studenten. Er war im Krieg, noch nicht achtzehnjährig, Fahrer eines Panzers gewesen.
Ich genoss die hervorragenden Vorlesungen von Professor Friedrich Hund in theoretischer Physik. Hund, ein kleiner, quecksilbriger Mann, war über sechzig. Er war Professor in Jena gewesen. Als die Amerikaner Sachsen an die Russen übergaben und ihn in den Westen mitnehmen wollten, versteckte er sich erfolgreich im Kleiderschrank. Einige Zeit später floh er aus der DDR. Die Universität Frankfurt, die sich seiner sicher glaubte, behandelte ihn so schlecht, dass er sich sogar bei den Studenten darüber beklagte. Die Frankfurter dachten wohl, dass er im Hinblick auf sein Alter nicht mehr wegberufen werde. Sie hatten sich grundlegend geirrt. Wenig später erhielt er in Göttingen den Lehrstuhl, den einst Friedrich Gauß innegehabt hatte. Professor Hund starb erst 1997 im Alter von 101 Jahren.

Vorlesungen bei Professor Hund

Regelmäßig besuchte ich das Kolloquium des Max-Planck-Instituts für Biophysik, das von Professor Boris Rajewski geleitet wurde. Rajewski war eine eindrucksvolle Erscheinung. Während des Kolloquiums lag er häufig mit dem Oberkörper auf dem Pult. Man hatte den Eindruck, er schläft. In der anschließenden Diskussion stellte er jedoch die interessantesten Fragen.

Kolloquium des Max-Planck-Instituts für Biophysik

Öfters lud mich Eberhardt Borst, ein Vetter meiner Großmutter, der in Frankfurt Chef der Firma Züblin war, ein. Ich erinnere mich an die feuchtfröhliche Feier der Versenkung eines Dükers (große Leitung) in den Main. Im Sommer fuhr ich oft mit dem Motorrad zum Abendessen auf den „Neuhof", südlich von Frankfurt. Danach ging ich durch die Felder spazieren und erholte mich von der Großstadt. Ich bereitete einen Vortrag über *„Dosimetrie der γ-Strahlen und der radioaktiven Isotope"* vor.

Mehr und mehr sah ich, dass das Max-Planck-Institut für Biophysik damals ausschließlich Strahlenbiologie betrieb. Ich wollte keine Diplomarbeit annehmen, die nur aus „Mäusetotbestrahlen" bestand. Außerdem fühlte ich mich in Frankfurt nicht wohl. Deshalb kehrte ich zum Wintersemester 1956/57 nach München zurück.

Fortsetzung des Studiums in München

Zunächst wohnte ich wieder bei Familie von Geldern. Ich erinnere mich noch sehr gut, wie Herr von Geldern auf dem Gang ein langes Telefongespräch mit dem Kapitän des Segelschulschiffs Pamir führte. Dieser wollte ihn überzeugen, dass er ihn bei seiner bevorstehenden Fahrt über den Atlantik begleiten solle. Herr von Geldern lehnte aus Gesundheitsgründen ab. Die Pamir versank bei dieser Überfahrt mit Mann und Maus im Atlantik.

Bei der Umschau nach einem Dauerquartier kam ich in der Ainmillerstraße an einem Rohbau vorbei, von dem allerdings nur zwei Geschosse existierten. Auf einer Bautafel konnte man lesen, dass es ein Appartementhaus mit neun Stockwerken werden sollte. Ich kaufte ein Appartement im neunten Stock nach Süden. Zur Überbrückung suchte ich mir ein Zimmer in Grünwald und quartierte mich bei einer Familie von Seefranz ein.

Rehleintapete

Das Zimmer zierte die gleiche Rehleintapete, die ich auch in Tübingen über dem Atelier hatte. Herr von Seefranz war Bankdirektor und für einige Monate verreist. Seine Familie suchte männlichen Schutz. Bereits am ersten Abend zeigte sich, dass es sich um echte Hasenfüße handelte. Das Haus war so verrammelt, dass ich nicht eindringen konnte. Niemand öffnete mir und ich musste bei den Königs in Solln übernachten.

In der Zeit in Grünwald wanderte ich oft durch den schönen Forst und durchs Isartal. Häufig kehrte ich am Deininger Weiher oder in der Aumühle ein.

Eine kleine Diebin

Die kleine Tochter des Hauses klaute bei mir Zucker und insbesondere Schnapsbohnen, was ich besonders erheiternd fand. Ich ließ dies gerne geschehen, denn sie hat es sicher genossen. Leider hat ihre Mutter sie eines Tages dabei ertappt, was schmerzhafte Folgen hatte, denn ihr wurde mit der neben der Haustür hängenden Peitsche der Po verklopft. Gegenüber wohnte Luise Ulrich. Sie war mit Graf Castell, dem Kommandanten des Münchner Flughafens, verheiratet. Abends ging ich oft in die sehr gemütliche Weinstube „Beim Hörmann Fritzel" essen.

An der Universität machte ich zunächst ein Praktikum am Physikalisch-Chemischen Institut, welches unter der Leitung von Professor Georg-

Maria Schwab stand. Professor Schwab kannte mich, da er früher einmal mit meinen Dias einen Griechenlandvortrag gehalten hatte. Sein Vater war Redakteur am Berliner Tagblatt gewesen und wurde als Jude von den Nationalsozialisten umgebracht. Er selbst wurde von seiner späteren Frau, einer griechischen Doktorandin, nach Athen gerettet und hat dort an der Universität viele Jahre gelehrt. Nach seiner Berufung auf den Münchner Lehrstuhl hielt er aus Dankbarkeit stets in den Sommerferien seine Vorlesung in Athen. Auch als Bergsteiger hat sich Schwab in Griechenland betätigt. Es gibt eine nach ihm benannte „Schwab-Route" auf den Gipfel des Olymp.

Praktikum am Physikalisch-Chemischen Institut

Ich interessierte mich sehr für die Infrarotspektroskopie, die ich in Frankfurt kennengelernt hatte, da diese einen direkten Einblick in das molekulare Geschehen gibt. Im Januar 1958 hielt ich im Kolloquium einen Vortrag über infrarotspektroskopische Untersuchungen der Adsorption von Kohlenmonoxid an Metalloberflächen, mit folgenden Fragestellungen:

Vortrag über Anwendungen der Infrarotspektroskopie

1. Wie ist das CO an der Oberfläche angelagert?
2. Wie hängt die Chemisorptionswärme von der Bedeckung der Oberfläche mit Kohlenmonoxid ab?
Die zweite Frage spaltet sich, genauer formuliert, wiederum in zwei Fragen auf:
a) Gibt es auf der Oberfläche Plätze mit verschiedener Chemisorptionswärme?
b) Besteht eine Wechselwirkung unter den chemisorbierten Molekülen?
Wenn ja, führt diese zu einer Abnahme der Chemisorptionswärme mit wachsender Bedeckung der Oberfläche mit Kohlenmonoxid?

Ich ging bei diesem Vortrag besonders auch auf methodische Gesichtspunkte ein, um Interesse für die Infrarotspektroskopie zu wecken, denn damals wurde am Physikalisch-Chemischen Institut hauptsächlich mit kinetischen und noch nicht mit molekülphysikalischen Methoden gearbeitet. Ferner machte ich in dieser Zeit das physikalisch-chemische Fortgeschrittenenpraktikum.

Im Sommersemester hielt ich im Kolloquium der Chemischen Institute einen gut besuchten Vortrag zum Thema: „Zusammenhänge zwischen Spektrum und Reaktivität von Molekülen". Er fand bei den Chemikern ungewöhnlich reges Interesse. Ich leitete ihn mit folgender Fragestellung ein:

„Es gestattet nämlich einerseits die Beobachtung der Schwingungsfrequenzen der Elektronen im sichtbaren und ultravioletten Spektralbereich und die Beobachtung der Schwingungen der Atome eines Moleküls im infraroten Spektralbereich Aussagen über die Potentialverhältnisse und damit auch über die Elektronendichte in einem Molekül. Andererseits sind die Potentialverhältnisse in einem Molekül für die Reaktivität dieser Moleküle von wesentlicher Bedeutung.

Schwingung ⟷ Potentialverhältnisse ⟷ Reaktivität
(Frequenz) (Elektronendichte)

Dies ist der Grundgedanke, von welchem Staab und Mitarbeiter bei ihrer 1957 veröffentlichten Arbeit ausgegangen sind. Das Ziel ihrer Arbeit war es, einen Zusammenhang zu finden, welcher zumindest in speziellen Fällen von der infraroten Schwingungsfrequenz auf die Reaktivität einer Verbindung zu schließen gestattet."

Ferner hörte ich die Quantenmechanik-Vorlesung von Professor Fritz Bopp und machte die dazugehörenden Übungen. Die Theoretische Physik begeisterte mich mehr und mehr. Außerdem interessierte mich das folgende, bis heute ungelöste Problem: Ich hatte mich ja bereits früher mit der Wünschelrute beschäftigt und mir überlegt, dass eventuell bei turbulent strömendem Wasser die Mikrowellenübergänge der Wassermoleküle angeregt werden können, und dass Menschen auf diese Strahlung sensitiv sein könnten. Diesen Gedanken trug ich Professor Bopp vor. Er machte mich mit seinem Assistenten Erich Weidemann bekannt. Auch zusammen konnten wir das Problem der Wünschelrute nicht lösen, es entstand daraus aber eine langjährige Freundschaft, die leider durch Erichs frühen Tod im November 1991 endete.

Erich Weidemann

Mit meinem zukünftigen Quartier in der Ainmillerstraße gab es Schwierigkeiten. Dem Bauträger, Herrn Aschenbrenner, war offensichtlich das Geld ausgegangen, und so forderte er die Mieter einfach auf, einzuziehen. Als ich mit meinen Möbeln vor dem Appartement stand, gab es weder Fenster noch Türen. Ich holte mir die Handwerker aus den unteren Stockwerken. So kam bald alles in Ordnung. Das oberste Stockwerk, in dem mein Appartement lag, war von der Polizei gesperrt. Es war nicht genehmigt worden, da es höher als die Feuerwehrleitern der Stadt München war. Ich zog dennoch ein, schließlich hatte ich ja bezahlt, was sogar den Polizisten, die das Stockwerk absperrten, einleuchtete. Von meinem Appartement hatte ich eine gute Aussicht über die Stadt und manchmal auch auf das Gebirge. An klaren Herbst- oder Frühjahrstagen reichte die Aussicht vom Wendelstein bis zur Zugspitze. Auch die Nahsicht war nicht schlecht, denn gegenüber befand sich ein Mädchenpensionat. Ich wohnte in diesem Appartement bis Anfang der siebziger Jahre.

Die Ainmillerstraße

Gemälde von Helmut Berninger, ohne Titel, Anfang der 60er Jahre, 129 x 135 cm

Die Galerie Leonhardt

In dieser Zeit besuchte ich häufig die Vernissagen der Galerie Leonhardt. Ihre Räumlichkeiten befanden sich damals in der Ungererstraße. Bei ihr trafen sich regelmäßig Intellektuelle zu fruchtbaren Diskussionen. Frau

Leonhardt stellte Anfang der sechziger Jahre Helmut Berninger aus. Von einem großen abstrakten Bild in leuchtend roten Farben war ich ganz fasziniert. Ich kaufte es sofort. Ich weiß noch, wie es mir Herr Krone, der ebenfalls bei Frau Leonhardt verkehrte, in die Ainmillerstraße brachte. Es passte genau an die Wand über meiner Liege, als ob es Herr Berninger hierfür gemalt hätte. Dieses Bild hat mich von da an begleitet und meine Fantasie beflügelt. Es hängt in meinem Büro in Salzburg.
Frau Leonhardt war sehr ehrgeizig, wozu sie, wie sie erzählte, als Kind erzogen wurde. Sie siedelte zunächst mit ihrer Galerie in die Briennerstraße über, später zog sie in die Maximilianstraße in sehr ansehnliche Räume um. Hiermit hat sie sich so übernommen, dass ihre Galerie diesen Umzug nicht lange überlebte. Die hohe Miete war nicht erwirtschaftbar. Ich bedauerte dies sehr, denn ihre Ausstellungen hatten hohes Niveau, so stellte sie beispielsweise als erste Galerie in München Richard Hamilton aus.

Meine Doktorarbeit

Als ich den Theoretiker Professor Fritz Bopp wegen einer Diplomarbeit fragte, die sich dann aber später gleich zur Doktorarbeit entwickelte, meinte er, dass ich zuerst eine experimentelle Arbeit durchführen solle. So ging ich im Sommersemester 1957 zu Professor Schwab. Dieser schickte mich zu Heiner Noller, der eine Abteilung am Schwab'schen Institut leitete. Heiner Noller hatte folgende Idee: Als Modell für eine biologische Zelle sollte ich Körner eines sauren Ionenaustauschers mit einer Schicht überziehen. Dann sollte ich die Kinetik einer säurekatalysierten Reaktion mit diesen Körnern studieren.

Erste Begegnung mit Heiner Noller

Ich versuchte monatelang, eine Schicht auf diese Körner aufzubringen. Dem hohen Quellungsdruck hielt jedoch keine Schicht stand. Ich befragte auch alle meine Bekannten, insbesondere bei Bosch, aber niemand hatte einen hilfreichen Rat. (Als ich ein Jahr später, 1958, den Ausstellungsstand von Professor Magat aus Paris auf der Brüsseler Weltausstellung besuchte, kam mir die Idee, dass man durch Pfropfpolymerisation mit Röntgenstrahlen diese Schicht mit den Ionenaustauscherkörnern aus Polystyrolsulfonsäure hätte kovalent verbinden können. Diese Schicht hätte wahrscheinlich dem Quellungsdruck standgehalten.) Ich berichtete Heiner Noller über meine fehlgeschlagenen Versuche und schlug vor, die Ionenaustauscher mit Infrarotspektroskopie zu untersuchen. Dies bot sich umso mehr an, als das Institut für Physikalische Chemie ein unge-

Einsatz der Infrarotspektroskopie

nutztes Recht besaß, am Infrarotspektrometer im Organischen Institut Messungen durchzuführen. Heiner Noller stimmte unter der Bedingung zu, dass ich die Verantwortung für diese Arbeit übernehmen würde.
Um störende Lichtstreuung im infraroten Spektralbereich zu vermeiden, müssen die Körner kleiner als 1 µm sein. Zunächst musste ich also versuchen, die Ionenaustauscherkörner zu zerkleinern. Bei Raumtemperatur gelang dies nicht. Deshalb stellte ich den Vibrator auf den Kopf und tauchte den Becher mit den zu zerkleinernden Körnern in flüssigen Stickstoff ein und siehe da, es funktionierte! Ich hatte ein Pulver mit Körnern kleiner als 1 µm. Dieses Pulver war jedoch schlecht zu handhaben. Ich wollte es ja in Abhängigkeit vom Hydratationsgrad untersuchen. Es bestand nun die Aufgabe, die Körner mit definiertem Hydratationsgrad in Paraffinöl bzw. Teflonöl einzubetten. Ich baute hierfür eine Apparatur. Das alles war jedoch kompliziert und damit nicht befriedigend, deshalb dachte ich über ein besseres Vorgehen nach.

Herstellung der Polystyrolsulfonsäure-Folien

Im Kühlraum des Max-Planck-Instituts für Biochemie in der Goethestraße bei Herrn Zillig machte ich die Zerkleinerungsversuche. Ich erinnere mich genau, wie mir die Idee kam, den Ionenaustauscher Polystyrolsulfonsäure als 5 – 10 µm starke Folien selbst herzustellen. Ich beschaffte mir Platten aus Kristallglas. Als Abstandgeber verwendete ich 5 µm starke Aluminiumfolie vom Aluminiumwalzwerk in Singen. In den Hohlraum füllte ich Styrol, dem ich für die Vernetzung einige Prozent Divinylbenzol und als Katalysator Benzoylperoxid beigab. Nun presste ich die Glasplatten mit Zwingen aufeinander und erhitzte sie, um die Polymerisation einzuleiten. Das Styrol verdampfte jedoch. Das Verdampfen verhinderte ich, indem ich die Anordnung in einem Wasserbad erhitzte. So erhielt ich 5 µm starke Folien. Diese waren jedoch noch trüb. Deshalb reinigte ich die Glasplatten einen Tag lang in einem Bad aus heißer Chromschwefelsäure. Die Folien wurden mit Chlorsulfonsäure sulfoniert. Sie rollten sich aber hierbei auf, wenn sie nicht vorher ein paar Tage im Exsikkator unter Vakuum getrocknet wurden.
Nun baute ich eine Küvette, mit der ich die Folien bei definiertem Hydratationsgrad spektroskopieren konnte. Die Spektren waren jedoch nicht reproduzierbar. Ich führte dies auf die Sulfonierung zurück, was sich später als falsch erwies. Nach monatelangen Sulfonierungsversuchen sah ich eines Tages, dass auf dem Boden der Divinylbenzolflasche kleine Kügelchen lagen. Das Divinylbenzol dient zur Vernetzung der polymeren Stränge des Polystyrols. Die Kügelchen zeigten an, dass das Divinylbenzol bereits anpolymerisiert war, was zu undefiniert vernetzten und damit undefiniert sulfonierten Folien führte. Ich destillierte nun das Divinylben-

zol stets unmittelbar vor dem Polymerisieren der Folien und erhielt so reproduzierbare Folien. Nach etwa einem Jahr konnte ich mit systematischen Messreihen beginnen. Ich baute eine im Wesentlichen aus Glasteilen bestehende Küvette. Herr Schmitz, der Glasbläser der Firma Wagner und Munz, fertigte diese mit großem Geschick an. Ich zeigte sie Professor Schwab, der sehr beeindruckt war. Nun untersuchte ich die Säure, sowie die Alkali- und Erdalkalisalze in Abhängigkeit vom Hydratationsgrad, H_2O und D_2O hydratisiert.

Im Institut für Organische Chemie, wo wir das Recht hatten, Infrarotspektren aufzunehmen, war Ivar Ugi, der Leiter der Physikalischen Messgeräteabteilung, über mein Auftauchen absolut nicht begeistert. Wir einigten uns, dass ich morgens von 6-8.00 Uhr messen konnte. Er dachte natürlich, mich so los zu werden. Das war ein Irrtum. Sehr zuvorkommend war der Laborant der Abteilung, Herr Huber. Herr Fritz, der im Anorganischen Institut das entsprechende Gerät unter sich hatte, ermöglichte mir Messungen mit LiF Prisma, d.h. mit größerer spektraler Auflösung. Seine Laborantin, Fräulein Hummel, war mir dabei sehr behilflich. Der einzige, den mein frühes Auftauchen störte, war der Hausmeister der Chemischen Institute. Sein Knurren hat mich jedoch nicht abgeschreckt.

Messungen von 6-8 Uhr früh

Frieden stiften auf dem Berghof

Leider musste ich in dieser Zeit oft nach Tübingen reisen, um dort Frieden zu stiften. Wir hatten auf dem Hof einen sehr tüchtigen Verwalter, Herrn Frey. Dieser litt jedoch infolge eines Sturzes vom Wagen unter heftigen Kopfschmerzen. Ein Gehilfe hämmerte nächtelang in der Werkstatt, was Herrn Frey verständlicherweise zur völligen Raserei brachte. Die Zufahrt zum Wohnhaus des Berghofs ging durch den landwirtschaftlichen Hof, was ebenfalls alle möglichen und unmöglichen Streitigkeiten auslöste. Ich fuhr kurzerhand nach Tübingen und verlegte die Zufahrt, was dieses Problem beseitigte.

Schon vor mehreren Jahren war der Berghof-Hund, genannt das „Mistvieh", ein Appenzeller, verstorben. Deshalb beschloss ich, einen neuen Hund anzuschaffen. Er sollte möglichst intelligent sein. Ich rief den Pudelzüchterverein an und erfuhr, dass in München-Laim bei einer Familie Stößel ein Wurf brauner Pudel zum Verkauf freigegeben worden sei. Auf dem Weg nach Tübingen fuhr ich dort vorbei. Einer der fünf sah besonders verwegen aus, weshalb ich dieses braune Wollknäuel sofort erstand. Dem kleinen Wau war diese Veränderung jedoch nicht geheuer, so kroch er winselnd auf meinen Schoß und erbrach sich kurze Zeit später fürchterlich. In Ditzenbach besuchte ich meine Mutter, die dort Bäder nahm. Bei ihr machte ich mich wieder salonfähig.

Mein Pudel Bambino

In der zweiten Hälfte der fünfziger Jahre suchte ich für meine Mutter ein Ferienquartier, wo ich sie am Wochenende besuchen konnte. Ich fand etwa zwei Kilometer westlich von Krün eine kleine Pension, die von Herrn und Frau Kriner betrieben wurde. Herr Kriner betreute das Freibad am Grubsee, einem kleinen See zehn Minuten westlich vom Gasthaus. In dieser Pension mietete ich meine Mutter ein. Man hatte einen herrlichen Blick auf das Soierngebirge im Osten und auf den Wetterstein im Süden. Frau Kriner war in diese Pension als Feriengast gekommen und hat in die Dynastie der Kriners eingeheiratet.

Ferien meiner Mutter am Barmsee

Wenn ich am Wochenende kam, machte ich mit meiner Mutter herrliche Spaziergänge durch die Buckelwiesen mit ihrer schönen Gebirgsflora. Ich stieg auf den Krottenkopf und mehrmals auf die Schöttelkarspitze und die Soiernspitze. Abgestiegen bin ich direkt auf dem Jägersteig. Auf der kleinen Alm, an der man vorbeikommt, marschierte einmal majestätisch ein Hirsch mit seinen drei Kühen. Gegen den roten Abendhimmel war dies ein imposantes Bild.

Meiner Mutter gefiel es am Barmsee sehr. Es herrschte bei den Kriners eine familiäre Atmosphäre, und so verbrachte sie viele Jahre dort ihre Ferien. Leider war Herr Kriner schwer herzkrank und erlag eines Tages diesem Leiden. Frau Kriner konnte sich gegen die Familiendynastie nicht halten. Sie arbeitete in einem Hotel in Garmisch, wo wir sie besuchten. Dies war ein trauriges Ende vieler schöner, erholsamer Wochen.

Den schönsten Skiurlaub verbrachte ich im März 1959. Ich fuhr über den Gotthard, am Lago Maggiore entlang, die Poebene hinauf und schließlich ins Gebirge nach Cervinia. Dieses liegt unter der Südostwand des Matterhorns. Meiner Mutter schrieb ich folgende Karte:

Skiurlaub in Cervinia 1959

„Durch Mandelblüte mit Platschregen bin ich gestern Abend im Schneegestöber gut angekommen. Zum Hotel wird man mit einem geländegängigen Auto abgeholt. Das Hotel liegt ganz ideal etwas oberhalb vor Cervinia. Das Matterhorn steht direkt hinterm Haus."

Täglich fuhr ich oft mehrmals die tausend Höhenmeter vom Plateau Rosa ab. Etwas rasanter ist die Abfahrt vom Furggrat. Er ist die südöstliche Verlängerung des Matterhorns. Auf ihn führt über tausend Höhenmeter, stützenfrei, eine Seilbahn. Bei guten Schneeverhältnissen konnte ich direkt von der Bergstation abfahren, bei schlechten geht man durch einen Tunnel und fährt etwas weiter unten los. Meiner Mutter schrieb ich:

„Heute war ich mit der Bergbahn auf dem Plateau Rosa, von dem eine sehr bequeme Piste herunterführt, direkt am Hotel vorbei. Heute war prächtiges Wetter, und ich bin oben vor der Abfahrt sechs Stunden in der Sonne gelegen, dies mit Mont Blanc- und Jungfraublick. Wenn das Wetter so bleibt, komme ich nach Hause wie ein Neger."

Vom Plateau Rosa fuhr ich auch mehrmals nach Zermatt ab. Einmal schloss sich mir ein etwas komischer Vogel an. Er erzählte, dass er lange in russischer Gefangenschaft war. Auf dem Rückweg trödelte er schrecklich. So kam es, dass er auf dem Gletscher weit hinter mir zurückblieb. Als ich am Joch ankam, begann es bereits zu dämmern. Ich machte den letzten Pistenkontrolldienst auf meinen zurückgebliebenen Begleiter aufmerksam und fuhr ab. Erst nach zwei Tagen tauchte der komische Vogel wieder auf. Er hatte offenbar, obwohl es empfindlich kalt war, am Berg im Freien übernachtet. Ein andermal fuhr ich von Zermatt mit der Bahn hinauf zum Riffelseehotel. Dort geriet ich in eine sehr feuchtfröhliche Gesellschaft. Es gab Käsefondue. Auf Grund einer Wette habe ich mich arg überfressen. Die Gesellschaft meinte, sie käme für alles auf, wenn ich so und so viele Fondues essen würde. Ich konnte die ganze Nacht nicht schlafen. Am Morgen flog ich mit einem Flieger des Gletscherpiloten Geiger zum Plateau Rosa. Der Blick aufs Matterhorn und der Tiefblick auf Zermatt waren herrlich.

Abfasssung meiner Doktorarbeit

Im Frühjahr 1960 hatte ich alle Messungen abgeschlossen und begann in Haisterkirch mit der Abfassung meiner Doktorarbeit: *„IR-Untersuchung von Ionenaustauschern auf Polystyrolbasis – insbesondere im Hinblick auf die Ionenhydratation und Protonenbeweglichkeit"*.
Ich konnte die Lage der Valenzschwingung des Hydratwassers mit den Eigenschaften der Kationen korrelieren. Außerdem fand ich beim sauren Ionenaustauscher ein Infrarotkontinuum, dessen Ursache jedoch zunächst ungeklärt blieb. Dieses Infrarotkontinuum gab in den folgenden Jahren den Anstoß zu vielen fruchtbaren Überlegungen. Alle Ergebnisse, und insbesondere auch das Vorgehen, brachte ich im „Denkkästchen" (Raum unter dem Atelier) in Haisterkirch aufs Papier.

Das Denkkästchen in Haisterkirch

Herr und Frau Latza aus Düren lebten als Pensionäre in unserem Haus in Haisterkirch. Frau Latza, eine Rheinländerin, kochte vorzüglich. Ihre besondere Spezialität waren Reibekuchen. Auch bereitete sie eine herrliche Weincreme zu. Ilse Scheuing (heute Frau Dr. Kampschulte), die in den sechziger Jahren bei mir promovierte, bekam davon einmal einen richtigen Schwips. Herr Latza, der früher zur See gefahren war, pflegte den Garten liebevoll. Er tauschte Blumen mit unserer Melkersfrau, Frau Angerer, die ebenfalls eine passionierte Gärtnerin war. Als im Gartenhaus ein riesiges Wespennest war, beseitigte es Herr Latza hemmungslos mit einer Hacke. Die Wespen waren offenbar so verwundert, dass sie ihn nicht anfielen. Leider verlor Herr Latza ein Bein durch Knochenkrebs. Mein brauner Pudel Bambino, der im Urzustand belassen, d.h. nicht geschoren war, begleitete mich auf allen Denkspaziergängen. Er hörte auf den Namen Ungeheuer. Als er noch klein war, rannte er häufig im Atelier wie besessen knurrend im Kreis herum. Abends wälzte er sich in der Brühe, die aus der Miste herauslief, und so parfümiert ging es zum Hundenachtleben von Haisterkirch. Eines Tages wurde das Ungeheuer Opfer einer schweren Majestätsbeleidigung, als es mit der Eisenbahn von Haisterkirch nach Tübingen reiste: Ein kleines Mädchen deutete auf das Ungeheuer und sagte: „Mama sieh, da ist ein Schäfle". Das Ungeheuer war der Todfeind aller Haisterkircher Katzen. Einmal scheuchte es einen schwarzen Kater auf den Telegrafenmast vor unserem Haus. Die Feuerwehr musste alarmiert werden, um den kläglich miauenden Kater zu retten. Ein andermal hatte das Ungeheuer Pech bei der Katzenjagd. Es schlich sich morgens ins Haus und verkroch sich unter die Bank am Esstisch. Die Untersuchung ergab, dass ihm nachts ein Dorfkater auf den Rücken gesprungen war und ihm das rechte Augenlid so aufgeschlitzt hatte, dass es der Tierarzt nähen musste. Das Ungeheuer war über diesen peinlichen Vorfall sehr beschämt.

Bambino, das „Ungeheuer"

Der Lieblingsplatz des Ungeheuers war der Stuhl am Atelierfenster, das zum Hof der Geschwister Boos hinausging. Dort setzte er sich hin, legte die Pfoten auf den Fenstersims und begutachtete die Weltlage, insbesondere den Hahn, der vor dem Boos'schen Hof auf und ab stolzierte. Besonders aufgeregt hat sich das Ungeheuer, wenn der Dackel „Professor O-O-Ostertag" vorbeiwackelte. Dieser verdankte seinen Namen Professor Ostertag, der unterhalb des Berghofs wohnte. (Der Tübinger Professor stotterte nicht nur, er hatte auch sehr krumme Beine.)

Ich machte mit meinem Ungeheuer weite Spaziergänge nach Graben und insbesondere den großen Rehleinspaziergang, der vom Dorn'schen Hof in Hittisweiler auf der Wasserscheide und von Roßberg unten am Wald zurückführte. In den stillen Waldwinkeln weideten damals Heerscharen von Rehlein, über die sich das Ungeheuer jedes Mal so erregte, dass es beinahe einem Herzinfarkt erlag.

Nach einem Silvesterspaziergang im Vollmondschein auf der Höhe über Haisterkirch zündete ich die Weihnachtskerzen an. Dem Ungeheuer fütterte ich Kekse mit Cognac. Es umwanderte darauf den Weihnachtsbaum so oft, bis sein dickes Fell voller Tannennadeln war. Das Ungeheuer war mehrere Tage mit der Beseitigung dieser Katastrophe beschäftigt. Ab da machte es um jede Flasche einen weiten Bogen.*)

In Haisterkirch gab es damals noch Krankenschwestern. Wenn diese in ihrer Schwesterntracht und ihren Hauben auf dem Weg zur Kirche am Hof vorbeikamen, meinte das Ungeheuer, dass es sich um Außerirdische handle, die man unbedingt bekämpfen müsse. Es stürzte mutig und laut kläffend auf sie los.

Im Herbst 1960 tippte Fräulein Clar, die Sekretärin meiner Mutter, meine Doktorarbeit. Ich reichte die Arbeit im November bei der Fakultät in München ein und zog mich wieder nach Haisterkirch zurück, um für die Doktorprüfung zu lernen. Als Nebenfach hatte ich Strahlenbiologie bei Professor Hug, dies als Relikt aus meiner Frankfurter Zeit. Professor Hug war von Frankfurt nach München berufen worden; ich war der Erste, den

Doktorprüfung

er prüfte. Ende Februar 1961 legte ich die Doktorprüfung mit summa cum laude ab. Es waren herrliche Frühjahrstage. Vor der Prüfung wanderte ich im Isartal zur Römerschanze und weiter. Am Wochenende nach meiner Doktorprüfung machte ich bei wunderbarem Wetter zusammen mit Tilmann Kleinsteuber und Burschi Menner eine Skitour auf den Dachstein, dies über die Gaidalpe, wo wir auf dem Notlager nächtigten.

*) *Anm. Renate Zundel:* Im Gegensatz zu seinem Herrchen.
Kommentar Georg Zundel: Das Herrchen ist auch nicht um den Weihnachtsbaum herumgewandert und ein braunes Fell hat es auch nicht.

Auseinandersetzungen und politisches Engagement

Die Testamentsvollstrecker

Mein Verhältnis zur Firma Bosch, genauer zu den Testamentsvollstreckern, die mein Großvater eingesetzt hatte, entwickelte sich in diesen Jahren in einer Weise, die ich erst im Nachhinein verstanden habe. Heute ist es mir völlig klar, dass ein Gremium, dem man eine derartige Macht überträgt, auf diese Macht niemals wieder verzichtet.
Onkel Otto hatte häufig betont, dass Robert der Primogenitus sei und ich nur der Unigenitus. Robert hatte zwar an der TH Stuttgart ein Diplom in Elektrotechnik gemacht, jedoch war er mehr musisch begabt und hatte damit ganz andere Fähigkeiten und Interessen. Es gab aber Zeitgenossen, die sich, wenn sie ihn protegierten, mehr eigene Macht für sich versprachen. Der Schlimmste war ein Dr. Paul-Adolf Stein. Außerdem wollte man von vorneherein verhindern, dass ich Einfluss bekäme.
Ich arbeitete im Sommer 1957 drei Monate in Stuttgart und in Feuerbach in der Entwicklung, um einen Einblick in die Firma zu bekommen. Als Herr Strauß, er lebte in Sillenbuch und war Fahrer bei meinem Großvater gewesen, mich an der Pforte abholte und mitbekam, dass ich jeden Tag einen Gästebesucherschein ausfüllen musste, um die Firma meines Großvaters betreten zu dürfen, war er entsetzt.

Tätigkeit bei Bosch

Was die Testamentsvollstrecker betraf, stellte Hans Walz eine Ausnahme dar. Er war früher der Privatsekretär meines Großvaters und stark von ihm geprägt. Er war ein überaus stattlicher Mann. Eines Tages pflanzte er sich in seiner ganzen Größe und Breite vor mir auf und erklärte: „Bedenken Sie, ich bin der Erste, der sich vor Ihrem Großvater, Robert Bosch, verantworten muss." Ich habe keinen Zweifel, dass er dies glaubte. Herr Walz hatte jedoch zu diesem Zeitpunkt keinen Einfluss mehr.
Ganz andere Typen waren die Testamentsvollstrecker Dr. Alfred Knörzer und Dr. Heinz Küppenbender. Herr Knörzer war im Ersten Weltkrieg Offizier, der nachher mit Ellbogengewalt Karriere gemacht hatte, letzterer war Direktor bei Zeiß in Oberkochen. Die anderen Testamentsvollstrecker waren nur Mitläufer. Als Familienvertreter bestimmten die Testamentsvollstrecker für die Mitglieder der Familie Bosch Rechtsanwalt Ernst Rupp. Dieser war alt, darüber hinaus nach einem Badeunfall gebrechlich und debil. Als ich mich gegen diese Bevormundung wehrte, gab es einen Aufstand. Obwohl ich gerade mit *summa cum laude* promoviert hatte, wurde in Stuttgart das Gerücht verbreitet, ich sei „völlig

unfähig". Die Testamentsvollstrecker mussten eben ihr Verhalten rechtfertigen.

Später wurde Karl Eychmüller von der Firma Eberhardt in Ulm Familienvertreter. Er bemühte sich redlich um einen Konsens, doch so verfahren wie diese Geschichte war, ohne Erfolg. Herr Eychmüller war ein erfahrener Praktiker. Zu mir sagte er, als ich ihn in Ulm besuchte: „Sie sind doch von diesen Herren nicht abhängig. Tun Sie, was Sie für richtig halten und was Ihnen Spaß macht."

Ein guter Rat

Mein Großvater hatte 1942 das Gremium von Testamentsvollstreckern eingesetzt und diesem die gesamte Macht übertragen. Bei der Formulierung des Testaments spielte die Sorge, dass die nationalsozialistischen Machthaber Einfluss auf die Firma gewinnen könnten, eine nicht unwesentliche Rolle. Eine derartige Testamentsvollstreckung muss nach maximal zweiunddreißig Jahren vollzogen sein. Deshalb bekamen diese Herren, insbesondere Dr. Knörzer und Dr. Küppenbender, Anfang der sechziger Jahre bezüglich ihrer Macht die Torschlusspanik.

Ich wurde am 2. April 1961 von den Testamentsvollstreckern vorgeladen. Alle saßen um mich herum. Ich kam mir vor, als ob ich mich vor einem Inquisitionstribunal zu verantworten hätte. Bei dieser Besprechung wurde mir klar, dass ich mich diesen Herren auf keinen Fall ausliefern durfte, was mein Verhalten und meine Entscheidungen von da an bestimmte. All dies lief so ab, obwohl man im Anhang zum Testament meines Großvaters lesen kann, dass es sein Herzenswunsch sei, dass seine Nachkommen auf die Fortführung seines Lebenswerkes Einfluss nehmen. Die Testamentsvollstrecker wollten die Familie als Aushängeschild benutzen, jedoch auf keinen Fall auf ihre eigene Macht verzichten.

Durch meine Tante Gretel kam mir die Drohung der Testamentsvollstrecker zu Ohren, dass sie meine Laufbahn an der Universität verhindern würden, wenn ich ihnen gegenüber nicht willig wäre. Dennoch war ich überzeugt, dass die Testamentsvollstrecker meine berufliche Laufbahn – im Notfall in den USA – nicht verhindern könnten. Eine besondere Gefahr war jedoch diesbezüglich Professor Carl Wurster, Direktor der BASF und Mitglied des Gremiums der Testamentsvollstrecker. Er stellte sich meiner Mutter und meiner Tante auf dem Berghof mit Handkuss vor, ließ mich aber bei diesem Besuch links liegen. Ich hatte selbstverständlich erwartet, dass sich Herr Wurster, da selbst Chemiker, für meine wissenschaftliche Tätigkeit interessieren würde. Ich gab ihm einige meiner Arbeiten, er zeigte daran jedoch kein Interesse und meinte, er werde diese Herrn Luck geben, der damals noch bei der BASF tätig war. Herr Luck kannte natürlich meine Arbeiten schon lange. Nach alldem wurde

mir klar, dass auch Herr Wurster die Meinung vertrat, dass man die Firma meines Großvaters vor meinem Einfluss bewahren müsse. Kurze Zeit später hatte Herr Wurster auf der Autobahn einen schweren, selbst verschuldeten Unfall, von dem er sich nicht mehr erholte.
Das Gremium der Testamentsvollstrecker hat sich zum „Führungsgremium" der Robert Bosch GmbH gemacht und hatte damit die gesamte Macht, die der Konzern bietet, in Händen.

Die Anti-Atom-Bewegung

In den Jahren 1958-1961 gab es auch noch andere wichtige Ereignisse in meinem Leben.
Bereits im Jahr 1957 zeichnete es sich ab, dass der damalige Bundeskanzler, Konrad Adenauer, eine atomare Bewaffnung der Deutschen Bundeswehr anstrebte. Am 25. März 1958 kam es zu dem alarmierenden Beschluss des Deutschen Bundestages, dass die Bundeswehr mit Doppelzweckwaffen ausgerüstet werden solle. Diese Waffen waren sowohl konventionell als auch mit Atomsprengköpfen einsetzbar.
Der Bundestagsbeschluss kam zustande, obwohl die Bundesrepublik Deutschland in den Pariser Verträgen auf die Produktion von ABC-Waffen freiwillig verzichtet hatte und die amerikanische Gesetzgebung die Abgabe von Atomsprengköpfen an andere Staaten, also auch an die Bundesrepublik Deutschland, ausdrücklich verbot. Adenauer versuchte die Bevölkerung durch die Behauptung zu beruhigen, diese Waffen seien nur eine Fortentwicklung der Artillerie. Besonders christlich war das Motto der Atombombenbefürworter: „Lieber tot als rot!"

„Lieber tot als rot!"

Der Beschluss vom 25. März 1958 löste die Anti-Atom-Bewegung in Deutschland aus. Bereits am 3. Februar hatten Heidelberger Studenten die folgende Erklärung abgegeben:

„Die Weltlage hat sich seit der Göttinger Erklärung der deutschen Atomphysiker ständig verschärft. Die Bedrohung durch Atom- und Raketenwaffen bedeutet für die Menschheit eine Gefahr, die noch nicht ernst genug genommen wird. Wir halten es daher für dringend erforderlich, dass alle verantwortlich Denkenden zur Frage der atomaren Aufrüstung Westdeutschlands Stellung nehmen.
Es ist umstritten, ob der militärische Wert einer solchen Aufrüstung die Gefahr aufwiegt, dass die Spaltung Europas vertieft und die sowjetische Herrschaft in Mittel- und Ost-Europa gefestigt wird. Sicher erscheint uns, dass der Weg zur

Gefahr eines ungewollten Krieges

Abrüstung erschwert und die Gefahr eines ungewollten Krieges vergrößert wird, wenn noch mehr Staaten über Atomwaffen verfügen. Wir halten es für unmöglich, auf die Dauer den Weltfrieden durch gegenseitige Furcht vor den Massenvernichtungsmitteln zu sichern. Für ihre Anwendung aber gibt es keine moralische Rechtfertigung.
Wir wenden uns daher gegen
1. die Ausrüstung der Bundeswehr mit Kernwaffen
2. die Errichtung von Raketenbasen in der Bundesrepublik
3. die Beteiligung der Bundesrepublik an der Produktion von Kernwaffen.
Uns beunruhigt die Frage, ob wir einen Kriegsdienst auch dann noch vor unserem Gewissen verantworten können, wenn die Bundeswehr mit Atomwaffen ausgerüstet wird."

Unter den Unterzeichnern befand sich auch mein leider viel zu früh verstorbener Schulfreund Lorenz Krüger. Er studierte damals Physik in Heidelberg.
Auch ich, der in diesem Beschluss der Regierung Adenauer eine ungeheure Gefahr für Europa und insbesondere für Deutschland sah, wurde aktiv. Ich fand einige Studenten, die sich mir anschlossen, unter anderen Manfred Schmid, der Vorsitzender des SDS (Sozialistischer Deutscher Studentenbund) war und später Bundestagsabgeordneter wurde, Erika Runge, die als Regisseurin in Berlin tätig war, Jürgen Gebhard, der später einen Politologielehrstuhl innehatte, Ehrengard Petras, Karl Heinz Valdix, Winfried Krone, der auf einem Lehrstuhl für Humangenetik in Ulm wirkt, und andere.

Komitee gegen Atomrüstung

Die zentrale Organisationsstelle, wo wir uns versammelten, war mein kleines Appartement im 9. Stock der Ainmillerstraße 5. Zur gleichen Zeit wurde vom Schriftsteller Hans Werner Richter das „Komitee gegen Atomrüstung" mit Sitz in der Landwehrstraße gegründet. Wir schlossen uns diesem Komitee an und ließen Flugblätter drucken. Die Druckerei der Gewerkschaft war hierbei sehr entgegenkommend und führte solche Aufträge stets prompt und kostenlos durch. Wir stellten vor der Universität eine Mahnwache auf und verteilten unsere Flugblätter und anderes Informationsmaterial, wir sammelten Unterschriften bei den Professoren. Eines unserer Flugblätter lautete:

Ein Flugblatt

„Albert Schweitzer, Bertrand Russell, Albert Einstein, der Weltkirchenrat, die achtzehn Göttinger Professoren und neuntausend Gelehrte aus vierzig Ländern haben in letzter Zeit den Völkern und den Regierungen immer wieder erklärt,

dass jede Atomrüstung, jeder neue Atombombenversuch die Menschheit zum Untergang führen.
Trotzdem hat die Mehrheit unseres Parlaments beschlossen, deutsche Soldaten mit Atomwaffen auszurüsten.
WER SOLL DIESEN ENTSCHLUSS UND DIESE WAFFEN SEGNEN?

Wir glauben nicht, dass über das Fortbestehen der Menschheit Minister und Generäle allein entscheiden dürfen, gegen den Rat und die verzweifelten Warnungen der Naturwissenschaftler, der Theologen und der Philosophen. Wir glauben nicht, dass die Politik der Moral befehlen kann, zu schweigen. Wir glauben nicht, dass Strategie und Taktik den Menschen in die entsetzliche Täuschung treiben dürfen, er könne überleben, indem er sich zur Selbstvernichtung rüstet.
Wir bestreiten allen an der Atomrüstung beteiligten Physikern, Militärs, Industriellen und Staatsmännern das Recht, Vorbereitungen zu treffen zur Zerstörung des Ebenbildes Gottes.
Deshalb rufen wir unsere Mitbürger auf, zusammen mit uns gegen die Atomrüstung unseres Landes zu protestieren. Deshalb protestieren wir gegen die Atomrüstung in der ganzen Welt.
Wir beschwören die Regierungen, unser Volk, jeden Menschen: erkennt die schreckliche Gefahr.
WIR KÖNNEN NICHT MEHR SCHWEIGEN."

Dieses Flugblatt war von namhaften Persönlichkeiten unterzeichnet worden, so von Ingeborg Bachmann, Hildegard Hamm-Brücher, Karl Amadeus Hartmann, Ursula Herking, Prof. Dr. Georg Joos, Dr. Erich Kästner, Helmut Kirst, Waldemar von Knöringen, Hans Werner Richter, Studentenpfarrer Adolf Sommerauer, Dr. Gerhard Szczesny und vielen anderen. Unterzeichner
In ganz Deutschland wurde auch die Bewegung „Ärzte gegen den Atomtod" aktiv.
Es gab jedoch auch eine Gegenbewegung, den „Ring Christlich Demokratischer Studenten". In ihrem Organ, dem „Argus", überschütteten sie uns mit diffamierender Aggression. Wir verfassten ein Flugblatt (als *Anhang 3* zu finden), in dem wir unter anderem feststellten:

„In der Auseinandersetzung mit den Gegnern der Atomrüstung verlässt ARGUS seinen eigenen Grundsatz: ‚Erst Tatbestandsaufnahme, dann das Urteil.'
Was ARGUS gegen die Gegner der Atomrüstung vorbringt, das sind keine

Urteile, das sind Verleumdungen, Verketzerungen und Verurteilungen. Eine Auslese davon:
‚Amokläufer gegen die Freiheit'; ‚initiativlos-opportunistisch'; ‚Ex-Sekretär von Ernst Thälman'; ‚Fehlen der Ehrlichkeit'; ‚Gauner'; ‚Erweichungstendenzen'; ‚Die liberalen Koexistenzler der Atompanik'; ‚Die opportunistische Presse'; ‚Defätistische Schriftsteller und Wissenschaftler'; ‚Entrüstungskampagne gegen Demokratie'."

Drohbriefe

Auf Wunsch der anderen wurde dieses Flugblatt von mir unterschrieben, da ich keiner politischen Gruppe angehörte. Wir verteilten Tausende davon. Als Folge erhielt ich Drohbriefe. Einer davon kam aus dem katholischen Studentenheim in der Kaulbachstraße. Seinen Verfasser holte ich gleich zu mir in die Ainmillerstraße; nach einer langen Diskussion meinte er, er sei sehr beruhigt.
Am 20. und 21. Mai 1958 kam es zu Kundgebungen an neun Universitäten. In der Ainmillerstraße entwarfen wir als Aufruf zu unserer Kundgebung ein Plakat. Es zeigte Deutschland, darauf projiziert sechs Kreise, die die Folgen von sechs Atombombenabwürfen veranschaulichten. Jeder musste erkennen, dass von Deutschland bei einem Atomkrieg nichts übrig bleibt. Auch dieses Plakat wurde uns von der Druckerei der Gewerkschaft schnell und kostenlos gedruckt. Wir hängten es an vielen Stellen auf.

Kundgebung auf dem Geschwister Scholl-Platz

Unsere Kundgebung fand am Nachmittag des 20. Mai auf dem Platz vor der Universität, dem Geschwister-Scholl-Platz, statt. Die Universitätsverwaltung musste davon überzeugt werden, die Brunnen auf diesem Platz für die Zeit der Kundgebung abzustellen, denn ihr Plätschern hätte alles übertönt. Professor Fässler gelang diese Überzeugungsarbeit mit einiger Mühe.
Es sprachen Dr. Erich Kästner, als Physiker Professor Fässler und als Historiker Professor Stauffenberg, ein Bruder des im Dritten Reich nach dem Attentat auf Hitler am 20. Juli hingerichteten Claus Graf Schenk v. Stauffenberg. Es waren etwa dreieinhalbtausend Studenten gekommen. Ich leitete die Kundgebung von einem Lautsprecherwagen aus. Anschließend fand ein Schweigemarsch zum Nikolaiplatz statt. Entsprechende Kundgebungen gab es an den Universitäten in Berlin, Bonn, Frankfurt am Main, Göttingen, Heidelberg, Marburg, Münster und Tübingen. Nach der Kundgebung saßen wir, Herr Zillig, Herr Krone und andere, in meinem Appartement in der Ainmillerstraße zusammen.
Diese Veranstaltungen waren sicher der Höhepunkt der studentischen Aktivitäten gegen die Aufrüstung der Bundeswehr mit Atomwaffen.

Wenige Tage später organisierte die Gewerkschaft eine große Kundgebung auf dem Königsplatz, an der ich mich auch beteiligte. Ich wurde von verschiedenen Seiten heftig in dem Sinne angefeindet, dass ich mich von den sozialistischen Studenten, so wörtlich, für *„üble Machenschaften"* missbrauchen lasse.
Mit Manfred Schmid, dem SDS-Vorsitzenden, und Jürgen Gebhard fuhr ich nach Münster, wo die am Widerstand gegen die Atombewaffnung Beteiligten vieler Universitäten für die Zukunft ein gemeinsames Vorgehen besprachen. Ich saß bei dieser Zusammenkunft den ganzen Tag Ulrike Meinhof gegenüber, die stets das letzte Wort haben wollte. Herr Schmid war auf sie deshalb sehr ergrimmt. Wir fuhren die Nacht durch und kehrten am nächsten Morgen völlig erschöpft nach München zurück.
Im Juni veröffentlichte Bertrand Russell seinen Aufruf an die europäischen Intellektuellen Europas. In diesem Appell forderte der Philosoph dazu auf, am 5. und 6. Juli 1958 zu einem Kongress nach Basel zu kommen. Unter anderem hieß es:

Aufruf von Bertrand Russell

„Jene Wissenschaftler, die nicht im Dienst der Regierungen stehen, haben entsetzliche Tatsachen über die Gefährdung durch die anfallenden radioaktiven Rückstände bekannt gemacht. Die Öffentlichkeit sieht sich vor die immer dringender werdende Frage gestellt, ob sie wirklich wünschen kann, dass ihre Kinder an Krebs sterben und ihre Enkel geistige Krüppel werden.
Wichtiger aber, als die Einstellung der Atombomben-Versuche zu erreichen, ist es, die Verteilung von Atomwaffen an jene Länder zu verhindern, die sie noch nicht besitzen. Die deutsche Opposition gegen die Atomrüstung – besonders die der berühmten deutschen Atomwissenschaftler – hat die Anhänger der Vernunft in aller Welt außerordentlich ermutigt.
Ich hoffe aufrichtig, dass sich diese Bewegung gegen die momentane Politik der Regierungen durchsetzen wird."

Tatsächlich wurde als Folge der massiven Proteste der Bevölkerung die Deutsche Bundeswehr nicht mit Atomwaffen ausgerüstet. Dieser Erfolg zeigt, dass die Demokratie funktionieren kann, wenn der Leidensdruck auf die Bevölkerung hinreichend ist, die Gefahr verständlich gemacht werden kann und verstanden wird. Wäre die Bundeswehr atomar bewaffnet worden, hätte Russland der Wiedervereinigung niemals zustimmen können.

Das innerdeutsche Verhältnis und die Deutsche Friedensunion

Denjenigen, die dies nicht erlebt haben, erscheint es heute unglaublich, wie aufgeheizt das innerdeutsche Verhältnis in dieser Zeit war. Ein Beispiel: Marburger Studenten luden Studenten aus der DDR ein, um mit ihnen über das Deutschlandproblem zu diskutieren. Bereits am ersten Tag spitzte sich die Situation so zu, dass diese Studenten noch in der Nacht in die DDR zurückkehren mussten, da niemand mehr für ihre Sicherheit garantieren konnte. Es wurde natürlich alles dafür getan, diese Animosität weiter aufzuheizen. Als ich einmal nach Göttingen fuhr, um dort einen Vortrag zu halten, blieb der Zug mit Blick auf den Grenzzaun fünf Minuten stehen, um den Fahrgästen vor Augen zu führen, an welch gefährlichem Staat man hier vorbeifuhr. Es ist höchst erstaunlich, dass dieselben Leute, die sich damals so bekämpft haben, heute in einem wiedervereinigten Deutschland miteinander leben.

Im Jahr 1960 wurde die Deutsche Friedensunion (DFU) von Renate Riemek und anderen gegründet. Diese Partei sah ihre Hauptaufgabe in der Wiedervereinigung Deutschlands. Sie forderte – leider ohne Erfolg – die Neutralität für Deutschland und Verhandlungen der Bundesrepublik mit der Deutschen Demokratischen Republik. Das durch die Adenauer-Ulbricht-Politik aufgeheizte Verhältnis war jedoch viel zu gespannt, um derartige Bemühungen erfolgreich werden zu lassen.

Ich war nie Mitglied der DFU, habe aber ihre Ziele, wann und wo es mir möglich war, nachdrücklich unterstützt, denn sie war in dieser Zeit der einzige Lichtblick, was die innerdeutschen Beziehungen betraf.

Forschung und Initiativen 1961-1966

Alltag zwischen München, Haisterkirch und den Bergen

Am Institut freundete ich mich mit Helmut Knözinger, den ich bereits von den Übungen in theoretischer Physik her kannte, und mit Tilmann Kleinsteuber, der im Arbeitskreis von Professor Eberhardt Wittig tätig war, an. Ich hatte ein Auto, ein inkarotes VW Cabriolet. Wir unternahmen herrliche Skitouren im Gebirge. Später schlossen sich Heiner und Sonja Noller diesen an.

Im März ging ich jedes Jahr für ein bis zwei Wochen auf eine Hütte. Besonders gute Erinnerungen habe ich an die Similaunhütte im Stubaital. Similaunhütte
Sie liegt auf 3000 Meter Seehöhe und wird von Südtirol her versorgt. Es gab stets gute Pastasciutta und köstlichen Rotwein. Ich stieg jeden Morgen zum Similaun hinauf. Nach dem Mittagessen las ich in einer dieser Wochen den ganzen Roman *„Schuld und Sühne"* von Dostojewski.

Der Ötzi schlummerte damals noch friedlich, kaum hundert Meter von der Hütte entfernt. Einmal gab es große Aufregung. Ein Tourengeher war zu weit links abgekommen und hing, auf beide Arme gestützt, über einer Gletscherspalte; zum Glück konnte er gerettet werden. Am nächsten Tag stiegen seine Kollegen in die Spalte hinunter, nach 60 Metern, d.h. zwei Seillängen, fanden sie noch keinen festen Boden unter den Füßen.

Am Wochenende vor Weihnachten machte ich jedes Jahr eine Skitour aufs Rotwandhaus und rund um die Rotwand.

Engen Kontakt hatte ich in dieser Zeit zu Adolf Kobök. Er arbeitete mit einem völlig veralteten Ramanspektrometer. Die Spektren wurden noch auf Fotoplatten aufgenommen. Professor Schwab hatte ihm aufgetragen, er solle entsprechende ramanspektroskopische Untersuchungen an der Polystyrolsulfonsäure und deren Salzen durchführen, was natürlich mit diesem Gerät nicht gelingen konnte, da die Rayleighstreuung der Proben alles überdeckte. Als ich mein Infrarotgerät bekam, führte er an diesem Untersuchungen durch, mit denen er promovierte. Herr Kobök arbeitete später in Obernburg. Als ich im Jahr 2001 erfuhr, dass er in Klingenberg am Main lebt, besuchten wir ihn.

Vortrag auf der Bunsentagung

Im Mai 1961 hielt ich auf der Bunsentagung in Karlsruhe einen Vortrag, der sehr gut ankam, mit dem Titel *„Infrarotspektroskopische Untersuchungen der Hydratation und der Protonenbeweglichkeit in Ionenaustauschern"*.

Vergleicht man die in diesem Vortrag wiedergegebenen Ergebnisse mit dem Bild, das nach der Arbeit meines Doktoranden Hans Metzger im Jahre 1966 vorlag (siehe S. 197 f.) oder gar heute vorliegt, so sieht man, dass durch meine Doktorarbeit zwar die technischen Voraussetzungen für weitere erfolgversprechende Forschungsarbeiten geschaffen waren, dass man aber vom Verständnis der Systeme auf molekularer Ebene noch weit entfernt war. Sehr vieles war noch nicht bzw. nicht richtig verstanden.

Bei der Diskussion auf der Bunsentagung meldete sich Theodor Ackermann aus Münster mit der Frage, ob ich entsprechende Untersuchungen an basischen Ionenaustauscherfolien für möglich halte. Ich bejahte dies, was in den folgenden Jahren zu einer erfolgreichen Zusammenarbeit zwischen Ackermann und mir führte. Er besuchte mich sogar in Haisterkirch. Auf weiten Denkspaziergängen hatten wir lange Diskussionen.

Briefwechsel mit Theodor Ackermann

Recht aufschlussreich bezüglich des Standes der Forschung zu dieser Zeit ist mein Briefwechsel mit Professor Ackermann. Falk und Giguère in Kanada hatten behauptet, dass sie die Banden des H_3O^+ in Säurelösungen beobachtet hätten. Herr Ackermann schrieb mir am 25.9.61 hierzu: „Unsere Ansicht ist ja gerade, dass eine diskrete Bandenabsorption des H_3O^+ in wässrigen Lösungen bisher nicht überzeugend nachgewiesen werden konnte, was m.E. auch gar nicht möglich ist." Ich schlug ihm daher für die Kurzmitteilung in den Bunsenberichten folgende Formulierung vor: „Falk und Giguère schreiben diese Bande dem H_3O^+ Ion zu, während Ackermann gegen eine solche Formulierung Bedenken hat, da er diese Bande auch in wässrigen Alkalihydroxidlösungen findet." Am 17.11. schrieb ich an Herrn Ackermann: „Es interessiert Sie sicher, dass ich mich in der Zwischenzeit mit einem Theoretiker (Erich Weidemann) in Verbindung gesetzt habe." Es waren noch 10 Jahre intensiver Arbeit nötig, um die Ursachen dieses Infrarotkontinuums zu verstehen.

Meine erste Veröffentlichung

Über meinen Vortrag erschien in der Zeitschrift für Elektrochemie Bd. **65** Seite 703 (1961) ein kurzes Referat mit dem Titel „*IR-Untersuchungen über Hydratation und Protonenbeweglichkeit in Ionenaustauschern* von G. Zundel, H. Noller und G.-M. Schwab, vorgetragen von G. Zundel." Dies war meine erste Veröffentlichung, mehr als dreihundert sollten folgen.

Über die Ergebnisse meiner Doktorarbeit schrieb ich drei Veröffentlichungen, die von Fräulein Clar in Haisterkirch auf dem Papier festgehalten wurden:

„Folien aus Polystyrolsulfonsäure und ihren Salzen:
I. Die Herstellung und IR-Spektren mit Zuordnung.
II. IR-Untersuchungen über Hydratation.
III. Zum Verständnis der Natur des Hydroniumions."

Die erste Arbeit erschien in der Zeitschrift für Naturforschung Folge b, die beiden anderen in der Zeitschrift für Elektrochemie, Berichte der Bunsengesellschaft.
Eines Tages fragte mich Professor Schwab, ob ich meine Untersuchungen an seinem Institut fortsetzen wolle. Dieses Angebot nahm ich gerne an. Ich schrieb einen Antrag für ein Infrarotspektrophotometer Modell 221 der Firma Perkin Elmer, den Professor Schwab an die Deutsche Forschungsgemeinschaft schickte. Der Antrag wurde bewilligt. Damit stand meiner weiteren Forschungstätigkeit nichts mehr im Wege. Professor Schwab nannte mir mehrere Namen und Adressen von Studenten, die sich um eine Diplom- bzw. Doktorarbeit beworben hatten.

Fortsetzung der Forschung

Mein erster Mitarbeiter

Ich machte mich auf den Weg, um meinen ersten Mitarbeiter, Alfred Murr, anzuheuern. Ich suchte ihn zu Hause in der Baderstraße auf und engagierte ihn sofort. Mit ihm hatte ich großes Glück, denn er hatte zwei rechte Hände und war sehr fleißig. Er begann mit seiner Diplomarbeit im Mai 1961. Diese Arbeit setzte er als Doktorarbeit *„Infrarotuntersuchung der Wechselwirkung von Ionen mit ihren Hydratwassermolekülen sowie der Wechselwirkung zwischen Anion und Kationen"* fort. Alfred Murr erlernte von mir die Herstellung der Polystyrolfolien und das Vorgehen bei der Sulfonierung. Er war ein sehr fähiger Experimentator. Mit viel Geschick und nach einem Bier präparierte er die Folien mit ruhiger Hand. Er untersuchte 33 Salze der Polystyrolsulfonsäure systematisch. Besonders interessante Ergebnisse lieferten die Salze der Übergangselemente, denn die kovalente Wechselwirkung dieser Ionen mit den einsamen Elektronenpaaren der Wassermoleküle führte zu einer über die elektrostatische Wechselwirkung hinausgehende Verstärkung der Wasserstoffbrücken, die diese ausbilden. Diese Wechselwirkung wird durch eine zusätzliche Verschiebung der OH Bande der Wassermoleküle nach kleineren Wellenzahlen angezeigt. Alfred Murr promovierte im Dezember 1964. Man sah ihn übrigens nie ohne Zigarette. Als Frau Latza einmal in Haisterkirch ins Lädle kam, wurde dort eifrig diskutiert, warum im Zigarettenautomat die eine Sorte täglich leer sei. Leider ist Alfred Murr, erst sechzigjährig, nach einer Urlaubsreise verstorben.

Alfred Murr

Suche nach den Ursachen des Infrarotkontinuums

Ich beschäftigte mich damals mit den Ursachen des bei der hydratisierten Säure beobachteten Infrarotkontinuums. Von diesem Zeitpunkt an arbeitete ich eng mit dem theoretischen Physiker Erich Weidemann zusammen, zu dieser Zeit noch Assistent von Professor Bopp.

Tieftemperatur-Küvette

Im August 1961 konstruierte ich in Haisterkirch eine sehr komplizierte Tieftemperatur-Küvette, um die Temperaturabhängigkeit des Kontinuums zu studieren (s. Abb. S. 491). Die Schwierigkeit bestand darin, dass sich der Hydratationsgrad beim Abkühlen auf minus 170°C nicht verändern durfte. Die Fertigstellung dieser Küvette benötigte nahezu ein Jahr. Ihr Bauplan ist in der Zeitschrift *Chemie Ingenieurtechnik* veröffentlicht [G. Zundel, Chemie Ing. Techn. **35**, 306-309 (1963)], außerdem ist diese Küvette in meinem Buch *„Hydration and Intermolecular Interaction"* beschrieben.

Theorie Erich Weidemann

Erich Weidemann formulierte eine Schrödinger-Gleichung, die den Einfluss der thermischen Bewegung auf den Potentialwall in einem Doppelminimumpotential berücksichtigt. Ich zog mich nach Haisterkirch zurück, um diese Gleichung zu lösen, denn Computer, die dies in Bruchteilen einer Sekunde getan hätten, gab es damals noch nicht. Nach diesen Berechnungen sah es so aus, als ob die thermische Bewegung für die Entstehung des Kontinuums verantwortlich sein könnte.
In der Zwischenzeit war meine Tieftemperatur-Küvette fertig, und ich führte Messungen an den Polystyrolsulfonsäurefolien bei Raumtemperatur und bei minus 85 K durch. Mein Spektrometer befand sich damals in einem fensterlosen Innenraum im ersten Stock des Physikalisch-Chemischen Instituts. Schon die ersten Messungen zeigten, dass das Infrarotkontinuum völlig unabhängig von der Temperatur ist. Unsere mühsam erarbeitete Theorie, die das Kontinuum auf durch thermische Bewegungen der Moleküle bewirkte Potentialänderungen zurückführte, erklärte hiermit die experimentelle Beobachtung nicht (siehe Abb. 5, S. 228).

Temperaturunabhängigkeit des Infrarotkontinuums

Die sehr interessante und wichtige Arbeit, in der festgestellt wird, dass das Infrarotkontinuum völlig temperaturunabhängig ist, wurde von Herrn Tompkins von der *Faraday Society* mit Brief vom 30. Oktober 1962 abgelehnt. Deshalb schickte ich das Manuskript an das *„Journal of Physical Chemistry"*. Es wurde, was sehr ungewöhnlich ist, sofort kommentarlos angenommen. Diese Arbeit erschien 1963 im Band **67**, Seite 771-773.

Faraday Society

Am 8.11.1961 wurde ich Mitglied der Faraday Society in London.
Im Dezember 1961 hielt ich im Kolloquium der Chemischen Institute einen Vortrag mit dem Thema *„Die Natur des H_3O^+ und des $H_9O_4^+$ in*

Kristallen, im wässrigen Medium und in Ionenaustauschern, Folgerungen aus Infrarot- und Ramanspektroskopischen Untersuchungen". Mit diesem Vortrag wollte ich das Interesse des Instituts an der von mir angewandten Methode erwecken. Den Sachverhalt, dass $H_5O_2^+$ die bei weitem wichtigste Gruppierung ist, erahnte zu diesem Zeitpunkt niemand.

Die Flohkiste

Damals sah ich mich nach einem neuen Auto um. Ein roter Fiatsportwagen, ein Zweisitzer, hatte es mir sehr angetan. Da ich Nollers ja häufig zum Skifahren mitnahm, musste Sonja Noller Probesitzen. Sehr bequem war dies sicher nicht. Die Flohkiste war leider unzuverlässig; zweimal blieb ich wegen eines Schadens auf der Autobahn liegen.

Untersuchung von Oximen

Im sehr kalten Winter 1962/63 führte ich für Gerhard Schmidt vom Weizmann Institut, den Sohn von Professor Schmidt, mit dem ich früher bei der Gräfin von Geldern in der Ludwigstraße gewohnt hatte, Untersuchungen von Oximen durch. Dies sind Substanzen mit sehr interessanten intramolekularen Wasserstoffbrücken. Man kann in ihnen Phasenübergänge mit Licht induzieren, die sich durch Farbumschlag bemerkbar machen. Ich verbrachte Wochenenden in dem schlecht geheizten Institut und kristallisierte die ca. 10 µm starke Schichten auf Probenträgern auf.
Wir, d.h. die Nollers, Helmut Knözinger und ich wollten Anfang Mai die Rundtour durch die Mieminger Berge machen. Als ich morgens in Biberwir meine Skistiefel anziehen wollte, waren meine Füße so stark geschwollen, dass dies völlig unmöglich war. Auf der Bunsentagung in Marburg war mein Gesicht so aufgeschwollen, dass mich niemand erkannte, ich konnte kaum mehr aus den Augen schauen. In München und Tübingen suchte ich mehrere Hautärzte auf. Sie fanden meine Allergien sehr interessant, aber helfen konnte mir keiner. Nach etwa vier Wochen dämmerte mir der Zusammenhang: Ich verbannte meine gefährliche Aktentasche, denn in ihr hatte ich die Oxime transportiert, ins Freie. Im Herbst berührte ich sie nur mit den Fingerspitzen, kurz darauf war mein rechter Arm dick angeschwollen. Die sehr interessanten Spektren warten in Haisterkirch noch heute auf ihre Auswertung.

Der Einfluss des Hydratationsgrades auf das Infrarotkontinuum

Hans Metzger

Ich war mit Tieftemperaturmessungen der Polystyrolsulfonsäure beschäftigt, als Hans Metzger an der Tür erschien und mich um eine Diplomarbeit bat. Ich behielt ihn gleich da. Er konnte weitere interessante Mes-

sungen an der Polystyrolsulfonsäure durchführen. Erst viel später erfuhr ich, dass er mit seiner Freundin und späteren Frau Erika in den Urlaub unterwegs war. Diese Reise habe ich nichts ahnend jäh unterbrochen.
Hans Metzger erlernte von mir die Präparation der Polystyrolsulfonsäurefolien. Er führte dann sehr sorgfältig viele infrarotspektroskopische Messreihen in Abhängigkeit vom Hydratationsgrad durch. Das Thema seiner Diplomarbeit war *„Über den Potentialverlauf in der Wasserstoffbrückenbindung zwischen –SO_2OH Gruppen"*. Diese Arbeit setzte er als Doktorarbeit fort mit dem Titel *„Die Hydratation der Polystyrolsulfonsäure und die Infrarotkontinuumsabsorption in Säurelösungen"*. Hans Metzger, auch Frühaufsteher, übernahm stets die Frühschicht am überlasteten Spektrometer. Bisweilen besuchte ich ihn um fünf Uhr morgens im Labor.
Einmal war unser Spektrometer aus unerklärlichem Grund plötzlich völlig dejustiert. Unsere Reparaturversuche scheiterten, deshalb packten wir das Spektrometer in meine Flohkiste. Es hätte keinen Zentimeter größer sein dürfen. Ich machte mit ihm eine Urlaubsreise in seine Heimat nach Überlingen am Bodensee, wo es bei Perkin Elmer innerhalb weniger Stunden mit geschickter Hand wieder justiert wurde.

Spektrometer-Umzug

Im August 1962 hatte ich im Institut einen Betriebsunfall. Wegen Umbauarbeiten zogen wir unser Spektrometer wieder einmal von einem Labor in ein anderes um. Als wir das Gerät bereits abgestellt hatten, fühlte ich, wie es in meinem Schuh plötzlich warm wurde. Bei näherem Hinsehen zeigte sich, dass ich mir durch ein abgebrochenes Glasrohr, das aus einer Kiste im Gang heraus stand, einen etwa acht Zentimeter langen Schnitt am rechten Unterschenkel zugezogen hatte. Der Muskel lag da wie in der Anatomie. In der Ambulanz des Schwabinger Krankenhauses hat man mich ohne viel Federlesen mit vier Stichen wieder zusammengenäht. Bereits am Nachmittag war ich wieder voll aktionsfähig. Wir konnten gerade noch alle Messreihen durchführen, bevor der Institutsumbau weitere Messungen unmöglich machte.

Schwabinger Unruhen

Im Sommer 1963 kam es zu den Schwabinger Unruhen. Mein Appartement in der Ainmillerstraße bot einen idealen Ausblick, um die Vorgänge in der Leopoldstraße zu verfolgen. Es war sehr erheiternd, wie der Stolz der Münchner Polizei, die berittene Polizei, von ihren Pferden fiel, wenn die Menge Buh machte. Als ich abends zum Russischunterricht ging, bewaffnete ich mich mit meinem Eispickel, was allen Parteien den notwendigen Respekt einflößte.

Vortragsreise in die DDR

Die DDR war für Westdeutsche weitgehend tabu. Umso mehr freute es mich, als ich im Sommersemester 1963 eine Einladung von Professor Runge von der Universität in Halle an der Saale zu einem Vortrag erhielt. Ich sagte zu und legte den Termin auf die Woche vor Weihnachten. Bereits die Erlangung der Einreisegenehmigung in den Ulbrichtstaat erwies sich als Staatsaktion. Ich musste genaue Angaben über fast alles Erdenkliche machen. Das DDR-Visum schrieb mir dann vor, dass ich über Hannover, d.h. auf dem kürzesten Weg durch die DDR reisen müsse.

Einladung aus Halle

Es gab nur einen Zug pro Tag, den Interzonenzug Hannover-Halle. Dieser war von Westdeutschen völlig überfüllt, die zu Weihnachten eine Sondergenehmigung für einen Verwandtenbesuch in die DDR erhalten hatten. In dem Zug herrschte erstaunlicherweise keine Anti-DDR-Stimmung. Manche waren der DDR gegenüber wesentlich aufgeschlossener als in Westdeutschland üblich. In der DDR stieg eine Familie mit Kindern zu, die ihren Weihnachtsurlaub auf Staatskosten im Erzgebirge verbringen durfte.

In Halle stieg ich aus und sprach einen Herrn an, der auf jemanden zu warten schien, er wies mich jedoch ab. Es war eiskalt. Nach einiger Zeit machte ich einen zweiten Versuch bei dem Unbekannten und stellte mich vor. Es war Professor Runge. Er war sehr erfreut und meinte, er hätte in Hinblick auf meine wissenschaftlichen Ergebnisse gedacht, ich müsse ein älterer Herr sein.

Professor Runge und insbesondere auch der andere Lehrstuhlinhaber, Professor Wolf, waren als Berater der Chemischen Industrie, z.B. der früheren IG-Farbenwerke in Bitterfeld, einflussreiche Leute. Umso beeindruckender war folgendes Ereignis für mich: Ich ging mit Runge durch die Stadt. Dabei klagte er sehr über die politischen Verhältnisse in der DDR. Plötzlich nahm er wahr, dass jemand hinter uns ging und erschrak furchtbar – wir waren schließlich im Ulbrichtstaat.

Spitzelangst

In seinem Institutskolloquium hielt ich am 22.12.1963 denselben Vortrag über das hydratisierte Überschussproton, den ich in München gehalten hatte. Er stieß auf reges Interesse und führte zu einer langen Diskussion. Anschließend fand die Institutsweihnachtsfeier statt.

Der Rückflug am nächsten Tag gestaltete sich sehr frostig, denn das Flugzeug war über Nacht bei unter minus 20° C im Freien gestanden. Ich fand mein ebenfalls frierendes Auto unter einem Schneeberg, aber wohlbehalten im Institutshof vor und kam gerade noch rechtzeitig zu Weihnachten in Haisterkirch an.

65. Geburtstag von Professor Schwab und Institutsausflug

Am 2. Februar 1964 feierte Professor Schwab seinen 65. Geburtstag. Es fand ein Kolloquium statt, bei dem alle Mitarbeiter über ihre Ergebnisse berichteten. Ich stellte meine Tieftemperaturversuche vor und erklärte die daraus bezüglich der Wasserstoffbrücken zu ziehenden Konsequenzen:

„Ist für das Zustandekommen der Kontinuumsabsorption die thermische Bewegung eine notwendige Ursache, so muss das Kontinuum temperaturabhängig sein. Unter diesem Gesichtspunkt untersuchte ich Polystyrolsulfonsäure bei 85 K. Das punktierte Spektrum ist das Spektrum der Polystyrolsulfonsäure bei Zimmertemperatur, das ausgezogene dasjenige bei 85 K. Der Vergleich dieser beiden Spektren zeigt: Die Kontinuumsabsorption ist völlig temperaturunabhängig. Damit scheidet jede Vorstellung aus, in welcher die thermische Bewegung für das Zustandekommen der Kontinuumsabsorption eine notwendige Ursache ist."

Abends führten wir das Theaterstück „Ein Tag im Institut" auf. Es begann damit, dass unser Hausmeister, Herr Maier, dargestellt von Tilmann Kleinsteuber, von seinem Foxterrier über die Bühne gezerrt wurde. Unsere Institutssekretärin, Frau Wenk, wurde von Fräulein Daddelhuber gespielt. Ich musste mich bei ihr zur Prüfung anmelden. Sie erklärte: „Ich dachte der Professor sei zum Mittagessen gegangen, und jetzt ist er nach Amerika gefahren." Es war sehr lustig.

Institutsausflug zum Hochkönig

Unseren traditionellen Institutsausflug machten wir in diesem Jahr auf den Hochkönig. Über die Ostpreußenhütte stiegen wir auf. Diese hatte zwar eine Fahnenstange aber keine Waschgelegenheit. Von der Hütte ging es durch ein sehr steiles Kar auf das schöne, ausgedehnte Plateau, über das wir zum 3000 m hohen Gipfel wanderten. Das Matras-Haus war damals noch nicht wieder aufgebaut. Die Abfahrt führte am Torkopf vorbei, einem monolithischen Felsen, der in dem steilen Kar steht.

Forschungsaufenthalt in Russland 1964/1965

Zu Beginn der sechziger Jahre gab es am schwarzen Brett des Institutes einen Anschlag, der besagte, dass ein Austausch von Wissenschaftlern mit der Sowjetunion möglich ist. Ich meldete mein Interesse an.
Im April 1961 erhielt ich einen Brief von Dr. Kassack, Sohn des Schriftstellers Hermann Kassack *(„Stadt hinterm Strom")*. Er teilte mir mit, dass nun er für den Austausch verantwortlich sei.
Zwei Jahre später schrieb mir Herr Kassack Folgendes:

„Mir liegt die Übersetzung der Mitteilung der Akademie der Wissenschaften vor, mit der Ihr Aufenthalt in der Sowjetunion genehmigt wird. Die Genehmigung wird ab 15.10.1963 für drei Monate ausgesprochen, es heißt:
‚Herr Dr. G. Zundel wird die Möglichkeit haben, im Institut für Chemische Physik der Akademie der Wissenschaften der UdSSR über das Problem der Anwendung der IR-Spektroskopie zum Studium der Hydratation von Stoffen in wässrigen Säure- und Basenlösungen wissenschaftlich zu arbeiten.
Dr. G. Zundel kann sich auch im Institut für Allgemeine und Anorganische Chemie (Prof. O. Ja. Samoilow) und bei der Leningrader Staatsuniversität (Prof. A.N. Terenin) mit den Arbeiten auf diesem Gebiet vertraut machen.
Es ist wünschenswert, dass Dr. G. Zundel Material zur Fertigung von Küvettenfenstern und in erster Linie Pt-Folie mitbringt."

Aufenthaltsgenehmigung 1963

Ich antwortete, dass ich augenblicklich völlig unabkömmlich sei, denn meine Mitarbeiter benötigten mich dringend. Es machte keinerlei Probleme, meinen Aufenthalt um ein Jahr zu verschieben.
Ich nahm zusammen mit Heiner Noller Russischunterricht bei Peter Braunstein. Sein Vater war ein bedeutender Krebsforscher, der einer Biochemikerfamilie entstammte, ein Onkel Braunsteins hat Lenin einbalsamiert. Später besuchte ich in Moskau einen seiner Vettern, der am Institut für Biochemie der Akademie, das am Leninprospekt liegt, arbeitete. Er freute sich außerordentlich über das Lebenszeichen seines Verwandten, von dem er über 30 Jahre nichts mehr gehört hatte.

Reisevorbereitungen

Im Sommer 1964 arbeitete ich in Haisterkirch meine Vorträge für Moskau bzw. Leningrad aus. Diese hatten die Themen: *„Infrarotuntersuchungen der Wechselwirkung und Hydratstruktur in Elektrolytlösungen"* und *„Das Proton in Säurelösungen, eine infrarotspektroskopische Untersuchung"*.
Von Haisterkirch aus nahm ich Russischunterricht bei einem älteren Herrn, der aus Ostpolen stammte. Wir übersetzten meine Vorträge, die dem damaligen Stand unserer Forschungen entsprachen, ins Russische.

Die wichtige Eigenschaft der Protonenpolarisierbarkeit von Wasserstoffbrücken erahnte damals noch niemand.
Der erste Vortrag lässt sich wie folgt zusammenfassen:

1. Vortrag Russland

„Die Bandenaufspaltung der antisymmetrischen Valenzschwingung der $-SO_3^-$ Gruppen zeigt, dass die Kationen unsymmetrisch, d.h. an ein bestimmtes O-Atom der $-SO_3^-$ Gruppen angelagert sind. Das Kationfeld bewirkt eine Aufhebung der Entartung dieser antisymmetrischen Valenzschwingung der $-SO_3^-$ Gruppen. Wasser lagert sich mit den einsamen Elektronenpaaren an das Kation an. Die Lockerung der Bindung Kation-Anion erfolgt durch die Felder der Wassermoleküle stetig mit zunehmender Hydratisierung. Durch die Kationfelder, sowie auch durch die Anionen, wird die OH-Bindung gelockert. Im Hinblick auf das Kationfeld sind hierbei Wertigkeit und Ionenradius maßgeblich, im Hinblick auf das Anionfeld die Protonenakzeptoreigenschaft der Anionen. Die Menge derartig angelagerten Wassers ist umso größer, je größer die Protonenakzeptoreigenschaft der Anionen ist. Mit zunehmender Hydratisierung wird umso bälder eine zweite Hydrathülle aufgebaut je kräftiger die OH-Bindung des ersten Hydratwassers durch das Kationfeld gedehnt, d.h. der Wasserstoff protonisiert ist. Im Grenzfall sehr starker Kationfelder findet man als Folge der protolytischen Spaltung von Wassermolekülen Protonen."

Was die Säureform betrifft, zeigte ich im zweiten Vortrag gemäß dem damaligen Stand unserer Forschungen Folgendes:

2. Vortrag Russland

„Es muss für den Entstehungsmechanismus des Kontinuums noch ein weiterer Gesichtspunkt eine maßgebliche Rolle spielen. Es sagt uns die Quantenmechanik, dass zwei Teilchen dann nicht den gleichen Zustand haben können, wenn sie etwas voneinander wissen. Wie erfahren die Protonen etwas voneinander? Mit dem Übergang des Protons von einem zum anderen Wassermolekül ist eine Schwankung des elektromagnetischen Feldes in der Nachbarschaft dieses Protons verbunden, welche die benachbarten Protonen zur Kenntnis nehmen. Diese nicht ganz einwandfreie Betrachtung führt uns zur London'schen Theorie der Dispersionskräfte. In der Tat kann in ganz entsprechender Weise, wie London die Wechselwirkung zweier Atome betrachtet hat, die Wechselwirkung von Hydratkomplexen, in welchen Protonen rasch beweglich sind, betrachtet werden. Derartige Berechnungen haben wir durchgeführt. Sie zeigen, dass sich die Hydratkomplexe, in welchen die Protonen rasch beweglich sind, durch Protonendispersionskräfte anziehen, was die elektrostatische Abstoßung teilweise kompensiert. Ferner ergibt sich, dass sich durch eine derartige Wechselwirkung die Potentialverhältnisse zwischen den O-Atomen, d.h. die Potentialverhältnisse an den Protonen, in Abhängigkeit von Abstand und Orientierung der beiden Hydratkomplexe stark ändern. Dies führt, betrachtet man viele Hydratkomplexpaare, zu der Kontinuität von Energietermdifferenzen, welche wir als Kontinuumsabsorption beobachten. Diese IR-Kontinuumsabsorption in Säuren und Laugen ist damit ein Hinweis auf die Existenz von Protonen- und Defektprotonendispersionskräften."

Ich flog Anfang November 1964 an einem herrlichen Herbsttag von Stuttgart nach Düsseldorf und von dort mit der Sabena über Warschau nach Moskau. Die anderen Fluggesellschaften, mit Ausnahme der PIA (Pakistan International Airlines), konnten Moskau nicht von Westen her anfliegen, da sie wegen der diplomatischen Nichtanerkennung der Staaten des Warschauer Paktes (Hallsteindoktrin) keine Überflugrechte hatten. Bei der Zwischenlandung in Warschau fiel mir auf, dass eine größere Anzahl etwas steifer Herren in schwarzem Anzug und Zylinder mit mir flog, die sich gegenseitig kritisch beäugten. Es waren Vertreter westlicher kommunistischer Parteien, die nach dem unmittelbar vorangegangenen Sturz Chruschtschows nach Moskau flogen, um sich entsprechende Weisungen zu holen. Der Flug über die im Abendlicht glitzernden Masurischen Seen war sehr schön. Ich kam spät abends in Scheremtjewo, dem internationalen Flughafen Moskaus an, und wurde von Igor Orlow, meinem Betreuer, abgeholt.

Flug nach Moskau

Ich hielt mich drei Monate in Moskau auf, wo ich im Hotel Warschawa am Platz der Oktoberrevolution wohnte. Die Briefe an meine Mutter konnte ich jede Woche mit dem Kurier der Deutschen Botschaft schicken. Dies ermöglichte mir, unzensiert alles zu schreiben. Ich werde im Folgenden diese Briefe wiedergeben:

Briefe aus Moskau

4.11.64 Ich wohne im Hotel Warschawa. Es liegt am Platz der Oktoberrevolution, ungefähr fünf Minuten von der Moskwa und 20 Minuten vom Kreml entfernt in SW-Richtung. Das Hotel liegt an einer Metrostation, so dass ich recht schnell (jede Minute ein Zug), in die Stadt kommen kann. Zum Institut fahre ich mit dem Obus. Das Institut liegt unmittelbar neben dem von Landau und Lifschitz in der Vorobjevskoje Chausse (heute ul. Kosygina). Es befindet sich nahe der Universität und ist ein recht altes Gemäuer. Es wurde ursprünglich von der Zarin Katharina für einen ihrer Günstlinge erbaut, dann nach der Revolution zum Museum und schließlich zum Physikalisch-Chemischen Institut der Akademie umgebaut. Werkstatt und Glasbläserei scheinen sehr gut zu funktionieren. Ich arbeite in einer Abteilung bei Kandidat Igor Orlow und Dr. Mikhail Winnik. Diese Abteilung führt, wie ich in München, Untersuchungen der Hydratation durch, jedoch mit einer etwas anderen Methode. Ich selbst arbeite hier ebenfalls mit deren Methode, was für mich recht interessant ist, dies zumal ich die Arbeiten dieser Kollegen nicht kannte, da sie nur in mir unzugänglichen russischen Zeitschriften veröffentlicht sind.

Arbeit am Institut

Im Institut arbeiten wir täglich 7 Stunden (im Sommer nur 6) und Samstag bis halb drei, wobei man um 9:30 mit der Arbeit beginnt. Einen Herzinfarkt wegen Überarbeitung braucht hier niemand zu bekommen. Mittags esse ich in der Kantine des Institutes, diese ist ungefähr um die Hälfte teurer als die Mensa in München, jedoch auch ganz wesentlich besser. Man hat Auswahl und heute gab es sogar Ente.

Am Sonntag war ich in der Wissenschaftlich-Technischen Dauerausstellung der UdSSR. Der wissenschaftliche Teil, welchen die Akademie der Wissenschaften organisiert hat, ist leider, verglichen mit dem Deutschen Museum in München, relativ trocken. Selbst Versuche durchführen, wie dies in München möglich ist, kann man nicht. Jedoch kann man das Original einer Rakete und auch das Original des Raumschiffes, in welchem die beiden Hunde im Weltraum waren, bewundern.

Zurzeit bereitet sich Moskau auf das Fest der Oktoberrevolution vor.

Es scheint das größte Fest der UdSSR zu sein. Ich war eben noch in der Innenstadt und im Kaufhaus Gum. Dort geht es zu wie bei uns vor Weihnachten, lediglich, dass es statt Christbäumen überall rote Sterne, Porträts von

Marx und Lenin und Aufschriften „Dank der Kommunistischen Partei" gibt. Der Glaube an Lenin und die von ihm prophezeite Zukunft ist das, was hier an die Stelle der Religion getreten ist und allen Menschen in ihrem Schicksal Zufriedenheit und Optimismus verleiht.
Nächsten Dienstag gehe ich in Eugen Onegin, das Musikleben ist hier sehr beachtlich.

12.11.64 Die Kurierpost der Botschaft geht hier Freitag ab, kommt also Montag oder Dienstag an. Es kann Verzögerungen geben, wenn der Kurier in Brüssel nicht landen kann. Der letzte Kurier kam in Bonn aber plangemäß an, wie ich auf der Botschaft erfuhr. Ich selbst habe noch keine Post erhalten, da der Kurier auf dem Rückweg in Brüssel nicht weiterkam.

18.11.64 Seit meinem letzten ausführlichen Brief habe ich vielerlei erlebt. Zunächst die Feiertage. Am ersten fand hier die Demonstration zur Feier der Oktoberrevolution statt. Ich konnte mich in den Demonstrationszug der Akademie einmogeln und auf dem Roten Platz die hiesigen Oberhäupter, unter anderem Tschu en Lai und Ulbricht bewundern, welche freundlich von dem Mausoleum ihres Lenin heruntergewinkt haben. Im Übrigen gab es viele rote Sternchen, Fahnen und Luftballons und abends ein gewaltiges Feuerwerk.

Feier der Oktoberrevolution

Für die Feiertage konnte man auf der Straße Torten kaufen, welche hier noch nicht chemisch verseucht sind. Ich habe auch eine erstanden und fast eine Woche daran gegessen.
Sonntag war ich in der Tretjakow Galerie. Sie enthält auch die schönsten Ikonen von Russland. Leider ist alles sehr eng gehängt und hat sehr schlechtes Licht. [*Anmerkung:* In der Zwischenzeit wurde die Tretjakow Galerie neu erbaut.]
Am Sonntagabend war ich im Puppentheater. Dies ist ein Marionettentheater, in welchem Stücke für Erwachsene aufgeführt werden. Es war ein satirisches Stück, in welchem alles Mögliche durch den Kakao gezogen wurde.
Am Dienstag besuchte ich das Bolschoj Theater. Es wurde *Eugen Onegin* aufgeführt. Diese Oper macht hier, wo sozusagen alle Leute „echt" sind, einen viel wirklichkeitsnaheren Eindruck. Besonders eindrucksvoll sind im Bolschoj Theater auch die in die kostbaren goldenen Vorhänge eingewobenen Hämmer und Sicheln, auf dass man nicht vergisst, dass man sich im Arbeiter- und Bauernstaat aufhält. Mittwoch war ich im allerkuriosesten Konzert, welches ich je gehört habe. Das Ganze war angekündigt als grusinische (Gegend um Tiflis) Musik. Es war eine grusinisch-amerikanisch-französische Mischung. Es folgte auf ein grusinisches Volkslied „Summertime" (auf Englisch) von Gershwin und nach einer weiteren grusinischen Einlage das „Ave Maria"

Bolschoj Theater

nach Edith Piaf auf Französisch. Ein grusinischer Tanz ging von einem Takt zum anderen in einen Twist über. Das Ganze war vermutlich ein Versuch der Künstler auszutesten, was unter der neuen Regierung erlaubt ist.
Mit Herrn Herrman [dem an der Lomonosow Universität studierenden Sohn eines älteren Kollegen] war ich Donnerstagabend im Restaurant Peking, wo man sehr gut isst. Wir haben gedacht, wir müssten uns auch der neuen Politik anpassen, indem wir in das Chinarestaurant gehen. Das schlechte Verhältnis zu China dürfte der wesentlichste Grund für die Absetzung Chruschtschows gewesen sein. Die privaten Hühner sollen daran allerdings auch beteiligt gewesen sein. Diese wollte Chruschtschow nämlich aus ideologischen Gründen abschaffen, und damit waren diese natürlich nicht einverstanden.

Oistrach-Konzert

Samstag war ich in einem Konzert von Oistrach, das Violinkonzert von *Brahms* und die 5. von *Tschaikowski*. Um 1,90 DM in der ersten Reihe, so billig kann man den Herrn Oistrach, welcher übrigens Leninpreisträger ist, nicht so leicht bewundern.
Vergangenen Samstag habe ich die große Kunstausstellung der Künstler der Jetztzeit besucht. Diese sieht ungefähr so aus, wie eine Kunstausstellung im Haus der Kunst im Dritten Reich ausgesehen hat.
Vorher war ich noch in verschiedenen Buchläden. Die Geschäfte sind hier am Sonntag offen. Der Besuch der Buchläden scheint ein besonderes Sonntagsvergnügen der Moskauer zu sein. Es gibt auch einen großen Buchladen mit ausländischen, insbesondere deutschen und jetzt wieder chinesischen Büchern.
Die Forscherei im Institut geht recht ordentlich vorwärts. Ich arbeite mit der Methode der Leute hier, das Ziel jedoch ist ein ähnliches. Meine Methode ist wesentlich ergiebiger. Mit den Vorträgen ist es recht schwierig, da wir die russische Fassung nochmals überarbeiten müssen, aber dies wird sich schon noch geben.

25.11.64 In der Zwischenzeit ist es hier richtig Winter geworden. Vorher wurden noch die Fenster im Hotel an allen Fugen mit einem tesabandähnlichen Klebestreifen verklebt, so dass man nur noch das Oberlicht öffnen kann. Dies werde ich zu Hause auch sofort einführen!
Am Sonntag besuchte ich ein kleines Kloster in der Schleife der Moskwa, welches heute ein Ikonenmuseum ist. Abends war ich in Gogols „Die Toten Seelen".

Gogols „Die Toten Seelen"

Das Theaterspielen geschieht hier mit gewaltiger Begeisterung der Schauspieler, so dass es für uns etwas übertrieben erscheint. Aber bei einer Geschichte der Art wie „Die Toten Seelen" macht dies nichts.

2.12.64 Vergangenen Dienstag war ich in „Schwanensee", da ich das Wort Schwan auf Russisch nicht verstand, priesen mir meine Kollegen dieses Ballett als Ballett „der Ente mit dem langen Hals" an. Die Aufführung fand im Kreml statt. Dort wurde vor ungefähr vier Jahren ein großes Theater gebaut. Es dient normalerweise für die Versammlungen des Obersten Sowjet. In seiner Art könnte dieses Gemäuer geradezu im Westen stehen. Das Ganze ist mit einer Simultanübersetzungsanlage eingerichtet, da ja in der Sowjetunion nicht nur russisch, sondern auch noch viele andere Sprachen gesprochen werden, so z.B. kirgisisch, grusinisch und usbekisch.
Die Aufführung war etwas formal. Bühnenbild und Kostüme wirkten jedoch auch in der realistischen Art, die man hier hat, recht märchenhaft.
Dann wegen der Bildbände [ich hatte gebeten, mir Bildbände von Deutschland zum Verschenken zu schicken]. Ich sollte nicht nur zwei, sondern drei haben. Das Paket sollte so 28.-29. Dezember in Bonn sein. Von den ehemaligen deutschen Ostgebieten sollten keine Bilder darin sein!
Hier herrscht ohnedies zurzeit große Aufregung wegen MLF *[Multi Lateral Force: von mehreren Mächten unterhaltene Atomstreitmacht]*. Was C.F. Weizsäker neulich in der „Zeit" geschrieben hat, dürfte nur zu richtig sein. Er schrieb, man müsse abwägen, ob die Völker zusammenschließende Wirkung durch die MLF in Europa den Angsterregungseffekt, welcher durch die MLF bei anderen Völkern ausgelöst würde, aufwiegt. Hier ist jedenfalls der Angsterregungseffekt ein gewaltiger. Schlagzeilen wie *„Bonn überschreitet den atomaren Rubicon"* sind an der Tagesordnung. Ich werde Weihnachten morgens versuchen, auf dem Berghof anzurufen. Wenn das nicht gelingt, rufe ich nach halb drei Uhr nachmittags in Degerloch [bei meiner Tante] an. Ich glaube nicht, dass dies zu große Schwierigkeiten macht, da Weihnachten hier kein Feiertag ist.

Aufregung über die MLF-Pläne

9.12.64 Wegen des schlechten Wetters ließ sich leider nichts unternehmen. Deshalb habe ich meine Veröffentlichung für die Zeitschrift „Zh. Strukt. Khimii" gedichtet, welche jetzt ins Russische übersetzt werden muss. So allmählich beginnen die hiesigen Forscher, meine wissenschaftlichen Ergebnisse zu verstehen. Am Samstagabend war ich im Satirentheater in einem höchst fabelhaften Stück von *Majakowski.* Dieses Stück war von 1934 bis vor einigen Jahren verboten. Es heißt „Die Wanze" und hat folgenden Inhalt:
Ein junger Mann will nach der Revolution seine Hochzeit im alten Stil feiern. Dazu erlernt er alle möglichen vorrevolutionären Bräuche. Dies ereignet sich im ersten Akt. Im zweiten findet die Hochzeit wirklich statt. Am Ende dieser Hochzeit geht das Haus in Flammen auf. Es kommt die Feuerwehr und nun passiert es, in Russland ist es ja kalt, dass der Bräutigam im Eis des

„Die Wanze"

Löschwassers einfriert. Er wird 50 Jahre später gefunden und von den Gelehrten dieser Zeit wieder zum Leben erweckt. Dies geschieht zu einem Zeitpunkt, in der alle vorrevolutionären Bräuche, wie Rauchen, Trinken, Kartenspielen lange schon vergessen sind. Zunächst kommt sich der Bräutigam in dieser neuen Welt recht komisch vor, aber dann findet er in seinen Kleidern eine Wanze, die ihn an alles Vergangene erinnert. Dieser dritte Akt spielt vor der Kulisse der Lomonosov Universität! Und nun kommt die eigentlich satirische Stelle. Die Leute beginnen, die alten Bräuche nachzumachen. Wie deutlich dies auf der Bühne erscheint, gilt hier als politisches Barometer. Am Schluss kommt der Mann dann in den Zoo und führt dort als „homo praerevolutionis" die alten Bräuche vor.

Auf jeden Fall ist das Theaterstück sehr verblüffend, wenn man bedenkt, wie sehr der Westen hier gerade im Hinblick auf viele tägliche Gepflogenheiten als Vorbild angesehen wird. Die Pfennigabsätze sind hier groß in Mode!

Kreml-Kirchen als Museen

Am Sonntag war ich im Kreml. Die Kirchen dort sind sehr schön. Sie dienen heute als Museen für Ikonen. Es war schönes Wetter, aber auch sehr kalt. Ich behielt meine Pelzmütze auf. Ein Mann sagte mir, dass dies unzulässig sei, denn dies sei eine Kirche.

Ich hätte gerne einen Quellekatalog, so dass ich die Leute hier besser über die Preise in Deutschland unterrichten kann.

16.12.64 Die Bücher, welche Du mir geschickt hast, kann ich hier unmöglich verschenken. Die Sache ist die, und dies ist wohl der heikelste Punkt des ganzen deutsch-sowjetischen Verhältnisses, dass hier alle der Meinung sind, dass an dem Status quo ohne Krieg nichts geändert werden kann. Wenn man dies von hier aus sieht, leuchtet dies sogar ein, denn geht man z.B. abends auf den weißrussischen Bahnhof, so fährt dort der Nachtzug nach Kaliningrad ab. Forscht man nach, was dies für eine Stadt ist, so stellt man fest, dass es sich hierbei um die russische Ausgabe von Königsberg handelt.

Probleme mit Büchern über Deutschland

Nun sind darüber hinaus alle Russen der unerschütterlichen Meinung, dass der Aufbau der Bundeswehr, und insbesondere ihr Streben nach Atomwaffen nur der Rückeroberung dieser Gebiete gilt. Ein Buch wie das Buch vom Umschauverlag ist, insbesondere durch seinen Text, hier ungefähr die schärfste Propaganda, welche man gegen Deutschland machen kann. Bei dem Buch „So schön ist Deutschland" kommt als ungünstiger Propagandaeffekt noch hinzu, dass seine Qualität weit hinter den Büchern, welche die DDR hier verkauft, zurücksteht. Ein Russe wird hier einem gegenüber sofort anmerken, dass dies so ist.

Nun sollte ich aber unbedingt drei schöne Bücher als Abschiedsgeschenke haben. Dome sind dabei völlig uninteressant. Die Leute wollen insbesondere

etwas vom Leben in Deutschland sehen. Ich hätte gerne eine Zusammenstellung über Löhne. Die Angaben müssen nur ungefähr sein. Onkel Otto kann Dir dies sicher, ohne scharf nachdenken zu müssen, sagen. Und zwar Hilfsarbeiter, Arbeiter, Facharbeiter, Meister, Ingenieure, Sekretärin, Putzfrau, Laborantin, Kaufmann und Angestellte verschiedener Art, und was Euch sonst noch einfällt. Die Leute sind hier an derartigen Informationen ungeheuer interessiert, und ich bin völlig ungenügend im Bilde. Diese Zusammenstellung könntest Du mir mit Deinem nächsten Brief schicken.
Die sibirische Kälte, welche es Deinem Brief nach hier geben soll, gibt es nicht. Es hatte die ganze Zeit um plus 5°C. Seit zwei Tagen um Null und etwas Schnee. Vergangenen Sonntagvormittag habe ich einen Ausflug aufs Land gemacht. Da Igor Orlow Besitzer eines Autos ist, war dies kein großes Problem. Fährt man aus Moskau hinaus, so kommt man zunächst auf eine Ringautobahn, welche 109 km lang ist und ganz Moskau umschließt. Die Landschaft ist flach und mit Kiefernwäldern, welche einen großen Teil Birken enthalten, bewachsen. Einmal kamen wir auch durch einen reinen Birkenwald, was eine recht kuriose Sache ist, da es in diesem Wald durch die vielen weißen Stämme ganz hell ist.
Um die Kolchosen und Sowchosen stehen lauter kleine Holzhäuschen, in welchen die Kolchosbauern wohnen. Meist gehört noch ein moderner Steinbau zu einem solchen Unternehmen, in welchem sich ein von der Regierung gut eingerichteter Laden befindet. Bisweilen, jedoch selten, wohnen die Kolchosbauern schon in Steinhäusern, diese sehen so wie kleine Siedlungshäuschen bei uns aus. Im Übrigen gehören zu diesem Bild noch viele Weiden, welche häufig in den Siedlungen die Straßenränder einfassen.

Ausflug nach Archangelskoje

Das eigentliche Ziel unseres Ausfluges war Archangelskoje mit einem vor ungefähr 200 Jahren erbauten Fürstenschloss, welches mit europäischen Möbeln dieser Zeit und insbesondere auch entsprechenden Gemälden ausgestattet ist. Besonders interessant ist die Bibliothek des Fürsten, denn man sieht daraus, was ein russischer Fürst damals gelesen hat. Sie enthält insbesondere: Rousseau, Montesquieu, eine französische Enzyklopädie, eine Abhandlung in vielen Bänden über das griechische Theater, ferner Klassiker der Antike, insbesondere Ovid.
Warum Igor mit mir nach Archangelskoje fahren musste, hat er selbst sicher nicht gewusst: An diesem Ort verbrachte Clara Zetkin ihre letzten Jahre. Nachmittags besuchte ich dann noch den Tempel [das Mausoleum] auf dem Roten Platz. Die Menschenschlange war ungefähr 400 - 500 m lang und ich musste zwei Stunden anstehen. Jedoch ist dies auch sehr interessant, insbesondere wie die Eltern schon mit ihren drei- bis vierjährigen Kindern hierher gehen, um ihnen den Mann zu zeigen, der ihre Welt hier so verändert, sie so-

zusagen „erlöst" hat. Das ist ganz erstaunlich, und wenn man dies nicht selbst sieht, nahezu unverständlich. Während die Kinder bis zum Mausoleum allen Unfug machen dürfen, herrscht nach Eintritt ins Mausoleum ehrfurchtsvolle Stille. Man steigt dann in die Gruft hinunter und geht um den Glassarg, in welchem Lenin liegt, herum. Die Gesichtszüge Lenins, insbesondere die von den Bildern her bekannte intellektuelle Strenge, sind außerordentlich gut erhalten. Man verlässt dann das Mausoleum und kommt dann noch an den Gräbern an der Kremlmauer vorbei. Auf den berühmtesten Gräbern stehen Büsten der dort Begrabenen, so z.B. bei Kalinin. Auf dem Grab Stalins, welches auch dort ist, steht keine Büste. [Das erste Grab rechts neben dem Mausoleum ist das Grab Clara Zetkins.] Bisweilen erinnern Blumen daran, dass diese Leute auch eine Familie haben und tatsächlich keine abstrakten Gestalten sind.

Grab Clara Zetkins

Im Theater war ich in der Zwischenzeit auch wieder einmal, und zwar habe ich ein Stück eines Türken gesehen, welcher in der Türkei lange im Gefängnis saß und dann nach Russland emigriert ist. Das Flüchtlingsproblem gibt es hier auch, nur eben von der anderen Seite. Das Problem, wohin jemand fliehen könnte, wenn die ganze Welt einmal vereinigt wäre, erscheint einem, wenn man dies sieht, wirklich kritisch. Das Stück heißt „Damoklesschwert". Es behandelt das Problem, dass von einem vom Schicksal ungünstig Behandelten der Atomkrieg ausgelöst werden könnte. Das Stück hat einen faszinierend dramatischen Aufbau. In der Bühnenecke sitzt ein Ehepaar. Sie erhalten einen Brief von einem A.B., einem früheren Freund des Mannes. In diesem schildert er sein Leben. Nun wechseln in kurzer Folge das Vorlesen aus dem Brief durch den Mann und die realen Szenen aus dem Leben dieses A.B., welches auf der übrigen Bühne stattfindet, ab. Es wird gezeigt, wie ihm zunächst alle möglichen Kleinigkeiten schiefgehen, und schließlich wird sein Leben durch einen völlig vernichtenden Schicksalsschlag getroffen. Er ist von Beruf Flieger, und der Brief endigt nun damit, dass er schreibt, er werde mit seiner Maschine heute Abend acht Uhr den Atomkrieg entfesseln. Es ist wenige Minuten vor acht. Man sieht ihn dann noch kurz in Fliegerkombination. Er erscheint wie ein Gespenst, und er hält einen Monolog geradezu wie ein moderner Hamlet. Daraufhin wartet alles auf die Katastrophe, doch diese kann hier nicht eintreten, denn hier glaubt man ja trotz allem an die Zukunft. Es ist acht Uhr. Es läutet an der Tür des Ehepaars, und herein kommt A.B. Er stellt fest, dass er trotz allem an die Menschen glaube, und es deshalb nicht habe tun können.

„Damoklesschwert"

Ferner ist zu berichten, dass in Moskau zur Zeit der Oberste Sowjet tagt. Er hat das Budget angenommen. Daraus einige Zahlen in Rubel (diese mal vier ergibt DM): 1 Mrd. Verwaltungskosten, 12 Mrd. Rüstung, 36 Mrd. Kultur-

Tagung des Obersten Sowjet

Nachmittags besuchte ich dann noch den
Tempel auf dem roten Platz. Die
Menschenschlange war ungefähr 400–500 m
lang und ich mußte 2 Stunden anstehen.
Jedoch ist dies auch sehr interessant, insbesondere
wie die Eltern schon mit ihren 3 bis 4
jährigen Kinder hingehen um ihnen den
Mann zu zeigen der ihre Welt hin
so verändert, sie sozusagen erlöst hat.
Das ist ganz erstaunlich und wenn
man dies nicht selbst sieht wäre es
unverständlich. Während die Kinder bis
zum Mausoleum allen Unfug machen
dürfen, herrscht nach Eintritt ins Mausoleum
ehrfurchtsvolle Stille. Man steigt dann
in die Gruft hinunter und geht um
den Glassarg in welchem Lenin liegt herum.
Die Gesichtszüge Lenins insbesondere
die von den Bildern her bekannte intellektuelle Strenge sind außerordentlich
gut erhalten. Man verläßt dann das
Mausoleum und kommt dann noch
an den Gräbern an der Kremlmauer vorbei.
Auf den berühmtesten Gräbern stehen Büsten
der dort begrabenen so z.B. bei Kalinin.
Auf dem Grab Stalins, welches auch
dort ist, steht keine Büste. Bisweilen erinnern
Blumen daran, daß diese Leute auch eine
Familie hatten und tatsächlich keine abstrakten Gebilde waren.

und Sozialkosten. Diese Zahlen stammen aus der Prawda. Ferner hat – was im Institut gewaltig debattiert wird – der Oberste Sowjet eine Kommission eingesetzt, welche für Russland eine neue Verfassung ausarbeiten soll. Diese Verfassung soll Russland den Prophezeiungen seiner Propheten näher bringen, z.B. soll das Brot kostenlos werden, so wie ein Teil der öffentlichen Verkehrsmittel. Diese Verfassung soll durch eine Volksentscheidung angenommen werden. Ob dies vor dem Sankt Nimmerleinstag geschieht, erscheint einem allerdings fraglich. Irgendwie kann man sich dies nicht richtig vorstellen. Immerhin, die Leute debattieren darüber, ob diese Dinge *„heute schon"* machbar sind.

6.1.65 In der Zwischenzeit hat sich vielerlei ereignet. Vor Weihnachten war noch der Pantomime Marcel Marceau hier. Ich habe mit Mühe eine Karte erobert. Er brachte die Moskauer völlig aus dem Häuschen. Ganz besonders erregt hat das Publikum die Darstellung „im Gefängnis". Einen Beifall dieses Umfangs habe ich hier noch nie erlebt. Wenn die Leute dann unbedingt von einem Künstler noch etwas erreichen wollen, d.h. eine Draufgabe, dann klatschen sie im Takt.

„Boris Godunow"

Dann war ich noch in einer Boris Godunow-Aufführung. Sie findet mit der außerordentlich prächtigen, alten Kulisse des Bolschoj Theaters statt. Es ist erstaunlich, wenn so Glanz und Elend der Zarenzeit der heutigen Wirklichkeit vis-a-vis gestellt werden.

Über Weihnachten war ich jeden Abend eingeladen, z.B. beim Botschaftsrat und beim Kulturattaché, einem Bruder von Herrn Oesterhelt (Biochemiker am MPI in München). Von Weihnachten merkt man hier nichts, dies insbesondere, da Weihnachten – so weit es hier überhaupt noch bekannt ist – nach dem Gregorianischen Kalender, d.h. erst im Januar, gefeiert wird. Allerdings passiert etwas, worüber man zunächst nur noch staunt. Anlässlich des 1. Januar wird hier alles auf unsere Art und Weise mit geschmückten Tannen dekoriert, unter welchen, wie bei uns an Weihnachten, die Kinder beschenkt werden. Der große Tannenbaum, welcher hier vor dem Kaufhaus „Die Welt des Kindes" steht, kann sicher bezüglich Blinklichtkerzen in allen Farben mit jedem amerikanischen Christbaum konkurrieren. Der Nikolaus, welcher hier natürlich auch der Vergangenheit angehört, tritt auf der Straße in der entsprechenden Aufmachung als „Väterchen Frost" auf. Ähnlich wie früher bei der Entstehung des Christentums alle möglichen heidnischen Bräuche übernommen wurden, so ähnlich wurden hier die christlichen übernommen, lediglich mit entsprechend abgewandelter Bedeutung.

Väterchen Frost

Vorgestern war ich in einem Konzert, welches Svjatoslaw Richter gab. Es fand im Rahmen der Winterfestspiele statt. Dass Richter in Moskau seinen ständi-

gen Wohnsitz hat, habe ich auch erst bei dieser Gelegenheit erfahren.
Meinen ersten Vortrag [siehe S. 180] habe ich in der Zwischenzeit [auf russisch] gehalten. Dieser stieß auf reges Interesse. Da sich für meine Arbeiten hierdurch nun plötzlich eine weit größere Anzahl von Leuten interessiert, kommt das ganze Unternehmen zeitlich etwas unter Druck. Dennoch werde ich, gleich nachdem ich den zweiten Vortrag gehalten habe, am 15. für sechs Tage nach Leningrad fahren.
Meine Flugkarte habe ich heute erhalten. Für die Russen war die Umbuchung der Strecke Frankfurt-Stuttgart natürlich ein ernsthaftes Problem, da die Lufthansa hier kein Büro hat. Aber es scheint geglückt zu sein. Auf jeden Fall habe ich einen mit Hammer und Sichel gezierten Flugschein, welcher für einen Flug von Frankfurt nach Stuttgart am 23.1. abends gültig zu sein scheint.

13.1.65 In der Zwischenzeit habe ich meinen zweiten Vortrag gehalten, und die Veröffentlichung ist ebenfalls fertig – auf Russisch, so dass ihrem Druck im *„Journal Strukturnoi Khimii"* nichts mehr im Wege steht.

Satire im Theater

Abends war ich noch im Theater, und zwar in einer außerordentlich scharfen Satire auf so manche Verhältnisse in Russland. Ein Flugzeugführer und eine Flugzeugführerin haben sich im Krieg angefreundet und sich versprochen, einander nach dem Krieg zu schreiben. Beide wurden abgeschossen und glaubten voneinander, dass der andere tot sei. Nach zwanzig Jahren findet der Mann das Bild seiner Freundin in einer Zeitung. Seine Freundin ist in der Zwischenzeit als Laborantin tätig. Hier beginnt das Stück. Er beginnt sie nun zu suchen, und alle Schwierigkeiten, welche hierbei eintreten, sind geschildert. Da er mit den Leuten zusammenkommt, mit welchen sie zusammengearbeitet hat, und zwar insbesondere auch zu Stalins Zeiten, ist über diese Zeit auch sehr Reales mit eingeflochten. Als den Theaterbesuch ergänzendes Erlebnis kam hinzu, dass ich unmittelbar hinter Bulganin [früherer Ministerpräsident der Sowjetunion] saß.

Sagorsk

Heute war ich nun endlich bei herrlichem Winterwetter in Sagorsk, und zwar, da im Hinblick auf das Auto der Akademie die hier übliche Organisationskatastrophe passierte, in rasanter Umplanung mit dem Zug, was natürlich das interessantere Verfahren war. Die russische Eisenbahn scheint der unseren durchaus vergleichbar.
Das Kloster ist mit seinen Kuppeln im russischen Stil sehr schön. Es ist noch in Betrieb. Dort ist auch die religiöse Akademie. Da heute Silvester nach dem Gregorianischen Kalender gefeiert wird, nach welchem sich die Kirche ja ausschließlich richtet, waren in den einzelnen Kirchen Gottesdienste, welche so ähnlich wie in Griechenland stattfinden. Die Besucher sind

jedoch fast ausschließlich sehr alte Leute. In einer Kapelle war am Grab eines Heiligen ein Gottesdienst zur Feier seines Todestages. Alle Leute erhalten als eine Art Leichenschmaus – aufgrund alter russischer Bräuche – einen Brei. Im Klosterbezirk ist eine staatliche Buchhandlung, welche insbesondere atheistische Literatur verkauft. Morgen fahre ich für fünf bis sechs Tage nach Leningrad. Vorher werde ich noch meine Bücher auf dem zwischenstaatlichen Postamt abschicken. Diese werden einem dort praktischerweise sogar verpackt, und zwar jeweils in 5 kg Pakete.

Einige besondere Erlebnisse während meines Aufenthalts

Ein Mikrofon

Schon in den ersten Tagen meines Aufenthalts habe ich in der Wand neben meinem Bett ein Mikrofon entdeckt. Es war so schlecht in die Wand eingefügt, dass man es nicht übersehen konnte. Später erfuhr ich, dass andere Besucher auf diesem Weg bei den Russen Beschwerden über Missstände angebracht haben, die dann sofort abgestellt wurden. Im obersten Stock des Hotels Warschawa befand sich ein Restaurant, in dem man sehr gut zu Abend essen konnte. Ich besuchte es täglich. Es gab dort auch sehr guten grusinischen Wein, besonders in Erinnerung ist mir ein Rotwein Mukusani und ein Riesling Zinandali. Berieselt wurde man meist mit alten deutschen Schlagern. Besonders beliebt war das Lied „Zwei Spuren im Schnee führ'n herab aus steiler Höh....". Eines Abends, ich hatte gerade Stör nach Kiewer Art vertilgt, setzten sich drei Russen, eine Frau und zwei Männer an den Tisch. Schnell merkte ich, dass diese vom KGB waren und mich ausforschen wollten. Die Frau war Chemikerin und war, was ich durch Hinterfragen nachprüfen konnte, im Jahr zuvor auf der IUPAC Tagung in München gewesen. Der eine der Männer war noch ziemlich jung und für einen Russen recht groß. Die drei hatten mehrere Flaschen Wodka mitgebracht, was versprach, dass es bald recht feucht-fröhlich werden würde. Sie schenkten den Wodka in 50 ml Gläsern aus. Glücklicherweise hatte ich durch den Stör eine gute Grundlage und damit einen entscheidenden Vorteil. Um mein Verhalten zu testen, erzählte der junge Mann von seinen Erlebnissen bei den Partisanen, wo er, damals noch als Kind, gegen die Deutschen gekämpft hatte. So lebendig, wie dies klang, war es vermutlich nicht erfunden, höchstens etwas ausgeschmückt. Die Atmosphäre wurde immer ausgelassener, mit kommunistischem Gruß, d.h. geballter Faust, tranken wir Wodka in Strömen auf die Völkerfreundschaft (druschba narodow). Dem jungen Mann setzte das Wässerchen jedoch recht zu. Da ich noch am standfestesten war, musste ich ihn stützend zur Toilette bringen. Nach

Der KGB

weiteren Wässerchen verabschiedete ich mich siegreich. Nur wenige können sich wie ich rühmen, den KGB unter den Tisch getrunken zu haben.

Nach Leningrad fuhr ich mit einem Superexpresszug. Ich hielt meine Vorträge am Institut von Professor Mischtschenko. Dieser kannte München gut, denn er war in den dreißiger Jahren mehr als ein Jahr lang dort und wohnte in der Barerstraße. Ein junger, sehr gewandter Student zeigte mir in Leningrad vieles, was – wie ich Jahre später feststellte – nicht einmal die Leningrader kennen, so z.B. ein kleines Museum, in dem viele Dokumente der Revolution und der Belagerung Leningrads gezeigt werden. Die Dokumente der Belagerung sind erschütternd, so z.B. die Aufzeichnungen eines Kindes auf Klopapier, in denen es schildert, wie seine Eltern und seine sechs Geschwister verhungern. Der Student stieg mit mir auf den Turm der Isaak-Kathedrale, was sicher verboten war, da Ausländer damals keine Aussichtspunkte besuchen durften. Wir suchten das Holzhaus Peters des Großen und den Panzerkreuzer Potemkin auf, von dem der Schuss abgegeben wurde, der die Revolution auslöste.

Dokumente der Belagerung

Ich hielt mich anschließend nur noch wenige Tage in Moskau auf. Mit den PIA (Pakistan International Airlines) flog ich über Frankfurt zurück und kam am Abend des 24. Januar 1965 in Stuttgart an. Ich wurde von meiner Mutter abgeholt und besuchte abends noch meine Tante Gretel und meinen Onkel Otto in Degerloch.

Danach fuhr ich für eine Woche zum Skifahren ins Kleine Walsertal, wo ich die Wintersonne genoss und mich vom Reich des KGB erholte.

Über meinen Aufenthalt schrieb ich einen Bericht für die DFG *(Anhang 4)*.

Forschung nach der Rückkehr aus Moskau

Nach meiner Rückkehr aus Moskau folgte eine Zeit intensivster Forschungstätigkeit. Meine neue Doktorandin Ilse Scheuing, heute Frau Kampschulte, war die Enkelin des Rechtsanwalts Scheuing, der das Testament meines Großvaters verfasst hatte, was sie damals natürlich nicht wusste. Sie untersuchte im Rahmen ihrer Doktorarbeit Infrarotkontinua, die von nichtwässrigen Systemen verursacht werden. Sie fand, dass man bei den Systemen Toluolsulfonsäure-Alkohol und Toluolsulfonsäure-Dimethylsulfoxid intensive Infrarotkontinua beobachtet. Langfristig führte dies zu der Erkenntnis, dass man bei allen Systemen mit $B^{+}H\cdots B \rightleftharpoons B\cdots H^{+}B$ Brücken, wenn diese in amorpher Umgebung vorliegen, derartige Infrarotkontinua beobachtet. Die Schwierigkeit bei diesen

Ilse Scheuing

Untersuchungen bestand darin, diese Systeme wasserfrei darzustellen, denn die kristalline Toluolsulfonsäure enthält ein Wassermolekül pro zwei Säuremoleküle, das sich nur sehr schwer entfernen lässt, da es über vier kräftige Wasserstoffbrücken mit der Umgebung verknüpft ist.
Ilse Scheuing war sehr temperamentvoll. Als wir einmal in Haisterkirch abends nach getaner Arbeit zum Heiligen Sebastian wanderten, stritt sie sich mit Herrn Rast, einem anderen Mitarbeiter. Es ist der Satz überliefert: „Jetzt hole ich den Brügel!!" (Lehrbuch der Infrarotspektroskopie von Brügel, einem Wissenschaftler bei der BASF). Meine erste weibliche Doktorandin forschte oft bis tief in die Nacht. Der Zugang zu unserem Institut war zufolge der Bauarbeiten nur durch einen langen, von Brettern gesäumten Gang möglich. Diese Situation war jedoch – insbesondere da in Bahnhofsnähe – nicht geheuer. So rief sie mich, wenn sie fertig war, an und ich kam dann, um sie aus dem Institut zu retten.

„Besuch" im Labor

Als ich an einem Sonntagnachmittag ins Institut ging, um meine Messreihen durchzuführen, verließ gerade Herr Maier, unser Hausmeister, das Institut. Ich betrat eines unserer Labors und wer machte sich da zu schaffen? Ein Einbrecher. Es war ihm geglückt, eines der kaputten Schiebefenster zu öffnen, dann hat er den Verdunklungsvorhang aufgeschnitten. Er war gut vorbereitet, denn er gab sich als Detektiv des Bauamts aus und erklärte, wir seien sehr unvorsichtig. Wir unterhielten uns eine Weile. Als ich sagte, ich sei aus Tübingen, entgegnete er: „In Stuttgart habe ich in der letzten Zeit auch gearbeitet." Schließlich schlossen wir zusammen das kaputte Fenster; er war sichtlich geschickt. Darauf wünschte ich ihm noch einen schönen Sonntag und komplimentierte ihn zum Institut hinaus. Zuvor habe ich ihn noch auf die Gefahren eines Chemielabors hingewiesen, denn im Abzug neben der Labortür standen Flaschen mit Chlorsulfonsäure und Phosphotrichlorid. Damit begossen, hätte er sein Leben als Blinder beendigt. Dies als Warnung für alle Einbrecher in Chemielabors!

Hans Metzger

Hans Metzger hatte für seine Messreihen kein geeignetes Vergrößerungsglas, um die Spiegelskala abzulesen. Deshalb las er diese, zur Erheiterung der anderen Forscher, von einem „Hochsitz" aus mit einem Fernrohr ab. Er untersuchte die Folien H_2O und D_2O hydratisiert. Seine Untersuchungen ergänzte er durch Aufnahme der Adsorptionsisothermen mittels einer Quarzfadenwaage. Ferner berücksichtigte er die Längenänderungen der Folien, die in Abhängigkeit von der Feuchtigkeit auftraten. Auch führte er Coulombmetrische Mikrotitrationen bei Bruno Sansoni aus, einem Dozenten der Universität Marburg. Das bedeutete, dass auch ich gelegentlich dorthin fahren musste. Hans Metzger wohnte auf dem Zeltplatz. Herr Sansoni hatte große Schwierigkeiten an der Universität, denn Professor Huisgen agierte von München aus gegen ihn. Eines Tages, als ich wieder einmal nach Marburg kam, musste ich ihn in der Klinik aufsuchen, wo er wegen einer Gallenkolik darniederlag.

Spektrenzeichnungen in Haisterkirch

In diesen Jahren verbrachte ich große Teile meiner Zeit mit Doktoranden in Haisterkirch. Ich hatte meiner Mutter ihre neue Sekretärin Inge Straub ausgespannt. Im Atelier fertigten wir die nahezu zweihundert Spektrenzeichnungen für meine Habilitationsschrift und meine Monographie an (siehe S. 209 ff.). Dies war sehr mühsam – die Spektren mussten an einem Leuchttisch in die vorgedruckten Gerippe übertragen werden. Hierbei mussten wir sie anhand der Eichkurven, die mit Hilfe von Eichbanden hergestellt worden waren, zurechtrücken. Die Abweichungen betrugen

„Ungeheuer" frisch vom Friseur

in der Nähe des Übergangs vom Prisma auf den Gitterbereich fünfzehn Wellenzahlen und mehr. Die Zeichnungen breiteten wir auf dem Boden des Ateliers aus. Nach einigen Ermahnungen trottete mein Hund Bambino, das Ungeheuer, mit großem Respekt um sie herum.

Eine Erkenntniskrise

Um 3200 cm^{-1} beobachteten wir eine Bande. Sie hat bei Hans Metzger und mir in Haisterkirch eine Erkenntniskrise ausgelöst, denn sie lag bei sehr viel kleineren Wellenzahlen als die entsprechende Bande bei flüssigem Wasser. Genau dort absorbieren aber auch die Ammoniumionen. Damit entstand der Verdacht, dass durch in der Laborluft anwesenden Ammoniak in den Folien Ammoniumionen entstanden sein könnten, womit alle unsere Messungen natürlich unsinnig gewesen wären.
Voller Panik fuhren wir daher, mit unseren Folien in einem Exsikkator, nach München. Wir tauchten eine der Folien, die die fragliche Bande zeigte, in destilliertes Wasser und trockneten sie rasch. Die verdächtige Bande tauchte nicht auf. Somit waren keine Ammoniumionen in den Folien vorhanden. Wir feierten diese fundamentale, rettende Erkenntnis und den Geburtstag von Hans Metzger mit einem opulenten Mittagessen im türkischen Restaurant am Oskar-von-Miller-Ring. Es gab Yogurtlu Kebab. Sehr beruhigt kehrten wir noch am selben Tag nach Haisterkirch zurück. Leider existiert dieses exzellente Restaurant nicht mehr. Als aufkam, dass es Hauptumschlagplatz für Drogen war, wurde es geschlossen.
Mit der Theorie ging es nur langsam weiter. Wenn wir uns auch noch so scharfsinnige Gedanken machten, eine Erklärung für das Kontinuum konnten wir nicht finden. Mit Erich Weidemann zeigte ich, dass die Kopplung der Protonenfluktuation in zwei benachbarten $B^{+}H\cdots B \rightleftharpoons B\cdots H^{+}B$ Brücken zu Protonendispersionskräften führt. Erklären können diese Kräfte die Kontinua jedoch nicht vollständig, denn wenn dem so wäre, dürfte die Intensität der Kontinua nicht linear mit der Konzentration zunehmen; es wäre vielmehr ein überproportionaler Anstieg der Intensität mit der Konzentration zu erwarten, da sich erst mit zunehmender Konzentration mehr und mehr Paare der Gruppierungen mit den Wasserstoffbrücken bilden.

Karl Zwernemann

Karl Zwernemann, geschickt von Theodor Ackermann, stieß aus Münster kommend zu uns. Ihm war die Flucht aus der DDR gelungen, denn er hatte Verwandte unmittelbar an der Elbe. Er schwamm durch die Elbe und kam so in den Westen. Karl Zwernemann wurde von einem der Assistenten von Herrn Ackermann sehr schlecht behandelt. Für diesen Herrn rächte sich sein Verhalten jedoch, denn der recht tüchtige Zwernemann wurde später in der Industrie sein Vorgesetzter.
Karl Zwernemann sollte basische Ionenaustauscherfolien herstellen. Zuerst versuchten wir dies mit einem Polyadditionsverfahren. Doch die Reaktion verlief so heftig, dass die Proben an der Decke landeten. Nach umfangreichen Untersuchungen, an denen insbesondere Herr Rüterjans,

damals Assistent von Ackermann, beteiligt war, ergab es sich, dass sich derartige Folien aus *p*-Dimethylaminostyrol polymerisieren lassen. Diese Substanz war nicht käuflich, wir mussten sie selbst herstellen.

Einbau von Labors auf dem Berghof

In Tübingen hatte ich Helmut Hempel, einen Architekten des Universitätsbauamts, damit beauftragt, die Räume unter dem Atelier in Labors umzubauen, dies in der Absicht, mich dort mit einem Auftragsforschungslabor selbständig zu machen. Die Umbauarbeiten waren jedoch, als ich promovierte, noch nicht abgeschlossen, so dass ich mich der Habilitation zuwandte, die im Jahre 1967 stattfand (siehe S. **217 ff**.).
In den fast fertigen Labors unter dem Atelier stellte ich im August 1965, ausgehend von Patenten, Folien mit verschiedenen Anionen als Festionen her. Ich präparierte Polystyrolseleninsäurefolien und oxidierte diese weiter zu Selenonsäurefolien. Der Einbau der Phosphinsäure- und insbesondere der Thiophosphonsäuregruppen war eine gewaltige Stinkerei, da sich dabei Phosphotrichlorid bzw. Thiophosphotrichlorid entwickelt. Mein Ungeheuer, das ich manchmal aus Haisterkirch mit nach Tübingen nahm, kläffte wütend am Baum vor dem Labor hoch, da es dort eine intensiv duftende Mieze vermutete.

Selenonsäurefolien

Nikolaus Riehl Adalbert Mayer

In München traf ich mich häufig mit Adalbert Mayer im Café. Er arbeitete am Institut von Professor Nikolaus Riehl an der TU über die Protonenleitung im Eis. Herr Riehl war ein sehr origineller Typ. Er ist im Baltikum aufgewachsen und hatte an der Universität Leningrad studiert. Nach dem Krieg war er als Wissenschaftler nach Russland verschleppt worden. Er bezeichnete diese Zeit als die beste seines Lebens. Er hatte dort, was sicher für russische Verhältnisse sehr ungewöhnlich war, ein Auto mit Fahrer zur Verfügung.
Adalbert Mayer folgte später einem Ruf der Universität Bremen. Diese Universität hatte jedoch damals eine Struktur, die keine erfolgreiche naturwissenschaftliche Forschung ermöglichte, denn es gab keine Assistenten und damit auch keine Teambildung.

Entscheidende Erkenntnis: die Gruppierung $H_5O_2^+$

Die Umbauarbeiten am Münchner Institut machten große Fortschritte. Als eines Tages die Wand hinter unserem Spektrometer durchgebrochen wurde, packten wir das Spektrometer sorgfältig in Plastikfolie ein. Ich fuhr mit Hans Metzger nach Haisterkirch, um mit ihm dort seine Doktorarbeit auszubrüten. Er hatte eine große Anzahl umfangreicher Messreihen aufgenommen, die nun verstanden werden mussten.

Wir kämpften 1965 etwa ein halbes Jahr und kamen auf keinen grünen Zweig. Wir versuchten, unsere Messergebnisse stets unter der Annahme in Diagrammen aufzutragen, dass das Kontinuum durch die von Manfred Eigen vorgeschlagenen $H_9O_4^+$ Gruppierungen verursacht ist [E. Wicke, M. Eigen und Th. Ackermann, Z. Physik. Chem. Frankfurt **1**, 340 (1954)]. Die unter dieser Voraussetzung durchgeführten Auswertungen führten jedoch zu keinen vernünftigen Grafiken, denn diese Annahme ist falsch. Die Erkenntniskrise in Haisterkirch wurde schlimmer und schlimmer. Selbst mein wissenschaftlicher Beirat, das Ungeheuer, war schon ganz deprimiert. Im September kam uns eines Tages die Idee, dass man nicht von Gruppierungen $H_9O_4^+$, sondern von Gruppierungen $H_5O_2^+$ ausgehen muss, um vernünftige Kurven zu erhalten. So konnten wir beweisen, dass im Fall wässriger Systeme die Wasserstoffbrücke im $H_5O_2^+$ das Kontinuum verursacht, dies, da einerseits die Intensität der Kontinua proportional zum Dissoziationsgrad zunimmt, und da andererseits die Dissoziation nur dann eintreten kann, wenn zwei Wassermoleküle pro Überschussproton zur Verfügung stehen. Beide Ergebnisse zusammengenommen liefern den Beweis, dass das Kontinuum durch die Gruppierung $H_5O_2^+$ verursacht ist.

Der Durchbruch

Diese Erkenntnis war der entscheidende Durchbruch, denn damit hatten wir bewiesen, dass die Wasserstoffbrücke im $H_5O_2^+$ besondere Eigenschaften haben muss, die für das Verhalten wässriger saurer Systeme und damit auch für die Entstehung der Kontinua entscheidend sind. Unsere Ergebnisse veröffentlichten wir unter dem Titel *„Energiebänder der tunnelnden Überschussprotonen in flüssigen Säuren. Eine IR-spektroskopische Untersuchung der Natur der Gruppierung* $H_5O_2^+$*"* [Z. Physik. Chem. NF **58**, 225-245 (1968)]. Wir schoben einen forschungsfreien Nachmittag ein und machten einen Ausflug zum Wurzacher Ried. Das Ungeheuer ist bei diesem Ausflug beinahe in Ried ertrunken, denn es ging baden und verhedderte sich dabei in Schlingpflanzen. Auch am Rohrer See hatte das Ungeheuer stets schrecklichen Ärger, denn wenn es an die Möwen heranschwamm, flatterten diese auf, und es hatte das Nachsehen. Hierüber war das Ungeheuer fürchterlich ergrimmt, Wau, Wau !

Bau und Betrieb eines Studentenheims in Tübingen

In Tübingen herrschte bei den Studenten eine heute unvorstellbare Wohnungsnot. Man konnte lesen, dass Studenten trotz des hereinbrechenden Winters in den Anlagen der Stadt nächtigten. Deshalb beschloss ich 1963, ein Studentenheim zu bauen. Es brach bei der Bevölkerung ein Schrei der Entrüstung aus. Offenbar glaubten alle, dass sie ihre Zimmer nicht mehr vermieten könnten. Auch bei der Stadtverwaltung fand ich keine Gegenliebe. Mit Oberbürgermeister Hans Gmelin hatte ich in dieser Angelegenheit eine so heftige und lautstarke Auseinandersetzung, dass man daran auf dem Marktplatz teilnehmen konnte. Herr Jäger, der Baubürgermeister, hatte an der Erzeugung dieser Probleme wesentlichen Anteil, dies vermutlich durch den Einfluss meines speziellen „Freundes" Architekt Fromm.

Da nichts weiterging, fuhr ich nach Konstanz, dies wenige Tage vor meiner Abreise nach Moskau. Als ich dem dortigen Oberbürgermeister darlegte, dass ich ein Studentenheim für die damals neu gegründete Universität Konstanz bauen wolle, nahm er dies mit Begeisterung zur Kenntnis und versprach, dass er sich schnellstens um einen Baugrund und eine Genehmigung kümmern würde. Nach Tübingen zurückgekehrt sorgte ich dafür, dass dies Oberbürgermeister Gmelin zu Ohren kam. Ich reiste nach Moskau ab, und bis ich wiederkam, war die Baugenehmigung in Tübingen erteilt. Es blieb also beim Tübinger Bauvorhaben.

Baugenehmigung auf Umwegen

Ich hatte mir für das Studentenheim eine besondere soziale Struktur ausgedacht. In dem katholischen Studentenheim, das ich mir angesehen hatte, waren in einem Jahr drei Fälle von gelungenem Suizid vorgekommen. In dieses Heim wurden nur Studenten, keine Studentinnen, aufgenommen. Ich sagte mir, dass die besten sozialen Voraussetzungen dann gegeben seien, wenn die Studenten in Vierergruppen zusammenlebten, denn eine Gruppe dieser Größe stellt ja in etwa die Größe einer Familie dar. Das Studentenheim wurde damit in Viererappartements unterteilt. Zu jeweils vier Zimmern gehörte ein kleiner Aufenthaltsraum mit Kochgelegenheit. Daneben gab es Zweizimmerappartements für Ehepaare. Später setzten die Studenten sogar durch, dass die Viererappartements gemischt belegt werden durften. Sie legten diesbezüglich ein juristisches Gutachten vor.

Soziale Strukturen

Noch eine Kuriosität: Ich bekam die Baugenehmigung für das 8-stöckige Gebäude nur unter der Bedingung, dass ich eine entsprechende Anzahl von Autoabstellplätzen für die Bewohner des Studentenheims, d.h. ein Parkhaus baute. Umgekehrt durfte eine gemeinnützige Einrichtung, wie

Obligatorisches Parkhaus

das Studentenheim, damals keine Stellplätze für Autos besitzen. So geschah es, dass der Bau des Studentenheims und der Bau des Parkhauses formal getrennte Vorhaben wurden. Das Tübinger Studentenwerk, heute Eigentümer des Studentenheims und des Parkhauses, hat Ende des Jahres 2005 einen „Antrag auf Errichtung eines Studentenwohnheimes auf dem bestehenden Parkierungsgebäude" bei der Stadt Tübingen gestellt. Wir hatten diese Idee schon 40 Jahre früher und haben damals die Fundamente des Parkhauses tragfähig gebaut – die Genehmigung für eine Aufstockung wurde uns jedoch nicht erteilt.
Als die Baubewilligung für das Studentenheim vorlag, konnte endlich im Frühjahr 1966 in der Friedrich-Zundel-Straße mit dem Bau begonnen werden. Die Firma Züblin bekam den Zuschlag für die Errichtung des Rohbaus.
Die Angelegenheit war damit noch nicht ausgestanden. Vertreten durch den Rechtsanwalt Helmut Haug in Stuttgart, ein Tübinger Anwalt hatte sich offenbar nicht finden lassen, klagten etwa zwei Dutzend Tübinger unter Anführung von Gerhard Habermann zunächst beim Verwaltungsgericht in Sigmaringen wegen dieser Genehmigung gegen die Stadt Tübingen. Bei den meisten dieser Kläger handelte es sich nicht um Nachbarn, diese hatten wir ohnedies entschädigt, vielmehr wohnten die meisten kilometerweit entfernt und wurden somit in keiner Weise durch das Geschehen beeinträchtigt.
Mit Schreiben vom 2.9.1966 baten die Kläger die Beklagte u.a.: „... den Abbruch von Bauteilen anzuordnen, die bereits errichtet worden sind, jedoch mit der Maßgabe, dass zwei Geschosse erhalten bleiben."

Abgewiesene Klagen

Als die Klage vom Verwaltungsgerichtshof Sigmaringen abgewiesen wurde, reichten die Kläger diese beim Regierungspräsidium Südwestwürttemberg-Hohenzollern ein. In dieser Klage heißt es unter anderem:

„... die Stadtverwaltung Tübingen anzuweisen, die erteilten Baugenehmigungen zurückzunehmen bzw. dahingehend einzuschränken, dass sich die Baugenehmigung nur auf die Errichtung von zwei Geschossen mit einer Gesamthöhe von 6,8 Metern erstreckt."

Aber auch beim Regierungspräsidium wurde die Klage abgewiesen, dies mit der Begründung, die Beklagte könne in Tübingen nicht angewiesen werden, die erteilten Baugenehmigungen nach § 99 LBO zurückzunehmen oder einzuschränken, weil die gesetzlichen Voraussetzungen nicht vorlägen. Damit nahm die Tragikomödie noch kein Ende.

Obwohl das Studentenheim im Jahre 1967 bezogen wurde, zog sich die Angelegenheit unglaublich in die Länge, denn die Kläger wandten sich nun an den Verwaltungsgerichtshof Baden-Württembergs. Doch auch hier wurde die Klage abgewiesen. Herr Dr. Geib schrieb mir am 17.2.1971:

„In der vorbezeichneten Angelegenheit kann ich Ihnen heute mitteilen, dass der Verwaltungsgerichtshof Baden-Württemberg mit dem mir am 10.2.1971 zugestellten Urteil die gegnerische Berufung zurückgewiesen und das für Sie günstige Urteil des Verwaltungsgerichtshofs Sigmaringen vom 14.10.1967 bestätigt hat."

Die Allianz-Versicherung, bei der die Stadt Tübingen für derartige Fälle versichert war, wird aufgeatmet haben, denn der Antrag auf Abbruch betraf nicht nur das Studentenheim, sondern auch zwei Häuser der gemeinnützigen Siedlungsbaugenossenschaft.

Mitbestimmung im Studentenheim

Nach der Fertigstellung des Studentenheims suchten wir nach einem Hausmeister, was zu der Zeit, als die Studenten allem sehr kritisch gegenüber standen, nicht einfach war. Auf unsere Annonce in der „Zeit" erhielten wir über sechzig Bewerbungen. Hans Metzger und ich stellten einen Herrn Schöber ein. Leider kam dieser mit den Studenten nicht zurecht. Er verhielt sich wie ein Tutor und scheiterte damit bald. Wir schrieben die Stelle erneut aus und erhielten wieder zahlreiche Bewerbungen. Nachdem wir zusammen mit den Studenten einen Tag lang Vorstellungsgespräche geführt hatten, erwähnte jemand, es gebe einen Elektriker, Walter Krumm, der aus Gesundheitsgründen nicht mehr auf dem Bau arbeiten könne und daher möglicherweise interessiert sei. Wir suchten Herrn Krumm auf und engagierten ihn noch am selben Tag.

In der Zeit der Studentenbewegung gestaltete sich die Betreuung des Studentenheims sehr schwierig. Hans Metzger, der mich hierbei in Tübingen vertrat, hatte einiges durchzustehen. Jahre später wurde das Studentenheim vom Studentenwerk der Universität übernommen, das sofort die Mieten um zwanzig Prozent erhöhte. Solange das Studentenheim von uns geführt wurde, waren die Mieten so gestaltet, dass aus ihnen die laufenden Kosten des Heims gedeckt, jedoch keine Rücklagen gebildet werden konnten. Wir hatten damals die niedrigsten Mieten aller Tübinger Studentenheime.

Forstbetrieb im Maltatal

Hochgebirgswald in Kärnten

Im Sommer 1965 erhielt ich ein Angebot der Makler von Bülow und Rauch. Sie boten 400 Hektar Hochgebirgsforst, den Sonnblick im Maltatal in Kärnten, zum Kauf an. Ich setzte mich mit unserem Berater im Odenwald, Wilhelm Hattemer, in Verbindung und bat ihn, das Angebot zu beurteilen. Er kam mit seiner Frau nach Haisterkirch. Frau Hattemer, sehr katholisch, war entsetzt, wie unser Schweizer, Herr Angerer, morgens mit seinen Kühen herumfluchte.

Wir fuhren gemeinsam Richtung Kärnten. Es war fürchterlich schlechtes Wetter, hinter dem Katschberg ergossen sich Sturzbäche über die Straße. Um zehn Uhr abends erreichten wir Gmünd, den Ort am Eingang des Maltatals, wo uns Helmut Bretschneider, der Oberforstmeister des Verkäufers Peter Lowry-Irsa, erwartete. Er brachte uns im Gasthaus Post unter. In den folgenden Tagen machten wir uns über den angebotenen Forst kundig. Ich verhalf Herrn Hattemer zu seiner ersten und einzigen Bergtour. Wir stiegen von hinten zum Moosboden auf. Begleitet hat uns Förster Kargel vom Pflüglhof, der zum Lowry'schen Besitz gehörte. Wir gingen durch die große Maralmschlagfläche. Dort waren 1928 auf 1600 Höhenmeter 22 Hektar Zirbenwald geschlägert und das Holz mit einer Seilbahn ins Tal gebracht worden. Die dürren Bäume hatte man stehen lassen, niemand hatte sich um eine Wiederaufforstung bemüht. Das mittels einer sieben Kilometer langen Seilbahn ins Tal gebrachte Holz war tragischerweise durch die Wirtschaftskrise wertlos geworden. Die Ruine der Talstation dieser Seilbahn ist heute noch zu sehen.

Maralmschlag

Es zeigte sich, dass das Revier völlig unerschlossen war. Es existierte nur ein Stichweg von etwa 300 Meter Länge. Durch das sehr steile Gelände stiegen wir zum Karrenweg ab, der damals der einzige Zugang zum Inneren Maltatal war. Herrn Hattemer, groß und sehr kräftig, hievten wir mit Mühe den weglosen, steilen Gebirgswald hinunter.

Der Lowry'sche Besitz

Der Besitz war im Dritten Reich gegen eine Entschädigung enteignet worden. Herr Irsa, der Eigentümer, wanderte nach England aus und nahm dort den Namen Lowry an. In den fünfziger Jahren wurde ihm der Besitz zurückgegeben. Lowry hatte zu seinem Forst nie eine Beziehung. Er engagierte sich ohne Erfolg in der Industrie; so beteiligte er sich z.B. an einem Vulkanisiergeschäft, das zu dieser Zeit keine Zukunft mehr hatte. Durch seine Engagements verlor Lowry nahezu sein gesamtes Vermögen, d.h. etwa 10.000 Hektar Gebirgswald.

Wir nahmen unverzüglich mit den Herren von Bülow und Rauch die Kaufverhandlungen auf, die aber nur sehr zähe Fortschritte machten. Wir reisten ab. Im Herbst kam ich wieder, um aufs Neue zu verhandeln. Als ich mich in der Post einquartiert hatte, kam Herr Bretschneider und eröffnete mir, dass ihn Lowry fristlos entlassen habe, er sei aber weiterhin bevollmächtigt, die Kaufverhandlungen zu führen. Nach Begehungen des Forsts bei herrlichem Herbstwetter mit Förster Kargel vom Pflüglhof kam es schließlich nach mühsamen Verhandlungen am 9. Dezember 1965 zum ersten Kaufabschluss. Später erfuhr ich, dass Frau Lowry nach dem Abschluss mit dem Ausruf in die Küche ihrer Villa kam: „Gott sei Dank! Wir haben verkauft!"

Unmittelbar nach Kaufabschluss engagierte ich Helmut Bretschneider und übertrug ihm die Leitung meiner entstehenden Forstverwaltung. Als erstes nahmen wir den Bau des Forsthauses in Angriff, in dem auch die Familie Bretschneider wohnen sollte.

Bau des Forsthauses

Die Gemeinde Malta hatte einen sehr tüchtigen, pragmatischen Bürgermeister, Herrn Hans Koch. Er war sehr daran interessiert, dass die zum Pflüglhof gehörenden Flächen wieder in Ordnung gebracht würden. So fuhr er mit mir schon im Herbst 1965 in seinem Auto, er war begeisterter Mercedesfahrer, zu allen Mitgliedern der Grundverkehrskommission. Ich war damals noch Ausländer und konnte Grund nur dann erwerben, wenn sich die Grundverkehrskommission massiv dafür einsetzte. Herr Koch und ich überzeugten die Kommissionsmitglieder, und damit stand dem Kauf nichts mehr im Wege. Bürgermeister Koch verpflichtete mich, seinen Gemeindejäger, Franz Baier, einzustellen, den ich zum Forstwart ernannte. Ich wohnte vor Fertigstellung des Forsthauses bei meinen Besuchen im Maltatal im Gasthaus des Bürgermeisters, dem „Fischerwirt" in Fischertratten. Eines Morgens pochte es heftig an meiner Tür. Ich verstand Feuer. Es war jedoch Herr Baier, der gekommen war, um mich vor den „Gefahren" des wilden Maltatals zu warnen.

Bürgermeister Hans Koch

Franz Baier

Im Jahr 1966 begannen Helmut Bretschneider und Franz Baier mit der Trassierung des Forstwegs zur Maralm, denn Wege sind das α und ω für die erfolgreiche Bewirtschaftung eines Forstbetriebes.

Oberhalb unserer Forstverwaltung liegt das Revier Perschitz. Es umfasst etwa 1400 Hektar und war von Lowry an Baron Twickel aus Norddeutschland verkauft worden. Der Baron war nur an der Jagd interessiert und finanzierte diese Leidenschaft durch Holzverkauf. Von Lowry übernahm der Baron Bert Trattnig, den Sohn eines Klagenfurter Arztes, als Förster. Der Baron tat absolut nichts für die forstliche Aufschließung dieses großen Gebietes. Wenn ich, nach Errichtung des Forsthauses, morgens zwischen fünf und sechs Uhr am Schreibtisch saß, tuckerte Herr Trattnig mit seinem kleinen Haflinger an der Forstverwaltung vorbei, um diesen am

Die Perschitz

Mirzsteig abzustellen und von dort in sein Revier zu Fuß aufzusteigen. Bert Trattnig war ein lebenslustiger, aber auch ein sehr nachdenklicher Mensch. Er hat zahlreiche Bücher über die Jagd und das Leben in den Bergen geschrieben, aus denen seine Liebe zur Natur erkennbar ist. Leider nahm er sich im Mai 2003 das Leben.

Im Osten grenzt das erworbene Revier an die Melnik, einen 828 Hektar großen Hochgebirgstalkessel. Die Melnik war ursprünglich im Besitz der Reichsforste, der jetzige Besitzer war die Stadtpfarre Gmünd, d.h. die Katholische Kirche. Zwecks Zukauf nahm ich mit dem Erzbischöflichen Ordinariat in Klagenfurt Kontakt auf. Die Verhandlungen hatten den Charakter eines Inquisitionstribunals, doch es kam zum Abschluss, da das Ordinariat dringend Geld für einen Kirchenneubau benötigte.

Kauf der Melnik

Dieser Kauf hatte jedoch noch ein langwieriges Nachspiel, denn die Herren von Bülow und Rauch forderten für den Kauf der Melnik auch Maklergebühren, obwohl sie mit diesem Kauf nicht befasst waren. Herr Rauch war mit einer Abfindung zufrieden, Herr von Bülow klagte jedoch bei der 3. Zivilkammer des Landgerichts München I. Nach langwierigen Darlegungen kam als Ergebnis der unendlichen Verhandlungen am 12. Februar 1971 das Urteil zustande, dass „die Klage unter jedem möglichen Gesichtspunkt unbegründet und damit abzuweisen ist". Herr von Bülow war, wie sich bei den Verhandlungen zeigte, bar jeder Ahnung, wo die Melnik liegt.

Der Ordner „Ärger und Verdruss"

Die Geschichte zog weiteren Ärger nach sich. Ich war von dem Rechtsanwaltsbüro Nörr in München vertreten worden. Dieses hatte die Verteidigung sehr lasch geführt und mich auch gegen persönliche Anfeindungen durch die Gegenseite nicht gedeckt und diesen nicht widersprochen. So stellten z.B. Herrn von Bülows Anwälte fest, ich hätte einen sehr schlechten Charakter, da ich nicht zahlen würde. Herr Nörr forderte über das gesetzliche Honorar ein Zusatzhonorar von 2.000 DM. Als ich mich im Hinblick auf seine unengagierte Prozessführung weigerte, diesen zusätzlichen Betrag zu bezahlen, gab es einen gewaltigen Sturm im Wasserglas. Meine Sekretärin Inge Straub hat damals einen Ordner angelegt, auf dessen Rückenschild steht: „Ärger und Verdruss".

Es gab massive Widerstände gegen Wegbauten, gegen die erforderlichen Zäunungen der aufgeforsteten Flächen zum Schutz vor Wildverbiss und gegen die Einrichtung eines Baumschulbetriebes. Sogar Hans Metzger meinte nach einem Urlaub im Maltatal, mich warnen zu müssen. Er riet mir, aus Gründen der Wirtschaftlichkeit und um größere Verluste zu vermeiden, nur noch die Verbindung zwischen dem vorderen und dem hinteren Wegenetz herstellen zu lassen, alle übrigen Wegbauten

sofort einzustellen und keine weiteren Angestellten mehr zu beschäftigen. Es sei damit zu rechnen, dass die Personalkosten in Zukunft stärker ansteigen würden als die Holzpreise.
Trotz dieser Einwände und Widerstände habe ich die Verwirklichung meiner Vorstellungen, wenn auch mit viel Mühe und Zähigkeit, durchgesetzt. Erfreulicherweise sind die Mitarbeiter heute stolz auf „ihren" Betrieb.

Die Gründung der Firma Berghof in Tübingen

Obwohl ich mich entschlossen hatte, eine Universitätslaufbahn einzuschlagen, gründete ich am 4. November 1966 die Firma „Physikalisch-Technisches Laboratorium Berghof GmbH". Hans Metzger, inzwischen promoviert, wurde Geschäftsführer. Ich fuhr mit ihm nach Isny, wo wir von der dortigen Laborantenschule Herrn Kock engagierten. Als Laborantin gesellte sich Fräulein Pfeffer zu dem Unternehmen. Diesen Arbeitskreis ergänzte als Chemiker Dr. Heiner Strathmann, der von Professor Ulrich Franck in Aachen kam.
Hans Metzger siedelte sich zunächst mit seiner Familie in der Dachwohnung des Verwalterhauses an, denn das Haus Sonnhalde wurde von Frau Erbe, der Witwe eines früheren Rektors der Universität, nicht freigegeben. Schon vor Jahren hat ihr Mann, als es wieder einmal Streit gab, meiner Mutter gegenüber erklärt: „Ich weiß, dass ich als Mieter und als Ehemann versagt habe." Es dauerte Jahre, bis wir die Sonnhalde für Metzgers frei bekamen.
Die Kinder von Hans und Erika waren für meine Mutter Ersatz für eigene Enkelkinder. Hans kümmerte sich nebenbei um meinen Harem auf dem Berghof.
Die Laborräume unter dem Atelier wurden schnell zu klein. Ein Neubau war dringend notwendig. Ich wandte ich mich deshalb an Professor Linde vom Finanzministerium in Stuttgart, ob Herr Hempel vom Universitätsbauamt, selbstverständlich gegen Vergütung, wieder für mich tätig werden könnte.
Herr Linde lehnte dieses Ansuchen ab, worauf ich Helmut Hempel kurzerhand vom Universitätsbauamt abwarb und mit ihm ein eigenes Baubüro gründete.

Eigenes Baubüro

Zur

URKUNDEN

Sammlung

Ausschnitt über die für Ihre Firma erfolgte

Eintragung in das

HANDELSREGISTER

Veröffentlicht im BUNDESANZEIGER

Ausschnitt vom:

4. NOV. 1966

HRB 145 — 24. 10. 66: **Physikalisch-Technisches Laboratorium „Berghof" Gesellschaft mit beschränkter Haftung,** Sitz in **Tübingen-Lustnau** (Berghof). Gegenstand des Unternehmens: Die Gesellschaft verfolgt den Zweck, technisch-wissenschaftliche Problemstellungen, insbesondere auf chemischem, physikalischem und technischem Gebiet, in Forschung und Entwicklung zu lösen und daraus hervorgehende Erzeugnisse, Verfahren u. ä. zur Produktionsreife bzw. wirtschaftlichen Anwendbarkeit zu führen. Die Gesellschaft kann bestehende Unternehmen gleicher oder ähnlicher Art erwerben oder sich an solchen in beliebiger Form beteiligen. Sie kann sich mit der Entwicklung, der Herstellung und dem Vertrieb von Erzeugnissen aller Art beschäftigen. Sie darf auch Zweigniederlassungen errichten. Die Gesellschaft kann Handelsgeschäfte jeder Art abschließen, die der Erreichung des Gesellschaftszweckes unmittelbar oder mittelbar dienen. Stammkapital: 400 000.— DM. Geschäftsführer: Dr. Hans Metzger, Diplom-Physiker, Alerheim über Nördlingen, und Felix Olpp, Diplom-Kaufmann, Stuttgart. Gesellschaft mit beschränkter Haftung. Gesellschaftsvertrag vom 2. August 1966. Sind mehrere Geschäftsführer bestellt, so sind je zwei Geschäftsführer zusammen oder ein Geschäftsführer zusammen mit einem Prokuristen zur Vertretung der Gesellschaft ermächtigt. Die Gesellschafterversammlung kann einzelnen Geschäftsführern Einzelvertretungsbefugnis erteilen. Die Geschäftsführer Dr. Hans Metzger und Felix Olpp haben Einzelvertretungsbefugnis. Nicht eingetragen: Bekanntmachungsblatt der Gesellschaft ist der Staatsanzeiger für Baden-Württemberg.

Vorliegender Ausschnitt ersetzt keine amtl. Beurkundung und ist nicht behördlich veranlaßt.
L. Marie Schreiber · Hagen-Haspe · Silscheder Straße 23 · Ruf 41567 · Nachdruck verboten.

HRB 145 — 24. 10. 66: **Physikalisch-Technisches Laboratorium „Berghof" Gesellschaft mit beschränkter Haftung**, Sitz in **Tübingen-Lustnau** (Berghof). Gegenstand des Unternehmens: Die Gesellschaft verfolgt den Zweck, technisch-wissenschaftliche Problemstellungen, insbesondere auf chemischem, physikalischem und technischem Gebiet, in Forschung und Entwicklung zu lösen und daraus hervorgehende Erzeugnisse, Verfahren u. ä. zur Produktionsreife bzw. wirtschaftlichen Anwendbarkeit zu führen. Die Gesellschaft kann bestehende Unternehmen gleicher oder ähnlicher Art erwerben oder sich an solchen in beliebiger Form beteiligen. Sie kann sich mit der Entwicklung, der Herstellung und dem Vertrieb von Erzeugnissen aller Art beschäftigen. Sie darf auch Zweigniederlassungen errichten. Die Gesellschaft kann Handelsgeschäfte jeder Art abschließen, die der Erreichung des Gesellschaftszweckes unmittelbar oder mittelbar dienen. Stammkapital: 400 000,— DM. Geschäftsführer: Dr. Hans Metzger, Diplom-Physiker, Alerheim über Nördlingen, und Felix Olpp, Diplom-Kaufmann, Stuttgart. Gesellschaft mit beschränkter Haftung. Gesellschaftsvertrag vom 2. August 1966. Sind mehrere Geschäftsführer bestellt, so sind je zwei Geschäftsführer zusammen oder ein Geschäftsführer zusammen mit einem Prokuristen zur Vertretung der Gesellschaft ermächtigt. Die Gesellschafterversammlung kann einzelnen Geschäftsführern Einzelvertretungsbefugnis erteilen. Die Geschäftsführer Dr. Hans Metzger und Felix Olpp haben Einzelvertretungsbefugnis. Nicht eingetragen: Bekanntmachungsblatt der Gesellschaft ist der Staatsanzeiger für Baden-Württemberg.

Akademisches Engagement und Habilitation

Meine Monographie bei Academic Press/New York und Mir/Moskau

Die amerikanische Ausgabe

Im Sommer 1962 hatte ich von F. Kudzin, einem Editor von Academic Press in New York, folgenden Brief erhalten:

„I have recently been in touch with Dr. F.C. Nachod, with whom I had a most interesting discussion about your work with Ion Exchange Membranes. It was our opinion that a short monograph on this subject by you would constitute a significant contribution to the literature. I am writing this letter to determine your willingness to write such a monograph and have it published under the Academic Press imprint."

Dieses Angebot hat mich sehr gefreut, denn es eröffnete die Möglichkeit, meine wissenschaftlichen Ergebnisse einem weiten Kreis interessierter Kollegen zugänglich zu machen, dennoch schien mir zu diesem Zeitpunkt die Anfertigung einer Monographie verfrüht. Ich schlug daher vor, erst nach Abschluss meiner derzeit laufenden Arbeiten das Manuskript anzufertigen. Hiermit war Academic Press einverstanden. Herr Kudzin, antwortete mir: „I am eagerly looking forward to the day when a manuscript dealing with Ion Exchange Membranes is forthcoming from your laboratory." Wir, d.h. Alfred Murr, Hans Metzger, Ilse Scheuing und ich machten uns mit Hochdruck an die Arbeit.
Nach Abklärung einiger Fragen schrieb mir Herr Kudzin am 27. September 1962:

„Following consultations with our advisors, I have concluded that it would be best at this time if you could consider the preparation of a short monograph dealing with your own work on the application of infrared techniques to the study of membranes. The outline for such a book contained in your letter of September 15th is an excellent one, and I would urge you to proceed accordingly."

Im Hinblick auf die Abbildungen teilte mir Herr Kudzin in einem Brief vom 29. Dezember 1964 mit: „I am happy to report that our Production Department found your three samples of reduced figures to be satisfactory. However, they did indicate a desire to have the original drawings sent so that they could undertake the reducing process". Ich ließ daher durch Schreinermeister Krattenmacher in Osterhofen eine 80 x 100 Zentimeter große Kiste für die Zeichnungen anfertigen, die wir im Atelier beschrifteten. Das Ungeheuer sah interessiert zu und dachte sicher, was die Menschen so alles Blödes machen. Heute versendet man solche Daten auf einer CD oder gar per Internet, Kiste überflüssig! Die Fertigstellung des Manuskriptes meiner Monographie bereitete in Haisterkirch gravierende Schwierigkeiten, denn ich hatte dort niemanden, der Englisch tippen konnte. Ein Fräulein Marschall, die „Grazie von Dinnenried", meisterte das Problem nicht. Ich wandte mich deshalb an Frau Leonhardt von der Galerie in München, die ich gut kannte. Sie konnte sehr schnell die benötigte Kraft, Marfa Berger, finden. Diese war von ihrem Mann, einem Bundesnachrichtendienstler geschieden, der ihr jedoch bedrohlich nachstellte, sodass sie München schnellstmöglich verlassen musste. Ich lud ihre sieben Sachen und ihre Katze Minuschka ins Auto und fuhr mit Marfa Berger nach Haisterkirch. Sie wohnte im Atelier. Das Ungeheuer bekam wegen des Eindringens von Minuschka in sein Reich täglich eine Gallenkolik. Die Tipperei machte rasante Fortschritte. Wir zogen die Matrizen auf Dünndruckpapier ab, was außerordentlich mühsam war.

Eine Kiste für die Spektren-Zeichnungen

Marfa Berger

Doch eines Tages tauchte Frau Bergers Exgatte auf. Er betrank sich im Gasthaus Hirsch und schockierte die Haisterkircher damit, dass er sagte, er sei gekommen, um seine Frau umzubringen. Ich alarmierte die Polizei und fuhr mit Minuschka und Marfa Berger auf Schleichwegen nach Tübingen. Am nächsten Tag traf ich mich mit unserem Verwalter, Herrn Bachmann, auf halbem Weg und nahm alle Schreib- und Abziehutensilien auf den Berghof mit, wo wir unser Werk erfolgreich zu Ende führten. Marfas Exmann, den ich nie persönlich kennen gelernt habe, hat zu mir ein sehr eigenartiges Verhältnis entwickelt. Oft rief er mich später in München mitten in der Nacht an, um sein Herz auszuschütten. So erfuhr ich auch, wie er mit Hilfe seiner Spezis vom Bundesnachrichtendienst seine frühere Frau in Haisterkirch geortet hat. Der deutsche Bundesnachrichtendienst ist offensichtlich auf Draht. Wenn er sonst keinen Schaden anrichtet, kann man froh sein.

Im Juli 1966 wurde das Manuskript meiner Monographie endlich fertig. Es hatte sich sehr mühsam gestaltet, denn viele Fragen ergaben sich erst bei der Abfassung des Manuskriptes, was zu gelegentlichen Erkenntniskrisen führte. Professor Schwab schrieb folgendes Vorwort zu meinem Buch:

FOREWORD

It is with great pleasure that I offer my best wishes for the success of this work. My modest contribution to it, at best, is that I drew the attention of Dr. Zundel to the intriguing possibilities of ion-exchange resins. My interest originally came from the study of catalysis, and it is exclusively to the author's credit that he recognized that in water-containing ionized resins we have a unique model of electrolyte solutions, enabling one to study the behavior of water in the solvation sphere without interference from the bulk of solvent.

At first alone, and later with a group of able young collaborators, Dr. Zundel exhaustively studied these phenomena using infrared spectroscopy. Although normally used for the study of intramolecular structure problems, infrared spectroscopy proved especially useful for the study of intermolecular interaction. By varying the cations, fixed ions, water isotopes, or degree of swelling, it became possible, for the first time, to obtain a clear picture of the interactions of water with cations, with anions, with groups of both, and even of interactions among its own molecules. The findings on the tunneling effect of protons in hydrogen bridges within hydronium structures were a far-reaching and unforeseeable result of these studies, findings which are in agreement with current results from other research.

Beyond doubt, the material offered in this book will be of great value to chemists, electrochemists, and spectroscopists, among others. I would like to express my satisfaction that these successful investigations stemmed from this institution. I hope that this work will enhance our knowledge of ion exchangers and electrolyte solutions.

Georg-Maria Schwab
Institute of Physical Chemistry
Munich, Germany

Ich verpackte alles, insbesondere die großen Spektrenzeichnungen in die vom Schreiner dafür angefertigte Kiste und brachte diese am 2. August 1966 von Haisterkirch nach Stuttgart, wobei ich frühmorgens wieder einmal bei Blitz und Donner abreiste. Bereits am 8. August bestätigte Herr Kudzin den Empfang.

Mit dem Erscheinen meiner Monographie gab es jedoch unerwartete Schwierigkeiten, denn amerikanische Kollegen agierten massiv gegen

Schwierigkeiten mit US-Kollegen

die Herausgabe. Die von Academic Press eingeholten Gutachten verrieten zwar wenig Kompetenz, führten aber dazu, dass der Verlag im Januar 1967 die Herausgabe des Manuskripts ablehnte. Ich bat Herrn Kudzin um Rücksendung des Materials. Nachdem ein Großteil der Unterlagen nie bei mir ankam, beauftragte ich den im Verlegerrecht bewanderten Rechtsanwalt Dr. Rolf Jauch in Stuttgart mit der Wahrung meiner Interessen.

Im April kam die Angelegenheit offensichtlich Kurt Jakoby, dem Gründer und Vice President von Academic Press, zu Ohren. Er wandte sich an Professor Schwab mit der Bitte, mich zu besänftigen und versprach, meine Monographie zu veröffentlichen. Nachdem jedoch monatelang nichts geschah, teilte ich Herrn Jakoby im Januar kurzerhand mit, dass ich nach New York kommen werde, um die Angelegenheit zu beschleunigen.

Kurt Jakoby schrieb mir am 27. Februar 1968:

„Dear Professor Zundel:
I was glad to learn from your letter of February 21 that you will arrive in New York on March 6. I sent you a cable today to inform you that we have made a reservation for you in the Gramercy Park Hotel (52 Gramercy Park North), which is close to our office.
Dr. F.C. Nachod, who will work with you on the manuscript, will arrive in New York the afternoon of March 7 and will stay in the same hotel. I hope that the three of us can have dinner together that evening.
With best wishes and kindest regards,
Sincerely yours,
Kurt Jacoby"

Das zentral gelegene, damals gemütliche und preiswerte Gramercy Park Hotel wurde in Zukunft mein Stammhotel in New York.

Kurt Jacoby

Herr Jacoby, der Gründer und die treibende Kraft von Academic Press, nahm mich in New York sehr freundlich auf. Auch Herr Nachod, der die Herausgabe meines Buches angeregt hatte, war von Albany nach New York gekommen. Herr Nachod bearbeitete für den Pharmaziekonzern Sterling Winthrop in Albany die Nomenklatur neuer Verbindungen.

Jeden Abend lud mich Herr Jacoby zum Abendessen ein, was sich als Mastkur erwies. Jacoby hing sehr an Europa und fühlte sich in den USA offensichtlich nicht wohl. Er erzählte mir seine Lebensgeschichte: In Leipzig hatte er die Akademische Verlagsanstalt gegründet und zu einem bedeutenden Verlag gemacht. Als Jude musste er 1942 aus Deutschland fliehen. Nur mit einer Aktentasche, in der er die zwei ihm

liebsten Bücher, die er herausgegeben hatte, mitnahm, floh er über Russland in die USA. Dort baute er, bereits 50-jährig, die Academic Press auf. Sein Verlag war zu dieser Zeit nach John Wiley der bedeutendste wissenschaftliche Verlag in den Vereinigten Staaten.
Wir diskutierten mein Buch ausführlich. Ihm war als Herausgeber der Titel besonders wichtig, er meinte: „Was die Räder für den Wagen sind, ist der Titel für ein Buch." Leider erlebte Herr Jacoby das Erscheinen meines Buches nicht mehr, denn er verstarb fünfundsiebzigjährig am 1. September 1968. Nach seinem Tod verkaufte sein Schwiegersohn, ein Herr Johnson, Academic Press, das Lebenswerk von Kurt Jacoby, an einen literarischen Verlag.

Hydration and Intermolecular Interaction

Mit einem Greyhound fuhr ich nach Albany, wo ich von Herrn und Frau Nachod herzlich aufgenommen wurde. Sie wohnten in Kinderhook, einem Dorf nahe Albany. Dieser Name erinnert an die holländische Zeit dieses Teils der USA. Ihr Holzhaus war für unsere Verhältnisse recht einfach. Die Räume waren in einer Art Atrium angeordnet und wurden, obwohl es in dieser Gegend sehr kalt sein kann, vom Keller aus mit Warmluft beheizt. Im folgenden Sommer besuchten mich die Nachods. Ich zeigte ihnen meine Unternehmungen, insbesondere das Maltatal. Leider verstarb Frau Nachod kurz nach ihrer Rückkehr in die USA bei einer Routineoperation.

Skitour auf die Hochalmspitze

Unmittelbar nach meiner Rückkehr aus Amerika traf ich mich mit Nollers und Rosemarie Neufang im Maltatal. Wir machten eine herrliche Skitour über die Villacher Hütte auf die Hochalmspitze. Bei Firnschnee konnten wir sogar über den Steilhang unter der Preimlspitze abfahren.

Was lange währt …

Meine Monographie erschien Ende 1969 (s. *Anhang 5)*. Ich schickte Rechtsanwalt Jauch ein Exemplar. Er schrieb mir am 2.10.1970:

„Ich freue mich natürlich, dass das Werk nun vollständig erschienen ist und damit unser beidseitiges Bemühen einen Erfolg hatte. Ich wünsche Ihrem Buch viel Erfolg, seinem Autor aber ganz besonders Glück und Erfolg in der wissenschaftlichen Laufbahn und im persönlichen Leben".

Damit fand diese Geschichte einen erfolgreichen Abschluss.

Auch Herr Hummel schrieb mir über seine Erinnerungen an meine Versuche, die ich an seinem IR-Spektrometer in Stuttgart durchgeführt hatte.

UNIVERSITÄT ZU KÖLN
INSTITUT FÜR PHYSIKALISCHE CHEMIE
UND KOLLOIDCHEMIE
Abt. Prof. Hummel

Prof. Dr. D. Hummel, Institut für physikalische Chemie der Universität zu Köln, 5 Köln 1, Zülpicher Straße 47

Herrn
PD Dr. Georg Zundel

8 München
Ainmillerstr. 5
(Appartementhaus)

Ihre Zeichen	Ihre Nachricht vom	Unser Zeichen	5 KÖLN, FERNRUF 470-3695
		Hu/bö	3. September 197o

Lieber Herr Zundel,

ich habe mit großem Vergnügen Ihr Buch "Hydration and Intermolecular Interaction" mit der überaus liebenswürdigen Widmung erhalten. (Sie werden lachen, wir hatten das Buch schon gekauft.) Ich denke in der Tat noch manchmal mit leichtem Grausen an die Zeit zurück, als Sie mit Ihren hauchdünn geschliffenen und polierten Germaniumplatten und einer Hochspannungsanlage daher kamen, um den Einfluß äußerer elektrischer Felder auf das Schwingungsspektrum zu studieren. Als primitiver Chemiker hielt ich das damals für absurd, aber mittlerweile weiß ich, daß die Physiker gerade deswegen so wesentlich zur Entwicklung der Wissenschaft beigetragen haben, weil sie vor den verrücktesten Ideen nicht zurückschrecken. (Ich glaube mich zu entsinnen, daß wir damals lautstarke Funkenentladungen an der Germaniumzelle und am ganzen Spektrographen hatten; die Molekeln zeigten sich jedoch ungerührt.*)

Auch die neuesten Publikationen habe ich mit Freude erhalten und bei unseren Forschern in Umlauf gesetzt.

Mit den besten Grüßen
Ihr
D. Hummel
(Prof. Dr. D. Hummel)

*) Anmerkung: Ich habe aber die Moleküle doch noch erfolgreich drangsaliert, indem ich sie mit Ionenfeldern konfrontierte! Diesen konnten sie nicht widerstehen.

Die erweiterte russische Ausgabe

Zwei Jahre nach Erscheinen meines Buches bekam ich einen Brief von Professor Tschirgadže aus Pushchino bei Moskau. Er beabsichtige, meine Monographie *„Hydration and Intermolecular Interaction"* auf Russisch herauszugeben. Wenn ich etwas ergänzen wolle, müsse dies bis Ende Mai 1972 geschehen. Nun hatten wir seit Erscheinen der Monographie die Protonenpolarisierbarkeit von Wasserstoffbrücken entdeckt (siehe unten S. 236), was sehr umfangreiche Ergänzungen und eine grundlegende Umarbeitung des Kapitels über die Säuren notwendig machte.

Ich war wild entschlossen, diese neuen Erkenntnisse in die russische Ausgabe einzufügen. Ich ergänzte daher das Kapitel über die Säuren eilends und schrieb es in nahezu pausenloser Tag- und Nachtarbeit vollständig um. Über die studentische Arbeitsvermittlung fand ich die notwendigen Tipphilfskräfte. Eine der tüchtigsten Kräfte erschien immer in superengen Jeans. Die Katastrophe konnte nicht ausbleiben. Eines Tages platzte ihr die Hose und Fräulein Straub musste schnell mit Sicherheitsnadeln zu Hilfe eilen. Am 31. Mai war es dann so weit, dass ich das Manuskript zum Flughafenpostamt in Riem bringen und nach Pushchino abschicken konnte.

Neufassung des Kapitels über Säuren

Am 17.5.1972, d.h. an meinem 41. Geburtstag, erhielt ich ein Exemplar der russischen Fassung, die mir, von Sche Midon, dem Übersetzer, und N. Tschirgadže, dem Herausgeber, gewidmet wurde.

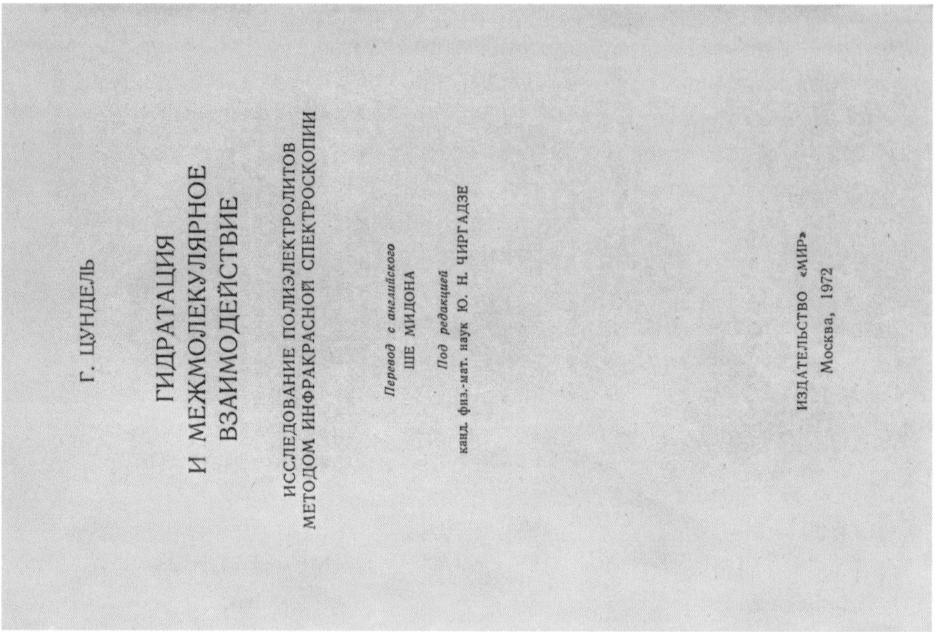

Г. ЦУНДЕЛЬ

ГИДРАТАЦИЯ
И МЕЖМОЛЕКУЛЯРНОЕ
ВЗАИМОДЕЙСТВИЕ

ИССЛЕДОВАНИЕ ПОЛИЭЛЕКТРОЛИТОВ
МЕТОДОМ ИНФРАКРАСНОЙ СПЕКТРОСКОПИИ

Перевод с английского
ШЕ МИДОНА

Под редакцией
канд. физ.-мат. наук Ю. Н. ЧИРГАДЗЕ

ИЗДАТЕЛЬСТВО «МИР»
Москва, 1972

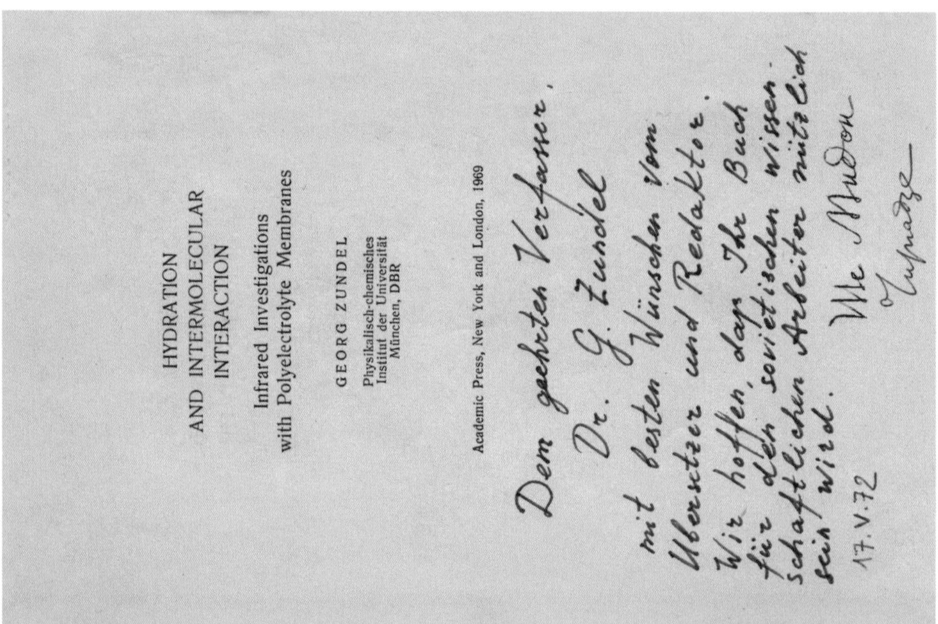

HYDRATION
AND INTERMOLECULAR
INTERACTION

Infrared Investigations
with Polyelectrolyte Membranes

GEORG ZUNDEL
Physikalisch-chemisches
Institut der Universität
München, DBR

Academic Press, New York and London, 1969

Dem geehrten Verfasser,
Dr. G. Zundel
mit besten Wünschen vom
Übersetzer und Redaktor.
Wir hoffen, daß Ihr Buch
für den sowietischen wissenschaftlichen Arbeiter nützlich
sein wird.

17.V.72

Ше Мидон
Чиргадзе

Habilitation

Im Herbst 1966 reichte ich meine Habilitationsschrift bei der Fakultät in München ein und zog mich dann wieder nach Haisterkirch zurück, um mich für die Habilitation vorzubereiten. Das Ungeheuer half mir dabei, indem es jeden Abend mit mir spazieren ging. Es war mir stets ein sehr friedlicher Begleiter, doch einmal kam uns ein Mann im Dunkeln entgegen und das Ungeheuer wurde plötzlich so wild, dass ich es nur mit Mühe halten konnte. Es hatte offenbar einen sechsten Wauwau-Sinn.

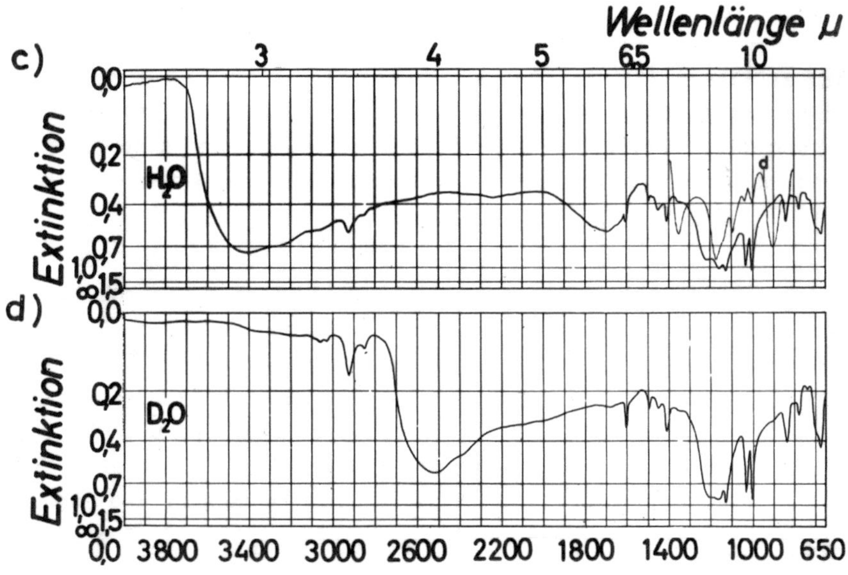

Abb. 1: Eine von vielen Abbildungen in meiner Habilschrift von 1966 „Die Hydratation der Ionen"

Wenn die Hündin des Bauern Hundt am Weg zum St. Sebastian läufig war, überwand das Ungeheuer jedes Hindernis. Es kletterte an der Zauntür beim Atelier hoch und fiepste fürchterlich, wenn der oben angebrachte Stacheldraht es in die Pfötchen stach. Einmal habe ich den Ausbrecher hierbei fotografiert. Dann wurde er vier Tage nicht gesehen, bis das Naturereignis vorüber war.
Im Wintersemester 1966/67 musste ich alle Fakultätsmitglieder aufsuchen, um ihnen meine wissenschaftlichen Ergebnisse zu erklären und

aufzuzeigen, was ich in Zukunft vorhatte. Die meisten dieser Unterhaltungen zeigten, dass sich meine zukünftigen Kollegen nur wenig für mein Tun interessierten und meine Arbeit nicht verstanden hatten. Ganz anders war dies bei Professor Rolf Huisgen. Er verwickelte mich in ein mehr als einstündiges Gespräch, das zeigte, dass er meine Arbeit sorgfältig gelesen und auch alles verstanden hatte, obwohl meine Forschung sein Arbeitsgebiet nicht berührte. In einer Fakultätssitzung hatte ich dann einen Vortrag zu halten und ebenfalls darüber zu berichten, warum ich mich habilitieren wolle und was ich in Zukunft vorhätte.

Vortrag vor der Fakultät

Mein Vortrag gab den damaligen Stand unserer Forschung wieder:

„Wir untersuchen die Valenz- und Deformationsschwingungen der Hydratwassermoleküle und Ionen in Abhängigkeit vom Hydratationsgrad und in Abhängigkeit von der Art der anwesenden Ionen. Derartige Untersuchungen geben Auskunft darüber, wie die Moleküle und Ionen durch die Wechselwirkung verändert werden. So werden z.B. die OH-Gruppen der Hydratwassermoleküle durch das Kationfeld gedehnt. Die H-Atome der Wassermoleküle werden protonisiert und die Wasserstoffbrücken zu den benachbarten Anionen kräftiger. Derartige Untersuchungen geben uns aber nur über die Wechselwirkung Auskunft, sofern durch diese Wechselwirkung die untersuchten Gruppen verändert werden. Man erfährt damit durch derartige Untersuchungen etwas über die Induktions- und über die kovalente Wechselwirkung, nicht aber über die Ion-Ion oder Ion-Dipol-Wechselwirkung, denn durch diese Arten der Wechselwirkung wird der Bau der Ionen und Moleküle nicht verändert.

Will man Auskunft über die gesamte Bindung zwischen den Ionen bzw. zwischen den Ionen und den Wassermolekülen, so muss man die zwischenmolekularen Schwingungen, d.h. z.B. die Schwingungen der Wassermoleküle und Ionen gegeneinander untersuchen. Man findet z.B. die Translationsschwingung, die zwei H_2O Moleküle gegeneinander ausführen, bei ungefähr $200\,cm^{-1}$. Unter diesen Gesichtspunkten plane ich Untersuchungen der Elektrolyte und insbesondere der Polyelektrolyte im fernen Infrarot. Hiervon verspreche ich mir folgende Ergebnisse:

Fernes Infrarot

1. Die Stärke der Kationhydratwasser- und der Anionhydratwasserbindung ist in konzentrierten Elektrolytlösungen gekoppelt. Dies sollte sich durch derartige Untersuchungen direkt verfolgen lassen.
2. Wir wissen, dass die Stärke der Bindung der Hydratwassermoleküle an die Ionen vom Hydratationsgrad abhängt. Auch dies sollen die geplanten Untersuchungen direkt zeigen.
3. Das $-SO_3^-$ Ion hat, sofern es von seiner Umgebung isoliert ist, Pyramiden-Symmetrie. Seine antisymmetrische Valenzschwingung ist damit entartet. Diese Entartung wird durch die Kationfelder aufgehoben. Damit konnten wir den Dissoziationsvorgang anhand der Aufspaltung, die die Bande der antisymmetrischen Valenzschwingung dieses Anions durch die Wechselwirkung mit dem Kation erfährt, verfolgen. Wir erhielten das Ergebnis, dass sich auch noch bei Anwesenheit von ungefähr zehn Wassermolekülen pro Ionenpaar die Kationen an ihren korrespondierenden Anionen aufhalten. Die Wassermoleküle lockern lediglich die Kation-Anion-Bindungen. Dies müsste sich nun im fernen Infrarot anhand der Schwingungen Kation-Anion direkt verfolgen lassen. Diese Befunde sind insofern wesentlich, da sie zeigen, dass man auch in ziemlich verdünnten Lösungen noch Verhältnisse vorliegen hat, die grundlegend von den Vorstellungen, die der DEBEY-HUECKEL-Theorie zugrunde liegen, abweichen.

Kontinuums-absorption im Infrarot

Eines meiner wichtigsten Untersuchungsobjekte ist, wie Sie wissen, eine Infrarotkontinuumsabsorption. Es ist uns bekannt, dass uns diese Kontinuumsabsorption anzeigt, dass die hydratisierten Überschussprotonen in Säurelösungen in kontinuierlicher Energieverteilung vorliegen. Diese Kontinuität kommt dadurch zustande, dass die Überschussprotonen durch Kräfte gekoppelt sind. Diese Kräfte rühren von den mit dem Tunneln verbundenen fluktuierenden Feldern her. Diese Kräfte nennen wir Protonendispersionskräfte. In der Erforschung dieser Probleme haben wir gerade in den vergangenen Wochen wesentliche Fortschritte erzielt. Erstens konnten wir die Berechnung der Verschiebung der Energieniveaus wesentlich verbessern. Bei der ursprünglichen

Berechnung stießen wir nämlich auf die Schwierigkeit, dass die Energieniveaus zwar sehr eng benachbart sind, dass sie jedoch nicht zusammenfallen, d.h. entartet sind. Bei der früher errechneten Verschiebung fanden wir, dass die Kräfte mit $1/r^6$ abfallen. Die neue, genauere Gesetzmäßigkeit zeigt einen Abfall gemäß $1/r^3$. Dies zeigt, dass man, wenn man die früher gemachten Vernachlässigungen vermeidet, findet, dass die Protonendispersionskräfte nicht so rasch mit dem Abstand der tunnelnden Protonen abfallen, was unzweifelhaft für die praktische Bedeutung dieser Kräfte ein wesentlicher Gesichtspunkt ist. Der zweite wesentliche Fortschritt ist experimenteller Natur. Wir sind nämlich seit mehreren Jahren dabei, diese Kontinuumsabsorption mit Hilfe der Spektroskopie mit thermischen Neutronen im Bereich 0-500 cm^{-1} zu untersuchen. Diese Untersuchungen haben uns nun gerade in den vergangenen Wochen erste interessante Aufschlüsse gegeben. Die Neutronenstoßspektren haben diese Gestalt. Handelt es sich um Spektren der hydratisierten dissoziierten Säure, so findet man beginnend bei der elastischen Linie, d.h. bei Null cm^{-1} eine kräftige Kontinuumsabsorption [*Anmerkung heute*: In den folgenden Jahren haben wir gezeigt, dass es sich hierbei nicht um eine Kontinuumsabsorption sondern um sogenannte Rayleigh wings handelt. Siehe Arbeit Danninger, S. 293]. Die nicht hydratisierte Probe, die keine tunnelnden Protonen enthält, zeigt diese Kontinuumsabsorption jedoch nicht. Dieser Befund sagt uns, dass sich die Energiebänder der tunnelnden Protonen überlappen. Darüber hinaus zeigt die Winkelabhängigkeit der Intensität, und zwar sowohl der elastischen als auch der inelastischen Streuung genau das Verhalten, das man im Fall tunnelnder Teilchen auf Grund einer Theorie von Stiller in Jülich erwarten muss. Nachdem sich in Vorversuchen diese Neutronenstoßuntersuchungen als derart vielversprechend erwiesen haben, sollen sie im kommenden Jahr weiter ausgebaut werden. Schließlich beschäftigen wir uns noch mit dem Problem der Protonendispersionskräfte in nichtwässrigem Medium.

Neutronenstoßspektren

Neben der Ausdehnung meiner Untersuchungen auf den Bereich des fernen Infrarots und auf Untersuchungen mit Hilfe der Spektroskopie mit thermischen Neutronen scheinen mir Untersuchungen an biologischen Systemen besonders vielversprechend.

Bereits Kirkwood und Schumacher postulierten, dass sich Eiweißmoleküle bisweilen als Folge der von diesen Autoren allerdings thermisch angenommenen Fluktuation der Protonen anziehen. Mit Hilfe der IR-Spektroskopie kann man nun nach biologischen Systemen suchen, in denen die Protonendispersionskräfte eine Rolle spielen. Die besondere Bedeutung dieser Kräfte liegt hierbei darin, dass sie sehr spezifisch sind. Neben der reinen Anziehung muss man ferner daran denken, dass Systeme aus gekoppelten tunnelnden Protonen in idealer Weise dafür geeignet sind, Signale zu übertragen. Unter diesem Gesichtspunkt erscheint die Untersuchung des Proteins im Innern markhaltiger Nervenfasern interessant, zumal dieses, wie mit UV-Licht nachgewiesen, eine Vorzugsrichtung in der Leitungsrichtung der Faser besitzt.

Biologische Systeme

Unsere Untersuchungen der Banden der Valenzschwingungen der Anionen haben uns gezeigt, dass sich die Bindungselektronen in den Anionen in Abhängigkeit von der Wechselwirkung mit dem Kation umordnen. Dies geht im Fall, dass es sich bei den Kationen um das Proton handelt, so weit, dass aus den drei gleichberechtigten SO- oder PO-Bindungen Bindungen mit Doppel- bzw. Einfachbindungscharakter entstehen. Es erscheint mir sehr wahrscheinlich, dass derartige Umgruppierungen der Ionen auch in biologischen Systemen eine wesentliche Rolle spielen. Deshalb will ich die Ionenmileu- und Hydratationsgradabhängigkeit von Carboxyl- und Phosphatgruppen untersuchen, und zwar an Systemen, die den biologischen möglichst gleichen.

Ein Beispiel, bei dem man sich denken könnte, dass eine derartige Umordnung von Bedeutung ist, ist die Permeabilitätsänderung, die die erregbare Membran biologischer Systeme zeigt. Bei dieser Membran handelt es sich um eine Phospholipidmembran, die auf beiden Sei-

Permeabilitätsänderung von Membranen

ten von einer Eiweißschicht abgedeckt ist. Es wäre nun sehr interessant zu wissen, ob sich diese phosphorsauren Gruppen bei der mit der Erregung verbundenen Permeabilitätsänderung der Membran umordnen. Betrachtet man die Verhältnisse auf Grund der bis heute bekannten Vorgänge näher, so erscheint dies wahrscheinlich. [*Anmerkung heute:* Ist nicht richtig.] Es ist nun tatsächlich möglich, die erregbare Membran künstlich herzustellen. Die ungelöste experimentelle Schwierigkeit besteht nun allerdings darin, dass diese Membran sehr viel dünner ist, als sie für IR-spektroskopische Untersuchungen sein müsste.
Sie sehen hiermit, dass ich meine Forschungen hauptsächlich auch auf biophysikalische Probleme ausdehnen will, dasselbe gilt für meine Lehrtätigkeit. Als ich noch studiert habe, hätte ich sehr gerne Vorlesungen in Biophysik gehört. Ich hoffe, dass ich denen, die heute eben diesen Wunsch haben, diesen Wunsch – zum mindesten mit der Zeit – erfüllen kann. Ich weiß, dass mir die hierzu erforderlichen Kenntnisse, insbesondere auch entsprechende Kenntnisse der Biochemie noch fehlen. Bei meiner Forschung und Lehrtätigkeit will ich mich jedoch in dieses sehr aktuelle, aber noch wenig abgeklärte Gebiet einarbeiten und andere an dieses Gebiet heranführen."

Habilitationsvortrag

Für meinen Habilitationsvortrag musste ich drei Themen vorschlagen. Ich entschied mich für: *1. Die Spektroskopie mit thermischen Neutronen, eine neue Methode der Physikalischen Chemie. 2. Wasser und Sauerstoff bei der biologischen Strahlenwirkung. 3. Die Rolle der* Na^+ *und* K^+ *Ionen bei der bioelektrischen Erregungsleitung.* Unmittelbar vor der Veranstaltung erfuhr ich, dass ich den zweiten Vortrag zu halten hätte.
Ferner musste ich zehn Thesen, fünf wissenschaftliche und fünf zu allgemeinen Problemen, aufstellen und verteidigen:

Habilitationsthesen

1. Eucken hat seiner Betrachtung des flüssigen Wassers die Modellvorstellung zugrunde gelegt, dass dieses aus Zweier-, Vierer- und Achteraggregaten besteht. Diese Modellvorstellung ist falsch.

2. Die spezifische katalytische Aktivität der Protonen bei der Rohrzuckerinversion wird durch Zugabe von Neutralsalz stark erhöht. Dies hat folgende Ursache: Die Konzentration der zu den Zuckermolekülen ausgebildeten Wasserstoffbrücken steigt bei Neutralsalzzugabe stark an. Die von anderen Autoren angegebene Erklärung, dass die Neutralsalzzugabe die Überschussprotonenbeweglichkeit erhöht und dass dies die Ursache sei, ist falsch.
3. Die Protonendispersionskräfte sind mit eine Ursache des Stacking-Effekts der Nukleotide.
4. Die Protonendispersionskräfte spielen bei der Signalleitung in biologischen Systemen eine Rolle. [*Anmerkung*: Dies ist, wie man heute weiß, nicht richtig.]
5. Man sollte die Spektroskopie im fernen Infrarot mehr zur Untersuchung der zwischenmolekularen Wechselwirkung heranziehen. Sie würde sich dann zu einem der wichtigsten Hilfsmittel derartiger Untersuchungen entwickeln.
6. Die Experimentalgrundvorlesungen sollten durch Filme ergänzt und teilweise auch durch solche ersetzt werden.
7. Im Bildungs- und Erziehungswesen der UdSSR liegt in weiter Sicht für das Fortbestehen der kapitalistischen Welt eine größere Gefahr als in der militärischen Kapazität.
8. Die Werbung mit tiefenpsychologischen Methoden führt zu einer wesentlichen Beschränkung des freien Willens (rationale Selbstbestimmtheit) des Käufers und verstößt gegen das Grundgesetz. Damit wäre unser Staat verpflichtet, den Käufer über diese Methoden aufzuklären.
9. Für viele der Ressorts verlangt die Ministerverantwortlichkeit, dass der entsprechende Minister Fachkenntnisse seines Ressorts hat.
10. Ein kapitalistischer Staat kann sich nicht zu einer uneingeschränkten Demokratie entwickeln, da in ihm die Produktionsmittel – d.h. einer der wichtigsten Machtfaktoren – nicht vom Volk kontrolliert sein können.

Um völlig sicher zu sein, diskutierte ich die nichtwissenschaftlichen Thesen mit vielen Leuten mit möglichst unterschiedlichen Weltanschauungen.
Sonja Noller, die damals am Institut für Zeitgeschichte arbeitete, schrieb:

„Vielen Dank für die Thesen. Als ich sie heute den Interessierten gab, waren sie kaum mehr zu halten und die Diskussion blühte sofort auf. Von „zuständiger" konservativ-gemäßigter Seite wurde sofort festgestellt, dieser Mann, das sehe man auf den ersten Blick, sei ganz in totalitären Vorstellungen befangen (was wohl die Formulierung für „kommunistisch unterwandert" ist!). Auch die These vom Fachwissen der Minister stieß auf erbitterte Ablehnung. Man ersah daraus sofort, dass Sie überhaupt nichts von Politik verstehen. Also es verspricht interessant zu werden."

Am Stachus ...

Bei manchen Habilitationen wurden sehr triviale Thesen aufgestellt, so beispielsweise von dem Anorganiker Nöth. Ein Spaßvogel schrieb darunter „These elf: Am Stachus herrscht ein großer Verkehr". Jedoch scheiterte ein Geograph kurz vor meiner Habilitation gerade an den Thesen. Er behauptete z.B., dass man Bäche von Flüssen dadurch unterscheiden solle, dass man erstere noch überspringen könne. Die Studenten nahmen dies auf und hinterfragten, wie der Mensch beschaffen sein muss, der dies durchführt, ob er groß oder klein, dick oder dünn sein müsse. Sie brachten den armen Habilitanden so in Verwirrung, dass die Habilitation abgebrochen werden musste.
Am 24. Februar 1967 war es dann so weit, dass die Veranstaltung, beginnend um 14 Uhr, im großen Zoologiehörsaal über die Bühne ging. Während meine wissenschaftlichen Thesen durchaus diskutiert wurden, hat man meine nichtwissenschaftlichen dezent übergangen. Ein Jahr später, nach Beginn der Studentenbewegung, wären auf der Basis dieser Thesen aufregende Diskussionen entstanden, denn diese Veranstaltung war öffentlich und es nahmen auch viele Studenten daran teil.
Am nächsten Tag traf ich Professor Schwab im Aufzug. Er beglückwünschte mich zu meinem, wie er sagte, ausgezeichneten Vortrag.
Meine nichtwissenschaftlichen Thesen hatten jedoch, obwohl sie nicht angegriffen wurden, sehr großes Ärgernis erregt, denn die Stelle, die ich erhalten sollte, war plötzlich nicht mehr vorhanden. Frau Wenk (eine Verwandte von General Wenk), unsere sehr konservative Institutssekretärin, stellte mir gegenüber fest, dass ich nicht mehr zum Institut gehöre.
Ich überhörte dies alles und tat so, als ob nichts geschehen wäre. Diese Reaktion hat sich bewährt.

Erste Vorlesungstätigkeit und Tagung auf Schloss Elmau 1967

Auf Drängen von Professor Schwab, er war im Hinblick auf seine bevorstehende Emeritierung unter Druck, begann ich bereits am 12. Mai 1967 zu lesen. Das Thema meiner ersten Vorlesung, die ich im großen Kolloquiumsraum des Instituts für Organische Chemie hielt, lautete: „*Physikalische Methoden in der biologischen Forschung*". Das Sommersemester war sehr anstrengend, da ich, was meine Vorlesung betraf, von der Hand in den Mund lebte. Oft stellten Fräulein Straub und ich noch in der Nacht vor der Vorlesung die benötigten Dias her. Diese Vorlesung sollte der erste Teil eines viersemestrigen Vorlesungszyklus werden.

Auf Schloss Elmau bei Mittenwald veranstaltete die Gesellschaft Deutscher Chemiker im April 1967 eine EUCHEM-Konferenz, die von Manfred Eigen organisiert wurde. Dort hatte ich das erste Mal die Gelegenheit, unsere Ergebnisse einem größeren und internationalen Publikum vorzustellen. In letzter Sekunde wurde mir klar, dass ich den Vortrag auf Englisch halten musste, was mir erhebliche Schwierigkeiten bereitete, da ich ja nie Englisch gelernt hatte. Mein Vortrag machte den damaligen Stand meiner Forschung deutlich. Im Folgenden die deutsche Fassung:

EUCHEM-Konferenz

„Meine Damen und Herren,
in den Infrarotspektren von Säure- und Laugelösungen findet man eine intensive Kontinuumsabsorption. Diese zeige ich Ihnen im ersten Dia.

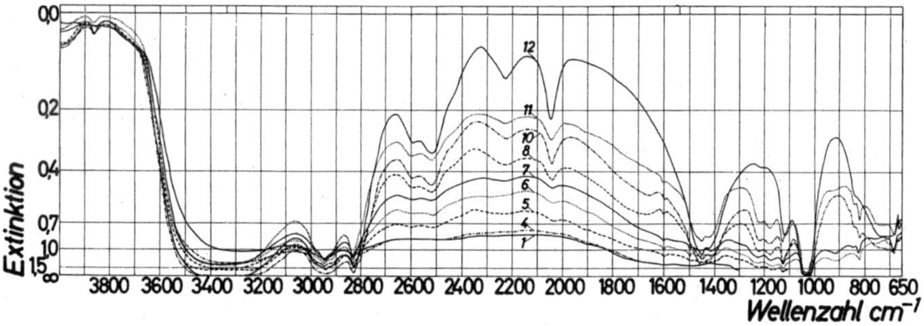

Abb. 2: Abhängigkeit der Kontinuumsextinktion von der Konzentration an p-Toluolsulfonsäure in Methanol

Hier das IR-Spektrum von Methanol, hier dasjenige einer gesättigten Lösung von Toluolsulfonsäure-Monohydrat in Methanol. Sie sehen, beginnend bei der Bande der OH-Valenzschwingung erstreckt sich bei der Säurelösung ein intensives Kontinuum nach kleinen Wellenzahlen.

Ganz allgemein sagt uns nun die Beobachtung einer Kontinuumsabsorption, dass entweder der Grundzustand oder der angeregte Zustand oder aber beide Zustände der absorbierenden Teilchen im kontinuierlichen Teil des Energietermschemas liegen, kurz, es gibt Energiebänder der absorbierenden Teilchen.

Energiebänder der absorbierenden Teilchen

Verfolgen wir nun die Vorgänge bei der Ablösung des Säureprotons vom Anion im Fall des starken Polyelektrolyten Polystyrolsulfonsäure. Aufgetragen ist die Anzahl der pro Überschussproton anwesenden Wassermoleküle in Abhängigkeit vom Grad der Dissoziation.

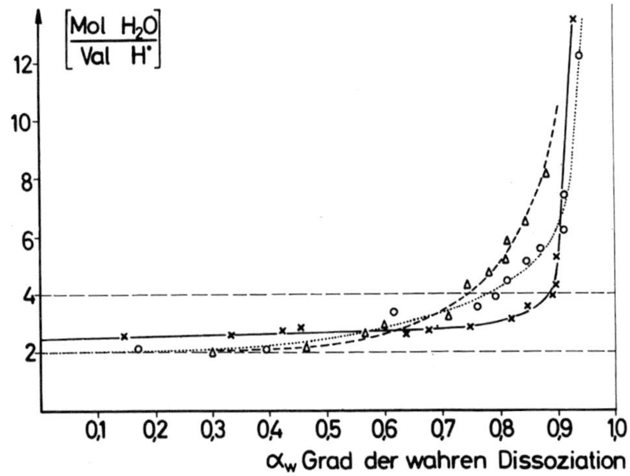

Abb. 3: Die Anzahl der Wassermoleküle, die am Überschussproton vorliegen, in Abhängigkeit vom Grad der wahren Dissoziation

Dieses Dia zeigt uns, dass sich das Proton im vorliegenden Fall dann vom Anion ablöst, wenn ihm zwei Wassermoleküle zur Verfügung stehen, d.h. dann, wenn sich $H_5O_2^+$ Gruppierungen bilden können.

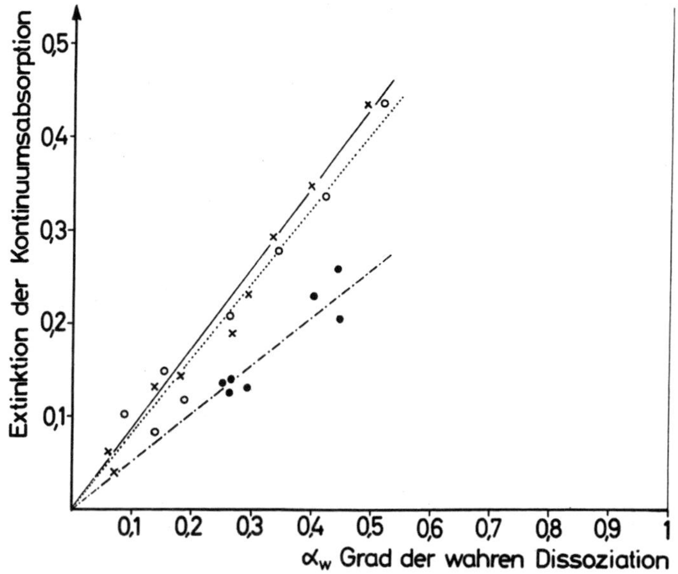

Abb. 4: Die Extinktion der Kontinuumsabsorption (um 2000 cm^{-1})

In diesem Dia ist nun ebenfalls für den Fall Polystyrolsulfonsäure die Extinktion der Kontinuumsabsorption in Abhängigkeit vom Grad der Dissoziation aufgetragen. Sie sehen, das Kontinuum entsteht, wenn sich die Protonen von den Anionen ablösen, d.h. dann, wenn sich $H_5O_2^+$ Gruppierungen bilden, die über Wasserstoffbrücke in ihre Umgebung eingebettet sind.

Wie verursachen nun diese Gruppierungen $H_5O_2^+$ die Kontinuumsabsorption? Sucht man in Spektren der hydratisierten Polystyrolsulfonsäure nach Banden der Gruppierung H_3O^+ so findet man diese Banden nicht. Dies führt uns zusammen mit unseren anderen Ergebnissen zu der Hypothese, dass sich das Überschussproton so rasch im $H_5O_2^+$ bewegt, dass die Gruppierung H_3O^+ als Individuum keine Schwingungen ausführen kann. Darüber hinaus wollen wir zunächst annehmen, dass das Kontinuum in einem engen Zusammenhang mit der Bewegung des Überschussprotons in der Wasserstoffbrücke im $H_5O_2^+$ steht.

Fluktuation des Protons im $H_5O_2^+$

Wie bewegt sich das Überschussproton? Hier Spektren der hydratisierten Polystyrolsulfonsäure:

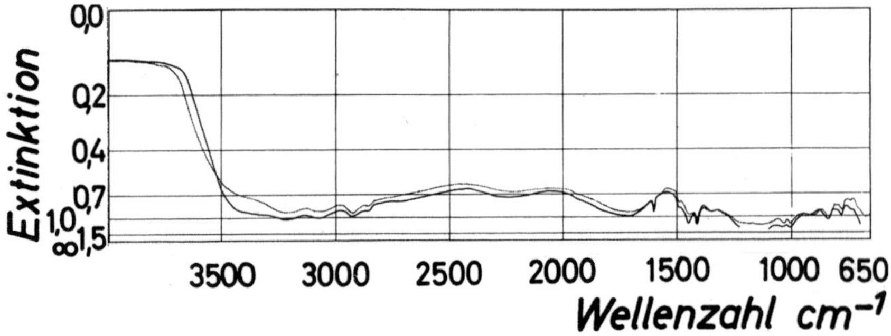

Abb. 5: Polystyrolsulfonsäure (······) bei 292 K, (——) bei 85 K

Es ist das punktiert gezeichnete Spektrum das Spektrum der Säure bei 292 K und das mit ausgezogener Linie gezeichnete das der Säure bei 85 K. Wir sehen: Das Kontinuum ist im Temperaturbereich 292 - 85 K nicht temperaturabhängig. Hieraus folgt: Bei der Bewegung des Überschussprotons zwischen den H_2O Molekülen muss keine Aktivierungsenergie aufgebracht werden. Das Überschussproton tunnelt hiernach in der Wasserstoffbrücke der Gruppierung $H_5O_2^+$.
Behalten hierbei die zwei Wassermoleküle dieser Gruppierung ihre Individualität als schwingende Gruppen?

In diesem Dia (siehe Abb. 6) zeige ich den Zusammenhang zwischen der Extinktion der Kontinuumsabsorption und der integralen Extinktion der Scherenschwingung der Wassermoleküle. Sie sehen, bei kleinem Hydratationsgrad, d.h. wenn sich die $H_5O_2^+$ Gruppierungen bilden, nimmt die Extinktion der Kontinuumsabsorption linear mit der integralen Extinktion der Scherenschwingung der Wassermoleküle zu. Damit folgt, die Wassermoleküle behalten in der Gruppierung $H_5O_2^+$ ihre Individualität als schwingende Gruppen, obwohl das Überschussproton zwischen ihnen tunnelt.

Fluktuierende Überschussprotonen als Ursache des Kontinuums

Nach all dem sehen wir, dass die tunnelnden Überschussprotonen das Kontinuum verursachen, d.h. diese Protonen liegen in Säurelösungen in kontinuierlicher-Energieverteilung, d.h. in Energiebändern vor. Wie

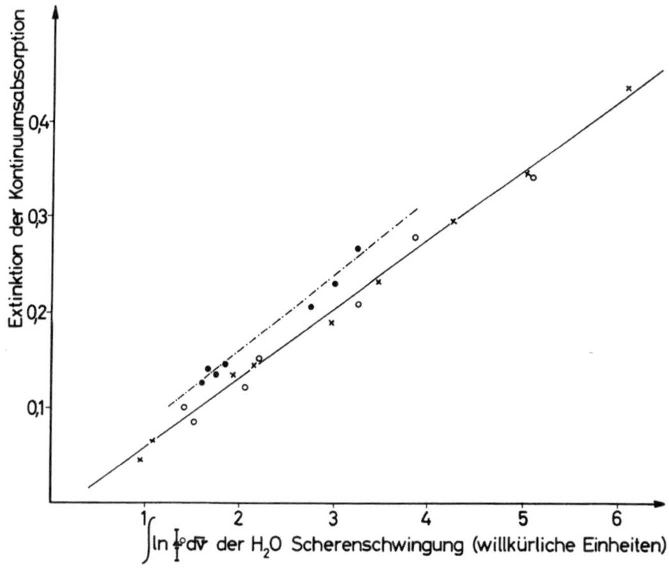

Abb. 6: Die Extinktion der Kontinuumsabsorption (um 2000 cm^{-1}) in Abhängigkeit von der integralen Extinktion der H_2O Scherenschwingung (Polystyrolsulfonsäure)

kommen diese Energiebänder zustande? Mit dem Tunneln des Protons ist eine Schwankung des elektromagnetischen Feldes in der Nachbarschaft verbunden. Diese führt zu Kräften, den sogenannten Protonendispersionskräften, zwischen den tunnelnden Protonen. Die Größe dieser Kräfte und die Größe der Verschiebung der Energieniveaus der tunnelnden Protonen durch diese Kräfte haben wir mit Hilfe einer Störungsrechnung abgeschätzt.
Diese Rechnung zeigt, dass z.B. das unterste, d.h. das von den tunnelnden Protonen bevorzugt besetzte Niveau, gemäß

$$\Delta\ E = h\nu_0 \left[1 - \sqrt{1 + \left(\frac{p^2\ \ g}{\varepsilon\, h\nu_0\, R^3}\right)^2}\,\right]$$

abgesenkt wird.
Hierbei ist p das Dipolmoment der Ladungsschwerpunkte in den Wasserstoffbrücken, g berücksichtigt die Orien-

tierung der Wasserstoffbrücken zueinander, R ist der Abstand der Brücken, ν_0 die Tunnelfrequenz und ε die Dielektrizitätskonstante im infraroten Spektralbereich.

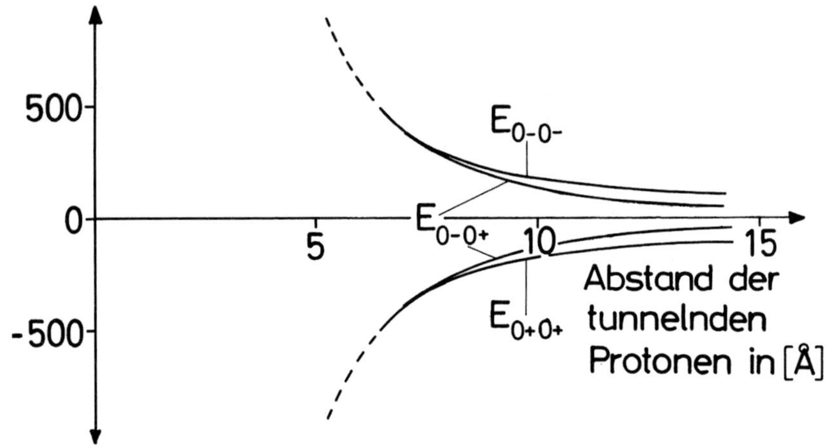

Abb. 7: Die Verschiebung bzw. Aufspaltung Δ *E der unteren Energieterme der tunnelnden Protonen in Abhängigkeit vom Abstand der Wasserstoffbrücken (Brückenmittelpunkte)*

In diesem Dia zeige ich nun die Verschiebung und Aufspaltung der Niveaus der tunnelnden Protonen in Abhängigkeit vom Abstand der Wasserstoffbrückenzentren. Sie sehen, die einen Niveaus werden mit abnehmendem Abstand durch die Protonendispersionskräfte zunehmend abgesenkt, die anderen angehoben. Da nun sowohl der Abstand R wie auch der Orientierungsfaktor g betrachtet werden muss, durchlaufen die vielen Paare tunnelnder Protonen eine Kontinuität von Werten. Man erhält die als IR-Kontinuum in flüssigen Säuren und Laugen beobachteten Energiebänder der tunnelnden Überschussprotonen.
Wir haben gesehen, dass das bevorzugt von den tunnelnden Protonen besetzte unterste Niveau abgesenkt wird, d.h. es handelt sich bei den Protonendispersionskräf-

ten um Anziehungskräfte. Die Stärke dieser Kräfte ist mit derjenigen der anderen zwischenmolekularen Kräfte vergleichbar.
Im Hinblick auf die Rolle, die Wasserstoffbrücken in biologischen Systemen spielen, erscheint es sehr wahrscheinlich, dass diesen Kräften in biologischen Systemen eine beträchtliche Bedeutung zukommt, dies ist die Fragestellung unserer derzeitigen Untersuchungen."

Protonendispersionskräfte

Dies war 1967 der Stand meiner Forschungen, denn von der Protonenpolarisierbarkeit der Wasserstoffbrücken wussten wir zu diesem Zeitpunkt noch nichts. Problematisch an dieser Erklärung war, dass man eine empfindliche Konzentrationsabhängigkeit erwartet hätte. Das Kontinuum nahm jedoch nur proportional zur Konzentration der Überschussprotonen zu. Somit war noch etwas Wesentliches unverstanden.
Nach meiner Sommersemestervorlesung über *„Physikalische Methoden in der biologischen Forschung"* las ich im Wintersemester 1967/68 über *„Ionen und zwischenmolekulare Wechselwirkung in biologischen Systemen"*. In den folgenden Jahren ersetzte ich diese Vorlesung durch eine Vorlesung über *„Bioenergetik"* und durch eine über *„Membranen und Transportvorgänge in biologischen Systemen"*, in der ich insbesondere auch auf die Nervenerregung einging. Schließlich folgte eine Vorlesung über die *„Biophysik der genetischen Substanz"*. Dieses Thema wählte ich, da in München in vielen Arbeitskreisen Untersuchungen an genetischen Substanzen durchgeführt wurden. Den viersemestrigen Vorlesungszyklus baute ich in den folgenden Semestern aus und wiederholte ihn, stets auf den neuesten Stand gebracht, während all der Jahre, in denen ich Vorlesungen hielt.

Viersemestriger Vorlesungszyklus

Büroumzug aus Haisterkirch in die Münchner Wilhelmstraße

Die Filiale Haisterkirch entwickelte sich mehr und mehr zum Problem, dies, da Inge Straub, meine damalige Sekretärin, nicht länger mit der Verbannung aufs Land einverstanden war. So suchte ich im März 1968 nach einer Wohnung in München, die sich als Büro eignete. Ich hatte großes Glück, denn ich fand in der Samstagsausgabe der Süddeutschen Zeitung eine Annonce, dass in der Wilhelmstraße 6, in unmittelbarer Nähe meiner Behausung in der Ainmillerstraße, noch eine Wohnung verkäuflich sei. Ich schloss Montag den Kaufvertrag ab und übersiedelte noch in der gleichen Woche Inge Straub und mein Ungeheuer nach München. Das besonders Schöne an dieser Wohnung ist der kleine Garten, und das mitten in Schwabing. Endlich hatte ich auch eine Garage für mein Auto, denn das Parkproblem wurde immer größer.

In den kommenden Wochen möblierte ich die Wohnung und legte den Garten an. Im Stock über mir wohnte ein Fräulein von Reitzenstein. Sie flötete von ihrem Balkon herunter: „Sind Sie der neue Gärtner?" Ich besorgte mir ein Frühbeet und zog Salat und Rettiche. Ich beschaffte eine sehr schöne Latsche aus einer Baumschule in Germering, die leider durch eine Dachlawine übel zugerichtet und später von einem verrückten Gärtner ohne mein Plazet völlig grundlos beseitigt wurde.

"... der neue Gärtner?"

Das ans Dorfleben gewöhnte Ungeheuer beging eine Ordnungswidrigkeit, denn es konnte sich auch nach Jahren nicht an die strengen Sitten der Großstadt gewöhnen (siehe Bescheid der Landeshauptstadt München, S. 233). Wo das Ungeheuer mit seiner Dienstkraft um 27,50 DM überall spazieren gefahren ist, hat es nie verraten.

Die inelastische Neutronenstoß-Spektroskopie

Mitte der 60er Jahre sah ich mich nach experimentellen Methoden um, die weitere Informationen über die Natur der kontinuierlichen Absorption liefern. So stieß ich auf die Spektroskopie mit inelastischen Neutronen. Die Neutronenstoß-Spektroskopie beruht darauf, dass man thermische (langsame) Neutronen mit der zu untersuchenden Substanz wechselwirken lässt. Bei den Stößen wird Energie übertragen, und so entsteht ein Spektrum. Die Methode schien mir sehr interessant, denn in diesen Spektren beobachtet man die Molekülschwingungen, ohne dass dabei Auswahlregeln eine Rolle spielen. Da wir nur an den Übergängen der Überschussprotonen und des Wassers interessiert waren, musste das Polystyrolgerippe perdeuteriert werden. Die erste Aufgabe bestand damit darin, perdeuteriertes Polystyrol herzustellen. Der Diplomand, den ich auf dieses Problem ansetzte, scheiterte.

Darauf heuerte ich Wolf Dieter Mroß an, der die Synthese in kurzer Zeit mit Bravour meisterte. Wir bauten nun eine Küvette mit für thermische Neutronen durchlässigen Fenstern aus Beryllium. Damit stand unseren Messungen nichts mehr im Wege. Ich nahm mit Herrn Stiller vom Kernforschungszentrum in Jülich Kontakt auf und verabredete mit ihm einen Termin für die Messungen.

Wolf Dieter Mroß

LANDESHAUPTSTADT MÜNCHEN
Veterinäramt

Fernsprecher 248 32 32 — Zimmer Nr. 110 — Sprechzeit Mo–Fr 8–12 Uhr

Bargeldlose Zahlungsmöglichkeiten:
Postscheckkonto der Stadthauptkasse:
München Nr. 115
Konten der Stadthauptkasse
bei Münchener Geldanstalten:
Landeszentralbank München Nr. 6/165
Bayerische Staatsbank München Nr. 81300
Bayerische Gemeindebank München Nr. 71000
Städtische Sparkasse München Nr. 203000
Kreissparkasse München Nr. 4500
Bank für Haus- und Grundbesitz eGmbH. Nr. 13000
Bank für Gemeinwirtschaft AG. Nr. 33333
Bayer. Hypotheken- und Wechsel-Bank Nr. 4010000
Bayerische Vereinsbank München Nr. 207620
Commerzbank AG. Filiale München Nr. 2122000
Deutsche Bank AG. Filiale München Nr. 21/41000
Dresdner Bank AG. in München Nr. 223000
Bankhaus H. Aufhäuser München Nr. 690600
Bankhaus Merck, Finck & Co. München Nr. 14000 G
Bankhaus Neuvians, Reuschel & Co. München Nr. 2500

Abs. Städt. Veterinäramt, 8000 München 15, Thalkirchner Str. 106

Herrn
Dr. Georg Z ü n d e l
8 M ü n c h e n 23
Wilhelmstr.6

Ihre Zeichen — Ihre Nachricht vom — Unser Zeichen — München, 7.2.1972

BETREFF:

Bußgeldverfahren wegen Ordnungswidrigkeit

Sehr geehrter Herr Dr. Zündel!

Sie werden beschuldigt, folgende Ordnungswidrigkeit fahrlässig begangen zu haben:
Laufenlassen eines Hundes ohne Adresse oder Steuermarke in München am 31.1.1972.

Dadurch haben Sie gegen folgende Bestimmungen verstoßen:

§§ 3, 18 Nr. 4 der Verordnung zum Schutz gegen die Tollwut vom 13.3.1970 (BGBl. I S. 289).

Beweismittel:
Ihr Hund wurde frei umherlaufend aufgegriffen. Er mußte zur Verwahrung ins Tierheim gebracht werden, weil am Halsband weder Ihre Adresse noch die Steuermarke angebracht war.
Deswegen ist beabsichtigt, gegen Sie in einem Bußgeldbescheid folgendes festzusetzen:

1. Eine Geldbuße in Höhe von			5.--
2. Die Verfahrenskosten in Höhe von			3.--
3. Die nachstehenden Auslagen			
a) für den Transport Ihres Hundes zum Tierheim			
	Dienstkraft	17,50 DM	
	Kraftfahrzeug	10.-- "	27,50
b) für Postgebühren			1,50
Gesamtbetrag i.W. Siebenunddreißig			37.--

Für den Fall, daß Sie mit einem Bußgeldbescheid nicht einverstanden sind, werden Sie gebeten, die auf dem beigefügten Vordruck gestellten Fragen in gut leserlicher Form zu beantworten und mit Ihrer Unterschrift versehen, innerhalb einer Woche ab Zugang dieses Schreibens, an das Veterinäramt zu senden.
Falls innerhalb der angegebenen Frist keine Erklärung abgegeben wir wird davon ausgegangen, daß Sie von Ihrem Äußerungsrecht keinen Gebrauch machen wollen. Der Bußgeldbescheid wird dann ohne weitere Anhörung oder Vorladung erlassen werden.

Hochachtungsvoll

I.A.

Heimkes

H e i m k e s

Ich packte alle Utensilien in meine Flohkiste und fuhr mit Wolf Dieter Moß nach Jülich. Um die Forscher des Arbeitskreises von Herrn Stiller für unsere Arbeiten zu interessieren, hielt ich einen Vortrag über *„Infrarotspektrometrische Untersuchungen der Hydratation und Protonenbeweglichkeit mit Hilfe von Polyelektrolyten"*, den ich wie folgt einleitete:

Vortrag in Jülich

„Im biologischen Geschehen kommt der zwischenmolekularen Wechselwirkung eine ebenso große Bedeutung zu wie der chemischen Bindung. Diese zwischenmolekulare Wechselwirkung beruht auf schwachen Bindungen, wie z.B. Wasserstoffbrücken, die die Moleküle, oder aber auch die funktionellen Gruppen eines Makromoleküls, verknüpfen. Diese zwischenmolekulare Wechselwirkung ist insbesondere auch für die Vorgänge bei der Hydra-

tation entscheidend und damit wichtig für alle biologischen Vorgänge, an denen sich Ionen beteiligen.
Unter diesem Gesichtspunkt untersuchen wir die Hydratation, und zwar bevorzugt die Hydratation von Polyelektrolyten, mit Hilfe der Infrarotspektroskopie. Hierbei interessiert uns: 1. die Wechselwirkung zwischen den Ionen und diejenige zwischen den Ionen und den Hydratwassermolekülen und 2. interessiert uns die Frage nach der Hydratstruktur.
Bei den Polyelektrolyten handelt es sich um Polymere, an deren Gerüst die eine Art der Ionen fixiert ist. Die von uns spektroskopierten Polyelektrolyte haben $-SO_3^-$ Festionen.
Die hydratisierten $-SO_3^-$ Ionen untersuchten wir bei Anwesenheit von über 30 verschiedenen Kationen. Diese Substanzen stellen wir hierzu als 5 µm dicke Folien her."

Wir begannen mit den Messungen, es zog sich aber alles sehr in die Länge. In der einzigen Weinstube Jülichs war ich bei meinen Besuchen stets deren einziger Gast. Als ich eines Tages wiederkam, war sie verschwunden – ein Wink mit dem Zaunpfahl, die Untersuchungen abzubrechen. Obwohl ich oft nach Jülich gereist war, schien kein Ende absehbar. Der Neutronenfluss des Jülicher Reaktors war für derartige Messungen zu klein. Ich brach diese Untersuchungen daher ohne Ergebnisse ab. Bei der CERN in Genf waren Jahre später derartige Messungen, die Herr Zeidler aus dem Arbeitskreis von Professor Hertz durchführte, sehr erfolgreich, da der dortige Reaktor einen wesentlich größeren Neutronenfluss hatte.

Keine Ergebnisse in Jülich

Wolf Dieter Mroß promovierte mit einer IR-spektroskopischen Untersuchung der perdeuterierten Polystyrolsulfonsäure, die er für die Untersuchungen in Jülich hergestellt hatte. Er ist heute Geschäftsführer des Verbandes der Chemischen Industrie in Rheinland-Pfalz.

Die Entdeckung der Protonenpolarisierbarkeit von Wasserstoffbrücken

Nach meiner Habilitation nahm ich neue Mitarbeiter in meinen Arbeitskreis auf: Georg Papakostidis, Werner Seßler, Jörg Mühlinghaus und Wolf-Dietmar Lubos.

Georg Papakostidis

Um etwas über die Wechselwirkungen an den polaren Oberflächen der biologischen Membranen zu erfahren, untersuchte mein Doktorand Georg Papakostidis Phospholipide. Um Phosphatidylserin zu gewinnen, ätherte ich mit ihm 50 kg Schweinehirn im funkengeschützten Labor der Pharmazie aus. Bald darauf konnte man Phosphatidylserin kaufen.

Georg Papakostidis war bis zu seiner Pensionierung bei BMW als Chemiker tätig.

Werner Seßler

Werner Seßler untersuchte wässrige Lösungen von N-Basen in einem pK_a Bereich von 0,3 bis 11 in Abhängigkeit von der Protonierung. Er fand Infrarotkontinua, die bei den Basen im höheren pK_a Bereich bei 50 % Protonierung der Basen maximal intensiv sind, denn dies sind optimale Bedingungen für die Bildung struktursymmetrischer $N^{+}H \cdots N \rightleftharpoons N \cdots H^{+}N$ Brücken.

Werner Seßler arbeitete mehrere Jahre im EDV-Bereich des MPI und später als EDV-Organisator bei Krauss-Maffei.

Jörg Mühlinghaus

Jörg Mühlinghaus hatte bei Professor Kranz in der Physik sein Diplom gemacht und bewarb sich anschließend bei mir um eine Doktorarbeit. Wir untersuchten zunächst, als Ergänzung zu den Arbeiten von Werner Seßler, wässrige Imidazollösungen und dann Filme aus Polyhistidin in Abhängigkeit von der Protonierung. Histidin ist eine Aminosäure und damit ein wichtiger Baustein der Proteine. Ich nahm an seiner interessanten Forschungsarbeit regen Anteil. Wir bekamen analoge Ergebnisse wie Seßler.

Somit hatten wir die ersten Wasserstoffbrücken in einem Modellsystem für biologische Systeme gefunden, die ein IR-Kontinuum verursachen und damit Protonenpolarisierbarkeit zeigen [Z. Naturforschg. **26b**, 546-555 (1971)].

Jörg Mühlinghaus ist heute als Patentanwalt in Karlsruhe tätig.

Wolf-Dietmar Lubos

Mit der Arbeit von Wolf-Dietmar Lubos begann ich ein neues Arbeitsgebiet. Er untersuchte Polynukleotide, Homopolymere sowie DNS und RNS als Filme auf Scheiben aus polykristallinem Germanium. Wolf-Dietmar Lubos fand eine Anstellung beim Bundesumweltamt der Stadt Köln. Seine Untersuchungen setzte Klaus Kölkenbeck sehr erfolgreich fort. Darauf komme ich zurück.

Mit meinen Forschern machte ich einen Betriebsausflug auf den Similaun. Wir übernachteten in der Martin-Busch-Hütte (früher Samoarhütte) und stiegen früh morgens zum Similaun auf. Martin Busch hat durch mühevolle Verhandlungen bewirkt, dass die deutschen Alpenvereinshütten in Österreich nach dem Krieg an den Deutschen Alpenverein zurückgegeben wurden. Zum Abschluss unserer Tour gab es auf der Similaunhütte eine Spaghettiorgie und ein großes Rotweinbesäufnis.

Betriebsausflug auf den Similaun

Der Ursache des Infrarot-Kontinuums auf der Spur

In den folgenden Jahren bemühte ich mich mit Erich Weidemann um ein besseres Verständnis der Ursache der IR-Kontinuumsabsorption. Wir diskutierten jede Woche einen Vormittag in Erichs Büro in der Theresienstraße 39, jedoch nur mit geringem Erfolg. Um den Mechanismus der anomal großen Protonenleitfähigkeit wässriger Säurelösungen aufzuklären, mussten wir die Veränderungen des Gewichts der Protonengrenzstrukturen des $H_5O_2^+$ durch äußere elektrische Felder berechnen. Kurz vor Weihnachten 1968 kam Erich abends in mein Büro mit dem zunächst sehr erstaunlichen Ergebnis, dass Wasserstoffbrücken mit Doppelminimumpotential durch Protonenverschiebung und Elektronenverschiebung in die Gegenrichtung Polarisierbarkeiten besitzen, die etwa zwei Größenordnungen größer sind als die Polarisierbarkeiten, die durch Deformation von Elektronensystemen zustande kommen. Zunächst dachten wir, dass wir bei diesen Berechnungen einem Artefakt aufgesessen sind. In der folgenden Zeit verstanden wir jedoch dieses Ergebnis:
Bei Doppelminimumpotentialen sind die zwei untersten Energieniveaus sehr benachbart. Damit kann durch ein äußeres elektrisches Feld der erste angeregte, der antisymmetrische Zustand dem symmetrischen Grundzustand leicht beigemischt werden, was zu einer asymmetrischen Ladungsverteilung, d.h. zur Polarisation der Wasserstoffbrücken führt. Dies war nach der Entdeckung des $H_5O_2^+$ ein weiterer entscheidender Schritt zur Aufklärung des Mechanismus der anomalen Protonenleitfähigkeit. Wir veröffentlichten dieses Ergebnis in der Zeitschrift für Naturforschung im Band **25a**, 627-634 (1970). Damit erklärte sich fürs Erste das Zustandekommen der Kontinua, denn in einer Lösung liegt eine breite Verteilung lokaler elektrischer Felder vor. Alle Wasserstoffbrücken sind daher mehr oder weniger stark polarisiert, was zu einer breiten Wellenzahlenverteilung der Energieübergänge führt. Weitere wichtige Gesichtspunkte werde ich noch darlegen.

Anomale Protonenleitfähigkeit

Um dieses Ergebnis mit einer anderen theoretischen Methode zu bestätigen, nahm ich Kontakt mit dem Quantenchemiker Professor Preuß vom Münchner Max-Planck-Institut für Astrophysik auf. Er machte mich mit seinem Mitarbeiter Rudolf Janoschek bekannt. Wir berechneten die Eigenschaften des $H_5O_2^+$ mit der self consistent field (SCF) Methode. Hierzu heuerten wir einen Doktoranden, Herbert Pfeiffer, an. Während ich mit Erich an einem schönen Herbstnachmittag 1971 in seinem Garten in der Söllereckstraße in Harlaching diskutierte, rief Pfeiffer an: Auch die SCF-Rechnungen führten zu dem Ergebnis, dass die Polarisierbarkeit der Wasserstoffbrücke im $H_5O_2^+$ etwa zwei Größenordnungen größer ist als Polarisierbarkeiten, die durch Verschiebung von Elektronen zustande kommen. Damit war klar, dass es sich bei den extrem großen Protonenpolarisierbarkeiten um einen realen Effekt handelt.

Rudolf Janoschek

Herbert Pfeiffer

Unsere Ergebnisse veröffentlichten wir in J. Amer. Chem. Soc. **94**, 2387-2396 (1972). Die Berechnungen eines Punktes der Potentialflächen benötigten damals noch 13-14 Stunden. Wir konnten sie nur nachts und an den Wochenenden durchführen, wobei wir am Faschingswochenende unbegrenzt Rechenzeit zur Verfügung hatten. Die Rechenstunde kostete zwar nur 45 DM, dennoch verursachte die Bezahlung dieser Stunden einiges Kopfzerbrechen. Nachträglich wundert man sich, dass wir trotz all dieser Schwierigkeiten derart interessante Forschungsergebnisse erhielten.

Herbert Pfeiffer arbeitete nach seiner Promotion bis zur Pensionierung in der Forschung bei Rodenstock in München.

Wasserstoffbrückenschwingung

Rudolf Janoschek ging mit Professor Preuß nach Stuttgart. Unsere gemeinsamen Berechnungen setzten wir fort, berücksichtigten nun jedoch auch die Wasserstoffbrückenschwingung. Erich hielt sich hierzu für einige Wochen in Stuttgart auf.

Mit den Ergebnissen der dort durchgeführten Berechnungen trafen wir uns in Haisterkirch und schrieben bei herrlichem Wetter im Garten eine Arbeit mit dem Titel: *„Calculated Frequencies and Intensities Associated with Coupling of the Proton Motion with the Hydrogen Bond Stretching Vibration in a Double Minimum Surface"*.

Diese sehr wichtige Veröffentlichung erschien in den Transactions of the Faraday Society II **69**, 505-520 (1973).

Ein Gelehrtenstreit

Professor Ludwig Hofacker, Theoretiker an der Technischen Universität in München, war ein fanatischer Gegner meiner Wissenschaft. Er griff mich vehement, ausschließlich mit Emotionen und ohne Argumente an. Als ich einen Kolloquiumsvortrag hielt, gab es anschließend einen geradezu mittelalterlichen Gelehrtenstreit.

Skitouren in den Kitzbühler und Tiroler Bergen

Ende der sechziger und Anfang der siebziger Jahre machte ich mit Nollers, mit Tilmann Kleinsteuber und Helmut Knözinger Skitouren, insbesondere auf die Gipfel von Tirol und diejenigen der Kitzbühler Berge. Von der Oberlandhütte stiegen wir bei herrlichem Schnee aufs Brechhorn und auf den Schwarzenkogel. Zu Pfingsten hielt ich mich mit Nollers auf der Sulzenauhütte auf. Wir hatten einmalige Abfahrten durch das Gletscherspaltengewirr des Wilden Freiger und vom Zuckerhütel. Eine besonders schöne Tour machten wir auf den Lisenser Fernerkogel. Im Jahr bevor diese Gegend durch die Olympiade verwüstet wurde, gingen wir den Kleinen Express vom Sellrain nach Innsbruck. Ich erinnere mich noch, wie verlockend beim letzten Anstieg Rauch aus dem Schornstein der Birgitzköpflhütte aufstieg.
Auf dem Rückweg von den Skitouren kehrten wir in unseren Stammgasthäusern ein, so z.B. bei Kitzbühel in der „Kuhwirtschaft", beim Stanglwirt (das Gastzimmer grenzt auch heute noch an den Kuhstall). Oft besuchten wir Gerlos und stiegen von der Kühlen Rast aus auf das Seespitzl. Am nördlichen Ende des Achensees kehrten wir dann in der „Spießwirtschaft" ein. In Gerlos wohnten wir bei der Rosa. Sie hatte etwas abseits vom Ort beim Aufstieg zum Seespitzel kleine Bungalows, die ihr Mann baute. Den Wein bewahrte sie unter unseren Betten auf. Sehr unvorsichtig! Dort schlossen die Nollers und ich Freundschaft.

Die Gesellschaft für Verantwortung in der Wissenschaft

Im Jahr 1949 gründete Professor Victor Paschkis von der Columbia Universität in New York die „Society for Social Responsibility in Science" (SSRS). Zu den Gründungsmitgliedern gehörten so bedeutende Wissenschaftler und Nobelpreisträger wie A. Einstein, W. Pauli, L. Pauling und H. Yukawa. Die Ziele dieser Gesellschaft sind, die Wissenschaftler an ihre außerordentliche Verantwortung, die ihnen aufgrund ihrer Kenntnisse entsteht, heranzuführen, und ihnen durch eine entsprechende Organisation Einfluss auf wichtige Entscheidungen zu verschaffen.
Hauptsächlich auf Betreiben von Dr. Werner Luck, der damals noch bei der BASF tätig war, wurde 1966 eine deutsche Sektion dieser Gesellschaft, die *„Gesellschaft für Verantwortung in der Wissenschaft"* (*GVW*) ins Leben gerufen. Ich trat dieser sofort bei.

GVW-Vortragsreihe

Zusammen mit dem Chemiker Wolfgang Losch veranstaltete ich an der Universität München über mehrere Jahre im Namen der Gesellschaft regelmäßig gut besuchte Vorträge. Allerdings erhielten wir auf etwa acht Einladungen potentieller Vortragender nur eine Zusage. Mit großer Mühe gelang es uns dennoch, eine hinreichende Anzahl von Rednern zu gewinnen.
Insbesondere bemerkenswert waren die Vorträge von Professor Kirchhoff, Präsident der Deutschen Gynäkologischen Gesellschaft, über *„Bevölkerungspolitik und Familienplanung";*
Professor B. Hassenstein, Freiburg, über *„Aggressives und kooperatives Verhalten des Menschen in Abhängigkeit von organisatorischen Bedingungen";*
Professor H.W. Bartsch, Seminar für Evangelische Theologie und Glaubenslehre in Frankfurt, über *„Die politische Relevanz des Evangeliums";*
Professor G. Albers, Prorektor der TH München, über *„Gebaute Umwelt morgen – Dickicht oder Spielraum?".*

Experimentell erzeugtes Leben

Das größte Interesse fand der Vortrag von Professor G. Schramm vom Max-Planck-Institut für Virusforschung in Tübingen. Er sprach über *„Experimentell erzeugtes Leben".* Der über 1000 Plätze fassende Hörsaal 101 war überfüllt. Anschließend saß ich noch mit Herrn und Frau Schramm gemütlich in meinem Appartement in der Ainmillerstraße zusammen. Frau Schramm hatte dem Vortrag ihres Mannes *heimlich* zugehört, um ihn nicht zu irritieren. Wir verabredeten eine wissenschaftliche Zusammenarbeit. Leider war dieser Vortrag der letzte von Professor Schramm; er erlag wenige Wochen später einem Herzinfarkt.

Victor Paschkis

Im Mai 1969 bekamen wir Besuch von Professor Victor Paschkis, dem Gründer der „Society for Social Responsibility in Science". Wenn wir einen Hörsaal benötigten, war die Universitätsverwaltung meist sehr störrisch. Als uns Herr Paschkis besuchte, mussten wir ihn im großen Physikhörsaal reden lassen, da wir von der Universität keinen Hörsaal erhielten. Der Physikhörsaal war für mich natürlich stets zugänglich. Herrn Spörl, für die Zuteilung der Hörsäle zuständig, war das Thema der Verantwortung in der Wissenschaft offenbar sehr suspekt. – Am 7. und 8. November 1970 veranstalteten wir eine Vortragstagung. Es sprachen:
Professor H. Schaefer, Heidelberg, über *„Aggression als Risikofaktor der Gesundheit";*
Dr. Christa Meves über *„Aggression: Schicksal und Notwendigkeit";*
Dr. R.L. Smith (London) *„On the Activities of British Society for Social Responsibility in Science";*

Prof. Dr. G. Albers über *„Gedanken zur Planung und Forschung"* und Prof. Dr. H. Sachsse über *„Technik und Herrschaft"*.
Mit Herrn Sachsse kam ich über das Werk meines Vaters ins Gespräch. Ich schickte ihm später den Katalog „Georg Friedrich Zundel 1875 – 1975" der Kunsthalle Tübingen. Er war sehr beeindruckt und schrieb mir am 13.10.1975:

„Haben Sie sehr herzlichen Dank für die Übersendung des Berichts vom Wirken Ihres Vaters. Ich habe ihn mit großem Interesse, ja, ich kann schon sagen, mit Ergriffenheit studiert. Die Sprache der Bilder und auch die behutsamen Kommentare lassen die überwältigende Vielschichtigkeit des menschlichen Lebens ahnen und führen vor Augen, wie oft doch das schnelle Urteil die konkrete Wirklichkeit verfehlt. Mir ist beim Betrachten und beim Lesen manches klarer geworden, und Sie haben mir durch die Zusendung eine große Freude gemacht, ich bin Ihnen herzlich verbunden."

Meine Tätigkeit für den DAAD

Ab 1968 wurde ich jedes Frühjahr zu drei Auswahlsitzungen des Deutschen Akademischen Austauschdienstes nach Bad Godesberg eingeladen. Obwohl dies aufgrund der vielen Schlafwagennächte sehr mühsam war, bin ich diesen Einladungen über mehr als fünfzehn Jahre hinweg gerne gefolgt. Die Referentinnen sorgten dafür, dass die Sitzungen gut vorbereitet in einer aufgeschlossenen Atmosphäre abliefen. Ich setzte mich stets so, dass ich durch das große Fenster einen schönen Blick auf das Siebengebirge hatte.
Ich bekam bei diesen Sitzungen einen direkten Einblick in die Fähigkeiten der Intellektuellen vieler Länder. So hatten wir für Griechenland über zwanzig Stipendien zur Verfügung, aber meist doppelt so viele qualifizierte Bewerbungen. Für Portugal hatten wir sechs Stipendien, von welchen wir bestenfalls eines vergeben konnten, wobei auch diese Vergabe ein Problem war, denn die einzige Bewerberin, eine Germanistin, hatte bereits die Altersgrenze überschritten. Wir sprangen mehrmals über unseren eigenen Schatten.

Auswahl der Stipendiaten

Ein großes Problem war Jugoslawien, denn es sollten alle Länder Jugoslawiens in der gleichen Weise berücksichtigt werden. Wir hatten eine große Anzahl hochqualifizierter Bewerbungen aus Slowenien und Kroatien, jedoch nahezu keine qualifizierten Bewerbungen aus den anderen Ländern Jugoslawiens. Nur um der Parität genüge zu tun, stell-

ten wir einmal einem Kraftwerksdirektor aus Serbien, der sich in Elektrotechnik fortbilden wollte, ein Stipendium zur Verfügung.
Nach diesen Sitzungen hatte ich stets das befriedigende Gefühl, etwas für das erfolgreiche Fortkommen angehender junger Wissenschaftler getan zu haben.
Bei mehrtägigen Sitzungen besuchte ich abends meinen Schulfreund Bertram Pitzker, der bis zu seinem frühen Tod in Bonn als Rechtsanwalt tätig war.

Stiftungen

Die Kunsthalle Tübingen

Zu Beginn der sechziger Jahre hatte meine Mutter zusammen mit meiner Tante Gretel Überlegungen angestellt, wie sie für das Lebenswerk meines Vaters eine dauernde Bleibe schaffen könnten. Sie beschlossen, in Tübingen eine Kunsthalle zu bauen. Meine Mutter reiste durch ganz Süddeutschland, um sich ein Bild davon zu machen, wie eine solche Kunsthalle gebaut werden müsste, um möglichst große Effektivität zu garantieren. Sie besichtigte auch das Gulbransson Museum am Tegernsee und beauftragte schließlich den Architekten Abee Schmid in Tübingen mit der Planung. Er war sicher nicht die erste Wahl, aber meine Mutter glaubte an ihn. Bereits wegen des Bauplatzes gab es erregte Diskussionen. Es bestand die Ansicht, dass die Kunsthalle im Alten Botanischen Garten errichtet werden solle. Dieser gehörte aber dem Staat und hätte auf die Stadt übertragen werden müssen, was wohl erst am Sankt-Nimmerleins-Tag geschehen wäre. Auch gab es in der „kunstbegeisterten" Stadt viele ablehnende Stimmen. So bekam ich zu hören, dass es besser wäre, das Geld für den Bau eines Supermarktes zu verwenden. Erst durch mein sehr energisches Eingreifen kam es zum Bau am Philosophenweg.

Tübinger Kunstfreunde

Nun tauchte die Frage auf, wie der Ausstellungsbetrieb organisiert und finanziert werden sollte. Der sehr kunstinteressierte Rechtsanwalt Dr. Horst Locher in Reutlingen schrieb hierzu:

„Demgegenüber möchte ich vorschlagen: Einen rechtsfähigen gemeinnützigen Verein bestehend aus zwei Vorstandsmitgliedern (einem Vertreter der Stadt und einem freien Mitglied), einem Geschäftsführer, der dem Vorstand gegenüber in gewissem Umfang weisungsverpflichtet ist, den aber durch Vertrag die Stadt Tübingen besoldet. Hinzu käme ein Beirat, wie besprochen. Der Beirat würde den Vorstand wählen. Der Verein wäre der Rechtsträger für den Ausstellungsbetrieb. Das Ausstellungsgebäude ist ja bereits weggegeben, hierauf besteht keinerlei Einfluss mehr. Zwischen dem Verein und der Stadt Tübingen müsste ein Nutzungsvertrag geschlossen werden. In diesem Vertrag müssten auch die von der Stadt Tübingen zu übernehmenden Nebenkosten und die Kosten zur Aufrechterhaltung der Funktionsfähigkeit des Gebäudes geregelt werden."

Betrieb der Kunsthalle

Es wurde zwar kein gemeinnütziger Verein gegründet, jedoch wurden viele der Vorschläge von Dr. Locher realisiert. Zunächst musste nun ein Leiter für die Kunsthalle gesucht werden. Ich wandte mich an die Galeristin Dorothea Leonhardt. Sie stellte einen Kontakt zum Kunsthistoriker Wieland Schmied her, der zu dieser Zeit bei der Kästnergesellschaft in Hannover tätig war. Ich fädelte einen Termin mit Oberbürgermeister Gmelin ein. Wieland Schmied kam mit dem Nachtzug, der große Verspätung hatte, von Mailand nach München. Ich katapultierte ihn und Frau Leonhardt in einer rasanten Fahrt nach Tübingen; wir kamen gerade noch rechtzeitig ins Rathaus.
Wieland Schmied versprach, bei der Suche nach einem Leiter behilflich zu sein und schlug zunächst einen Herrn Koch vor. Dieser nahm dann jedoch eine Stelle in Baden-Baden an. Der zweite Vorschlag war Götz Adriani, mit dem ich mich in Riedlingen traf, da ich wegen meiner bevorstehenden Habilitation unter Zeitdruck stand. Ich hatte den Eindruck, dass Adriani die Leitung der Kunsthalle in die Hand nehmen kann und damit erfolgte seine Anstellung. Am 11. November 1971 eröffnete Götz Adriani die Kunsthalle mit einer Baumeister-Ausstellung. Damit sollte ausgedrückt werden, dass das Haus vor allem auch der modernen Kunst gewidmet ist. Hierüber las man in der Presse:

Götz Adriani

„Stiftung einer Kunsthalle für die Stadt Tübingen durch Frau Paula Zundel

Am 11. November 1971 wurde im Beisein von Frau Hilda Heinemann die Kunsthalle Tübingen, eine Stiftung von Frau Paula Zundel, eröffnet. Die Stifterin hatte schon seit langem den Wunsch, die noch in ihrem Besitz befindlichen Gemälde und Zeichnungen ihres Mannes, des Malers Georg Friedrich Zundel, in Tübingen einer breiteren Öffentlichkeit zugänglich zu machen, und zwar in Verbindung mit Gemälden anderer Künstler aus dem Freundeskreise Zundels. Ihr Anliegen war es von Anfang an, das Vergangene in seiner Aussagekraft mit dem Gegenwärtigen zu vereinen. Deshalb entschloß sie sich, eine Institution ins Leben zu rufen, deren Aufgabe es sein soll, den Werken der schwäbischen Künstler, die am Anfang des Jahrhunderts stehen, in wechselnden Ausstellungen moderne, auch zeitgenössische Arbeiten entgegenzustellen. Zur Eröffnung des Hauses werden Arbeiten dieser ersten schwäbischen Künstlergeneration unseres Jahrhunderts mit einem Ausschnitt aus dem Werke Willi Baumeisters konfrontiert. Damit soll die Polarität und die Vielseitigkeit der schwäbischen Malerei, die sich gerade um 1900 sehr eigenwillig auszuprägen begann, aufgezeigt werden.

In Zukunft wird die Stadt Tübingen Träger der Kunsthalle sein, da von städtischer Seite die Sach- und Personalkosten getragen werden. Die Betriebskosten für die Wechselausstellungen werden aus einer Stiftung, die Frau Dr. Margarete Fischer der Stadt Tübingen gemacht hat, finanziert."

Ein gemeinnütziger faux pas

Bei der Eröffnung beging ich einen faux pas, dies jedoch zur großen Befriedigung aller Eingeladenen. Es war ein üppiges kaltes Buffet angerichtet. Alle standen herum und starrten mit hungrigen Blicken auf dieses, während sich Hilda Heinemann, die Frau des damaligen Bundespräsidenten, die das Buffet eröffnen sollte, im Hintergrund mit anderen Honoratioren angeregt unterhielt. Da kein Land in Sicht war, griff ich zu und eröffnete in Vertretung von Frau Heinemann das kalte Buffet.
Es ist allgemein bekannt, zu welch wichtigem Kunstschwerpunkt des süddeutschen Raums Götz Adriani die Kunsthalle in den folgenden Jahren entwickelte. Er stellte viele bedeutende Künstler der Gegenwart in einem frühen Stadium ihrer internationalen Karriere in Tübingen aus, was nicht selten zu Konfrontationen mit dem Tübinger Publikum führte. Zu diesen Künstlern gehörten, um nur einige zu nennen, Joseph Beuys, Richard Hamilton, Claes Oldenburg und Sigmar Polke.

Gründung der Berghof Stiftung für Konfliktforschung

Meinem Großvater Robert Bosch war die Völkerverständigung ein Herzensanliegen. Grundvoraussetzung hierfür ist die Beherrschung von Konflikten und damit die Erhaltung des Friedens. Deshalb beschäftigte ich mich intensiv mit der Frage, wie man der Verwirklichung derartiger Bedingungen näher kommen kann.
Im April 1971 machte ich mit meinen Doktoranden Seßler, Lindemann und Hofmann eine herrliche Skitour über die Sulzenauhütte auf die Hintere Schwärze im Stubai. Hierbei hatte ich Zeit, um in Ruhe nachzudenken. Ich beschloss, eine Stiftung zu gründen, die sich mit der Konfliktforschung und insbesondere mit zu ziehenden praktischen Konsequenzen beschäftigen sollte. Hierbei schien mir die Zusammenarbeit von Geistes- und Naturwissenschaftlern von großer Bedeutung. Im Hinblick auf die Vielfältigkeit dieser Problemstellungen sollte ein in jeder Beziehung kompetenter Stiftungsrat als Entscheidungsträger mitwirken. Carl Friedrich von Weizsäcker hatte im Frühjahr 1970 in München eine Tagung mit Friedensforschern des deutschsprachigen Raumes abgehalten. Diese Tagung der 1968 neu gegründeten „Arbeitsgemeinschaft

Friedens- und Konfliktforschung" (AFK) ermöglichte mir den Durchblick, wer anzusprechen ist.

Dieter Senghaas

Zunächst reiste ich zu Dieter Senghaas nach Frankfurt, der dort in der Freiligrathstraße wohnte. Ich kannte ihn von seinen Veröffentlichungen und insbesondere von dem Vortrag, den er in München bei der AFK-Tagung gehalten hatte. Für den Stiftungsrat schlug er Ulrich Albrecht (Politologie und Ingenieurwissenschaften), Klaus Horn (Soziologie und Psychoanalyse), sowie Theodor Ebert (Politologie) und Horst Rumpf (Didaktik) vor. Bernhard Hassenstein (Zoologie), der in Freiburg einen Lehrstuhl für Biologie innehatte, schien mir besonders geeignet zu sein, die naturwissenschaftlichen Gesichtspunkte im Stiftungsrat zu vertreten, denn es war mir bekannt, dass er sich intensiv mit der Verhaltensbiologie des Menschen beschäftigte. Die Hassensteins versuchten auf Grund ihrer Erkenntnisse auf politische Entscheidungen Einfluss zu nehmen, so z.B. auf das Problem, das in der frühen Kindheit durch wechselnde Bezugspersonen entsteht. Hassenstein war auch Berater des Familienministeriums in Bonn. Als weiteres Mitglied engagierte ich noch den Politologen Jürgen Heinrichs aus dem von Carl Friedrich v. Weizsäcker geleiteten „Max-Planck-Institut zur Erforschung der Lebensbedingungen der wissenschaftlich-technischen Welt" in Starnberg. Reiner Steinweg übernahm die Protokollführung. Den Vorsitz im Stiftungsrat übertrug ich Dieter Senghaas, der diese Funktion 30 Jahre lang mit großem Verantwortungsbewusstsein ausübte.

Damit stand der Gründung der *Berghof Stiftung für Konfliktforschung GmbH* nichts mehr im Wege. Sie fand am 13. Oktober 1971 statt, zufällig an dem Tag, an dem mein Vater 96 Jahre alt geworden wäre. Den Stiftungszweck definierte ich wie folgt:

Stiftungszweck

„Der Gegenstand des Unternehmens ist die ausschließliche und unmittelbare Verfolgung gemeinnütziger Zwecke durch Förderung von Maßnahmen, die zur Sicherung der biologischen Existenz des Menschen und seiner natürlichen Umwelt sowie zu seiner gesellschaftlichen und individuellen Entfaltung beitragen. Dies soll verfolgt werden durch:

1. die Förderung praxisrelevanter theoretischer und empirischer Projekte der Friedens- und Konfliktforschung;
2. die Entwicklung von Handlungsmodellen und ihrer Überprüfung in der Praxis;
3. die Förderung von politischer und pädagogischer Arbeit, die Konsequenzen aus diesen Forschungsergebnissen zieht sowie durch die Verbreitung belegbarer Informationen.

Die Stiftung bevorzugt interdisziplinäre Forschungsansätze, besonders, wenn sie die Zusammenarbeit von Gesellschaftswissenschaftlern und Naturwissenschaftlern vorsehen."

Hans Götzelmann

Neben mir wirkte als zweiter Geschäftsführer Hans Götzelmann vom Privatsekretariat der Familie Bosch, der sich, dies sei nachdrücklich betont, sehr große Verdienste im Zusammenhang mit der Gründung und dem Aufbau der Stiftung erworben hat.
Noch vor der Gründung der Stiftung wurde Reiner Steinweg gefördert, um sich in die Konfliktforschung einarbeiten zu können. Er war von Haus aus Germanist und engagiert sich bis heute in der Stiftung.
Über die Tätigkeit der Berghof Stiftung gibt es bisher zwei Berichte mit dem Titel *„Konfliktforschung konkret. Ein Bericht über die Forschungsförderung der Berghof Stiftung für Konfliktforschung"*. Der erste Bericht, verfasst von Eva Senghaas-Knobloch, erschien 1979, der zweite, erweitert von Reiner Steinweg, 1988.
Die Zusammenarbeit von Geistes- und Naturwissenschaftlern stieß von Anfang an auf große Schwierigkeiten, da Denkansätze und Sprache dieser Wissenschaftszweige sehr verschieden sind. Der größte Gegensatz zeichnete sich zwischen Horn und Hassenstein ab. Klaus Horn vertrat die geisteswissenschaftlichen Ansätze, Bernhard Hassenstein arbeitete mit den naturwissenschaftlichen Methoden der Verhaltensbiologie, wobei er sich intensiv mit Verbalaggression beschäftigte. Ein Dialog erwies sich als unmöglich.
Wie gravierend die Verständigungsschwierigkeiten waren, veranschaulicht ein Brief, den mir Klaus Horn schrieb:

Lieber Herr Zundel,
keiner der an der Berliner Sitzung Beteiligten kann wohl mit guten Gefühlen zurückgekehrt sein; der Stil der Auseinandersetzungen hat Unbehagen zurückgelassen. Naturwissenschaftler und Sozialwissenschaftler bildeten Fronten. Die Naturwissenschaftler sind mit sozialwissenschaftlichen Gegenständen und Methoden nicht vertraut und deshalb mißtrauisch; sie fühlen sich ausgeschlossen, weil die Sozialwissenschaftler ihre Projekte nicht akzeptieren und ihnen ein naives Verhältnis zu ihren eigenen Methoden vorwerfen, sobald diese außerhalb ihres herkömmlichen Gegenstandsbereiches angewandt werden – also etwa die Hosenseidlschen Messungen,
Ich habe es ja in Berlin bereits hervorgehoben und bedaure es noch einmal ausdrücklich, daß Herr Hassenstein die Auflage des Stiftungsrates, gerade wegen der Klärung einiger Fragen im Hosenseidl-Projekt mit Herrn Ebert

und mir Verbindung aufzunehmen, nicht erfüllt hat. Diese Verbindung hätte Herr Hassenstein nicht aufzunehmen brauchen, wenn ihn seine vielfältigen Verpflichtungen abhalten; ich bin sicher, daß Herr Ebert wie auch ich genauso selbstverständlich mit Herrn Hosenseidl diskutiert hätten wie mit Herrn Hassenstein. Da Herr Hassenstein noch niemals, trotz obengenannter Auflagen und auch (sozusagen privat) ausgestreckter Hand meinerseits ein Angebot aufgenommen hat, sondern dem eher auswich, habe ich angesichts der in Berlin von ihm vorgelegten Projekte, an denen sich zeigt, wie gut eine vorherige Diskussion gewesen wäre, den Eindruck gewonnen, daß er an einer Diskussion des Problems "Was können Naturwissenschaftler zur kritischen Friedens- und Konfliktforschung beitragen?" oder "Welchen Stellenwert haben naturwissenschaftliche Methoden in den Sozialwissenschaften und wie wendet man sie an", aktuell kein ernsthaftes Interesse hat.
Mit gleicher Post schreibe ich Herrn Hassenstein. Da er und ich beauftragt wurden, die Tagung vorzubereiten, sehe ich im Sinne dieser Vorbereitung einen eingehenden Briefwechsel für unerläßlich an, weil es mir mit der Klärung solcher Fragen wirklich ernst ist und ich ein weiteres Hinhalten und Ausweichen nicht für sinnvoll halte. Soweit ich die anderen noch gesprochen habe, sähe man das als weitere bloße Zeitverschwendung an.
Ich schreibe Ihnen, weil ich hoffe, daß Sie – ja auch Naturwissenschaftler – Kontakt zu diesem oder jenem Kollegen haben, der sich kompetent mit Fragen der eigenen Methodologie, deren Reichweite und Grenzen und besonders mit dem Verhältnis der naturwissenschaftlichen Methode zu ihrem Gegenstand beschäftigt hat. Vielleicht läßt sich sogar jemand finden, der sich sehr viel spezifischer mit der Frage nach dem Beitrag der Naturwissenschaften (im engeren Sinn, also die Methode und ihr gewöhnlicher Gegenstand gemeint) zur kritischen Friedens- und Konfliktforschung beschäftigt hat. Dankbar wäre ich Ihnen auch, wenn Sie in diesem Sinn Herrn Metzger um Kooperation bitten könnten. Darum bitte ich Sie besonders, weil ich beim Mittagessen, was in diesem Sinne leider zu kurz war, den Eindruck hatte, daß Herr Metzger und ich uns durchaus verständigen könnten, wenn man länger miteinander redet. Abgesehen von meinem Auftrag, mich um die sozialwissenschaftliche Seite des Problems zu kümmern, will ich natürlich auch nach Naturwissenschaftlern Ausschau halten; zumindest könnte ich wahrscheinlich einen mit naturwissenschaftlichen Methoden arbeitenden Psychologen zur Mitarbeit bewegen. Ich wäre Ihnen sehr dankbar, wenn [Sie] mit der Suche nach einem kompetenten Naturwissenschaftler zum Gelingen der Tagung beitragen könnten.
Aufmerksam machen möchte ich nur noch einmal darauf, daß eine solche Tagung nur Anstöße geben, aber keine langen Ausbildungsgänge oder inter-

disziplinäre Kooperationserfahrungen ersetzen kann. Es bedarf wirklich eines großen persönlichen Einsatzes und außerordentlicher Lernbereitschaft. Heute gibt es vorwiegend Spezialisten und kaum noch Menschen, die wenigstens die Idee des alten Universalgelehrten noch in ihrem Herzen bewahrt haben.
Soweit ich das sehen kann, zeichnen sich in der Tat im Sinne Ihrer Hoffnungen heute Tendenzen ab, die Dichotomie Geisteswissenschaften / Naturwissenschaften zu überwinden; jedenfalls hat das die methologische Diskussion der Sozialwissenschaften in den letzten zehn Jahren deutlich gezeigt, und gerade die Psychoanalyse ist Demonstrationsobjekt geworden dafür, daß es zwar einerseits Kausalität im Sinne von Wenn ... dann gibt, daß es sich aber im menschlichen Bereich um eine besondere Art der Kausalität handelt; nicht eine erster Natur, sondern eine, die nur unter besonderen Umständen so funktioniert, welche von Menschen gemacht sind und deshalb im Prinzip auch verändert werden können.
Langer Rede kurzer Sinn: Sie sollten nicht denken, daß die Sozialwissenschaftler die Naturwissenschaft hinauswerfen wollen; es liegt uns nur an diskussionsfreudigen und kompetenten Partnern, die mit uns im Sinne der in der Satzung festgelegten Prinzipien effektiv kooperieren wollen. Wenn Ihnen jemand aus Ihrem Bereich über den Weg läuft, der eine für uns interessante Fragestellung einigermaßen bearbeitet parat hat, wäre ich Ihnen sehr verbunden, wenn sie ihn mit mir in Kontakt brächten. Anbei finden Sie einen Sonderdruck aus dem neuen Friedensforschungs-Jahrbuch. Erlaubt beizulegen habe ich mir auch drei Sätze Kapiteleinleitungen aus einem Lehrbuch für Krankenschwestern, weil ich darin versucht habe, einige allgemeinere Prinzipien und Inhalte sozialwissenschaftlichen Denkens für Laien darzustellen. Es hat zwar nichts mit Friedensforschung zu tun, könnte unter Umständen aber der interdisziplinären Verständigung dienen. Wenn Sie auch zu dieser Ansicht kommen, sind für Herrn Götzelmann und Ihren Freund, Herrn Metzger, noch zwei weitere Sätze beigefügt. Darüber hinaus schicke ich Ihnen die Kopie eines Vortrags, der für die Internationale Friedenspädagogikkonferenz in Bad Nauheim (Anfang November) konzipiert war und in für den Druck ausgearbeiteter Form in einem Kongress-Sammelband erscheinen wird. Ich schicke ihn, weil darin unter dem Begriff "psychologistisch" ein Problem angeschnitten wird, das mit dem in Berlin diskutierten Problem viel zu tun hat: Wie man Menschen und von ihnen Gemachtes unter pragmatischen Gesichtspunkten und einem kritischen erkenntnisleitenden Interesse am besten wissenschaftlich in den Griff bekommt. Vielleicht trägt die Rede auch schriftlich ein wenig zur Verständigung bei.

Mit freundlichen Grüßen, wie immer,
Ihr Klaus Horn

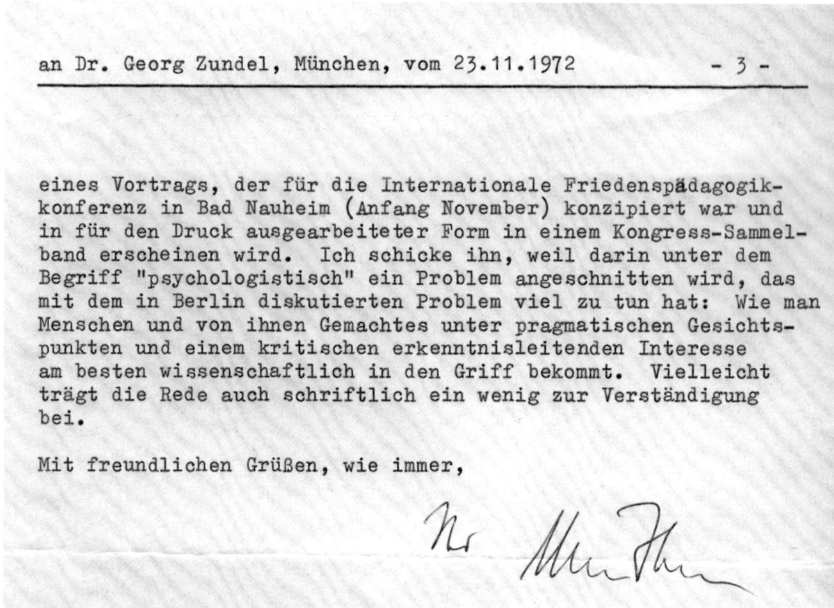

an Dr. Georg Zundel, München, vom 23.11.1972 - 3 -

eines Vortrags, der für die Internationale Friedenspädagogikkonferenz in Bad Nauheim (Anfang November) konzipiert war und in für den Druck ausgearbeiteter Form in einem Kongress-Sammelband erscheinen wird. Ich schicke ihn, weil darin unter dem Begriff "psychologistisch" ein Problem angeschnitten wird, das mit dem in Berlin diskutierten Problem viel zu tun hat: Wie man Menschen und von ihnen Gemachtes unter pragmatischen Gesichtspunkten und einem kritischen erkenntnisleitenden Interesse am besten wissenschaftlich in den Griff bekommt. Vielleicht trägt die Rede auch schriftlich ein wenig zur Verständigung bei.

Mit freundlichen Grüßen, wie immer,

Horn war nicht klar, dass die Sprache der Geisteswissenschaftler für Naturwissenschaftler oft schwer verständlich ist. Dabei war Hassenstein für Probleme menschlichen Zusammenlebens besonders kompetent.
Ich fand dies alles sehr bedauerlich, war aber gegenüber diesen Verständigungsschwierigkeiten machtlos. Ich konnte die Vorschläge von Klaus Horn nicht umsetzen.

Scheitern der interdisziplinären Kooperation

So kam es, dass Bernhard Hassenstein nach kurzer Zeit seinen Austritt aus dem Stiftungsrat erklärte. Obwohl ich Dietrich von Holst, der das Aggressionsverhalten an Halbäffchen studierte, und später Ernst Ulrich v. Weizsäcker in den Stiftungsrat berief, war damit mein Wunsch einer geistes-naturwissenschaftlichen Kooperation im Beirat zunächst gescheitert.

Förderungspraxis

Trotz dieser Schwierigkeiten wurden in den 70er und 80er Jahren von der Berghof Stiftung wichtige Themen mit Erfolg behandelt, wobei ich in den Sitzungen des Stiftungsrats immer darauf drängte, die Praxisrelevanz der Projekte zu berücksichtigen und zu stärken. Neben dem Thema der Friedenspädagogik hat die Stiftung neue Forschungsansätze unterstützt, die in der staatlichen Förderung damals noch keine Chancen hatten. Kritisch untersucht wurden u.a. Fragen wie die nach den Motiven junger Menschen, Zivildienst zu leisten oder Soldat zu werden, nach der

demokratischen Kontrolle des staatlichen Gewaltmonopols, nach dem Zusammenhang zwischen der „Landflucht" und der damit verbundenen Verelendung vieler Kleinbauern der sogenannten Dritten Welt mit den Interessen der Plantagenkonzerne oder nach den Bedingungen eines erfolgreichen gewaltfreien Widerstands gegen staatliches Unrecht.
Darüber hinaus hat die Stiftung zahlreiche Initiativen und Kongresse der Friedensforschung und -bewegung, Studiengruppen und Zeitschriften wie die „Friedensanalysen" in der edition suhrkamp sowie militär-, rüstungs- und gewaltkritische Ausstellungen gefördert.

Das Institut für „Homöopathieforschung"

Mittlerweile war ich Mitglied des Kuratoriums der Robert Bosch Stiftung geworden. Schon bei meinem Eintritt in dieses Gremium im Jahre 1972 hatte man sich sehr eigenartig gegen mich verhalten. Man schickte mich vor die Tür und veranstaltete eine Personaldebatte, als ob ich ein völlig Unbekannter wäre.
Die Geschäftsführer, Dr. Peter Payer und Dr. Karl Schreiber, waren stets prinzipiell dagegen, wenn ich mich für einen Antrag einsetzte oder gar jemandem riet, einen Antrag zu stellen.
Mein Großvater war ein entschiedener Anhänger der Homöopathie. Dies ging auf seinen früheren Hausarzt Professor Heinrich Göhrum zurück. Mein Großvater hatte das Robert Bosch Krankenhaus unter dem Gesichtspunkt gegründet, dass dort, soweit möglich, mit homöopathischen Methoden geheilt werden solle.

Robert Bosch, Anhänger der Homöopathie

In den sechziger Jahren wurden zahlreiche Gutachten und Denkschriften über die Methoden der Homöopathie eingeholt, so z.B. 1965 durch die „Vermögensverwaltung Bosch GmbH" eine Denkschrift von Dr. med. Paul Mössinger aus Heilbronn zur Förderung der wissenschaftlichen Entwicklung der Homöopathie. Weiter liegen mir umfangreiche Darlegungen von Dr. med. W. Schwarzhaupt mit dem Titel „Gedanken über Planungsmöglichkeiten und -aufgaben bei der Bildung von Schwerpunkten einer wissenschaftlichen Homöopathie als vollgültiges Teilgebiet der Gesamtmedizin" vor. Schließlich gibt es einen langen Brief von Prof. Dr. med. G. Orzechowski an Dr. Thomä von der Vermögensverwaltung. Zusammenfassend steht am Schluss dieses Briefes:

„Ich komme damit zum Schluss, dass bei näherem Zusehen die Aussichten der Förderung der Homöopathie im Sinne von Robert Bosch d.Ä. nicht gerade als ungünstig bezeichnet werden können. Ich hoffe dargestellt zu haben, dass es eine Reihe von Ansatzpunkten gibt, von denen aus eine Forschung vorangetrieben werden könnte".

Institut für Homöopathieforschung

Meine Tante Gretel, Frau Dr. Margarete Fischer-Bosch, spendete der Bosch Stiftung auf meine Anregung hin drei Millionen DM für ein Institut, das am Robert Bosch Krankenhaus Wirkungsmechanismen homöopathischer Medikamente erforschen sollte. So ist das in der Stiftungsurkunde festgelegt. Ich fädelte eine Besprechung mit Professor Adolf Butenandt ein, um das nähere Vorgehen zu klären und festzulegen. Diese Besprechung verlief sehr konstruktiv. Es wurde klar festgelegt, wie vorzugehen sei, um Erfolg zu haben. Leider taten die Herren Payer und Schreiber danach alles, um diesen Erfolg zunichte zu machen.
Anfang Jänner 1973 starb meine Tante Gretel. Ich war im Dezember noch mit ihr bei einer Sitzung im Robert Bosch Krankenhaus zusammen gewesen. Bereits bei dieser Sitzung hatte es sich abgezeichnet, dass die Robert Bosch Stiftung die von meiner Tante gestifteten Mittel nicht für den Stiftungszweck, nämlich zur Erforschung der Wirkungsmechanismen homöopathischer Medikamente, zu verwenden gedachte. Diese Stiftungsmittel wurden m.E. von der Robert Bosch Stiftung, d.h. von den Herren Schreiber und Payer, bereits mit dem Vorsatz angenommen, sie zweckzuentfremden. Leider fehlte mir die Zeit, die erforderlich gewesen wäre, um die rechtmäßige Verwendung der Mittel einzuklagen.

Etablierung als Institut für klassische Pharmakologie

Die Bosch Stiftung hat das von meiner Tante gestiftete Institut von vornherein als ein klassisches Institut für klinische Pharmakologie etabliert, welches nichts mit Homöopathie zu tun hat. Es trägt seit seiner Gründung im Jahr 1973 den Namen „Dr. Margarete Fischer-Bosch-Institut für Klinische Pharmakologie (IKP)". In besonders unglücklicher Weise hatte Professor Groß, ein Gschaftlhuber aus Freiburg, hierbei seine Hände im Spiel. Die Bosch Stiftung engagierte durch seine Vermittlung einen klinischen Pharmakologen, Dr. Biek, der meiner Meinung nach völlig unfähig war, was ich nachdrücklich äußerte. Zur Wahl standen auch sehr tüchtige Forscher, so z.B. Dr. Georges Fülgraff aus Freiburg. Er wurde von Herrn Payer mit der Begründung, dass seine Frau für eine sozialistische Zeitung schreibe, abgelehnt. Herr Fülgraff wurde später Direktor des Bundesgesundheitsamtes. Ich traf ihn nach vielen Jahren (1998) in der Wohnung von Annegret Falter, die sich in der „Vereinigung Deutscher Wissenschaftler"(VDW) engagiert, in Berlin wieder. Er wohnte einen Stock höher.

Zu meiner Genugtuung musste sich die Bosch Stiftung ein halbes Jahr später von Herrn Biek trennen, da er der ihm gestellten Aufgabe bei weitem nicht gewachsen war. Neben mangelhafter wissenschaftlicher Qualifikation hatte er auch keinerlei Talent, etwas leitend in die Hand zu nehmen.

Ich hatte in Tübingen Labors an die Ciba vermietet. Originellerweise tauchte Biek nun als Leiter dieser Labors – von der Ciba engagiert – auf. Seine Tätigkeit währte auch dort nicht lange. Der Fall Biek ist ein eklatantes Beispiel dafür, wie wertvolle Ressourcen vergeudet werden, wenn jemand Leute aus anderen Gründen als Qualifikation protegiert. Professor Groß aus Freiburg war in diesem Fall die treibende Kraft mit zwei linken Händen.

J. C. Fröhlich

An Stelle von Herrn Biek wurde Professor Fröhlich als Leiter des von meiner Tante gestifteten Instituts engagiert. Ich hatte nach einem langen Gespräch den Eindruck, dass er die Vorgaben meiner Tante für die Tätigkeit des Instituts erfüllen könne. Zwischen ihm und der Stiftung kam es jedoch sehr bald zu heftigen Spannungen, dies hauptsächlich dadurch, dass Herr Fröhlich sehr engagiert tätig war. Leider verließ er bereits am 30.9.1984 das Institut und nahm einen Ruf auf einen Lehrstuhl für klinische Pharmakologie an der Medizinischen Hochschule Hannover an. Die Bosch Stiftung hat sich nicht bemüht, ihn zu halten. Herr Fröhlich schrieb mir, dass es der Bosch Stiftung nicht gelungen war, sich von ihm gütlich zu trennen. Ihm folgte als Leiter des Instituts Prof. M. Eichelbaum. Zu seiner Einstellung habe ich in einem Brief vom 10.11.1984 wie folgt Stellung genommen.

„Mit der Einreihung von Herrn Eichelbaum bin ich nicht einverstanden, da Herr Eichelbaum Pharmakokinetiker ist. Die Festlegung meiner Tante, für deren testamentarischen Vollzug ich nach ihrem Wunsch zu sorgen habe und der mit Herrn Butenandt abgesprochen wurde, lautet dahingehend, dass die klinische Pharmakologie in dem nach ihr benannten Institut Ausgangspunkt für die Erforschung molekularer Mechanismen homöopathischer Heilmittel sein muss. Aus kinetischen Daten lassen sich – wenn überhaupt – nur sehr indirekt Informationen über molekulare Mechanismen erhalten."

Austritt aus dem Kuratorium der Bosch Stiftung

Aus dem Institut ist nicht das geworden, was meine Tante wollte. Die Tätigkeit im Kuratorium der Robert Bosch Stiftung war für mich stets ein Ärgernis. Ich entschloss mich 1977, aus diesem Gremium auszuscheiden. Ich unterrichtete Herrn Merkle, den „Gottvater" der Firma Bosch, über die Gründe für mein Ausscheiden und schlug Erhard Eppler als meinen

Nachfolger vor. Herr Merkle entgegnete ganz entsetzt: „Das ist doch unser Todfeind!" Dies zeigt, dass Herrn Merkles Geisteshaltung der meines Großvaters total entgegengesetzt war. Dieser wäre von den Gedanken Erhard Epplers begeistert gewesen.

Die ereignisreichen 70er Jahre

Universitätsalltag

Das Biophysikalische Kolloquium

Über viele Jahre hinweg, beginnend 1967, veranstaltete ich an der Universität München mit Kollegen aus den Fachgebieten Physik, Physikalische Chemie, Biochemie und Zoologie ein Biophysikalisches Kolloquium. Als Mitveranstalter nahm nur Professor Martin Klingenberg aktiv teil. Dr. Rainer Röhler, der nie gesehen ward, beschwerte sich jedoch bitterlich, als ich ihn von der Liste der Veranstalter streichen wollte. Die Nachsitzungen fanden meist im Nebenzimmer des Räthenhauses in der Luisenstraße statt und führten oft zu ergiebigen Diskussionen. Bis 1976 veranstalteten wir dieses Kolloquium, meist wöchentlich. Neben vielen anderen sprachen Professor Muralt aus Zürich, Professor Metzner aus Tübingen und Professor Witt aus Berlin.
Im Wintersemester 1971/72 stellten wir unser Kolloquium unter das Rahmenthema *„Bioenergetik"*. Ich hielt den Einführungsvortrag *„Energiefluss in der lebenden Welt"*. Dieser fand, wie viele andere Vorträge, großes Interesse. Der Willstätter Hörsaal war immer voll besetzt, auch auf den Treppen waren keine Sitzplätze mehr verfügbar.

Bioenergetik

Als Dozentenvertreter in der Fakultät

Im Herbst 1971 wurde ich für ein Jahr zum Dozentenvertreter in die Fakultät gewählt. Damit musste ich viele Mittwochnachmittage in Fakultätssitzungen totschlagen. Wieviel wertvolle Arbeitszeit und -kraft in diesen Sitzungen vergeudet wird, in denen oft unwesentliche Dinge ausgewalzt werden, habe ich hierbei erfahren. Die meisten Ordinarien sahen dies anders.
Aber es gab auch bisweilen erheiternde Vorkommnisse. So kam eines Tages zur Sprache, dass mein erzkonservativer Kollege Professor Bernward Stuke Plakate der Studenten abgerissen hatte. Auf Betreiben der Studentenvertreter kam folgender Beschluss zustande:

„Die Fakultät ist der Meinung, dass die Anwendung materieller Gewalt in der Auseinandersetzung verschiedener hochschulpolitischer Standpunkte zu missbilligen ist. Sie empfiehlt den einzelnen Instituten, das Verteilen von Flugblättern und Anbringen von Plakaten in bisher üblichem Umfang und weiterhin ohne Behinderung zu ermöglichen."

Skandälchen und Skandale

Jahres-bibliographie

In diesen Jahren gab es verschiedene mehr oder weniger skandalöse Vorgänge. 1969 war zum ersten Mal eine Jahresbibliographie der Universität München erschienen. Bedauerlicherweise waren meine Arbeiten nicht aufgenommen worden. Mein an das Konrektorat gerichteter Protest hatte Erfolg; ab 1970 wurde auch ich aufgefordert, über die Ergebnisse meiner Forschungstätigkeit an der Universität in den Jahresbibliographien zu berichten.

Hörhammer und Wagner

Die Professoren Hörhammer und Wagner von der Pharmazie hatten sich Teile aller Assistentengehälter angeeignet. Dazu kam die private Nutzung von Räumen und Sachmitteln. In der Fakultät gab es eine erregte Debatte für und gegen Professor Hörhammer. In den Mitteilungen des Assistentenrats kann man hierüber lesen:

„Namentlich hatte sich der wissenschaftliche Assistent Dr. H.P. Franck, zunächst über längere Zeit in einer Reihe von privaten Gesprächen, dann auch brieflich, bei den genannten Professoren um Abstellung der Misstände bemüht. Als dies nichts fruchtete, wandte er sich im Januar 1971 mit einer Dienstaufsichtsbeschwerde an das Kultusministerium. Die dabei erhobenen Vorwürfe betreffen insbesondere folgende Sachverhalte:
– Einzug von ca. DM 300.000,- von den wissenschaftlichen Assistenten bzw. Verwaltern von Assistentenstellen des Instituts mit der Behauptung, diese Teile ihrer Gehälter würden für andere Doktoranden benötigt; eine solche Unterstützung hat aber nur in verschwindend wenigen Fällen stattgefunden;
– Einsatz öffentlicher Mittel (Personal, Räume, Sachmittel) in erheblichem und von den zuständigen Stellen nicht genehmigtem Umfang zur Erledigung einträglicher privater Verlagsaufträge, ohne dass dem Staat der vorgeschriebene entsprechende Kostenersatz geleistet wurde;
– Vetterleswirtschaft durch Anstellung von Familienangehörigen im Institut als wissenschaftliche Assistenten, obwohl diese Personen anderen Beschäftigungen, z.T. im Ausland, ohne Beurlaubung nachgingen."

Es ist fast unglaublich: Professor Hörhammer wandte sich an die Bundeswehr mit der Bitte, Herrn Franck, den Assistenten, der dies ans Tageslicht gebracht hatte, zum Heer einzuziehen, um damit die ihm drohende

Gefahr von sich abzuwenden. Das Kultusministerium setzte unter diese Affäre einen Schlussstrich; denn mit Wirkung vom 7.3.1972 entband es Professor Hörhammer von der Aufgabe des Vorstands des Instituts für Pharmazeutische Chemie. Zum Dank wurde Herr Franck aus der Universität hinausgeekelt. Die Professoren saßen am längeren Hebel.

Ein Whistleblower wird entfernt

Große Aufregung gab es auch wegen der Habilitation des Chemikers Julius Nickel. Er finanzierte seine gesamte Forschung mit Mitteln der Bundeswehr, was natürlich den Studentenvertretern und auch mir gar nicht gefiel. Weder sein Habilitationsvortrag noch seine Thesenverteidigung waren überzeugend. Nach einer erregten Debatte wurde die Entscheidung auf das Sommersemester verschoben. In der Fakultätssitzung, welche am 5.7.1972 stattfand, wurde dann Herrn Nickel die venia legendi unter Beschränkung auf Halbleiter- und Metallchemie erteilt.

Julius Nickel

Ein sehr wichtiges Ergebnis unserer Forschung erzielte mein Doktorand Klaus Kölkenbeck (siehe S. 264). Alles wäre sehr gut gewesen, wenn er vorher nicht eine nur befriedigende Diplomprüfung abgelegt hätte. Der einflussreiche, notengläubige Chef der Organischen Chemie, Professor Rolf Huisgen, hatte einen Kommissionsbeschluss herbeigeführt, wonach kein Chemiker mit einem derartigen Notendurchschnitt an der Ludwig-Maximilians-Universität in München promovieren durfte. Üblicherweise wurde dieses ungeschriebene Gesetz umgangen, indem die betroffenen Doktoranden zwar in München ihre Arbeit anfertigten, dann jedoch an einer anderen Universität, meist in Konstanz, promovierten. Ich sah dies nicht ein, als mich Klaus Kölkenbeck im September 1970 um ein Thema für eine Doktorarbeit bat. Er hatte sich in der Angelegenheit mit Schreiben vom 7.7.1970 an das Bayerische Staatsministerium gewandt.

Ein Kommissionsbeschluss

Dieses reagierte prompt und übermittelte der Universität bereits am 10.7. eine Stellungnahme, in der neben anderem folgendes zu lesen ist:

„Das Ministerium hat anläßlich einer mündlichen Vorsprache von Herrn Kölkenbeck diesem folgende Rechtsauskunft erteilt: Der Entwurf der Diplomprüfungsordnung für Studierende der Chemie an der Universität München, der in seiner Nr. 5 die Zulassung zur Promotion von einem bestimmten Notendurchschnitt abhängig macht, ist dem Bayerischen Staatsministerium für Unterricht und Kultus noch nicht zur Genehmigung vorgelegt worden; mangels der erforderlichen rechtsaufsichtlichen Genehmigung hat er deshalb noch keine Rechtswirksamkeit erlangt. Soweit ein Beschluß über die Versagung der Zulassung zur Promotion sich daher auf die Bestimmung in Nr. 5 dieses Entwurfes stützte, würde er der Rechtsgrundlage entbehren. Der Entwurf der Neufassung der Promotions-

Stellungnahme des Ministeriums

ordnung ist jedoch bislang nicht genehmigt, auch liegen keine Ausführungsbestimmungen zur Genehmigung vor, aufgrund deren eine besondere Qualifikation der Diplomprüfung im Fach Chemie Zulassungsbedingung für die Promotion in diesem Fach wäre.

Die Promotionsordnung

Damit gilt für die Beurteilung der Frage von Herrn Kölkenbeck die Promotionsordnung der Naturwissenschaftlichen Fakultät der Universität München vom 1.10.1965 i.d.F. der Änderungssatzung vom 27.1.1967. § 1 Abs. 2 dieser Promotionsordnung sieht keine notwendige Beschränkung für die Zulassung zur Promotion vor. Das Staatsministerium für Unterricht und Kultus hat in seiner Entschließung vom 29.12.1969 Nr. I/11 – 6/105 333 an die Universität München dargelegt, dass insbesondere in der Fachrichtung Chemie die Promotion eine der wesentlichen Voraussetzungen zur Erlangung qualifizierter Berufsstellungen ist.

Das Recht auf freie Wahl der Ausbildungsstätte (Art. 12 Abs. 1 S. 1 GG) umfaßt daher in der Fachrichtung Chemie grundsätzlich nicht nur das Recht auf Zulassung zum Studium, sondern auch – im Rahmen der gegebenen finanziellen Verhältnisse und der vorhandenen Arbeitsplätze – das Recht auf Zulassung zur Promotion. Nachdem die geltende Promotionsordnung eine Notenbegrenzung nicht vorsieht, kann nach Meinung des Ministeriums aus Rechtsgründen das Gesuch auf Zulassung zur Promotion nicht unter Hinweis auf mangelnde Qualifikation in der Diplomprüfung abgelehnt werden."

Am 28.8. schrieb das Staatsministerium an Klaus Kölkenbeck:

„Die Verwaltung der Universität München hat ebenso wie die Vorsitzenden der Fachgruppe Chemie/Pharmazie der Universität München sich der Meinung des Ministeriums angeschlossen, dass nach den derzeit geltenden Bestimmungen der Naturwissenschaftlichen Fakultät die Zulassung zur Promotion nicht von der Erreichung einer bestimmten Notengrenze bei der Diplomprüfung abhängig gemacht werden kann."

Aufgrund dieser Briefe und der sehr guten Auskunft von Herrn Weigel vom Chemischen Institut, bei dem Klaus Kölkenbeck seine Diplomarbeit durchgeführt hatte, habe ich ihn Anfang September als Doktoranden in meine Arbeitsgruppe aufgenommen. Gegen diese Entscheidung war rechtlich nichts einzuwenden, zumal es in der damaligen Promotionsordnung unter 5, Punkt 2 heißt:

„Vor der Zulassung zu einer Doktorarbeit hat sich der Kandidat demjenigen Dozenten gegenüber, bei dem er zu arbeiten gedenkt, sowie gegebenenfalls gegenüber einem Fachvertreter des Hauptfaches über ein gründliches Fachstudium auszuweisen; die Ansprüche im einzelnen bleiben der Verantwortung der Fachvertreter überlassen."

Proteste der Chemiker

Der Eintritt von Klaus Kölkenbeck in meinen Arbeitskreis führte bei den Chemikern, angestiftet von Herrn Huisgen, zu lautstarkem Protestgeheule; etwas dagegen unternehmen konnten sie jedoch nicht, da das in München übliche Vorgehen rechtlich nicht abgesegnet war. Herr Huisgen, der Papst der Organischen Chemie, glaubte an seine nicht angreifbare Autorität und hielt offensichtlich eine rechtliche Absicherung seines Vorgehens, wenn überhaupt möglich, nicht für nötig.
Der Anorganiker Nöth schrieb mir hierzu ganz empört:

INSTITUT FÜR ANORGANISCHE CHEMIE
DER
UNIVERSITÄT MÜNCHEN
Prof. Dr. H. Nöth

8000 MÜNCHEN 2, 12.9.1970
MEISERSTRASSE 1
FERNSPRECHER 5902396
SEKRETARIAT 5902385

Herrn
Dr. Georg Zundel
Physikalische Chemie

8 München

Lieber Herr Dr. Zundel,

heute muß ich leider nochmals auf unser Gespräch in dieser Woche zurückkommen.

Bei Durchsicht der Akten über Beschlüsse der Kommission für die Diplomprüfung, die ja stets von allen Mitgliedern gefasst wurden, wurde am 20.7.1960 festgelegt, daß Kandidaten mit der Durchschnittsnote 3,0 und schlechter nicht zur Promotion zugelassen werden. Ich verstehe dies so, daß sich der Lehrkörper damals entschlossen hat, kein Thema für eine Doktorarbeit an derartigen Kandidaten auszugeben.

Wenn Sie Herrn Kölkenbeck ein Doktorthema ausgeben, so setzen Sie sich damit in Widerspruch zu einem von Ihren Kollegen gebilligten Entschluß. Die formalrechtliche Seite hatten wir bereits besprochen.

Entschuldigen Sie diese Art der Benachrichtigung. Ich hätte Ihnen den Inhalt dieses Schreibens gerne in einem weiteren Gespräch mitgeteilt, was wegen meiner Teilnahme am XIII. ICCC nun leider nicht möglich ist.

Mit freundlichen Grüßen
gez. Prof.Dr.H.Nöth

i.A. Vogt
(Sekretariat)

Die Proteste hatten keinen Erfolg, denn das Recht war auf unserer Seite. Im September 1972 konnte Kölkenbeck seine Arbeit bei der Fakultät einreichen. Vorsichtshalber beschaffte ich ein auswärtiges Gutachten, in dem die Arbeit ebenfalls sehr gut beurteilt wurde.
Da an der Arbeit nichts auszusetzen war, ging der Umlauf ohne Beanstandung durch; der Promotionssitzung blieben jedoch alle Chemiker fern. Was dies bringen sollte, weiß ich nicht, denn kurioserweise bewirkte gerade dies eine einstimmige Annahme der Arbeit.

Machenschaften gegen meine Verbeamtung

In der Fakultätssitzung, die am 21.6.1972 im Sitzungszimmer des Instituts für Pharmazie und Lebensmittelchemie stattfand, wurde mir eine Universitätsdozentenstelle zugewiesen. Hierbei waren die Stimmen der Studenten- und Assistentenvertreter entscheidend, wie ich später von meinem Mitarbeiter Rainer Herbeck erfuhr, der an dieser Sitzung als Assistentenvertreter teilnahm. Aber manch einer an der Universität München, insbesondere Professor Armin Weiß, der Verweser des Physikalisch-Chemischen Instituts, sah es ungern, dass ich verbeamtet werden sollte. Ich wurde, wie üblich, in der Poliklinik untersucht, und man eröffnete mir, dass ich akute Syphilis hätte. Dies sei sogar vom Pettenkofer Institut durch Tests bestätigt worden. Syphilis ist eine Nervenkrankheit. Somit ging ich zunächst zur Nervenklinik. Der dortige Chef nahm mir Spinalflüssigkeit ab, um mit dieser die entsprechenden Tests durchzuführen. Auch suchte ich Professor Müller vom Robert-Bosch-Krankenhaus in Stuttgart auf, der sich ebenfalls meines Problems annahm.
Zwei Monate später erfuhr ich, dass weder die Nervenklinik, noch Professor Müller irgendein Indiz finden konnten, dass ich Syphilis hätte, und somit flog diese Ente auf. Ich wurde endlich verbeamtet und am 29.9.1972 zum Universitätsdozenten ernannt. Diese kriminelle Geschichte gehört mit *weißer Kreide* in den *schwarzen Kamin* der Universität München geschrieben!!

Bewerbungen

1970 bewarb ich mich ohne Erfolg um ein Ordinariat „Biophysik" am Institut Biologie III bei Professor Griesebach in Freiburg und Anfang 1972 um eine von zehn Wissenschaftlerstellen am Max-Planck-Institut in Martinsried, leider ebenfalls ohne Erfolg.
Im Sommer 1972 bewarb ich mich in Tübingen um eine Professur für Physikalische Biochemie. Die Besetzung der Stelle verschob man so lange, bis der Lehrstuhl gestrichen wurde.

Auch später habe ich mich gelegentlich an anderen Universitäten beworben, so z.B. 1979 um einen Biophysiklehrstuhl, der von der Freien Universität in Berlin ausgeschrieben war. Ich wurde zu einem Vortrag eingeladen und sprach über „Zwischenmolekulare Wechselwirkung, Konformation und Protonenverschiebung in biologischen Systemen – Infrarotspektroskopische Untersuchungen." Den Ruf erhielt Professor Hayn aus Basel.

Besteigung des Kilimandscharo

Werner Seßler

Werner Seßler hatte 1971 seine Doktorarbeit *„pK_a Abhängigkeit der Infrarot-Kontinuumsabsorption von wässriger Lösung protonierter Amine"* abgeschlossen. Im Jänner 1972 arbeitete ich mit ihm in der Wilhelmstraße an der Veröffentlichung seiner Ergebnisse in verschiedenen Zeitschriften. Als wir einmal in der Metzgerei in der Hohenzollernstraße zusammen zu Mittag aßen, erzählte er mir, er wolle zur Feier seiner Promotion den Kilimandscharo ersteigen. Er meinte, ich könnte mich anschließen. So kam es, dass wir Ende Februar zu viert mit den East African Airlines nach Mombasa flogen. Herr Probst, mein Apotheker in der Ainmillerstraße, hatte mich mit allen eventuell notwendigen Medikamenten versorgt. Er hatte Erfahrung, denn er stattete auch Himalaja-Bergsteiger aus. Er riet mir, Reisetabletten gegen die Höhenkrankheit zu nehmen, die sich dann sehr bewährt haben.

Beim Start in Wien gab es Schwierigkeiten; ein Triebwerk brannte aus und wir mussten umkehren. Dies war nicht so einfach und dauerte mehr als eine Stunde, da der Flieger, um landen zu können, große Teile des getankten Treibstoffs ablassen musste. Empfangen wurden wir von einem riesigen Aufgebot an Feuerwehren und Krankenwagen. Alles ging jedoch gut. Dasselbe Flugzeug, eine DC9, stürzte einen Monat später beim Start in Addis Abeba ab. Nach einer kurzen Nacht in Wien konnten wir nach Mombasa abfliegen.

In Mombasa mieteten wir einen VW Käfer und fuhren nach Marangu-Mandara am Fuß des Kilimandscharo. Wir wohnten dort in einem Hotel, das von einer Ostafrikadeutschen betrieben wurde. Am nächsten Tag stiegen wir, zunächst durch üppige Plantagen, zu der auf 2700 m Seehöhe gelegenen Mandarahütte auf. Um die Mittagszeit gab es einen fürchterlichen Wolkenbruch. In dieser Nacht wurde ich gewaltig von Wanzen geplagt, die sich von der Decke fallen ließen, um mich dann anzunagen. Nun ging es weiter zu der auf etwa 3700 m gelegenen Horombohütte.

Der Aufstieg

Zunächst querten wir den Waldgürtel, dann wanderten wir durch eine Tundralandschaft mit vielen interessanten Blumen zur Horombohütte. Abends hatten wir einen phantastischen Tiefblick auf Arusha. Immer wieder wurde der Flugplatz beleuchtet, wenn ein Flugzeug ankam oder startete. Am nächsten Morgen stiegen wir weiter hinauf zum Sattel zwischen dem großen Hauptgipfel Kibo und dem niedrigeren Mawenzi. Wir querten den ausgedehnten Sattel, über dem die Wolkenfetzen jagten, und kamen zu der am Fuße des Hauptgipfels auf 4700 m gelegenen Kibohütte. Sie war damals noch nicht bewirtschaftet und bestand nur aus einigen Wellblechbaracken mit Pritschen.

Aufbruch zum Gipfel

Nachts um halb ein Uhr begannen wir mit dem Aufstieg zum Gipfel; wir waren siebzehn Personen. Nur mühsam kamen wir in der Dunkelheit durch die rutschige Asche vorwärts. Pünktlich zum Sonnenaufgang erreichten wir den Gillman Point am Kraterrand. Da Herr Gillman, ein Offizier der englischen Armee, nicht weiter gekommen war, gilt der Kilimandscharo mit Erreichen des Kraterrandes als erstiegen.

Der Sonnenaufgang über dem Mawenzi war prächtig. Zwei Bergführer aus Basel, Werner Seßler und ich stiegen nun über den südlichen Kraterrand zum etwa 250 Höhenmeter höheren Gipfel auf. Auf dieser Höhe, der Kilimandscharo ist ja 5896 Meter hoch, erwies sich das Steigen als sehr mühsam. Auf der Karte sind am Kraterrand alle möglichen „points" eingezeichnet, wo derjenige oder diejenige, z.B. eine Stella, zusammengebrochen sind. Werner Seßler hat diese „point"-Sammlung, wenige hundert Meter vom Gipfel entfernt, um den „Seßler point" bereichert. Ich erreichte mit den Schweizern den Gipfel. Den jüngeren der beiden mussten wir jedoch mit Cognac wiederbeleben; er wusste nachher von nichts mehr.

Auf dem Gipfel

Wir hatten einen eindrucksvollen Blick auf den Krater, den Gipfel des tiefer liegenden Mawenzi und das tief unter uns liegende Ostafrika. Eilends stiegen wir dann ab, an der Kibohütte vorbei, über den breiten Sattel und hinunter zur Horombohütte, die wir gegen Abend erreichten. Insgesamt waren wir an diesem Tag achtzehn Stunden auf den Beinen. Am nächsten Tag stiegen wir bis zu unserem Auto ab. Wir befreiten uns von Schweiß und Asche. Unsere Träger flochten uns Kränze aus Kilimandscharo-Strohblumen.

Wildtiere

Anschließend besuchten wir den Ngorongoro Krater mit seinen riesigen Zebraherden. Dort begegneten wir auch einer Löwin mit Jungen. Der Herr Löwe war so faul, dass man ihm fast auf die Pfoten fahren musste, damit er sich gnädigst erhob. Unser nächstes Ziel war der Manyara Park, ein großes Wildreservat unmittelbar am Ostafrikanischen Grabenbruch. Durch diesen Park konnten wir mit dem eigenen Auto fahren. Ein Elefant

war sehr ergrimmt, da wir mit unserem Wagen seinen Wechsel abschnitten. Ich fotografierte ihn aus dem Schiebedach heraus – unten im Wagen brach die Panik aus.
Nun ging es zurück nach Mombasa, wo wir uns noch zwei Tage an einem herrlichen Sandstrand ausruhten. Er erstreckte sich, so weit das Auge reichte; weit und breit waren nur wenige Menschen zu sehen.

Forschungstätigkeit in der ersten Hälfte der 70er Jahre

Kurze Zeit nach meiner Habilitation wurde Professor Schwab emeritiert. Bis zur Berufung eines Nachfolgers war der Anorganiker Professor Armin Weiß Verweser des Physikalisch-Chemischen Instituts. Dieser war weniger Wissenschaftler als vielmehr ein gewaltiger „Gschaftlhuber". Einmal wollte er sich zum Rektor wählen lassen. Bei der Stimmabgabe stand er neben der Wahlurne und fixierte jeden. Gewählt wurde damals der Mathematiker Professor Kasch.
Zunächst sollte Professor H. G. Hertz aus Karlsruhe, den ich von Münster her gut kannte, auf den Schwab'schen Lehrstuhl berufen werden. Hieran war ich natürlich sehr interessiert, da er mit der Kernresonanzmethode ähnliche Probleme wie ich mit der Infrarotspektroskopie bearbeitete. Leider sagte er ab. Berufen wurde daraufhin Professor Gerhard Ertl aus Hannover, der die desolaten Zustände an der Physikalischen Chemie in kürzester Zeit beseitigte. Da es in der Physikalischen Chemie in der Sophienstraße sehr an Laborräumen fehlte, musste ich mit meinem Arbeitskreis zu den Kristallographen in die Theresienstraße 41 übersiedeln. Professor Jagodzinski war dort der Oberhäuptling. Seine Hauptbeschäftigung bestand nicht zuletzt darin, dafür zu sorgen, dass im Institut alles abgeschlossen war. An einem der ersten Tage nach dem Umzug wurde ich in unseren Labors eingesperrt und musste mich über den Fluchtbalkon retten. Daraufhin setzte ich durch, dass wir eine eigene Schließanlage bekamen.

Laborumzug

Die Laborraumprobleme entspannten sich dadurch, dass meine Kollegen Leute nach Münster und Bekiaroglu nach Saloniki entschwanden, denn diese sollten ebenfalls in die Theresienstraße umziehen. Hiermit bestand kein Laborplatzmangel mehr. Wir konnten unsere Messgeräte in einem sehr gut ausgestatteten und klimatisierten Innenraum aufbauen, den sich zunächst Herr Leute gesichert hatte. Durch Tausch von Laborplätzen konnte ich erträgliche Bedingungen schaffen. Auch war uns die dazu nicht verpflichtete Werkstatt der Kristallographen oft behilflich.

Dieses Provisorium war für zwei Jahre geplant, es hat mich jedoch überdauert.

Die Arbeit mit meinen Doktoranden

Klaus Kölkenbeck

RNS (Ribonucleinsäuren) und DNS (Desoxyribonucleinsäuren) unterscheiden sich dadurch, dass bei der RNS am Zucker die 2'OH Gruppe anwesend und dass Thymin durch Urazil ersetzt ist. Klaus Kölkenbeck konnte durch unermüdliche Arbeit, durch Untersuchung von Schwingungskopplungen bei homopolymeren Polynucleotiden und durch Molekülkalottenbau zeigen, dass bei der RNS die 2'OH Gruppen über eine Wasserstoffbrücke an das Äther O-Atom des benachbarten Riboserests binden. Ferner konnte er nachweisen, dass es zwei kationenabhängige Konformationen des RNS Rückgrats gibt. Wir veröffentlichten seine interessanten Ergebnisse in einer Publikation mit dem Titel *„The Significance of the 2'OH Group and the Influence of Cations on the Secondary Structure of the RNA Backbone"* in der Zeitschrift: Biophysics of Structure and Mechanism **1**, 203-219 (1975). Dieser Artikel fand große Resonanz.

Klaus Kölkenbeck war bis zu seiner Pensionierung bei Audi in Ingolstadt für die Qualitätssicherung zuständig und hat im Rahmen seiner Tätigkeit das für die Automobilindustrie weltweit geltende IMDS-System (Internationales Materialdatensystem) erarbeitet.

Rainer Herbeck

Mein neuer Mitarbeiter Rainer Herbeck setzte die Untersuchungen mit natürlicher RNS fort. Er zeigte, dass die Verknüpfung der 2'OH Gruppen mit dem Äther-O-Atom der benachbarten Ribosereste für die Konformation des Rückgrats von transfer RNS und ribosomaler RNS eine große Rolle spielt. Auch die Mg^{2+} ionenabhängige Konformationsänderung des Rückgrats konnte er bei den natürlichen Polynucleotiden beobachten. Diese Ergebnisse veröffentlichten wir in der Biochimica Biophysica Acta **418**, 52-62 (1976).

Nach mehrjähriger Tätigkeit in wissenschaftlichen Forschungseinrichtungen arbeitete Rainer Herbeck 20 Jahre für die Garching Innovation GmbH, wobei er für die Verwertung und kommerzielle Anwendung von Erfindungen aus der biologisch-medizinischen Sektion der Max-Planck-Gesellschaft zuständig war. Seit 1999 ist er freiberuflich als Berater für Saatgutunternehmen und bei der Finanzierung von Biotech-Startups etc. tätig.

Klaus-Peter Hofmann

Klaus-Peter Hofmann beschäftigte sich mit dem Problem der Herstellung von ca. 5 µm starken Filmen aus Polymeren mit reproduzierbarer Schichtdicke. Er entwickelte Becher für die Zentrifuge, in denen die Probenträger auf einem Quecksilberbad schwimmen, während die Filme auftrocknen. Nach dem Austarieren der Probenträger erhielt er gleichmäßige Filme, die er hervorragend reproduzierbar präparieren konnte. Diese Versuchsanordnung erhielt den Spitznamen „Senkrechtstarter", dies im Hinblick auf die damaligen, weniger erfolgreichen Bemühungen der Flugzeugfirma Bölkow. Das Vorgehen wurde später von meiner Diplomandin Edith Obermüller für die Ultrazentrifuge weiterentwickelt. Sie konstruierte entsprechende Becher aus Titan.

K.-P. Hofmann untersuchte die Wechselwirkungen in Adenosintriphosphat- (ATP) und Adenosindiphosphat-(ADP)Systemen. Insbesondere beschäftigte er sich mit der Frage, was sich ändert, wenn man ATP hydrolisiert. Bei seinen Messungen variierte er die anwesenden Mg^{2+} und K^{+} Ionen. Leider stellte sich später heraus, dass die Angaben der Firma K+K Laboratories, USA, bezüglich der anwesenden Kationen falsch waren.

Hofmann war an einer Hochschullaufbahn sehr interessiert. Nach seiner Promotion erhielt er eine Stelle im Institut von Professor Werner Kreutz in Freiburg. Um die Hofmann'schen Ergebnisse in Manuskripte zu verwandeln, besuchte ich ihn. Ich wohnte im Gästezimmer im obersten Stock des Instituts. Es war ein Quartier nach meinem Geschmack, mit Aussicht auf die Westhänge des Schwarzwaldes und gutem Kaiserstühler Wein. Zum Abendessen ging ich ins Gasthaus „Zum Roten Bären", dem ältesten Gasthaus Deutschlands.

Klaus-Peter Hofmann hat heute eine Professur an der Medizinischen Fakultät Charité in Berlin inne und ist Direktor des Instituts für Medizinische Physik und Biophysik.

Michael Matthies

Michael Matthies wiederholte die Arbeit von Klaus-Peter Hofmann mit einwandfreiem ATP. Er untersuchte die Hydrolyse von ATP als K^{+} Salz und 1:1 Komplex mit Mg^{2+} in wässriger Lösung. Weiter untersuchte er die nichtenzymatische Hydrolyse von ATP und Mg^{2+}ADP in wässrigen Lösungen. Schließlich fand er, dass die Komplexbildung des ATP und ADP mit Mg^{2+} bewirkt, dass a) die endständige Phosphatgruppe des ATP im physiologischen pH-Bereich vollständig deprotoniert ist, und b) dass bei der Hydrolyse des $MgATP^{2-}$ das entstehende Proton an das Hydrogenphosphat und nicht an $MgADP^{-}$ gebunden wird. Diese Ergebnisse veröffentlichten wir im J. Chem. Soc. Perkin Trans. II, 1824-1830 (1977).

Michael Matthies ist Professor für Angewandte Systemwissenschaft an der Universität Osnabrück.

Rainald Lindemann

Rainald Lindemann zeigte, dass auch heterokonjugierte $AH \cdots B \rightleftharpoons A^{-} \cdots H^{+}B$ Brücken große Protonenpolarisierbarkeit besitzen, sofern in ihnen ein Doppelminimumprotonenpotential vorliegt. Dieses Ergebnis veröffentlichten wir in den Transactions der Faraday Society [Faraday Trans. II **73**, 788-803 (1977)]. Außerdem studierte er die Systemfamilien Polyglutaminsäure-*N*-Basen und Polyhistidin-Carbonsäuren. Bei diesen handelt es sich um Modellsysteme für Wasserstoffbrücken zwischen Proteinseitengruppen. Lindemann zeigte, dass auch derartige Wasserstoffbrücken große Protonenpolarisierbarkeit besitzen können [Biopolymers **16**, 2407-2418 (1977) und **17**, 1285-1303 (1978)]. Hiernach sollten auch in Proteinen leicht polarisierbare Wasserstoffbrücken anwesend sein. Er erhielt weiter das sehr wichtige Ergebnis, dass der Protonentransfer, die Hydratation und die Konformation bei Proteinen miteinander gekoppelte Vorgänge sind.

Rainald Lindemann war an seiner Forschung so interessiert, dass es für ihn fast unmöglich war, diese abzuschließen. Nur mit Mühe und dank seiner sehr interessanten Ergebnisse erreichte ich, dass seine DFG-Stelle stets wieder verlängert wurde.

Er arbeitete bis zu seiner Pensionierung bei BMW als Entwicklungsingenieur für Akustik und Schwingungstechnik.

Aufstieg von der Kürsinger Hütte auf den Venediger: Werner Seßler, Rainald Lindemann und Klaus-Peter Hofmann

1975 schlossen Dag Schiöberg und Axel Hayd, dessen theoretische Arbeit von Erich Weidemann betreut wurde, ihre Doktorarbeiten ab. Dag Schiöberg zeigte, dass in wässrigen Lösungen starker Basen $H_3O_2^-$ Gruppierungen mit einer leicht polarisierbaren Wasserstoffbrücke vorliegen [J. Chem. Soc. Faraday Trans. II **69**, 771-781 (1973)]. Ferner untersuchte er den Einfluss von Neutralsalz auf die leicht polarisierbare Wasserstoffbrücke im $H_5O_2^+$. Kleine Kationen verringern, große erhöhen die Intensität des Kontinuums, da sie die Brücken stärker bzw. schwächer polarisieren als das wässrige Milieu [Canad. J. Chem. **54**, 2193-2200 (1976)]. Dag Schiöberg

Dag Schiöberg ist heute Pressesprecher des Max-Planck-Instituts für Quantenoptik in Garching bei München.

Axel Hayd berechnete die Kontinua, ausgehend von den Übergangsmomenten, unter Annahme einer Verteilung der Stärke der lokalen elektrischen Felder und einer Verteilung der Längen der Brücken [J. Chem. Phys. **70**, 86-91 (1979)]. Axel Hayd

Im Jahr 1973 trat Jenny Zerfowski in meinen Arbeitskreis ein. Das Thema ihrer Arbeit lautete *„Der Einfluss verschiedener Parameter auf biologische Membranen unter besonderer Berücksichtigung der Konformation von Proteinen"*. Jenny Zerfowski war noch keine sechs Wochen bei mir tätig, als eines Sonntag morgens etwa um fünf Uhr mein Telefon läutete. Es war meine neue Doktorandin, die mir mitteilte, sie habe sich beim Tanzen den Fuß verstaucht, ich möge sie doch ins Krankenhaus fahren. Nachdem ich sie aufgelesen hatte, bat sie mich, sie in eine Spezialklinik zu fahren – dort war jedoch noch niemand ansprechbar. Ich setzte sie kurzerhand in der Ambulanz des Schwabinger Krankenhauses ab. Seit ihrer Promotion ist Jenny Zerfowski als Pharmaberaterin tätig. Jenny Zerfowski

Ende 1973 stieß Friedrich Kremer zu meinem Arbeitskreis. Er fertigte seine Diplomarbeit unter Erich Weidemann und mir über das Thema *„Protonendispersionskräfte zwischen symmetrischen Wasserstoffbrükken"* an. Nachdem Friedrich Kremer an den Arbeiten des Biologen Bernhard Hassenstein sehr interessiert war, stellte ich einen Kontakt her. Bei Hassenstein erforschte er zunächst das Thema „Beifallauslösende Signale in der politischen Redesituation", wobei ihn die Berghof Stiftung zunächst mit einem Stipendium förderte. Nach einem USA-Aufenthalt promovierte Kremer 1978 bei Professor Hassenstein mit dem Thema „Zur Steuerung der Abflugmagenfüllung bei der Honigbiene". Friedrich Kremer hat heute einen Lehrstuhl an der Universität Leipzig, Fakultät für Physik und Geowissenschaften. Friedrich Kremer

Sakiko Hornik, eine Japanerin, arbeitete seit 1974 bei mir über die Proteine im Nervensystem. Unser Interesse galt den Konformationsum- Sakiko Hornik wandlungen und der Rolle der Carboxylatgruppen dieser Proteine. Üblicherweise werden solche Untersuchungen in Meeresbiologischen Instituten an marklosen Tintenfischnerven vorgenommen. Schließlich erwies sich auch der Olfactorius, der Nasennerv des Hechts, als vielversprechendes Untersuchungsobjekt. Deshalb bereisten wir die bayerischen Seen und besuchten zahlreiche Fischer, so z.B. Herrn Kneidl am Waginger See. Da wir ja nur am Nasennerv interessiert waren, eröffnete Sakiko Hornik einen erfolgreichen Hechtfleischhandel. Eines Tages kam uns die Idee, mit dem Küchenchef des Hotels Vierjahreszeiten, einem Herrn Biesler, Kontakt aufzunehmen, denn Herr Biesler hatte stets Hecht auf seiner Speisekarte. Auch dieser Kontakt war sehr erfolgreich und förderte die Wissenschaft.

Der Olfactorius des Hechts

Sakiko Hornik arbeitet im Bundesamt für Strahlenschutz, Fachbereich Strahlenschutz und Gesundheit. Zu ihren Aufgaben gehört die Abschätzung der Wirkung der Strahlendosis von Arzneimitteln, die bei Patienten und gesunden Probanden eingesetzt werden.

Oktoberfest

Jedes Jahr musste ich mit den Forschern aufs Oktoberfest. Unser Stammzelt war die Fischervroni. Dort gab es delikaten Steckerlfisch und gutes Paulaner Bier, das natürlich stets schlecht eingeschenkt war. Einmal beschlossen die Forscher, dass Renate die Kapelle dirigieren müsse und sammelten die 20 Mark, die dies kostete. Sie dirigierte: „Die Goas ist weg, die Goas ist weg".

Selbstverständlich musste ich als gutes Vorbild vorangehen und mit den schlimmsten Marterinstrumenten, so z.B. der Dreierloopbahn fahren. Sehr schön war das Riesenrad. Wenn es oben steht, hat man einen Blick auf das bunte Lichtermeer und das Treiben auf der Wies'n. Später war ich auch einmal mit meinen Söhnen Johannes und Georg auf dem Oktoberfest.

Nockerberg und Forschungsbrauerei

Im Frühling, zur Starkbierzeit, gingen wir auf den Nockerberg oder wir fuhren zur Forschungsbrauerei nach Unterhaching. Vom Ostbahnhof erreicht man Unterhaching mit der S-Bahn. Dort gibt es süffigen hellen Bock: polyschlürf! All dies war zur Ankurbelung und Beflügelung der Forscher lebensnotwendig.

Oktoberfest: Renate dirigiert

Beginn der Zusammenarbeit mit Bogumił (Bogdan) Brzezinski

Im Mai 1973 wandte sich Professor Mirosław Szafran von Universität Poznań an mich. Sein Mitarbeiter Dr. Bogumił Brzezinski hatte Interesse, für ein Jahr in meinem Labor zu arbeiten. Ich empfahl eine Antragstellung bei der Humboldt-Stiftung, da ich von der Universität keine Mittel für solche Zwecke zur Verfügung hatte. Sein Antrag wurde bewilligt, verbunden mit der Verpflichtung für den Stipendiaten, am Goetheinstitut in Murnau einen zweimonatigen Deutschkurs zu absolvieren. Im Spätherbst fuhr ich mit Renate nach Murnau, um Bogumił Brzezinski, genannt Bogdan, kennen zu lernen. Es zeigte sich, dass er bereits fließend Deutsch sprach. Am 1. Januar 1975 nahm er seine Tätigkeit in meinem Labor auf. Es stellte sich heraus, dass er als organischer Chemiker eine große Bereicherung für unsere Arbeitsgruppe war. Ein Chemiker

Bogdan Brzezinski untersuchte infrarotspektroskopisch zunächst symmetrische $N^+H \cdots H \rightleftharpoons N \cdots H^+N$ und mehr oder weniger unsymmetrische $N_1{}^+H \cdots N_2 \rightleftharpoons N_1 \cdots H^+N_2$ Brücken. Wir studierten die Protonenpolarisierbarkeit anhand der Kontinua. Ferner untersuchte er Fermiresonanzeffekte im Bereich 3000 – 2000 cm^{-1}, die zu Bandenaufspaltungen führen. Im folgenden Sommer brachten wir diese Ergebnisse im Maltatal aufs Papier und veröffentlichten sie in den Faraday Transactions II **72**, 2127-2137 (1976). Wir verfassten auch eine erste Arbeit über intramolekulare Wasserstoffbrücken mit großer Protonenpolarisierbarkeit. Ein Infrarotkontinuum zeigt an, dass die $OH \cdots N \rightleftharpoons O^- \cdots H^+N$ Brücken in der 1-Piperidin

Carbonsäure leicht polarisierbar sind [Chemical Physics Letters **44**, 521-525 (1976)]. Auf Bergtouren zum Bartelmann und zu den Melnikseen erholten wir uns.

Intramolekulare Wasserstoffbrücken

Da Bogdan Chemiker ist, eröffnete sich die Möglichkeit, Moleküle gezielt zu synthetisieren. Dies führte in den folgenden Jahren zu mehr als hundert interessanten Veröffentlichungen in internationalen Fachzeitschriften. Da bei den intramolekularen Wasserstoffbrücken sehr definierte Bedingungen realisiert werden können, wurden sie zu einem wesentlichen Hilfsmittel für die Erforschung der Protonenpolarisierbarkeit. So konnten wir zeigen, dass die Kontinua verschwinden, wenn die Brücken durch sperrige Gruppen von ihrer Umgebung abgeschirmt werden. Dies beweist, dass die lokalen elektrischen Felder für die Entstehung der Kontinua von wesentlicher Bedeutung sind. Die Kontinua verschwinden ebenfalls, wenn Donor- und Akzeptorgruppen von Wasserstoffbrücken durch das Innere des Moleküls elektronisch konjugiert sind, da hiermit die protonenbedingten Dipolfluktuationen durch intramolekulare Elektronenfluktuationen kompensiert werden.

Bogdan Brzezinski und Georg Zundel im Garten in der Wilhelmstraße

In den folgenden Jahren hielt sich Bogdan jedes Jahr drei Monate in München auf. Einmal traf ich mich mit ihm am Brunnen des Alexanderplatzes in Ostberlin. Für die Synthesen der Moleküle, an denen wir beide interessiert waren, brachte ich ihm die nötigen Chemikalien. Nach Ostberlin konnten er aus Polen und ich aus Westberlin ohne große Formalitäten einreisen. Nachdem wir in einem Hotel Unter den Linden Kaffee getrunken hatten, besuchten wir noch einige Buchhandlungen. Ich kaufte dort unter anderem eine Zetkin-Biographie. Anschließend begleitete mich Bogdan zum Grenzübergang Friedrichstraße. Nach Durchführung seiner Messungen verfassten wir in Haisterkirch oder im Maltatal unsere „Dichtungen".

Vorträge und Tagungen 1970 - 1974

Professor Bücher hatte in München einen Lehrstuhl für Physiologische Chemie. Er ist der Sohn des IG Farben Direktors Bücher, einem der engsten Freunde meines Großvaters. Herr Bücher veranstaltete im November in einer Enzianbrennerei hinterm Tegernsee das sogenannte „Kolloquium Gentianum". Ich trug darüber vor, wie man anhand der Infrarotspektren die Konformation von Makromolekülen ermittelt und berichtete über die von uns beobachteten kationenabhängigen Konformationsänderungen. Am Abend gab es ein gewaltiges Enzianbesäufnis.

Kolloquium Gentianum

Im Februar 1970 fand in Würzburg eine Biopolymerentagung statt. Ich berichtete auf dieser über die Ergebnisse der Doktorarbeit von Jörg Mühlinghaus. Damit stellte ich erstmals das Ergebnis vor, dass das Proton in den $N^{+}H \cdots N \rightleftharpoons N \cdots H^{+}N$ Brücken zwischen den Histidinresten fluktuiert. Dieses Ergebnis bekam besondere Bedeutung dadurch, dass Heinrich Rüterjans in Münster gerade gezeigt hatte, dass eine solche Wasserstoffbrücke im aktiven Zentrum des Enzyms Ribonuklease A vorliegt.

Biopolymerentagung in Würzburg

Diese Tagung hat sich auch dadurch gelohnt, dass jeder Vortragende kostenlos an einer exzellenten Frankenweinprobe teilnehmen durfte, die in einem schönen Kellerlokal stattfand. Mit Adalbert Mayer und anderen Kollegen fuhr ich nach der erfolgreichen Tagung mit dem Zug nach München zurück.

Um bei uns im Institut Interesse an meinem Arbeitskreis zu erwecken, hielt ich in diesen Jahren im Physikalisch-Chemischen Kolloquium mehrere Vorträge, so 1971 zum Thema *„Extrem große Polarisierbarkeiten von Wasserstoffbrücken und ihre Rolle in biologischen Systemen"*. In diesem Vortrag stellte ich abschließend Folgendes fest:

Vorträge im Physikalisch-Chemischen Kolloquium

`„In welchem biologischen System könnte eine derartige Leitfähigkeit eine Rolle spielen? Viele Autoren haben` pH Differenzen von einigen Einheiten an biologischen Membranen beobachtet. So fand Witt in Berlin z.B., dass sich beim Belichten der Thylakoidmembranen der Chloroplasten an diesen ein elektrischer Feldgradient und ein pH Gradient bilden. In seiner Chemiosmotischen Theorie der oxidativen Phosphorylierung postulierte

ATP Synthese

Mitchell, dass die für die ATP Synthese erforderliche freie Energie gewonnen wird, indem sich Protonen in der inneren Membran der Mitochondrien, einem Konzentrations- und einem Feldgradienten folgend, verschieben. Aldridge und Mitarbeiter schlugen vor, dass der Protonentransport in den Membranen über die Imidazolreste der Histidine des Membranproteins erfolgt. Dieser Vorschlag beruht auf der Beobachtung, dass Trimethylzinn die oxidative Phosphorylierung blockiert, und dass dieses Trimethylzinn an die Imidazolreste des Histidins des Membranproteins bindet. Zusammenfassend heißt dies: Es wurde postuliert, dass bei der oxidativen Phosphorylierung ein Protonenleitungsmechanismus über die Imidazolreste des Membranproteins entscheidend ist. Wir wissen, dass Protonen mit dem Imidazol extrem leicht polarisierbare Wasserstoffbrücken bilden. Es entsteht ja, wie Ihnen dieses Dia nochmals zeigt, mit zunehmender Protonierung wässriger Imidazollösungen eine kontinuierliche Absorption.

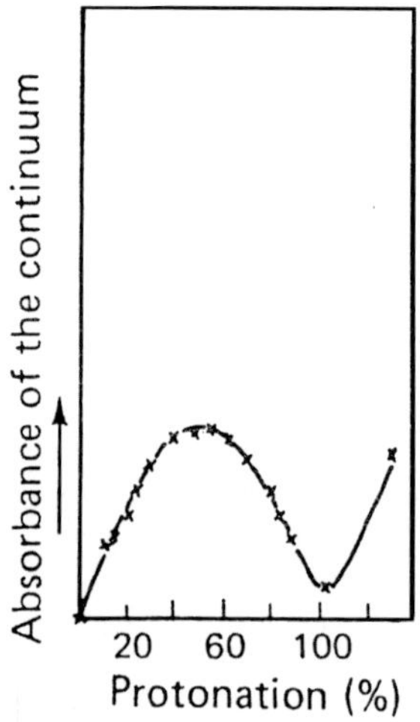

Abb. 8: Extinktion des Kontinuums (Absorbance) von wässrigen Imidazollösungen bei 1900 cm^{-1} in Abhängigkeit von der Protonierung

Ein entsprechendes Kontinuum sollte man nun bei der Polyaminosäure Polyhistidin erwarten, denn die funktionellen Gruppen dieser Polyaminosäure sind ja Imidazolreste. Deshalb untersuchten wir Filme aus Poly-L-Histidin in Abhängigkeit von der Protonierung. Die IR-Spektren dieser Filme zeigt das nächste Dia. Polyhistidin

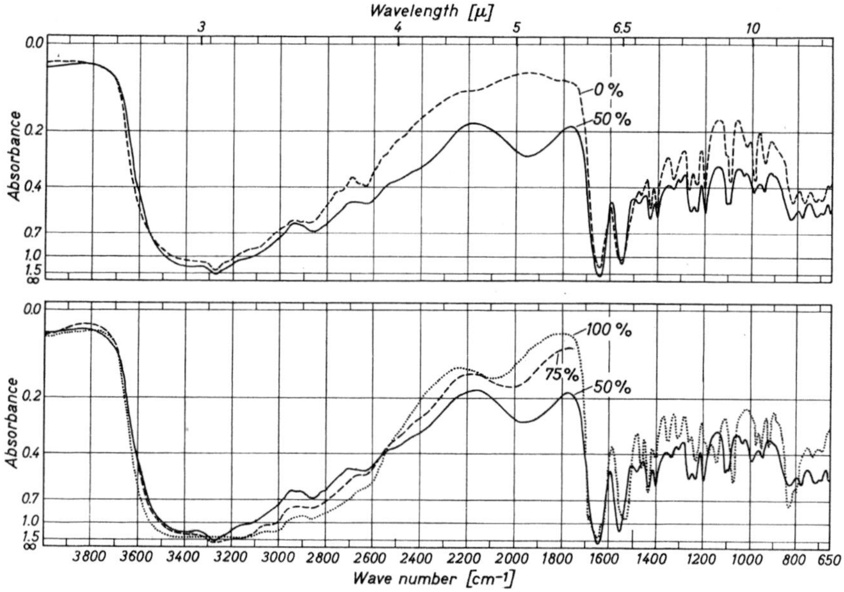

Abb. 9: PLH-Filme in Abhängigkeit von der Protonierung bei 90 % relativer Luftfeuchtigkeit

Sie sehen, durch die Protonierung ist hier eine Kontinuumsabsorption entstanden. Bei 50% Protonierung entfällt gerade ein Überschussproton auf zwei Imidazolreste des Poly-L-Histidin. Nimmt die Protonierung weiter zu, so verschwindet die Kontinuumsabsorption wieder. Dafür nimmt hier um 2600 cm^{-1}, wo die NH-Valenzschwingung des Hydrochlorids liegt, diese intensive breite Bande zu.
Somit bilden sich also zunächst mit zunehmender Protonierung beim Poly-L-Histidin ebenfalls polarisierbare Brücken, in denen das Überschussproton tunnelt.

Zwischen diesen Wasserstoffbrücken können Protonendispersionskräfte wirken, die Protonenbewegungen sind korreliert. Bei 50% Protonierung ist das Kontinuum am intensivsten, denn dort herrschen optimale Bedingungen für die Ausbildung der $N^{+}H \cdots N \rightleftharpoons N \cdots H^{+}N$ Brücken. Mit weiter zunehmender Protonierung werden diese Brücken wieder aufgebrochen, es bildet sich das Hydrochlorid. Das Kontinuum und die Protonendispersionskräfte verschwinden, denn es gibt nun keine tunnelnden Protonen in dem System mehr.

Nachdem sich solche Brücken beim Polyhistidin bilden, ist die Bildung derartiger Brücken zwischen den Imidazolresten der Histidine des Membranproteins sehr wohl denkbar. Aufgrund dessen, was wir über diese Brücken und über die anomale Protonenleitfähigkeit wissen, können wir nun einen Leitungsmechanismus in der Membran postulieren, der die experimentellen Beobachtungen an den Thylakoid- und an den Mitochondrienmembranen verständlich machen kann.

Thylakoid- und Mitochondrienmembranen

Wir wissen erstens, dass Protonendispersionskräfte zwischen diesen $NH^{+} \cdots N$ Brücken wirken, und dass durch diese Kräfte die Protonenbewegungen in diesen Brücke korreliert erfolgen. Zweitens wissen wir, dass elektrische Felder diese Brücken polarisieren. Bei Feldstärken von 10^{6} Volt/cm sind die Protonen schon beträchtlich in Feldrichtung verschoben.

Wie kann hiernach ein solcher Leitungsmechanismus über die Imidazolreste der Histidine in einer Membran funktionieren? In diesen Wasserstoffbrücken liegen, wenn kein Überschussproton anwesend ist, unsymmetrische Potentialkurven vor. Lagert sich hier ein Proton an, so werden diese Potentialkurven symmetrische Doppelminima. Die Bewegungen der Protonen sind nun über die Protonendispersionskräfte korreliert. Ist dieser Kette ein elektrisches Feld überlagert – wie dies an den Membranen der Mitochondrien und in den Chloroplasten der Fall ist – so verschieben sich die Protonen bevorzugt nach rechts, und hier hinten kann das Überschussproton abgelöst werden. Das heißt, wenn in einer Membran etwas Derartiges vorliegt, so wird durch das elektrische Feld auf der einen Seite der Membran der pH größer und auf der anderen kleiner werden. Damit kann man durch ein elektrisches Feld eine Ladungstrennung durchführen, so wie dies der von Mitchell postulierte Mechanismus und die z.B. von Witt und Mitarbeitern durchgeführten Experimente fordern.

Ladungstrennung durch elektrisches Feld

Wir haben hiermit gesehen, dass symmetrische und weitgehend symmetrische Wasserstoffbrücken mit Doppelminimumpotential extrem leicht polarisierbar sind. Diese Polarisierbarkeit bringt verschiedene Wechselwirkungseffekte mit sich und ist die Ursache des feldempfindlichen Mechanismus der anomalen Protonenleitfähigkeit. Ich hoffe, dass Ihnen die beiden abschließend diskutierten Beispiele gezeigt haben, welche Bedeutung der extrem großen Polarisierbarkeit von symmetrischen Wasserstoffbrücken für die Funktion biologischer Systeme zukommen kann. Weitere interessante Ergebnisse bezüglich der biologischen Bedeutung dieser Wasserstoffbrücken werden sich voraussichtlich aus unseren Untersuchungen an den energiereichen Phosphaten ergeben, denn es entsteht bei der ATP-Spaltung ein Überschussproton, das sowohl Diphosphatgruppen wie auch Purinreste über symmetrische Wasserstoffbrücken verknüpfen kann."

Ich wies damit bereits in diesem Vortrag nachdrücklich auf die Rolle der polarisierbaren Wasserstoffbrücken in biologischen Systemen hin. Ein weiteres Thema, über das ich im Physikalisch-Chemischen Kolloquium vortrug, war *„Ionenwechselwirkung, Wasserstoffbrücken und Sekundärstruktur biologischer Systeme – Infrarotspektroskopische Untersuchungen"*.

Werner Luck lud mich 1971 zu einem Vortrag nach Marburg ein. Ich machte in diesem Vortrag deutlich, dass Wasserstoffbrücken mit fluktuierendem Proton in biologischen Systemen dann zu erwarten sind, wenn in diesen Systemen Akzeptorgruppen mit pK_a Werten im physiologischen pH Bereich, d.h. um pH=7 anwesend sind, wie dies bei den Histidinresten der Fall ist. Darüber hinaus stellte ich bereits damals fest:

Vortrag in Marburg

„Wasserstoffbrücken zwischen Histidinresten sind keinesfalls die einzigen Wasserstoffbrücken in biologischen Systemen, bei denen man derartige Eigenschaften zu erwarten hat. So haben z.B. die Phosphate, insbesondere die energiereichen Phosphate, Wasserstoffbrücken-Akzeptorgruppen mit einem pK_a Wert im physiologischen pH-Bereich. Das heißt, auch bei diesen Verbindungen sollten derartige Wasserstoffbrücken vorliegen. Dies zu klären ist das Ziel augenblicklicher Untersuchungen."

Einleitend habe ich in diesem Vortrag bezüglich unserer zukünftigen Forschungen auf unser großes Interesse an den Ursachen des Infrarotkontinuums hingewiesen. Bald sollte es sich zeigen, dass dieses den Schlüssel für entscheidende Erkenntnisse bot. Ich stellte Folgendes fest:

„Die Atome in den Molekülen schwingen gegeneinander, so führt das Wassermolekül eine antisymmetrische und eine symmetrische Valenzschwingung aus. Valenzschwingung heißt, die Atome schwingen in der Bindungsrichtung. Dazu kommt die Scherenschwingung. Es ist eine Deformationsschwingung; bei ihr schwingen die Atome senkrecht zur Bindungsrichtung. Die Bindung wird deformiert. Die Energieübergänge, die bei diesen Schwingungen stattfinden, beobachtet man im infraroten Spektralbereich, d.h. in dem Spektralbereich, der sich nach langen Wellen zu an den sichtbaren Spektralbereich anschließt. Wir werden uns hier weniger mit den durch diese Schwingungen verursachten Banden im IR-Spektralbereich befassen als vielmehr mit einer kontinuierlichen Absorption in diesem Bereich."

Nach meinem Vortrag in Marburg fand in einem gemütlichen Lokal am Marktplatz eine Nachsitzung statt, an der auch Herr Voitländer von unserem Institut in München teilnahm.

International Conference on Hydrogen Bonding

Professor Camille Sandorfy aus Montreal veranstaltete im September 1972 in Ottawa eine Internationale Tagung über Wasserstoffbrücken. Er lud mich ein, auf dieser Tagung einen Plenarvortrag zu halten. Ich hatte ihm das Manuskript unserer Veröffentlichung J. Amer. Chem. Soc. **94**,

2387–2396 (1972) geschickt, dessen Inhalt er – wie damals nur wenige – sofort verstand. Er war an unseren Arbeiten sehr interessiert und lud mich vor der Tagung für eine Woche nach Montreal ein; ich nahm die Einladung gerne an.

Ich flog also im September nach Montreal. Auch Professor Dušan Hadži aus Ljubljana war dort, einer der bedeutendsten Wasserstoffbrückenforscher. Bereits 1958 hatte er den ersten Weltkongress zu diesem Thema in Ljubljana in Jugoslawien veranstaltet. Am Sonntag machte ich mit ihm einen Ausflug zum Mont Royal. Er bot mir das Du-Wort an, seither sind wir befreundet.

Am folgenden Sonntag fuhren wir nach Ottawa, wo am Montag die Tagung beginnen sollte. Mein Vortrag fand großes Interesse, und so gelang es mir, unsere Entdeckung der Protonenpolarisierbarkeit von Wasserstoffbrücken einem großen Kreis interessierter Forscher bekannt zu machen. Es war der dritte Plenarvortrag, und ich redete pikanterweise direkt nach Hofacker, meinem „Erzfeind" von der TU München. Einmal saß ich neben Wood aus England, der von unseren Ergebnissen sehr angetan war. Er hatte selbst interessante Arbeiten über Wasserstoffbrücken veröffentlicht. Später wurde Wood an seiner Universität in England angefeindet, zog sich daraufhin von der Forschung zurück und ging als Farmer nach Kanada.

Im Frühjahr hatte ich nach Eintreffen der Einladung von Camille Sandorfy an Renate, meine spätere Frau, nach Toronto geschrieben. Wir trafen uns nach der Tagung und machten mit ihrem Freund Harald eine Autoreise durch den Norden Ontarios. Wenn man aus Europa kommt, findet man es erstaunlich, wie menschenleer diese Gebiete sind. Wir fuhren durch die weite Landschaft mit Wäldern und Seen. Einen Tag wanderten wir elf Stunden, ohne einen Menschen oder Bären zu treffen. Wir hatten bis auf den letzten Tag sehr gutes Wetter. Renate stellte mir in Toronto ihr Appartement zur Verfügung, das sich im 11. Stock eines Hochhauses mit Blick auf Toronto und die vorgelagerten Inseln befand. Einmal machten wir dorthin einen Ausflug und mieteten Fahrräder.

Ausflüge mit Renate

Ich reiste dann über New York nach München zurück. Auf dem Flug von Toronto nach New York erfuhr ich von dem furchtbaren Terroranschlag, der sich im Olympischen Dorf in München zugetragen hatte.

Im November 1972 kam Renate nach zweieinhalbjährigem Aufenthalt aus Kanada zurück. Wir verbrachten Silvester mit Weidemanns im Maltatal. Es hatte wenig Schnee, und wir konnten ausgedehnte Wanderungen bis zur Maralm unternehmen.

Vortrag in Ljubljana

Im Herbst 1972 besuchte ich meinen Freund Dušan Hadži in Ljubljana und hielt bei ihm einen Vortrag zum Thema *„Extremely Large Proton Polarizability of Hydrogen Bonds – IR Continua and Theoretical Calculations"*. Er brachte mich in einem sehr schönen Quartier etwas außerhalb von Ljubljana unter. Wir machten einen Ausflug zu seinem Wochenendhaus bei Novi Sad an der Adria, wo wir mit seinem Sohn bei bestem Wetter segelten. Im Nachtzug fuhr ich zurück nach München. Vermutlich vom Schlafwagenschaffner wurde mir mein österreichischer Pass gestohlen.

Advanced Study Institute

Anfang 1973 erhielt ich eine Einladung von Professor Selegni. Er veranstaltete eine Tagung im Rahmen des „Advanced Study Institute" in Forges-Les-Eaux in der Bretagne. Gerade noch rechtzeitig erhielt ich meinen neuen blauen Porsche, mit dem ich mich auf den Weg machte. In meinem Vortrag erklärte ich, wie die Konformation der Makromoleküle mit der Infrarotspektroskopie ermittelt werden kann und zeigte, wie Kationen diese Konformation beeinflussen. Professor Selegni war von unseren Ergebnissen sehr beeindruckt und wollte mich gleich für eine weitere Tagung anheuern. Auch Heinrich Strathmann, damals Geschäftsführer meiner Firma Berghof, nahm an dieser Tagung teil.

Paris und Loiretal

Nach der Tagung traf ich mich mit Renate, um gemeinsam zurückzufahren. Zunächst widmeten wir uns in Paris dem Kulturleben. Danach besichtigten wir die berühmten Schlösser und Weinkellereien an der Loire. Leider konnte man nur bescheiden einkaufen, da man damals nur wenige Flaschen pro Person über die Grenze mitnehmen durfte. Zurück ging es über Freiburg, wo wir Klaus-Peter Hofmann und seine Frau Marion besuchten.

„Acids and Super Acids"

Kurze Zeit später reiste ich zu einer EUCHEM–Konferenz mit dem Thema: „Acids and Super Acids" nach Montpellier. Sie wurde von Professor J. Potier veranstaltet, ich fungierte als Vizepräsident. Leider hatte Professor Potier große Schwierigkeiten mit seinen Augen. Um ihn zu unterstützen, flog ich bereits einige Tage vor der Konferenz nach Montpellier. Der Hinflug verlief mit großen Schwierigkeiten, denn die Air France hatte aus unerklärlichen Gründen keine Maschine zur Verfügung. So wurde ich über Zürich nach Paris verfrachtet, wo ich mit Mühe den Weiterflug nach Montpellier gerade noch erreichte, dies im Eiltempo quer durch den ausgedehnten Pariser Flughafen.

Die Potiers haben mich in diesen Tagen gemästet. Wir waren in exzellenten Lokalen am Meer und in den Pyrenäen. Zu Beginn der Tagung waren auch Weidemanns mit ihren Kindern Clea und Karina eingetroffen. Die Tagung fand in La Grande Motte, einem architektonischen Scheußlichkeitswunder, in der Nähe von Montpellier am Meer statt. Ich hielt einen Vortrag mit dem Thema „*The Nature of Hydrogen Bonds and Structures with Solvated Excess and Defect Protons in Liquids*".

Auf Anraten von Dr. J. Rozière, einem Mitarbeiter der Potiers, fuhr ich mit Weidemanns nach der Tagung gen Süden. Es ging vorbei an großen Austernzuchten. So erreichten wir Collioure, ursprünglich ein Fischerdorf am Rand der Pyrenäen, nahe der spanischen Grenze. Der Ort ist äußerst malerisch, insbesondere der Hafen. Viele bedeutende europäische Collioure

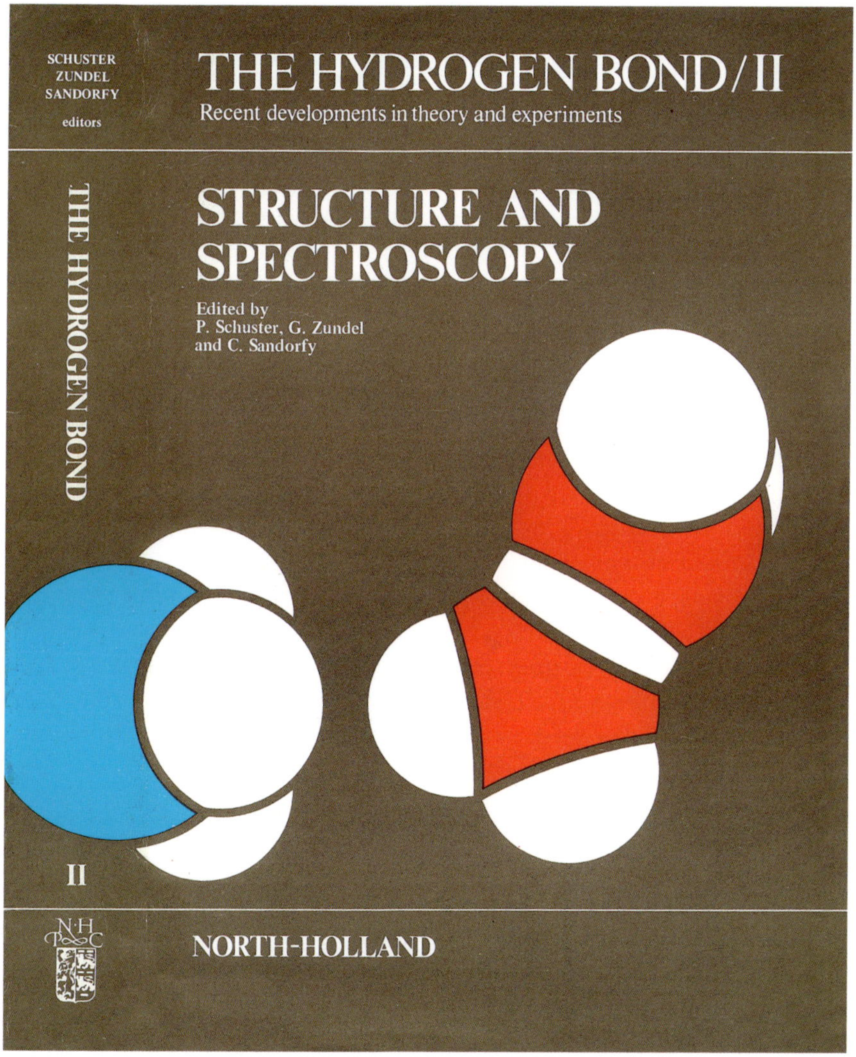

Künstler wie Brack, Picasso und Matisse übten dort ihre Kunst aus. Wir mieteten oberhalb des Orts einen kleinen Bungalow, der noch sehr nach Winter roch. Früh morgens machte ich täglich Spaziergänge zum Leuchtturm und zum Hafen, wo die Fischer von ihrem nächtlichen Fischfang heimkehrten. Den malerischen Ort hielt ich in vielen Dias fest. Als ich Jahre später mit meinem Sohn Johannes Collioure besuchte, erklärte er spontan, dass er hierher seine Hochzeitsreise machen werde.
Die Rückfahrt im Weidemann'schen Auto war sehr vergnüglich. Ich saß hinten mit Clea und Karina und einer Flasche Rotwein.

„The Hydrogen Bond"

Ein Sammelwerk

Im Sommer 1971 fragte ein Editor der North Holland Publishing Co. bei Peter Schuster, dem Leiter des Instituts für Theoretische Chemie und Strahlenbiologie der Universität Wien, und bei mir an, ob wir ein Sammelwerk mit dem Titel *„The Hydrogen Bond – Recent Developments in Theory and Experiments"* herausgeben wollten. Schuster und ich trafen uns zu einer „Gipfelkonferenz" auf dem Gaisberg in Salzburg und erarbeiteten gemeinsam einen Vorschlag bezüglich der Beiträge und Autoren. Die Autoren aus Übersee koordinierte ich anläßlich der Wasserstoffbrücken-Tagung in Ottawa (siehe S. 277), die europäischen Autoren bei einem Treffen, das Anfang Oktober 1972 in Hirschegg im Kleinen Walsertal stattfand. Es war der Wunsch des Verlags, neben Schuster und mir einen dritten, nordamerikanischen Herausgeber an diesem Projekt zu beteiligen. Ich schlug Camille Sandorfy aus Montreal vor, der diese Aufgabe gerne übernahm.
Die Herausgabe des dreibändigen Werkes brachte viel Arbeit mit sich. Es umfasst 1549 Seiten und erschien 1976. Mein Beitrag hat den Titel *„Easily Polarizable Hydrogen Bonds – Their Interactions with the Environment – IR Continuum and Anomalous Large Conductivitiy"*. Das Buch wurde zum Standardwerk auf dem Gebiet der Wasserstoffbrücken-Forschung.

Die Ostverträge und Neuwahlen 1972

Auf einer meiner Reisen hörte ich im Autoradio Brandts Rede vor dem Bundestag, mit der er die Unterzeichnung der Ostverträge durchsetzte. Er klang völlig erschöpft. Im Sommer und Herbst 1972 war die Neue Ostpolitik das wichtigste politische Thema. Die DFU, eine kleine Partei, hatte zwar nie die Chance, die Fünf-Prozenthürde zu überwinden, nahm aber durch ihre Veranstaltungstätigkeit auf das politische Geschehen durchaus Einfluss. In München war die treibende Kraft Ludwig de Pellegrini. Am 30. August 1972 lud er zu einem Treffen in den Spatenkeller ein. Bei diesem Treffen wurde ein offener Brief an die UNESCO diskutiert, den ich mitunterzeichnet habe. Unter dem Motto *„Entspannungspolitik fortsetzen"* wurde in diesem Brief für die Aufnahme der DDR in die UNESCO plädiert. In diesem Brief heißt es unter anderem:

Die DFU

„Europa steht an einem Wendepunkt seiner Nachkriegsgeschichte. Die Ostverträge, das Westberlinabkommen und die Ergänzungsabkommen der beiden deutschen Staaten ermöglichen, das bisherige Gegeneinander von West und Ost in ein koexistentielles Miteinander umzuwandeln. Dazu ist es erforderlich, die Entspannungspolitik weiterzuführen.
Ein wesentliches Element dieser Politik ist die Normalisierung der Beziehungen zwischen beiden deutschen Staaten. Die Tendenz dazu würde gefördert, wenn beide deutsche Staaten schon heute in der UNO und ihren Sonderorganisationen mitwirkten."

Offener Brief an die UNESCO

Anlässlich der Bundestagswahl 1972 wandte sich die DFU mit einem umfangreichen Aufruf an die Bürger der Bundesrepublik, in dem sie forderte, mit Blick auf die Umsetzung der gerade ratifizierten Ostverträge die Regierung Brandt-Scheel zu unterstützen, die Politik des kalten Krieges zu beenden, dem Antikommunismus eine Absage zu erteilen, die DDR völkerrechtlich anzuerkennen und einen Beitrag zur Beendigung des Vietnamkriegs zu leisten.

Aufruf zur Bundestagswahl

Im Zusammenhang mit dem Antikommunismus wurden in diesem Flugblatt auch die Berufsverbote für Personen erwähnt, die Sympathien mit dem Gesellschaftssystem der DDR erkennen ließen. Ein Jahr später lud die DFU zu einer internationalen Konferenz „Funktion und Folgen der antidemokratischen Berufsverbote in der BRD" ein; die Außenpolitik der Entspannung stehe „im Widerspruch zu einer Innenpolitik, die gerade diejenigen zu disziplinieren versucht, die sich besonders aktiv für diese Entspannung einsetzen." Besonders eindrucksvoll ist der im Folgenden faksimilierte Aufruf an alle, die politische Verantwortung tragen. Darin wurde auf einen Vorgang nach der Machtergreifung der Nationalisten (Reichsgesetzblatt Nr. 34 von 1933) hingewiesen, der dem Beschluss der Ministerpräsidenten von 1972 durchaus ähnelte. In diesem Beschluss hieß es:

Berufsverbote

Bildungspolitische Kommission der DFU:

Aufruf an alle, die politische Verantwortung tragen

Der Bundeskanzler und die Ministerpräsidenten der Bundesländer haben am 28. 1. 1972 Grundsätze über die Behandlung von Angehörigen des öffentlichen Dienstes verabschiedet, die Mitglieder von „extremen" Organisationen sind oder diese unterstützen. Sie haben sich damit über die vorher vielfach geäußerten Bedenken bewußt hinweggesetzt, daß das Grundgesetz, insbesondere die Artikel 3/3, 12/1, 18, 19, 21 und 33 verletzt und eingeschränkt, und daß eine allgemeine Rechtsunsicherheit heraufbeschworen wird.

Wir halten diese politische Entscheidung für falsch und warnen vor ihren gefährlichen Folgen, die auf Grund geschichtlicher Erfahrungen absehbar sind.

Unter der vorgeblichen Behauptung, die Verfassung schützen zu wollen, werden gerade antidemokratische Kräfte in der BRD gestärkt. Die CDU/CSU frohlockte noch am gleichen Tage, daß „ihre Vorstellungen . . . durchgesetzt würden. F. J. Strauß und R. Barzel hatten schon vorher auf den Parteitagen von CDU und CSU den Angriff auf demokratische Kräfte in Gewerkschaften, Publizistik, Wissenschaft und Schule eröffnet. Die von Kräften der CDU/CSU entfesselte antikommunistische und antisozialistische Kampagne schlägt sich nunmehr im öffentlichen Dienst in administrativen Maßnahmen nieder. Auseinandersetzungen um außen- und gesellschaftspolitische Fragen werden auf die Ebene von Reglementierungen, Anpassungsdruck und Kriminalisierung herabgewürdigt. Der Diffamierung und der Gesinnungsschnüffelei werden Tür und Tor geöffnet. Die politisch gewollte Disziplinierung zeitigt Anpassung, Scheu vor politischem Engagement und gesellschaftliche Sterilität. Politische Bildung kann in diesem Klima nicht gedeihen, Mündigkeit, Mitbestimmung, Kritikfähigkeit und Engagement verkümmern. Die geschichtlichen Erfahrungen besagen, daß dem Vorgehen gegen die Kommunisten das Vorgehen gegen Sozialdemokraten, Liberale und aktive Christen folgte – zum Schaden aller. Die Rückkehr in die Schützengräben des „Kalten Krieges" muß befürchtet werden in einer Zeit, in der in Europa die Chancen zur Sicherung des Friedens gewachsen und erste Schritte zur Entspannung gegangen worden sind. Die Wiederbelebung des Antikommunismus unterminiert die sich anbahnende Entspannung und gefährdet die erhofften inneren Reformen, vor allem im Bildungsbereich.

Wir wenden uns daher an alle, die politische Verantwortung tragen:

- **Fordern Sie die Aufhebung dieses Grundsatzbeschlusses der Ministerpräsidenten.**
- **Fordern Sie die Aufhebung der bereits vollzogenen Maßregelungen. Wenden Sie sich gegen jede Diffamierung demokratischer Kräfte. Üben Sie Solidarität mit den Betroffenen.**
- **Weisen Sie den verhängnisvollen Antikommunismus zurück.**
- **Verteidigen Sie das Grundgesetz.**

Reichsgesetzblatt
Teil I
1933
Ausgegeben zu Berlin, den 7. April 1933
Nr. 34
Inhalt: Gesetz zur Wiederherstellung des Berufsbeamtentums. Vom 7. April 1933.................... S. 175
§ 4
Beamte, die nach ihrer bisherigen politischen Be-
tätigung nicht die Gewähr dafür bieten, daß sie
jederzeit rückhaltlos für den nationalen Staat eintreten, können aus dem Dienst entlassen werden.
Auf die Dauer von drei Monaten nach der Entlassung werden ihnen ihre bisherigen Bezüge belassen. Von dieser Zeit an erhalten sie drei Viertel
des Ruhegeldes (§ 8) und ent inter-
bliebenenversorgung.
Berufsverbote
einst
und jetzt...
Aufruf an alle,
die politische Verantwortung tragen

„… so hat der Dienstherr aufgrund des jeweiligen ermittelten Sachverhaltes die gebotenen Konsequenzen zu ziehen und insbesondere zu prüfen, ob die Entfernung des Beamten aus dem Dienst anzustreben ist."

Diesen Aufruf gegen das Berufsverbot haben viele Bundesbürger, so auch ich, unterschrieben. Leider fand er bei den Politikern nicht die geringste Resonanz.

Der Tod meiner Mutter und Veränderungen auf dem Berghof

Den Sommer 1974 verbrachte ich in Haisterkirch und machte den obligatorischen Ausflug auf den Schwarzen Grat.
Am 23. August 1974 informierte mich Hans Metzger aus Tübingen über den bedenklichen Gesundheitszustand meiner Mutter. Sie hatte mich nach meiner Romreise Anfang des Jahres noch einmal in München besucht, wobei es ihr bereits ziemlich schlecht ging.
Ich machte mich gleich auf den Weg. Meine Mutter erkannte mich nicht mehr und starb noch vor Mitternacht. Wir bahrten sie im Atelier meines Vaters auf, wo viele von ihr Abschied nahmen.
Tags darauf kam Renate aus München. Zwei Tage später fand die Beerdigung im Familiengrab auf dem Alten Tübinger Stadtfriedhof unter großer Beteiligung der Bevölkerung statt. Am Grab sprach mein Schulfreund, Pfarrer Christoph Plag. Oberbürgermeister Gmelin hielt eine Rede, in der er die Verdienste meiner Mutter um die Stadt Tübingen hervorhob. Sie war, wie meine Großmutter, Ehrenbürgerin der Stadt. Auch Hans Merkle von der Firma Bosch hielt eine Ansprache.
Schwester Berta hatte meine Mutter die letzten Jahre bis zu Ihrem Tod gepflegt. Sie war einst ein Pflegekind in dem Kinderheim, das meine Mutter und meine Tante während des Ersten Weltkrieges in Stuttgart betrieben hatten, als die Väter auch dann eingezogen wurden, wenn die Kinder keine Mutter oder andere Verwandte hatten, die sich um sie kümmern konnten.
Tante Frieda, Fräulein Hagen und andere Hilfskräfte räumten nun das Haupthaus des Berghofs aus. Hans fand als Mieter das „Institut für Angewandte Wirtschaftsforschung", das heute noch seinen Sitz auf dem Berghof hat. Mir ist vom Hauptgebäude lediglich mein damals noch wohl ausgestatteter Weinkeller geblieben.

Obwohl ich mit der Landwirtschaft des Berghofs nichts mehr zu tun hatte, musste ich bisweilen friedensstiftend eingreifen, wie der folgende Brief an meinen Pächter, Herrn Sick, zeigt:

Durchschrift

OTTO WIESER

7401 Tübingen-Lustnau, den 9.September 75
Friedrich-Zundel-Straße 20
Telefon xxx27065

Herrn
Gutspächter Sick
Tübingen-Lustnau
Berghof

Eine Viertelstunde nachdem Sie gestern Abend Ihren Stier aus meinem Garten getrieben hatten versuchte er an derselben Stelle (in der Ecke bei Henrici) wieder unter dem Gitterdraht, der nachgibt, hindurch in meinem Garten einzudringen. Als ich ihn zurückdrängte -er war schon mit dem Kopf durch- kamen die anderen Stiere brüllend auf mich zu und ich mußte schleunigst den Rückzug ins Haus antreten. Wenn die Stiere, die offensichtlich jetzt in der Brunstzeit sind, gerade mit Vorliebe in dieser Ecke ihre Stierkämpfe austoben, dann kann es jeden Moment passieren, daß die ganze Herde über den nachgebenden Zaun in meinem Garten steht. Sie wissen sicher, daß mindestens einer dieser Stiere ausgesprochen bösartig ist.

Trotzdem und trotz wiederholter Schadensstiftung in meinem Garten lehnten Sie es bei meiner wiederholten Bitte ab, Ihren schadhaften Zaun auszubessern. Auf meinen Hinweis am Telefon, daß der Zaun unmittelbar an meinem Gemüsegarten auf leichten Druck umfällt, brüllten Sie mich in beleidigender Weise an. Gestern Abend nun erklärten Sie die Stiere kämen"an die Kette". Es fragt sich nur nach wievielen weiteren Schadensstiftungen dies geschieht. Bis jetzt haben Sie nach dem zweimaligen Ausbruch innerhalb von wenigen Tagen keinen Finger gerührt.

Bei dem in meinem Garten neuerdings angerichteten Schaden (4 Beerenbüsche und ein Kirschbaum sowie Salatbeete und Baumscheiben sind zertreten,Apfelbaumplünderung) ist für Sie "nicht viel kaputt"! Von dem Ärger und der ständigen Gefahr für die Angrenzer, die Ihre Stiere verursachen, ganz zu schweigen! Erst in der gestrigen Ausgabe des Schwäb.Tagblatts wurde mitgeteilt, daß ein Bulle einen Mann auf der Weide beim Fotografieren getötet hat und auf die Gefährlichkeit der Bullen auf der Herbstweide hingewiesen und auf deren jetzige große Angriffslust. Sie wissen das ja immer alles schon, wenn man es Ihnen sagt.-

Nachdem wir Anlieger (außer bei mir waren Ihre Tiere ja auch in anderen Gärten und kommen unmittelbar an den Kinderspielplatz und an die Straße unten) nun jahrelang die Belästigungen und die Schäden durch Ihre Tiere geduldig hingenommen und Sie immer wieder vom Aus- und Einbruch telefonisch benachrichtigt haben, ist die Situation jetzt unerträglich geworden. Am Telefon sagten Sie mir vor einigen Wochen anläßlich des Einbruchs Ihrer Ferkelherde in meinen Garten, ich könne mich ja an die Polizei wenden. Ich antwortete Ihnen darauf daß mir derartige Streitereien zuwider sind und daß ich nur Abhilfe durch Sie haben wolle, was für jeden verantwortungsbewußten Viehhalter doch selbstverständlich wäre!

Da ich jetzt dringend verreisen muß, aber nicht von meinem Haus weg kann, bevor ich sicher bin, daß Ihre Stiere meinen Garten nicht verwüsten können, sehe ich midh zu meinem großen Bedauern gezwungen, jetzt behördliche und anwaltschaftliche Hilfe in Anspruch zu nehmen, wenn Sie nicht unverzüglich für wirksame und nachhaltige Abhilfe gegen ein weiteres Eindringen Ihres Viehs in meinen Garten sorgen. Sollte auch der morgige Tag vergehen, ohne daß dies geschieht, müßte ich am Donnerstag behördliche Hilfe in Anspruch nehmen. Diesxzu Ihrer Kenntnis, in der Hoffnung, daß es nicht dazu kommen braucht.-

gez. Otto Wieser

Herrn
Professor Dr. Georg Zundel
Tübingen-Lustnau
Berghof

Sehr geehrter Herr Dr. Zundel!
Von vorstehendem Schreiben an Herrn Sick bitte ich Sie höflichst Kenntnis zu nehmen und zu prüfen, ob Sie nicht auf Grund des Pachtvertrags mit Herrn Sick auch von Ihrer Seite auf Abhilfe hinwirken können. Unsere jahrelange Geduld mit diesen alljährlich wiederkehrenden Belästigungen ist nun zu Ende.
Darf ich Sie bei dieser Gelegenheit daran erinnern, daß ich es war, der durch die Zurücknahme seines Angrenzer-Einspruchs gegen das Bauvorhaben Studentenheim Neuhalde diesen Bau ermöglicht hat. Dafür erntete ich die Feindschaft einer Anzahl Lustnauer Interessen gegen den Bau. Ich mußte auch die erhebliche Verschlechterung meiner Wohnqualität durch diesen Bau und dessen Bewohner hinnehmen. Die jetzigen Belästigungen durch die Sick'sche Viehhaltung sind für uns nicht mehr erträglich.
In der Hoffnung auf Ihr Verständnis grüßt Sie freundlichst

Otto Wieser

Jugoslawienreise 1974

Mit Renate machte ich im Herbst 1974 eine schöne Reise durch Jugoslawien. Wir fuhren über Ljubljana und Novi Sad nach Sarajewo, wo wir den Ort der Schüsse, die den Ersten Weltkrieg ausgelöst hatten, besuchten. Von Sarajewo ging es nach Goražde. Als wir dort nach der Straße fragten, die nach Pljevlja und Prijepolje führen sollte, sahen uns die Leute schon ganz mitleidig an. Die Straße war, wie sich zeigte, nur auf der Karte vorhanden. Die Sache verlief zunächst noch ganz ordentlich, endete aber, als wir in das Gebirge hineinkamen, in einer Rohtrasse, an der fleißig gearbeitet wurde. Sie war nur im Schritttempo und – selbst so – kaum befahrbar. Wir kämpften uns Kilometer für Kilometer weiter. Schließlich war uns ein Mann bei unserem Fortkommen behilflich, den wir mitgenommen hatten. Wir übernachteten bei Bauern im Gebirge, die unser „Retter" offensichtlich kannte. Die Landschaft um den Durmitor (2522 m), dem höchsten Berg Montenegros, ist sehr eindruckvoll. Gegen Mittag erreichten wir Prijepolje. Sarajewo

Von dort fuhren wir über Cetinje und danach über Titograd nach Süden. Links öffnete sich ein wunderbarer Blick auf den Scutarisee. Auf einer kurvenreichen Straße mit herrlichen Tiefblicken ging es hinunter ans Mittelmeer und nach Herzegnovi, wo wir uns privat einquartierten. In den frühen Morgenstunden habe ich lange Spaziergänge auf den mit Wein bewachsenen Hügeln hinter Herzegnovi unternommen. Titograd

Unser nächstes Ziel war das überaus malerische Dubrovnik. Wir fanden im Süden der Stadt ein privates Quartier. Ein felsiger Weg führte hinunter zum Strand, zu einer schönen Badebucht. Ein großer Tintenfisch verspritzte aus Ärger über uns seine ganze Tinte. Von der Stadtmauer genossen wir den berühmten Blick auf die Altstadt. Dubrovnik

Auf der Rückfahrt verließen wir bei Zadar die Küstenstraße und fuhren zu den Plitwitzer Seen, die, eingebettet in Wälder, eine großartige Landschaft bilden. Über Kärnten ging es nach Hause.

Heirat und Israelreise 1975

Renate und ich heirateten am 27. März 1975. Die Hochzeit fand im Maltatal statt. Schwester Julie, Tante Frieda, Renates Mutter und Bruder und viele Freunde nahmen an der Hochzeit teil. Unsere Trauzeugen waren Heiner Noller und Hans Götzelmann. Bürgermeister Hans Koch ließ es sich nicht nehmen, uns mit seinem Mercedes zu fahren. Der

Gemeindesekretär Franz Klampferer hat uns auf dem Gemeindeamt getraut. Die ganze Gemeinde nahm regen Anteil. Auf dem Platz vor dem Gemeindeamt wurde von den Lehrern ein Theaterstück aufgeführt, in dem den Maltatalern in Anspielung auf meinen Douglasienanbau Zundel'sche Bananenplantagen vorhergesagt wurden.

Die Hochzeitsfeier fand beim Fischerwirt, dem Gasthaus von Bürgermeister Koch in Fischertratten, statt, wo uns die Schulkinder das Ständchen „Ein Vogel wollte Hochzeit machen" sangen. Wir eröffneten das Fest mit einem Walzer. Abends hat man nicht nur Renate, sondern auch mich entführt. Renate wurde von Hans Götzelmann beim Kerschhacklwirt und ich von Heiner Noller im Gasthaus Kramerwirt in Malta wiedergefunden. Als wir nachts nach Hause kamen, hatte Frau Pucher, einem Maltataler Brauch folgend, unser Bett zugenäht. Am nächsten Tag schneite es, was es nur konnte. Nach unserer Rückkehr aus Israel erfuhren wir, dass dieser Schneefall Schlimmes angerichtet hatte. Herr Truskaller, ein Frächter, kam mit seinem Schneeräumgerät auf der Maltatalstraße in eine Lawine; er ist seither blind. Die gemütliche, alte Gießener Hütte wurde von einer Lawine mehr als hundert Meter den Berg hinunterkatapultiert, so dass unser Forstwart Franz Baier, auch Hüttenwirt der Gießener Hütte, den weit verstreuten Hausrat dort wieder zusammenklauben musste.

Hochzeit im Maltatal

Das 8. Jerusalem Symposium

Unmittelbar nach unserer Hochzeit flogen wir zum „8. Jerusalem Symposium" nach Israel. Dieses Symposium wurde jedes Jahr vom Ehepaar Alberte und Bernard Pullman aus Paris veranstaltet. Einen Tag vor dem Symposium war der israelische Mitveranstalter Bergmann einem Herzinfarkt erlegen. Die Tagungsteilnehmer nahmen an der Totenzeremonie und am Begräbnis teil, am Grab sprach Simon Peres.

In meinem Vortrag erklärte ich, wie man aus dem Auseinanderwandern von IR-Banden auf die Konformation von Makromolekülen schließen kann. Ich erklärte den Einfluss von Kationen auf die Sekundärstruktur von Makromolekülen und Membranen. Beim Abendempfang wurden wir von Ted Kolleck, dem damaligen Bürgermeister von Jerusalem, begrüßt.

Am Toten Meer

Nach der Tagung mieteten wir ein Auto und fuhren zum Toten Meer, wo wir in einem Hotel mit Blick auf Massada übernachteten. Wir bestiegen diese Festung, auf der sich 66 n.Chr. 960 Juden gegen die Römer verschanzten. Nach 8-monatiger Belagerung begingen sie Selbstmord, um sich nicht dem Feind ausliefern zu müssen.

Frühmorgens nahm ich ein geruhsames Bad im Toten Meer. Infolge des hohen Salzgehalts kann man sich einfach ins Wasser legen und den Sonnenaufgang bewundern.

Unsere Reise führte uns weiter nach Jericho und das Jordantal hinauf. Auf den Golanhöhen begegneten wir einem Bauern; seine Hofstatt in Deutschland hatte sich einst dort befunden, wo heute der Autoverkehr über das Kamener Kreuz rollt. Er räumte Minen, da diese die weidenden Kühe gefährdeten. Am See Genezareth besuchten wir das Haus des Petrus und fuhren dann zum Mittelmeer nach Cäsarea.

Auf den Golanhöhen

Anschließend besuchte ich Dr. Gad Jagil am Weizmann-Institut in Rehovot und hielt dort einen Vortrag über das gleiche Thema wie in Jerusalem. Wir wohnten im Gästehaus des Weizmann-Instituts. Die Institute liegen in einem Park mit vielen alten Bäumen. In Israel war jedoch schon damals die politische Lage so angespannt, dass jeder Wissenschaftler eine Nacht in der Woche das Institutsgelände mitbewachen musste.

Nach unserer Rückkehr bezogen wir in München-Harlaching eine Wohnung in der Rabenkopfstraße, nahe der Großhesseloher Brücke. Von dort konnten wir schöne Wanderungen und Fahrradausflüge am Isarhochufer und in den Perlacher Forst bis zum Deininger Weiher unternehmen.

Wohnung in der Rabenkopfstraße

Wir hatten in der Benediktenwandstraße in München einen Baugrund erworben. Das Haus, das wir dort bauen wollten, sollte ein Modellhaus für Sonnenenergienutzung werden. Eine Baugenehmigung war jedoch nicht in Sicht. Ich wurde von der Stadtverschönerungskommission vorgeladen, die den Eindruck eines Kaffeekränzchens machte. Tatsächlich gab es – aber nur für die Kommissionsmitglieder – Kaffee und Kuchen. Herr von Branka (ein Wittelsbacher), der das Sagen hatte, fand den Gedanken an Sonnenkollektoren auf einem Hausdach einfach entsetzlich. Die Baugenehmigung wurde uns nicht erteilt. Dies ist ein eindruckvolles Beispiel dafür, wie Leute mit großem Einfluss, jedoch ohne Durchblick, Schaden anrichten können.

Bauvorhaben Benediktenwandstraße

Um auf diesen Missstand aufmerksam zu machen, veranstaltete ich auf unserem Grund in der Benediktenwandstraße in Harlaching eine Ausstellung über die Alternativenergien. Die Ausstellung wurde mit Unterstützung der Berghof Stiftung von der Arbeitsgemeinschaft Friedenspädagogik (AGFP) ausgearbeitet. Zur Eröffnung lud ich die Presse ein; die Journalisten griffen das Thema gerne auf. Die Münchner tz berichtete auf der ersten Seite hierüber unter der Überschrift: *„Sonnenfeinde in Münchens Amtsstuben"*. Hoffentlich hat sich Herr von Branka darüber ordentlich geärgert!

Die Geburten von Johannes und Georg

Johannes

Am 4. September 1976 wurde unser Sohn Johannes Sebastian in München geboren. Ich brachte Renate nachts um 3 Uhr in das Rotkreuz-Krankenhaus. Morgens um 9 Uhr 4 Minuten erblickte Johannes das Licht der Welt. Von dem großen Ereignis unterrichtet, fuhr ich in die Stadt und kaufte einen Blumenstrauß. Ich begegnete zufällig Tante Eva, der ich die Neuigkeit gleich mitteilte. Dann fuhr ich zu Renate. Johannes war über die neue Situation verwundert und blinzelte nur vorsichtig in die Welt.
Im Oktober fuhren wir nach Kärnten. Ich installierte im Bad die Wickelvorrichtung und klebte zur Unterhaltung von Johannes bunte Bildchen an die Fliesen. Bei sonnigem Herbstwetter fuhren wir Johannes im Kinderwagen auf den Forstwegen spazieren. Einmal begegneten wir auf dem Verbindungsweg Maralm-Moosboden einer Kreuzotter.

Georg

Am 7. April 1978, einem sonnigen Freitag, kam unser Sohn Georg zur Welt. Renate hatte an diesem Tag einen Termin in der Universitätsfrauenklinik in der Maistraße; der Arzt riet zur Einleitung der Geburt. So bekam ich einen Anruf mit der Bitte, den Klinikkoffer zu bringen. Auf diese Weise wurde ich gegen Mittag Zeuge von Georgs Geburt. Der Arzt war von seinen „Fußballerwadln" ganz angetan – der kleine Fußballer hatte sich allerdings die Nabelschnur um den Hals gewickelt – so war es gut, dass wir nicht länger gewartet hatten. Bei meiner Rückkehr in unsere Wohnung in der Rabenkopfstraße spielte Johannes mit seiner Oma, Renates Mutter, im Sandkasten.
Als ich Renate am nächsten Tag besuchte, traf ich im Klinikhof einen Studenten, der mehrere Semester meine Vorlesung besucht und im Februar promoviert hatte. Er war ebenfalls Vater eines Sohnes geworden.

Fahrradausflüge

Mit Johannes machte ich häufig Fahrradausflüge durch den Harlachinger Forst. Einmal, als ich mit ihm vorne auf dem Fahrradsitz an der Eisenbahn entlang fuhr, sprang direkt vor uns ein Reh über den Weg. Johannes forderte mich mit den Worten „*Noch ein Reh!*" auf, noch eines über den Weg laufen zu lassen. Er war empört, dass ich seinen Wunsch nicht erfüllen konnte. Wenn Johannes etwas unbedingt haben wollte, sagte er: „Habe – solle – *will!*"

Forschungstätigkeit in der zweiten Hälfte der 70er Jahre

Martin Leuchs

Martin Leuchs setzte die Arbeiten von Dag Schiöberg fort. Die Manuskripte für die Veröffentlichung seiner Forschungsergebnisse verfassten wir im Sommer 1977 im Maltatal. Nach einer gemeinsamen Wanderung in die Melnik, auf der ich Johannes in der Rückentrage beförderte, machte dieser seine ersten Schritte.

Martin Leuchs zeigte, dass bei phosphor- und arsenhaltigen Säuren auch die Wasserstoffbrücken zwischen den Säuremolekülen leicht polarisierbar sind, d.h. bei diesen Säuren sind die Donor- und die Akzeptorstärke vergleichbar [Canad. J. Chem. **57**, 478-493 (1979)]. Er untersuchte wässrige Lösungen von über 30 Säuren. Die Veröffentlichung über die starken Säuren erschien im Canad. J. Chem. **58**, 311-322 (1980), die über die schwachen Säuren im Band **60**, 2118-2131 (1982). Sofern möglich, untersuchte er auch die völlig wasserfreien Säuren. Diese verursachen, wenn die Stärken des Donors und Akzeptors vergleichbar sind, ebenfalls intensive IR-Kontinua.

Martin Leuchs arbeitet für die MT Aerospace AG, vormals MAN Technologie AG. Sein Aufgabengebiet umfasst die Entwicklung, Herstellung und den Vertrieb von faserverstärkter Keramik.

Wolfgang Kristof

Wolfgang Kristof trat 1975 meinem Arbeitskreis bei. Nach der Diplomarbeit führte er seine Doktorarbeit über *„Leicht polarisierbare Wasserstoffbrücken zwischen den Seitengruppen von Proteinen"* durch, die er 1979 abschloss. Er fand, dass zahlreiche derartige Brücken große Protonenpolarisierbarkeit besitzen. Er zeigte weiter, wie sich Veränderungen an diesen Resten auf die Konformation der Polymere auswirken und welche Rolle der Hydratationsgrad hierbei spielt. Protonentransfer, Hydratationsgrad und Konformation sind miteinander gekoppelt. Weitere wichtige Ergebnisse seiner Arbeit sind: 1. In den 1:1 Polymer-Monomer- als auch in den entsprechenden Polymer-Polymer-Systemen erfolgt die Brückenbindung der struktursymmetrischen Brücken nahezu quantitativ. 2. Die Untersuchung an $(L\text{-}Glu)_n$ + $(L\text{-}His)_n$ Systemen zeigen, dass die Wasserstoffbrückenpotentiale erst bei 75 % Protontransfer nahezu symmetrisch sind, dies als Folge der Entropie. Dieser Befund macht den charge-relay-Mechanismus in Chemotrypsin plausibel. Weiterhin erweist sich, dass die Wasserstoffbrücken zwischen den SH Gruppen und den ε-Aminogruppen der Aminosäuren bei etwa 50 % Protontransfer symmetrisch und demzufolge polarisierbar sind. Damit kommen bei Enzymen mit Cystein-Base Wasserstoffbrücken im aktiven Zentrum primär Lysinreste als geeignete Partner in Frage. An diesen Untersuchungen beteilig-

te sich auch ein indischer Humboldt-Stipendiat, Pushti Prakash Rastogi aus Lucknow.
In Haisterkirch diskutierten wir Kristofs Doktorarbeit und schrieben mehrere Veröffentlichungen, z.B. [Biophys. Struct. Mech. 6, 209-225 (1980); Biopolymers **19**, 1753-1769 (1980); **21**, 25-45 (1982)]. Nebenbei sanierte ich das Gelände am Zaun, auf dem viele Jahre die Thujahecke den Haisterkircher Garten umgeben hatte. Es war schrecklich verunkrautet. Ich steckte dort Schneeglöckchen- und Korokuszwiebeln und pflanzte Blumen, hauptsächlich Primeln. Nach einem kurzen, heftigen Wolkenbruch trat unser kleiner Bach, der durch den Garten fließt, über das Ufer und überschwemmte das ganze Untergeschoß.
Wolfgang Kristof arbeitete nach seiner Promotion in der Industrie, ab 1994 übernahm er die Geschäftsführung der SKW Piesteritz in Thüringen. Seit 2003 ist er als Unternehmensberater tätig und übt in diesem Rahmen die Geschäftsführung für ein mittelständisches Metallurgieunternehmen in der Nähe von Halle aus.

Johannes Fritsch

1976 schloss sich Johannes Fritsch meinem Arbeitskreis an. Nach seiner Diplomarbeit fertigte er seine Dissertation mit dem Thema *„Umgebungseinflüsse auf leicht polarisierbare* $OH\cdots N \rightleftharpoons O^-\cdots H^+N$ *Wasserstoffbrücken"* an. Diese schloss er 1980 mit folgenden Ergebnissen ab: Bei ungeladenen Brücken zwischen dem Stickstoff und Pyridin liegt in einem aprotischen Lösungsmittel ein Gleichgewicht zwischen beiden Protongrenzstrukturen vor. Dieses Gleichgewicht ist vom verwendeten Lösungsmittel abhängig. Es verschiebt sich linear mit dem Onsagerparameter ε–1/2ε+1 zu Gunsten der polaren Struktur. Zusätzliche Verschiebungen werden von spezifischen Wechselwirkungen zwischen Säure und Lösungsmittel verursacht. IR-Kontinua zeigen die Protonenpolarisierbarkeit dieser Brücken an. Bei intramolekularen Brücken sind zufolge Abschirmung die Protonenpotentiale symmetrischer. Für die Entstehung des IR-Kontinuums ist nicht die Ladung der Wasserstoffbrücken, sondern die Symmetrie der Potentiale entscheidend.
Nach seiner Promotion hatte Johannes Fritsch noch zwei Jahre eine Stelle in meinem Arbeitskreis, anschließend war er als Entwicklungsleiter und Geschäftsführer bei der Berghof Membrantechnik tätig. Seit 1990 ist er Professor für Thermodynamik und Verfahrenstechnik an der Fachhochschule Ravensburg-Weingarten.

Ingeborg Pernoll

Bereits 1972, vor meiner Reise zum Wasserstoffbrücken-Kongress in Kanada, hatte ich Raman-Spektren von Säurelösungen aufgenommen, da ich vermutete, dass man mich hiernach fragen würde. Dies war in der Tat der Fall. Ich hatte damals beobachtet, dass die elastische Streuung an der Erregerlinie extrem intensiv ist. Diesem Effekt bin ich in den folgenden Jahren mit Ingeborg Pernoll, die am Anorganischen Chemischen Institut der FU in Berlin arbeitete, nachgegangen. Sie hatte damals in Deutschland den einzigen Tripelmonochromator. Nur mit diesem Gerät waren solche Untersuchungen nahe der Erregerlinie möglich.

Erst die Arbeit meines Doktoranden Walter Danninger, die er 1980 fertigstellte, führte zu einer endgültigen Klärung der intensiven Streuung nahe der Erregerlinie. Wie erwartet zeigte sich, dass man bei Säurelösungen nahezu kein Kontinuum beobachtet. Dies war weiter nicht verwunderlich, da das Infrarotkontinuum eng mit der großen Polarisierbarkeit der Wasserstoffbrücken zusammenhängt. Jedoch fand ich an der Erregerlinie intensive „Rayleigh wings" (elastische Streuung). Wir konnten die Rayleigh wings durch die zeitabhängigen Veränderungen der Protonenpolarisierbarkeit der Wasserstoffbrücken erklären, was das Bild, das wir uns von den Systemen mit polarisierbaren Wasserstoffbrücken machten, sehr gut ergänzte. Diese Ergebnisse veröffentlichten wir im Journal of Chemical Physics **74**, 2769-2777 (1981). Die Arbeit hat den Titel *„Intense Depolarized Rayleigh Scattering in Raman Spectra of Acids, Caused by Large Proton Polarizabilities of Hydrogen Bonds"*.

Walter Danninger

Walter Danninger ist als Professor an der Fachhochschule München im Fachbereich Maschinenbau tätig.

Im Jahr 1978 schloss sich Gunnar Albrecht, ein Schwede, meinem Arbeitskreis an. Seine Doktorarbeit hat den Titel *„Aufreihung von Protondonoren und -akzeptoren nach ihrer relativen Stärke anhand von infrarotspektroskopisch bestimmten Symmetrieeigenschaften von Wasserstoffbrücken"*. Er erhielt neben anderem das interessante Ergebnis, dass der Protontransfer in den Wasserstoffbrücken $AH \cdots B \rightleftharpoons A^- \cdots H^+B$ in vorgegebenen Umgebungen (Lösungsmitteln) vom Donor bzw. Akzeptor und von Molekülresten abhängt.

Gunnar Albrecht

Tagungen, Vorträge und Besuche

Von der Universität München hatte ich jährlich ein Budget von höchstens DM 12.000 zur Verfügung, das für Porto und Telefon ausreichte. Fünfunddreißig Jahre lang habe ich meine gesamte Forschung, d.h. Personal- und Sachkosten, mit DFG-Mitteln finanziert, die ich auf Grund von Anträgen bei der Deutschen Forschungsgemeinschaft, erhielt. Insgesamt stellte ich 39 Hauptanträge, dazu die für die Fortsetzung der Arbeiten notwendigen Verlängerungsanträge. In regelmäßigen Abständen lud die DFG zu Berichtstagungen ein, bei denen die Antragsteller über ihre

DFG-Tagungen

Ergebnisse und geplanten Forschungen vortragen mussten. So trug ich z.B. auf der Reisenburg, in der Nähe von Ulm, 1975 über die Rolle der zwischenmolekularen Wechselwirkung für die Konformation von Makromolekülen vor. Mein diesbezüglicher Antrag wurde bewilligt. Die nächste DFG-Tagung fand 1976 in Heidelberg statt. Diesmal trug ich, um unsere Finanzierung zu sichern, über unsere infrarotspektroskopischen Untersuchungen der Natur der Wasserstoffbrücken vor, die sich zwischen Seitengruppen der Aminosäurereste in Proteinen ausbilden.

Vortrag im Institut

Auch im Physikalisch-Chemischen Kolloquium berichtete ich wieder über unsere Arbeiten und sprach zum Thema *„Einfluss von Ionen auf die Konformation biologischer Makromoleküle und Membranen – Infrarotspektroskopische Untersuchungen"*. Was sich aus den Spektren für Schlüsse ziehen lassen, mag folgendes Beispiel erläutern:

Einfluss der Kationen auf das RNS Rückgrat

„Sehen wir uns den Einfluss der Kationen auf das RNS Rückgrat an. Bei der gegen destilliertes Wasser dialysierten Probe findet man die 2'OD Deformationsschwingung bei 1046 cm^{-1} und die Schulter der Ätherschwingung bei 1072 cm^{-1}, d.h. nach Dialyse gegen destilliertes Wasser sind diese Schwingungen nicht gekoppelt. Bei der gegen K^+ Ionen dialysierten Probe ist jedoch bereits eine kräftige Kopplung dieser Schwingungen eingetreten, d.h. die Wasserstoffbrücken im Rückgrat haben sich bereits ausgebildet. Die Aufspaltung nimmt aber bei Anwesenheit der Mg^{2+} Ionen noch etwas zu. Die 2'OD Deformationsschwingung wandert weitere 5 cm^{-1} nach kleineren Wellenzahlen, und die Ätherschwingung taucht hier an der Flanke nach großen Wellenzahlen bei 1095 cm^{-1} wieder auf, d.h. die Wasserstoffbrücken, die die 2'OD Gruppen mit den Äther-O-Atomen der benachbarten Ribosereste ausbilden, werden durch die Anwesenheit der Mg^{2+} Ionen noch etwas kräftiger. Soviel zum Einfluss der Mg^{2+} Ionen auf die Sekundärstruktur des Rückgrats.

Einfluss der Mg^{2+} Ionen

In welcher Weise verändern die Mg^{2+} Ionen bei der 23 S RNS die Struktur des Rückgrats? Vergleicht man das K^+, das Ba^{2+} und das Mg^{2+} Salz der 23 S RNS: Die Lage der 2'OD Deformationsschwingung und die der Banden der Schwingung der Äthergruppen der Ribose zeigen, dass

bei Anwesenheit der K^+ Ionen die Wasserstoffbrücken zwischen den 2'OD Gruppen und den benachbarten Riboseresten nicht ausgebildet sind. Ganz anders ist dies bei Anwesenheit der Mg^{2+} Ionen. In diesem Fall ist die 2'OD Deformationsschwingung beträchtlich nach kleineren Wellenzahlen verschoben, und die Schwingung der -C-O-C Gruppen in den Riboseresten erscheint als kräftige Bande bei 1093 cm^{-1}. Die bei 1083 cm^{-1} beobachtete Bande erscheint hier nur noch als Schulter. Sie sehen, die Mg^{2+} Ionen induzieren auch hier die Ausbildung der Wasserstoffbrücken zwischen den 2'OD Gruppen und den O Atomen der Äthergruppierungen der benachbarten Ribosereste. Diese Brücken sind in diesem Fall sogar ganz besonders kräftig. Um Letzteres einzusehen, muss ich Sie an den Sachverhalt erinnern, dass durch einen *reinen* Kopplungseffekt nur Intensität zwischen Schwingungen ausgetauscht, aber niemals die Summe der Intensitäten erhöht wird. Nimmt diese zu, so muss eine andere Ursache dafür verantwortlich sein. Bei der Ausbildung von Wasserstoffbrücken werden die Übergangsmomente der Schwingungen der beteiligten Gruppierungen meist beträchtlich erhöht, und zwar insbesondere dann, wenn es sich um kräftige Wasserstoffbrücken handelt. Die sehr große Intensität der Banden zeigt damit an, dass die Deuteriumbrücken, die die 2'OD Gruppen ausbilden, in diesem Fall, d.h. bei Anwesenheit der Mg^{2+} Ionen, besonders kräftig sind.
Nach all dem dürfte also die von Schulte, Morrison und Garrett beobachtete Mg^{2+} ioneninduzierte Konformationsänderung der ribosomalen RNS mit einem Kompakter- und evtl. Größerwerden der helikalen Bereiche und insbesondere mit der Ausbildung der 2'OD Deuteriumbrücke verbunden sein."

Vortragsreise durch Polen 1975

Ende Oktober 1975 brach ich mit Renate zu einer Vortragsreise durch Polen auf. Wir fuhren über die Tschechoslowakei durch das Riesengebirge nach Wrocław (Breslau). Die Universität Wrocław ist die ehemalige Universität von Lemberg (heute Lvov), die nach dem Krieg samt Reiterstandbild von Lvov nach Wrocław übersiedelt wurde. Professor Lucjan Sobczyk, Professor Henryk Ratajczak und Dr. Jerzy Hawranek nahmen uns herzlich auf. Wir wurden im Hotel Monopol untergebracht. Fast jeden Abend waren wir eingeladen. Ich lernte den Präsidenten der Polnischen Akademie der Wissenschaften, Professor W. Trzebjatowski und seine Frau, eine engagierte Wissenschaftlerin, kennen. Wir besuchten eine interessante Ausstellung „Fünfundzwanzig Jahre Polen", die den polnischen Wiederaufbau zeigte. Ich hielt drei Vorträge mit den Titeln: *„Influence of Cations on Secondary Structures of Macromolecules and Membranes – IR Investigations"; „The Nature of Hydrogen Bonds and Structures with Solvated Excess and Defect Protons in Liquids"* und *„Technique of IR Measurements in Aqueous Media"*.

In Warschau suchte ich Professor D. Shugar auf; er führte interessante Arbeiten an Polynucleotiden durch. Auch dort hielt ich einen Vortrag.

Dann ging es einen Tag nach Gdańsk (Danzig); unterwegs besuchten wir die Marienburg. Auch bei Dr. Zenon Pawlak hielt ich einen Vortrag. Am ersten November machten wir einen Ausflug nach Gdynia und zum Kurischen Haff. Auf dem Rückweg war es schon dunkel, und da Allerheiligen war, brannten auf den Friedhöfen unzählige Kerzen. Mitte November traten wir die Heimreise über Poznań und Wrocław an. Da wir dort noch einer Einladung der Trzebjakowskis folgten, wurde es sehr spät. Am nächsten Tag brachen wir erst gegen Mittag auf und übernachteten in Prag im Hotel Forum an der Moldau.

Weihnachten und Neujahr verbrachten wir im Maltatal. Es lag wenig Schnee, und wir konnten weite Wanderungen unternehmen.

Vortrag in Karpacz 1976

Ende September 1976, nach der Geburt unseres ersten Sohnes Johannes, hielt ich auf dem „III. International Symposium on Specific Interactions between Molecules and Ions", das von der Universität Wrocław in Karpacz veranstaltet wurde, einen Vortrag mit dem Titel *„Proton Transfer and Polarizability of Hydrogen Bonds Formed by Glutamatic Acid and Histidin Residues in Proteins"*, d.h. ich trug Ergebnisse von Rainald Lindemanns Doktorarbeit vor. Ich leitete den Vortrag wie folgt ein:

„I would like to discuss whether in proteins hydrogen bonds can be present in which proton transfer occurs and which are easily polarizable. Such hydrogen bonds would determine the dielectric properties of proteins. Regarding the biological aspects, they should be of great importance for the interaction of proteins with their environment and hence for the structure and especially the functions of these proteins."

Dies bestätigte sich in den folgenden Jahren durch unsere Untersuchungen, so insbesondere durch die Arbeiten von Wolfgang Kristof (siehe S. 291) und die daran anknüpfenden Arbeiten über Enzyme.

„Chemical Physics of Solvation"

Für das Handbuch „Chemical Physics of Solvation", das Erika Kálmán in Budapest zusammen mit R.R. Dogonadže, A.A. Kornyshev und J. Ulstrup bei Elsevier in Amsterdam herausgab, verfasste ich mit Johannes Fritsch zwei Artikel: *„Interactions and Structure of Ionic Solvates – Infrared Results"* und einen entsprechenden Artikel über Solvatstrukturen in Kristallen. Anläßlich einer Tagung in Lvov fand ein Treffen der Handbuchautoren statt. Dort stieg ich auf den Hausberg, um mir die Stadt von oben anzusehen.

Vortrag in Marburg

In diesen Jahren hielt ich u.a. einen Vortrag in Marburg bei Professor Luck. Danach schrieb mir mein ehemaliger Doktorand Dag Schiöberg, der damals im Institut von Professor Luck arbeitete:

Marburg, den 11.2.77

Lieber Herr Zundel!
Habe gestern Ihre Sendung mit den Arbeiten von Hayd und Nagyrevi bekommen. Vielen Dank! Inzwischen treffen hier die ersten Anfragen nach unserer Schwefelsäuredichtung ein [Z. Phys. Chem. NF **102**, 169 (1976)]. Da ausgerechnet dieser Band in unseren Bibliotheken nicht angekommen ist, habe ich keine Möglichkeit Kopien herzustellen. Falls bereits Sonderdrucke existieren, würde ich Sie bitten, mir einige Exemplare zu schicken.
Ich habe den Eindruck, dass Ihr Vortrag hier sehr positiv aufgenommen worden ist. Insbesondere ist damit wieder einmal das „IR-Kontinuum" im Gespräch. Allerdings stellt dieser Ausdruck für verschiedene Leute nach wie vor ein Reizwort dar. Es gibt eine neuere Arbeit von Janoschek (er hatte darüber in seinem letzten Vortrag berichtet), in der er das zyklische Dimere von Formamid nach der gleichen Methode wie $H_5O_2^+$ berechnet hat. Er bekommt danach NH-Übergänge in den Brücken bei 2500 und 1850 cm^{-1}, also Frequenzverschiebungen gegenüber den Monomeren zwischen 1000 und 2000 Wellenzahlen. Da hier allgemeines Mißtrauen gegenüber diesen Rechnungen vorherrscht, habe ich einmal die Spektren von Formamid aufgenommen und bei verschiedenen Konzentrationen in CCl_4-Wasser, um die Assoziatenbildung verfolgen zu können. Es war genau das zu beobachten, was ich vermutet hatte, nämlich eine Verschiebung von 200-300 cm^{-1} der NH-Bande und Fermiresonanzeffekte mit dem Oberton der NH_2 Deformation (identisch mit den zahlreichen Befunden von Wolff). Ich will damit nur sagen, daß solche

Arbeiten ein Problem darstellen, da sie das Mißtrauen gegenüber den SCF Rechnungen ganz gewaltig schüren. Herr Janoschek hat sich auch für kommende Woche im Allgäu angesagt, vielleicht lassen sich da einige Ungereimtheiten aus der Welt schaffen.
Übrigens kommt auch Prof. Lutz aus Siegen. Als er kürzlich hier vortrug (über den Kationeneinfluß auf die IR-Banden von Kristallwasser) erwähnte er auch, dass ein gewisser Autor Zundel darüber berichtet habe. Ihm war sicherlich nicht klar, warum plötzlich alle grinsten und mich anschauten.

Viele Grüße, auch an Ihre Frau
und an die AG
Ihr Dag Schiöberg

Dieser Brief zeigt das Misstrauen, das Herr Luck unseren Forschungen gegenüber hatte.

II. Hydrogen Bond Workshop

Im April 1978 veranstaltete ich in München den II. Hydrogen Bond Workshop. Ich bekam hierfür DM 5.000 vom Deutschen Akademischen Austauschdienst, sodass ich auch sechzehn Kollegen aus dem Osten einladen konnte. Zum Hauptthema machte ich die Protontransfer-Wasserstoffbrücken. Die Vorträge versuchte ich möglichst kurz zu halten und das Schwergewicht auf die Diskussion zu legen, was sich sehr bewährt hat. Ich hielt einen Vortrag zum Thema *„Proton Transfer Equilibria in Phenol Amine Systems"*. Am Schluss zog ich eine vollständige Bilanz des Wissensstandes bezüglich der Protontransferbrücken.

Noel Roberts

Ebenfalls im Frühjahr 1978 besuchte mich Professor Noel Roberts aus Hubart in Tasmanien/Australien. Er hatte die Idee, dass die Intensität des Kontinuums von wässrigen Lösungen starker Säuren kleiner ist, wenn diese in Quarzporen anwesend sind, da die Brücken durch die lokalen elektrischen Felder an der Porenoberfläche mehr oder weniger polarisiert sind. Noel Roberts hat eine große Familie. Er kam mit seiner Frau und zwei seiner sieben Kinder nach München. Wenige Tage vor der Geburt unseres zweiten Sohnes Georg holten Renate und ich die Familie am Flughafen ab. Wir warteten lange. Endlich, als wir bereits unverrichteter Dinge gehen wollten, kam ein überladener Kofferkuli und hinter ihm erschien die Familie Roberts. Sie hatte sich für den Fall, dass ich keine Wohnung für sie hätte, aufs Zelten eingestellt. Noel Roberts besuchte mich 1978 ein zweites Mal. Seine Untersuchungen verliefen so, wie wir dies erwartet hatten und waren sehr erfolgreich. Durch die lokalen elektrischen Felder in den Quarzporen werden die Protonen in den Wasserstoffbrücken zu einem gewissen Grad lokalisiert [Nature **278**, 726-728 (1979) und J. Phys. Chem. **84**, 3655-3660 (1980)].

Von Haisterkirch aus waren wir einmal mit ihm auf der Waldburg. Dort wird der Rundblick durch ein Panorama erklärt. Als Professor Roberts die Abdeckung dieses Panoramas hob, waren wir plötzlich von einem Schwarm fliegender Ameisen umgeben. Das letzte Mal hat mich Noel Roberts im April 1984 besucht.

Erika Kálmán

Erika Kálmán lud mich 1978 zum Kongress der *„International Society of Electrochemistry"* nach Budapest ein, wo ich einen Vortrag mit dem Thema *„Easily Polarizable Hydrogen Bonds, Dissociation and Proton Conduction in Aqueous Solutions of Strong Acids"* hielt. Ich erinnere mich an einen netten Abend im Wochenendhaus von Erika und ihrem Mann, dem Kollegen Garbor, in den Bergen über Budapest. Es ging sehr feucht-fröhlich zu; gegen Ende fiel mir ein russischer Kollege um den Hals.

Nikolai Sokolov

Im Herbst 1978 erschien von Librovich, Sokolov und Sakun eine Arbeit über das Kontinuum, die zeigte, wie wenig man unsere Ergebnisse in Moskau verstanden hatte. Ich lud daher Professor Nikolai Sokolov nach München ein. Er kam, und damit konnte ich ihm unsere Arbeiten erklären und mit ihm alle Probleme diskutieren. An einem warmen Herbsttag machte ich mit ihm eine Fahrt durch Bayern. Mit der Seilbahn fuhren wir auf die westliche Karwendelspitze. Der Besuch der Wieskirche beeindruckte Sokolov ganz besonders. Nach Moskau zurückgekehrt, schrieb er mir den S. 300 wiedergegebenen Brief.

80. Geburtstag von Professor Schwab

Professor Schwab bewohnte am St. Paulsplatz in München eine große Altbauwohnung. Dorthin wurden wir Institutsangehörige und Mitarbeiter gelegentlich zu einem delikaten, griechischen Büfett eingeladen. Am 2. Februar 1979 feierte Professor Schwab seinen 80. Geburtstag. Wie dies bei solchen Anlässen üblich war, musste jeder Mitarbeiter des Instituts über seine wissenschaftlichen Ergebnisse vortragen. Ich berichtete zum Thema *„Ladungsverschiebung über leicht polarisierbare Wasserstoffbrücken in aktiven Zentren von Enzymen"*, G. Zundel, R. Lindemann, W. Kristof und B. Vogt, Hoppe-Seyler's Z. Physiol.Chem. **359**, 1114 (1978).

III. Hydrogen Bond Workshop

Vom 8. - 12. September 1979 fand der dritte Hydrogen Bond Workshop in Ankaran, Jugoslawien, statt, veranstaltet von Dušan Hadži aus Ljubljana. Meine Familie blieb im Maltatal. Spät abends erreichte ich Ankaran. Mit Mühe hatte ich in der Nacht den Weg von Triest zur jugoslawischen Grenze gefunden. Das Hotel war früher ein Kloster, von dessen Terrasse sich bis zum Meer ein Park mit schönen, alten Bäumen erstreckt, den die Mönche einst angelegt hatten.

Progessor Dr.Georg Zundel
Physikalisch chemische Institut
Universität München
Teresienstr.41
D-8000 München 2
BRD

14.11.78

Dear Professor Zundel,

Thank you sincerely once more for your exclusively kind hospitality during my stay in Münich.

I'll always remember with pleasure your cosy apartement in Wilhelmstrasse, our breakfasts, your secretary's obliging courtesy. I am still under the impression of our trip on Wednesday: the snowy peaks glittering in the sun, the Wies church with the amazing interieur, the König Schloss with the life of Ludwig the Second so impressively drawn on the walls.

I also recollect vividly our sightseeing, the round night Münich, the illuminated Town Hall of unique beauty, the city's centre grand architecture, the market place, the bright shop windows, the splendid Opera House.

I am especially obliged to you for your kind assistance in my Saturday shopping. You were unwell and you shouldn't have troubled to accompany me which surely was so very tiresome for you.

My wife took a great interest in the album with the drawings of your father. She had already known several paintings by him, for instance "Der Mäher". She found the booklet on the Wies Church very interesting too. She is also very thankful for the Klofter liqueur you presented her.

My granddaughter is delighted with the little elephant!

My best wishes to your wife and children! Hope you are quite all right by now.

With warmest regards

Very sincerely yours N Sokolov

Am Samstagmorgen berichtete ich in einem eineinhalbstündigen Vortrag über die Ergebnisse der Arbeitskreise von Huyskens, Sandorfy, Sokolov, Szafran, Sobczyk und stellte schließlich meine eigenen Ergebnisse vor. Ich begann meinen Vortrag, indem ich an unsere früheren Tagungen anknüpfte:

„I will report on the co-operative research which resulted from our discussions in Karpacz (1977) and in Munich (1978). I will review the results on proton transfer hydrogen bonds, homoconjugated and heteroconjugated ones, and the results on their interactions with various different environments."

Nach dem Vortrag stürzte ich mich in die erfrischende Adria.
Nach Kärnten zurückgekehrt, machten wir mit Johannes und Georg bei strahlendem Wetter einen Ausflug auf die neue Gießener Hütte.

Der DFG Fourier-Transformspektrometer-Skandal

In der zweiten Hälfte der siebziger Jahre wurde unser vielbenütztes Spektrometer immer gebrechlicher, was die vielen Reparaturrechnungen bezeugen. Außerdem hatte sich die Fourier-Transformspektroskopie so weit entwickelt, dass sie entscheidende Vorteile versprach. Die Aufnahme der Spektren benötigte weit weniger Zeit. Darüber hinaus wurde mit der FTIR-Spektroskopie der Bereich des fernen Infrarot bis 8 cm^{-1} erschlossen, was auch die Beobachtung der Brückenschwingungen ermöglicht.
Deshalb machte ich mich 1979 auf der Achema in Frankfurt bezüglich derartiger FTIR-Spektrometer kundig. Drei Firmen stellten ein FTIR-Spektrometer aus, Nikolet, Digilab und die Firma Bruker in Karlsruhe. Weitaus die meisten Vorteile bot das Brukergerät, da es ohne Umbau den ganzen Bereich von 4000 bis 8 cm^{-1} zu messen ermöglichte. Ich stellte daher am 2. August 1979 bei der Deutschen Forschungsgemeinschaft einen entsprechenden Antrag. Herr Mahnig von der DFG schlug vor, dass ich zunächst Probemessungen machen solle. Wenn danach die Beschaffung immer noch zweckmäßig erscheine, solle ich dieses Gerät bei der Universität über das Hochschulbauförderungsgesetz (HBFG) beantragen, da es zur Grundausstattung gehöre. So fuhr ich bei herrlichem Sommerwetter von Haisterkirch nach Karlsruhe. Herr Gast von der Firma Bruker war mir bei den Probemessungen sehr behilflich. Aus diesen Messungen ist sogar eine Veröffentlichung hervorgegangen. Mein im Rahmen des HBFG auf Grund dieser Messungen gestellter Antrag wurde, wie erwartet, mit der Begründung abgelehnt, dass ein derartiges Gerät *nicht zur Grundausstattung* gehöre. In der Zwischenzeit stellten die Herren Theodor Ackermann und Herbert Zimmermann in Freiburg bei der DFG ebenfalls einen Antrag für ein FTIR-Spektrometer, der ohne

DFG-Antrag

Probemessungen sofort bewilligt wurde. Herr Zimmermann war erster DFG-Gutachter für derartige Angelegenheiten, bei ihm gehörte das Gerät offensichtlich nicht zur Grundausstattung. Es fand jedoch zunächst keinen Einsatz, zumindest ist mir keine einzige Veröffentlichung bekannt. Erst viele Jahre später führte Herr Siebert vom Arbeitskreis Professor Werner Kreutz mit diesem Gerät sehr interessante Messungen am Bakteriorhodopsin durch.
Sechs Jahre später, nach erneuter Antragstellung, wurde mein Fourier-Transformspektrometer von der DFG bewilligt (siehe S. 333 f.).

Israelreise 1976

Der Sinai

Nach dem 9. Jerusalem Symposium im April 1976 lieh ich mir einen kleinen Fiat mit Vorderradantrieb. Abends fuhr ich noch zu dem Hotel am Toten Meer, das mir von unserer Hochzeitsreise bekannt war. Am nächsten Tag ging es über Eilat dem Roten Meer entlang bis zur Südspitze des Sinai, denn die direkte Zufahrt zum Katharinenkloster von Osten her war noch nicht möglich. In Sharm-el-Sheikh aß ich in einem Restaurant zu Abend. Meine beiden Tischgenossen waren offensichtlich vom amerikanischen bzw. englischen Geheimdienst. Der eine gab zum Besten, dass der Schah letzte Woche in Paris für Soraya ein Kollier um eine Million Dollar gekauft habe.
Wie man mir sagte, war die einzige noch verfügbare Übernachtungsgelegenheit ein in der Nähe gelegenes Jugendcamp. Ich fuhr dorthin und wurde von einem akzentfrei deutsch sprechenden Mädchen empfangen. Sie wies mir das letzte verfügbare Zimmer zu, das offensichtlich bereits bewohnt war. Im Zimmer herrschte eine maßlose Unordnung. Spät abends stellte sich ein Pärchen ein; sie trieben es die ganze Nacht miteinander, ohne jegliche Hemmung vor mir zu haben.
Im Morgengrauen brach ich auf. Die Fahrt an der Westküste des Sinai im ersten Morgenlicht war herrlich. Nach etwa 120 Kilometern bog ich nach Osten ins Inland ab. In der großen Oase Nueiba machte ich kurz Rast. Der Weg war eine breite, oft sandige Piste. Einmal kam ich an einen Wegzeiger, allerdings in arabischen Lettern; nur durch Intuition habe ich den richtigen Weg gewählt. Kurze Zeit später nahm ich einen Araber mit. Er war Lastkraftwagenfahrer und zeigte mir den besten Pfad auf der breiten Piste.
Gegen Abend erreichte ich das Katharinenkloster. Es war Montag, und es stellte sich heraus, dass das Kloster geschlossen war, d.h. ich musste

im Freien übernachten. Dies versprach im April in der Wüste sehr kalt zu werden, deshalb lieh ich mir bei den Naturfreunden aus einem Kibbuz, die dort zelteten, gleich zwei Schlafsäcke aus. Dennoch fror ich schrecklich und war froh, als der Tag graute. Eine Jugendgruppe hatte ein großes Feuer gemacht, an dem ich mich wärmen konnte. Dann brach ich sofort Richtung Gipfel auf. Der Blick vom Gipfel über die im warmen Morgenlicht sich erstreckende Gebirgswüste war phantastisch. Ich stieg den direkten Weg zum Kloster ab. Große Teile des Weges bestehen aus einer Treppe, die die Mönche angelegt hatten. Ich besichtigte das Kloster, insbesondere die Bibliothek und das Beinhaus. Das vollständige Skelett des Erbauers der Treppe zum Gipfel des Sinai sitzt in diesem Beinhaus auf einem Stuhl.

Katharinen-kloster

Ich machte mich auf den Rückweg und erreichte noch Sharm-el-Sheikh. Im Jugendcamp bekam ich diesmal ein tadellos aufgeräumtes und geputztes Zimmer. Ich fuhr am nächsten Tag bis Eilat. Mittags badete ich am Sandstrand bei Nueiba im Roten Meer, wobei ich mir einen ungeheuren Sonnenbrand zuzog. Kurz vor Eilat besuchte ich eine kleine, sehr malerische Halbinsel, die schon oft als Filmkulisse herhalten musste. Am nächsten Tag ging es quer durch die Wüste über Ramalha nach Rehovot. Dort nahm mich Dr. Gad Yagil herzlich auf. Ich hielt einen Vortrag über *„Role of the 2'OH Group and of Mg^{2+} Ions for the Secondary Structure of RNA backbones – IR Investigations"*.

Nach München zurückgekehrt, fuhr ich aus der Haut, sodass Renate stets mit dem Staubsauger hinter mir her sein musste.

Wegbau im Maltatal

In meinem Forstbetrieb in Kärnten trieb Herr Bretschneider seit 1965 den Wegbau zügig voran. Dabei arbeiteten wir mit zwei Wegbaupartien, in einer beschäftigten wir Slowenen, der Vorarbeiter der anderen Partie war Herr Sabernik aus dem Gailtal. Die Kahlschläge, die uns der Vorbesitzer hinterlassen hatte, sanierten wir durch umfangreiche Aufforstungen. In der Zwischenzeit wächst dort ein schöner Wald. Meines Wissens waren wir die ersten, die im österreichischen Hochgebirge zäunten. Wieder einmal standen natürlich alle diesem Vorgehen skeptisch bis ablehnend gegenüber. Dies war bei den Jägern auch dadurch bedingt, dass man durch Zäune die Bewegungsfreiheit der geliebten „Forstschädlinge" einschränkt.

Zukäufe

Im gleichen Zeitraum erwarb ich von Peter Lowry-Irsa in sehr mühsamen Verhandlungen die Maltatal-Schattseite, danach den Gößgraben und die Tandelalm. Während wir verhandelten, ließ Lowry noch Schlägerungen durchführen.
Zur Erinnerung an die erste und einzige Bergtour von Wilhelm Hattemer benannten wir 1975 den Weg in den Moosboden „Hattemerweg". Herr Hattemer, dem ich meine Liebe zum Forst verdanke, nahm an der feierlichen Wegeinweihung mit Jagdhornbläsern teil.

Einweihung des Hattemerwegs: Wilhelm Hattemer und Georg Zundel

Der Weg-zusammenschluss

Im Oktober 1978 feierten wir im Maltatal den Zusammenschluss des Wegs, der vom Gößgraben aus gebaut wurde, mit dem Weg, der von der Maltatal-Schattseite aus vorangetrieben worden war. An der Stelle des Zusammenschlusses unterhalb des Köpfls durchschnitt ich das Band und hielt folgende Ansprache:

Meine Rede

„Als die Bäume, die hier oben stehen, klein waren, d.h. vor etwa 200 Jahren, lebte in Europa nur ein Viertel der heutigen Bevölkerung. Das bedeutet, dass heute die Bedürfnisse eines Menschen durch den Ertrag

einer Fläche gedeckt werden müssen, die etwa um viermal kleiner ist als vor 200 Jahren und dies, obwohl die Bedürfnisse der Menschen wesentlich gestiegen sind.
Dieses stürmische Wachstum der Bevölkerung wurde möglich durch das wachsende Wissen darüber, wie wir Menschen uns die Natur zu Nutze machen können und durch die daraus resultierende technische Entwicklung.

Bevölkerungs-wachstum

Noch vor etwa 130 Jahren erntete man in der Landwirtschaft nur das Drei- bis Vierfache des ausgesäten Getreides. Heute wird etwa das Vierzig- bis Fünfzigfache des Saatgutes geerntet. Möglich wurde dies durch die Erfindung der künstlichen Düngung durch Liebig und besonders durch die Pflanzenzüchtung, die, fußend auf der modernen Biologie, ungeahnte Erfolge erzielt hat. Darüber hinaus haben die Menschen in den letzten Jahrhunderten mit Hilfe der Technik in zunehmendem Maße die natürlichen Bodenschätze ausgebeutet. Kohle und Öl dienen heute als Energiequellen, ganz besonders als Kohlenstoffrohstoff für die Industrie.
Diese fossilen Kohlenstoffverbindungen und alle heute entstehenden Kohlenstoffverbindungen, wie unsere Nahrungsmittel und insbesondere auch das Holz, verdanken ihre Entstehung dem Licht der Sonne. Denn durch dieses Licht werden in den Pflanzen durch den Prozess der Photosynthese Wasser und Kohlendioxyd in die Kohlenstoffverbindungen umgewandelt, die die Grundlage für alles Leben auf der Welt darstellen. Diese Synthese, d.h. der Aufbau von Kohlenstoffverbindungen durch die Pflanzenwelt, hat ein ungeheures Ausmaß. So werden auf der Erde jährlich 164 Milliarden Tonnen Kohlenstoffverbindungen von den Pflanzen für das Leben von Mensch und Tier bereitgestellt.

Photosynthese

So groß diese Menge anmutet, sie ist und bleibt durch die Menge des von der Sonne auf die Erde eingestrahlten Lichts begrenzt. Im Gegensatz dazu wächst aber die Weltbevölkerung jährlich um mehr als achtzig Millionen. Das heißt, die Weltbevölkerung vermehrt sich jährlich um nahezu ebenso viele Menschen, wie in Österreich, der BRD und der DDR zusammen leben. Dazu kommt – und hier liegt das weitaus größere Problem – dass sich die fossilen Rohstoffvorräte erschöpfen. Bis zum Jahr 2050, d.h. in weit weniger als 100 Jahren, wird praktisch kein Öl, und Kohle nur noch in beschränktem Umfang, zur Verfügung stehen. Damit werden die Menschen gezwungen sein, mit dem auszukommen, was jedes Jahr neu entsteht: Das ist – neben den Feldfrüchten – das Holz. Das Holz ist der einzige Kohlenstoffrohstoff für die Industrie, der laufend neu entsteht. Die Menschen werden hiernach gezwungen sein, die Waldflächen intensiver und damit ertragreicher zu bewirtschaften, und auch die Flächen der Nutzung zugänglich zu machen, deren Kultivierung sehr mühsam ist.

Fossile Rohstoffvorräte

Damit sind wir bei dem, was in den letzten zehn Jahren durch Sie hier im Maltatal geschehen ist. Ich hoffe, dass ich Ihnen deutlich gemacht habe, welch wichtige Bedeutung Ihr Einsatz für die Zukunft hat. Mit Hilfe der Wege, die Sie mit großem Fleiß und Mühe gebaut haben, ist es nun möglich, unsere Aufgaben für die Zukunft wahrzunehmen: das heißt, zu pflanzen, zu pflegen und zu nutzen. Ich danke Ihnen sehr herzlich für die große Leistung, die Sie unter der Leitung von Herrn Bretschneider und Herrn Baier hier erbracht haben. Ganz besonders froh bin ich darüber, dass der gesamte Wegbau praktisch unfallfrei durchgeführt wurde, was Ihrer Erfahrung und großen Sorgfalt bei der Arbeit zu verdanken ist.

Pflanzen, pflegen, nutzen

Wenn Sie hier bei Wind und Wetter oft vor fast unüberwindlich scheinenden Felshindernissen gestanden haben, haben Sie sich sicherlich manchmal gefragt, ob das, was Sie hier tun, auch wirklich sinnvoll ist. Sie werden es erleben, dass auf der großen Autobahn, die heute im Tal gebaut wird, nur noch wenig Verkehr ist, da das Öl – der Rohstoff für das Benzin – sich zunehmend erschöpft. Zur selben Zeit wird aber der von Ihnen gebaute Weg erst seine volle Bedeutung erhalten, denn er führt zu der Rohstoffquelle, die sich ständig regeneriert, und deshalb an die Stelle von Öl und Kohle treten wird – Ihr Weg führt zum Holz.

Nun, die Wege sind gebaut. Sie werden sich jetzt fragen, wie geht es weiter, haben wir auch in der nächsten und späteren Zukunft Arbeit? Ich kann Ihnen versichern, dass die Arbeit jetzt erst richtig beginnt, denn nun muss gepflanzt und gepflegt werden. Unproduktive Flächen müssen umgewandelt und nutzbar gemacht werden. Ihrer besonders liebevollen Pflege möchte ich hierbei unsere aus den nordamerikanischen und kanadischen Bergen zugereisten Douglasien empfehlen. Denn wenn sich diese bewähren, werden die Bäume, die Sie heute pflegen, später als Samenbäume dienen, die es ermöglichen, diese ertragreichere Baumart hier vom Maltatal aus über die europäischen Alpen auszudehnen. Ich möchte Ihnen allen nochmals für Ihr bisheriges Tun herzlich danken."

Erich Kuby

Auch Erich Kuby, der Begründer und frühere Herausgeber der Süddeutschen Zeitung, nahm an der Feier teil. Er hatte für einen Artikel im „Stern" wegen der im Bau befindlichen Kölnbreinsperre im Maltatal recherchiert und von meinen forstlichen Anstrengungen erfahren. Herr Kuby war sehr interessiert und nahm mit mir in München Kontakt auf. Dies führte dazu, dass er 1987 in der Zeitschrift „Natur" einen Artikel über mein Tun im Maltatal schrieb. Darauf komme ich noch zurück.

Modernisierung des St. Georgshofs und Leben in Haisterkirch

Nach dem Tod meiner Tante Gretel am 19. Januar 1972 hatte ich die wichtige Aufgabe, den mir nun allein gehörenden St. Georgshof in Haisterkirch auf den aktuellen Stand landwirtschaftlicher Technik zu bringen, denn meine Tante hatte viele Jahre lang den Georgshof nicht den veränderten Erfordernissen einer modernen Landwirtschaft angepasst. So beschäftigten wir für nur 28 Kühe einen Schweizer (Melker), Franz Angerer und seine Frau Monika, die bei der vorliegenden Organisationsstruktur des Stalles voll beschäftigt waren, da z.B. noch von Hand ausgemistet wurde. Der Hof musste dringend modernisiert werden.
Mit Helmut Hempel, der seit dem Laborneubau auf dem Berghof mein Baubüro leitete, und meinem Verwalter Karl Bachmann besuchte ich im Mai 1974 die Ausstellung der Deutschen Landwirtschaftsgesellschaft (DLG) in Frankfurt. Ich holte Rat ein bei Herrn Helmut Bugl vom Regie-

rungspräsidium in Tübingen, bei Herrn Muggentaler, dem Leiter des Bayrischen Versuchsguts in Grub bei München, und insbesondere in Österreich bei der Versuchsanstalt Rotholz und dem Landwirtschaftsamt in Innsbruck. In Deutschland wurde durchwegs geraten, dass wir den Hof auf Schweinehaltung umstellen sollten, was 2000 Mastschweine und 200 Mutterschweine bedeutet hätte. Mit diesem Gedanken konnte ich mich jedoch nicht anfreunden, denn dies schien mir innerhalb einer Ortschaft im wahrsten Sinne des Wortes eine unmögliche Sauerei.

Planungsphase

Ich entwickelte mit Hempel ein neues Konzept für den Hof. Wir beschränkten uns auf Milchviehhaltung und Saatgetreideanbau. Zunächst planten wir einen Stall mit Melkkarussell für 90 Kühe, aber ausbaubar für 160. Die alten Stallungen sollten für das Jungvieh umgebaut und zwischen dem alten und dem neuen Stall vier Hochsilos und zwei Heutürme errichtet werden. Die Entsorgung des Stallmists planten wir mit Faltschiebern, kombiniert mit einem Fließmistsystem, wobei der Fließmist in entsprechenden Güllesilos gesammelt werden sollte. Die Kombination von Faltschieber und Fließmist habe ich mir mit Herrn Hempel ausgedacht; sie wurde meines Wissens erstmals realisiert.

Konzept

Das alte, sehr unpraktische Verwalterhaus hatte für die Lagerung von Getreide drei Böden übereinander. Es war aus unbehauenen Rundsteinen erbaut, niemand hatte eine Ahnung bezüglich seiner Tragfähigkeit. Deshalb beschlossen wir die Errichtung eines neuen, kompakteren Verwalterhauses. In einer letzten Stufe planten wir den Bau eines Jungviehstalls, der fast 30 Jahre später tatsächlich noch errichtet wurde.

Die Genehmigung stieß zunächst wegen der benachbarten Kirche auf große Schwierigkeiten. Bei den Heutürmen einigten wir uns schließlich auf eine Höhe von 13,5 Meter. Zum Vertreter des Denkmalamtes, der sich bei der Verhandlung besonders aufspielte, sagte meine Frau, dass es ihm sicher imponieren würde, wenn ich mein Geld für eine Yacht im Mittelmeer ausgäbe. Beim Abschied meinte ein junger Pinsel von der Waldseer Stadtverwaltung: „Ich muss jetzt gehen, denn mein Fahrer wartet draußen auf mich." Renate darauf: „Sie haben es aber gut. Mein Mann fährt selbst, wenn er wo hin muss."

Baugenehmigung

Nach einigen Kämpfen wurde die Neugestaltung des Hofes genehmigt. Herr Hempel schrieb die Arbeiten, wie er dies vom Staat gewohnt war, sehr sorgfältig aus, und so kam z.B. die Firma Krattenmacher aus Hittelkofen, die früher für uns alles gebaut hatte, nicht zum Zug. Den Rohbau errichtete die Firma Mühlschlegel und Wagner aus Biberach.

Auch unser Wohnhaus wurde renoviert und mit einem Vollwärmeschutz versehen. 1977 hatten wir bereits einige Tage in Haisterkirch verbracht.

Da die Arbeiten im Haus noch nicht vollendet waren, campierten wir unter dem Dach in einem halbwegs fertigen Zimmer. Als Johannes nachts weinte und nicht schlafen wollte, trug ich ihn einen Stock tiefer ins zukünftige Schlafzimmer – der große Sandhaufen dort beruhigte ihn sofort.

Umzug nach Haisterkirch

Nach der Geburt von Georg zogen wir wegen des missglückten Bauversuchs in München Anfang Mai 1978 mit Kind und Kegel nach Haisterkirch. Ich mietete im Memminger Parkhaus am Bahnhof einen Garagenplatz. So konnte ich von dort jede Woche mühelos mit dem Zug nach München gelangen.

In Haisterkirch überwachte ich nun die Bauarbeiten. Natürlich war auch Herr Hempel wöchentlich anwesend und sah nach dem Rechten. Der Bau des neuen Kuhstalls wurde in Angriff genommen. Ich beobachtete – mit Johannes auf dem Arm – wie die großen Leimbinder mit dem Kran aufgesetzt wurden. Im ersten Stock des vorderen, massiv gebauten Teils des Gebäudes wurde eine Wohnung integriert, in der die Familie Bachmann vorübergehend Unterkunft fand.

Viehkauf

Um den Viehbestand von 28 auf 90 Kühe aufzustocken, besuchte ich regelmäßig die monatlichen Viehversteigerungen in Bad Waldsee. Einmal war ich auch bei einer Versteigerung in Kempten, denn im Herbst, nach dem Almabtrieb, konnte man dort besonders gute Jungkühe erwerben. Bei der Oberschwabenschau in Ravensburg kauften Herr Bachmann Junior und ich, da sonst niemand auf Kauf eingestellt war, die fünf Ausstellungskühe. So vergrößerte sich langsam der Viehbestand. Einmal nahmen wir auch an einer Versteigerung in Warthausen bei Biberach teil, wo ein Viehbetrieb aufgelöst wurde. Ich erwarb eine Jungkuh mit Kalb.

Biogasanlage

Im Jahr 1981 errichtete die Fraunhofer-Gesellschaft (FHG) auf unserem Hof eine Biogasversuchsanlage mit zwei kleinen Fermentern. Diese basierten auf umfangreichen Vorversuchen, die Dr. Walter Trösch bei der FHG in Stuttgart durchgeführt hatte. Auf der Basis der mit dieser Anlage gewonnenen Erkenntnisse wurde später von der Firma Schwarting eine Großanlage errichtet. Die weiter wesentlich vereinfachte Version funktioniert seit einigen Jahren sehr gut. Da der Ammoniak gebunden wird, ist die vergorene Gülle wesentlich verbessert und überdies geruchsfrei. Wir decken unseren gesamten Energiebedarf und speisen darüber hinaus monatlich um Euro 3.500 Strom ins Netz. Seit Inkrafttreten des neuen Energieeinspeisegesetzes ist die Anlage rentabel.

Haisterkirch

Der St. Georgshof, Aufnahme aus den 90er Jahren.

Unser Garten

Die fünf Jahre, die wir in Haisterkirch lebten, waren eine sehr schöne Zeit. Gleich nach der Ankunft Anfang Mai grub ich im westlichen Teil unseres Gartens ein großes Stück Wiese um und legte dort einen Gemüsegarten an, der uns voll versorgte. Aus den verschiedenen Beeren wurden jedes Jahr köstliche Marmeladen gekocht. Die Steinobstbäume, die ich in den sechziger Jahren mit Christian Kehrer, dem Gärtner meiner Mutter, gepflanzt hatte, waren groß geworden und trugen reiche Ernte. Im Herbst ließen wir bei der BAG in Waldsee unsere Äpfel pressen; Renate kochte jedes Jahr 400 Liter Apfelsaft ein. Im Sommer versorgten sich Johannes und Georg mit Erbsen. Sie sammelten diese in einem hellblauen Plastikkorb und verschwanden mit ihrer Ernte in den alten Thujen, wo sie die Erbsen mit Genuss verspeisten.

Taufe von Johannes und Georg

Am 8.10.1978 wurden Johannes und Georg in der Evangelischen Kirche in Bad Waldsee getauft. Taufpaten von Johannes waren Sonja Noller, Hans Götzelmann und Klaus-Peter Hofmann; Georgs Taufpaten waren Renates Freundin Angela Drukier, Ulrich Albrecht und Rudolf Miller. Während der Ansprache meines Freundes Christoph Plag marschierte Johannes plötzlich los und sah sich mit Interesse die Kirche an. Es war ein schöner, warmer Herbsttag. Wir verbrachten den Nachmittag im Garten. Georg verkündete allen, die vorbeikamen: „Heute ist Taufe!"

Johannes ging in den Kindergarten zu „Tante" Elisabeth. Oft wanderten wir zum Sankt Sebastian und nach Graben.

Familienleben

Einmal, als wir auf dem Feld bei der Gottvaterkapelle waren, lag Mühlhausen am nördlichen Ende des Haistergaus im Sonnenschein. Johannes beschloss, dass er unbedingt dorthin müsse. Somit wanderte ich mit ihm über zwei Stunden durch die Felder nach Mühlhausen. Renate holte uns mit dem Auto ab.

Wir machten viele Fahrradausflüge. Oft waren wir am Rohrer See, insbesondere wenn die Bodenseemöven brüteten. Einmal radelten wir bis Unterschwarzach und dann über Graben und die Sankt Sebastianskapelle zurück. Der Heilige Sebastian ist der Schutzpatron der Soldaten, Bürstenbinder und anderer; ich erklärte ihn zum Forschungsheiligen und brachte ihm, wie auch heute noch, des öfteren eine Kerze. Unseren häufigen Wanderungen zur Sebastianskapelle verdankt Johannes seinen zweiten Vornamen.

Jedes Jahr machten wir einen Ausflug auf den Schwarzen Grat, auch Erika und Hans Metzger schlossen sich uns bisweilen an. Anschließend kehrten wir im Gasthaus „Zum Adler", einer früheren Poststation von Thurn und Taxis, in Großholzleute bei Isny ein. Diesen Ausflug unternahm ich später auch mit Bogdan, Jagdeesh Bandekar und den Kindern. Das Kloster Birnau – und insbesondere die Insel Mainau mit ihrer Blumenpracht – war ebenfalls Ziel unserer Ausflüge, ebenso die Waldburg. Als mich Lucjan Sobczyk und Jerzy Hawranek in München besuchten, nahm ich sie, nachdem sie ihre Vorträge gehalten hatten, nach Haisterkirch mit. Ich machte mit ihnen einen Ausflug an den Bodensee, zu der schönen Barockkirche in Birnau und auf die Insel Mainau.

Palatschinkenfest

Georg hatte, als er vier Jahre alt war, die Idee, dass man im Garten ein Palatschinkenfest feiern könne. Renate befestigte bunte Streifen aus Krepp an den Wäscheleinen, Kindertisch und Bänke wurden darunter gestellt und das Palatschinkenfest mit Carmen konnte starten. Renate produzierte die nötigen Palatschinken mit Aprikosenmarmelade: „Polyschmatz"! Carmen, die Tochter unseres Verwalters Bachmann Junior, war oft zum Spielen bei uns.

Im Fasching gab es tosende Orgien im Hobbyraum, während ich im Garten die Obstbäume schnitt. Im Winter fuhren die Kinder begeistert Schlitten.

Die 80er Jahre – Veränderung und Kontinuität

Initiativen für die Erhaltung des Friedens

Protest gegen die Nachrüstung

Anfang der 80er Jahre erlebte die Friedensbewegung einen unerwarteten Aufschwung. Dies war zunächst den amerikanischen Plänen für eine „saubere" Atombombe („Neutronenbombe") zuzuschreiben, die „nur" Menschen und Tiere tötet, aber Gebäude schont. Dann kam der „Nachrüstungsbeschluss" der deutschen Bundesregierung vom Dezember 1979 hinzu. Er brachte bei Demonstrationen mehrere hunderttausend Menschen auf die Beine.
Bereits in den 70er Jahren war, eingeladen von dem Theoretiker Professor Süßmann, der Physiker Herbert Jehle in München aufgetaucht. Er war mir durch seine interessanten Arbeiten über Ladungsfluktuationskräfte bekannt, siehe z.B. Ann. New York Acad. Sci. **158**, 240 (1969). Ich suchte ihn oft auf und diskutierte mit ihm nicht nur über wissenschaftliche Probleme, sondern insbesondere auch über die Nachrüstung. Jehle, ein Quäker, war politisch sehr aktiv. Er schrieb zur Nachrüstung:

Herbert Jehle

„Abgesehen von komplizierten und weniger wesentlichen Zahlenschätzungen ist es in diesem Jahrzehnt so, dass die Sowjet-Union die USA mit globalstrategischen Waffen bedroht, während die USA die SU mit globalstrategischen und eurostrategischen Waffen bedroht.
Die Besorgnis über das gesteigerte sowjetische Panzer- und Raketenpotential, zum Teil eine Reaktion auf die schon längst in Europa stationierten taktischen Kernwaffen, schürt natürlich die Nachrüstungsbemühungen einiger NATO Staaten.
Die Bedrohung Westeuropas wird jedoch von den zuständigen Experten nicht als ein längst geplanter sowjetischer Überfall auf Westeuropa angesehen. Vielmehr ist die Gefahr eines militärischen Konflikts viel, viel größer zufolge von Fehlkalkulationen, oder Überreaktionen gegen vermeintliche und provozierende Demütigungen einer Großmacht, oder missverstandenen Zwischenfällen, oder Eruptionen einer Desperado Situation, oder nicht eindämmbaren anderweitigen Kriegen ...
Die neugeplanten (und auch die schon vorhandenen) europastationierten Waffen können ja keinesfalls die nukleare Waffenkapazität der SU „nullwertig machen". Statt dessen erhöhen sie in einem Konflikt die Präemptionsbereit-

schaft der SU, wenn diese sich gegen eine neuartige Bedrohung ihres Territoriums durch die Zerstörung dieser Waffen vor ihrem Einsatz zu schützen versucht. Demgegenüber spielen einige Neustarke in den USA damit, dass im Ernstfall ein präemptiver Schlag der SU gegen europäisch stationierte Raketen-Stellungen ja doch nicht zu einem Nuklearkrieg mit dem amerikanischen Kontinent führen müsste, die bekannten Optionen betreffend.
Sollten wir mitschuldig werden an dem grenzenlosen Elend, das auf die Kinder des Ostens und auf unsere Kinder starrt, wenn diesem Rüstungswahnsinn nicht von uns hier Einhalt geboten wird? Die Erinnerung an den grauenhaften Überfall vor 40 Jahren ist das eine Faktum, das tief verwurzelt ist in den Völkern im Osten, und das sollten wir immer bedenken.

Herbert Jehle, Charlottesville,VA, und München" [Manuskript beim Vf.]

Professor Jehle hielt deutschlandweit viele Vorträge. Auf einer solchen Reise erlag er im Zug zwischen Frankfurt und Mainz einem Herzinfarkt. Die Totenfeier war eindrucksvoll; es war ein großes Bild von Herbert Jehle aufgestellt, der seinen Körper der Anatomie vermacht hat.

Gustav Heinemann-Initiative

Im Frühjahr 1978 war die Gustav Heinemann-Initiative (GHI) gegründet worden. In einem 1981 erschienenen Rundbrief ist zu lesen:

„Immer mehr Menschen in der Bundesrepublik finden ihre Betroffenheit und ihre Sorgen im offiziellen Schlagabtausch zwischen Regierenden und Opponierenden nicht mehr wieder. Die alten Rezepte greifen nicht mehr, neue sind nicht erarbeitet.
Dies ist kein Grund, neue Parteien zu gründen, wohl aber ein Anlass, die Menschen zu ermutigen und miteinander in Kontakt zu bringen, die tätig werden wollen, um die politische Diskussion voranzubringen. Neue Wege zu suchen, hat sich die Gustav Heinemann-Initiative von Anfang an zum Ziel gesetzt. Jetzt, in den kommenden Jahren, hängt alles davon ab, ob wir neue Wege zum Frieden, zur Rüstungsbegrenzung, zur Erhaltung unserer natürlichen Lebensgrundlagen, zur Durchsetzung der Freiheitsrechte, zur Bekämpfung von sozialer Verelendung aufspüren und schrittweise gehen können. Dazu möchte die Gustav Heinemann-Initiative beitragen."

In dieser Initiative, zu deren Vorstand neben anderen Erhard Eppler gehörte, war Walter Hähnle, der Bruder meines Schulfreundes Rainer, Geschäftsführer.

In München war bereits seit Anfang der 60er Jahre die von Christel Küpper gegründete Studiengesellschaft für Friedensforschung e.V. in diesem Sinne tätig. 1970 war die DGFK (Deutsche Gesellschaft für Friedens- und Konfliktforschung) gegründet worden, nachdem Dr. Gustav W. Heinemann anlässlich seiner Wahl zum Bundespräsidenten im Jahre 1969 zur Schaffung einer solchen Einrichtung zur staatlichen Förderung von Friedensforschung aufgerufen hatte. Die Satzung umriss die Aufgaben der in den 80er Jahren wieder aufgelösten Gesellschaft wie folgt (§ 2,1):

Studiengesellschaft für Friedensforschung

Die DGFK

„Aufgabe der Gesellschaft ist es, die Friedens- und Konfliktforschung zu fördern sowie zur Verbreitung des Friedensgedankens beizutragen. Die Gesellschaft entwickelt Programme zur Förderung der Friedens- und Konfliktforschung und zur Verbreitung des Friedensgedankens und unterstützt deren Durchführung durch die Bereitstellung von Mitteln."

1983 fand in Berlin eine internationale Konferenz „Wissenschaft zwischen Krieg und Frieden" statt, an der ich teilnahm. Wie viele andere habe ich den Aufruf „Verantwortung für den Frieden. Naturwissenschaftler warnen vor neuer Atomrüstung" unterzeichnet. In diesem Aufruf wurde zu einem Kongress eingeladen, der am 2. und 3. Juli 1983 in Mainz stattfand. Ich kam sehr früh morgens mit dem Nachtzug von München in Mainz an. An einem herrlichen Sommermorgen saß ich in den Anlagen und dachte über das, was geschehen sollte, nach. In dem Aufruf steht u.a.:

Aufruf „Verantwortung für den Frieden"

„Von 650 v. Chr. bis heute zählten die Historiker 1656 Versuche, durch Wettrüsten den Frieden zu bewahren. Diese führten 1640 mal zum Krieg, in den anderen Fällen zum wirtschaftlichen Ruin der Beteiligten."

An dem Kongress nahmen neben vielen anderen auch der zweifache Nobelpreisträger (Chemie 1954 und Frieden 1962) Linus Pauling sowie Victor Weisskopf aus den USA teil. Pauling hielt eine mitreißende Rede. Diese Tagung bewirkte einen wichtigen Impuls gegen die Nachrüstung. Am 23. April 1984 wurde das „Forum Naturwissenschaftler für Frieden und Abrüstung" gegründet. Es nahm kritisch Stellung zu militärpolitischen Themen in der BRD, wie der Stationierung von Pershing II Raketen und Cruise Missiles, der Entwicklung von Marschflugkörpern und atomtauglichen Panzerhaubitzen. Aus ihr ging die Zeitschrift „Wissenschaft und Frieden" hervor.

„Naturwissenschaftler für Frieden und Abrüstung"

Rüsselsheimer Friedensinitiative

Wesentliche Impulse für Abrüstung und Frieden gingen in diesen Jahren auch von der Rüsselsheimer Friedensinitiative aus. Sie war von Pfarrer Willi Göttert gegründet worden.

Es wäre interessant, all diese Initiativen und deren Material heute unter zeitgeschichtlichen Gesichtspunkten zusammenzustellen und ihre Bedeutung für die politische Entwicklung zu betrachten.
Nach der Wiedervereinigung können sich nur wenige vorstellen, wie gefährlich vorher das innerdeutsche Verhältnis war. Die innerdeutsche Grenze war Schnittpunkt zweier hochgerüsteter feindlicher Militärsysteme. Das innerdeutsche Verhältnis war dadurch ein Pulverfass, das die Welt hätte vernichten können. Ich habe aus dieser Zeit das Plakat eines amerikanischen Reisebüros, auf dem steht: *„Fahren Sie nach Europa, solange es Europa noch gibt."*

Die Ausstellung der „Arbeitsgemeinschaft Friedenspädagogik"

Im Foyer der Stadthalle in Bad Waldsee fand im Mai 1982, gefördert von der Berghof Stiftung, eine Ausstellung der Arbeitsgemeinschaft Friedenspädagogik (AGFP), mit dem Titel „Sie nennen es Frieden" statt, die ich mit folgendem Vortrag einleitete:

„Diese Ausstellung wurde von der Arbeitsgemeinschaft Friedenspädagogik in München zusammengestellt. Bei dieser Arbeitsgemeinschaft handelt es sich um eine Gruppe von Pädagogen und Künstlern, die es sich zum Ziel gesetzt haben, friedenspädagogische Inhalte an möglichst große Teile der Bevölkerung zu vermitteln. Dies geschieht: durch diese Ausstellung, durch Ton-Dia-Serien, insbesondere für Schulen, und auch durch curriculumähnliche Hefte, z.B. zum Thema „alltägliche Gewalt" oder zum Thema „Feindbilder".

Ziele der Friedenspädagogik

Was ist Friedenspädagogik? Sie ist eine Aufklärung über Strukturen und Vorgänge, die Gewalt auf verschiedenen Ebenen menschlichen Zusammenlebens fördern. Das rationale Erkennen dieser Zusammenhänge vermittelt dann die Möglichkeit, die Anwendung von Gewalt in der menschlichen Gesellschaft zu verringern. Damit sind wir bei der Frage: Warum diese Ausstellung? Diese Ausstellung hat sich zum Ziel gesetzt, die Diskussion über die Fragwürdigkeit militärischer Gewaltmittel und damit insbesondere über die derzeitige Militärpolitik anzuregen.

Grundprinzip dieser Militärpolitik ist es, in West und Ost den anderen durch militärische Stärke abzuschrecken. In dieser Weise ist ein Rüstungswettlauf entstanden, der nicht nur die Existenz der Menschheit, sondern die Existenz alles höher entwickelten Lebens auf der Erde bedroht.

Rüstungsverhandlungen führten bisher – wie wissenschaftlich nachgewiesen – nicht zur Abrüstung, sondern förderten den Rüstungswettlauf. Darüber hinaus zeigen Untersuchungen von über 600 Wettrüstungsprozessen in der Geschichte, dass nahezu alle in einem Krieg geendigt haben. Ferner zeigen derartige Untersuchungen, dass von Krieg zu Krieg in zunehmendem Maße nicht mehr die kämpfende Truppe, sondern die Zivilbevölkerung von den Kriegshandlungen betroffen war. Im Ersten Weltkrieg entfielen auf 95 Tote des Militärs 5 Zivilisten, im Zweiten Weltkrieg betrug dieses Verhältnis bereits 52 : 48, im Koreakrieg 16 : 84 und im Vietnamkrieg 8 : 92, d.h. in Vietnam wurden pro 8 Soldaten 92 Zivilisten - meist Frauen und Kinder – getötet. Bei einem Atomkrieg in Europa würden nur wenige Zivilisten überleben.

Folgen des Wettrüstens

Die Anwendung geschichtlicher Erfahrungen und derartige Extrapolationen sind selbstverständlich nicht problemlos, denn die Situation hat sich durch die Möglichkeit atomarer und chemischer Kriegsführung nicht nur in ihrem Ausmaß, sondern auch in ihrer Art verändert. Aber gerade hiervon haben die Militärs, und insbesondere die Militärpolitiker, im Regelfall keine Kenntnis genommen. So erklärte Adenauer der deutschen Bevölkerung, dass der militärische Einsatz taktischer Atomwaffen nur eine Fortentwicklung der klassischen Artillerie sei. Jede taktische Atomwaffe hat nicht nur mindestens die Sprengkraft der Bombe von Hiroschima, sondern – insbesondere auch verglichen mit den klassischen Waffen – unübersehbare genetische Folgen. In der BRD lagern derzeit etwa 5.000 taktische Atomsprengsätze. Die Erhaltung dieses Zustandes wird von Politikern als Nullösung bezeichnet. Militärs und Militärpolitiker erachten dieses Zerstörungspotential dennoch als unzureichend, obwohl bereits ein Hundertstel dieses Potentials dazu ausreicht, Zentraleuropa in eine atomverseuchte Wüste zu verwandeln. Darüber hinaus wurden auf beiden Seiten Waffen entwickelt – nämlich die atomaren Mittelstreckenraketen – deren Aggressionspotential, verglichen mit dem Verteidigungspotential, weit höher liegt als das der taktischen Atomwaffen. Auch hierin äußert sich das klassische militärische Konzept. Die Wirklichkeit wird von diesem Konzept bestimmt; dies ungeachtet dessen, dass es sich bei den uns zur Verfügung stehenden Mitteln der Vernichtung nicht mehr um Möglichkeiten zur Erhaltung oder Vergrößerung des eigenen Lebensterritoriums handelt. Vielmehr handelt es sich zwingend um

Mittel zur vollständigen Zerstörung der in Jahrmilliarden entstandenen Schöpfung hochdifferenzierten biologischen Lebens.

Alternativen zum Rüstungswettlauf

Welche Alternativen gibt es hierzu? Die Ausstellung stellt zwei wichtige Punkte zu diesem Thema vor: Zum einen die soziale Verteidigung, und zum anderen die Umstellung der Rüstungsindustrie auf Zivilprodukte. Soziale Verteidigung hat in der Vergangenheit bedeutende politische Veränderungen herbeigeführt, denken Sie hierbei z.B. an die Befreiung Indiens vom Kolonialismus durch Ghandi.

Die soziale Verteidigung ist jedoch keine hinreichende Alternative, die die Konzepte klassisch militärstrategischen Denkens und Handelns bei Militär und Militärpolitikern verdrängen kann. Konzepte, die hier erfolgversprechend sind, werden in dieser Ausstellung jedoch noch nicht gezeigt. Deshalb will ich im Folgenden diese Überlegung kurz in die Diskussion zu dieser Ausstellung einbringen. Derartige Konzepte wurden in den vergangenen Jahren von mehreren wissenschaftlichen Arbeitskreisen in der BRD, insbesondere von Alfred Mechtersheimer in Starnberg, entwickelt.

Schaffung reiner Verteidigungspotentiale

Als erster Schritt ist es unerläßlich, das militärpolitische Denken dahingehend umzuformen, dass Gleichgewichtsvorstellungen bezüglich militärischer Aggressionspotentiale für die Verteidigung eines Landes nicht nur nicht notwendig sind; sie sind vielmehr für die Bevölkerung eines Landes äußerst gefährdend. Sie führen darüber hinaus zum wirtschaftlichen Ruin, wodurch unüberschaubare innenpolitische Gefahren heraufbeschworen werden. Kurz – in einem ersten Schritt – sind die derzeitigen militärischen Potentiale durch reine Verteidigungspotentiale zu ersetzen, d.h. die NATO, und insbesondere die Bundeswehr, müssen auf eine Armee mit rein defensivem militärischen Charakter umgerüstet werden. Ein derartiger Schritt hätte weltpolitisch ungeheuren Einfluß, ohne das reale militärische Gleichgewicht in irgendeiner Weise zu verändern.

Freundbilder

Zweitens, es muß der politische Einsatz der Schaffung von Feindbildern, die ja menschliche Aggressionspotentiale aufbauen, in Ost und West geächtet werden. Die Feindbilder müssen auf beiden Seiten durch Freundbilder ersetzt werden, die gegenseitiges Vertrauen schaffen.

Atom- und chemiewaffenfreie Zonen

Drittens müssen die Atomwaffenziele in Europa, und insbesondere in der BRD, drastisch reduziert werden. Hauptsächliche Ziele sind Basen sowie Lager von Atomwaffen und chemischen Waffen, wie sie auch hier im Schwäbischen Oberland vorhanden sind. Praktisch durchführen ließe sich dies durch vertraglich festgelegte atom- und chemiewaffenfreie Zonen, die zunächst in kleinem Maßstab geschaffen und dann bis zu einer vollständigen Denuklearisierung

Europas ausgeweitet werden. Dies bedeutet langfristig einen vollständigen Abzug landstationierter Atomwaffen aus Ost- und Westeuropa. Wenn die Zahl der Ziele für Atomwaffen im ost- und westeuropäischen Raum auf diesem Weg reduziert ist, kann die Gefahr des Einsatzes von Atom- und chemischen Waffen auf Europa durch Abkommen weiter reduziert werden; Abkommen, die garantieren, dass außerhalb Europas stationierte Atomwaffen weder auf West- noch auf Osteuropa eingesetzt werden dürfen.
Es muß uns gelingen, vom klassisch militärpolitischen Denken abzukommen, denn seine Zielvorstellung – die Schaffung von Gleichgewichtspotentialen – führt zu einem Wettrüsten mit Waffensystemen, die sehr häufig keinesfalls nur Verteidigungscharakter, sondern vielmehr aggressiven Charakter haben. Gelingt dies nicht, so endet der Rüstungswettlauf langfristig nicht nur in einer vollständigen Zerstörung unseres menschlichen Lebens, sondern der vollständigen Zerstörung alles höher entwickelten Lebens. Dies kann aber von niemandem auf der Basis irgendeiner Ethik, und insbesondere nicht auf der Basis der christlichen Ethik, verantwortet werden."

Die Ausstellung fand eine gute Resonanz (siehe Artikel aus der Schwäbischen Zeitung, *Anhang 6).*

Familienereignisse

1981 sah ich mir in Haisterkirch eines Abends die Spätnachrichten im Fernsehen an. Anschließend wurde eine Diskussion zwischen Friedens- und Kriegsforschern übertragen, an der auch Dieter Senghaas teilnahm. Ein französischer Kriegsforscher aus Straßburg vertrat Ansichten, die einen dritten Weltkrieg nahezu unvermeidbar erscheinen ließen. Die in Deutschland insgesamt beunruhigende Situation veranlasste mich, so bald wie möglich mit meiner Familie in das neutrale Österreich umzuziehen, das von der amerikanischen Nachrüstung verschont war. Es musste ein Ort sein, von dem aus ich München gut erreichen konnte; damit fiel die Wahl auf Salzburg.

Eine Konsequenz der Nachrüstung

Wenig später fuhr ich dorthin, um einen Bauplatz zu suchen. Ich wohnte im Gasthaus zum Teufel nahe der Salzach. Morgens machte ich einen langen Spaziergang über den damals neuen Steg nach Parsch, wo es mir gut gefiel. Die Wahl fiel schließlich auf ein Grundstück in der Bruno-Walter-Straße.

Ein 50. und ein 90. Geburtstag

Am 17. Mai 1981 feierten wir mit Tante Frieda in Haisterkirch meinen 50. Geburtstag. Die fünfzig Kerzen auf der Geburtstagstorte wurden von den Kindern sehr bewundert. Tante Frieda lebte bei ihrer Nichte in Kreßbronn am Bodensee und besuchte uns häufig. Sie hatte es sehr leicht zu uns zu kommen, denn der Bus Lindau-Tübingen fuhr über Kreßbronn und Waldsee, wo wir sie in Empfang nahmen. Vierzehn Tage vor ihrem Tod im Jahre 1982 besuchte ich Tante Frieda mit Georg an ihrem 90. Geburtstag, den sie unbedingt noch erleben wollte. Wir verbrachten den Nachmittag mit ihr im Garten.

Geburt und Taufe von Maxim

Da die Geburt unseres dritten Kindes bevorstand, reiste ich noch schnell mit Renate nach Salzburg, um ihr den Bauplatz zu zeigen. Auf der Bahnfahrt zurück nach München wurde unser dritter Sohn recht unruhig. Er wollte in München aussteigen! Ich brachte Renate in die Universitätsfrauenklinik. Am 10. Juli 1981 gegen Mittag kam unser Ulrich Maxim nicht wie geplant in Biberach, sondern in München zur Welt. Renate lag mit einer türkischen Ärztin im Zimmer. Diese war politisch sehr versiert und ganz begeistert, als sie erfuhr, dass Maxims Grossvater in erster Ehe mit Clara Zetkin verheiratet war. Eine Woche später brachten wir Maxim zu seinen Brüdern nach Haisterkirch.

Am 25. Oktober 1981 tauften wir Maxim im Maltatal in der kleinen Evangelischen Kirche in Fischertratten. Die Zahl der Evangelischen im Maltatal ist beträchtlich, denn in dieses früher abgeschiedene Tal ist die Gegenreformation nicht vorgedrungen. Taufpaten waren Renates Freundin Angela Drukier, Ulrich Albrecht und Rudolf Miller. Nachmittags machten wir bei winterlichem Wetter einen Ausflug auf die Ochsenhütte. Johannes und Georg beseitigten die Eiszapfen, die die Wegböschungen zierten.

Skifahren in Tannheim/Tirol

Im Februar 1982 machten wir vierzehn Tage Ferien in Tannheim in Tirol, wo Johannes und Georg Skifahren lernten. Am dritten Tag konnten sie bereits sehr ordentlich hinter mir herfahren. In der zweiten Woche kamen dann auch Nollers, womit ich beim Skifahren Gesellschaft hatte. Im nächsten Jahr machten wir in Gerlos Winterferien. Die Kinder beschwerten sich dort jedoch sehr über den Unterricht, denn die Skilehrer waren, wie die meisten Kinder im Kurs, Holländer, die kaum Deutsch sprachen.

Schule

Maxim wurde im Herbst 1988 Schulkind, Georg wechselte, wie vorher Johannes, von der Grundschule in Aigen in das humanistische Gymnasium am Rainberg. Er hat jedoch, wie ich, eine mehr technische Begabung. Demzufolge verließ er das Gymnasium nach ein paar Jahren und trat in das Bundesrealgymnasium ein, wo er später die Matura machte.

Forsttagung im Maltatal

Neben der waldbaulichen Arbeit muss in unserem Forstbetrieb selbstverständlich auch die Jagd ausgeübt werden. Das Maltatal ist ein wunderschönes Gebiet für die Hochgebirgsjagd. Ich bin jedoch kein Jäger, mein Interesse galt von jeher den Bäumen.

Betriebsleiter Günter Baier mit Aron auf Gamsjagd in der Melnik

Die Motivation für mein forstwirtschaftliches Handeln legte ich anlässlich einer Forsttagung im Juni 1982, an der mehr als 30 Forstmeister teilnahmen, ausführlich dar. Ich hielt einleitend folgenden Vortrag:

Versuche mit Baumarten aus Kanada und USA

„Ich möchte Sie im Namen meiner Frau und in meinem sehr herzlich begrüßen.
Ich will Ihnen einen kurzen Einblick in die Versuche geben, die wir mit Baumarten aus Kanada und den USA durchgeführt haben. Zu diesen Versuchen geben folgende Überlegungen Anlass: Während der Eiszeit vor etwa 100 000 Jahren wurde die gesamte Hochgebirgsflora in den europäischen Alpen weitgehend ausgerottet. 100 000 Jahre sind aber für Bäume, die ja eine lange Generationsfolge haben, nur eine relativ kurze Zeit, um sich genetisch wieder an die klimatischen Verhältnisse im

Hochgebirge anzupassen. So kam es, dass sich in Europa nur drei Baumarten wieder an das Hochgebirge angepasst haben: die Zirbe, die Lärche und die Fichte.
Wie wichtig diese genetische Anpassung an das Gebirgsklima ist, werden Sie an unserem Standpunkt 8 in der Maralm heute Nachmittag sehen. Sie sehen sofort, welch katastrophale Folgen es hat, wenn genetisch nicht angepasste Fichten in Hochlagen verpflanzt werden.
Bezüglich des Einflusses der Eiszeit auf die Hochgebirgsfauna liegen die Verhältnisse in Kanada und den USA ganz anders als in Europa. Die Alpen in Europa sind ein Ost-West-Gebirgszug, während die Gebirgszüge in Kanada und den USA Nord-Süd-Gebirgszüge sind. Dies hatte nun zur Folge, dass während der Eiszeit die Bäume nach Süden ausweichen konnten. Damit blieben die an Hochlagen genetisch angepassten Baumarten weitgehend erhalten. Daher ist der Gebirgswald in Kanada und USA wesentlich artenreicher und bestimmte Arten sind besser, insbesondere besser an die Hochlagen, angepasst.

Auswirkungen der Eiszeit

Damit haben unsere Versuche, Baumarten aus diesen Gebirgszügen hier heimisch zu machen, folgende Ziele:

Ziele der Maßnahmen

1. Größerer Artenreichtum; dies bewirkt bessere Resistenz gegen Krankheiten und langfristig eine Verbesserung des Waldbodens im Vergleich zur Monokultur.
2. Sehr wichtig ist es aber auch, dass im Mischwald an sich und insbesondere durch die Einbringung anderer, besonders gut an Hochlagen angepasster Baumarten, der Holzertrag gesteigert werden kann.
3. Bietet sich die Möglichkeit, mit den an Höchstlagen angepassten Baumarten über unserer Waldgrenze biologische Lawinenverbauungsmaßnahmen vorzunehmen.

Was Standort und Klima betrifft, gingen in diese Versuche zwei Gesichtspunkte ein.

1. Bei diesen Gebirgen in Kanada und USA handelt es sich um Urgesteinsböden; damit sind die Verhältnisse ähnlich wie hier im Maltatal.

2. Das Klima: Das kanadische Küstengebirge stellt eine Klimascheide dar. Westlich dieser Linie hat man maritimes Klima mit Niederschlägen bis zu 3000 mm, östlich des Kamms wird das Klima zunehmend kontinental. Stellenweise fallen die Niederschläge am Kamm des Küstengebirges über weniger als 100 km von 2000 auf 500 mm ab. Außerdem sind diese Osthänge im Winter den eisigen Stürmen aus den weiten Ebenen Zentralkanadas ausgesetzt, die allerdings von den Rocky Mountains mehr oder weniger abgebremst werden.

Einfluss von Standort und Klima

Damit kommen für uns hier im Hochgebirge – was unsere Versuche auch bestätigt haben – nur Bäume in Frage, die an die klimatischen Verhältnisse östlich dieses Kamms des Küstengebirges angepasst sind.
Nun zu unseren Versuchen zur Artenbereicherung und Ertragssteigerung im Wirtschaftswald und im „Schutzwald im Ertrag". Hierzu kommen folgende Baumarten in Frage: In erster Linie die Douglasie, dann die Picea engelmanii, die Pinus contorta, die Abies grandis und schließlich für höhere Lagen die Abies lasiocarpa.
Zunächst zur Douglasie: Hier haben wir Versuche mit ca. 15 verschiedenen Standorten aus den genannten Gebieten durchgeführt, wobei das Saatgut aus Höhenlagen zwischen 500 und 1500 m stammt.
Folgende generellen Erfahrungen wurden hierbei gemacht:
Wie bereits erwähnt, kommen für uns hier im Hochgebirge nur Douglasienherkünfte östlich des Kamms des Küstengebirges in Frage.

Auswahl der Herkünfte

In den USA sind die Gebiete in Saatzonen eingeteilt. Anpassbar sind hier im Hochgebirge nur Bäume, dies gilt allgemein, aus Saatzonen über 600 m. Wesentlich besser geeignet sind Douglasien von Standorten aus Kanada, d.h. von nördlicheren Standorten als aus den USA.
Was die verschiedenen Arten der Douglasie betrifft, ist im Norden bevorzugt die graue „caesia", hier im mittleren Bereich z.B. im Okanogan National Forest, er liegt bereits in den USA im Staat Washington, bevorzugt die grau-grüne anwesend. Schließlich kommt mehr südlich, z.B. in Naches auch die grüne „viridis", d.h.

Douglasien-Aufforstung

die Douglasie vor, die üblicherweise im Küstenstreifen anzutreffen ist.
Die erste Douglasienart definierter Herkunft, die wir Ihnen hier in diesem eingezäunten Gelände zeigen, ist eine grau-grüne Douglasie, gezogen aus Saatgut aus dem *Okanogan National Forest*, und zwar von Osthängen. Von dieser Herkunft wurden bereits etwa 18.000 auf der großen Kahlfläche, durch die wir nachmittags fahren werden, eingebracht.
Weit interessanter ist jedoch für uns der Vergleich zweier kanadischer Douglasienarten. Beide kommen aus Lagen östlich des Kamms. Die eine Art aus *Hat Creek* von etwa 1150 m – noch nicht so kontinental – ist daher, wie Sie anschließend in diesem Kar da drüben sehen werden, für Hochgebirgsverhältnisse äußerst wüchsig und dennoch in dieser Höhenlage völlig frosthart. Die andere Art stammt aus dem kontinentalen Gebiet, aus einer Höhenlage von 1200-1500 m am *Lake Johnson*. Sie ist wenig wüchsig, aber äußerst frosthart. Wir haben diese in Höhen bis zu 1650 m mit Erfolg ausgepflanzt.
Der Vergleich der Herkünfte *Hat Creek* und *Lake Johnson* zeigt bereits an den Jungpflanzen, wie wichtig es

ist, für die jeweilige Auspflanzung den richtigen Herkunftsort auszuwählen, um einerseits Holzertrag und um andererseits klimatische Angepasstheit der Pflanzen zu optimieren. Andere sehr kontinentale Lagen, die wir mit Erfolg erprobt haben, sind Douglasien vom *Lake Adams*, dem *Shuswap Forest*, von *West Adams*, von *Arrow Hat* und *Cinema*, der nördlichsten Lage.

Nun zur *Abies grandis*. Von dieser haben wir heuer die ersten Hochlagenpflanzen, unter anderem oben in diesem Kar ausgebracht. Sie stammen vom *Stevens Pass* von etwa 1400 Höhenmeter, aus der Saatzone 622. Hier sehen Sie diese im Saat- und Verschulgarten. Außerdem werde ich Ihnen einige Pflanzen in dieser Fläche hier zeigen, die ebenfalls derzeit gesetzt werden.

Versuche mit der *Pinus contorta* haben wir mit Saatgut aus Höhenlagen zwischen 900 und 2250 Metern mit sehr gutem Erfolg durchgeführt. Diese Baumart eignet sich besonders für sehr trockene Standorte. Pflanzen aus Lagen von 1600 und 2250 m wurden bereits vor zwei Jahren in unsere Versuchsfläche auf 1750 m in sehr exponierter Lage im Moosboden ausgepflanzt und haben sich trotz der beiden strengen Winter bestens angepasst.

In eben diese Versuchsfläche haben wir auch vor zwei Jahren die Hochlagentanne *Abies lasiocarpa* eingebracht. Das Saatgut stammte von 1600 m am *McGillivrey Lake* in Kanada. Auch sie hat in dieser extremen Lage von 1750 m die beiden letzten Winter bestens überstanden.

Aufforstung in Höchstlagen

Kommen wir nun speziell zu den Pflanzen aus Höchstlagen, die für biologische Lawinenverbauung geeignet sein dürften. Hier haben wir Versuche mit der *Picea pungens* durchgeführt, und zwar mit Saatgut aus Höhenlagen von 2700 m in Colorado und von 3000 Höhenmetern aus Arizona. Diese Pflanzen haben sehr spitze, harte Nadeln und sind damit in den Hochlagen durch Gamsverbiss wenig gefährdet. Grundsätzlich haben wir mit diesen Pflanzen folgende Erfahrungen gesammelt.

Wenn diese Pflanzen hier unten im Tal herangezogen werden, so hat man sehr große Verluste durch Pilzbefall. Nachdem wir die Pflanzen in unsere sehr rauhe

Verschulfläche auf 1750 m gebracht hatten, verschwand der Pilzbefall. Werden die Jungpflanzen aus unserer Baumschule im Tal direkt in den Hochlagen gesetzt, haben sie große Anpassungsschwierigkeiten.
Aus beiden Befunden folgt, dass man diese Pflanzen auf 1600-1700 m heranziehen muss. Wir haben bereits eine große Zahl Pflanzen auf einer Höhe von etwa 2000 m in der Melnik als Lawinenverbauung eingebracht.
Zum Abschluss einige Worte zum Problem der Saatgutbeschaffung. Es ist oft schwierig, genau das gleiche Saatgut – zumindest kurzfristig – wieder zu erhalten. Mit Ausnahme der Tannen empfiehlt es sich daher, von erprobten Standorten größere Mengen Saatgut auf Vorrat zu beschaffen. Nach einem bei uns praktizierten Einfrierverfahren kann dieses über 10-15 Jahre, ohne wesentlichen Verlust der Keimfähigkeit, aufbewahrt werden.
Um später eine eigene Samenernte wohl definierter Standorte zu garantieren, setzen wir heute Pflanzen von bestimmten Standorten so weit isoliert von anderen, dass später einmal eine Ernte von genau definiertem Saatgut möglich sein wird. Eventuell kann eine eigene Samenernte auch mit der Zeit durch Pfropfen von Saatgutbäumen beschleunigt werden."

Umzug nach Salzburg

Im September 1983 musste Johannes eingeschult werden. Um einen Schulwechsel zu vermeiden, zogen wir zu diesem Termin nach Salzburg um, obwohl unser Haus noch nicht bewohnbar war. Wir hatten jedoch Glück, denn wir konnten in nächster Nähe ein unbewohntes, jedoch möbliertes Haus mieten. Zunächst fuhren Renate und Maxim mit Cornelius Plag, einem Sohn meines Schulfreundes Christoph, nach Salzburg. Ich kam mit Johannes und Georg am folgenden Tag nach. Cornelius war uns beim Umzug sehr behilflich. Er hatte notgedrungen Zeit, denn er wartete auf die Zulassung zum Medizinstudium.
Am letzten Tag machte ich mit Johannes und Georg in Haisterkirch einen großen Abschiedsausflug. Bei diesem schloss sich uns eine Miezekatze an. Wir nahmen zunächst vom Sankt Sebastian Abschied, wanderten

dann weiter nach Graben und von dort nach Osterhofen, wo uns unsere Mieze verließ. Sie wollte offenbar nach Osterhofen umziehen.
Anderntags fuhr ich mit Johannes und Georg nach Salzburg. Anfangs litten wir unter einer schrecklichen Schnakenplage. Die Summsis hatten das Haus offenbar vor uns gemietet und waren sehr ausgehungert. Mit Cornelius erkundeten wir die Umgebung unserer Behausung. Wir entdeckten den Heuberg, das Dax Lueg und schließlich das Franziskanerschlössl. Im Garten des Schlössls freundete sich Maxim mit den Stallhasen an.
Johannes besuchte, wie später auch seine Brüder, die Grundschule Abfalter. Er hatte glücklicherweise einen relativ ungefährlichen Schulweg.
Vor Weihnachten zogen wir in unsere „Baustelle" in der Bruno-Walter-Straße ein. Ein volles, anstrengendes Jahr lebten wir mit den Handwerkern. Im Garten lag der Aushub unseres Baches als hoher Berg zwischen Bach und Hütte. Für die Kinder war dies ein idealer Schlittenhügel. Im Frühjahr ließ ich den Aushub dann als Gemüseland so planieren, dass dieses ein Gefälle nach Süden bekam. Der undurchlässige, tote Boden wurde mit einer Humusschicht überdeckt. Ich pflanzte viele verschiedene Obstbäume. Leider ist der angefahrene Boden sehr schwer und tot.

Leben in der Baustelle

Die Energieferien verbrachten wir wieder mit Nollers, diesmal in Großarl. Im Juli fuhren wir für drei Wochen nach Haisterkirch und Ende August hielten wir uns traditionsgemäß zehn Tage in Ankaran auf. Johannes feierte dort seinen achten Geburtstag. Von Oma traf termingerecht sein Geburtstagspaket ein, das er mit Spannung auspackte. Einmal gab es bereits morgens ein schreckliches Gewitter; das Meer bekam weiße Wellenkämme. Ein unvorsichtiger Surfer wurde hinausgetrieben und verschwand an den gegenüberliegenden Klippen.
In Haisterkirch erlebten wir bei unserem Besuch im Juli 1984 eine schlimme Überraschung: Der Viehbestand war von 120 auf 72 Kühe geschrumpft. Wir sahen uns nach einem neuen Verwalter um, wobei uns Helmut Bugl vom Regierungspräsidium in Tübingen behilflich war. Schließlich trafen wir uns mit ihm und dem Ehepaar Erika und Wolfgang Pfeiffer in einem Gasthaus in Wurmlingen bei Tübingen. Pfeiffers bewirtschafteten einen Hof in Regensweiler am Bodensee und mussten sich verändern. Wir hatten einen sehr guten Eindruck und stellten sie sofort an. Am 1. Juli 1986 übernahmen sie die Gutsverwaltung. Es gab noch alle möglichen und unmöglichen Überraschungen, doch Pfeiffers brachten den Hof in kurzer Zeit in Ordnung. Die Familie Pfeiffer hat, zusammen mit ihrem Schwiegersohn Helmut Kibler, wichtige Verbesserungen vorgeschlagen und realisiert. Heute ist der Milchkuhbestand auf 160

Überraschung auf dem St. Georgshof

angewachsen, die Futtergrundlage konnte durch Zupacht von Flächen gesichert werden.

Unsere Verwalter auf dem St. Georgshof – vorne: Elvira und Helmut Kibler mit Simon; hinten: Erika und Wolfgang Pfeiffer (der „Boss") mit Lehrlingen

Die wissenschaftliche Arbeit

Humboldt-Stipendiaten

Im Januar 1980 hatte ein junger indischer Wissenschaftler angefragt, ob er für einige Zeit in meinem Arbeitskreis forschen könne. Er kam von der University of Michigan in Ann Arbor. Ich riet ihm, sich um ein Stipendium bei der Alexander von Humboldt-Stiftung zu bemühen. Da er, wie ich aus seinen bisherigen Arbeiten sah, sehr gut ausgewiesen war, schien mir dies Erfolg versprechend. Das Stipendium wurde bewilligt. Nach dem obligatorischen Deutschkurs am Goethe-Institut begann Jagdeesh Bandekar am 1. Juli 1981 mit seiner Forschungstätigkeit in meinem Labor. Er brachte ein sehr gutes Normalkoordinatenprogramm für die Berechnung von Molekülschwingungen mit. Da im August am Institut in

Jagdeesh Bandekar

München nicht viel geschehen konnte, lud ich ihn zunächst nach Haisterkirch ein, wo er den neu geborenen Maxim begrüßte. Wir besprachen seinen Forschungsplan. Mit Bogdan, Johannes und Georg stiegen wir auf den Schwarzen Grat.
Mit einer Verlängerung des Stipendiums war Jagdeesh Bandekar bis Ende März 1983 in meinem Arbeitskreis. Seine Berechnungen verliefen sehr erfolgreich, insbesondere konnten wir das Problem der C=O Kopplung der νC=O Schwingungen des Uracils klären. Heute lebt Jagdeesh Bandekar mit seiner Familie wieder in den USA. Er hat uns mehrmals besucht, zuletzt mit seinem ältesten Sohn Sumit, für den die Wanderung um den Fuschlsee bei Salzburg ein besonderes Erlebnis war.

Jährlicher Besuch von Bogdan

Jedes Jahr kam Bogdan Brzezinski aus Poznań zu mir. Die Mittel für seinen jeweils dreimonatigen Aufenthalt erhielt ich von der DFG. 1984 veröffentlichten wir die erste Arbeit über die Li^+ Polarisierbarkeit von Li^+ Brücken [J. Chem. Phys. **81**, 1600-1603 (1984)]. Wir konnten zeigen, dass $NLi^+\cdots N \rightleftharpoons N\cdots Li^+N$ Brücken leicht polarisierbar sind, was sich durch Kontinua im fernen Infrarotspektrum, d.h. unter 400 cm^{-1} äußert. Es waren die ersten Brücken, bei denen wir fanden, dass nicht nur die Protonen, sondern die Fluktuation und Verschiebung anderer Kationen die extrem große Polarisierbarkeit verursachen.

Neue Doktoranden

Ulrich Böhner

Ulrich Böhner war der erste Forscher, der nach Salzburg kam. Er wohnte in unserem Rohbau in meinem Büro. Dort konnten wir auch bereits dichten. 1979 hatte ich ihn in meinen Arbeitskreis aufgenommen. Er untersuchte die sehr kurzen, kräftigen Wasserstoffbrücken in der Systemfamilie Sulfonsäuren + Sauerstoffbasen. In dieser Familie liegen bei den weitgehend symmetrischen Systemen polarisierbare Wasserstoffbrücken mit breitem Einfachminimum vor. Als noch interessanter erwies sich die Systemfamilie Carbonsäure + Trimethylaminoxid. Bei ihr geht das bei niedrigen ΔpK_a Werten vorliegende breite Einfachminimumpotential mit zunehmendem ΔpK_a in ein Doppelminimum über. Wir diskutierten diese Ergebnisse auf langen Gaisberg-Wanderungen. Nach Abschluss seiner Dissertation schrieben wir mehrere Veröffentlichungen, z.B. *„Proton Potentials and Proton Polarizability in Cabroxylic Acid–Trimethylamine Oxide Hydrogen Bonds as a Function of the Donor and Acceptor Properties: IR Investigations"*, J. Phys. Chem. **90**, 964-973 (1986).
Ulrich Böhner ist seit seinem Einstieg in das Berufsleben als Patentprü-

fer für den Bereich Chemie am Deutschen Patent- und Markenamt in München tätig.

Helmut Merz

Helmut Merz untersuchte Modellsysteme für die Protontransferwasserstoffbrücken im Bakteriorhodopsin. Dieses ist ein Proteinkomplex, der über ein polarisierbares Wasserstoffbrückensystem Protonen zum aktiven Zentrum leitet. Dort werden sie bei der Phosphorylierung des ADP zu ATP benötigt. Die freie Enthalpie wird dem Protonengradienten entnommen. Wir waren an den thermodynamischen Daten dieser Prozesse interessiert. Ergänzt wurden diese Arbeiten durch die Diplomarbeit von Ulrike Tangermann. Die Untersuchungen von Merz haben ergeben, dass es sich bei den Wasserstoffbrücken im aktiven Zentrum von Bakteriorhodopsin um Brücken mit großer Protonenpolarisierbarkeit handelt. Die erste Brücke ist eine Tyrosin-Schiffbase Brücke, dann folgt eine Wasserstoffbrückenkette, die von Tyrosinen und Strukturwasser gebildet wird. Damit können in diesen Brücken die Protonen durch lokale elektrische Felder verschoben, aktiviert und dann geleitet werden, so wie dies im Rahmen des Fotozyklus beobachtet wird [J. Phys. Chem. **90**, 6535-6541 (1986) und J. Mol. Struct. **161**, 87-96 (1987)].

Helmut Merz war in den Bereichen Softwareentwicklung und Projektleitung eines Softwarehauses sowie im Informationsmanagement einer großen mittelständischen Verlagsgruppe tätig, bevor er sich als Consultant und Softwareentwickler selbständig gemacht hat.

Ulrike Burget

Die Arbeiten von Wolfgang Kristof wurden durch Ulrike Burget fortgesetzt. Sie zeigte, dass Histidin-, Lysin- und Glutaminsäure-Dihydrogenphosphat-Wasserstoffbrücken polarisierbar sind. Die Lage der Protontransfergleichgewichte hängt vom Typ der anwesenden Kationen ab. Außerdem bilden die Seitengruppen mit mehreren Dihydrogenphosphatmolekülen leicht polarisierbare Wasserstoffbrückenketten. Schließlich bilden Tyrosin und Glutaminsäure mit Hydrogenphosphat Wasserstoffbrücken mit großer Protonenpolarisierbarkeit. Diese Ergebnisse fanden ihren Niederschlag in mehreren Veröffentlichungen.

Ulrike Burget hat sich auf dem Gebiet der Qualitätssicherung für analytische Labors selbständig gemacht.

Nikolaus Leberle

Anfang September 1982 hatte sich Nikolaus Leberle zu meinem Arbeitskreis gesellt. Das Thema seiner Arbeit lautete *„Infrarotspektroskopische Untersuchung zur Protein-Phospholipid Wechselwirkung in biologischen Membranen anhand von Modellsystemen. Die Ausbildung von Wasserstoffbrücken und der Einfluss verschiedener Kationen in Abhängigkeit vom Wassergehalt"*. Er konnte neben anderem zeigen, dass sich bei O-Phospho-L-serin-P-ethylester (PSE) zwei polarisierbare Brücken ausbilden, eine intramolekulare COOH···⁻OP $\rightleftharpoons$ COO⁻···HOP und eine intermolekulare NH_3^+···⁻OP Brücke zwischen der Aminogruppe des Serinrests und der Phosphatgruppe eines benachbarten PSE Moleküls. Weiter konnte er zeigen, dass durch Kationen diese Gleichgewichte verschoben werden. Ferner untersuchte Leberle die Systeme des $(His)_n$ + PSE und $(Lys)_n$ + PSE; auch in diesen Systemen bilden sich Wasserstoffbrücken mit großer Protonenpolarisierbarkeit aus. Wir veröffentlichten unsere Ergebnisse in mehreren Publikationen, z.B. *„An Intramolecular Hydrogen Bond with Large Proton Polarizability within the Head Groups of Phosphatidylserine – an IR Investigation"* in Biophys. J. **55**, 637-648 (1989).

Nach Abschluss der Arbeit von Herbert Pfeiffer waren die Fortschritte bezüglich der Theorie weit hinter den experimentellen zurückgeblieben. In München wurden in dieser Zeit keine Studenten in Quantenchemie ausgebildet. Deshalb gab ich Ende 1983 eine Annonce in der ZEIT auf. Es meldeten sich zahlreiche Interessenten für diese theoretische Arbeit. Ich entschied mich für Michael Eckert. Er führte umfangreiche self consistent field (SCF) Berechnungen an AH···B $\rightleftharpoons$ A^-···H^+B Brücken durch. Da in der Gasphase, und dies entspricht den Verhältnissen bei der SCF-Methode, die obigen Gleichgewichte meist vollständig nach links verschoben sind, wählten wir das extreme System BrH-CH_3NH_2, d.h. ein System, das aus einer sehr starken Säure und einer starken Base besteht. Die SCF-Rechnungen ergaben ein Doppelminimumpotential. Mit diesem lösten wir wieder die Schrödinger-Gleichung für die Protonenbewegung. Es zeigte sich, dass auch heterokonjugierte AH···B $\rightleftharpoons$ A^-···H^+B Brücken mit Doppelminimumpotential große Protonenpolarisierbarkeit besitzen [J. Phys. Chem. **91**, 5170-5177 (1987)]. Ferner zeigte Eckert, dass struktursymmetrische Ketten von Wasserstoffbrücken ganz besonders große Protonenpolarisierbarkeit aufweisen. Dies untersuchte er durch Berechnungen an Carbonsäure-Wasser-Carboxylat- und Carbonsäure-Wasser-Wasser-Carboxylatsystemen. Die Ergebnisse veröffentlichten wir im J. Phys. Chem. **92**, 7016-7023 (1988). Ergänzend führte Eckert Berechnungen mit Multiminimumpotential-Modellsystemen durch, die wir im J. Mol. Struct. (Theochem.) **181**, 141-148 (1988) publizierten. Damit war die Theorie auf dem Stand unserer experimentellen Untersuchungen.

Michael Eckert

Michael Eckert hat sich im Bereich der Energieberatung selbständig gemacht. Er leitet Kurse zur Ausbildung von Architekten und Bauingenieuren zum Energieberater. Überdies gehört er dem Lehrerkollegium einer Realschule an.

Im Labor: Georg Zundel, Michael Eckert, Helmut Merz, Rudolf Lang, Ulrike Burget, Ulrike Tangermann, Nikolaus Leberle; hinten Mitte: Rainer Krämer

Rainer Krämer

Im Juni 1984 hatte sich Rainer Krämer meinem Arbeitskreis angeschlossen. Als außergewöhnlich talentierter Tüftler forschte er mit viel Erfolg. Es gelang ihm, die nichtspezifische und die spezifische Wechselwirkung der polarisierbaren Wasserstoffbrücken mit ihrer Umgebung zu separieren, was wir im J. Chem. Soc. Faraday Trans. **86**, 301-305 (1990) veröffentlichten. Der Protontransfer nimmt durch die nichtspezifischen Wechselwirkungen linear mit dem Onsagerparameter $P_0=(\varepsilon-1)/(2\varepsilon+1)$ zu, wobei ε die Dielektrizitätskonstante des Lösungsmittels ist. Stärkere Verschiebungen der Gleichgewichte rühren von spezifischen Wechselwirkungen her. Des Weiteren zeigte er, dass eine unkritische Anwendung der van t'Hoff Gleichung zu falschen thermodynamischen Daten führt [J. Chem. Soc. Faraday Trans. **88**, 1659-1664 (1992)]. Den Inhalt der letzteren Veröffentlichung diskutierte ich ausführlich mit Bogdan und Jerzy Olejnik in Poznań. Bei meiner Rückreise hatte ich einen sehr langen Aufenthalt auf dem Berliner Ostbahnhof, wo ich auf den Nachtzug nach München wartete. Im Wartesaal brachte ich große Teile dieser Dichtung aufs Papier.
Rainer Krämer entwickelt in der Firma Berghof im Bereich Products + Instruments patentreife Laborgeräte.

Ingrid Kempf

Ingrid Kempf, eine begeisterte Motorradfahrerin – sie hatte bereits die Sahara mit dem Motorrad durchquert –, kam 1985 in unseren Arbeitskreis. Sie arbeitete über die Wechselwirkung von Humanhämoglobin mit alosterischen Effektoren. Die Anlagerung des Effektors Diphosphoglyzerat an das Hämoglobin verändert die Bindungskonstante für Sauerstoff. So passt sich der Mensch an unterschiedliche Höhen an. Weiter zeigte Ingrid Kempf, dass die Wechselwirkung zwischen Diphosphoglyzerat (DPG) und Deoxihämoglobin teils elektrostatisch, teils aber auch über Wasserstoffbrücken erfolgt. Zwischen der Carboxylatgruppe des DPG und der ε-Aminogruppe des β82-Lys wird eine unsymmetrische Wasserstoffbrücke gebildet, in der das Proton am Lysinrest lokalisiert ist. Die Phosphatgruppe des DPG und die Aminogruppen der beiden β-Untereinheiten zeigen elektrostatische Wechselwirkung. Die Phosphatgruppen sind vollständig deprotoniert. Besonders wichtig ist, dass im Myoglobin wahrscheinlich eine Wasserstoffbrücke N_ε-H···O_2Fe zwischen dem distalen Histidin und dem gebundenen Sauerstoff gebildet wird.

Bewilligung FTIR-Spektrometer

Am 10. März 1985 hatte ich bei der DFG erneut einen Antrag für ein Bruker FTIR-Spektrometer gestellt (zur Vorgeschichte vgl. S. 301). Im Februar 1986 wurde er endlich bewilligt. Herr Mahnig schrieb mir hierzu im April den auf Seite S. 334 wiedergegebenen Brief.
Damit fand diese für die DFG nicht gerade ruhmreiche Geschichte endlich doch noch ein gutes Ende. In den folgenden zehn Jahren gingen aus Messungen an diesem Gerät über 130 Veröffentlichungen in internationalen Fachzeitschriften hervor. Als ich 1996 pensioniert wurde, zog das Gerät mit Franz Bartl, einem meiner letzten Mitarbeiter, an das Biophysikalische Institut der Humboldt Universität nach Berlin zu Klaus-Peter Hofmann um. Darüber später.

1988 nahm ich zwei neue Mitarbeiter in meinen Arbeitskreis auf, Thomas Keil und Nikolaus Wellner.

Thomas Keil

Thomas Keil arbeitete über *„Protonenpotentiale und Brückenschwingungen von heterokonjugierten OH···ON $\rightleftharpoons$ O^-···H^+ON Wasserstoffbrücke zwischen substituierten Phenolen und aliphatischen Mono- und di-N-Oxiden"*. Er studierte den katalytischen Mechanismus und Protonentranslokationen im aktiven Zentrum von Serinproteasen.
Thomas Keil fiel die Arbeit im Labor schwer, da ihm das Geschick zum Experimentieren fehlte. Dank der tatkräftigen Hilfe von Bogdan brachten wir ihn zur Promotion.

Nikolaus Wellner

Ganz anders verlief die Arbeit von Nikolaus Wellner. Alternativ wurden bei den Serinproteasen zwei Katalysemechanismen diskutiert, ein Protonenrelaysystem und eine Säurekatalyse. Zunächst nahm Wellner Spek-

Deutsche Forschungsgemeinschaft DFG

- Chemie 1 - Mahnig -

Postanschrift: Postfach 20 50 04, D 5300 Bonn 2
Geschäftsstelle: Bonn-Bad Godesberg, Kennedyallee 40
Teletex: 228312=dfg
Telex: 17228312=dfg
Telefon: 0228/885- 2318 oder 8851

Bitte geben Sie dieses Zeichen stets in Ihrer Antwort an:
Zu 21/29-1

Datum: 9.4.1986 Ma/Ham

Herrn Professor
Dr. Georg Zundel
Inst.f.Physikalische Chemie d.Univ.
Theresienstr. 41
8000 München 2

Sehr geehrter Herr Professor Zundel!

Nach mehreren Anläufen haben Sie im Februar endlich das Bewilligungsschreiben zu Ihrem Antrag auf ein Fourier-Transform-Spektrometer erhalten. Aus zahlreichen Gesprächen und Briefen ist Ihnen bekannt, daß diese Art von Geräten regelmäßig der Grundausstattung zugeordnet wird, so daß normalerweise die Beschaffung nur aus Landesmitteln erfolgen kann. Auch die Behandlung des jetzt bewilligten Antrages hat immer wieder Beurteilungen dieser Art ergeben. Letztlich setzte sich aber die Auffassung durch, daß es sich hier um einen etwas anders gelagerten Fall handelt, der eine andere Beurteilung zuläßt und dadurch keine Präzedenzwirkung für andere Fälle haben kann.
Es wurde für sicher gehalten, daß - insbesondere bei mehrschichtiger Benutzung - freie Kapazität am Gerät übrigbleiben werde. Sie werden daher gebeten, das Spektrometer auch anderen Gruppen zugänglich zu machen, die entsprechende Spektren für ihre Arbeiten benötigen.
Ich freue mich, daß es nun doch möglich wurde, Ihnen zu angemessenen Arbeitsmöglichkeiten zu verhelfen, und wünsche Ihrer Arbeit viel Erfolg.

Mit freundlichen Grüßen
Ihr
M. Mahnig
(M. Mahnig)

tren von Modellmolekülen auf, um zu klären, welche Banden bei den Serinproteasen Informationen liefern. Anschließend konnte er durch Auswertung seiner Differenzspektren von Pepsin minus Anhydropepsin eindeutig zeigen, dass der Mechanismus eine Säurekatalyse ist, dies im Gegensatz zu meinen Erwartungen [J. Mol. Struct. **317**, 249-259 (1994)]. Nikolaus Wellner ging nach seiner Promotion nach England, wo er in Norwich am Institute of Food Research arbeitet.

Publikationen, Vorträge und Tagungen

Lehrbuchartikel

1983 erschien das Lehrbuch „Biophysics", die englische Ausgabe der 2. Auflage des von Lohmann, Hoppe, Markel und Ziegler beim Springerverlag herausgegebenen Lehrbuchs „Biophysik". Ich aktualisierte meinen Beitrag von 1977, der jetzt den Titel *„Polar Interactions, Hydration, Proton Conduction and Conformation of Biological Systems – Infrared Results"* bekam.

Review Artikel in „Food Analysis"

1984 erhielt ich eine Anfrage von J.R. Whitaker aus Amerika, ob ich für ein Handbuch, das er mit D.W. Gruenwedel herausgab, einen Artikel über die Anwendung der Infrarotspektroskopie in der Nahrungsmitteltechnologie schreiben könne. Er versicherte mir, dass dies einfach sei, da es nur wenig Literatur gebe. Vorsichtshalber ließ ich von der Bundesforschungsanstalt für Nahrungsmitteltechnologie in Karlsruhe eine Literatur-Computeranalyse durchführen. Ich erhielt 527 Zitate aus den letzten fünf Jahren. Nach Anforderung der Arbeiten bei den Autoren – mit dem Vermerk, dass ich diese für einen Review-Artikel benötige – erhielt ich mehr als tausend Sonderdrucke und Fotokopien. Im Atelier in Haisterkirch sortierte ich diese mit meinen Mitarbeitern Ulrich Böhner, Johannes Fritsch und Helmut Merz. Jeder Mitarbeiter nahm die Sichtung der Literatur eines Teilgebietes vor. Auf dieser Basis verfasste ich den vierundsiebzig Druckseiten langen Handbuchartikel *„Infrared Spectroscopy in Food Technology"*, der 1984 im Band II des Handbuchs „Food Analysis: Principles and Techniques" bei Marcel Dekker in New York erschien.

Vorträge in Leningrad

Das Jahr 1981 war für mich ein Jahr reger Vortragstätigkeit. Die Hauptthemen waren *„Proton Translocation between Side Chains in Proteins"* und *„Large Proton Polarizability of Hydrogen Bonds, IR Continua and Proton Translocation"*. Diese Vorträge hielt ich u.a. bei Professor Denisov in Leningrad am Institut für Optik und Spektroskopie. Ich besuchte wieder das interessante Museum, in dem die Dokumente der Revolution und der Belagerung Leningrads durch die Deutschen gezeigt werden, das ich von meinem früheren Besuch her kannte. Meine russischen Kollegen hatten keine Ahnung, dass es ein derartiges Museum gibt.

Festvortrag in Cordoba

Die spanische Spektroskopische Gesellschaft (Reunion National de Espectroscopia) bat mich um den Festvortrag bei ihrer Jahrestagung in Cordoba. Angeregt hatte dies Frau J. Bellanato in Madrid, die früher sehr eng mit Professor E.D. Schmid in Freiburg zusammengearbeitet hatte. Vor der Tagung verbrachte ich einige Tage in Madrid und besuchte den Prado, wo mich insbesondere Bilder von Goya und El Greco sehr beeindruckten. Dr. Carmona, ein Mitarbeiter von Frau Bellanato, beförderte mich in einer atemberaubenden Fahrt nach Cordoba.

Ich wurde in einem sehr schönen Hotel untergebracht. Im Schwimmbad war Hochbetrieb: Dort schöpften tausende Schwalben vor ihrem Flug über die Sahara Wasser.

Meinen Vortrag leitete ich wie folgt ein:

„A large number of various systems show intense continua in the IR spectra. The same systems show intense depolarized Rayleigh scattering in the Raman spectra near the excitation line – so-called Rayleigh wings."

Den ersten Teil fasste ich kurz zusammen:

„Proton transfer processes in easily polarizable hydrogen bonds between side chains in proteins, the degree of hydration of the systems and the conformation of the backbone are usually strongly interdependent. The coupling of these processes should be of great significance for the functions of proteins with which proton transfer processes via easily polarizable hydrogen bonds occur."

Dann behandelte ich die Protonentransferprozesse in den aktiven Zentren von drei Enzymen: dem Chymotrypsin, den Aspartatproteasen und der Fettsäure-Synthetase. Abschließend diskutierte ich die Protonenaktivierung und Protonenleitung im Bakteriorhodopsinmolekül. Diesen Vortrag hielt ich später auch bei Professor Pierre Huyskens in Leuven.
Meine Rückreise von Cordoba verlief mit Hindernissen. Die Nacht brachte den ersten herbstlichen Wettereinbruch. Dadurch hatte die Maschine, die mich von Cordoba nach Madrid bringen sollte, eine sechsstündige Verspätung, sodass ich meinen Lufthansaflug nach München nicht mehr erreichte. Die Fluggesellschaft brachte mich in einem superkomfortablen Sechssternehotel unter. Als ich zu Hause in Haisterkirch anrief, erfuhr ich, dass zum zweiten Mal ein Heuturm ausgebrannt war.
Im Herbst 1981 besuchte mich Nikolai Librovich aus Moskau. Er kam aus dem Institut für Chemische Physik der Akademie der Wissenschaften, in dem ich 1964 gearbeitet hatte. Wir diskutierten ausführlich seine IR-Spektren. Nach der Rückkehr schrieb mir sein Vorgesetzter, Professor Mikhail Winnik, in dessen Abteilung ich damals tätig war:

Dear Professor Zundel
Please, accept my many, many thanks for your hospitality, for realy warm reception of D-r Librovich.
I am very thankfull to you for very usefull discussion about the interpreting of UR-spectra.
I'm very obliged for the drugs, sented by you. It helps me really.

Yours Cordially
30.XI.1981 г.
Winnik

Verantwortung der Wissenschaftler

Auf Anregung von Professor Józef Hurwic lud mich in diesem Jahr Professor Vander Donckt mit dem S. 338 wiedergegebenen Brief nach Brüssel ein, die „Lucia de Brouckère Lecture" an der Université Libre zu halten.

Józef Hurwic stammte aus Köln. Er war im Dritten Reich von seinen Eltern als Säugling weggegeben worden, um ihn vor den Nazis zu retten. So kam er nach Belgien. Er hat seine Mutter erst nach dem Krieg, als er bereits erwachsen war, wiedergesehen. Sein Vater – ein Rechtsanwalt – ist im KZ umgekommen. Hurwic war im gleichen Institut tätig wie Lucia de Brouckère, die wegen besonderer Verdienste um die Lehre in hohem Ansehen stand, weshalb diese Veranstaltungsreihe nach ihr benannt war. Beim anschließenden Bankett bekam ich den Ehrenplatz zu ihrer Rechten, auf dem ich Stunden ausharren musste. Józef Hurwic
Am folgenden Tag veranstaltete Hurwic ein sehr interessantes Seminar zum Thema „Verantwortung der Wissenschaftler". Ich hatte hierfür die folgenden Thesen als Basis für die Diskussion formuliert: Thesen

I. Every Scientist is responsible with regard to the topic of his research work. This direct responsibility

Université Libre de Bruxelles

1050 Bruxelles, le October 8, 1981.

FACULTE DES SCIENCES
Avenue F.-D. Roosevelt, 50

Service : CHIMIE ORGANIQUE

Tél. : 02/649.00.30 Ext. 3039

CONSEIL DE CHIMIE

Professor Georg ZUNDEL
Institut für Physikalische Chemie
der Universität Munchen
Theresien Strasse 41
D-8000
Munchen 2
WEST-GERMANY

Dear Professor Zundel,

As President of the Chemistry Department, I have the pleasure to invite you to present a plenary conference in our University. This conference which is to be delivered in French or in English, will be placed under the auspices of the "Fonds Lucia de Brouckère". Each year, the Chemistry Department organizes in this scope a meeting at which a well known scientist take the floor ; the preceding guests were Flory, Herzberg, Prigogine, Battersby and Parsons.

I hope you will be able to accept our invitation to present your conference at the beginning of the year 1982.

Looking forward to hearing from you,

Yours sincerely,

Prof. E. VANDER DONCKT
President

is particularly important in view of the fact that more than 50% of all scientists work in military research or research important to the military. *How can this military engagement of scientists be reduced?*

II. Responsibility with regard to the results of scientific research in general.

1. One can take the responsibility only if one has clear ideas regarding the nature of science. Thus, it is absolutely necessary that all scientists consider the kind of questions, the methods of science and the nature of results, i.e. that they are familiar with the *theory of cognition.*

2. The amount of scientific knowledge grows exponentially. Nevertheless, in a world primed by science and technology it is absolutely necessary for all people to have an all-round knowledge of science and technology. Thus, scientists must present their scientific knowledge in a way accessible to the public. *Scientists are obliged to make people aware of science and technology and their effects.* How can this be realized?

3. Our environment has already changed irreversibly and the work of many scientists aggravates this situation. Thus, a great input of scientific knowledge into environmental protection is necessary to avoid a complete breakdown of nature and society in the highly civilized regions. Scientists must elaborate necessary standards (judgement between advantages and disadvantages). *How can the influence of scientists regarding environmental protection be politically realized*? It has to be taken into account that for many scientists a conflict of interest exists.

4. Science and technology are misused for the production of means of power. Many politicians use atomic weapons for their politics of threat similar to children playing with hand-grenades.

The equilibrium of power is a metastable state.
The lifetime of such a state is limited.
How far are scientists having invented these weapons responsible?

What can be done by scientists to reduce the danger of this situation?

5. Long-term planning of natural resources is absolutely necessary.

In a few decades we are wasting the resources accumulated on earth during several hundred millions of years. These resources are the basis of our civilization.

Economic interests are the main driving forces encouraging this dangerous development, but science and technology originally enabled human beings to this exploitation of the earth.

Thus scientists are obliged to

a) take influence on political decisions to slow down this exploitation. How can such decisions be induced?

b) develop methods and techniques which use resources with smallest loss (recycling) and which use preferentially regenerative resources.

The problem which came up with technology cannot be solved by primitive but only by highly developed techniques.

Regarding the energy resources, for instance, the following should be done:

a) Energy saving by technical improvements (for instance, better insulation of houses).

b) Energy saving by economical regulations, for instance, changes in pricing and taxation (examples: the more electrical energy is used, the higher the price, in contrast to our present system; or, higher tax on petrol instead of tax on cars).

c) The conversion of energy into electrical energy must be reduced as far as possible.

d) The heat occurring with the production of electricity must be used.

e) All regenerative resources must be used.

f) In many countries the effectiveness of forestry can be improved considerably.

How can all this be politically realized?

6. In the future it cannot be tolerated that the technical development is mainly driven by economic inte-

rests. Thus, *scientists must cooperate in technology assessment*, i.e. judgement of technological developments and the consideration of the effects (judgement between advantages and disadvantages)."

Anschließend besuchte ich Pierre Huyskens in Leuven. In seinem herrlichen Garten hatte er für seine drei Söhne eine Fahrradrennstrecke angelegt. Herr Huyskens fuhr mit mir und seinem jüngsten Sohn Franzis nochmals nach Brüssel, wo er mir den schönen Marktplatz zeigte. Wir besuchten auch das Manneken Piss.

Hans-Peter Dürr

Im Wintersemester 1983/84 lud mich Professor Hans-Peter Dürr ein, an den Gesprächen zum Thema „Verantwortung in der Wissenschaft" teilzunehmen, die er regelmäßig etwa einmal im Monat in seiner Wohnung veranstaltete. Unter anderen beteiligten sich die Psychoanalytikerin Thea Bauriedl und der Astrophysiker Peter Kafka daran. In diesen Gesprächen entstand die Idee einer Vortragsreihe „Wissenschaft und Friedenssicherung" in der Universität München. Sie lief über mehrere Jahre im Auditorium Maximum. Dass die Reihe diesen Titel hatte, gefiel der Universitätsverwaltung gar nicht – Frieden, das sei doch etwas Linkes!

TEMPUS Meeting bei Bari

In Salzburg fand ich eine Einladung von Professor Sergio Papa aus Bari vor. Er beabsichtigte, im April 1984 ein TEMPUS Meeting in Fasano südlich von Bari zu veranstalten. TEMPUS ist ein EU-Programm zur Unterstützung der Hochschulreform in den Ländern Ost- und Südosteuropas sowie des Mittelmeerraumes. Es fördert die Zusammenarbeit zwischen den förderungsberechtigten Ländern und den Mitgliedstaaten der EU. Bereits einige Tage vorher fuhr ich nach Bologna und von dort mit dem Nachtzug nach Bari. Ich hatte mit Professor Papa und seinen Mitarbeitern sehr anregende Diskussionen. In einer Mittagspause ging ich in die Altstadt, um auf dem Postamt für meine Kinder Briefmarken zu kaufen, und anschließend in ein Fischrestaurant. Dort bekam ich in einer roten Sauce die besten Gambertini. An einem Nachmittag fuhr einer der Mitarbeiter Papas mit mir zum Meer und zum Castel del Monte, einer Burg, die auf einem künstlichen Hügel errichtet ist. 1240 vom Hohenstaufenkaiser Friedrich II. erbaut, gilt der achteckige Bau, an dessen Ecken jeweils ein achteckiger Turm emporragt, als das schönste Monument Apuliens. 1986 erschien Horst Sterns „Mann aus Apulien", ein Portrait Friedrich des Zweiten, das ich mit großem Interesse las.

Reise zu Sergio Papa

Sergio Papa nahm mich dann zur Tagung nach Fasano mit. Dort hielt ich einen Vortrag mit dem Titel: „*Proton Polarizability of Hydrogen Bonds and Hydrogen-Bonded Systems – Proton Conduction and Proton Activation in Biological Systems*". Diesen fasste ich wie folgt zusammen:

„In summary we can state: Polar side chains and side chains and phosphates may form hydrogen bonds and hydrogen-bonded systems with very large proton polarizability. Local electrical fields may easily shift charge via such hydrogen bonds. By such mechanisms the chemical potential of protons may be increased. Herewith, electrical field energy as well as the energy present in a proton gradient can be converted into chemical energy."

Lester Parker

Professor Lester Parker aus den USA interessierte sich bei dieser Tagung sehr für meine Ergebnisse. Er machte mit mir eine Wanderung und bat mich um einen Artikel für die von ihm herausgegebenen „Methods in Enzymology". Dieser erschien im Band **127**, 439-455 (1986).

Gordon Research Konferenzen

GRC 1984

1984 wurde ich zur Gordon Research Conference „Water and Aqueous Solutions" eingeladen, die im August von der New Hampton School in New Hampshire veranstaltet wurde. Neil. E. Gordon, ein Chemiker, veranstaltete 1931 das erste Treffen von Wissenschaftlern seines Faches in der Johns Hopkins University in Baltimore. Die Treffen fanden von da an jährlich statt. 1947 gab es bereits 10 Konferenzen pro Jahr, im Jahr 1956 wurde die gemeinnützige Körperschaft „Gordon Research Conferences" (GRC) begründet. Heute finden jährlich mehr als 50 Gordon Konferenzen zu naturwissenschaftlichen Themen statt. Gordon war ein sehr puritanischer Mann und hatte den Ausschank von Alkohol auf allen Konferenzen verboten, die seinen Namen tragen. Stephen Scheiner löste später dieses Problem bei einer von ihm organisierten GRC. Er erklärte, dass es zur Zeit Gordons noch keine Poster Sessions gegeben habe und schenkte deshalb bei der Poster Session kalifornischen Wein aus.
Vom Flughafen in Boston wurden wir mit einem Bus abgeholt. Der Tagungsort lag in einem schönen Waldgebiet, wo man herrliche Spaziergänge machen und seinen Vortrag nochmals überdenken konnte. Ich sprach über „*Solvate Structures of Hydrogen Bonded Systems and the*

Dissociation of Acids". Den Vortrag leitete ich wie folgt ein:

„When acid and base molecules are present in a system, usually the acid molecules form a hydrogen bond (I) $AH\cdots B \rightleftharpoons A^{-}\cdots H^{+}B$ (II) with the base. A necessary precondition of the dissociation of the acid is the removal of the proton from the acid group, i.e. the transfer of the proton to a base.
It is, however, known from infrared and NMR studies in the gas phase and from self consistent field calculations that these equilibria are usually shifted completely to the left if such groups are studied isolated. With the pair $HCl^{+}(CH_3)_3N$, for instance, the proton remains localized at the chloride ion. Only with such extreme pairs as $HBr^{+}(CH_3)_3N$ this complex is fairly close to the ion pair. The proton may transfer to a certain degree to the base, even if this complex is present in the gas phase. Thus, transfer of protons to the base is only observed with pairs of very strong acids and bases.
In contrast to the behavior in gas phase, in liquid phase acids dissociate. If dissociation occurs the proton is removed from the acid, and thus, first the proton transfer equilibrium is shifted to the right, caused by the interaction of this group with its environment.
The position of this proton transfer equilibrium is given by

$$\ln K_{PT} = -\frac{\Delta H^{O}}{RT} + \frac{\Delta S^{O}}{R}$$

The comparison of the behavior of these complexes in gas and in liquid phase shows that the thermodynamic quantities determining the proton transfer equilibria in solutions and in solid state should be splitted into two parts: one intrinsic part ΔH_0^{0} and ΔS_0^{0} which is determined – as shown in the following – by the acidities of the hydrogen bond donors and the basicities of the hydrogen bond acceptors, and one extrinsic part DH^0_0 and DS^0_0 which is determined by the interaction of these groupings and especially by the interaction of these hydrogen bonds with their environments.*) Thus, we obtain

$$\ln K_{PT} = -\frac{\Delta H^0_0 + \Delta H^0_I}{RT} + \frac{\Delta S^0_0 + \Delta S^0_I}{R}$$

I shall demonstrate in the following that the interaction enthalpy term ΔH^0_I is mainly responsible for the shift of this equilibrium to the right."

Ich fasste den Vortrag abschließend zusammen:

„Thus, the following molecular processes are significant for the dissociation of acids in solutions.
1. Formation of $AH \cdots B \rightleftharpoons A^- \cdots H^+B$ bonds with proton polarizability. For this equilibrium it is of particular importance that usually $\Delta G^0 > \Delta H^0$ since, herewith these bonds show already considerable proton polarizability if this equilibrium is still largely on the left-hand side.
2. The shift of the $AH \cdots B \rightleftharpoons A^- \cdots H^+B$ equilibria to the right-hand side is increased by increasing polarity of the environments. Hence, addition of more polar molecules favors this shift since the amount of the negative ΔH^0_I value increases.
3. The transfer of the positive charge from acid solvent into solvent-solvent hydrogen bonds. These $B^+H \cdots B \rightleftharpoons B \cdots H^+B$ bonds are structurally symmetrical and show considerable proton polarizability. Thus, the strong interaction of these hydrogen bonds with their environments favors the transfer of the positive charge into these hydrogen bonds.
Let us finally consider the importance of the proton polarizability for the Grotthus conductivity of acid

*) see: Georg Zundel and Johannes Fritsch: Environmental Interactions of Hydrogen Bonds Showing Large Proton Polarizability. Molecular Processes and the Thermodynamics of Acid Dissociation. J. Phys. Chem. 88, 6295-6302 (1984).

solutions. This slide shows both proton limiting structures of $H_5O_2^+$ before and after a structural diffusion step occurred. Such a step occurs when the excess proton changes its role as excess proton with one of the hydrogen atoms of the two water molecules of the $H_5O_2^+$ groups. In this way, the $H_5O_2^+$ grouping shifts within the hydrate structure network. When an outer electrical field is present, this structural diffusion occurs more frequently in the direction of the electrical field, since – caused by the large proton polarizability of this hydrogen bond – the proton limiting structure in which the proton is shifted in field direction obtains a somewhat larger weight by the electrical field favoring the structure diffusion in field direction. Thus, the field sensitive mechanism of the Grotthus conductivity is based on the large proton polarizability of the hydrogen bond in the $H_5O_2^+$ groups."

Nach der Konferenz fuhr ich mit dem Bus zum Flughafen Boston. Als wir uns dort verabschiedeten, machte mir der bedeutende Neutronenstoß-Spektroskopiker Peter A. Egelstaff ein großes Kompliment. Er meinte: „Ich habe noch nie einen Vortrag gehört, bei dem in 35 Minuten so viel Wissen verständlich vermittelt wurde." Meine sorgfältige Vorbereitung hatte sich gelohnt.

Im Januar 1985 fand die Gordon Research Conference „Proton and Membrane Reactions" in St. Barbara in Kalifornien statt. Ich hielt einen Vortrag über *„Proton Polarizability of Hydrogen Bonds and their Importance for the Functions of Biological Membranes"*. GRC 1985
Das Hotel, in dem die Konferenz veranstaltet wurde, liegt südlich von St. Barbara, direkt am Meer. Ich machte lange Spaziergänge am Strand. Am freien Tag wanderte ich über St. Barbara landeinwärts zum Missionshaus „Queen of Missions", das 1786 gegründet wurde. Auf dem Rückweg aß ich in einem mexikanischen Restaurant; das Essen war fast so scharf wie in Südindien. Über Los Angeles flog ich nach Salzburg zurück.

Ehrenmitgliedschaft in der Polish Chemical Society

Im September 1985 fand in Poznań die Jahrestagung der Polnischen Chemischen Gesellschaft statt. Bei dieser Gelegenheit wurde mir die Ehrenmitgliedschaft verliehen. Ich bedankte mich wie folgt:

„Dear Mr. President, dear Colleagues,
I thank you very much for the great honour that you have admitted me to your scientific community. I am feeling in this act your deep confidence, and I shall explain this feeling briefly.

Dankrede in Poznań

Science is universal, and the knowledge which is given by it to mankind results only from ratio. Therefore, it is independent of any boundaries and the various ideologies. The results of our science can, however, not only be used to improve the conditions of human life, but they also enable men to destroy all life developed in milliards of years on this planet. Since this big danger is known to us scientists, we have a special responsibility.
In contrast to rationally determined science, the control of the social behaviour of mankind is still mainly determined by emotions and, particularly, by an emotionally determined strive for power. The common language of science serves to improve communication. Thus, we have the duty to influence mankind in a way that decisions concerning the cooperation of different societies become more rational. This is particularly true with regard to Europe, since due to the dreadful events of the past it is divided into two parts being under different powerful influences. A survival of Europe is only possible if the dangerous emotions become reduced by rationally determined close contacts between the nations.
I understand your step to admit me to The Polish Chemical Society as a duty to do my best to improve scientific cooperation as well as human relations.
I thank you again for your confidence."

Ich hielt einen Vortrag, den ich am Ende wie folgt zusammenfasste:

„In summary we can state that hydrogen bonds and hydrogen-bonded systems with large proton polarizability may be of importance for the following functions in biological systems.
1. The reactivity of groups in active centers of enzymes can be increased.

```
2. Electrical energy can be converted into chemical
energy.
3. Charge can be conducted through hydrophobic parts
of biological membranes."
```

Tschernobyl

In Österreich gab es drei Projekte zum Schutz der Bevölkerung vor radioaktiver Strahlung. Eines davon wurde in Salzburg durch die Mönchsberggarage realisiert; sie bietet vierzigtausend Menschen Schutz. Auf meine Anregung hin verhandelte Bürgermeister Hans Koch im Maltatal mit den Behörden in Wien über ein entsprechendes Projekt für eine ländliche Gemeinde. Er war in Wien auf Gegenliebe gestoßen. In der letzten Aprilwoche 1986 fand eine Besprechung statt, zu der ich geladen wurde. So fuhr ich mit Maxim ins Maltatal. Während unseres Aufenthaltes dort geriet am 26. April einer der Reaktoren des Kernkraftwerkes in Tschernobyl in der Ukraine außer Kontrolle.

Makabre Koinzidenz

Zunächst sah ich für Westeuropa keine Gefahr, da Tschernobyl recht weit weg und außerdem im Osten, d.h. entgegen der üblichen Windrichtung liegt. Am folgenden Tag kamen jedoch gelbe Gewitterwolken auf, die ein recht außergewöhnliches Aussehen hatten. Dies war mir nicht geheuer und ich fuhr mit Maxim eilends nach Salzburg zurück.

Dort hatte ich einen Geigerzähler der Firma Berthold, den ich einige Jahre zuvor angeschafft hatte, um im Ernstfall Klarheit über mögliche Gefahren zu erhalten. Ich ging sofort in den Garten und führte Messungen durch. Am Boden ergab sich der fast unglaubliche Wert von 327 μRöntgen (vorher 9). Nach einigen Tagen erfuhr man, dass das Gros der Strahlung von radioaktivem Thallium herrührte, das eine Halbwertszeit von nur vier Tagen hat. Seine Strahlung ist daher in wenigen Wochen weitgehend verschwunden. Auch die Strahlung des radioaktiven Jod klang bis Ende Juli weitgehend ab. Hiermit blieb dann als einziger langlebiger Strahler das radioaktive Cäsium mit einer Halbwertszeit von ca. 30 Jahren übrig. All dies war zunächst einigermaßen beruhigend.

327μ Röntgen am Boden

Mit zwei Hilfskräften grub ich die oberste Schicht des Gemüselandes und des Sportrasens ab. Mit meinem Geigerzähler kontrollierte ich, wie tief die Radioaktivität eingedrungen war. Besonders in den tiefer liegenden Wegen zwischen den Beeten war sie wesentlich höher. Vom Agromarkt besorgte ich Torf, mit dem wir die untere schlechte Erde kultivierten. Im Sandkasten strahlte es wie in einem Reaktor; wir entfernten die

Holzeinfassung und den Sand. Für den Agromarkt und auch bei unseren Nachbarn führte ich entsprechende Messungen der Radioaktivität durch. Die Kinder durften natürlich nicht ins Freie, was sich als schwer realisierbar erwies. Die Radioaktivität in der Luft war bereits nach wenigen Tagen vollständig verschwunden. Auf dem Fahrrad waren die Kinder der Strahlung vom Boden etwas weniger ausgesetzt. Deshalb beschloss ich, mit ihnen einen Fahrradausflug zu machen und sie dabei, so gut wie möglich, auszuarbeiten. Wir fuhren zu dritt bis Oberndorf. Dort gab es im Gasthaus Würstchen, sicher die besten, die Johannes und Georg je gegessen hatten. Dieser Ausflug führte zum Verbrauch der überschüssigen Kräfte und damit zu einer Besänftigung.

Folgen der Radioaktivität

Ich fuhr ins Maltatal, nach München, Tübingen und Haisterkirch, um dort die Radioaktivität zu messen. Im Maltatal war diese an der Molzinger Wiese der Strahlung in Salzburg vergleichbar, im Talinneren war jedoch nur die Hälfte vorhanden. In Tübingen auf dem Berghof hatte es nicht geregnet, und damit war der Berghof frei von Radioaktivität. Nicht so in Haisterkirch; dort waren die Verhältnisse denen in Salzburg vergleichbar. Betroffen war hauptsächlich das Voralpengebiet, insbesondere alle Orte, in denen Gewitter niedergegangen waren.

Leider waren auch viele Nahrungsmittel verseucht. Kurt Bunzl vom Bundesamt für Strahlenschutz in Neuherberg bei München, den ich von unserer gemeinsamen Zeit am Schwab'schen Institut kannte, führte für mich die notwendigen Messungen von Nahrungsmitteln durch, denn ich hatte kein geeignetes Messgerät dafür. Die Milch erwies sich als stark radioaktiv belastet. Deshalb kauften wir einen großen Sack Milchpulver. Man musste sich für ein Jahr mit Milchpulver aus der Vor-Tschernobyl-Zeit begnügen, aus dem wir auch Eis für die Kinder produzierten. In Haisterkirch fütterten wir einige Kühe mit altem Futter, so hatten wir wenigsten dort frische Milch. Mit etwas Vorsicht konnte man die radioaktiven Nahrungsmittel weitgehend vermeiden. Im Laufe des Jahres normalisierte sich die Lage wieder. Bei unserem Besuch in Ankaran Anfang September zeigten meine Messungen, dass dort kein radioaktiver Niederschlag gefallen war.

Kontroverse um unsere Aufforstung im Maltatal – Erich Kubys Artikel in der „Natur"

Im April 1987 schrieb Erich Kuby in der Zeitschrift „Natur" einen ausführlichen Artikel über meine forstlichen Aktivitäten im Maltatal. Insbesondere ging er auf die Einbringung der nordamerikanischen und kanadischen Baumarten ein. Er schrieb darüber, wie sorgfältig ich die geeigneten Standorte auswählte. Hierbei kam es mir zugute, dass sich in Nordamerika und Kanada Gegenden finden lassen, die sowohl bezüglich Standort als auch bezüglich Klima den Verhältnissen in Kärnten sehr gut entsprechen. Bei uns sind die an das Hochgebirge angepassten Baumarten in der Eiszeit zu Grunde gegangen, in Amerika konnten diese jedoch nach Süden ausweichen, da es sich bei dem Küstengebirge um einen Nord-Süd-Gebirgszug handelt. Der Artikel fand reges Interesse, löste jedoch beispielsweise bei Ulrich Wotschikowski von der Wildbiologischen Gesellschaft Wutgebrüll aus. Ich nahm gegen diese Angriffe in einer ausführlichen Entgegnung Stellung. Unter anderem schrieb ich:

Protest der Wildbiologen

„Der Natur muss im Maltatal nicht auf die Sprünge geholfen werden, wie Dr. Broggi meint. Vielmehr musste in den letzten zwei Jahrzehnten versucht werden, verheerende Zerstörungen wieder auszuheilen, die von Menschenhand angerichtet worden waren. So habe ich z.B. auf 1600 Höhenmetern einen Kahlschlag von über 20 ha vorgefunden. Dort wurden 1928 über 10.000 fm (Festmeter) Zirbe geschlägert und per Seilbahn zu Tal gebracht. Kleine Teile dieser

Zirbenjungwuchs in der Maralm

Flächen waren mit nicht standortgemäßen Fichten aufgeforstet, Bäumen, die heute dahinsiechen, was sich durch Kümmerwachstum und verfrühtes Fruktifizieren anzeigt. Die Fläche wurde von mir wieder in einen Zirbenbestand umgewandelt, wobei sich an Stellen, wo die Zirbe wegen Schneeschimmel nicht hochkommt, die Abies lasiocarpa besonders bewährt hat.

In einer Zeit des rapiden Artensterbens, in der insbesondere auch der Wald bedroht ist, zeigt eine Ökologieauffassung, die sich gegen eine Mehrung der Arten mit massiven Emotionen wehrt, eine geistige Spaltung im Denken derjenigen Ökologen, die eine solche Auffassung vertreten.

Mehrung der Artenvielfalt

Darüber hinaus erinnert einen die stark emotionale Ablehnung aller fremden Arten, ebenso wie der Stil einiger Beiträge, an eine Zeit, in der Folgendes geschrieben wurde:

‚Leider wissen wir aber nun, dass vom rein gesundheitlichen Standpunkt betrachtet manche Erbmasse als durchaus gesund zu bezeichnen ist, die wir aber für den Fortbestand unseres Volkes trotzdem nicht wünschen oder brauchen können, weil sie dem Wesen des deutschen Volkes fremd und nicht arteigen ist.' (Aus: W. Darré, Reichsminister für Ernährung, Vortrag „Das Zuchtziel des deutschen Volkes", 1.07.1931)

Wenn den Herren alles Fremde so verhasst ist, frägt man sich, essen die Herren von der Wildbiologischen Gesellschaft z.B. Kartoffeln, Tomaten oder Sellerie? Alle diese Pflanzen sind in Deutschland Exoten.

Meine Kritiker mache ich darauf aufmerksam, dass ihren Vorwürfen der Naturverfälschung, des Machbarkeitswahns, der Profitgier, der verengten Sicht des Naturwissenschaftlers und der Umweltkriminalität jede Grundlage fehlt.

Abschließend sei angemerkt, dass meine Versuche bei Fachleuten größtes Interesse gefunden haben und finden. Dies äußert sich in zahlreichen Forstexkursionen und Besuchen prominenter Forstleute. Auch hat der Artikel in der NATUR bei anderen Lesern reges Interesse und konstruktive Resonanz gefunden."

Auch von Reiner Steinweg bekam ich Schützenhilfe:

„Im Übrigen erinnern diese Leserbriefe in Diktion und Argumentation fatal an jene Zeit, als die 'Reinerhaltung der Art' um jeden Preis oberstes Ziel war. Da mit Rassismus auf der gesellschaftlichen Ebene wenig 'Staat' zu machen ist, erscheint er jetzt im baumbiologischem Gewand."

Der Sturm hat sich bald gelegt, und die Bäume wachsen friedlich.

Vortragsreisen nach Japan, Israel, Italien und in die Ukraine

Japan

Professor Norio Ise hatte mich zu einem Vortrag anlässlich der 19. Yamada Konferenz nach Kyoto eingeladen. Ich kannte ihn, da er mich in München besucht hatte, wo ich ihm neben allen Sehenswürdigkeiten auch das weltberühmte Hofbräuhaus, insbesondere die Schwemme, zeigte.

Vor der Reise

In den Sommerferien vor meiner Japanreise fuhren wir wieder für zehn Tage nach Ankaran. Morgens präparierte ich am Steg meine Vorträge für die bevorstehende Reise, mit den Kindern sammelte ich Muscheln und Schnecken. Nachts, wenn ich mit gutem Schlummertrunk vor unserem Häuschen saß, hörte ich das schallende Geräusch, das das Eintreiben der Piloten beim Bau des neuen Hafens von Koper verursachte. Im Herbst 1987 beendete Johannes die Grundschule in Aigen und trat in das Akademische Gymnasium am Rainberg ein. Am Tag vor meinem Abflug nach Japan radelte ich mit ihm und Georg in die Stadt. Es war schon sehr herbstlich. Wir kauften Maroni und aßen diese auf der Bank bei der Staatsbrücke.
Als ich in Hamburg in das Großraumflugzeug umstieg, waren die Plätze überwiegend von Japanern besetzt. Trotz meines schlechten Platzes war der lange Flug über den Pol sehr eindrucksvoll, denn wir flogen mit der Sonne; diese ging sieben Stunden lang links von der Maschine unter. Beim Flug über die riesige Eiswüste Grönlands dachte ich an den bedeutenden Grönlandforscher Paul Wegener, der irgendwo in dieser Wüste ruht.

Osaka

Am selben Abend flog ich noch von Tokyo nach Osaka weiter, wo mich Shinji Tomoda, den ich von einer Tagung in Polen kannte, in Empfang nahm. Am nächsten Tag besuchte ich das Institut von Professor Keiji Kuwata, in dem Tomoda arbeitete. Ich aß mit den beiden Herren zu Mittag ein delikates japanisches Essen, sie mit Messer und Gabel möglichst europäisch, ich mit Stäbchen. Am späten Nachmittag hielt ich am Institut meinen Vortrag.

Nara

Tags darauf besuchte ich Nara, das über tausend Jahre Kaiserstadt gewesen war und damit die Geschichte dieser Zeit vermittelt. Nara ist nicht sehr weit von Osaka entfernt. Man erreicht es mit dem Zug, wobei man aber zweimal umsteigen muss. Im Hinblick auf die für mich unentzifferbaren japanischen Schriftzeichen hatte ich einige Bedenken, es ging aber alles gut. Zu Mittag aß ich an einem Stand eine Art Nudelsuppe, zuerst die Nudeln mit Stäbchen, dann trank ich die Soße, so schaute ich es den andern ab.

Kyoto

Mit dem Zug fuhr ich nach Kyoto, wo ich auf der Yamada Konferenz meinen Vortrag *„Molecular Processes with Dissociation and Solvate Structures of Acids"* hielt. In Kyoto gibt es ungezählte Tempel, in denen die buddhistischen Gottesdienste stattfinden. Der Gesang der Mönche schaffte eine feierliche Atmosphäre. Einmal kam ich zu einem Tanzfest von Kindern; die Eltern waren sehr stolz, wenn ihr Nachwuchs bei seinem Auftritt gut war. Zu Mittag aß ich in einem hervorragenden Restaurant. Es gab ein abwechslungsreiches Menü, von jeder Speise aber nur einige Bissen, bisweilen nur ein schmackhaftes Blatt. Das Ganze wurde in einer sogenannten Picknickbox serviert, die – da aus Plastik – nicht sehr japanisch wirkte.

Ich wohnte in einem traditionellen japanischen Hotel: Am Eingang zieht man die Schuhe aus, alle Gänge und Räume sind mit Matten ausgelegt, die Zimmer sind unmöbliert, dies bis auf ein kleines Schminkkästchen. Abends wird das Bett aus einem Wandschrank herausgeholt und auf dem Boden ausgebreitet. Beim Restaurant befindet sich ein Gärtchen mit gestutzten Bonsaibäumchen und einem kleinen Teich mit roten Fischen.

Wegen der Verständigungsschwierigkeiten nahm ich an einer geführten Tour teil. Derartige Touren sind idiotensicher organisiert. Morgens wurde ich mit dem Auto vom Hotel abgeholt. Mit dem Zug ging es zum Meer. Auf dem Weg dorthin sahen wir eine riesige goldene Buddhastatue. Am Meer angekommen, besuchten wir zuerst Perlentaucherinnen, die uns ihre Kunst vorführten, wobei es erstaunlich ist, wie lange sie unter Wasser bleiben können. Nach einem ausführlichen Meeresmittagessen zeigte man uns, wie die Kunstperlen gewonnen werden: Es wird ein kleines Sandkorn zwischen Haut und Muschelschale geschoben. Die Muschel umhüllt dieses mit Perlmutter, und so entsteht die Kunstperle. Die Muscheln werden hierzu in große, gut durchströmte Gestelle gebracht.

Tokio

Von Kyoto fuhr ich mit dem Superexpresszug nach Tokio, wo ich abends im Hauptbahnhof ankam. Der Bahnhof für die Superexpresszüge ist auf Stelzen über dem alten Bahnhof errichtet. Ich hatte ein Zimmer im Green Hotel reservieren lassen. Bei der Bahnhofs-Information sprach niemand Englisch. Nach mehreren Anläufen fand ich einen Herrn, der Englisch verstand und mir behilflich sein konnte. Es stellte sich heraus, dass es in Tokio drei Green Hotels gibt. Ich nahm an, dass es sich bei meinem um dasjenige in der Nähe des Bahnhofs handelte. Da kein Taxi auftreibbar war, wanderte ich mit meinem schweren Gepäck dorthin.

Im Westen von Tokio, in Kiren, befindet sich ein großes Forschungszentrum mit vielen Instituten. Ich hatte mich dort bei den Professoren Ikegami und Kinosita angemeldet. Somit fuhr ich am nächsten Morgen mit den öffentlichen Verkehrsmitteln nach Kiren. Gleich bei meiner Ankunft wurde ich von einem japanischen Kollegen auf Deutsch angesprochen. Er brachte mich zum gewünschten Institut. Wir diskutierten den ganzen Tag. Am späten Nachmittag hielt ich meinen Vortrag.
Anschließend luden mich die beiden Kollegen in eine Fischbar ein. Ich musste mich dort durch das ganze Sortiment roher Fische durchessen, was mir mit Hilfe großer Mengen Sake gelang. Die Krönung des Ganzen war ein roher Krabbenschwanz, der im Mund noch zappelte. Spät abends kehrte ich, nachdem ich mir noch an einem Automaten zur Beruhigung ein Bier beschafft hatte, ins Hotel zurück.
Am nächsten Tag sah ich mich in Tokio um, insbesondere besuchte ich den Kaiserpalast mit seinem schönen Garten. Bei meiner Rückfahrt nach Osaka hatte ich einen herrlichen Blick auf den Fujiyama. Von Osaka flog ich über Tokio nach Deutschland zurück.

Israel

Das Ehepaar Pullman lud mich im Jahr 1988 zum 21. Jerusalem Symposium nach Israel ein. Ich hielt dort einen Vortrag mit dem Titel: *„Hydrogen bonded systems as proton wires formed by side chains of proteins and by side chains and phosphates"*. Ich versuchte, wie auch in den weiteren Vorträgen des Jahres 1988, unsere Ergebnisse, insbesondere diejenigen von Helmut Merz, Ulrike Burget und Michael Eckert, möglichst weit zu verbreiten.

21. Jerusalem Symposium

Wieder besuchte ich das Weizmann Institut in Rehovot und wohnte in dem schönen Gästehaus. Im Institut von Professor I. R. Miller trug ich über die Protonenpolarisierbarkeit und deren Rolle in der Biologie vor. Früh morgens wurde ich zum Flughafen gebracht. Man musste für die sorgfältigen Kontrollen zwei Stunden vor dem Abflug anwesend sein.

Italien

Seit Jahren war ich in Kontakt mit Ugo Palma von der Universität Palermo, da unsere Arbeitsgebiete sich berührten. Er und seine Frau Beatrice, ebenfalls Physikerin, hatten uns im Sommer 1987 auf der Durchreise zu einer Tagung in der Tschechoslowakei besucht. Im Herbst 1988 folgte ich der Einladung nach Palermo.

Sizilien

Ugo Palma holte mich abends mit dem Auto vom Flughafen bei Catania ab. In einer superrasanten Fahrt katapultierte er mich durch Sizilien zu seiner Almhütte hoch oben in den Bergen. Wenig unter dem Gipfel hatte er diese im Stil der Hirten erbaut. Diese Hütten sind aus Stein gemauert und bestehen aus zahlreichen unabhängigen Räumen, denn immer dann, wenn eine Notwendigkeit besteht und die Mittel vorhanden sind, wird wieder ein Raum angebaut. Morgens gingen wir mit Palmas Sohn auf Stachelschweinjagd. Auf dem Weg nach Palermo machten wir in dem Gebirgsdorf Halt, aus dem Professor Palma stammt. Wir besuchten dort seine Mutter, die in einem großen, an den Berg geklebten Palazzo lebte. Wenn man das Haus betritt, steht man vor einer breiten, sehr langen und steilen Treppe, die zu den Wohnräumen hinaufführt. Besonders beeindruckt hat mich die große Küche mit fünf Kochstellen.

Palermo

In Palermo wohnte ich in einem schönen alten Hotel, in dem schon Goethe gewohnt hat. Man sagte mir, ich sei dort ganz sicher, da es im Besitz der Mafia sei. Die Rolle der Mafia ist unvorstellbar. Ich erfuhr, dass im II. Weltkrieg die Landung der Alliierten auf Sizilien von der Mafia organisiert wurde. Man riet mir, auf der Straße meine Aktentasche stets auf der straßenabgewandten Seite zu tragen, da mir diese andernfalls leicht von einem der zahlreichen Mopedfahrer entrissen werden könne.

Ugo Palma hat in Palermo den Lehrstuhl für Physik inne, seine Frau den für Angewandte Physik. Ich hielt zwei Vorträge, die reges Interesse fanden. Wie in Kiew und Lvov sprach ich über: *„The Importance of the Proton Polarizability of Hydrogen Bonds for the Molecular Processes with Dissociation of Acids and the Solvate Structures in Acid Solutions"* und über *„Proton Transfer and Proton Polarizability of Hydrogen Bonds – IR and Theoretical Studies Regarding the Function of Biological Systems"*. Ich besuchte noch die eindrucksvolle maurische Festung Monreale, etwa 10 km südlich von Palermo. Tags darauf fuhr ich mit dem Bus nach Catania, von wo ich zurückflog.

Ukraine

Ebenfalls im Herbst 1988 flog ich auf Einladung der Ukrainischen Akademie der Wissenschaften zu Dr. Eugene Kryachko nach Kiew. Am großen Institut für Theoretische Physik der Akademie hielt ich zwei Vorträge. Dort lernte ich den berühmten Solitonenforscher Professor A.S. Davydov kennen, der mir von seinem Buch „Solitons in Molecular Systems" bekannt war. Er schenkte mir ein Exemplar der neuen Ausgabe von 1988

Kiew 1988

mit persönlicher Widmung. Ich wohnte im Hotel Kiiw, das auf dem Dnjeper-Hochufer unmittelbar gegenüber dem Sitz der ukrainischen Regierung liegt. An einem herrlichen Herbstsonntag wanderte ich auf dem bewaldeten Hochufer bis zu einem großzügig angelegten Park. In diesem steht eine mit Sockel nahezu hundert Meter hohe Statue des Mütterchens Russland. Sie schaut nach Südosten. Kommt man vom Flughafen, so ist dies das Erste, was man von Kiew erblickt. Wandert man vom Hotel in die andere Richtung, so kommt man zur Statue des heiligen Wladimir. Er hat als erster in der Ukraine das Christentum gepredigt.

Unterhalb des Hotels liegt der Kristalik, die Hauptstraße Kiews. Steigt man zum Dnjeper hinunter, so kommt man am Haus des Schriftstellers Bulgakow (Verfasser des Romans: „Der Meister und Margarita") vorbei zum Künstlerviertel Kiews.

Auf der Rückreise besuchte ich Professor I. R. Yukhnovskij in Lvov. Dort hielt ich meinen Vortrag über die Rolle der Protonenpolarisierbarkeit bei elektrochemischen Vorgängen. Auch bei diesem zweiten Besuch in Lvov stieg ich wieder auf den Hausberg. Mit dem Nachtzug fuhr ich über Budapest zurück nach Salzburg, wo ich um vier Uhr nachmittags ankam.

Lvov

1989 reiste ich (unmittelbar nach dem 43. Bunsenkolloquium im Kleinen Walsertal, das von Hans-Heinrich Limbach veranstaltet wurde) erneut nach Kiew zum „Meeting on Liquid Properties in Thin Layers", wo ich ebenfalls einen Vortrag hielt, denn polarisierbare Wasserstoffbrücken spielen in dünnen Schichten eine große Rolle.

Tagung in Kiew 1989

Mit dem Nachtzug fuhr ich weiter nach Charkow. Dort hielt ich im Institut von Professor Yuri Blagoi an einem Nachmittag mehrere Vorträge. Zu meinem Empfang kochte Professor Blagoi im Institut und packte mir die Reste ein, denn es war schwierig, an Essen zu kommen. In den Instituten und Hotels war es kalt, an heißes Wasser war nicht zu denken. Von Charkow flog ich nach Moskau und von dort über Wien zurück nach Salzburg.

Charkow

In Moskau liegt der Inlandsflughafen Wnukowo am südlichen und der Internationale Flughafen Scheremetjewo am nördlichen Ende der Stadt. Glücklicherweise konnte ich Nikolai Librovich mobilisieren. Sein Schwiegersohn besaß, wie ich wusste, ein Auto. Librovich hatte mir früher erzählt, wie sie damit zu seiner geliebten Entenjagd fuhren. Mit diesem Auto transportierte er mich quer durch Moskau. Bei sich zu Hause machte er mich mit seiner Frau bekannt, die eine staatlich anerkannte Künstlerin ist und damit vom Staat ein Gehalt bekommt. Frau Librovich zeigte mir ihre Gemälde, die in der Mehrzahl sozialkritische Inhalte hatten. Ich erinnere mich besonders an ein Bild, das sehr kleine Bauernkaten zeigte, im Hintergrund ein mächtiges Kloster.

Fehldiagnose mit Folgen

Bereits beim Umsteigen in Schwechat hatte ich beträchtliche Schwierigkeiten. Ich konnte nur mit Mühe gehen. Am nächsten Tag suchte ich in Salzburg die Orthopädische Klinik auf, wo ich anderntags wegen eines angeblichen Meniskusdefekts operiert wurde. Bei der Operation zeigte es sich, dass an meinem Meniskus alles in bester Ordnung war. Der Operateur meinte nachher, er habe möglichst viel weggeschnitten. In der Folge hatte ich massive Beschwerden. Die eingehende Untersuchung ergab, dass ich zufolge einer Osmonekrose im Kugelgelenk ein tiefes, trichterförmiges Loch hatte. Dies war die Folge mangelhafter Durchblutung, da bei der Operation zu viele Gefäße zerstört worden waren. Die Ärzte eröffneten mir, dass ich mich in Zukunft bestenfalls noch mit Krükken im Haus bewegen könne, sie könnten nichts machen.
Ich beschloss daher, die Sache selbst in die Hand zu nehmen. Über Monate schluckte ich Unmengen Calcium und massierte mein Knie zweimal täglich gründlich mit der Kräutersalbe Arthrodynat. Gut zwei Jahre dauerte es, bis ich wieder schmerzfrei war, wobei sich ausgiebiges Schwimmen als die beste Therapie erwies.

Ein EU-Kooperationsprojekt – Stephanos Pnevmatikos

1988 hatte mich Peter L. Christiansen von der Technischen Universität Dänemark aus Lyngby angerufen. Er eröffnete mir, dass ich auf Samos einen Vortrag halten solle. Es stellte sich heraus, dass dies sofort, d.h. in den nächsten Tagen, geschehen müsse, ich war als Partner für das EU-Kooperationsprojekt *„Properties in Non-Linear Condensed Matter Physics"* vorgesehen. Das Projekt lief über die Abteilung MIDIT (Modelling, Nonlinear Dynamics and Irreversible Thermodynamics) der TU Dänemark, die Projektverantwortung lag bei Peter L. Christiansen. Weitere Partner waren Giorgio Careri aus Rom und Stephanos Pnevmatikos aus Heraklion, Kreta. Christiansen pries mir die Schönheit von Samos an. Ich war jedoch nicht hinreichend beweglich, um von einem Tag zum anderen von Haisterkirch nach Samos zu reisen, und so versprach ich, ihn in Lyngby zu besuchen, um Näheres zu besprechen.

Kreta

Im April 1989 flog ich nach Kreta zu Pnevmatikos, um mit ihm unsere Zusammenarbeit im Rahmen des EU-Projekts abzuklären. Ich hielt einen Vortrag über die theoretischen Grundlagen der Protonenpolarisierbarkeit. Pnevmatikos lud mich zu sich nach Hause ein, wo ich seine Frau und seinen kleinen Sohn kennen lernte; ein zweites Kind war unterwegs.

Auch Giorgio Careri musste ich wegen unserer Zusammenarbeit aufsuchen. Ich hielt an der römischen Universität „La Sapienza" einen Vortrag über *„Proton transfer and proton polarizability of hydrogen bonds"*. Als Reisebegleiter nahm ich Johannes mit. Careri brachte uns etwas abseits in einer sehr finsteren, dafür aber billigen Pension unter. Wir besuchten das Forum Romanum, das Kapitol und andere Sehenswürdigkeiten. Johannes war von Rom begeistert. Als es einmal ein wenig tröpfelte, sang er auf der Straße „Raindrops keep falling on my head ...".

Rom

Bei der Abreise mussten wir, um rechtzeitig zum Omnibusbahnhof zu kommen, sehr früh aufbrechen. Wir wanderten auf den noch unbelebten Straßen zum Busbahnhof. Auf dem Rückflug hatten wir einen herrlichen Blick auf die Insel Elba. Die Piloten erlaubten Johannes und mir, in das Cockpit zu kommen, auch bei der Landung in München.

Die erste Tagung im Rahmen dieses EU-Projektes fand im August 1989 in Lyngby statt.

Im April 1990 flog ich, erneut mit Johannes, wieder zu einem „MIDIT-Meeting" nach Heraklion. Ich hielt dort einen Vortrag mit dem Titel: *„Hydrogen Bonds With Large Proton Polarizability – Their Behaviour in the Far Infrared Spectra"*. Wir wohnten im Hotel Leto, von welchem man einen umfassenden Blick auf den Hafen hat. Drei Katzen im Hafenrestaurant – eine mit nur halbem Schwanz – halfen uns, die Fische vollständig zu vertilgen. Nach einem Besuch der Ruinen von Knossos mieteten wir ein kleines Auto. Wir fuhren nach Osten zum Palmenstrand von Vai und dann der Südküste entlang. Kurz vor Ierapetra entdeckten wir ein Bungalowdorf, Coriva Village, das durch seine üppige Bepflanzung einen sehr schönen Eindruck machte. Vom Kiesstrand aus hatte man in Richtung Land den Blick auf die Berge Kretas. Alles gefiel uns sehr gut und wir beschlossen, für den Sommer dort ein Häuschen zu mieten.

Heraklion

Von Coriva Village fuhren wir nach Matala, einer kleinen sandigen Bucht, die im Norden von einer Felswand mit vielen Höhlen begrenzt ist, die zeitweilig von den Hippies bewohnt gewesen waren. Zurück ging es über Heraklion nach München.

Ermordung von Stephanos Pnevmatikos

Im November 1990 erreichte uns die Nachricht, dass Professor Stephanos Pnevmatikos in der Universität Heraklion ermordet wurde. Ein Student, der erst wenige Tage zuvor aus dem Militär entlassen worden war, ging kurz hinaus, kam mit seinem Gewehr zurück und schoss auf Professoren und Studenten. Pnevmatikos und ein Kollege waren sofort tot, mehrere Personen wurden schwer verletzt.

Zum Gedenken an die Ermordeten fand im April 1991 in Heraklion ein „NATO Advanced Research Workshop on Proton Transfer in Hydrogen-Bonded Systems" statt. Ich nahm mit Eugene Kryachko an diesem teil und hielt einen Vortrag mit dem Titel *„Proton Polarizability of Hydrogen-Bonded Systems Due to Collective Proton Motion"*.

Lyngby/ Dänemark

Im Sommer 1992 sprach ich in Lyngby über die Protonenpumpe und den Leitungsmechanismus im Bakeriorhodopsin. Dazu nahm ich Georg mit. Am Abend machten wir eine weite Wanderung zu einem Wildreservat. Wir besuchten Kopenhagen und das etwa 40 km westlich gelegene Roskilde. Dort besichtigten wir das Museum mit eindrucksvollen Wikingerbooten. Konserviert durch den Seeschlick, waren die Boote sehr gut erhalten.

1998 erschien im Verlag DuMont der Roman von Jorgi Jatromanolakis „Bericht von einem vorbestimmten Mord". Der kretische Autor, Professor für Philologie, hat das Drama um die Vorkommnise an der Universität Heraklion als Vorlage für seine Erzählung gewählt.

Film über meinen Vater

1989 gab es ein mir besonders wichtiges Ereignis. Franziska Specht vom Süddeutschen Rundfunk Stuttgart nahm Kontakt mit mir auf, denn sie beabsichtigte, über meinen Vater einen Film zu drehen. Ich wurde gebeten, das Leben meines Vaters in diesem Film vorzustellen. Gedreht wurde in Wiernsheim, in Stuttgart-Sillenbuch, in Pallanza, auf dem Berghof in Tübingen und in Salzburg.

Ich sprach in diesem Film über das Leben meines Vaters und versuchte, seine Weltanschauung, die ja sein Leben und insbesondere sein künstlerisches Schaffen wesentlich bestimmt hat, verständlich zu machen, wie im Kapitel „Herkunft" beschrieben.

Besonders fielen den Filmleuten natürlich die beiden Löwen am Eingangstor zum Berghof auf. Diese weisen auf meines Vaters Herkunft vom Gasthaus zum Löwen in Wiernsheim hin. An den Pfeilern unter den Löwen stehen die Begriffspaare „Arbeit – Freiheit" und „Wissen – Glaube". Mein Vater sah es aus seiner Weltanschauung heraus für die menschliche Gesellschaft als sehr wichtig an, dass Arbeit und Freiheit ebenso wie Wissen und Glaube in einem Gleichgewicht stehen.

Der Film wurde am 18. Oktober 1990 im Programm des Süddeutschen Rundfunks gezeigt.

Die 90er Jahre bis zur Pensionierung

Die Wiederbegegnung mit Griechenland

Die Vorstellung des Massentourismus in Griechenland hielt mich all die Jahre seit meiner Abiturreise im Jahr 1952 davon ab, dieses schöne Land wieder zu besuchen. Vorstöße seitens der Kinder wehrte ich hartnäckig mit diesem Argument ab, denn meine Erinnerungen wollte ich mir nicht zerstören lassen.
Nun aber, bedingt durch das EU-Kooperationsprojekt (siehe S. 356), hatte mich die Wissenschaft dorthin gerufen, und diesem Ruf konnte ich mich nicht verschließen. Dabei entdeckte ich, dass Griechenland auch heute noch eine Reise wert ist. Außerdem würde das Schwimmen im Meer gut für mein lädiertes Knie sein.

Die erste Reise mit Familie

Kalambaka

Am 29. Juli 1990 reisten wir also mit Kind und Kegel über Kärnten nach Triest, wo wir uns abends einschifften. Am nächsten Abend, es war schon dunkel, erreichten wir Igoumenitsa. Eines der Autofenster ließ sich nicht schließen – Georg behob den Schaden mit Bravour. Wir verbrachten die Nacht in einem Hotel am Hafen. Weiter ging es über den eindrucksvollen Katarapass, der oben sogar etwas bewaldet ist, nach Kalambaka. Hier war unsere Bleibe das Hotel Edelweiß (!). Bei Kalambaka erheben sich steile Felsklötze, auf denen während der Türkenzeit Fluchtklöster errichtet wurden, die berühmten Meteora-Klöster. Ein Freund meines Vaters, Herr Gutbrod, besuchte diese in den zwanziger Jahren und wurde noch in einem Korb hochgezogen. Heute sind in die Felsen steile Treppen geschlagen, auf denen man die Klöster erreicht.

Delphi

An den Thermophylen vorbei, durch die ölbaumbewachsene Ebene von Ithea, erreichten wir Delphi, wo wir das Heiligtum und den Rundtempel besuchten. In dem oberhalb des Heiligtums gelegenen Stadion machten Johannes und Georg einen Wettlauf.

Athen

Von Delphi fuhren wir nach Athen. Am Weg besichtigten wir das prächtige Kloster Hosios Lukas und den Löwen von Chaironea, der an die dort stattgefundene Schlacht erinnert. In Athen blieben wir drei Tage. Wir besuchten das kleine Kloster Kaisariani am Fuß des Hymettos. Der trompetende Esel hatte sich in der Zwischenzeit in den Eselhimmel zurückgezogen, sonst war noch alles wie früher, dies im Gegensatz zu unserem anderen Zeltplatz im Jahre 1952, dem Strand von Eleusis, an dem ein Hafen und eine riesige Ölraffinerie errichtet worden sind. Wir besuchten auch das Kap Sunion, zu dem heute eine breite Straße führt. Sowohl das Akropolismuseum als auch das Nationalmuseum beherbergen die im Krieg nicht zerstörten Schätze des alten Griechenland. Auf dem Rückweg vom Nationalmuseum, Renate war mit den Kindern schon vorausgegangen, wurde ich von einem Griechen zum Kaffee eingeladen. Ich deutete dies als griechische Gastfreundschaft, doch dieser Herr war offenbar Zuhälter und schleppte mich in ein Bordell mit zwei Grazien. Die eine war sehr hübsch. Ich konnte mich nur mit Brachialgewalt befreien.

Im Piräus schifften wir uns nach Kreta ein. Der Verladevorgang war chaotisch. Während Renate und die Kinder eine Kajüte hatten, verbrachte ich die sternenklare Nacht im Schlafsack an Deck. Unangenehm war nur, dass die Lichter erst sehr spät abgeschaltet wurden. Am nächsten Morgen, dem 28. Juli, kamen wir in Heraklion an und fuhren gleich weiter nach Nafplion. An einem Meeresarm, der sich in den Ort erstreckt, frühstückten wir und erreichten gegen Mittag Coriva Village, wo wir unser Häuschen bezogen, das für die nächsten zwei Wochen unsere Bleibe war. Ich schwamm täglich mindestens vier Stunden im herrlichen Meer mit Blick auf die Berge Kretas.

Coriva Village

Einmal gab es große Aufregung bei den Strandbewohnern. Ich entdeckte als Ursache, dass sich Johannes und Georg alleine mit unserem Kanu ins Meer hinausgewagt hatten, was durch den vom Land wehenden Wind sehr gefährlich war. Meine Rettungsaktion war erfolgreich.

Vai

Einen Tag verbrachten wir am Palmenstrand von Vai. Auf dem Rückweg aßen wir in einer Dorfkneipe mit schönem Blick auf die Lichter der Bucht. Georg machte Nachtaufnahmen von uns. Ein andermal besuchten wir über Schotterwege die hoch oben im Gebirge liegenden Dörfer. Die Bauern leben, wie seit Jahrhunderten, von der Schaf- und Ziegenhaltung.

Matala

Zwei Tage hielten wir uns noch in Matala auf. Die Kinder versetzten mich dort in großen Schrecken. Johannes und Georg schwammen entlang der Felsen hinaus. Maxim, der noch nicht so seetüchtig war, bemühte sich, ihnen zu folgen. Ich rettete ihn. Abends aßen wir in einem Restaurant mit Blick auf die Bucht.

Nun fuhren wir durch die weite, ölbaumbewachsene Messenische Ebene nach Heraklion, wo wir wieder im Hotel Leto wohnten. Ich suchte das Denkmal des Schriftstellers Kazanzakis auf. Es liegt hoch oben auf dem Wall, der die Stadt umgibt.

Knossos

Nach einem ausführlichen Besuch in Knossos schifften wir uns nach Athen ein, von wo wir gleich nach Korinth weiterfuhren. Dort verbrachten wir drei Tage in einem Hotel am Meer. Wir stiegen hinauf zur Burg Akrokorinth und machten einen Ausflug nach Mykene.

Weiter ging es nach Sparta. Kurz nach Korinth staunte Georg über den Wegzeiger Nemea, denn als Verehrer von Herkules war ihm der Nemeische Löwe wohlbekannt. Von Sparta aus besuchten wir die Ruinenstadt Mistra, ein Relikt der Kreuzritter am Taygetos-Gebirge. Zu unserer größten Verwunderung begegneten wir inmitten der Ruinen unseren Salzburger Nachbarn, Eva und Herbert Kindlinger. Mistra

Über das Taygetos-Gebirge ging es zum Tempel von Bassai. Dort erwartete uns eine große Enttäuschung. Der Tempel, der in herrlicher Lage zweieinhalbtausend Jahre Wind und Wetter getrutzt hatte, war von einem Zeltdach umgeben, was den prächtigen Anblick, der über den Tempel bis zum Taygetos-Gebirge reicht, total zerstörte. Der Tempel war ein Opfer archäologischer Verwaltungsbürokratie geworden. Tempel von Bassai

Über eine sehr exponierte, schmale Gebirgsstraße, ohne jegliche Sicherung durch Leitplanken, fuhren wir nach Andritsena und von dort nach Olympia. Über Patras ging es dann mit dem Schiff nach Hause.

Im Sommer 1991 fuhren wir wieder nach Griechenland. Mitte August setzten wir von Ankona nach Igoumenitsa über. Über Preveza, Nafpaktos und Delphi ging die Reise nach Nafplion, wo wir im Hotel Xenia vier Tage Unterkunft fanden. Unser nächstes Ziel war das am Südostzipfel des Peloponnes gelegene, sehr malerische Monemvassia, das am Fuß eines Felstafelbergs liegt. Auf ihm haben sich im Lauf der Jahrhunderte Kreuzritter, Türken und Seeräuber abwechselnd angesiedelt. Mit Johannes stieg ich auf das Plateau, wo plötzlich eine große schwarze Schlange aufgeschreckt durchs Gras schoss. Da sie sich nach hinten schlängelte, wo Johannes ging, erschrak ich sehr. Wir zogen uns eilends zurück, um mit schlangensicherem Schuhwerk ausgerüstet zur Besichtigung der Ruinen zurückzukehren. Von Monemvassia fuhren wir quer durch den südlichen Peloponnes an der Insel Sfakteria vorbei nach Olympia. In Patras schifften wir uns nach Ankona ein und fuhren von dort mit unserem Auto nach Salzburg zurück. Die zweite Reise Monemvassia Olympia

Meinem Knie ging es nach dieser Reise, bei der ich wieder fast täglich mehrere Stunden im Wasser verbrachte, schon sehr viel besser.

Pflege der deutsch-polnischen Freundschaft

Im Dezember 1973 hatte die Kultusministerkonferenz eine „Vereinbarung über die Förderung von Hochschulpartnerschaften mit ost- und südosteuropäischen Staaten sowie der Sowjetunion" beschlossen, die nach Ablauf der üblichen Einspruchsfrist ab März 1974 als zustandegekommen galt. Da ich seit 1972 mit Professor Lucjan Sobczyk, dem Direktor des Chemischen Instituts der Universität Wrocław, wissenschaftlichen Kontakt hatte, bemühte ich mich sofort im Rahmen dieser Vereinbarung um ein offizielles Kooperationsabkommen zwischen der Bolesław-Bierut-Universität, Wrocław, und der Ludwig-Maximilians-Universität, München. Erst im Juni 1985 kam es dazu.

Trotz dieser Schwierigkeiten arbeiteten meine polnischen Kollegen und ich eng zusammen, dies auch in der Zeit, als in Polen unter General Jaruzelski das Kriegsrecht galt. Besonders enge Kontakte pflegte ich mit den Universitäten Wrocław und Poznań.

In all den Jahren habe ich zahlreiche Kollegen und ihre Mitarbeiter nach München eingeladen und bin häufig nach Polen gereist. Einige meiner Reisen seien hier erwähnt.

Vortragsreisen nach Polen

In den Jahren 1990/91 führten mich zwei Vortragsreisen nach Polen. Bei der ersten fuhr ich mit dem Zug nach Prag. An der tschechischen Grenze gab es damals immer noch zur Kontrolle einen mindestens einstündigen Aufenthalt. Ich hatte Kopien meiner Vorträge bei mir. Die Kontrolleurin nahm mir eine Kopie ab, sie verstand aber vermutlich nur, dass es sich für sie um „böhmische Dörfer" handelte. Abends hatte ich auf dem Prager Bahnhof Aufenthalt. Mit dem russischen Nachtzug Prag-Moskau ging es dann weiter nach Wrocław, wo ich um halb sechs Uhr morgens ankam und von Lucjan Sobczyk und Jerzy Hawranek in Empfang genommen wurde.

Wrocław

Ich wohnte, wie schon früher, in dem netten Hotel der Universität. Der Oder entlang wanderte ich zu den Chemischen Instituten, wo Lucian Sobczyk in einem der oberen Stockwerke mit Blick auf die Oder residierte. In langen Diskussionen versuchte ich, ihm unsere Erkenntnisse über die Protonenpolarisierbarkeit nahezubringen. Auch hielt ich einen Vortrag mit dem Titel: *„Proton Polarizability of Homoconjugated and Heteroconjugated Hydrogen Bonds and Hydrogen-Bonded Systems Caused by Collective Proton Motion"*. Abends war ich mit Hawranek bei Sobczyks eingeladen, die zusammen mit der Familie ihres Sohnes eine große Altbauwohnung an der Oder bewohnen. Der Sohn von Anna und Lucjan Sobczyk ist, wie seine Eltern, Chemiker. In der Zeit der Militärdiktatur war er aus politischen Gründen mehrere Monate inhaftiert.

Poznań

Von Wrocław fuhr ich nach Poznań, wo ich mit Bogdan Brzezinski das weitere Vorgehen bezüglich der intramolekularen Wasserstoffbrücken besprach. Ich hielt auch hier einen Vortrag. An einem Abend war ich bei

Professor Mirosław Szafran eingeladen. Szafrans zeigten interessante Dias von einer China- und Tibetreise, die sie kurz vorher unternommen hatten.
Von Poznań reiste ich über Berlin zurück nach München.

Kraków

Im Herbst 1991 war ich von Professor Marek Wójcik nach Kraków eingeladen. Zunächst verlief diese Reise mit Hindernissen, da Renate meinen Pass versehentlich aus meiner Brusttasche herausgenommen hatte. So musste ich von der tschechischen Grenze wieder nach Wien zurückkehren, wo mich Nollers, von denen ich mich gerade erst verabschiedet hatte, mit Erstaunen wiedersahen. Bereits am Abend konnte ich den Pass bei der Kurierpost am Westbahnhof abholen und meine Reise am nächsten Tag aufs Neue beginnen.
Kraków wird von einer großen, wehrhaften Burg überragt, in deren Gruft die meisten polnischen Könige beigesetzt sind. Die Stadt beherbergt die älteste Universität Polens, die Jagiellonski Universität, die 1364 gegründet wurde.

Auschwitz

An einem tristen Herbsttag fuhr ich mit Marek Wójcik nach Birkenau und Auschwitz. Wir wanderten in Birkenau die Selektionsrampe entlang. Die Haufen an der Rampe bestehen aus Menschenasche, d.h. der Asche derjenigen, die bei ihrer Ankunft sofort ermordet wurden. In Auschwitz steht – mit Blick auf die Vernehmungsbaracke – der Galgen, an dem der letzte Kommandant des Lagers gehängt wurde. Deprimiert kehrten wir am Abend nach Kraków zurück.

Wrocław
Lucjan Sobczyk

Im Frühjahr 1996 besuchte ich wieder Lucjan Sobczyk in Wrocław. In seinem Seminar hielt ich einen Vortrag mit dem Titel: *„Significance of Hydrogen Bonds with Large Proton Polarizability with the Catalytic Mechanisms of Serine and Aspartate Proteinases"*. In diesen Vortrag flossen auch die älteren Ergebnisse von Nikolaus Wellner ein, aktueller waren jedoch die Befunde der Doktorarbeit von Georgios Iliadis (siehe S. 365). Besonders aufschlussreich für das Verständnis dieses katalytischen Mechanismus waren die Ergebnisse mit einfachen Modellmolekülen, die Bogdan Brzezinski synthetisierte, und die zum Teil ebenfalls katalytisch aktiv sind [Biophys. J. **71**, 2840-2842 (1996) und Biospectroscopy **3**, 291-297 (1997)]. Unseren Review-Artikel *„Hydrogen-Bonded Chains with Large Proton Polarizability due to Collective Proton Motion – Pathways for Protons in Biological Membranes"* [Polish J. Chem. **72**, 172-192 (1998)] widmeten wir Lucjan Sobczyk zum 70. Geburtstag.

Forschungsarbeit

Bogdans Forschungsaufenthalt

Protonenkanal im Bakteriorhodopsin

Im Sommer 1991 kam Bogdan Brzezinski, wie jedes Jahr seit 1975, für drei Monate nach München. Er brachte sensationelle Differenzspektren der Intermediate des Bakteriorhodopsin mit, die er zusammen mit Jerzy Olejnik aufgenommen hatte. Wir zogen uns sofort nach Haisterkirch zurück. Es bestand kein Zweifel, wir fanden im Differenzspektrum der Intermediate K_{630} minus L_{550} ein deutliches Infrarotkontinuum, das, da negativ, dem Intermediat L_{550} zuzuschreiben ist. Dies zeigt einen Protonenleiter mit großer Protonenpolarisierbarkeit an. Besonders interessant war es, dass ein Bakteriorhodopsinmolekül mit modifiziertem Retinalrest kein Kontinuum verursacht. Durch sorgfältige Betrachtung der Struktur des Bakteriorhodopsin konnten wir einen Protonenkanal postulieren, der sich vom aktiven Zentrum zur Außenseite der Membran erstreckt. Er beginnt bei einer Schiffbase, über Asp_{85} wird die positive Ladung zu Arg_{212} und von dort über Tyrosine und Strukturwasser zur Außenseite der Membran geleitet. Dieser Kanal zeigt große Protonenpolarisierbarkeit, wie man aus dem Kontinuum schließen muss. Wir veröffentlichten die Ergebnisse im J. Mol. Struct. **271**, 157-173 (1992). In den folgenden Jahren haben wir verschiedene Modellmoleküle mit Wasserstoffbrückensystemen mit großer Protonenpolarisierbarkeit untersucht, die dieses Ergebnis bestätigt haben, so z.B. das Tetrabutylammoniumsalz des 1,11,12,13, 14-Pentahydroxypentacen [Chem. Phys. Letters **178**, 138-140 (1991)].

Ein Humboldt-Stipendiat

Eugene Kryachko

Bei meinem Kiew-Besuch im Herbst 1988 hatte ich Eugene Kryachko kennengelernt, der am Institut für Theoretische Physik der Ukrainischen Akademie der Wissenschaften arbeitete. Nachdem er an einer Zusammenarbeit und einem Aufenthalt in meinem Arbeitskreis in München sehr interessiert war, riet ich ihm, sich bei der Humboldt-Stiftung zu bewerben. Mit seiner Frau Natascha und seinem heiß geliebten Hund Kuzya I. kam er im Januar 1990 nach München und absolvierte zunächst einen Deutsch-Sprachkurs. Im März stieß er zu meinem Arbeitskreis. Aus seinen Untersuchungen gingen zwei Publikationen hervor. Nach Ablauf seines Stipendiums ergab sich für Eugene die Möglichkeit, bei Professor Enrico Clementi an der Universität Cagliari auf Sardinien zu arbeiten. Dort besuchte ich ihn mit Johannes (siehe S. 367).

Doktoranden

Drei neue Mitarbeiter haben sich im Jahr 1991 meinem Arbeitskreis angeschlossen:

Carsten Nadolny

Carsten Nadolny untersuchte Protonentransferprozesse im aktiven Zentrum der Alkoholdehydrogenasen. Er konnte zeigen, wie das Zn^{2+} Ion ein Wassermolekül spaltet, weiter konnte er zeigen, wie die entstehende positive Ladung über ein Protonrelaysystem zum N_1 Stickstoffatom eines Adeninrests am anderen Ende des aktiven Zentrums geleitet wird. Damit kann das entstandene Proton den katalytischen Prozess nicht stören. Der Titel dieser Veröffentlichung ist: *„Dissociation of Zn^{2+} Bound Water and Proton Transfer Processes in Alcohol Dehydrogenases – an FTIR-Study"*. Sie erschien im European J. Biochemistry **247**, 914-919 (1997).

Georgios Iliadis

Georgios Iliadis aus Griechenland begann seine Arbeit mit Verzögerung, da die Fakultät, obwohl er ausgezeichnet ausgewiesen war, darauf bestand, dass er eine Promotionsvorprüfung ablegte. Er begann seine Arbeit daher erst im Januar 1992. Iliadis klärte den katalytischen Mechanismus der Aspartatproteasen auf und konnte zeigen, wie die Ladung im aktiven Zentrum über polarisierbare Wasserstoffbrücken so verschoben wird, dass der protonierte Asp-32 Rest eine Wasserstoffbrücke zu der C=O Gruppe der Peptidbindung ausbildet, und dass das entstandene OH^- Ion am elektrophilen Kohlenstoff angreift. Schließlich wird die Peptidgruppe durch das Wasserproton über Asp-215 protoniert und die Peptidbindung gespalten. Der katalytische Mechanismus ist hiermit eine Basenkatalyse [FEBS Letters **352**, 315-317 (1994)].

Arno Rabold

Arno Rabold untersuchte die Eigenschaften polarisierbarer Wasserstoffbrücken in verschiedenen Systemfamilien in Abhängigkeit vom pK_a der Donoren und Akzeptoren mittels IR- und NMR-Spektroskopie sowie mit quantenmechanischen Methoden. Er erhielt das sehr erstaunliche Ergebnis, dass bei $N^+H \cdots N \rightleftharpoons N \cdots H^+N$ Brücken das Protonenpotential ebenso wie das Brückenschwingungspotential unabhängig vom pK_a sind [J. Phys. Chem. **99**, 1889-1895 (1995)]. Bei substituierten Phenol-Trimethylaminsystemen fand er, dass der Gang der experimentell ermittelten Brückenschwingung ν_σ gut mit den errechneten Werten übereinstimmt [J. Phys. Chem. **99**, 12158-12163 (1995)]. Schließlich untersuchte Rabold auch die sehr basische Systemfamilie der substituierten Phenole mit Quinuklidin. In diesen Wasserstoffbrücken liegt ein Doppelminimumprotonenpotential mit sehr hohem Wall vor. Die Veröffentlichung erschien in der Acta Chim. Slov. **44**, 237-252 (1997). Dieses Heft ist meinem Freund Dušan Hadži gewidmet.

Arno Rabold entwickelt heute bei der Firma Berghof im Bereich Automationstechnik Systemsoftware und Software Tools für das modulare CANtrol Steuerungssystem.

1992 kamen Roland Langer und Franz Bartl in meinen Arbeitskreis und 1993 mein letzter Doktorand, Robert Bauer.

Roland Langner

Roland Langner untersuchte die Systemfamilie Carbonsäure mit Pyridinen und die Systemfamilie Sulfonsäure mit Sulfoxiden, Phosphinoxid und Arsenoxid. Das wichtigste und interessanteste Ergebnis, das die Arbeit Langners lieferte, war Folgendes: Anhand der Intensität des Kontinuums konnte er zeigen, bei welchem ΔpK_a Wert (pK_a des Akzeptors minus pK_a des Donors) das Potential im Mittel symmetrisch ist. Ferner konnte er anhand der Banden zeigen, bei welchen Systemen 50% Protontransfer vorliegt, d.h. bei welchen Systemen die unpolare und die polare Protonengrenzstruktur mit gleichem Gewicht anwesend sind. Nun erhielt er den Befund, dass das Protonenpotential bei einem wesentlich kleineren ΔpK_a Wert symmetrisch ist, dies verglichen mit dem ΔpK_a Wert, bei dem 50% Protontransfer vorliegt, d.h. dass das Gleichgewicht symmetrisch ist. Die Ursache hierfür ist der große negative Entropieterm $-T\Delta S$, denn durch die große Ordnung der Umgebung um die polare Struktur ist der Betrag der Entropie sehr groß, was das Gleichgewicht zu Gunsten der unpolaren Struktur verschiebt, dies, obwohl das Protonenpotential bereits im Mittel symmetrisch ist. Diese sehr wichtige Arbeit hat den Titel „*^{1}H NMR Studies of Proton Transfer Equilibria in Hydrogen Bonds – the Role of Entropy*“. Sie erschien im Canad. J. Chem **79**, 1376-1380 (2001). Bei der Systemfamilie Methansulfonsäure-Sulfoxid, -Phosphinoxid, -Arsinoxid konnte Roland Langner des Weiteren zeigen, wie in Abhängigkeit vom ΔpK_a das Einfachminimum vom Donor zum Akzeptor wandert. In den weitgehend symmetrischen Systemen liegt ein breites Einfachminimum vor, die Brücken besitzen große Protonenpolarisierbarkeit. Die Arbeit erschien im J. Phys. Chem. **99**, 12214-12219 (1995).

Franz Bartl

Franz Bartl arbeitete über die Proteinuntereinheit F_0, d.h. über das Protein, das bei der ATP-Synthetase die Protonen zum aktiven Zentrum leitet. Dieser Protonenkanal besteht aus $-CO_2^-$ von Ala-79 c, Tyr-10 c, Glu-219 a, His-245 a, Asp-61 c, Lys-34 c, Arg-210 a, Arg-41 c. Er erhält die notwendige Länge dadurch, dass zwischen die Reste Strukturwasser eingelagert ist. Dieser Kanal besitzt große Protonenpolarisierbarkeit, die durch ein Infrarotkontinuum angezeigt wird. Blockiert man den Kanal mit DCCD (Dicyclohexylcarbodiimid), so verschwindet das Kontinuum, der Kanal zeigt keine große Protonenpolarisierbarkeit mehr.

Franz Bartl hat eine Hochschullaufbahn eingeschlagen und arbeitet im Institut für Medizinische Physik und Biophysik an der Berliner Charité.
Schließlich gesellte sich im Herbst 1993 als mein letzter Doktorand Robert Bauer zu meinem Arbeitskreis. Der Titel seiner Doktorarbeit lautet *„Der Einfluss des pK_a Werts und des Lösungsmittels auf die Protonenpolarisierbarkeit in Systemfamilien mit homokonjugierten Wasserstoffbrücken"*. Bauer beschreibt sein Ergebnis zusammenfassend wie folgt: In der Reihe der homokonjugierten Pyridin-Pyridinium-Komplexe wurde der pK_a-Wert um 3,5 Einheiten variiert. Erstaunlicherweise zeigte sich weder eine Veränderung der Lage noch der Intensität des Kontinuums in den verschiedenen Systemen. Die Komplexe wurden in Acetonitril und zusätzlich als binäre Systeme, d.h. in sich selbst gelöst, untersucht. Das identische Aussehen der Kontinua zeigt, dass das effektive Protonenpotential, d.h. das Potential mit dem Umgebungseinfluss, in allen untersuchten Komplexen dieses Systems gleich ist. Unabhängig vom pK_a Wert wurde in allen Systemen die gleiche Protonenpolarisierbarkeit beobachtet. Die Auswertung der Lage der Brückenschwingung im fernen Infrarot zeigt ebenfalls keine Abhängigkeit vom pK_a Wert. Die Bandenlage hängt lediglich von der Masse der beteiligten Brückenpartner ab.
Robert Bauer ist bei der Wacker Chemie im Geschäftsbereich „Fine Chemicals" für Markt-, Patent- und Technologieanalysen zuständig.

Robert Bauer

Sardinienreise mit Johannes

Eugene Kryachko arbeitete 1992 am IBM Research Center in Cagliari in Sardinien. Gerne folgte ich seiner Einladung, dort einen Vortrag zu halten, der jedoch in diesem Umfeld keine Resonanz fand.
Eugene bewohnte mit Natascha und Kuzya I. ein schönes Haus im Grünen, wo sie uns freundlich aufnahmen. Nach einigen Tagen mieteten wir ein Auto, um die Insel näher zu erkunden. Die Küstenstraße führte uns zunächst zu der im Westen eines Meerbusens bezaubernd gelegenen Stadt Antioco. Unser erstes Ziel war die Grotta di San Giovanni, nördlich von Iglesias. Wir fuhren durch die tunnelartige, unspektakuläre Höhle. Dahinter veranstalteten einige Männer, jeder mit Hut und Sonnenbrille, ein Grillfest – es sah nach einem Treffen der Mafia aus. Als wir nach dem Weg durch die im Norden gelegenen Berge fragten, wiesen sie uns diesen, machten aber ganz mitleidige Gesichter, was wir nicht hinreichend ernst nahmen.

Grotta di San Giovanni

insel errichtet. Die unter der Burg liegende Altstadt umgibt eine wehrhafte Festungsmauer.

Weiter ging es zum nächsten Ziel, der Insel Maddalena. Über eine Brücke kommt man von dort zur Insel Caprera, der Insel des Garibaldi. Nach vielen Jahren politischen Exils in Südamerika hat Giuseppe Garibaldi 1848 beschlossen, sich auf dieser Insel anzusiedeln. Die sterblichen Überreste seiner Tochter hat er von Südamerika hierher überführt. Wir besichtigten das von ihm mit System angelegte Hofgut und die zum Anwesen gehörenden Olivenhaine. Im rechteckigen Innenhof, der wie ein Atrium von allen Seiten durch niedrige, weißgekalkte Gebäude begrenzt ist, steht eine große Pinie, die vom Hausherrn Garibaldi gepflanzt wurde. An die Stallungen grenzt das Wohngebäude, in dem man alles an seinem angestammten Platz gelassen hat. Beeindruckend sind die vielen Medizinfläschchen, die bezeugen, dass Garibaldi an schwerem Rheuma litt, das er sich bei seinen Fahrten über die Weltmeere zugezogen hatte. Von seinem Anwesen hatte er einen weiten Blick auf die ihm zur Heimat gewordene Insel Sardinien. Er starb am 2. Juni 1882.

Caprera, die Insel Garibaldis

Von Caprera fuhren wir nach Süden Richtung Costa Smeralda, denn Johannes wollte seinen sechzehnten Geburtstag am 4. September an dieser spektakulären Küste feiern. Über Nacht blieben wir in Porto Cervo, wo wir abends noch einen schönen Spaziergang zum Strand machten. Auf der Küstenstraße ging es, vorbei an Olbia, weiter nach Süden; über die Autobahn erreichten wir noch Nuoro, wo wir übernachteten. Von dort führten uns die Bergstraßen durch riesige, eindrucksvolle Korkeichenwälder. Johannes hatte wegen der im Führer angekündigten Räuber große Bedenken. Ich beruhigte ihn mit dem Hinweis, dass es sich bei diesen um reine Nachtarbeiter handle. Schließlich erreichten wir Cagliari. Von dort flogen wir nach München zurück.

Costa Smeralda

Die Verbreitung unserer wissenschaftlichen Ergebnisse

Auch in den 90er Jahren bemühte ich mich, unsere Erkenntnisse durch Vorträge zu verbreiten. Von zahlreichen Reisen, die ich unternahm, hier die wichtigsten.

England

Professor Perutz lud mich 1991 zum „Autumn Meeting" der Royal Society nach York ein:

THE ROYAL SOCIETY OF CHEMISTRY 1841-1991

UNIVERSITY OF YORK
DEPARTMENT OF CHEMISTRY
HESLINGTON, YORK YO1 5DD
Telephone (0904) 432549 Fax (0904) 432516
Switchboard 0904 430000
E-mail RNP1@VAXA.YORK.AC.UK

Royal Society of Chemistry
AUTUMN MEETING : 24-26 SEPTEMBER, 1991 : UNIVERSITY OF YORK

Dalton Division Symposium
DYNAMICS AND STEREOCHEMISTRY IN INORGANIC CHEMISTRY
Convenor : Dr Robin N Perutz

June 11. 1991

Professor G. Zundel
Physikalisch-Chemisches
Institut Universität München
D-8000 München
Germany.

Dear Professor Zundel,

I am writing to bring you up to date with arrangements for the Dalton Division Symposium of the RSC Autumn Meeting, and to thank you for agreeing to present a lecture at the meeting. I enclose a few copies of the first circular, a poster and a draft programme. Please check the title of your talk and let me know as soon as possible if you wish to amend it. You have been allotted 45 minutes for your talk. Please ensure that you stick to time, so there can be plenty of discussion.

The Symposium includes two slots for a Poster Session and I would urge you, if at all possible, to bring along members of your research group preferably with Posters and encourage your colleagues to do the same. There is no registration fee for participants who contribute a poster. Despite what it says about closing dates in the first circular, posters will be accepted until September 1st.

You will receive registration documents from the RSC and it is important that you complete them.

Looking forward to seeing you in York.

With best wishes,

Yours sincerely,

Robin Perutz

R.N. Perutz

rnp/jl

Ich hielt einen Plenarvortrag mit dem Titel *„Proton Polarizability and Proton Transfer Processes in Hydrogen Bonds – Their Importance to Understand Molecular Processes in Electrochemistry"*. Abschließend wies ich in diesem Vortrag auf die große Polarisierbarkeit anderer Kationenbrücken hin:

„Finally, I would like to remark that the large polarizability indicated by IR continua is not limited to fluctuating protons in hydrogen bonds. Analogously `large 'cation polarizabilities' are observed with intra- as well as intermolecular Li+ bonds as well as with intramolecular Na+ bonds, if these ions fluctuate in broad flat single, in double minimum or in four minima potentials. Of particular interest are Be2+ bonds. Within these bonds the Be2+ ion fluctuates between four acceptor groups in a very steep four minima Be2+ potential."`

Professor Jack Yarwood lud mich zur „Faraday Discussion 103 on Hydration Processes in Biological and Macromolecular Systems" ein, die im April 1996 an der Sheffield Hallam Universität in England stattfand. Bei diesen Diskussionstagungen reicht man vorher sein Manuskript ein, das an alle Teilnehmer verschickt wird, bei der Tagung gibt man dann nur eine kurze Einführung. Somit bleibt sehr viel Zeit für die Diskussionen. Ich stellte die Ergebnisse unserer Untersuchungen von drei biologischen Systemen mit polarisierbaren Wasserstoffbrücken vor, die auf Grund kollektiver Protonenbewegung große Polarisierbarkeit aufweisen.

Faraday Discussion in Sheffield

Frankreich

Im Herbst 1993 reiste ich zum Hydrogen Bond Workshop nach Autrans in Frankreich. Autrans liegt in einem weiten, schönen Hochtal oberhalb von Grenoble. Vor Jahren hatte dort eine Winterolympiade stattgefunden. Leider ging es mir schon während der Tagung nicht gut. Meinen Vortrag *„Hydrogen-Bonded Chains with Large Proton Polarizability as Conductors in Proteins – Bacteriorhodopsin and the F_0 Subunit of the Membranes in the Cristae Mitochondrialis"* habe ich mit einiger Anstrengung problemlos über die Bühne gebracht, jedoch war ich danach total erschöpft. Nach der Tagung brachte mich mein Kollege Austin Barnes zum Bahnhof von Grenoble. Mit dem Zug fuhr ich durch das schöne Rhonetal nach Genf. Dort hielt ich mich noch zwei Tage auf. Ich besuchte das Calvin-Denkmal. An einem sonnigen Herbsttag wanderte ich am Genfer See entlang zum UNO-Center und zum Sitz des Roten Kreuzes. Da an diesem Tag im UNO-Center keine Veranstaltung stattfand, konnte ich den Sitzungssaal besichtigen. Am nächsten Tag flog ich über Zürich nach Hause. Vor Zürich lag tief unter uns die Wasserdampfwolke eines der Schweizer Atomkraftwerke.

Hydrogen Bond Workshop in Autrans

Während der Reise fühlte ich mich von Tag zu Tag schlechter. Ich war völlig überarbeitet und bekam zunehmend Beklemmungen und Angst-

Intensivstation

zustände. Zuhause angekommen, musste ich mich in der Intensivstation der Nervenklinik kurieren lassen. Durch Infusionen ging es mir dann bald besser. Zwei Tage nach meiner Entlassung konnte ich bereits wieder bis zur Zistelalm auf den Gaisberg steigen.

USA

GRC 1994

Nach meiner Rückkehr aus Frankreich fand ich die Einladung zur Gordon Research Conference im Januar 1994 in Ventura, nördlich von Los Angeles, vor. Das Thema der Konferenz, „Proton Conduction in Biology", deckte sich hervorragend mit unseren Forschungen. Ich machte mich sofort an die Vorbereitung von drei Postern:

I. Hydrogen-bonded proton pathways with large proton polarizability due to collective proton motion – FTIR and theoretical studies;
II. A proton pathway with large proton polarizability in the L_{550} intermediate of bacteriorhodopsin and the pumping mechanism – FTIR studies;
III. The proton pathway in the F_0 subunit of E.Coli – FTIR studies.

Poster session

Im Januar flog ich über Los Angeles nach Oxnard, dem Flughafen von Ventura. Ein Taxi brachte mich zum schönen Tagungshotel am Meer. Meine Poster, ebenso wie mein kurzer Vortrag zum Thema *„Hydrogen-Bonded Chains with Large Proton Polarizability as Charge Conductors in Proteins – Bacteriorhodopsin and the F_0 Subunit of the Membrane in the Cristae Mitochondrialis"* fanden reges Interesse. Leider zeigte es sich, dass unsere doch mehr die physikalische Seite der Probleme klärenden Befunde und Ergebnisse für die Biochemiker nicht so leicht verständlich sind. Offensichtlich ist es von der Physik her kommend viel leichter, in die Biochemie einzusteigen, als umgekehrt. Jedoch war Robert Fillingame sehr interessiert.
Am vortragsfreien Tag machte ich eine lange Wanderung, zunächst nach Ventura, dann durch den Ort den Berg hinauf. Am letzten Haus mit einem schönen Garten endete die Zivilisation abrupt. Durch wegloses Gelände mit wenigen kleinen, stacheligen Sträuchern ging es bergauf. Oben hatte ich einen weiten Blick aufs Meer, in das ein langer Steg hinausführt. Erst am späten Nachmittag kam ich nach einem überaus scharfen Essen in einem mexikanischen Restaurant ins Hotel zurück.

Indien

Im Sommer 1994 hatte ich von Professor M.S.Z. Chaghtai von der Aligarh Muslim University eine Einladung für einen Plenarvortrag auf der dort stattfindenden „International Conference on Spectroscopy" erhalten. Der Termin dieser Tagung war denkbar unglücklich, sie dauerte vom 26. Dezember bis Anfang Januar 1995. Dennoch sagte ich zu. So kam es, dass ich mit Renate und Maxim am 24. Dezember nach München reiste. Ich hatte vorher nahezu zwei Stunden telefoniert, um für den Abend einen Tisch in einem Restaurant zu bekommen. Schließlich glückte dies im Hotel Intercity am Hauptbahnhof. Der Abend war jedoch nicht sehr weihnachtlich und recht beklemmend.

Spektroskopie-Konferenz

Weihnachten im Hauptbahnhof

Am nächsten Morgen begleiteten mich Renate und Maxim zum Flughafen. Der Flug war wunderbar. Die schneebedeckten Alpen, insbesondere der Dachstein, gleißten im Sonnenschein. Nach Indien fliegt man ja gegen die Zeit, und so kam ich morgens halb vier in Neu Delhi an. Ein Taxi brachte mich zum vorbestellten Hotel. Der Nachtwächter wies mir ein Zimmer zu, in dem ich ausschlafen konnte.

Am späten Vormittag fuhr ich indiengemäß mit einer Fahrrad-Rikscha zum Bahnhof. Auf einen Zug nach Aligarh musste ich nicht lange warten. Dort angekommen, traf ich bereits einige Tagungsteilnehmer, unter anderem einen Professor aus Srinagar, der sehr über den Kriegszustand in Kaschmir klagte. Im Gästehaus bekam ich ein schönes Appartement, vor meinem Fenster erstreckte sich ein größerer Baumbestand. Die Düfte Indiens strömten in mein Zimmer.

Aligarh

Der Hörsaal des Instituts von Professor Chaghtai befindet sich im obersten Stockwerk. Die Dachterrasse bot eine exzellente Atmosphäre für Diskussionen. Unter den Teilnehmern befand sich auch Pushti Prakash Rastogi aus Lucknow, einer meiner ehemaligen Humboldt-Stipendiaten, der mich sehr herzlich begrüßte. Mein Vortrag mit dem Titel *„IR and FTIR Studies of Proton Polarizability and Proton Transfer with Hydrogen Bonds and Hydrogen-bonded Systems – Importance of these Effects for Mechanisms in Biology"* fand großes Interesse.

Am freien Nachmittag ging ich in den Bazar von Aligarh und frischte meine Künste im Handeln auf. Das gelang mir besonders gut, da ich gar nichts kaufen wollte. Die Inder waren so begeistert, dass sie mir beinahe alles umsonst gegeben hätten; der „Kuhhandel" bereitete uns allen Vergnügen.

Kuhhandel

Nach der Tagung begleitete mich ein jüngerer Kollege nach Neu-Delhi, wo er mir bei Einkäufen behilflich war. Gerne wäre ich noch einige Tage geblieben, doch ich war mit meinen Forschungsarbeiten so unter Druck, dass ich eilends nach München zurückkehrte.

Russland

Pushchino

1995 folgte ich einer Einladung von Professor Vladimir Bystrov in sein Institut in Pushchino. Dort fand der zweite Workshop über „Non-linear Models of Biomembrane Molecular Structures" statt. Ich hielt einen Plenarvortrag mit dem Titel *„IR and FTIR Investigations of the Proton Polarizability and Proton Transfer with Hydrogen Bonds and Hydrogen-Bonded Systems – Importance of these Effects for Mechanisms in Biology"*. Um nach Pushchino zu kommen, nahm ich mit Frau Professor Ovchinnikova Kontakt auf. Ihr Mann, ein international anerkannter Biochemiker, den ich von Tagungen kannte, war an einer Leukämie gestorben, die vermutlich von seinen Aufenthalten in Tschernobyl nach dem Reaktorunfall herrührte. Frau Ovchinnikova nahm mich in ihrem Auto nach Pushchino mit, das in einem großen Waldgebiet oberhalb des tief eingeschnittenen Okratals liegt. Noch am Abend suchte ich einen kleinen Laden auf, in dem ich mich mit Milch und Wodka eindeckte. Mein Vortrag fand große Resonanz, die sich in einer daran anschließenden ausführlichen Diskussion manifestierte.

Ichiji Tasaki

Es waren außer mir noch drei Ausländer eingeladen, darunter der sehr alte Professor Ichiji Tasaki aus Japan. Tasaki hat unzählige interessante Experimente zur Nervenerregung gemacht, die einen tiefen Einblick in die molekularen Vorgänge geben. Ich habe diese ausführlich in meiner Membranvorlesung behandelt. Leider ist die von ihm entwickelte Theorie nicht richtig, und somit wurden seine aussagekräftigen Experimente von meinen Kollegen unverständlicherweise nicht anerkannt. Umso mehr habe ich mich gefreut, Tasaki kennen zu lernen.
An einem herrlichen Tag machten wir eine lange Bootsfahrt auf der Okra. Eng treten die bewaldeten Hänge an den Fluss heran. Zu Mittag gab es ein Picknick. Zurück in Moskau, flog ich gleich nach Hause.

Litauen

Im Jahr 1995 fand der XII. Workshop zum Thema „Horizons in Hydrogen Bond Research" statt. Ich sprach zum Thema *„The Far Infrared Vibrations of Hydrogen Bonds with Large Proton Polarizability"*. Veranstaltet wurde diese Tagung von Professor Liudvikas Kimtys von der Universität Vilnius in Byrstonas, das in der Sowjetzeit Kurort war. Die Tagung fand in dem einzigen noch funktionierenden Hotel aus dieser Zeit statt, die übrigen Gebäude waren Ruinen. Die Hotelsiedlung liegt in einem schönen Waldgebiet an einem großen Kanal. Auf dem Damm dieses Kanals ging ich stundenlang spazieren und dachte über die Ergebnisse der Tagung nach.

Vilnius

Als der Workshop zu Ende war, verbrachte ich noch einige Tage in Vilnius am Institut von Professor Kimtys. Einer seiner Mitarbeiter wollte für einige Zeit zu mir nach München kommen. Leider wurde daraus nichts, da ich hierfür kein Geld beschaffen konnte. Abends aß ich in den gemütlichen Bierlokalen der Altstadt. Einmal hatte ich nach dem sehr guten Bier Schwierigkeiten, durch die verwinkelten Gassen die Gästewohnung der Universität zu finden. Nach einigen Umwegen war ich erfolgreich. In Vilnius erinnert vieles an die Zeit, in der es zu Polen gehörte (1921-1939) bzw. Hauptstadt der litauisch-polnischen Realunion war (seit dem 16. Jh.). Es hat einen eindrucksvollen Dom; auch ein großes Kriegerdenkmal ist mir in Erinnerung.

Veränderungen in der Berghof Stiftung

„Berghof Forschungszentrum für konstruktive Konfliktbearbeitung"

In den 70er Jahren hatte der Stiftungsrat der Berghof Stiftung für Konfliktforschung einen „Projektverbund" von drei größeren Projekten in Berlin eingerichtet. Projektleiter waren die Professoren Ulrich Albrecht, Theodor Ebert und Wolf-Dieter Narr. Wir siedelten uns in der Winklerstraße an. Einer der Mängel dieses Projektverbunds war seine räumliche Entfernung von der Freien Universität. Mitte der 80er Jahre kauften wir deshalb eine Villa in der Altensteinstraße in Dahlem. Sie ist von der Freien Universität aus in 10 Minuten zu Fuß zu erreichen. Viele Studenten und Forscher nutzen seitdem unsere Fachbibliothek. Der „Projektverbund" wurde nun durch das „Berghof Forschungsinstitut" abgelöst, dessen Leitung ich Ulrich Albrecht von der FU übertrug. Das Institut hatte seinen Schwerpunkt bei der Forschung über Rüstungskonversion bzw. Rüstungsökonomie in der sich wandelnden Sowjetunion, förderte aber auch in vielfältiger Weise zahlreiche junge Wissenschaftler der FU und machte sie mit den allgemeinen Fragestellungen der Friedensforschung vertraut.

Umzug in die Altensteinstraße

Nach dem Ausscheiden von Ulrich Albrecht aus dem Forschungsinstitut im Jahr 1992 wurde mit der Bearbeitung ethnopolitischer Konflikte – mit

Pilotprojekten in Russland, im Kaukasus, in Bosnien und später auch in Sri Lanka – ein neuer inhaltlicher Schwerpunkt gesetzt. Diese Veränderung sollte sich auch nach außen im Institutsnamen widerspiegeln. Die Leitung des nun „Berghof Forschungszentrum für konstruktive Konfliktbearbeitung" genannten Instituts übernahm im Juli 1993 Dr. Norbert Ropers. Er kam vom Institut für Entwicklung und Frieden (INEF); Friedensförderung und Friedenserhaltung haben ihn in seinem Berufsleben vorrangig beschäftigt. Unter der Kurzform „Berghof Zentrum" hat das neue Institut sich weit über Deutschland hinaus hohes Ansehen erworben, z.B. mit dem „Berghof Handbook for Conflict Transformation", das inzwischen ins Russische übersetzt wird.

Norbert Ropers

Gleichzeitig beschlossen wir im Stiftungsrat auf Vorschlag von Herrn Senghaas, auch die übrige Forschungsförderung weitgehend auf Konfliktbearbeitung zu konzentrieren. Als zweiter Schwerpunkt wurde die Stärkung der Ethik in den Naturwissenschaften bzw. die Förderung von Projekten zur ethischen Verantwortbarkeit naturwissenschaftlicher Entwicklungen bestimmt.

Neubesetzung des Stiftungsrates

Der Stiftungsrat wurde in diesen Jahren schrittweise erneuert: Nach dem frühen Tod von Klaus Horn im Jahr 1985 hatte Horst Rumpf den stellvertretenden Vorsitz übernommen. Professor Albrecht schied 1992 aus dem Gremium. Ab 1993 wirkte der Kernphysiker Professor Egbert Kankeleit von der TU Darmstadt, einer der Mitbegründer von IANUS (Interdisziplinäre Arbeitsgruppe Naturwissenschaft, Technik und Sicherheit) in unserem Stiftungsrat mit, ebenso der in Bochum und Leyden tätige Völkerrechtler Professor Horst Fischer. Er hatte zahlreiche Arbeiten mit friedensrelevantem Inhalt veröffentlicht. 1995 berief ich Hanne-Margret Birckenbach vom Schleswig-Holsteinischen Institut für Friedenswissenschaften (SCHIFF), heute Jean Monnet-Professorin für Europastudien an der Universität Gießen.

Im Jahr 1998 beschlossen wir eine Verjüngung des Stiftungsrates. Dr. Heinrichs sowie die Professoren Ebert, v. Holst und Rumpf schieden nach 20- bis fast 30-jähriger Tätigkeit aus dem Gremium. Hanne Birckenbach übernahm nach Horst Rumpf den stellvertretenden Vorsitz. Als Vertreter der Naturwissenschaften berief ich die Professorin Ulrike Beisiegel, Biochemikerin, und Professor Klaus Potthoff, Direktor des SCHIFF in Kiel. Ferner gehören Marie-Janine Calic, heute Professorin für Ost- und Südosteuropäische Geschichte an der Universität München, sowie Christine

M. Merkel, Referentin für Kultur und Kommunikation der Deutschen UNESCO-Kommission, seit 1998 unserem Stiftungsrat an. Professor Senghaas hatte seine Funktion als Vorsitzender des Stiftungsrates dreißig Jahre kontinuierlich mit großem Einsatz wahrgenommen und entschloss sich, diese 2001 abzugeben. Neben Horst Fischer als 1. Vorsitzenden wurde Ulrike Beisiegel zur 2. Vorsitzenden gewählt. Dieter Senghaas, auf dessen Kompetenz und langjährige Erfahrung die Berghof Stiftung nicht verzichten kann, ist als Ehrenvorsitzender weiterhin Mitglied unseres Stiftungsrates.

Horst Fischer
Ulrike Beisiegel

Die Amtszeit der Mitglieder des Stiftungsrates ist jetzt auf fünf Jahre begrenzt, wobei eine einmalige Wiederwahl möglich ist. Zu meinem Nachfolger im Stiftungsrat bestellte ich im November 2001 unseren Sohn Johannes.

Moskauer Filiale der Berghof Stiftung

Es war mir von meinem Fachgebiet bekannt, dass die Tätigkeit der russischen Wissenschaftler ungeheuer darunter litt, dass für sie – aus Devisenmangel – die westliche Literatur nicht mehr zugänglich ist. Peter Lock in Hamburg, der unter Ulrich Albrecht einige Jahre die Geschäfte des Berghof Instituts Berlin führte, machte mich mit der russischen Ökonomin Ksenia Gonchar bekannt. Wir überlegten gemeinsam, wie man in Moskau diesem Literaturproblem begegnen könnte. Es erschien uns das Beste, für die Berghof Stiftung eine Wohnung zu kaufen und dort eine Bibliothek als Treffpunkt für die russischen Sozialwissenschaftler einzurichten. Im Stiftungsrat war die Meinung hierzu geteilt. Das Vorgehen fand jedoch schließlich Billigung. Ksenia Gonchar fand in sehr kurzer Zeit eine Parterrewohnung in idealer Lage zwischen dem Leninprospekt und der Lomonosov Universität.

Westliche
Literatur

Zur grundbücherlichen Eintragung der Wohnung flog ich im Juni 1995 nach Moskau. Ich übernachtete in der bereits provisorisch möblierten Wohnung. Peter Lock hatte schon einen Faxanschluss eingerichtet, auch hatte sich eine russische Studentin gefunden, die in Berlin studierte und dort die Literaturbeschaffung übernahm. Nach einer dreitägigen Odyssee, d.h. dem Besuch unzähliger Behörden, wo wir jede Menge Formulare ausfüllen mussten, ist uns die Eintragung ins Moskauer Grundbuch geglückt. Hiermit stand dem Wirken unserer Institutsdependance nichts mehr im Wege.

25-jähriges Bestehen der Stiftung

Symposium in Tübingen

Einen Monat nach meinem 65. Geburtstag und zugleich zum 25-jährigen Bestehen der Berghof Stiftung veranstaltete der Stiftungsrat mit Unterstützung des „Vereins für Friedenspädagogik", Tübingen, ein festliches Symposium zum Thema „Konstruktive Konfliktbearbeitung" im Tübinger Schloss, bei dem u.a. die Professoren Volker Rittberger, Horst Fischer, Eva Senghaas-Knobloch, Horst Rumpf und Dieter Senghaas vortrugen. Den Eröffnungsvortrag hielt Marie-Janine Calic. Meinen Geburtstag feierten wir am Vorabend des Symposiums im Schwabenhaus am Neckar mit Musik des Frankfurter Cellisten Frank Wolff. Festreden hielten Reiner Steinweg („Begegnungen mit Georg Zundel") und Horst Rumpf („Memoria – Orte der Berghof Stiftung"). Elke Begander gratulierte im Namen des „Vereins für Friedenspädagogik", der auch bereits auf sein 20-jähriges Bestehen zurückblicken konnte. Der Verein dokumentierte Teile des Sypmposiums in einem Heft „25 Jahre Berghof Stiftung für Konfliktforschung".

Familienfeste

Konfirmation von Johannes und Georg

Am 12. Mai 1991 wurde Johannes in der Evangelischen Christuskirche in Salzburg konfirmiert. Sein Konfirmationsspruch lautet: *„Gott ist Geist und die ihn anbeten, die müssen ihn im Geist und in der Wahrheit anbeten"* (Joh. 4,24). Neben den Taufpaten waren auch viele Freunde gekommen, wie Erich und Ortrud Weidemann mit ihren Töchtern Karina und Clea. Zum Mittagessen stiegen wir zum Gasthof Mitteregger auf den Gaisberg. Beim Abstieg brach sich mein Freund Christoph Plag den Fuß und musste im Unfallkrankenhaus operiert werden.
Am 17. Mai 1992, meinem 61. Geburtstag, wurde Georg konfirmiert. Auch Bogdan und Maria kamen dazu aus Polen. Georgs Konfirmationsspruch lautet: *„Meine Seele ist stille zu Gott, der mir hilft"* (Psalm 62,2). Zum Mittagessen wanderten wir bei strahlendem Wetter zur Zistelalm.

Matura von Johannes und Georg

Im Juni 1995 machte Johannes am Akademischen Gymnasium das Abitur, in Österreich Matura genannt. Er meldete sich zum Zivildienst und erhielt eine Stelle in einer Behindertenwerkstätte der Lebenshilfe, die nur wenige hundert Meter von uns entfernt ist. Damit konnte er zu Hause essen und schlafen, was eine Erleichterung für ihn war. Wenn er mittags nach Hause kam, setzte er sich sofort ans Klavier – so wie er das auch während seiner Maturazeit getan hat.

Georg maturierte im Juni 1998. Wie Johannes entschied er sich für ein Wirtschaftsstudium.

Am 2. Juni 1996 wurde Maxim in der Christuskirche in Salzburg konfirmiert. Sein Konfirmationsspruch lautet: *„Verlass dich auf den Herrn von ganzem Herzen, und verlass dich nicht auf deinen Verstand, sondern gedenke an ihn auf allen deinen Wegen, so wird er dich recht führen"* (Sprüche Salomons 3, 5+6). Maxims Taufpaten und alle unsere guten Freunde feierten auch dieses Fest mit uns.

Konfirmation von Maxim

Das Ende meiner Tätigkeit an der Universität

Im Sommer 1996 wurde ich pensioniert. Ich machte mir Gedanken darüber, was aus meiner wertvollen Laborausstattung werden sollte. Mein früherer Mitarbeiter Klaus-Peter Hofmann hatte in der Zwischenzeit an der Humboldt-Universität in Berlin einen wohlausgestatteten Lehrstuhl. Er übernahm nicht nur mein FTIR-Spektrometer, sondern auch einen meiner letzten Doktoranden, Franz Bartl, der an einer Hochschullaufbahn interessiert war. So kam es, dass Franz Bartl mit großen Teilen meiner Laborutensilien nach Berlin umzog. Die Deutsche Forschungsgemeinschaft stellte DM 40.000 für die Überholung unseres FTIR-Spektrometers bei der Firma Bruker in Karlsruhe zur Verfügung. Was von meinen Laborutensilien noch übrig blieb, wurde von Maxim bezüglich Brauchbarkeit für ihn gesichtet und in unser Auto gepackt. So starteten wir mit einem vollgestopften Wagen Richtung Salzburg.

Umzug des Spektrometers nach Berlin

Kurz vor Fraßdorf gab es plötzlich ein schreckliches Gerumpel. Man konnte meinen, das Auto bricht in Stücke. Wir retteten uns aus der Autobahn und alarmierten Renate, die mit ihrem 20 Jahre alten, gelben Mercedes angetuckert kam. Es stellte sich heraus, dass sich der Belag unseres rechten Hinterreifens gelöst hatte. Die Unwucht war Ursache für das Gerumpel. Nach Tausch des Rades konnten wir friedlich nach Salzburg weiterfahren. *Damit endete meine vierundvierzigjährige wissenschaftliche Tätigkeit an der Universität.*

Vom Roten Buch zu Dr. Wau

Das Rote Buch

Nach meiner Pensionierung stellte ich Überlegungen an, wie ich die Fülle unserer Ergebnisse – es waren in der Zwischenzeit über 300 Artikel in internationalen Fachzeitschriften – meinen Kollegen zusammenfassend zugänglich machen könnte. Ich kam zu dem Schluss, das gesamte Material in zehn Vorträge aufzugliedern, die für den Leser unabhängig voneinander verdaubar sein sollten. Ich machte mich sofort ans Werk. Es kristallisierten sich folgende zehn Themen heraus:

Ten Lectures

1. The Proton Polarizability of Homoconjugated Hydrogen Bonds.
2. Properties of Heteroconjugated $AH \cdots B \rightleftharpoons A^- \cdots H^+B$ Bonds and Proton Transfer Processes.
3. Hydrogen-Bonded Chains with Large Proton Polarizability due to Collective Proton Motion – Pathways for Protons in Biological Membranes.
4. Li^+, Na^+, K^+ and Be^{2+} Bonds – IR Continua and Cation Polarizabilities of these Bonds.
5. Electrochemistry: Hydrogen Bonds with Large Proton Polarizability and the Molecular Understanding of Processes in Acid and Base Solutions.
6. Large Proton Polarizability with Families of Systems in Various pk_a Regions – MIR, FIR and NMR Results.
7. Interactions of Easily Polarizable Hydrogen Bonds with their Environments – their Behaviour in Crystals.
8. Hydrogen Bonds with Large Proton Polarizability in Proteins – Studies of Model Systems.
9. The Significance of Hydrogen Bonds with Large Proton Polarizability with the Catalytic Mechanisms of Serine and Aspartate Proteinases.
10. The Significance of Hydrogen-Bonded Systems with Large Proton Polarizability with the Catalytic Mechanisms of Alcohol Dehydrogenases and Maltodextrin Phosphorylase.

An diesen „Ten Lectures" arbeitete ich etwa zwei Jahre. Ich benötigte mehrere hundert Dias. Die Vorträge brachte ich auch auf Overheadfolien, damit Hörer, die mit dem Verständnis des Englischen Schwierigkeiten haben, mitlesen können. Ich ließ die Vorträge vervielfältigen, und so entstand das *Rote Buch*, so genannt, weil ich es hatte rot binden lassen.

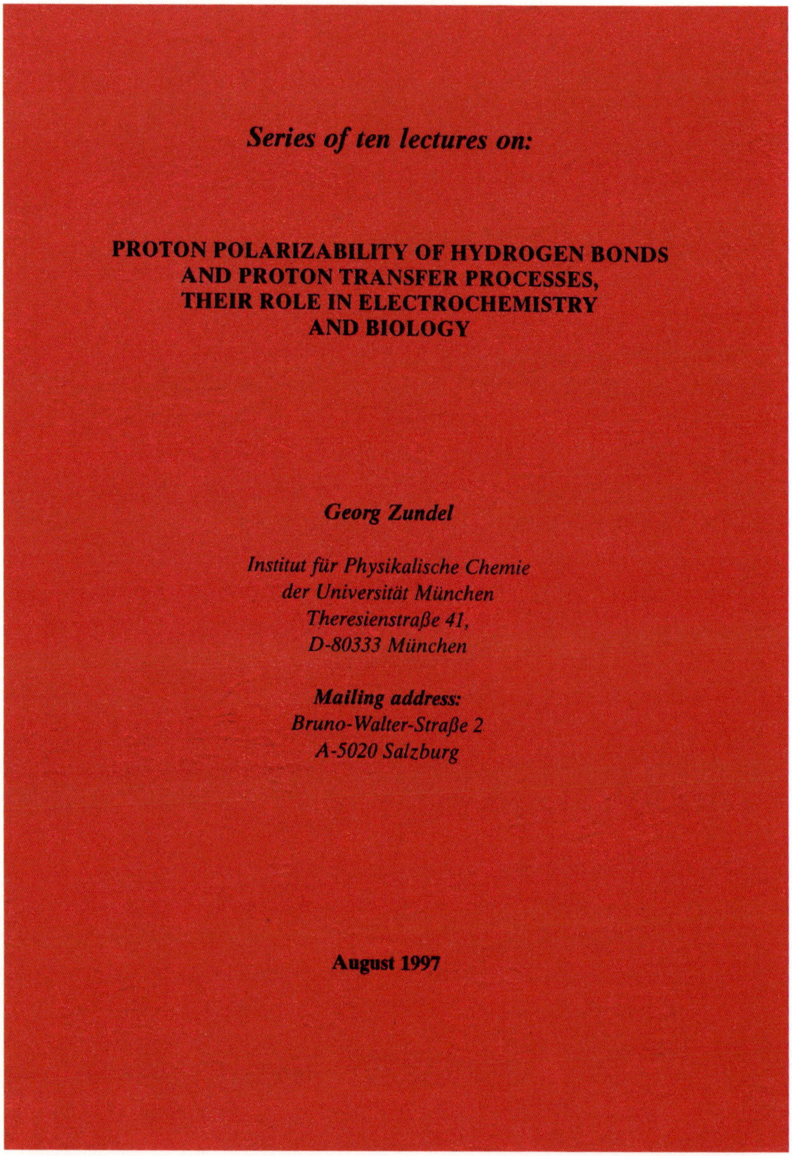

Series of ten lectures on:

PROTON POLARIZABILITY OF HYDROGEN BONDS AND PROTON TRANSFER PROCESSES, THEIR ROLE IN ELECTROCHEMISTRY AND BIOLOGY

Georg Zundel

Institut für Physikalische Chemie
der Universität München
Theresienstraße 41,
D-80333 München

Mailing address:
Bruno-Walter-Straße 2
A-5020 Salzburg

August 1997

Das fertig gestellte Rote Buch verschickte ich an zahlreiche Kollegen. Ich erhielt daraufhin viele Vortragseinladungen. So kam es, dass ich 1998 weltweit 24 Vorträge hielt, u.a. in Leuven, Bari und Lyon.

Konferenzen und Reisen

Gordon Research Konferenzen und USA-Reise mit Georg und Constanze

Im Februar 1997 fand wieder eine Gordon Research Conference (GRC) in Ventura, Kalifornien, zum Thema „Proton and Membrane Reactions" statt. Wohl oder übel nahm ich die lange Reise auf mich. Anhand eines Posters und eines kurzen erläuternden Vortrags mit dem Titel *„The Proton Pathway in the F_0 Subunit of the ATP Synthase"* versuchte ich, den Biochemikern unsere Ergebnisse verständlich zu machen. Insbesondere diskutierte ich wieder lange mit Professor Robert Fillingame. Leider ging es mir wegen der großen Zeitumstellung nicht gut, oft musste ich am Strand Luft schnappen. Jeden Abend besuchte ich auf einen Tee mit Rum den neben dem Hotel liegenden Yachtclub. GRC 1997
Am Nachmittag meines für den Abend geplanten Rückfluges ließ ich mich zum Flughafen von Oxnard bringen. Dort verhandelte bereits sehr erregt ein anderer Fluggast am Schalter. Ich bekam mit, dass unser Flugzeug auf dem Flugplatz in Los Angeles einen Crash mit einem Großraumflugzeug gehabt hatte und deshalb nicht zur Verfügung stand. Ich hielt mich an den offenbar sehr rührigen Herrn. Es gelang ihm mit einiger Mühe, einen Leihwagen aufzutreiben, und er nahm mich mit. Das Auto war etwas gebrechlich, so war z.B. der Kofferraum nur mit einem Strick zugebunden. Trotzdem kamen wir am Flughafen von Los Angeles gut an.
Ich erfuhr, dass mein Retter ein Geschäftsmann aus Arizona war. Seine Frau und seine Töchter hielten sehr viel von Süßigkeiten, so konnte ich mich, nach Salzburg zurückgekehrt, mit einem süßen Päckchen revanchieren. Die Tatsache, dass ich aus Europa gekommen war und hier einen wissenschaftlichen Vortrag gehalten hatte, hat ihm sehr imponiert. Er fuhr mir zuliebe die Küstenstraße über Santa Monica.

Auch im Februar 2000 flog ich zur Gordon Konferenz „Proton and Membrane Reactions" nach Ventura. Diesmal nahm ich Georg und seine Freundin Constanze mit. Georg hatte unsere Rundreise durch den Süd- GRC 2000

westen der USA sorgfältig geplant. Am Flughafen in Los Angeles konnten wir sofort das bestellte Mietauto übernehmen.
Auf der Konferenz stellte ich unsere Ergebnisse bezüglich des Gramicidinkanals in einem Poster vor und erklärte sie in einem ergänzenden Vortrag. Ich zeigte, wie wichtig die Kationenpolarisierbarkeit für den Ionentransport in den Kanälen ist.

Unterwegs mit Georg und Constanze

Nach der Tagung machten wir eine herrliche Reise durch den Südwesten der USA. Wir waren in sieben Wochen zehntausend Kilometer unterwegs. Wir besuchten das Joshua Tree Valley, das Monument Valley, das Tal des Todes, San Francisco, das Nappa Valley, in dem sehr guter Wein wächst, das Haus in Salinas, in dem John Steinbeck gelebt hat, das Aquarium in Monterey und vieles andere. In den Rocky Mountains trottete uns ein Grizzlybär vors Auto. Er kam von links und hatte offensichtlich keine Ahnung von Verkehrsregeln. Er stieg zum Bach hinunter – erst als er den gegenüberliegenden Hang wieder hinaufkletterte, sah man, wie riesig der Bär war, ausgestreckt mindestens drei Meter. Georg hat ihn im Bild festgehalten.

Johannes in York – mein Vortragsbesuch

Nach Abschluss seines Zivildienstes hatte Johannes im Herbst 1996 sein Studium der Ökonomie, Politologie und Philosophie an der Universität York in England begonnen. Im Frühjahr 1997 bekam ich von Professor James H. Clark, der an der Universität in York die Chemie vertritt, eine Einladung zu einem Vortrag. So flog ich nach London und übernachtete in der mir von Johannes empfohlenen Herberge am Ende der Flughafen-Zubringerlinie. Man bezahlte dort an der Pforte und bekam einen Schlüssel. Jetzt konnte ich es mir in einem spartanischen Zimmerchen bequem machen.

Konstantin Vodopyanov

Am nächsten Tag besuchte ich in London Professor Konstantin Vodopyanov. Er hatte von mir zwei hervorragende Infrarotküvetten bekommen, mit denen er an Systemen mit polarisierbaren Wasserstoffbrücken Lochbrennexperimente machen wollte, wofür ihm eine hoch entwickelte Technik zur Verfügung stand. Leider war er durch seine Brötchengeber bisher so beschäftigt, dass er zu diesen Experimenten keine Zeit fand. In der Zwischenzeit leben Ludmila und Konstantin Vodopyanov mit ihrer Tochter Anya in Kalifornien.
Mit dem Zug reiste ich weiter nach York. Dort wurde ich im Gästehaus am Ende des Campus untergebracht. Durch einen Park mit vielen Teichen wanderte ich zum Chemischen Institut, wo mich die Professoren

Clark und Hasted in Empfang nahmen. Das Auditorium Maximum, in dem mein Vortrag stattfand, ist originell in einen Teich hineingebaut, so dass auch die Enten als Zuhörer erscheinen können. Sie machen hiervon Gebrauch! Ich sprach über: *„The Proton Polarizability of the Homoconjugated Hydrogen Bonds"*.

Vortrag

Mit Johannes machte ich einige Ausflüge. Eine lange Wanderung ging zunächst an einem Seeufer entlang und dann durch eine Landschaft mit sehr schönen Bäumen. Einmal traf ich mich auch mit meinem früheren Mitarbeiter Nikolaus Wellner in Norwich. Besonders beeindruckt hat es mich, dass er sich ein Pferd angeschafft hat, mit dem er täglich ausreitet. An einem späten Nachmittag fuhren wir zusammen mit Freunden von Johannes zu einem sehr netten, in der Nähe von York gelegenen Restaurant. Mit von der Partie war eine charmante, fröhliche Japanerin namens Yuki. Sie hat uns später einmal in Salzburg besucht. Mit dem Zug fuhr ich schließlich nach Manchester und von dort flog ich nach München zurück.

Ausflüge

Einladung nach Dublin

Eine ausführliche Reise führte mich auf Einladung von Professor William T. Coffey nach Dublin. Ich verbrachte dort zwei Wochen und wohnte bei den Coffeys. In ihrem Gästezimmer im Untergeschoss bereitete ich mich jeweils auf meinen Vortrag für den nächsten Tag vor. Am Sonntag machte Professor Coffey mit mir einen Ausflug zum Meer. Ich hielt, wenn auch vor kleinem Publikum, alle zehn Vorträge. Besonders interessiert war eine Kollegin aus Leningrad, die sich gerade in Dublin aufhielt.

Alle zehn

Coffey erwähnte, dass er mit Stuart Rice sehr gut bekannt sei. Dieser ist neben dem Nobelpreisträger Ilya Prigogine Herausgeber der *Advances in Chemical Physics,* die in Chicago erscheinen. Er werde Stuart Rice vorschlagen, einen umfassenden Artikel über meine Arbeiten zu publizieren.

Meine Chinareise mit Georg und Johannes

Im Sommer 1998 machte ich auf Einladung der Universität Beijing eine zweiwöchige Vortragsreise durch die Volksrepublik China. An der Universität, ebenso wie an der Technischen Universität, hielt ich die Vorträge 1 und 3 aus meinen „Ten Lecutures". Ich nahm Georg mit, Johannes stieß aus den USA zu uns, wo er ein Jahr als Stipendiat verbrachte. Wir besuchten die Verbotene Stadt, den Himmelstempel, den Kaiserpalast und den Tiananmen Platz (Platz des Himmlischen Friedens), auf dem am

Tiananmen Platz

4. Juni 1989 das unsägliche Massaker an tausenden von Menschen, vor allem Studenten, verübt wurde, die für mehr Menschenrechte und Demokratie demonstrierten. Ein Ausflug führte uns zur Großen Mauer und den Ming-Gräbern. Nach unserem Aufenthalt in Beijing flogen wir quer durch China. Wir besichtigten Xian, fuhren mit dem Schiff durch die eigenartigen Berge den Li Fluss hinunter und kamen über Xiamen nach Shanghai. Vom Fernsehturm hatten wir einen umfassenden Blick auf Fluss und Stadt. Von Shanghai flogen wir über Beijing nach Hause. Der Rückflug ging über die eindrucksvolle Wüste Gobi.

Tagungen und Vorträge in Polen, der Ukraine, Frankreich und Ungarn

Kraków

Professor Wójcik lud mich zu einem Hydrogen Bond Workshop ein, der vom 22. - 25. Oktober 1998 in Kraków in Polen stattfand. So kam ich wieder in diese schöne Stadt. Auf der Tagung sprach ich über: „*Li^+, Na^+, K^+ and Be^{2+} Bonds – IR Continua and Cation Polarizabilities of these Bonds*". Unsere Ergebnisse fasste ich wie folgt zusammen:

„Not only hydrogen bonds but also Li^+ and Na^+ bonds may show large Li^+ or Na^+ polarizabilities, respectively. For intramolecular heteroconjugated Li^+ bonds, as for hydrogen bonds, the $^-OLi^+ \cdots ON \rightleftharpoons {}^-O \cdots Li^+ON$ equilibrium can be shifted if the electron density at the NO group is changed by the substituents. The same is true with the Na^+ bonds which are already below the coalescence point.
The cation polarizability decreases in the series H^+, D^+, Li^+, Na^+, K^+. Also systems with two or four Li^+ or Na+ bonds may show cation polarizabilities due to collective cation motion.
The Be^{2+} ion may fluctuate in a very narrow, probably four minima potential or a potential without barriers. Therefore, the absorbance of such systems is shifted toward higher wave numbers.
For crown ethers we show that one H^+, one Li^+ or one Na^+ may fluctuate in multiminima potentials. Due to this fluctuation these systems show large cation polarizability which depends strongly on the kind of cation present and on the size of the crown."

Auf Einladung von Frau Professor G. Puchovskaya nahm ich im selben Jahr an einer internationalen Konferenz über Wasserstoffbrücken teil, die von der National Academy of Science of the Ukraine veranstaltet wurde. Diese Tagung fand südwestlich von Kiew in einem Hotel statt, das in einem schönen Waldgebiet an einem See liegt. Ich wanderte häufig, einmal auch zusammen mit meinen Kollegen, insbesondere mit Lucjan Sobczyk, um diesen See. Auf der Tagung hielt ich einen Vortrag mit dem Titel: *„The Active Center of Aspartate Proteases – An FTIR Spectroscopic Study"*. Kiew

Professor Henryk Ratajczak war zu dieser Zeit Direktor der Vertretung der Polnischen Akademie der Wissenschaften in Paris. Auf seine Einladung hin hielt ich aus meinen „Ten Lectures" die Vorträge 1 und 3. Die Familie Ratajczak wohnte im Haus der Akademie in einer Dachterrassenwohnung mit herrlichem Blick über Paris und den Eiffelturm. Anläßlich meines Vortrags traf ich auch Professor Daniel Borgis, der sich schon früher ganz besonders für meine Arbeiten interessiert hatte und meine Protonenpolarisierbarkeit in *„Zundel polarizability"* umgetauft hat. Paris

Im September 1999 reiste ich mit Renate wieder über Prag nach Polen zu einer Tagung in Świeradów Zdrój im Riesengebirge. Meinen Vortrag über *„Hydrogen Bonds in Crystals"* fasste ich wie folgt zusammen: Świeradów Zdrój

„In conclusion we can say that in liquids the induced dipole interaction of the hydrogen bonds with large proton polarizability is responsible for the broad distribution of transitions. The intensity of the continuum is increased by the interaction of these bonds with the phonons and polaritons of the thermal bath. In crystals the continuity of transitions arises due to the interaction of the hydrogen bonds with neighbouring hydrogen bonds with large proton polarizability via proton dispersion forces. The fluctuation motion of the protons in neighbouring bonds occurs more or less correlated. The intensity of these continua is increased by the interaction of the polarizable bonds with the lattice phonons."

Świeradów Zdrój liegt in einer schönen Mittelgebirgslandschaft. Nach meinem und Olovsons Vortrag stiegen wir mit Bogdan auf den Bergkamm, auf dem die polnisch-tschechische Grenze verläuft. Man hat dort

Waldschäden

nach beiden Seiten einen herrlichen Blick. In der Kammlage ist der Wald leider durch den sauren Regen, der lange Jahre aus der braunkohlebeheizten ehemaligen DDR herüberzog, fast völlig vernichtet. Große Teile des Waldes haben sich in Blößen verwandelt. Da keine Fichten mehr aufkommen, sollte man Lärchen oder noch besser die säureliebenden Douglasien einbringen.

Zwischenstopp in Prag

Auf der Rückreise genossen wir bei blauem Himmel zwei Tage Prag. Wir besuchten dort unter anderem das Jüdische Viertel mit seinem Friedhof und die Burg, den Hradschin. Im malerischen Städtchen Krumlow machten wir auch noch Halt, wo wir das kleine Egon-Schiele-Museum besichtigten.

Von der Buckligen Welt nach Szeged

Im Herbst 2000 trafen wir uns mit Sonja und Heiner Noller im Burgenland in der Buckligen Welt, wo wir schöne Wanderungen unternahmen und das von der Berghof Stiftung maßgeblich geförderte „Europäische Museum für Frieden" auf Burg Schlaining besuchten, das im Mai 2000 eröffnet worden war.
Von der Buckligen Welt fuhr ich mit Renate zu einer Tagung über das Bakteriorhodopsin, die in Szeged in Ungarn stattfand. Wir blieben zwei Tage in Budapest, wo wir im Hotel Gellert wohnten. Leider tagte Erika Kálmán, die ich gerne wieder gesehen hätte, in London.
In Szeged traf ich auch Professor Camille Sandorfy aus Montreal wieder. Ich hielt einen Vortrag über den Protonenkanal im Bakteriorhodopsin. Man ließ mich, obwohl Morgenmensch, abends gegen 22 Uhr sprechen. Wie mehrere interessante Diskussionen am nächsten Tag zeigten, kam mein Beitrag dennoch gut an.

Publikationen in den USA und Russland

Advances in Chemical Physics

Review Artikel

Bereits kurz nach meiner Rückkehr aus Dublin erhielt ich einen Brief von Stuart Rice. Ich machte mich eilends daran, die „Ten Lectures" in einen Review-Artikel umzuarbeiten. Zu Beginn des neuen Jahrtausends ist dieser 217 Seiten lange Artikel *„Hydrogen Bonds with Large Proton Polarizability and Proton Transfer Processes in Electrochemistry and Biology"* mit 189 Abbildungen und 300 Referenzen im Band 111 der „Advances in Chemical Physics" erschienen.

Dedicated to the memory of Professor Dr. Mikhail Iosifovich VINNIK

PROTON POLARIZABILITY OF HYDROGEN BONDS AND HYDROGEN BONDED SYSTEMS

© 2001 Georg Zundel*

Представляем читателям нашего журнала обзорную статью известного немецкого химика профессора Георга Цунделя, которую он любезно согласился написать по предложению редколлегии.

Профессор, доктор Георг Цундель родился 17 мая 1931 года в немецком городе Тюбингене. Изучал физику в университетах Мюнхена и Франкфурта-на-Майне.

В 1961 году окончил Мюнхенский Университет имени Людвига Максимилиана с дипломной работой: «ИК- исследование ионного обмена на полистирольной основе». (IR investigation of ion exchange on polystyrene basis) (с оценкой summa cum laude).

С 1961 года возглавлял исследовательскую группу по изучению межмолекулярных взаимодействий и сольватации с использованием спектроскопических методов. Целью этих исследований было углубление понимания электрохимических и биологических процессов на молекулярном уровне. В 1964/1965 провел трехмесячную научную стажировку в Институте химической физики АН СССР (Москва) в группе профессора М.И.Винника**. В 1967 году получил право читать лекции в Мюнхенском Университете. В 1970 году совместно с Е.Г.Вайдеманом открыл широкую протонную поляризуемость водородных связей (large proton polarizability of hydrogen bonds). С 1974 года был профессором Мюнхенского Университета. Читал четырехсеместровые курсы лекций: физические методы в биологии, биологические мембраны, транспортные процессы, биоэнергетика, биофизическая химия генетического вещества. Под руководством профессора Г. Цунделя выполнено 50 дипломных работ и 40 кандидатских диссертаций.

В 1972 принимал участие в организации "Berghof Foundation for Conflict Research". С тех пор является членом правления.

Хобби: лесоводство, сельское хозяйство, исследование конфликтов и миротворчества.

Имеет около 310 научных публикаций в международных журналах. В 1969 году – монография «Гидратация и межмолекулярное взаимодействие». В 1972 г. в издательстве Мир (Москва) издан расширенный русский перевод. В 1976 г. – один из редакторов трехтомника «Водородная связь» (North Holland Publ.Co.). Обзорная статья "Hydrogen Bonds with large Proton Polarizability and Proton Transfer Processes in Electrochemistry and Biology" (in Advances in Chemical Physics, Vol.111, pp.1-217. I.Prigogine and St.A.Rice Eds., John Wiley & Sons Inc., Chicago, 2000)

Редколлегия пользуется случаем поздравить автора с 70-летием и пожелать ему здоровья и творческих успехов.

---

* *Ludwig Maximilians Universität, Institute for Physical Chemistry, Butenandtstr. 5-13, D-81733 Munich, Germany. Mailing address: Bruno Walter Straße 2, A-5020 Salzburg, Austria.*

** *Автор посвятил эту статью памяти профессора М.И.Винника, которому 25 мая 2001 года исполнилось бы 80 лет. Краткие сведения об этом крупном советском физико-химике приведены сразу после статьи профессора Г.Цунделя.*

Artikel zum Gedenken an Dr. Winnik

Im Mai 2001 schrieb mir Dr. Mchedlov Petrossyan von der Universität Charkow, dass er ein Gedächtnisheft für den verstorbenen Dr. Mikhail Winnik herausgeben wolle, der am 25. Mai seinen 80. Geburtstag gefeiert hätte. Er bat mich, den Cover-Artikel zu schreiben. Dies tat ich gerne. In dem Artikel: *„Proton polarizability of hydrogen bonds and hydrogen-bonded systems"* fasste ich unsere alten Arbeiten zusammen. Diesem Artikel wurde mein Lebenslauf in russischer Sprache vorangestellt (siehe S. 389). Mit einigen Begriffen gab es Schwierigkeiten, so z.B. bei der Übersetzung des Begriffs Konfliktforschung. Ich behob dieses Problem mit Unterstützung eines Dozenten der Salzburger Universität. Wie der letzte Satz zeigt, gratulierte mir die Redaktion zu meinem 70. Geburtstag und wünschte mir Gesundheit und viel Erfolg in meinem kreativen Schaffen. Der Artikel, meine 310. Dichtung, erschien noch 2001 in Heft 7 der Universitätsnachrichten von Charkow.

Cover-Artikel

Vom Physikalisch-Technischen Laboratorium Berghof zur Zundel Holding

Die Geschichte der Berghof Firmengruppe, die aus meiner 1966 erfolgten Gründung der „Physikalisch-Technischen Laboratorium Berghof GmbH" hervorging, ist eine durchaus wechselvolle, mit Höhen, Tiefen, mit stetiger Anpassung an sich verändernde Märkte und technische Entwicklungen.

Das „Physikalisch-Technische Laboratorium Berghof" hatte sich in dem 1971 errichteten neuen Laborgebäude zu einem Forschungsinstitut entwickelt. Als Geschäftsführer fungierten Hans Metzger und Heiner Strathmann. In unserem Institut herrschte eine äußerst unkonventionelle Atmosphäre. Man arbeitete nicht nur zusammen, man betrieb Gartenbau auf dem Gemüseland meiner Mutter und spornte sich zu bergsteigerischen (Kilimandscharo!) und anderen sportlichen Aktivitäten an. Es sind zahlreiche heitere Geschichten aus dieser Zeit überliefert. So meinte unser Mitarbeiter v. Mylius, seinen Gartenanteil könne man gleich zubetonieren. Zum Erstaunen aller entwickelte er sich jedoch zu einem ehrgeizigen Gärtner, der seine Blumen mit dem Pinsel bestäubte und seine Saatreihen mit dem Meterstab anlegte. Hans Metzger, ein großer Freund von Süßem, verdonnerte jeden Mitarbeiter, der über Nacht ein Fenster offen stehen ließ, dazu, ihm eine Tafel Schokolade zu spenden.

Forschungsinstitut

Elektrochemie, Membranfiltration, Kunststofftechnik

Selbstverständlich wurde ernsthaft gearbeitet. Die Forscher beschäftigten sich schwerpunktmäßig mit Elektrochemie, Membranfiltration und Kunststofftechnik. Auf diesen Gebieten wurde nicht nur mit Mitteln des BMFT (Bundesministerium für Forschung und Technologie) geforscht, es wurden Patente und Lizenzen für Membranen verkauft, Produkte entwickelt und vertrieben, so z.B. Druckausgleichselemente aus porösem PTFE (Teflon) für Elektronikgeräte in Kraftfahrzeugen. Der Bereich der Fluor-Kunststofftechnik wird seit 1985 verantwortlich von Herrn Peter Bräkow geleitet, der seit 1968 „Berghofler" ist. Im Jahr 1976 übernahmen wir das Elektrounternehmen Pfleiderer & Co. in Eningen, an dem wir beteiligt waren. Damit entstand der Geschäftsbereich Automationstechnik. Auch hier wurde fleißig Entwicklungsarbeit geleistet, insbesondere auf dem Gebiet der Serienanwendung von Mikroprozessor-Chips in industriellen Mikrocomputer-Steuerungssystemen. Berghof gehörte zu den ersten Unternehmen in Deutschland, welche die in den USA entwikkelten Mikroprozessor-Chips für die industrielle Serienanwendung in Maschinensteuerungen einsetzten. Die „Väter" dieser Entwicklung waren der Ingenieur Richard Häußermann und der Physiker Friedrich Arnold, die heute noch in unserem Unternehmen mitwirken. Innovative Produkte, wie Warngeräte gegen Pilzkrankheiten im Obst- und Weinbau und ein Biokalorimeter wurden entwickelt und auf den Markt gebracht. Mit vielen Produkten waren wir der Zeit voraus, d.h. die Zeit war noch nicht reif für eine erfolgreiche Vermarktung.

Automationstechnik

Analytik-Labor

1976 wurde Dr. Kock als Sachverständiger vereidigt und übernahm die Leitung des Analytik-Labors in Tübingen. Dieses Labor arbeitet noch heute für die internen Entwicklungsgruppen, bietet aber auch Kommunen und Industrie seine Dienste an. Nikolaus Rombach, der 1976 als Chemieingenieur zu Berghof stieß, ist ebenfalls vereidigter Sachverständiger und heute Geschäftsführer der „Berghof Products + Instruments" sowie der „Berghof Analytik und Umwelttechnik."

Beirat

1977 berief ich einen Beirat, um bei Entscheidungsfindungen ein breiteres Spektrum von Meinungen zu haben. Die ersten Beiräte in diesem krisenbelasteten Jahr waren Dr. Hans Braun von der Heilbronner Bank und Günter Bauer vom Institut Dr. Förster. Nach dem Ausscheiden von Dr. Braun 1982 wirkte Dr. Ernst Zehender, den ich als Entwicklungsleiter der Robert Bosch GmbH kannte, im Beirat mit. Zur gleichen Zeit schloss sich Dr. Hans Boeters, Chemiker und Patentanwalt aus München, unserem Gremium an. Als Dr. Zehender 1998 altersbedingt ausschied, führte Dr. Günter Ammon die Tradition fort und brachte seine Erfahrungen aus dem Unternehmen Bosch bei uns ein. Der Beirat hat sich in vielen kritischen Situationen bewährt und durch Augenmaß und Sachverstand einen wesentlichen Beitrag für die Berghof-Gruppe geleistet.

BLA

Im Jahr 1982 verlegten wir den gesamten Produktionsbereich von Tübingen nach Eningen bei Reutlingen. Die Bereiche Labor- und Kunststofftechnik sowie Automationstechnik firmierten nun unter „Berghof Labor- und Automationstechnik" (BLA).

BFA

Im Jahr 1986 erfolgte die Gründung der „Berghof Filtrations- und Anlagentechnik". Hier wurden und werden u.a. Ultrafiltrationsanlagen zur Öl-/Wassertrennung gebaut sowie verschiedene Membranen für die Filtertechnik entwickelt. Die Serienproduktion von UF-Rohrmembranen wurde in Angriff genommen. Der heutige Einsatzschwerpunkt ist die Membranbioreaktortechnik (MBR), in der organisch belastete Abwässer umweltschonend aufbereitet werden.

BAU

Seit 1990 firmiert das Tübinger Analytiklabor unter „Berghof Analytik und Umwelttechnik" (BAU). Heute beschäftigt dieser Firmenzweig auch eine Gruppe, die sich mit Ingenieurdienstleistungen im Bereich der Umwelttechnik befasst. Der Schwerpunkt liegt hier bei der Sanierung von Altlasten und kontaminierten Böden.

Gründungen im Osten Deutschlands

Nach der deutschen Wiedervereinigung gründeten wir in Mühlhausen, Thüringen, die „Berghof Elektronik Mühlhausen" (BEM) sowie in Chemnitz die „Berghof Analytik und Umwelttechnik" (BAU Chemnitz).

„25 Jahre Berghof" in der Friedrich-List-Halle in Reutlingen; v.l.n.r.: Gerhard Konzelmann, Barbara und Richard Häußermann; Georg Zundel; Hermann Schauffler, Wirtschaftsminister von Baden-Württemberg; Edgar Wais, Landrat.

25 Jahre Berghof

Im Jahr 1991 wurde der Neubau der „Berghof Filtrations- und Anlagentechnik" mit einem Betriebsfest eingeweiht, gleichzeitig wurden „25 Jahre Berghof" gefeiert. Im März des darauffolgenden Jahres feierten wir dieses Jubiläum mit Kunden, Lieferanten, Banken- und Behördenvertretern in der Friedrich-List-Halle in Reutlingen. Der Fernsehjournalist Gerhard Konzelmann sprach zum Thema „Konfliktstoff Islam – Auswirkungen auf den Weltfrieden".

Anfang 2003 beschlossen wir die Neugliederung und die Zusammenführung der zueinander passenden Produkte in vier Firmen unter dem Dach der „Zundel Holding":

ZUNDEL HOLDING

ZUNDEL Holding GmbH & Co. KG • Tübingen • Eningen Geschäftsführer: Renate Zundel Dipl.-Ing. (FH) Richard Häußermann	BERGHOF Dachgesellschaft

AUTOMATION

BERGHOF Automationstechnik GmbH • Eningen • Mühlhausen/Thüringen Geschäftsführer: Dipl.-Ing. (FH) Benno Hagel	Komponenten und Systeme für die industrielle Automation. Maschinen- und Anlagensteuerungen, OEM Lösungen, Testsysteme, Bahn-Automation.

UMWELTTECHNIK

BERGHOF Analytik + Umweltengineering GmbH & Co. KG • Tübingen • Chemnitz • Weingarten Geschäftsführer: Dipl.-Ing. (FH) Nikolaus Rombach	Ingenieur- und Laborleistungen für Industrie und öffentliche Hand
BERGHOF Filtrations- und Anlagentechnik GmbH & Co. KG • Eningen Geschäftsführer: Dipl.-Ing. (FH) Richard Häußermann	Entwicklung und Herstellung von Membranen. Industrielle Anlagen für die Prozess- und Umwelttechnik.
BERGHOF Products + Instruments GmbH • Eningen Geschäftsführer: Dipl.-Ing. (FH) Nikolaus Rombach	Geräte für Synthese- und Analyselaboratorien. Kundenspezifische Konstruktionsteile, Halbzeuge und Fertigteile aus Fluorkunststoffen.

Auch diese nunmehr vierzigjährige Geschichte der Berghof Firmengruppe erforderte meinen finanziellen und persönlichen Einsatz. Es gab schwierige Zeiten, in denen Personalabbau unumgänglich war. Ich kann aber mit Freude feststellen, dass heute 19 % aller Mitarbeiter bereits 20 bis 40 Jahre bei Berghof tätig sind. Weitere 34 % aller Mitarbeiter gehören der Berghof-Gruppe 10 bis 19 Jahre an. Der dienstälteste Mitarbeiter, Erich Holder, trat vor 45 Jahren in die von uns übernommene Firma Pfleiderer ein und arbeitet bis heute bei Berghof. Ohne unsere fähigen und zuverlässigen Mitarbeiter wäre es mir unmöglich gewesen, neben meiner wissenschaftlichen Arbeit auch unternehmerisch tätig zu sein.

Treue Mitarbeiter

Besonders danken will ich Hans Metzger, der den Aufbau maßgeblich gestaltete und bis September 1979 das Unternehmen leitete, sowie Richard Häußermann, der seit 1971 bei Berghof tätig ist. Ab 1983 war Richard Häußermann Geschäftsführer im Bereich Automationstechnik und verschiedenen anderen Firmen der Berghof-Gruppe. Seit 1999 ist er Geschäftsführer der Zundel Holding. Darüber hinaus sorgt er mit großem Engagement für einen zukunftsfähigen Ausbau des Bereichs der Filtrations- und Anlagentechnik. Mein Dank gilt jedoch ebenso allen altbewährten und neuen Mitarbeiterinnen und Mitarbeitern, die mit ihrer Arbeit zum Erfolg der Unternehmensgruppe beitragen.

Besuch unserer Firma in Mühlhausen in der ehemaligen DDR

Renate hatte die Idee, eine der jährlichen Beiratssitzungen in der Firma Berghof Elektronik in Mühlhausen abzuhalten. So fuhr ich mit Georg im Spätsommer 1999 nach Mühlhausen, Renate und Maxim kamen mit dem Zug.

Unser langjähriger Mitarbeiter Benno Hagel war für den Aufbau des Mühlhausener Unternehmens verantwortlich. Er war 1978 als Softwareentwickler bei Berghof ins Berufsleben eingestiegen und ist heute Geschäftsführer der Berghof Automationstechnik. Nach unserer Sitzung besichtigten wir den Betrieb und machten uns mit den Mitarbeitern bekannt. Das Städtchen Mühlhausen, nach der Wende wunderschön restauriert, wirkte ansonsten recht verschlafen.

Dresden

Weiter fuhren wir nach Dresden. Wir besichtigten die Stadt ausführlich, insbesondere die Semperoper, die Baustelle der Frauenkirche, den Zwinger und das „Grüne Gewölbe". Im Stadtviertel Weißer Hirsch über der Elbe sahen wir nach dem Haus, dessen Wiederaktivierung und Renovierung wir durch Vermittlung der Baden-Württembergischen Bank

übernommen hatten. Mit dem Schiff fuhren wir die Elbe aufwärts zum Schloss Pillnitz. Unter den Kurfürsten August dem Starken und August dem Gerechten entwickelte sich Pillnitz im 18. Jahrhundert vom Lustschloss zur Sommerresidenz, in der Kunst und Wissenschaft ihren Platz fanden. Die Gartenanlage mit vielen exotischen Bäumen gefiel mir besonders.
Mit Georg und Maxim fuhr ich über Prag nach Hause. Maxim staunte sehr über die Heerschar von Prostituierten, die nach der deutsch-tschechischen Grenze die Straße säumten.

Häusliche Veränderungen

Maxim maturiert

Im Juni 2000 maturierte auch Maxim. Er musste einige Monate auf seine Zivildienststelle beim Österreichischen Roten Kreuz warten und war dann als Begleiter von Krankentransporten in St. Martin bei Lofer stationiert.
Im Oktober sah ich eines Morgens in den Salzburger Nachrichten ein Bild von fünf jungen Waus – ein kleiner schwarzer, der ganz hinten im Körbchen saß, gefiel mir besonders. Die winselnde Gesellschaft war von zwei Damen aus Salzburg auf der griechischen Insel Santorin am Kraterrand aufgelesen worden. Vermutlich ist die Mutter durch einen Steinschlag umgekommen. Da ich schon lange wieder einen Hund haben wollte, meldete ich sofort mein Interesse an dem kleinen schwarzen an und vereinbarte, ihn am Abend abzuholen. Wenig später kam der Anruf, der Hund sei nicht mehr zu haben, eine Dame vom Gaisberg habe ihn mitgenommen. Zwei Tage später ein erneuter Anruf – der Hund sei zurückgebracht worden. Offensichtlich hat sich mein schlauer Dr. Wau schlecht benommen, vermutlich hat er auf den Teppich gepinkelt. Ich musste Renate das Versprechen geben, täglich mit dem Wau spazieren zu gehen. So kommt es, dass ich endlich wieder einen Hund habe. Johannes, der Griechisch gelernt hat, suchte den Namen Phylax – der Wächter – aus. Für mich ist er aber Herr Dr. Wau, mein 40. Doktorand.

Mein 40. Doktorand

Das Georgenbad

Georg, geübt im Bohren dicker Bretter, überzeugte mich nach mehreren Anläufen endlich vom Sinn und Zweck eines eigenen Schwimmbades. So entstand auf dem Sportrasen das Georgenbad. Da unser Gelände früher eine Sumpfwiese war, musste ein Fundament betoniert werden. Das vier mal acht Meter große Becken war auf einem Lastwagen aus dem Ruhrgebiet gekommen. Es wurde mit einem Autokran, der eine Ausladung von 60 Metern hat, in kürzester Zeit an Ort und Stelle gehievt und mit Flüssigbeton umhüllt. Seitdem bin ich – trotz (oder wegen) der vielen Wasserstoffbrücken – der Hauptbenutzer unseres Pools.

Phylax – Dr. Wau, Kläffologe

Solarinitiative Haistergau

Im Jahr 2000 wurde in Haisterkirch die Solarinitiative Haistergau gegründet. Dr. Ulrich Walz und Karl Merk aus Haisterkirch waren die treibenden Kräfte. Am 8. September 2001 wurde die Photovoltaikanlage, die auf dem Dach einer neu errichteten Gerätehalle am Hof der Familie Dorn in Hittisweiler installiert ist, eingeweiht. Auf einem Großbild-Display kann jeder Interessent laufend die Momentanleistung, die kumulierte Gesamtleistung und den CO_2-Spareffekt ablesen. In Verbindung mit einer Informationstafel soll diese Anzeige der Öffentlichkeitsarbeit dienen. Die Förderung der Alternativenergien ist für ein friedliches Zusammenleben der Menschen dringend notwendig.

Neues von der Berghof Stiftung

Hans-Götzelmann-Preis für Streitkultur

Ilse Götzelmann, die Witwe von Hans Götzelmann, der mir bei der Gründung und dem Aufbau der Berghof Stiftung eine große Stütze war, spendete im Jahr 2000 der Stiftung einen großzügigen Geldbetrag. Anlass war der 80. Geburtstages ihres verstorbenen Mannes. Renate und ich überlegten, mit diesem Betrag ein ganz spezielles Projekt zu fördern, damit die Stifterin auch nachvollziehen kann, was mit ihrer Spende geschieht. Wir überlegten, dass der konstruktive Umgang mit Konflikten früh eingeübt werden muss und schlugen im Stiftungsrat vor, dieses Lernen an Schulen mit einem Götzelmann-Preis zu fördern. Der Preis wird seit 2002 alle zwei Jahre an Kinder bzw. Jugendliche vergeben, die sich auf besondere Weise für Gewaltabbau und konstruktiven Umgang mit Konflikten engagieren. Die Jury, in der auch Renate mitwirkt, leitet Christine Merkel, die Mitglied unseres Stiftungsrates ist. Günter Gugel und Uli Jäger vom Tübinger „Institut für Friedenspädagogik" schreiben den Preis aus und gestalten die Preisverleihung.

Kinder- und Jugendpreis

Ilse Götzelmann ist dieser Preis ein Anliegen, das sie weiterhin unterstützt.

Georg-Zundel-Haus in Tübingen

Seit den 70er Jahren hat die Berghof Stiftung den „Verein für Friedenspädagogik Tübingen" unterstützt. Im Jahr 1983 stellten wir ihm in der Tübinger Bachgasse ein kleines Fachwerkhaus zur Verfügung. Die friedenspädagogische Arbeit des Vereins gewann zunehmend auch überregionale Bedeutung, und die öffentlich zugängliche Bibliothek nahm an Umfang zu. Die Stiftung erwarb deshalb im März 2001 ein wesentlich größeres Haus in der Tübinger Correnssstraße, das zweckmäßig um- und ausgebaut wurde – so stehen heute ein Seminarraum und eine Mediothek zur Verfügung. Das „Institut für Friedenspädagogik e.V." (vorher Verein für Friedenspädagogik e.V.) lud am 13. Juli 2002 zur feierlichen Eröffnung des Hauses ein, an der auch Brigitte Russ-Scherer, die Oberbürgermeisterin der Stadt Tübingen, teilnahm. Bei dieser Gelegenheit wurde der Hans-Götzelmann-Preis erstmals verliehen. Abgerundet wurde die Eröffnungsveranstaltung mit einem Podiumsgespräch zum Thema „2001 bis 2010 – Ein Jahrzehnt des Friedens?", an dem auch die damalige Bundesjustizministerin Herta Däubler-Gmelin, Tochter des

Institut für Friedens-pädagogik

langjährigen Oberbürgermeisters von Tübingen, teilnahm. Mit der Benennung „Georg-Zundel-Haus" bedankten sich die Tübinger Friedenspädagogen bei mir.

Das Georg-Zundel-Haus in der Tübinger Correnssstraße

Erweiterung des Berghof Forschungszentrums

Im Jahre 2001 schlug Norbert Ropers dem Stiftungsrat ein Projekt vor, das seine mehrjährige Abwesenheit vom Forschungszentrum notwendig machte: die Einrichtung eines Netzwerkes für Konfliktforschung und Konflikttransformation in Sri Lanka. Dieses Projekt bot die Chance, eine zentrale Zielsetzung der Berghof Stiftung, nämlich „die Entwicklung von Handlungsmodellen und ihre Überprüfung in der Praxis" mit dem von Norbert Ropers entwickelten Konzept der systemischen Konflikttransformation umfassend zu verwirklichen. Die Finanzierung des Projektes wurde vom deutschen BMZ (Bundesministerium für wirtschaftliche Zusammenarbeit und Entwicklung) und der EDA (Schweizer Außenministerium) übernommen.

Sri Lanka Projekt

In Berlin ließ sich Norbert Ropers ab Juli 2001 von Reiner Steinweg und ab 2003 von Dr. Martina Fischer, seit 1999 Mitarbeiterin des Berghof Forschungszentrums, vertreten. Zu Beginn des Jahres 2002 schlug uns Reiner Steinweg eine Erweiterung der Berliner Räumlichkeiten vor. Dies war

An- und Umbau

sinnvoll, denn unser Haus in der Altensteinstraße wurde langsam eng. Wir entschlossen uns zu einem Anbau, der heute einen Konferenzraum, die Bibliothek, ein Archiv und zwei zusätzliche Arbeitsräume beherbergt. Den Altbau renovierten wir von Grund auf. Das neue Haus konnte bereits im Herbst 2003 mit einer Stiftungsratssitzung eingeweiht werden.

Das erweiterte „Berghof Forschungszentrum für konstruktive Konfliktbearbeitung" in Berlin, Altensteinstraße

Berghof Foundation for Peace Support

Norbert Ropers entschloss sich im Jahr 2004, die Leitung des Berghof Forschungszentrums ganz abzugeben, da er seine Tätigkeit in Sri Lanka zu diesem Zeitpunkt nicht, wie geplant, beenden konnte. Er gründete mit Johannes die „Berghof Foundation for Peace Support" (BFPS). Geplant ist die Durchführung weiterer umfassender Projekte zur Unterstützung von Friedensprozessen in Kooperation mit lokalen Partnern. Zu den Aufgaben dieser Stiftung gehört, neben der administrativen Unterstützung und Koordination von Projekten, vor allem die systematische Aufarbeitung und Reflexion der Praxiserfahrung. Die Geschäftsführung liegt bei Norbert Ropers und Oliver Wils. Ihren Sitz hat die BFPS im Berghof Forschungszentrum in der Altensteinstraße. Unser Haus beherbergt somit zwei eng kooperierende, aber juristisch getrennte Einrichtungen.

Unterstützung von Friedensprozessen

Ernennungen

David Bloomfield

Als neuer Leiter des Berghof Forschungszentrums wurde im Herbst 2004 der Ire Dr. David Bloomfield bestellt.
Renate führt seit vielen Jahren die Geschäfte der Berghof Stiftung. Im Dezember 2004 bestellte ich unseren Sohn Johannes ebenfalls zum Geschäftsführer.

Ausklang und Zukunft

Am 28. Januar 2003 wurde mir im Roten Rathaus in Ostberlin von Bürgermeisterin Karin Schubert das Große Verdienstkreuz der Bundesrepublik Deutschland überreicht. Damit wurde mein Engagement für den Frieden gewürdigt.
Die gewaltige Auseinandersetzung des Zweiten Weltkrieges, die während meiner Kindheit und Jugend stattfand, hat mich entscheidend geprägt. Es resultierte hieraus mein Widerstand gegen die Wiederbewaffnung, mein Einsatz in der Anti-Atom-Bewegung und schließlich die Gründung der Berghof Stiftung für Konfliktforschung.
Unserer heutigen Jugend fehlen derartige Erfahrungen. Es scheint mir daher von allergrößter Wichtigkeit, die in der Gesellschaft schwelenden Konflikte bewusst zu machen und Strategien zu erarbeiten, die eine friedliche Lösung dieser Konflikte ermöglichen.

Anhang

Anhang 1

Berichte und Ereignisse vom Kriegsende in Haisterkirch

aufgezeichnet während der Zeit von Ende April 1945 bis Mitte 1948 und Oktober 1948 (Ende Oktober Übersiedlung von Haisterkirch nach Ravensburg) von Maria Knöpfler, Frau des Haisterkircher Oberlehrers Georg Knöpfler

20. April 1945 gegen 6 Uhr abends kamen meine beiden Nichten Rita und Agathe Winz von Singen mit ihren Fahrrädern vor unserer Wohnung (im Wilhelm Bosch'schen Haus) an und wollten ihre bei uns untergebrachten Kleider etc. holen. Sie erzählten dann, dass unterwegs schon Panzer und Fahrzeuge von unseren Truppen und auch schon feindliche Kolonnen ihnen begegnet seien. Am frühen Morgen sollten sie wieder weiter heimwärts fahren, doch kaum waren sie vom Hause weg, wollten schon herumstreunende Polen ihnen die Räder abnehmen. Da blieb nichts übrig, als auf der Kommandantur sich Ausweise zu verschaffen, dass die beiden Mädchen in wichtiger Angelegenheit mit Recht auf die Fahrzeuge bis in ihre Heimatstadt durften. Erst nach etlichen Wochen hörten wir dann, dass sie wohlbehalten angekommen seien, obwohl ein paarmal sie visitiert wurden.

Ende April 1945
Sonntag 30.4. Durchmarsch deutscher Truppen, abends Abmarsch der hiesigen Kompagnie; dabei werden Pferde und Wagen für den Abtransport beschlagnahmt.
Montag 1. Mai 1945: Dieter Kloos hilft uns bei der Gartenarbeit, bzw. dem Eingraben von Wertsachen (wie silbernes Besteck etc.).
Am Abend wurden 3 deutsche Offiziere bei uns einquartiert, die aber mit den requirierten Pferden und Wagen weiterzogen.
Montag sonst Stille im Dorf.
Dienstag 2.5. hörten wir, dass die Panzerspitzen der französischen de Gaulle Armee von Aulendorf her in Waldsee eintrafen. In Waldsee selbst war schon einige Tage vorher und auch an diesem Tag großer Ausverkauf der aufgestapelten Vorräte fürs Militär nun an die Bevölkerung. Es wurden Kakao, Zucker, Butter, Eier und große Blockschokoladeriegel ausgegeben. Das Anstehen vor den Geschäften wurde zur Qual, da die Volksmenge immer erregter wurde.
Vor dem Waldsee'r Rathaus kam es zu einem Volksaufstand, da immer noch nicht entschieden war, ob die Stadt verteidigt werden sollte. In der ganzen Umgebung waren ja an den Strassen und Durchgangszentren Panzersperren gebaut worden. So war auch eine derartige Sperre vor der Straße nach Haisterkirch, im Wald vor der Markierungstafel.
In Haisterkirch war schon beschlossen worden, keinerlei Widerstand zu leisten, da es doch ein aussichtsloses Unternehmen wäre, ohne Waffen den feindlichen Truppen entgegen zu gehen. Jedoch in der Nacht vom Dienstag auf Mittwoch waren die starken Panzersperren von der in Waldsee liegenden SS geschlossen worden.

[1] Die Aufzeichnungen sind handschriftlich erfolgt. Bei der Abschrift wurden Flüchtigkeitsfehler korrigiert und die Zeichensetzung etwa den heute gültigen Regeln angepasst. Rechtschreibung und Satzkonstruktionen wurden dagegen unverändert übernommen. Unterstreichungen wurden durch Kursivsatz kenntlich gemacht, heute nicht mehr gängige Abkürzungen wurden aufgelöst.

Auf Anraten einiger hiesiger Männer, darunter Herr Zundel, wurden die Hindernisse in der Frühe des Mittwoches beseitigt und das Schicksal abgewendet worden. Schon am Morgen des Mittwochs (3. Mai) gegen 1/2 10 Uhr erschienen 3 Panzerspähwagen, die mit einem Flugzeug, das das Dorf überflog, in dauernder Verbindung standen, und fuhren durch die geöffneten Sperren ins Dorf hinein. Am Weltehof (1. Hof beim Dorfeingang) war eine weiße Flagge aufgezogen und so ergab sich Haisterkirch kampflos den französischen Soldaten.
Am Sonntag zuvor (30.4.) rollten ununterbrochen noch deutsche Fahrzeuge vorüber dem Weg nach Haidgau und Ehrensberg.
Frau Hielscher, die in Haisterkirch sich einquartiert hatte, wollte ihren reichen Weinbestand zuerst in unserem Haus unterbringen; dann nach abschlägigem Bescheid, versteckte sie die Flaschen in einer kleinen Brunnenstube im gegenüberliegenden Feld. Dabei wird sie von der lieben Nachbarschaft beobachtet und muß sie selbst, nach dieser Anzeige, an die im Dorf einquartierten Franzosen ausliefern!
In Graben brennt der Hof von Mohr ab. *In Osterhofen nehmen Polen den Bauern Franz Sonntag (genannt Veit) mit nach Waldsee, wo sie ihn erst ein Grab ausschaufeln ließen und nachher erschossen und verscharrten!!* (Erst viel, viel später wurde der Ermordete aufgefunden und auf dem Friedhof in Haisterkirch beerdigt.)

Am 29.4.45 wieder Durchmarsch von gepanzerten Fahrzeugen, Geschütze etc. in rauhen Mengen auf der Straße nach Haidgau.
In der Nacht zum Mittwoch lag Artilleriefeuer bis kurz hinter dem Dorf. Die Granaten pfiffen ganz nieder über die Dächer der Höfe und etliche Blindgänger und Falschtreffer gingen hauptsächlich am Weg nach St. Sebastian nieder. Doch wurde dort nur leichter Schaden verursacht. Bei unserem Nachbarn Sebastian Mayerhofer gingen die Fensterscheiben des ganzen Hauses in Scherben, da eine Granate in seinem Obstgarten explodierte.

Dieser Beschuß galt aber nicht Haisterkirch, sondern war „die Haid", das Wurzacher Ried und der Wald bei St. Sebastian das Ziel der Abschüsse, da sich an diesen Orten zurückziehende SS-Truppen verborgen gehalten hatten. In dieser Nacht waren wir Hausbewohner (Papa, Mama, Gretel, Putti und Frau Damberger, die seit einiger Zeit bei uns wohnte) im Keller, da man nie wusste, ob nicht Einschläge im Dorf erfolgen.

Nur zu gut erinnerten wir uns der aufregenden Nächte, die wir teils im Freien, teils im Keller verbrachten, als ganze Geschwader amerikanischer Bomber über uns hinwegflogen und Ulm und München in Schutt und Asche legten.

An einem der letzten Apriltage fuhr die ganze Suite des Marschall Petain durch Haisterkirch. Petain hatte während der Besetzung Frankreichs durch die deutschen Truppen das Schloss in Sigmaringen als Wohnung zugewiesen bekommen und von da aus die Vertretung der französischen Regierung übernommen.
Nun flüchtete der ganze Stab vor den eigenen Landsleuten und die Deutschen verhalfen der ganzen Suite (mit Autos etc.), dass er über Haisterkirch-Haidgau weiter nach dem Allgäu und von dort bis Lindau / Bodensee in die Schweiz sich retten konnte.
Doch schon in Romanshorn wurde das ganze Gefolge einschließlich Dolmetscher etc. von der Schweiz direkt nach Frankreich ausgeliefert!!
In Frankreich mußte sich der Maréchal vor der neuen Regierung verantworten und wurde etwas später von einem Kriegsgericht verurteilt. Nur sein hohes Alter und auch seine nicht wegzuleugnenden Verdienste für das französische

Heer bewahrten ihn vor dem schimpflichen Tode des Erhängens. Als Exil wurde ihm ein altes düsteres Schloß auf einer Insel angewiesen. (Im Frühjahr 1950 feierte der alte Herr dort seinen 80-zigsten Geburtstag und nur seine Frau allein durfte ihn besuchen. Sie brachte ihm aber eine Menge von Glückwünschen von allen Freunden, die dem Maréchal die harte Zeit der Verbannung für kurze Stunden vergessen ließen und freundlichere Erinnerungen brachten.)
Von dieser Suite des Marschalls hatte ein Privatwagen eines hohen französischen Offiziers mit seiner Dolmetscherin am Dorfausgang bei Neyer's Haus eine Panne, und der Fahrer versuchte mit allen Mitteln so rasch wie möglich den Schaden zu beheben, um den Anschluß an die Kolonne nicht zu verlieren. Ich bat inzwischen die Dame und den Offizier zu uns ins Haus und schaute, daß einer der Dorfjungens dem Fahrer half. Endlich nach mehr als 1 Stunde gelang es, den Wagen wieder fahrbereit zu machen und nach herzlichem Dank seitens der Wageninsassen fuhren sie den Berg nach Haidgau hinauf. Es war höchste Eile geboten, da in Lindau das bereitgehaltene Schiff nur eine gewisse Zeit auf Nachzügler wartete.
Während der folgenden Woche blieb Haisterkirch vor größeren Plünderungen verschont und war unser Dorf eine der wenigen Ortschaften, die beinah normale Verhältnisse aufzeigen konnte. Die Belieferung der Zivilbevölkerung bzw. der Nichtlandwirte mit Nahrungsmitteln wurde alsbald in die Wege geleitet und Butter, Mehl und Brot auf den Haushaltpass ausgegeben.
Es waren dies gewiß kleine und kleinste Mengen, doch war damit wenigstens eine sichere Zuteilung gewährleistet.–
Am 25. April lagen bei Durchzügen der französischen Truppen ziemlich viele Neger und Andersfarbige hier im Quartier. Der größte Teil war in den beiden Schulsälen untergebracht, ein kleiner Teil in Privatquartieren. In dieser Nacht wurde ein Mädchen von Haisterkirch von einem Schwarzen vergewaltigt. Nach drei Tagen zog diese Abteilung weiter.
Am 1. Mai kamen wieder marokkanische Panzereinheiten hierher, die acht Tage vorher das Dorf passiert hatten, und nachdem sie bereits ihre Quartiere belegt hatten, auf Befehl weiter bis Sonthofen fuhren. Von dort kamen sie also wieder zurück. Diese Mannschaften, die Offiziere und Unteroffiziere waren gebürtige Franzosen, die dann in Privatquartieren, die Mannschaft wieder in der Schule, untergebracht waren. (Während der Nacht mußten die Haustüren offen gelassen werden, daher die 1. Vergewaltigung.)
Überall war man sehr zufrieden und es gab in der Zeit ihres hiesigen Aufenthalts vom 1.-4. Mai keine Klagen über Diebstähle, Vergewaltigungen etc. Wir selber hatten zwei Panzerunteroffiziere, beide gebürtig aus Paris. Da Gretel und ich sich gut auf französisch mit ihnen unterhalten konnten, war gleich ein nettes Zusammensein gewährleistet. Sie schieden daher sehr ungern von hier. Solange sie da waren, fühlten wir uns beschützt und sicher. Beim Abschied sagten sie, daß es ihnen sehr gut bei uns gefallen habe und sie gerne an Haisterkirch zurückdenken werden. An Weihnachten kamen tatsächlich von Beiden Glückwunschkarten aus Paris!
So erging es nach Aussagen beinahe allen, die Einquartierung hatten. –
Nun war das Dorf wieder 4 Tage lang ohne Belegung. Was kommt nun wohl das nächste Mal?
In der Zwischenzeit erfolgte der *Friedensvertrag.* Die bedingungslose Übergabe erfolgte am 8. Mai 1945, Dienstag Nacht 23.00 Uhr als letzter Kampftag. Zuerst kamen die alliierten Generäle in Reims, anschließend in Berlin zur Unterzeichnung des Waffenstillstandes zusammen. Unterzeichnet wurde in Karlshorst 22.05 von Luftmarschall Patter, General Spa, deut-

scherseits durch Generalfeldmarschall Keitel. Der Tod von Göbbels und seiner Familie wurde in Berlin bekanntgegeben und die Leichen gefunden. Von Hitler fand sich kein Leichnam, obwohl auch dessen Tod angesagt wurde. Das Gericht glaubte ihn noch am Leben. Nachfolger von Hitler wurde Großadmiral Dönitz. Der endgültige Waffenstillstand erfolgte in Moskau in der Nacht vom 8.-9. Mai, da noch immer in Kurland, der Insel Bornholm, Ostpreussen, Schlesien und vor allem in Prag gekämpft wurde. –

Am 8. Mai belegte die marokkanische Division vom Regiment Tabor, Pinguin vert, Haisterkirch. Mit zirca 800 Maultieren, 200 Pferden und ebensovielen dazugehörigen Offizieren und Mannschaften, zogen sie, bekleidet mit dem Haik, dem handgewobenen weiten Kapuzenmantel, im Dorf ein. Mit Bangen sahen alle Bewohner diesem unbekannten Treiben dieser Leute zu. 400 Mann wurden in Osterhofen, 200 in Hittelkofen und 300 in Haisterkirch untergebracht. Diese Mannschaften bestanden aus Arabern, Eingeborenen aus Marokko, Negern und Berbern; dazu kamen noch 100 Offiziere und Unteroffiziere, die meistens in Tunis und Casablanca in Marokko beheimatet waren, aber mindestens 10-20 Jahre bei dieser Truppe gedient hatten.

Am Mittwoch, den 9. Mai, wurde in Haisterkirch auf Befehl des französischen Ortskommandanten zum ersten Mal die französische Trikolore (blau-weiß-rot) gehißt.

Beinahe sämtliche Häuser in Haisterkirch, Osterhofen, Hittelkofen und vor allem Hittisweiler mußten aus Anlaß der Beendigung des Krieges kleine französische Fähnchen hissen. Innerhalb kurzer Zeit hatten die Frauen aus allen möglichen Fleckchen und Restchen die Wimpel zusammengenäht, um an den Häusern angebracht zu werden.

In Waldsee, das sehr viel unter der dortigen Besatzungstruppe zu leiden hatte, wurden an diesem Tag zum größten Teil weiße Fahnen gehißt. In Waldsee wurden Mädchen und Frauen aller Altersklassen vergewaltigt. –

Es sah für uns schon recht unheimlich aus, da man nicht erraten konnte, was und wer unter den Kapuzen hervorkam. Angenehm überrascht war dann die ganze Gemeinde, als es sich zeigte, dass diese Elitetruppe sehr gut in Form und Haltung war und der Verkehr mit der Zivilbevölkerung reibungslos vor sich ging. Mit diesem Regiment war echtes orientalisches Leben im Dorf eingezogen. Gleich am ersten Rasttag war für die farbigen Eingeborenen große Wäsche angeordnet. Turbantücher, Mäntel etc. wurden vor beinah jedem Haus von den Gruppen Brauner und Schwarzer Soldaten auf Bretter gelegt und auf dem Boden hockend gewaschen. Dabei wurde die Seife wahrhaftig nicht gespart. (Für uns war ja gute Seife seit langem ein kostbarer Artikel.) Für die einheimischen Zuschauer war es reichlich amüsant, den rhythmischen Sprüngen, gleichsam im Tanzen auf den Wäschestücken zuzusehen. Unzähligemale wurde die Wäsche gedreht und gewendet, um wieder mit den Füßen darauf herumzuspringen. Andere wieder kneteten ihre Hemden und Oberkleider und schlugen dieselben im Takt auf die Bretter. Es muß hier gesagt werden, daß der Erfolg ein verblüffender war, denn die Wäschestücke wurden hernach blütenweiß an Hecken und Gartenzäunen aufgehängt.

Überhaupt war das Großreinemachen bei dieser Truppe vorbildlich. Jeden Morgen wurde irgend etwas gewaschen und geputzt, seien es entweder Kleidung, Ausstattungsstücke wie Patronengurte oder ihre Karabiner. Am Leibe waren diese farbigen Soldaten außergewöhnlich reinlich.

Gravitätisch stolzierten abends die Neger, gleich dem Mohrenkönig in der Bibel, vor den Häusern auf und ab. Die Mehrzahl von ihnen waren wohlgewachsene Kerls mit Zähnen wie eine Perlenschnur. Eigenartig war aber die

für die einheimischen Zuschauer war es reichlich amüsant, den rythmischen Sprüngen, gleichsam im Tanzen auf den Wäschestücken, zuzusehen. Unzähligemale wurde die Wäsche gedreht und gewendet, um wieder mit den Füßen darauf herumzuspringen. Andere wieder kneteten ihre Hemden und Oberkleider und schlugen dieselben im Takt auf die Bretter. Es muß hier gesagt werden, daß der Erfolg ein verblüffender war, denn die Wäschestücke wurden hernach blüten weiß an Hecken und Gartenzäunen aufgehängt. Überhaupt war das Großreinemachen bei dieser Truppe vorbildlich. Jeden Morgen wurde irgend etwas gewaschen und geputzt, seien es entweder Kleidung Ausstattungsstücke wie Patronengurte oder ihre Karabiner. Am Leibe waren waren diese farbigen Soldaten außergewöhnlich reinlich.

Verpflegung dieser Mannschaften. Es gab keine Gemeinschaftsküche oder dgl. sondern je 3-6 Männer kochten sich im Freien auf einigen Ziegelsteinen, darauf mit den bei den Bauern geliehenen Kochgeschirren, ihre eigene Mahlzeit. Begehrt waren natürlich Hühner, die sie zum Teil aufkauften (durch Tausch mit den amerikanischen Rationen) oder stahlen. Die Zutaten nahmen sie von ihrer reichlich bemessenen Verpflegungsration. (Alles in amerikanischen Packungen und allererster Qualität.) Milch war bei den Eingeborenen sehr, sehr begehrt. Alkohol wurde an die Truppe nicht ausgeteilt und daher war auch der Hauptteil der Leute nüchtern und leicht lenkbar. Der Islam, dem die meisten angehörten, verbietet ja den Alkohol. Wie kleine Kinder freuten sie sich über alles Neue, das sie im Dorf sahen, und abends machten sie Spiele wie Ballschlagen etc.
Vor dem Schlafengehen ertönte dann der immer gleich auf- und absteigende Gesang der Indigeaines, wenn sie sich zum Gebet nach Osten (Mekka) wandten und ernst und feierlich ihre Gebete murmelten und sangen.
Am Sonntag, den 15. Mai war für die Mannschaften ein Fest angesagt. Mit Eifer und sichtlichem Vergnügen wurden Wettrennen auf den Maultieren ausgetragen. Dabei konnten wir Dorfbewohner die Reitkünste bewundern. Wie saßen doch die Kerls auf ihren Tieren! Ohne Sattel gings im Galopp bergauf, bergab, dazu ging alles mit viel Geschrei und Lärm vor sich. Eine andere Abteilung führte eine „Fantasie" vor. Auf prächtigen Pferden ritten diese, angetan mit blauen Überwürfen als Mantel und hellbraunen Turbanen, durchs Gelände und schossen dabei in sausendem Galopp ihre Flinten ab, machten Kehrtwendungen dazu, daß man jedes Mal glaubte, die Pferde würden bestimmt jeden Reiter abwerfen. Nach diesen Spielen gabs für alle Hammelbraten, der am offenen Feuer gebraten wurde. Nach Einbruch der Nacht wurden an den hergerichteten Lagerfeuern von den Eingeborenen Tänze aufgeführt: Für europäische Begriffe waren die „Tänze" ungewohnt; es waren eine Art Bauchtänze, durch Verrenkungen des nackten Oberkörpers dargestellt; dazu wurde der Rhythmus durch Händeklatschen angedeutet. Immer und immer ertönte dazwischen der eintönige Singsang, bei welchem die Goumiers ihre Taten und Erlebnisse in improvisierten Texten besangen.
Während dieser Einquartierung gab es einen Fall von „Vergewaltigung." Der Kommandant der Truppe hielt es für seine Pflicht, den Täter zu finden, der auch einwandfrei als solcher von den Kindern des Hauses erkannt wurde. Er sollte zuerst sehr strenge bestraft werden. Aber es wurde in mildere Haft umgewandelt, denn es stellte sich heraus, dass das angeblich *vergewaltigte* Mädchen, eine erst kürzlich durch Kriegsfolgen hierher zugereiste Person, nach mehreren Verhören zugeben mußte, daß sie [mit] den Schwarzen schon tags zuvor zusammen war und sie und 1 Pole den Mann mit Most und Schnaps traktiert hatten (dies war streng verboten). Auch hatte sie Geschenke, sowie einen goldenen Ehering und Geld angenommen.
Am darauffolgenden Pfingstsonntag nachmittags 1/2 4 Uhr erfolgte der Abmarsch der Truppe, die von hier wieder westwärts weiter wanderte.
So wie sie hier eingezogen waren, verließen sie das Dorf; alle Pferde, Maultiere und die Männer, wieder bekleidet mit den großen Kapuzenmänteln, um zu Fuß nach Titisee im Schwarzwald zu marschieren. Zur Erinnerung hatte der Arzt der Truppe ein krankes Pferdchen zurückgelassen, das bei guter Pflege dann viel Freude machte. –

In der Zeit vom Pfingstsonntag bis Ende Juli ereignete sich im Dorf nicht viel. Die große Landplage wurden die Polen, die sich durch Plündern und Diebstähle hervortaten. Fast jeder Pole war im Besitz von einem Motorrad, und die Polenmädchen hatten sich die besten Fahrräder angeeignet, ohne daß von irgendeiner Stelle dagegen eingeschritten wurde. Sogar polnische Offiziere, welche der in Schussenried und Biberach liegenden polnischen Legion angehörten, erschienen hier im Dorf und verlangten bei Zundel's mit vorgehaltener Pistole die Herausgabe ihres letzten großen Privatautos. Von allen fünf Autos war nun keines mehr da. Da der letzte Wagen aber unbereift war (die Pneus waren schon vorher von der deutschen Wehrmacht beschlagnahmt worden), holten die Polen kurzerhand von einem bei Franz Nold stehenden Auto die Reifen, montierten sie dort ab und am großen Mercedes wieder auf und fuhren damit ab. Der Schein, den die Polen vorzeigten, war nicht einwandfrei, aber die französische Besatzungsbehörde schritt nicht dagegen ein.

Anfang und am 22. Juli fanden in der Haisterkircher Pfarrkirche zwei Polen-Hochzeiten statt. – Während der ganzen Einquartierungen war Gretel als Dolmetscherin mehr auf dem Rathaus und unterwegs mit den Verbindungsoffizieren als bei uns daheim. Einmal mußte sie mit Bürgermeister Ott nach Hittisweiler.

Auf dem Marsch dorthin waren Gretel und der Bürgermeister vor - und hinter ihnen jeweils mit zwei Maschinengewehren „eingerahmt". In Hittisweiler, beim Burgstockwirt mußten sie eine angeblich durch Deutsche beschädigte Leitung besichtigen. Glücklicherweise konnte Gretel dank ihrer perfekten französischen Sprachkenntnisse den französischen Soldaten und Unteroffizieren verdolmetschen, daß die Spuren der abgebrochenen Kabel einwandfrei von darüberfahrenden Panzern stammten. In der Kommandantur hatte man schon alle möglichen Requisitionen und Strafen [für die] besten Bürger und Beamten angedroht. – In der Zeit vom Pfingstsonntag bis Ende Juli ereignete sich nichts Besonderes im Dorf.

Die große Landplage wurden die Polen, Armbanduhren, Eheringe, Ohrringe wurden einfach von den Trägern mit Gewalt genommen, wenn sie nicht vorher versteckt wurden. Natürlich waren Wertgegenstände auch bei den farbigen Truppen ein sehr begehrtes „Andenken". Oft hatten sie 3-4 Armbänder an der Hand und etliche Eheringe dazu.

Am Sonntag, den 1. Oktober zogen dann zum zweiten Mal französische Truppen hier ein, um hauptsächlich Haisterkirch (ohne Hittelkofen, Osterhofen und Hittisweiler) als Standquartier zu erwählen. Auf die Einwohnerzahl des Dorfes (400) berechnet, war die Belegung mit 5 Offizieren, 35 Unteroffizieren und 150 –160 Mann, zusammen 200 Köpfen, doch sehr, sehr stark, zumal die Quartiere als Winterquartiere berechnet waren. Die Truppe war motorisiert mit Geschützen, LKW's und Personenwagen. Im ganzen mußte für 70 Fahrzeuge Platz gemacht werden. Dies traf die einzelnen Höfe und Häuser recht hart. So mußte der Georgshof (300 Morgen groß) sämtliche Wagen und Maschinenschuppen, ebenso alle Scheunen und Obstkellerräume, wie auch die Kartoffelsortierschuppen räumen, um allen diesen Fahrzeugen Platz zu machen. Daß dies nur mit sehr großen Härten durchgeführt wurde, läßt sich verstehen. Ebenso schwierig wurde die Unterbringung der Leute. Da wurden zuerst sämtliche gut eingerichteten Häuser beschlagnahmt, die Bewohner derselben zum Teil ganz hinausgeworfen, zum Teil auf allerengstem Raum zusammengedrückt. Die Zundel'sche Villa, die damals recht stark vom Besitzer und evakuierten Verwandten belegt war (Frau Anna Bosch, Frl. Dr. Margarete Bosch, Herr und Frau Dörschel, Frau Oberst Hielscher mit Sohn, 1 Sekretärin, 2 Hausgehilfinnen und 2 Obstpflückerinnen), im Atelier Herr Zundel, im Gartenzimmer ein Ingenieur Herr Fichtner, der den Russen in Berlin gerade noch entrinnen konnte, sie alle mußten vom Freitag Abend abgerechnet in zwei Tagen anderweitig unterkommen!! Dafür zogen 3 Offi-

ziere in diese 12 Zimmer ein (einschließlich Atelier) und das Haus wurde als Offiziersmesse benutzt. Das Bürgermeisterhaus wurde ebenso völlig belegt, doch durfte der noch darin wohnende Bürgermeister Ott, der von der neuen Regierung abgesetzt war, seine sämtlichen Möbel mitnehmen, während im Zundel'schen Haus gar alle Möbel, Kücheneinrichtung samt Geschirr benötigt wurde. Ott konnte mit seiner Familie in den Dachstock ziehen und im Souterrain das Bügelzimmer bewohnen. Das Bürgermeisterhaus wurde für Büroräume verwendet; das gegenüberliegende Haus von Maler Christ, bzw. die Werkstätte wurde [als] Zentrale für Telefon etc. angefordert. Schlimmer erging es Familie Zundel-Bosch; sie wurde im gegenüberliegenden Hofgebäude, Verwalterwohnung, auf allerengstem Raum untergebracht, nur die beiden alten Herrschaften, Herr und Frau Dörschel (82 und 78 Jahre alt), fanden in einem Zimmer im Pfarrhaus Unterkunft.
In unserem Haus gabs auch Umstellungen verschiedenster Art. Zuerst sollte Frau Hielscher bei uns einziehen, dann, als wir das große Zimmer im 1. Stock völlig ausgeräumt hatten, wurde alles anders beschlossen und die beiden Zimmer im unteren Stock mitsamt Möbeln und Wäsche für den Adjutanten und seine Frau belegt. Am Montag, den 2. Oktober, fand dann also der große Einzug statt.
Wir selber (fünf Köpfe stark) zogen in den oberen Stock und richteten uns, für junior und senior Knöpfler, ein. Wolfgang war ja eines Morgens in aller Herrgottsfrühe in voller Uniform an unserer Haustür gestanden; [er war in][2] Schleswig-Holstein, wo er in einem englischen Gefangenenlager war, mit einem ganzen Eisenbahnzug voller Soldaten nach Süddeutschland entlassen worden. In Heilbronn sollten alle in ein französisches Lager übernommen werden, als aber einige Männer die Wachtürme und den Stacheldraht dort sahen, gelang es [ihnen und] auch Wolfgang, zu entkommen und schlug er sich zu Fuß und zum Teil per Anhalter bis Waldsee durch. Dort erfuhr er, daß seine Frau in Haisterkirch Unterkunft bezogen hatte, und er machte sich nach kurzer Rast, trotz Sperrstunde und Ausgehverbot für Deutsche, auf nach Haisterkirch und kam auch glücklich im Schutz des frühen Dunkels daheim an. –
Die Truppe im Ort verhielt sich im ganzen anständig. Unsere neue Einquartierung, M. und Mme. Beyer (Elsässer) waren höflich und vertrugen sich mit uns gut, daß wir keine Klagen hatten und eigentlich durch diese Belegung vor Diebstählen und sonstigen Belästigungen beschützt waren.
Am Sonntag Nachmittag, den 6. Oktober 45, wurde Oberlehrer Breimaier tot in seinem Bett aufgefunden. Er fühlte sich bis dahin täglich gut und nahm wahrscheinlich ein Herzschlag ihn so jäh aus seinem arbeitsamen Leben. Die Aufregungen und die Auswirkungen des verlorenen Krieges ließen den alten Herrn ziemlich unberührt und die neue angekündigte Belegung der anderen Häuser beunruhigte ihn nicht.
Glücklicherweise wurde sein Haus von den französischen Offizieren und Soldaten nicht in Anspruch genommen. Herr Breimaier erreichte ein Alter von 82 1/2 Jahren. –
Manche andere Höfe und Häuser traf es sehr schwer. Wie z.B. den Gasthof zum Kreuz. Der Besitzer, Albert Schilling, mußte mit Frau und zwei Kindern (ein 3. Kind in Erwartung) das ganze Anwesen (Hof und Wirtschaft) bis auf 1 Zimmer räumen; nicht einmal die Küchenbenützung wurde genehmigt, sodass die Familie in diesem einzigen Raum hausen musste und dazu für den ganzen Viehbedarf des 100 Morgen großen Hofes das Futter kochen und für

[2] unvollständiger bzw. anders als geplant weitergeführter Satz. Im Original beginnt der Satz mit: „Er hatte sich von Schleswig-Holstein ...", endet aber mit „..entlassen worden."

sich selbst die Mahlzeiten bereiten mußten!!
Die Fahrer dieser Einheit waren zum Teil Rekruten und noch nicht ausgebildet; sie nahmen die Kurven und Ausweichstellen innerhalb des Dorfes so unsicher, dass am Schluss eine ganze Anzahl von Zäunen, Dunglegen und Gartenmauern stark beschädigt waren. Eine Zeitlang war auch noch eine Fahrschule angegliedert, die dauernd im Kreis herum und durchs Dorf fuhren. Die Artillerie mit ihren Geschützen und Panzern hinterließ deutlich sichtbare Spuren auf der Dorfstraße und den Feldwegen. – Am 15. Februar 1946 rückte endlich der Hauptteil der Einheit ab und weiter nach Weitingen bei Horb, und es blieb nur ein Nachkommando von etlichen Männern und 1 Offizier zurück, bis die neu angekündigte Truppe wieder hier einzog.
Als Nachtrag sei berichtet, daß die Mannschaften der Einheit zum größten Teil aus Marokkanern, etlichen Negern und Arabern bestand. Es muß erwähnt werden, daß sich die Leute fast durchwegs anständig verhielten; dagegen muß erwähnt werden, daß verschiedene Mädels und Frauen (meist Evakuierte) sich recht aufdringlich benahmen und ein regelrechtes Beilager mit den französisch-marokkanischen Eingeborenen hielten. Beim Abschied gabs Tränen und gebrochene Herzen!
Am 1. März 1946 kam die neue angemeldete Besatzungstruppe. Wieder Artillerie, diesmal glücklicherweise nur 20 Fahrzeuge. Diese Mannschaften sowie die Offiziere waren echte Franzosen, eine Rekrutenbatterie. Wieder wurden Wohnungen beschlagnahmt. Diesmal traf es die Privatleute am härtesten, da die Offiziere und Unteroffiziere nicht bei den Bauern einlogiert werden wollten. So mußten in der Nacht vom 4. auf 5. März die neugebauten Häuser von [dem verstorbenen] Oberlehrer Breimeier, Alfons Nothelfer, das Ausdingshaus von Kreuzwirts und die Lehrerwohnung (unsere) im Wilhelm Bosch'schen Neubau völlig geräumt werden. Man durfte nur das Allernotwendigste mitnehmen und mußte alles Mobilar samt Wäsche und Kücheneinrichtungen stehen bleiben.
Nach längerer Verhandlung mit der Truppenleitung durften wir dann 1 Zimmer behalten und schliefen wir auf dem noch verbliebenen Sofa und auf dem Boden. Am Donnerstag, den 7. März kamen die Frauen und Kinder der Offiziere an. Liebe Familien!
Gleich in der ersten Nacht des hiesigen Aufenthalts gabs ein gräßliches Unglück. Im Haus von der Altkreuzwirtin Hepp hatte die dort einquartierte französische Familie mit Schmiedekohlen den Ofen geheizt und nicht genügend für den Gasabzug gesorgt. Am anderen Morgen wurde der Chef der Truppe tot im Bett aufgefunden und seine Frau bewußtlos nach Waldsee ins Krankenhaus eingeliefert, wo sie am Abend des 10. März ebenfalls starb. Der Tod der Beiden stellte sich aber einwandfrei als Eifersuchtstragödie heraus; natürlich wurde dies vor der deutschen Öffentlichkeit verheimlicht und obige Angaben gemacht.
Der Tod im Hause Hepp gab natürlich Anlaß zu aufregenden Untersuchungen und Verhören und es konnte glücklicherweise Gasvergiftung nachgewiesen werden.
Frau Werner, eine junge evakuierte Ingenieursfrau aus Friedrichshafen, die noch zwei Zimmerchen unterm Dach bewohnen durfte, hatte gegen 10 Uhr nachts Stöhnen und Schreien gehört, ging darauf hinunter und klopfte an der Zimmertür der Franzosen. Da sie aber keine Antwort bekam und sie auch wegen der Sperrstunde das Haus nicht verlassen durfte, zog sie sich voller Angst in ihr oberes Kämmerlein zurück und blieb die ganze Nacht voller Todesangst auf, ohne sich ins Bett zu legen, immerzu wartend, daß von unten nach ihr gerufen werde. Da aber dann auf einmal alles still blieb, beruhigte sie sich etwas. Erst als der Unteroffizier nicht zum Dienst antrat, wurde im Haus nachgesehen und die verschlossene Tür mit Gewalt

aufgebrochen und die Beiden im Bett liegend, aufgefunden. –
Die Beerdigung fand auf dem für Franzosen requirierten Friedhof in Donaueschingen statt.
Diese Batterie 4. Regiment d'artillerie, 2. groupe, 5. Batterie war während ihres hiesigen Aufenthalts bis 28. April sehr anmaßend. An Aufregungen fehlte es nie. Anlaß gaben Eifersüchteleien zwischen den Franzosen und den jungen deutschen Burschen, die mit ihren Mädchen tanzen und fröhlich sein wollten. So feierten eines Sonntags Ende März sechs junge Burschen: Anton Gams, Georg Gams, Max und Georg Maucher, Alfred Gregg und Ulli Fordan die glückliche Heimkehr des Jörg Gams aus der Gefangenschaft, von der er vor 3 Tagen zurückgekommen war. Obwohl er noch von seiner schweren Fußverletzung beim Gehen stark behindert war, hatten diese sechs Kameraden zwei Mädchen vom Dorf ins Haus der Eltern des Jörg (Georg) Gams eingeladen und da musizierten und tanzten fröhlich die jungen Leute. Da drang ein französischer Unteroffizier gegen 11 Uhr nachts ins Haus ein und riß dem Georg Gams sein eisernes Kreuz I. Klasse von der Brust und machte solchen Radau und holte zum Schluß noch weitere Soldaten zu Hilfe für die angebliche „Bedrohung seiner Person"!
Ohne, daß auch nur einer der französischen Soldaten angerührt worden war, meldete der Unteroffizier noch mitten in der Nacht, er sei in Gefahr und habe „eine geheime Organisation junger Hitler" aufgespürt!! Dabei wurde im Protokoll angegeben, die Jungen hätten Hitlerabzeichen getragen. Anschließend wurden alle 6 Kameraden noch in derselben Nacht in den Ortsarrest und am anderen Tag nach Waldsee und von da gleich weiter nach Ravensburg ins berüchtigte KZ abgeführt.
Schon in Waldsee wurden sie mit Schlägen traktiert und wie gemeine Verbrecher behandelt. Erst nach 3 Tagen wurden 3 der Angeklagten auf Einspruch eines deutschen Rechtsanwalts (Dr. Dreher) aus der Haft entlassen und die andern drei vor den Richter gebracht. Der französische Richter, der überall den Ruf eines gerechten Richters genoß, sprach dann die 3 Kameraden von der Anklage „des Tragens von Hitler Abzeichen", frei und erklärte, daß das EK 1. Klasse die Auszeichnung für einen tapferen Soldaten und ein Ehrenzeichen sei. (Der Richter war Bidaule, ein Neffe des Aussenministers Bidaule.) Um aber doch noch der französischen Mentalität genüge zu tun, wurden die Drei zu weiteren vier Tagen Arrest verurteilt, mit der Begründung von „ungebührlichem Betragen". Einer der Drei hatte gelacht und die andern gegrinst!!

Am 28. April zog Gottlob diese Batterie wieder ab, samt deren Familien und Kindern, um aber abends schon wieder einer neuen Artillerieeinheit Platz zu machen. Beim Abzug verwechselten die „Herren" das Eigentumsrecht und ließen verschiedene Einrichtungsgegenstände und auch Wäsche mitlaufen. So wurde der neue Schreibtisch vom Rathaus aufgeladen, dazu das meiste Mobiliar, das für die Büros gestellt werden mußte, so bei Breimeier's die Bettwäsche und verschiedene kleinere Gegenstände. (Ich selbst hatte nach einer der 1. Einquartierungen schnellstens Bettwäsche für uns aus dem eigenen Schrank im besagten Schlafzimmer „gestohlen".)

In unserer Wohnung war Adjutant Fuchs von Hagenau im Elsass mit Frau und den Schwiegereltern Maury einquartiert. (Fuchs war bestimmt vorher beim deutschen Militär; das sah man schon an seinem ganzen Auftreten!) Seine Frau erwartete das 1. Kind und machte aus meinen warmen Leintüchern Einschlagtücher für das [zu] Erwartende. Gottlob zog die Familie aber noch vor dem frohen Ereignis nach Waldsee, wo das Kind dann im Krankenhaus zur Welt kam. –

Bei der 1. Einquartierung durch Mr. und Mme. Beyer (ebenfalls Elsässer) die zuerst taten, als ob sie kein Wort Deutsch verstehen und sprechen könnten, mußten meine Wohnzimmervorhänge dran glauben und machte sich Madame ein hübsches Kleid daraus. Diese Familien nähten sich mit Eifer und Geschick alle möglichen Bekleidungsstücke, und daher wurden einfach die Nähmaschinen beschlagnahmt. Dieselben blieben dann meistens gleich für die nachfolgenden Familien in den Quartieren. Nach Adjutant Fuchs zog Chefadjutant Bara mit Frau und Sohn und nach dessen baldiger Versetzung Adjutant Colombo bei uns ein.

Die Truppe mit Adjutant Colombo zog am 1. Dezember 1946 hier ab und [wir] blieben bis Anfang Mai 1947 ohne Besatzung. Wir selbst zogen am 10. Dezember 1946 in die Zimmer im unteren Stock ein; ein großes Glück für uns, da Vater vom 18. Dezember ab liegen mußte und sein Krankenbett nicht mehr verlassen konnte. (Vater hatte 2 schwere Operationen wegen Darmkrebs überstanden (1. Op. April, 2. Operation Oktober 46), aber die Krankheit war nicht mehr aufzuhalten. – Er starb am 18. März 1947.)

Anfang Mai 1947 kam ein Holzhauerkommando nach Haisterkirch, bestehend aus 40 Zivilfranzosen. In der Allmandsreute hieben sie einen Kahlschlag. In der ganzen Umgegend, wohin man auch fuhr, hausten diese Männer und schlugen wahllos unsere herrlichen Waldbestände ab. (Meistens wurde dieses Holz zum Teil schwarz, ins Ausland verkauft.) Für die Bevölkerung wurde das Abfallholz (die Äste der großen Tannen) als Brennholz in Form von Reis-[Reisig]schlägen freigegeben. Man kam sich vor wie in Rußland, denn wer hätte je gedacht, daß die Frauen alleine Holz hauen und über die gefällten Stämme hinweg die schweren Äste und die Rinde schleppen mußten. Sogar die 3 Schwestern (Nonnen) der hiesigen Schwesternstation schleppten im Schweiße ihres Angesichts bei einer Temperatur von 40-42 Grad Hitze das Holz auf den Wegrand, um dort besser abgeführt zu werden. Beinah während der ganzen Woche hielt diese abnorme Hitzewelle an.

Da während des ganzen Monats Juni doppelte Sommerzeit, also 2 Stunden vorgestellt war, nahm man wegen der Hitzeperiode den Abend zur Arbeit im Wald.

Gretel und ich arbeiteten bis 11 Uhr nachts (beinah noch taghell). Am 29. Juni wurde die doppelte Sommerzeit wieder auf 1 Stunde früher zurückgestellt.

An diesem Tag, dem Fest Peter und Paul, zog gegen Abend 7 Uhr ein schweres Gewitter über Haisterkirch und einige benachbarte Fluren hinweg, wobei der starke Hagelschlag in den Gärten, Feldern und Äckern strichweise alles zusammenschlug. Namentlich zwischen dem Waldsee'r Wald und dem Unterloh vernichtete das Unwetter die Kartoffelfelder und teilweise das Getreide.

Hittelkofen und Osterhofen blieben völlig verschont, und auch Hittisweiler bekam nur noch den Ausläufer des Gewitters zu spüren.

Die *doppelte Sommerzeit* war vom alliierten Kontrollrat in Berlin für Deutschland angeordnet worden. Es liefen aber von überall derart viele Klagen und berechtigte Proteste ein, daß nach Ablauf einer 4wöchentlichen Dauer des „zeitlosen" bzw. vorzeitigen Uhrenstandes doch wieder, wenigstens wieder, „Mittlere Sommerzeit" eingeführt wurde.

Zum Teil gab es richtig tolle Zustände wie: in der einen Gemeinde standen die Uhren auf Normalzeit, in der Nachbargemeinde war mittlere Sommerzeit (also 1 Stunde vorgestellt), und hier in Haisterkirch auf Anordnung der „Holzhauerbande" doppelte Sommerzeit, also 2 Stunden früher als normal. Wenn der Schweizer Radiosender seine Zeit ansagte, gabs für uns eine Umrechnung. Wars dort morgens 7 Uhr, so schlugs bei uns schon 9 Uhr und war der halbe Vormittag mit Arbeit schon aus-

gefüllt, während drüben in der Schweiz die Eidgenossen erst aus den Federn krochen. Die Ernte 1947 war trotz der anhaltenden Dürre sehr gut. Es regnete seit dem dortigen Unwetter an Peter und Paul bis Anfang Oktober nicht mehr. Die Wiesen waren ganz rot und ausgedorrt und die Öhmdernte fiel schlecht aus. Im benachbarten bayrischen Gebiet mußte Vieh abgeschlachtet werden, weils zu wenig Futter gab. Nach dem Regen zu Anfang Oktober wuchs das Obst noch ganz erstaunlich. Wir hatten dann im Haistergau einen Obstsegen, wie seit langen Jahren nicht mehr. Von den 9 Obstbäumen in unserem damaligen Garten mussten wir 11 Ztr. Obst an die Genossenschaft abliefern und trotzdem verblieb noch so viel, daß wir sogar Schnaps brennen lassen konnten.
Überhaupt Schnaps! Der diente wie die Zigaretten als Währungsbasis. Es wurden bis 200 Mark für einen Liter Schnaps bezahlt! Vor allem waren es die französischen Besatzungstruppen und Arbeitskommando-Angehörigen, die so scharf auf dieses Getränk waren. Sie boten dafür den Bauern alles an, was sie selbst in ihren eingerichteten Läden/économats besorgen konnten.
Seit 1947 war der *schwarze Markt* hoch im Schwung. Alles wurde hintenherum schwarz gehandelt. Vom Hufnagel angefangen bis zur Dachplatte wurde gegen Getreide, Kartoffeln, Obst und vor allem Fett schwarz eingetauscht.
Die *Verpflegungssätze für Normalverbraucher* waren nicht mehr haltbar. Wer nicht „hamstern" ging, konnte einfach verhungern.
Um Nahrungsmittel schwarz bei den Bauern zu bekommen, brachten die Städter Teppiche, Bettwäsche, Kleidungsstücke und selbst Möbel (wie Kasten), um einen geringen Preis verrechnet, von ihnen dann die allernotwendigsten Lebensmittel zu erhamstern.
Für den *ganzen Monatsbedarf* einer erwachsenen Person gabs 6000g Brot, 540g Fleisch, 187g Fett, 400g Zucker, 250g Teigwaren und 100g Kaffeeersatz, der aus Eicheln und Zuckerrüben hergestellt wurde. Bei der Ration für Brot war das Mehl mit inbegriffen. (Zucker etc. bekam man erst wieder nach einer Pause von 6 Monaten.) Im Herbst bekamen wir im Kreis Ravensburg 3 Ztr. Kartoffeln pro Kopf. Das war die großzügiste Zuteilung weit herum.
Um der großen Zuckerknappheit etwas abzuhelfen, machte man überall Sirup, teils aus Zuckerrüben, teils aus Birnen. Wenn nur der große Holzverbrauch bei dieser Siederei nicht so behindernd gewesen wäre!
Denn es ist kaum zu glauben:
Holz ist allmählich so rar wie die Kohle! Im schrecklich *kalten Winter* 1946/47 mußte man hier frieren, weils zu wenig Heizmaterial gab. Glücklicherweise war der Winter 1947/48 sehr mild; im Januar Temperaturen wie im April/Mai. Erst vom 18. Februar 1948 ab gabs noch eine Kälteperiode, die bis 19-20 Grad anstieg, doch glücklicherweise nicht lange anhielt.
Am 8. Februar 1948 wurde in Waldsee zum ersten Mal wieder der berühmte Fastnachtsumzug gehalten.
Wie nach dem 1. Weltkrieg herrscht auch diesmal überall eine Tanzwut, was ganz verständlich war, da die Jugend jahrelang um alle Freuden betrogen worden war. Sechs Jahre Krieg und anschließend die Besatzung hatten jede Freude und jedes Vergnügen verschlungen.
Mitte Februar 1948 kamen die von Haisterkirch abgelieferten Kirchenglocken wieder zurück. Bei Hamburg, in einem Riesenlager angelieferter Glocken, wurde ein großer Teil der alten und ältesten Kirchenglocken aufgefunden. Über Heilbronn, wo die Glocken dann kreisweise weiter verladen wurden, gelangten die Glocken unversehrt in die Heimatgemeinden.
Von den meisten Gemeinden wurden sie an der Bahn bez. Bahnhöfen abgeholt, mit Girlanden geschmückt und heimgebracht.
Hier wurden die zwei großen Glocken von Haisterkirch und eine Glocke von Osterhofen

am 15. Februar wieder geweiht und am 24. Februar wieder auf ihren Turm gezogen.
Da aber die Glockenschwengel vom damaligen Ortsgeistlichen *freiwillig* zur Alteisensammlung abgegeben worden waren, konnten die Glocken vorerst nur aufgehängt, aber noch nicht geläutet werden. Am 25. Februar läutete der Messner zum 1. Mal das Abendgebet mit allen Glocken. Inzwischen wurden vom Schmied neue Schwengel gemacht.–
Da habe ich ganz vergessen:
Jede Abteilung, die ins Dorf kam, gab Befehle: Zuerst mussten sämtliche Waffen, dann die Radioapparate, Fotoapparate, Nähmaschinen abgeliefert werden. Für die Büros holten sie aus den guten Wohnungen die Schreibtische, Polstersessel. Am Schluß mußte jede Familie einen Männeranzug abliefern.
Die Ernte 1948 war eine mittlere Durchschnittsernte. Erst war es bis Mitte Juni heiß und ohne Regen und alles halbdürr, dann kam der ersehnte Regen und dazu eine Kälte, daß im Juli eingeheizt werden mußte. Anfang September kam die Ernte unter Dach und von diesem Termin bis Ende Oktober war herrlichstes Herbstwetter. Die Obsternte war gering, die Preise dagegen sehr hoch. Äpfel wurden von 20-40 M (neue DM) gehandelt (im schwarzen Markt bis grenzenlos).
Am *20. Juni 1948* war der schlimmste Tag der *Neuen Währung.*
Jedermann erhielt an diesem Stichtag ein sogenanntes Kopfgeld im Betrag von 40 DM und mußte dafür 60 RM abliefern. Das andere Geld, flüssig und auf den Banken wurde bis auf 1/10tel des alten Werts abgewertet, aber nicht freigegeben!!
In den dringendsten Fällen wurde ein Darlehen von 5% des eingelegten Geldes freigegeben. Betriebe und Geschäfte erhielten Kredite, die aber nicht ausreichten, auch nur die Löhne der ersten zwei Wochen auszubezahlen.
Man glaubte nun, daß der schwarze Markt aufhöre, aber weit gefehlt. Der berüchtigte Markt trieb nach einer kurzen Stockung umso größere Ausmaße. Die Preise in der neuen Währung sind schwindelerregend. Ein Paar Schuhe ohne Punkte 60-100 DM. Skischuhe 130-150 DM. Damenschuhe 80-100 DM.
Ebenso waren Preise für Bekleidung; das Meter Wollstoff bis zu 40 DM. Die Lebensmittelpreise auf Rationsmarken waren allgemein erhöht worden. 1 Pfund Butter, auf Marken 2,60 DM), im schwarzen Markt 6-10 DM. Ein Liter Milch 36 Pfennig (auf Schwarzmarkt bis 1 DM). Ein Ei normal 25 Pfennig (schwarz 1 DM) und so weiter.
Zur Erklärung der Marken: Jede Familie bekam eine Zuweisung von Punkten für die notwendigsten Lebensmittel und Kleidung, aber nur ganz geringe Mengen, Kleiderpunkte gabs kaum und dann wars noch ungewiß, ob auf Punkte etwas zu kaufen war.
Ich selbst lag über die Währungsumstellung vom 9. Juni - 6. Juli im Krankenhaus in Singen/Hohenweil, wo ich mich einer Kropfoperation durch Professor Max Ernst unterziehen mußte. Prof. Ernst war vorher Chef an der Universitätsklinik in München und mußte gezwungenerweise wie so viele andere medizinische Größen, wegen Parteizugehörigkeit (NSDAP) diese Stellung aufgeben und durfte nur an einem Provinzkrankenhaus seine Tätigkeit ausüben. Sein guter Ruf und seine Berühmtheit als spezieller Kropfoperateur aber brachten ihm im Städtischen Krankenhaus in Singen gleich einen ungeahnten Zulauf aus allen Teilen Badens und der angrenzenden Bodenseeländer (auch aus der Schweiz). Noch zweimal wollten ihm die Anhänger der kommunistischen Partei die Ausübung seiner Arztpraxis untersagen und verlegten ihm sogar den Zutritt zum Krankenhaus, doch die Bevölkerung verlangte dringend den guten Arzt und Operateur, daß er dann endgültig dort als Chef verblieb.

Seit Juni 1948 spricht man überall nur noch vom baldigen kommenden Krieg zwischen Amerika und Rußland. –
Was ist die Ursache und welcher fängt an?
Das Zeitalter der Atombomben bringt auch keinen Frieden.
Jede der Großmächte pocht auf ihre Erfindungen und neuen Geheimwaffen, Raketenflugzeuge, Geschosse und Bazillenkulturen!!!
Anfang Oktober 1948 kam mein Neffe Hermann Winz aus französischer Kriegsgefangenschaft zurück.
1942 fiel er in Afrika bei dem berühmten Afrikakorps der Armee Rommel den Engländern in die Hände; diese lieferten alle deutschen Gefangenen an Amerika aus und wurden deshalb von Casablanca (Marokko) aus nach Amerika verschifft. Dort kamen sie in die überall im ganzen Land eingerichteten Lager und wurden zu Arbeitskommandos verteilt und bei der Maisernte, Baumwollernte, Gummiernte etc. eingesetzt. Nach langer schwerer Zeit erhielt Hermann mit vielen Kameraden die Entlassungspapiere in die Heimat. Das ganze Schiff mit den sich freuenden Deutschen wurde aber in Marseille den Franzosen übergeben und alle PW (prisoner of war) wurden, ausser den Kranken, Verwundeten und Nichtarbeitsfähigen weiter in Frankreich als Kriegsgefangene zurückbehalten!
Das ist *moderner Sklavenhandel!* Der deutsche Soldat wurde vom *Amerikaner* schon bei der Konferenz in Jalta in Rußland *an die Russen und Franzosen* auf viele Jahre *verkauft.*
Ende 1948 sind noch unzählige arme deutsche Soldaten wie auch Offiziere in den Händen von Rußland, Frankreich, England und Holland. Von den russischen Heimkehrern, die so spärlich bei uns in der Heimat eintreffen, kann man nicht viel Genaues erfahren, da sie vor dem Betreten deutschen Bodens splitternackt untersucht werden, ob sie keinerlei schriftliche Nachrichten oder andere Sachen bei sich führen.
Und erst der Zustand, in dem sich unsere armen Männer befinden. Krank, ausgehungert, die Meisten mit Hungerödemen, zerrissen und zerlumpt treffen sie im Lager Frankfurt bei Berlin ein! Die Allermeisten kommen sofort in Pflege und Krankenhäuser oder Lungenheilstätten. Wieviel Hunderttausende aber noch in russischen Lagern hinter dem Ural sind, ist nicht abzuschätzen, da Rußland das Land der Abgeschlossenheit für alles Fremde ist. Es kommt nichts ans Licht; der schon lang von den westlichen Besatzungsmächten besagte „Eiserne Vorhang" zur Ostzone und hauptsächlich nach dem Innern des Landes ist wirklich eisern und öffnet sich nicht. Man kann nur vermuten und [sich] von so ab und zu durchsickernden Geheimmeldungen ein kleines Bild machen. Die noch in Deutschland verbliebenen Russen, Balten, Ukrainer, Letten fürchten sich alle vor dem unheimlichen Schweigen von drüben und leben in dauernder Angst vor einer zwangsweisen Rückführung nach ihren alten Heimatländern. So wandern sie lieber aus ins Ungewisse nach Amerika, Canada, Argentinien oder Australien; England und Frankreich selber nehmen nur ein ganz geringes Prozent dieser Auswanderer auf. Bei uns führen eine gewisse Compagnie dieser armen Deportierten ein ganz zufriedenes Dasein; sie leben zum größten Teil vom schwarzen Markt und erhalten von der UNRA die nötigsten Lebensmittel umsonst. Erst die Währungsreform hat manchen dieser 'deportés' wieder zum Arbeiten gebracht.
Da aber bei uns ja sehr viele große Betriebe unter die unselige „Demontage" fallen, gibt es Ende 1948 schon viele Arbeitslose. So ganz langsam kommt dem Ausland die „Erleuchtung", daß wir Deutsche doch keine Reparationen zahlen können, wenn sie uns jede Möglichkeit zu einem Handel und Verkehr durch die Abmontierung der Fabriken nehmen.
Daß die Fabriken nicht nur wegen „Kriegsbetrieb" abmontiert werden, sondern wegen

unserer guten Leistungsfähigkeit in den speziellen Artikeln als Konkurrenz ausgeschieden werden, beweisen die Demontagebefehle für die gesamte *Uhrenfabrikation* in Baden und im Schwarzwald.

Selbst in kleinen und kleinsten Spezialfabriken holen sie die modernen Maschinen heraus und lassen dieselben zum Teil nach monatelangem Herumstehen auf Bahnhöfen und Schuppen lieber verrosten, als daß wir damit arbeiten können.

Am Freitag, den 22. Oktober kam wieder eine Abteilung Ostflüchtlinge, die seit Kriegsende in Lagern in Dänemark interniert waren, nach Haisterkirch (10 Familien). Bauer Sättele bekam in die kleine Ausdingwohnung eine 10-köpfige Familie, Anton Schad 4 Leute, Schmied Sauter 5 Personen, Bürgermeister a.D. Ott 5 Personen, Neff 6 Personen, Wild 1 und Frau Frick ebenfalls 1 Person.

Am darauffolgenden Sonntag predigte ein Flüchtlingspfarrer und hielt den Bauern eindringlich das schreckliche Los der Vertriebenen vor Augen. Die Bauern bringen aber dem Flüchtlingsproblem wenig oder gar kein Interesse entgegen und stellen sich stur dagegen.

Anhang 2

Auszüge aus dem Tagebuch der Italienreise 1951, aufgezeichnet von Christoph Plag

Mit Motorrad BMW R25 - und mit Zelt im Seitenwagen: die Reise nach Italien im Sommer 1951

Montag, 23.7.51: Am Vormittag kommt Jörg nach Reutlingen – und auch Frau Zundel; sie hatte sich zu unserer Verabschiedung in die Gustav-Werner-Straße bringen lassen. Wir fahren durchs Echaztal auf die Alb – durchs Laucherttal nach Sigmaringen – durchs Oberland nach Lindau. Da wir für Italien noch Hüte haben wollten, gingen wir in ein Hutgeschäft. Bei der Auswahl überlegten wir, was wohl auch für einen Besuch beim Papst passend wäre. Der Verkäufer entnahm unseren Bemerkungen, daß wir offenbar fromme Leute wären. „Sie gehen zum Papst? Dann gebe ich Ihnen die Hüte billiger!" [...]

Mittwoch, 25.7.51: In Locarno mit der Zahnrad-/Seilbahn hinauf zur Madonna del Sasso; herrlicher Ausblick. Danach weiter, dem Lago Maggiore entlang bis zur Grenze. [...]
Auf der wundervollen Uferstraße am See entlang überraschte uns bald nach Cannòbio der einzigartige Blick auf die mittelalterlichen Burgruinen im See, von wo aus einst die Raubritter Mazzarda die Gegend unsicher machten. Heute heißen die Wasserburgen Castelli di Cànnero. Jetzt erst erschloß sich ein großer, bisher verdeckter Teil des Lago Maggiore, an dessen Ufer wir weiterfuhren über Cànnero, Intra – und erst in Pallanza anhielten. Hier nämlich wollten wir die Bilder aufsuchen, die Herr Zundel einst für die Marchese Casanova gemalt hatte.
Nun ging also die Fragerei los: Wo wohnt die Gräfin Casanova? Man schickte uns - das Motorrad hatten wir geparkt - wohl in die richtige Richtung, allein vom Ziel kamen wir immer weiter weg. Schließlich glaubten wir, jetzt das gesuchte Schloß gefunden zu haben und wollten uns an der Pforte anmelden, aber da erfuhren wir, hier sei das Collegio und die Gräfin wohne ganz woanders. Es war ziemlich warm – es war schon gegen Mittag – und nirgends tauchte etwas auf, was mit einem der Gräfin Casanova gehörigem Schlosse identifiziert werden konnte. Ich war schon dabei, unsere hiesige Unternehmung für verfehlt zu halten, doch Jörg kam der rettende Gedanke, auf dem Verkehrs- und Reisebüro nachzufragen. Hier ließ er sich eine Empfehlung schreiben und sofort telefonisch anmelden, da ihr Wohnsitz, das Schloß San Remigio - wie wir erst jetzt erfuhren - für die Öffentlichkeit unzugänglich ist.
In großer Freude, endlich doch noch das Ziel gefunden zu haben, fuhren wir den Weg nach San Remigio zurück, gaben unseren Empfehlungsbrief unten am Tor ab, machten uns zu einem Empfang noch, so gut es eben ging, sauber und stiegen durch einen schönen alten, wohl aber etwas verwahrlosten Park, der trotzdem den Glanz einstiger Tage durchblicken ließ, aufwärts und erreichten bald das Schloß in prachtvoller Lage mit herrlichster Aussicht auf den Lago Maggiore und die gegenüberliegende Bucht von Laveno. Wie der Park und seine baulichen Anlagen machte auch das Schloß den Eindruck gewesenen Glanzes. Wir klingelten, und bald erschien ein Mann mit weißer Weste, Brille und schwarzer Hose, schlecht rasiert; nachher hörten wir ihn Luigi genannt werden. Dieser Luigi war sehr aufmerksam und höflich,

konnte zwar nicht Deutsch, verstand aber Französisch. Er holte dann eine alte Gesellschaftsdame der Gräfin. Sie hieß Kurz und stammte aus Reutlingen, war aber schon 60 Jahre in San Remigio. Sie war sehr höflich und zuvorkommend. Wir trugen unser Anliegen auf Französisch vor. Jörg mußte dann seinen Namen auf ein Papier fixieren, das der alten Gräfin, die krank war, überbracht wurde. Einstweilen erfreute uns Luigi mit Zitronensaft, den er uns in etwas steifer – den linken Arm auf dem Rücken – aber wohlbewußt höfischer Tradition zubereitete. Wir bzw. er unterhielt sich dann mit uns – auf Französisch – und sprach unter anderem, als wir auf die schöne Lage (wovon sollte man auch sonst viel reden) zu sprechen kamen, von einer „Weltposition", in der das Schloß liege. Über dies kam dann wiederum die alte Hofdame, erzählte uns, wie sich die Marchese sofort erinnert habe und es gerne gestatte, daß uns Luigi ins Atelier führe. Wir verabschiedeten uns sehr höflich, so gut es eben ging (alles Französisch!), und bedankten uns für den noblen Empfang.

Luigi führte uns danach ostwärts durch den Park hinunter zum Atelier, vorbei an der hübschen Anlage, die das Bild, das wir uns nachher in Pallanza erstanden haben, in noch etwas besserem Zustand festgehalten hat, als dies jetzt der Fall war. Luigi entschuldigte sich, aber es fehle das Geld. Im Atelier entdeckten wir ziemlich schnell fünf Bilder von Herrn Zundel: ein Bild einer alten Dame, dieselbe nochmal, aber nur der Kopf, je ein Ganzportrait einer jüngeren und einer jungen Dame, sowie eine Öl-Studie zum Kopf des Sklaven. Eines der Bilder trug die Jahreszahl 1899; uns erschien es interessant, wie früh sich Herr Zundel schon mit dem Sklavenkopf beschäftigt hatte. Nach einer sehr gut gewollten Dankesrede – mir fiel einfach kein Wort für „weggehen" ein, das mir dann aber Jörg geistesgegenwärtig in Form von „s'en aller" mitteilte – verließen wir mit besten Eindrücken die Weltposition von San Remigio. [...]

Dienstag, den 26.7.1951: Rho; Milano (Mailand).

[...] Gleich darauf fuhren wir wieder zu Santa Maria delle Grazie zurück und bewunderten im Refektorium des anschließenden Klosters Leonardos berühmtes Abendmahl. Zunächst waren wir überrascht, wie viel noch zu sehen war. Zwar wurden im Krieg die beiden Längsseiten des rechteckigen Raumes zerstört, aber heute ist der Raum wieder geschlossen, allerdings wirken die neuen Wände kahl und nüchtern, zwingen aber die Blicke umso mehr zur Abendmahlskomposition, welche die ganze Raumarchitektur nach hinten fortsetzt und so den Eindruck tatsächlicher Gegenwärtigkeit des Vorgangs wiedergibt. Schon in Locarno war uns Ähnliches (in der Güte nicht vergleichbar) begegnet: bei den Baulichkeiten der Zugangstreppen zur Madonna del Sasso sahen wir einen Raum, in dem die ganze Abendmahlsgemeinschaft (alles vollplastisch ausgeführt) zu Tische sitzt. An der entgegengesetzten Seite des Refektoriums befindet sich eine Kreuzigung al fresco, deren Raumhintergrund (Landschaft) lange nicht die Tiefe erreicht, die Leonardos perspektivischer Zusammenschau geglückt ist. [...]

Freitag, den 27.7.1951: [...] Wir kamen nach Rapallo, dachten, zwischen den zahllosen Grand Hotels eine geeignete Zeltinsel finden zu können, fuhren in Richtung S. Margherita weiter, suchten weit nach S. Margherita immer noch vergeblich einen Platz, links beinahe senkrecht aufsteigender Fels, rechts 20 Meter ebenso steil hinunter zum Meer, in der Ferne der hell beleuchtete Strand von S. Margherita, bei uns dagegen allein unser Scheinwerfer: da endlich – vielleicht – nein, zu klein – hier: zu dicht an der Straße – weiter – hier: nein, nur Kieshaufen und ein Teerfass – weiter – nein: zurück, Kieshaufen näher ansehen! Es war ein kleiner Platz, entstanden vielleicht zur Kurvenbegradigung, selbst zwischen zwei scharfen Kurven, die die Italiener mit geradezu beängstigtem Reifengejaule durchfuhren, hinten links eine kleine Höhle, deren Geruch aber ihre Benutzung verriet, rechts hinten ein Kiessplitthaufen – ha, wenn wir den eben machten, die Walmdachform auswellten? Ja! Das ging. Gesagt, getan; Zelt darauf aufgeschlagen, nebenher Essen zubereitet. Die Heringe wollten zwar keinen Halt finden, aber es hielt so lange wir drinnen waren. Schlafen konnten wir nicht viel, denn bei jedem Auto wurde unser Zelt durchleuchtet (von wegen jener vorderen Kurve), welche Lichterscheinung stets von eindringlichen und nicht überhörbaren Tempoquietschgeräuschen begleitet war. Einmal kam auch eine laute, leicht angeheiterte Gesellschaft junger Leute mit Gesang, Geräusch und Gespräch, die sich aber - als sie uns bemerkte – selber zu Ruhe und Schweigen aufforderte. [...]

30.7.51: [...] Sutri, und nach vielen Hügeln erreichten wir – immer noch auf der Via Cassia - Rom.

Erst fünf oder sechs Kilometer vor Rom entdeckten wir die weiße Kuppel von S. Peter. Wir überquerten auf einer prunkhaften Brücke (sodaß man den Fluss nicht sehen konnte) den Tiber, stießen bis zur Piazza del Popolo vor und parkten an der Via della Scrofa, ungefähr in Höhe des weiter östlich gelegenen Parlaments. Nun erwanderten wir die ersten Denkmäler der „Ewigen Stadt": die berühmte Säule des Marc Aurel, den Obelisk vor dem Parlament, Sant'-Ignazio (geschlossen), das Pantheon. Dort machten wir zuerst die Bekanntschaft mit den Katzen, die in Rom überall zu sehen sind. Durch die dreischiffige Vorhalle betraten wir den einzig durch die Kuppelöffnung beleuchteten, weiten Raum. Während wir uns staunend zunächst umsahen, fiel uns gleich der Luftzug auf. Der kommt nämlich daher, daß die Kuppel oben offen und nicht etwa mit Glas bedeckt ist. Nun erst sahen wir auch am Boden die Dolen. Hier ist übrigens Raffael begraben. Von der ursprünglichen Marmorverkleidung sieht man hier und da noch Spuren.

Nun suchten wir das Museo Baracco auf - am Corso Vittorio Emmanuele, ein kleines Juwel antiker Plastik. Von dort aus begaben wir uns zum deutschen nationalen Priesterkolleg bei der Kirche S. Maria dell 'Anima (an der Piazza Navona vorbei). Ich meldete mich bei einer katholischen Schwester an (alles in Deutsch!) und brachte meinen Wunsch – Zulassung zu einer Papstaudienz – vor. Sie telefonierte dem vorsitzenden Bischof und erklärte mir daraufhin, wie ich zu ihm gelangen könne: „Die Treppe hinauf bis zum Herz-Jesu", dann – nach soundsovielen Stufen – links den Gang vor usw. Dort kam ich ins Vorzimmer dieser Persönlichkeit, die ich 'Seine Exzellenz' anzureden hatte, wie mir die Schwester empfahl. Eben kam ein anderer junger Student aus Deutschland heraus, der Weg war frei, ich klopfte an. Ich sagte, was wir wollten, ich zeigte unsere Pässe, worauf er mir eine Empfehlung schrieb. Wir kamen ins Gespräch. Mein Geburtsort gab den Anlaß. Dort nämlich in Schwäbisch Gmünd war ihm sein Bischofsstab angefertigt worden. Der Künstler wollte ihm nicht mehr einfallen. Ob ich welche kannte – wenn der Name fiel, würde er sich erinnern: Ach, er lag ihm auf der Zunge. Ich zählte ihm – fünf brachte ich zusammen – einige auf, aber: Nein, darunter war es keiner. Ich führte dann das Gespräch weiter zur 600-Jahrfeier des Schwäbisch Gmünder Münsters usw. Das freute ihn sichtlich, wie auch die wieder erwachende Erinnerung an Tübingen. Welchen Wohnort sollte man nun für die Signori Plag – Zündel (er schrieb es falsch, obwohl ich's ihm eigentlich deutlich sagte) angeben? Ließ sich für Reutlingen und Tübingen kein gemeinsamer Nenner finden? „Ach sagen wir Rottenburg! Das kennt man hier!" Mit diesem Empfehlungsschreiben sollten wir morgen zwischen 9 und 10 Uhr in den Vatikan gehen; er beschrieb uns genau den Weg, dort bekämen wir dann die Biglietti. Zum Schluß riet uns der würdige Herr, ja nicht den Besuch der Domitilla-Katakomben zu versäumen, es seien die schönsten. Allerdings ließ sich dies später nicht mehr einrichten. [...]

Dienstag, 31.7.51: [...] Nun zum Vatikan. An dem bezeichneten Ort, von den farbenfroh gekleideten Schweizergardisten auf Schwyzerdütsch empfangen und eingelassen, tauschte ich die Empfehlung ein in eine gemeinsame Zulassungskarte (wiederum „Plag – Zündel") zu einer allgemeinen Audienz.
Gegen halb elf Uhr stiegen wir auf einem etwas seltsam konstruierten, breiten Wendeltreppengang zu den Vatikanischen Museen hoch, und zwar stießen wir gleich zur Sixtina durch. Das andere wollten wir uns danach besehen, freilich konnte ich auf dem langen Weg durch die verschiedenen Räumlichkeiten nicht an allem vorbeispringen (Hammer und Kelle des „anno santo" 1950). Die Äußerungen der Bewunderung und des Erstaunens geschahen in der Sixtina in mannigfachen Sprachen – und ziemlich geräuschvoll; vor allem die Anführer der Gruppen verbreiteten ihre weisen Sprüche recht deutlich und vernehmbar. Außerdem beengten einen noch die Kopisten, die hier, wie überhaupt in allen Galerien ihren Studien nachgingen.
In die Fresken Michelangelos muß man sich hineindenken; ihr eigener Reiz erschließt sich dem Flüchtigen nicht. Besonders hatten es mir mit der Zeit die Propheten angetan: Zacharias: die Augen des alten Mannes sind beinahe geschlossen, trotzdem blättert er in dem Buche: es ist ihm in seinem Leben gut bekannt geworden; er sucht nichts mehr; er freut sich. Jesaia: Mitten im Lesen wurde er plötzlich von einem Gedanken erfaßt; dem muß er nachgehen. Ein Finger bewahrt im Buche einstweilen die unterbrochene Stelle. – Toll sind seine beiden Selbstbildnisse: Jeremia das eine und das seltsam verzerrte Bild auf der dem Heiligen Bartholomäus abgeschundenen Haut, am Jüngsten Gericht, das andere. [...]

Mittwoch, 1.8.51: [...] Als nächstes Ziel hatte Jörg vor, noch vor der Papstaudienz, zu der wir um 11:45 Uhr in Castel Gandolfo sein mußten, Tusculum über Frascati aufzusuchen. Es war schon ein Stück Arbeit, überhaupt von Tivoli aus nach Frascati zu kommen. Sternförmig führen nämlich alle Straßen auf Rom zu, und nur bessere Feldwege verbinden die benachbarten Orte Roms. Beinahe wollte es scheinen, als ob wirklich nichts anderes übrig bliebe als von Tivoli nach Rom und von Rom nach Frascati zu fahren. Wie gesagt: Einen jener Feldwege benützten wir dann und kamen in Frascati an.
So wie es uns beim Erfragen der Straße nach Frascati gegangen war, so sollte es uns auch gehen mit unserem Vorhaben, Tusculum zu sehen. Wenn nämlich ein Italiener etwas gefragt wird, was er nicht weiß (worüber er Bescheid weiß, gibt er tadellose Auskunft), so sagt er nicht, er wisse es nicht, sondern gibt irgendeine Richtung dafür an. Wo Tusculum lag, wußte niemand hundertprozentig. Laut unserer Karten mußte es jedoch selbst zu Fuß bald zu erreichen sein. So weit es möglich war, fuhren wir den steilen Berg hinauf; beim Collegio stellten wir das Motorrad ab, denn es kamen nur noch Fußwege. Von hier aus hatten wir, je höher wir kamen, immer wieder recht gute Ausblicke ins Land hinaus; hier und da kamen wir auch an Häusern vorbei, zuletzt gingen wir gerade auf ein Kinderheim zu. Am Eingang eines großen Saales, dessen Fußboden mit Betten belegt war, waren zwei junge Weiblichkeiten mit Putzen beschäftigt. Wie nun die uns auf sie zukommen sahen, verschwanden sie und heraus trat ein würdiger katholischer Geistlicher. Den baten wir um Auskunft. Es konnte wirklich nicht mehr weit sein. Er führte uns ums Haus und zeigte uns einen breiteren Weg: Der führe nach

Tusculum. Als sich nun aber immer und immer noch nichts sehen ließ, drängte ich zur Umkehr, aber so ruhmlos wollten wir wiederum nicht abziehen. Schließlich – zuletzt rannten wir – waren wir ganz oben. Nirgends etwas, was nach Tusculum roch. Jörg knipste noch, um wenigstens den Ausblick von dieser denkwürdigen Stelle für später festzuhalten. Verhältnismäßig schnell waren wir wieder unten.

Über Marino kamen wir zeitig nach Castel Gandolfo, wo schon Omnibusse und Fahrzeuge aus aller Welt geparkt waren. Die Stimmung war durchaus dem Zeitraum zwischen den Klingelzeichen vor Aufführungsbeginn vergleichbar. Die Haare wurden noch einmal – vorher war es zwar schon ein paarmal geschehen - überkämmt, aus den Röcken wurde der Staub geklopft und dort ein Fleck zu reinigen versucht, der natürlich im letzten Augenblick Beteiligung an dem großen Erlebnis suchte. Das war noch unten – sozusagen in den Wandelhallen – auf der Straße und vor dem Schloß. Die Menge, die dem von den Schweizergardisten bewachten Eingang zuströmte, war gesammelt und gespannt. Ruhig durchzog sie die Torhalle und wandte sich rechts den Treppen zu, unwissend, ob sie so zum Ziel komme. Aber es gingen ja so viele in der Richtung, die mußten's doch wissen! Jetzt hörte man irgendwo weiter oben katholischen Gesang. Wir kamen in den Saal. Ein langgestrecktes Viereck, links eine Fensterreihe gegen den Innenhofrechts eine Fensterreihe gegen den See. Vorne auf einer erhöhten Bühne, die ihrerseits links und rechts von Flügeltüren gesäumt war, hinter einem Mikrofon drei Sessel, links und rechts einfachere, ohne Lehnen, in der Mitte der Thronsessel. Genau darüber der eigentlich einzige plastische Schmuck, ein größeres Kreuzigungsrelief in Stein. Der ganze Saalblick wandte sich der Bühne, den Sesseln und dem ausgezeichneten Reliefschmuck zu. Im Übrigen war der Saal grünlich gehalten und vornehm modern.

Wir waren inzwischen durch den Eingang am hinteren Ende des Saales eingetreten: Alles stand, hier hinten war noch ein kleiner Streifen frei. Es drängten sich aber immer mehr nach, kaum glaublich wurden wir bis zur Saalmitte vorgeschoben. Die Frauen neben mir fächelten sich zu. Obwohl alle Fenster offen waren, war es drückend heiß, dabei ein anständiges Gedränge. Vorne – man erkannte sie nur an den Hellebarden – hielten die Schweizergardisten die Linie fest. In Erwartung des Papstes löste ein AVE MARIA das andere ab; still murmelnd glitten aufgeregt die Rosenkränze. Dort wurde der Belichtungsmesser gezückt. Ein schwarz gekleideter Geistlicher machte sich ans Mikrofon – eine große Liste in der Hand. Er erkundigte sich über die Anwesenheit und den Standort der angemeldeten und zugelassenen Gläubigen. Kann sein, daß man uns auch anführte; jedoch war es oft schwierig, etwas zu hören. Danach trat wieder eine Pause ein.

Ich weiß nicht, ob seine Heiligkeit pünktlich war. Längere Zeit schon stand die linke Flügeltür offen, und ich konnte in dem anstoßenden Raume mehrere hohe Würdenträger beobachten. Plötzlich ging das Geschrei los: „Viva il Papa! Viva il Papa!" – so riefen, wie bei einem zu stark aufgedrehten Mechanismus, die einen, ebenso: „Vive le Pape! Vive le Pape!" die Franzosen – die Österreicher: „Es lebe der Heilige Vater! Es lebe der Heilige Vater!" – deutsche Kolpingsjünglinge: „Hoch lebe der Papst! Es lebe der Papst!" So ging es in vielen Sprachen nonstop weiter. Währenddessen war der Papst, nachdem er sich zunächst noch im Nebenraum kurz aufhielt, durch die (von mir aus gesehen) linke Tür in Begleitung purpur geschmückter Kardinäle eingetreten.

Viele Leute hoben ihren Fotoapparat – ohne freilich den Papst zu sehen – einfach in die Höhe, der Richtung des Jubels folgend, und drückten ab. Die österreichische Jugendgruppe hob ihren Anführer hoch in die Höhe; der brachte dann so seine Ovationen an. Scheinbar ohne dies zu beachten, sprach der Papst mit den Vordersten, segnete Rosenkränze und nahm in einem Fall seine Kopfbedeckung ab, legte sie – ich sah dies nicht recht – irgendwo auf (vielleicht bei einem Kranken?) und bedeckte sich dann wieder. Er trat nun mehr zur Mitte der Vornestehenden – dauernd und natürlich endlos umjubelt – und ließ sich mehrmals, mit dem Rücken uns zugewandt, als Hirte seiner Schafe fotografieren. Darauf bestieg er die Bühne. Zuerst rief er anhand jener Liste die einzelnen Gruppen auf und begrüßte sie mit der erhobenen Hand. Manchmal, z.B. einer Mädchenklasse, widmete er öffentlich ein paar Worte. Alle Ovationen nahm er in betender oder segnender Haltung an. Dabei unterbrach er sich stets. Nun begann er zu reden: zuerst italienisch, französisch und englisch, dann deutsch und in einer romanischen Sprache (vermutlich spanisch, denn es waren auch Südamerikaner da). Leider konnte ich nicht alles verstehen; die Übertragung war schlecht. Er wünschte uns Deutschen Frieden und Wohlergehen für unsere Heimat.

An eine Einzelheit erinnere ich mich noch sehr genau. Es war mitten in seinen Reden. Da begann plötzlich eine Schwester - auf dem Gipfel ihrer Lebensarbeit – ekstatisch die Ruhe zu brechen und dem Papst zuzurufen: „Alleluia, alleluia, alleluia!" Er unterbrach, brachte die Hände betend vor der Brust zusammen und beugte sich leicht der Schwester zu.

Überhaupt seine Hände! Sein Gesicht kannte ich, aber solche Hände waren mir nie begegnet. Sie mußte ich beobachten. Als er darauf geendet hatte, vermittelte er nochmals in allen Sprachen die Bedeutung des Segens, den wir empfangen sollten: für uns selbst, unseren Beruf, unsere Familie – den Eltern, Verwandten und Bekannten: Vergebung der Sünden und Segen für alles, das wir bei uns hatten. Alsdann bat er um den Segen, breitete die Arme weit aus - er war aufgestanden; jeder Muskel vom Bewußtsein höchster Verantwortung und jahrhundertelanger Tradition gelenkt – blickte empor und legte den Kopf zurück. Unwillkürlich durchblitzte mich der Vergleich zum Gekreuzigten hinter ihm. Wenn dieser mir in Meditation und Kommunikation so eindrucksvolle Mensch am Kreuze hinge? – Tosender Beifall während der ganzen Segensspendung war bezeichnend. Es fielen dabei übrigens lange nicht alle in die Knie. Er kam nun wieder vom Podium herunter und unterhielt sich nochmals mit denen in der Mitte vorne; andere waren inzwischen zu ihm vorgeströmt; händevoll wurden Rosenkränze und Kruzifixe nach vorne gegeben. Nun kam er in der Mitte etwas vor. Ungefähr drei Meter war er von uns noch weg. Jetzt erst bemerkte ich, daß er von der Seite etwas anders aussah; seine Gesichtszüge sind dann nämlich weniger von der Brille bestimmt. Langsam zog er sich wieder zurück, bekam nun über sein elfenbeinweißes Gewand einen roten, bis Ellenbogenhöhe reichenden Umhang und verließ durch die rechte Flügeltür den Saal. Das war Castel Gandolfo.

Sonntag, 5.8.51: [...] In Amalfi hatten wir zum letzten Mal mit einem Deutschen gesprochen. Wie uns aber auf der Straße nach Salerno ein deutscher ADLER überholte, grüßten wir höflich bzw. erwiderten das Landsmannszeichen. Der aber begnügte sich jedoch nicht damit. Er winkte uns, hielt an – wir auch – und wir kamen zu ihm vor. Gleich nach „woher" und „wohin" verabredete er sich hoch erfreut mit uns: In Paestum würden wir uns wieder treffen.

Wir hatten uns inzwischen schon lange Zeit beim Poseidontempel und bei der Basilika aufgehalten, viel fotografiert, uns auch an einer Hecke an ausgezeichneten Brombeeren gestärkt, und waren gerade am nördlich gelegenen Cerestempel angekommen. Einige Male hatte ich zwar schon Hallorufe gehört, nicht im geringsten aber an unseren „Freund" von

Salerno gedacht. Hier aber trafen wir zusammen. Am Ende des Gesprächs bot er Zigaretten an, nahm uns mit zu seinem Auto und stellte uns seinen Begleitern vor: einem Herren und einer jungen Dame. Er selbst hatte die 30 auch noch nicht überschritten. Ich glaube, auf 3/4 6 Uhr lud er uns zu einem gemütlichen Glas Wein in die unweit der Tempel gelegene Wirtschaft ein. Wir versorgten unser Motorrad, richteten und wuschen uns so gut es ging und wanderten vom Strand her auf der südlichen Stadtmauer der griechischen Stadt dem Gasthaus zu.
Hier endet das Tagebuch.

Zurück fuhren wir über Benevent, besuchten das wiedererrichtete Kloster Monte Miletto Casino, dann durch die Abruzzen, nach Florenz, wo wir in Fiesole zelteten. Über Ravenna ging es nach Venedig und von dort durch die Dolomiten nach Hause.

URTEIL ODER VORURTEIL?

ARGUS, das Organ des Rings christlich-demokratischer Studenten (RCDS), beschäftigt sich in der letzten Nummer mit den Gegnern der atomaren Aufrüstung der Bundesrepublik. ARGUS versucht dabei, die Gegner der Atomrüstung als hoffnungslose Pazifisten, als Wunschdenker, als Irrealisten darzustellen.

„Das Wort: wir protestieren gegen die Atomrüstung! sagt noch nichts über die Konsequenzen. Aber das dürfen wir fordern! Denn ein Protest ist noch keine Antwort auf die Frage: Wie sichern wir uns und unsere Freiheit?"

Das ist die allgemeine Frage, die ARGUS stellt – zwar in einem etwas krausen Deutsch und schwach in der Interpunktion – dennoch: die Frage ist verständlich, sie ist wichtig und notwendig.

Aber diese Frage strotzt von der satten Einbildung derer, die sich im Gefolge der „Realpolitiker" Adenauer und Strauß wissen – und in dieser Gefolgschaft scheint Irrtum ausgeschlossen.

ARGUS hat recht, wenn er schreibt: „Es dürfte wirklich höchste Zeit sein, sich auf die einfachsten Voraussetzungen jeder Entscheidung zu besinnen: erst umfassende Tatbestandsaufnahme, dann das Urteil."

Deshalb richten wir Gegner der atomaren Aufrüstung an den RCDS einige Fragen zum Tatbestand:

1. **Ist die militärische Sicherheit der Bundesrepublik gegenwärtig und in naher Zukunft durch die Ausrüstung der USA mit „großen Atomwaffen" und der in Europa stehenden amerikanischen Einheiten mit „kleinen Atomwaffen" gesichert?**

2. **Hat die beschleunigte Ausrüstung der Bundeswehr ihre Ursache in einer bereits vollzogenen atomaren Bewaffnung der Armeen der Ostblock-Staaten?**

3. **Kann die Bundesrepublik durch die atomare Aufrüstung der Bundeswehr einen größeren Grad von Sicherheit erreichen als bisher?**

4. **Erhöht die Verteilung von Atomwaffen auf andere Länder als die drei Atommächte die allgemeine Sicherheit des Westens?**

5. **Wird die erstrebte allgemeine Abrüstung durch das Verteilen atomarer Waffen an andere Länder als an die drei Atommächte gefördert?**

6. **Wird durch die Einstellung der Atombombenversuche die Sicherheit des Westens gefährdet?**

Das sind sechs Fragen, die sich alle um den Komplex der Sicherheit drehen. Erst ihre Beantwortung ergibt die Tatbestandsaufnahme. ARGUS gibt sich zwar realpolitisch wie seine leuchtenden Vorbilder in der Politik, aber ebenso wie diese Vorbilder verwechselt ARGUS Ideologie und Politik. In der Auseinandersetzung mit den Gegnern der Atomrüstung verläßt ARGUS seinen eigenen Grundsatz: **„Erst Tatbestandsaufnahme, dann das Urteil."**

Was ARGUS gegen die Gegner der Atomrüstung vorbringt, das sind keine Urteile, das sind Verleumdungen, Verketzerungen und Verurteilungen. Eine Auslese davon:

„Amokläufer gegen die Freiheit"; „Initiativlös-opportunistisch"; „Ex-Sekretär von Ernst Thälmann"; „Schmidt-Schnauze"; „Fehlen der Ehrlichkeit"; „Gauner"; „Erweichungstendenzen"; „Die liberalen Koexistenzler der Atompanik"; „Die opportunistische Presse"; „Defaitistische Schriftsteller und Wissenschaftler"; „Entrüstungskampagne gegen Demokratie".

Zugegeben, es hat etwas Berauschendes, auf den ehernen Stühlen einer geschlossenen Weltanschauung sitzend – oder was man für eine geschlossene Weltanschauung hält –, einen politischen Gegner vors Gericht zu zitieren, ihm im Stil einer antikommunistischen Kapuzinerpredigt die Leviten zu lesen und ihn zu verurteilen. Aber die Frage ist: hat diese Methode noch etwas mit demokratischem Journalismus und demokratischer Diskussion zu tun? Die Antwort ist nicht schwer. Hier liegt bei ARGUS der Tatbestand fest. Hier kann im Urteil kein Zweifel sein. Das sind die Methoden, die jeden politischen Gegner zum Staatsfeind stempeln und damit jede Debatte unmöglich machen. Diese Denkungsart liegt der Auffassung der CDU/CSU zugrunde, daß sie allein den Staat repräsentiere; daß sie allein der Garant der Sicherheit sei, sie allein der Hüter der Freiheit des Westens. Gegnern von politischen Maßnahmen der Bundesregierung verbleibt bei dieser Auffassung nur noch die Wahl zwischen Hochverrat und politischem Selbstmord.

Trotzdem wollen wir den Versuch, zu einer demokratischen Debatte zu kommen, noch einmal unternehmen. Wir haben die Fragen zur Tatbestandsaufnahme gestellt, wir erwarten die Antwort.

STUDENTISCHER AKTIONSAUSSCHUSS

IM

KOMITEE GEGEN ATOMRÜSTUNG E. V.

Verantwortlich: Georg Zundel, München 13, Ainmillerstraße 5

Anhang 4

Bericht an die DFG über meinen Russlandaufenthalt 1964/1965

Verlauf der Reise

Am 26.10.1964 flog ich mit einer Maschine der Sabena über Brüssel nach Moskau. Dort wurde ich von dem Kandidaten Igor Orlow, welcher mich auch in Zukunft betreute, am Flugplatz abgeholt und im Auftrag der Akademie im Hotel Warschawa untergebracht.

In der Zeit vom 27.10.64 – 14.1.65 führte ich am Institut für Chemische Physik der Akademie in der Abteilung für homogene Katalyse – Leiter Dr. Mikhail Winnik, Vorobjevskoje Chausse 2^b – ein Forschungsvorhaben durch. Außerdem war es mir häufig möglich, über meine eigenen Arbeiten mit russischen Kollegen zu diskutieren. Ich besuchte mehrmals das Kolloquium des Instituts für allgemeine und anorganische Chemie N.S. Kurnakov, Leninskij Prospekt 31. In diesem Kolloquium hielt ich zwei Vorträge über meine Arbeiten in München. Das Kolloquium befasst sich insbesondere mit Strukturfragen in der Chemie, Leiter dieses Kolloquiums ist Dr. O.Ja. Samoilow. Hierbei war es mir möglich, einige weitere wissenschaftliche Kontakte anzuknüpfen. Außerdem veröffentlichte ich eine in München durchgeführte Arbeit in der Zeitschrift „Journal Strukturnoi Khimii".

Während der gesamten Zeit meines Aufenthaltes in Moskau stand mir im Hotel Warschawa ein großes Zimmer mit Bad sowie ein Vorraum mit Schränken zur Verfügung. Ferner erhielt ich monatlich stets pünktlich 200 Rubel.

Am 15.1.65 fuhr ich nach Leningrad. Dort holte mich ein deutschsprechender Student im Auftrag der Leningrader Auslandsabteilung der Akademie am Bahnhof ab und quartierte mich in Hotel Oktiabrskaya ein, wo mir wieder ein Zimmer mit Bad zur Verfügung stand. Ich besuchte den Akademiker A. Terenin, welcher mich selbst durch seine interessante Abteilung im Physikalischen Institut der Universität Leningrad führte. Ferner hielt ich im Kolloquium von Prof. Dr. K. Mischtschenko – Technologisches Institut der Zellulose- und Papierindustrie Nowosiwkowoskaja 4 – einen Vortrag. Am 20.1. kehrte ich nach Moskau zurück.

In den letzten Tagen meines Aufenthaltes in Moskau zeigte man mir noch im Institut für Chemische Physik, in welchem ich gearbeitet hatte, einige andere Laboratorien, insbesondere Laboratorien, in welchen Reaktionen untersucht werden, an welchen sich Radikale beteiligen. Am 23.1.65 flog ich über Frankfurt mit einer Maschine der Pakistan Airlines zurück.

Das Institut

Das Institut für Chemische Physik der Akademie der Wissenschaften beherbergt Abteilungen der verschiedensten Forschungsrichtungen, angefangen bei der Untersuchung von Kettenreaktionen bis zur Erforschung der Krebsprobleme. Wie meine russischen Kollegen sagten, ist dies eine Folge der vielseitigen Interessen seines Leiters, des Nobelpreisträgers und Akademikers N.N. Semjonov.

Ich arbeitete in der Abteilung für homogene Katalyse. Diese ist in einem von der Zarin Katharina gebauten Schloss untergebracht. Das Institut ist damit, wie die meisten Moskauer Akademie-Institute ein altes Gebäude, denn Moskau selbst war ja im Kriege nicht zerstört. Es liegt jedoch in sehr schöner Lage, unmittelbar oberhalb der Moskwa. Der Blick vom Laboratorium erstreckt sich von dem kolossalen Gebäude der zu Beginn der 50er Jahre erbauten, nach Lomonosow benannten Universität über das in der Schleife der Moskwa gelegene

Stadion und die Kuppeln des Klosters Nowo Djewitschi (heute Museum) und schließlich über die Silhouette Moskaus hinweg, welche von den aus der Ära Stalin stammenden Kolossalbauten in ungewöhnlicher Weise geprägt ist.
Will man das Institut betreten, so benötigt man einen Ausweis, Propusk genannt. Ich war, in diesem Falle, von dieser Verordnung ausgenommen. In der von Dr. M. Winnik geleiteten Abteilung für homogene Katalyse wird die Kinetik der säurebasekatalysierten Hydrolyse insbesondere auch biologischer Substanzen, wie z.B. β-Alanin meist UV-spektroskopisch verfolgt. Ergänzend wird die Hydratisierung dieser Substanzen IR-spektroskopisch untersucht. Ferner gehörte zu dieser Abteilung ein Raman-Labor, welches und wessen Forscher ich jedoch nie kennenlernte.
Das kinetische und IR-spektroskopische Laboratorium, in welchem ich arbeitete, hatte fünf Mitarbeiter: Die zwei Kandidaten Igor Orlow und Jura Moisejew, zwei sehr gut geschulte Laborantinnen, sowie einen Diplomanden. Offiziell – jedoch keinesfalls sehr streng beachtet – begann die Arbeit um 9 Uhr und endigte 16.30, d.h. die Arbeitszeit betrug sieben Stunden, wenn man die 1/2-stündige Mittagspause abzieht. Samstags wurde von 8.30 bis 14.30 Uhr gearbeitet. Das Laboratorium war mit allem Nötigen gut ausgerüstet. Das russische IR-Gerät IKS-14 selbst steht jedoch in seiner Qualität sehr weit hinter der Qualität der amerikanischen Geräte zurück. So ist es nicht einmal thermostatisiert. Dies macht eine genaue Vermessung von Wellenzahlenwerten, was man ja eigentlich mit einem derartigen Gerät will, unmöglich.
Das Institut besitzt eine gute Werkstatt sowie eine große Glasbläserei, sodass von dieser Seite keine Versorgungsschwierigkeiten für die wissenschaftlich Arbeitenden bestehen. Der Zeitaufwand der Wissenschaftler für die Beschaffung von Forschungsmaterial scheint ebenfalls wesentlich kleiner als bei uns zu sein, da im Institut eine Verwaltungsstelle hierfür vorhanden ist. In der Instituts-Bibliothek gab es die wichtigsten Bücher und Zeitschriften, und zwar, was die Bücher betrifft – die wichtigsten englischsprachigen und einige ostdeutsche in russischer Übersetzung. Der "Lesesaal" ist in eine Vielzahl kleiner Räume aufgegliedert, dies erlaubt ein sehr ruhiges Arbeiten und ist somit sehr nachahmenswert. Die an der Akademie arbeitenden Wissenschaftler sind im Wesentlichen mit Erwerbung des Doktorgrades dazu berechtigt, aber keinesfalls verpflichtet, Vorlesungen zu halten.
Irgendeine Reglementierung von oben im Hinblick auf das, was geforscht wird, gibt es nach meiner Beobachtung im Institut für Chemische Physik nicht. In jedem Institut ist an auffälliger Stelle eine große rote Tafel angebracht, die „Ehrentafel". Auf ihr sind die Bilder besonders verdienter Mitarbeiter ausgestellt. Die Belastung der Wissenschaftler durch „philosophische" Seminare scheint nicht groß zu sein. Als ich mich danach erkundigte, sagte man mir, derartige Seminare fänden nur selten statt, in den Industriebetrieben würden solche Veranstaltungen aber eine weit größere Rolle spielen. Ich bin mir jedoch nicht sicher, ob man mich nicht bewusst von derartigen Veranstaltungen fernhalten wollte.
Das Institut besitzt eine Kantine. Diese ist insbesondere im Hinblick auf vielseitige Auswahl und insbesondere im Nährwert des Essens wesentlich besser als diejenige der TH München, das Essen kostet aber mindestens das Doppelte. Ferner gibt es im Institut eine Stelle für die ärztliche Betreuung der Mitarbeiter.
Zusammenfassend kann man feststellen: Die von oben in einem Akademie-Institut der Forschung aufgeprägte Ordnung hat das Ziel, mit der Arbeitskraft der Wissenschaftler recht effektiv umzugehen, einesteils durch Einsatz gut geschulter Hilfskräfte, andererseits da-

durch, dass so viele Geräte zur Verfügung stehen, dass die Arbeitszeit der Wissenschaftler und nicht die Betriebszeit der Geräte den geschwindigkeitsbestimmenden Schritt für die Forschung bildet. Die Leistungsfähigkeit der Geräte steht jedoch hinter derjenigen unserer Geräte meist noch wesentlich zurück. Der Gedankenaustausch unter Wissenschaftlern verschiedener Institute erscheint mir beträchtlich dadurch behindert zu sein, dass die meisten Institute nur mit Propusk betreten werden dürfen. Insgesamt bietet die Akademie für Wissenschaftler sehr günstige Arbeitsbedingungen.

Arbeitet man in einem Institut, so sieht man, dass Schwierigkeiten nicht durch die der Forschung aufgeprägte Ordnung entstehen, sondern ganz andere Ursachen haben. Ja, man sieht, dass diese Ordnung unbedingt notwendig ist, denn die Russen tun sich auch bei der Organisation einfacher Vorgänge recht schwer, wenn diese nicht durch die vorgegebene Ordnung in die richtigen Wege geleitet werden. Man erlebt in derartigen Lagen bisweilen große Pannen.

Meine Arbeit im Institut

Zu Beginn legte ich Dr. Winnik meine Wünsche vor, und zwar in Form eines schriftlichen (russisch) formulierten Programms. Dieses Programm liegt bei. Dies erwies sich als außerordentlich vorteilhaft, denn zumal kein formulierter Gegenvorschlag vorhanden war – was wohl meist der Fall sein wird – lief alles, mit Ausnahme meines eigenen Forschungsvorhabens, wenn auch nur mit Mühe, so doch, wie von mir geplant war, ab. Dr. Winnik stellte bei der ersten Besprechung fest, dass mein Programm durchführbar sei. Bei der Ausarbeitung dieses Programms hatte ich die Erfahrungen, welche Dr. Bauer bei seinem ein Jahr zurückliegenden Besuch gesammelt hatte, zu Grunde gelegt, was sich bestens bewährt hat.

Gleich bei dieser ersten Besprechung stellte sich heraus, dass der Inhalt meiner Arbeiten, obwohl die von mir früher übersandten Sonderdrucke vorlagen, der Arbeitsgruppe unbekannt war. Deshalb war die Problemstellung des von mir früher angemeldeten und der Arbeitsgruppe bereits über ein Jahr vorliegenden Forschungsprogramms für diese völlig unverständlich, dies alles, obwohl in dem Forschungsprogramm, insbesondere auch die zu seinem Verständnis erforderliche Literatur zitiert ist. Unter diesen Umständen war es sinnlos, auf die Durchführung meines eigenen Forschungsprogramms zu bestehen.

Ich führte somit auf Vorschlag von Dr. Winnik zunächst mit den Methoden der Arbeitsgruppe Untersuchungen an der von mir mitgebrachten Toluolsulfonsäure durch. Es war mir allerdings von vornherein klar, dass derartige Messungen in diesem Fall nur die Summe verschiedener Effekte zu messen gestatten. Diese Messungen ermöglichten es mir jedoch, mich in die im Laboratorium angewandte Methode einzuarbeiten, was für mich recht interessant und unter gegebenen Umständen wichtig war. Durch entsprechende Variationen der Methode gelang es mir dann, später auch noch einige sinnvollere Messungen durchzuführen. Gegen Ende meines Aufenthaltes stellte ich in dem bereits erwähnten, hier beiliegenden Bericht alle Messungen und deren Ergebnisse zusammen, wobei die letzten, d.h. die sinnvolleren Messungen am Anfang aufgeführt sind. Besonderen Wert legte ich bei der Abfassung darauf, auch die anderen Untersuchungen der Arbeitsgruppe auf eine solidere Grundlage zu stellen, was ohne Mühe möglich war, da diese Ergebnisse mit Hilfe der Literatur besser gedeutet werden konnten, als dies geschehen war. Denn nahezu alle Zeitschriften-Veröffentlichungen, welche für die eigenen IR-Arbeiten dieser Arbeitsgruppe wesentlich sind, waren ebenfalls unbekannt, oder zumindest nicht gelesen. Jedoch lagen fast alle Bücher, welche wir selbst im Laboratorium verwenden, auch dort im Laboratorium, und zwar auf Russisch, vor. Bei der Durchführung des Forschungsvorhabens, sowie auch bei den Diskussionen mit Dr. Winnik (nächster Abschnitt) war es für mich außerordentlich wertvoll, dass ich eine große Menge Sonderdrucke aus meiner Sonderdrucksammlung bei mir und damit die wesentliche Literatur meist unmittelbar parat hatte.

Damit kein falscher Eindruck entsteht, möchte ich hinzufügen, dass unzweifelhaft das Hauptgewicht der Untersuchungen der Abteilung auf den kinetischen Untersuchungen lag und nicht auf den IR-Untersuchungen. Über diese kinetischen Untersuchungen liegen auch eine Vielzahl schöner Veröffentlichungen*) vor. Ich vermute, dass ich im Hinblick auf die IR-Untersuchungen so quasi als „Entwicklungshelfer" eingesetzt wurde. Eines jedoch ist auch dann charakteristisch, dass dies alles so wenig systematisch vorbereitet war.

Mein Hauptziel des Aufenthaltes war es jedoch, die russischen Wissenschaftler mit den Arbeiten bekannt zu machen, welche wir in München durchführen. Dies wollte ich durch Vorträge, und wenn möglich, durch eine Veröffentlichung erreichen. Mit Hilfe von Vorträgen hoffte ich, im Rahmen der Diskussionen auch Kontakte zu anderen Wissenschaftlern anknüpfen zu können. Die Vorträge hatte ich bereits in russischer Übersetzung, welche noch überarbeitet und in kyrillischen Lettern geschrieben werden musste. All dies war in meinem Programm formuliert. Ich musste in erster Linie Dr. Winnik mit meinen Arbeiten bekannt machen. Dies geschah in vielen langen Diskussionen, welche ich in den folgenden Wochen mit ihm führte. Diese Unterredungen waren für mich die wesentlichste Bereicherung meines Aufenthalts. Denn die sehr klugen Einwände Dr. Winniks, welcher alles sehr rasch auffasste, führten mich in einer Reihe von Punkten zu wichtigen Erweiterungen der Deutung meiner eigenen Befunde. Es erscheint mir, dass wir im Westen der Diskussion eine zu geringe Bedeutung bei der Aufklärung von Problemen beimessen. Denn bei den vielen Tagungen, wo man ja in idealer Weise Gelegenheit hätte, zu diskutieren, begnügt man sich mit den Referaten, und die Diskussionen kommen entschieden zu kurz. Die Diskussionen mit Dr. Winnik gingen jedoch nur sehr langsam voran und erforderten viel Geduld. Wie derartige Diskussionen vonstatten gehen, darin äußert sich sehr vieles russischer Wesensart. So werden einzelne Punkte, und zwar auch solche, welche wir als nebensächlich übergingen, stundenlang zerredet. Ein weiterer, sehr wichtiger Unterschied ist, dass die Einwände meist lauten „dies könnte auch anders sein" oder „dies glaube ich nicht", aber nur außerordentlich selten „dies könnte auch so oder so sein", d.h. es fehlt meist das Konstruktive, die Lösung muss man selbst finden. Ein erwähnenswerter Punkt ist ferner, dass Berechnungen verglichen mit Überlegungen und Experimenten ein weit größeres Gewicht beigemessen wird als bei uns. Warum soll man heute schon einen Beschluss fassen, man kann sich hierüber ja noch lange unterhalten! Gerade diese Eigenschaft der Russen scheint mir auch den Charakter mancher offiziellen Verhandlungen zu bestimmen. Hier

*) z.B. M.I. Winnik, Ju.W. Moisejew, L.W. Palagina: Dokl. Akad. Nauk **138**, 149 (1961): "Kinetik und Hydrolyse von Kaprolaktam in wässrigen KOH-Lösungen".
M.I. Winnik, , Ju.W. Moisejew, L.W. Palagina: Dokl. Akad. Nauk **143**, 1127 (1962): "Kinetik und Hydrolyse von Butyrolaktam in wässrigen KOH-Lösungen".
M.I. Winnik, N.-G. Zarachani: Dokl. Akad. Nauk **152**, 1147 (1963): "Kinetik und Mechanismus der Beckmannschen Umlagerung bei Cyklodekanonoksin in schwefelsaurem Milieu".

scheint mir die Gefahr zu bestehen, dass im Westen viele – mit der russischen Mentalität völlig unvertraut – manches als bösen Willen interpretieren, was ganz anderen Ursprungs ist.
In der Zwischenzeit überarbeitete ich mit meinem Betreuer Orlow die russischen Übersetzungen meiner Vorträge. Es sei hier angemerkt, dass es sinnlos ist, in der UdSSR Vorträge auf Deutsch zu halten, sofern man mit der großen Zahl junger Nachwuchsforscher Kontakt bekommen will. Vorträge auf Englisch sind möglich, da es möglich ist, einen Dolmetscher zu bekommen. Denn auch auf Englisch ist ein Vortrag nicht direkt verständlich. In der UdSSR werden zwar ausländische Sprachen gelernt, jedoch durch den Mangel an Kontakt mit dem Ausland fehlt jegliche Übung. Trotz meines heftigen Drängens dauerte die Überarbeitung meiner Vorträge über zwei Monate. Die Ursache für diese Verzögerung war, dass Orlow stets alles auf morgen verschob, was nicht unbedingt heute sein musste. Dazu kam, dass es ihm fast stets unmöglich war, die Dinge realistisch einzuschätzen Wenn er sagte, und selbst auch glaubte: „Dies erledige ich bis heute Abend", so war mir bald klar, dass er hierzu eine Woche brauchen würde.
Meine Vorträge sollten im Kurnakow Institut stattfinden. Der Leiter dieses Kolloquiums ist Dr. O. Ja. Samoilow. Die Vereinbarung einer Besprechung zwischen Samoilow und mir war ein Organisationsproblem, welches fünf Wochen in Anspruch nahm (beides Akademie-Institute, Abstand ungefähr ein Kilometer). Die Organisation der Vorträge bei Samoilow benötigte eine entsprechende Zeit. So konnte ich den einen Vortrag erst am 5. Januar, den zweiten eine Woche später, d.h. erst drei Tage vor meiner Abfahrt nach Leningrad halten. Die Vorträge waren gut bekannt gemacht, einesteils durch Anschläge, andernteils durch Verschickung von Ankündigungen. Eine Schwierigkeit entstand wegen der Dias. Ich hatte diese vorsichtshalber vom Format 5 x 5 sowie 8,5 x 10 cm mitgenommen. Die 8,5 x 10 cm Dias hätte ich projizieren können, wenn die Rahmen, in welche diese in den Projektor eingeschoben werden mussten, vorhanden gewesen wären. In Russland wird jedoch offenbar meist epidiaskopisch projiziert, d.h. es empfiehlt sich, auch die Diavorlagen mitzunehmen. Glücklicherweise lieh mir Herr Dirnecker (Kulturattaché der Botschaft) seinen eigenen Projektor, so dass ich mit Hilfe der 5 x 5 cm^2 Dias meine Vorträge halten konnte.
Die Besucher waren nahezu alle in meinem Alter. Die Diskussionen nach den Vorträgen erstreckten sich bisweilen über mehrere Stunden, wie mir schon aus früheren Besuchen dieses Kolloquiums bekannt war. Hierbei besteht die Diskussion bisweilen nicht nur aus Rede und Gegenrede, sondern manche Diskussionsredner halten Monologe.

Besuch in Leningrad
Der Akademiker Terenin hat seine Laboratorien im Physikalischen Institut der Universität Leningrad. Das Institut scheint geheim zu sein. Ein Propusk konnte ich nicht erhalten. Da mir der Besuch aber zugesagt war, wurde ich schließlich nach einigem Hin- und Hertelefonieren am Eingang von Terenins Sekretärin abgeholt. Er selbst gehört noch zu denjenigen, welche in Kontakt mit dem Westen zu Wissenschaftlern geworden sind. Er bearbeitet zahlreiche Gebiete. Einige seien herausgegriffen:
Die Untersuchung der Adsorption mit den Methoden der IR-Spektroskopie, sowie der Spektroskopie im Sichtbaren, ergänzt wird dies durch kinetische Methoden, so wie seit neuestem durch die Massenspektroskopie. Eines der

Ju.W. Mosiejew, M.P. Olenitsche, M.I. Winnik: Žurnal Fisičeskoj Chemii **37**, 214 (1963): "Spaltung zweibasiger Alkohole in wässriger KOH-Lösung".

schönsten Ergebnisse dieser Arbeiten ist die Aufklärung des Mechanismus der photokatalysierten Adsorption von Sauerstoff an Metalloxiden, welche in zehnjähriger systematischer Arbeit erreicht wurde.

Ein weiteres, sehr interessantes Gebiet der Forschung Terenins ist die massenspektroskopische Untersuchung von organischen Dämpfen bei UV-Bestrahlung. Er beobachtet die Intensität der Banden des Massenspektrums in Abhängigkeit von der UV-Wellenlänge und findet so die Ionisierungsenergie.

Ferner untersucht er massenspektroskopisch stickstoffhaltige Dämpfe unter sehr kurzwelliger UV-Strahlung (Vakuumultraviolett). Diesen Untersuchungen liegt die Frage zu Grunde: Entstehen unter diesen Bedingungen in diesen Dämpfen Stickstoffverbindungen, welche Grundsubstanzen des Lebens sind?

Beim Besuch der Laboratorien des Akademikers Terenin gewinnt man den Eindruck, dass er es versteht, seine Mitarbeiter an ein systematisches, zielstrebiges und schwungvolles Arbeiten heranzuführen. Einen ähnlichen Eindruck gewinnt man bei einem Besuch von Prof. Dr. Mischtschenko (Technologisches Institut der Zellulose und Papierindustrie, Nowosiwkowskaja 4, Leningrad). Dieser hat vor 35 Jahren ein Jahr bei Prof. Fajans in München gearbeitet. Er beschäftigt sich heute mit dem thermodynamischen Verhalten von Lösungen. Bei einem Vortrag, welchen ich in seinem Kolloquium hielt, lernte ich seine Mitarbeiter kennen.

Der Werdegang eines Wissenschaftlers in der UdSSR

In der UdSSR kann jedermann studieren, welcher die Aufnahmeprüfung zur Universität besteht. Um zunächst unabhängig vom Fach den Andrang zur Ausbildung zu fördern, sind alle Studierenden sowie Fachschüler von der dreijährigen Wehrpflicht befreit. Die Zahl derjenigen, welche auf Grund der Aufnahmeprüfung in einem speziellen Fach zugelassen werden, richtet sich nach dem Bedarf. Melden sich in einem Fach zu wenige zur Prüfung an, so werden die Studienbedingungen verbessert, d.h. es handelt sich, wie bei uns, um eine Steuerung über die Bedingungen, lediglich, dass diese in der UdSSR bewusst planend durchgeführt wird.

Das Chemie- bzw. Physikstudium besteht aus sechs Kursen, wobei ein Kurs ein Jahr dauert und zwei Semestern entspricht. Während dieser Zeit erhält der Studierende monatlich ungefähr 40 Rubel. Für das Wohnen gehen hierfür nur 4-5 Rubel ab. Das Essen jedoch ist wesentlich teurer. Nach jedem Semester müssen Prüfungen gemacht werden, dafür gibt es keine Vordiplom- und Diplomprüfungen. Während des 4. und 5. Kurses arbeiten die Studierenden ab und zu in einem Forschungslaboratorium. Dies kann so geschehen, dass sie dieses 1-2 Tage in der Woche oder einmal auch für mehrere Wochen durchgehend besuchen. Hierdurch sollen die Studierenden mit der Forschung selbst bekannt werden. Im 6. Kurs wird in einem Forschungslaboratorium die Diplomarbeit gemacht. Sie wird von Diplomanden vor der Kafedra verteidigt. Die Kafedra entspricht unserem Universitätsinstitut, d.h. im Zusammenhang mit der Verteidigung der Diplomarbeit ist sie der zuständige Unterausschuss der Fakultät. Dies ist der Abschluss des Studiums.

Unserer Promotion entspricht die Erwerbung des Titels „Kandidat". Hierzu macht man zunächst eine Prüfung, um eine „Aspirantur", d.h. das Recht auf einen Arbeitsplatz in einem Forschungsinstitut für drei Jahre zur Durchführung einer wissenschaftlichen Arbeit, zu erhalten. In diesen drei Jahren bekommt der Aspirant 70-120 Rubel je nach Leistung. Im Verlauf des ersten Jahres der Aspirantur müssen drei weitere Prüfungen abgelegt werden. Am Ende der Aspirantur findet keine Prüfung mehr statt. Die Arbeit wird nicht wie bei uns der Fakultät, sondern einem eigens hierfür vorhandenen Wissenschaftlichen Rat vorgelegt. So existiert z.B. im Institut für Chemische Physik der Akademie ein Wissenschaftlicher Rat für Chemie und ein anderer für Physik. Dieser Wissenschaftliche Rat holt Gutachten über die Arbeit ein. Diese Gutachten müssen von Wissenschaftlern anderer Institute angefertigt werden, wobei der Aspirant meist im Institut des Gutachters über seine Arbeit referieren muss. Schließlich verteidigt der Aspirant seine Arbeit vor dem Wissenschaftlichen Rat seines Institutes und erhält, sofern alles zur Befriedigung ausgefallen ist, den Titel „Kandidat".

Hat ein Wissenschaftler viele gute Arbeiten veröffentlicht, und hat er in dieser Zeit eine bestimmte Anzahl Aspiranten in seinem Laboratorium angeleitet, so kann er den Doktorgrad erwerben. Hierzu reicht er dem zuständigen Wissenschaftlichen Rat eine seine Forschung umfassende Arbeit ein und verteidigt diese dann eben vor diesem Gremium.

Der höchste wissenschaftliche Grad in der UdSSR ist der „Akademiker". Die Akademiker sind die Mitglieder der Akademie, neben diesen gehören der Akademie noch korrespondierende Mitglieder an.

Abschließend sei hier angemerkt, dass der Naturwissenschaftler, insbesondere wenn er an der Akademie arbeitet, ein sehr hohes gesellschaftliches Ansehen besitzt. Schließlich liefern die Naturwissenschaftler ja auch einen wesentlichen Beitrag zu den Grundlagen der „Staatsreligion" der UdSSR (s. unten), ein Punkt, in welchem sich die Verhältnisse in der UdSSR ganz wesentlich von denjenigen bei uns unterscheiden.

Ein Vergleich

Will man Einrichtungen und Entwicklung in der UdSSR mit solchen in anderen Ländern vergleichen, so erweist sich dies außerordentlich schwierig, da kein Land im Hinblick auf seine Geschichte der UdSSR als Ganzes auch nur angenähert gleicht. Einerseits lag das europäische Russland nur am Rande derjenigen Gebiete, in welchen sich Wissenschaft und Technik in einem Jahrhunderte dauernden Prozess entwickelten. Andererseits standen die ganzen riesigen asiatischen Gebiete der UdSSR dieser Entwicklung ebenso fern, wie z.B. Persien oder Afghanistan, d.h. der häufig gezogene Vergleich der Sowjetunion mit Mitteleuropa führt zu einem falschen und ungerechten Bild, wenn er nicht durch Vergleiche mit den Verhältnissen in den Entwicklungsländern ergänzt wird. Ja, in vielen Punkten muss sogar gerade dieser Vergleich an erster Stelle stehen, da die Probleme der UdSSR denjenigen der Entwicklungsländer weit mehr gleichen als denjenigen der Länder Mitteleuropas.

Einer der Grundfehler fast aller Entwicklungsländer ist es, dass die Regierungen nicht erkennen, dass die Grundlage für jegliche Entwicklung die Heranbildung des Volkes ist.*) Von der Regierung der UdSSR wurde dies nicht nur erkannt, sondern es wurden insbesondere auch die entsprechenden Konsequenzen, und zwar diese in einem Umfang gezogen, wie dies bis heute wohl noch nirgends geschah. Wenn die Ausbildung der Wissenschaftler im Mittel noch nicht zu unserem Niveau führt,**) hat dies andere Ursachen. Wenn auch alle jüngeren Forscher sehr beflissen sind, sich weiterzubilden, so

*) z.B.: Obwohl in Pakistan die Reiserträge/ha im Wesentlichen zu Folge mangelnder Düngung nur ein Viertel derjenigen Ägyptens betragen, exportiert es einen Teil seines im Land hergestellten Kalkstickstoffs, denn die Regierung vermag der Landbevölkerung die Verwendung von künstlichen Düngemitteln trotz alledem nicht beizubringen.

**) Demgegenüber scheinen die Laboranten jedoch weit besser ausgebildet zu sein als bei uns. Es ist aber nicht ausgeschlossen, dass ich hier insofern einen falschen Eindruck erhalten habe, da die

scheint es mir dennoch einen Aufstiegsdrang, welcher mit den Verhältnissen bei uns vergleichbar wäre, nicht zu geben. Über Superarbeiter und Pioniergeist wird nur derjenige berichten können, welcher seine Russlandkenntnisse nur aus der Zeitung bezogen hat. Ferner, und dies ist wohl eine weitere hemmende Schwierigkeit: Die Fähigkeit zum systematischen Arbeiten sowie die Fähigkeit zum Konstruktiven liegt ursprünglich sicher nicht in der russischen Natur. Ein gewisser russlandeigener Fatalismus bremst persönlichen Ehrgeiz und Eigeninitiative.

Die praktische Situation scheint mir damit grob verallgemeinert folgende zu sein: Es gibt eine kleine Zahl meist älterer Forscher, welche, da sie durch nähere Bekanntschaft mit unserer Forschung diese und andere Schwierigkeiten kennen über die Tatsachen der Wissenschaft hinaus, entsprechenden Einfluss auf ihre Schüler nehmen. Demgegenüber gibt es eine sehr, sehr große und zunehmend steigende Zahl junger Wissenschaftler, für welche es von größter Bedeutung wäre, unsere Norm kennen zu lernen.

Über einige Punkte herrschen bei uns ganz falsche Vorstellungen und diese Vorstellungen kehren dann auch stets in Berichten über die UdSSR immer wieder. Ich kann dies nur so erklären, dass die Urheber solcher Berichte mit vorgefassten Meinungen die UdSSR kurz bereisen, ihre Meinung auf das Gegebene projizieren und dann wieder darüber berichten. Eine derartige Irrlehre ist die Behauptung, dass die jungen russischen Wissenschaftler wenig allgemein gebildet seien. Hiermit hat es folgende Bewandtnis: Die Russen erhalten ihre Allgemeinbildung zum größten Teil nicht auf der Schulbank, denn der russische Staat hat, vermutlich unter dem Gesichtspunkt, dass er hierbei auch die älteren Leute erfasst, zur Vermittlung von Allgemeinbildung andere Wege beschritten. Der wichtigste Vermittler von Bildung ist das Buch. Bücher werden in vielen Buchhandlungen und in unzähligen Ständen auf den Straßen, dem Bahnhof, in Schulen und Fabriken verkauft und sind wesentlich billiger als bei uns, meist sind diese Stände von Menschen umringt. Der eine oder andere nimmt ein Buch mit, in welches er sich bei der nächsten Gelegenheit gleich vertieft. Ein weiteres wichtiges Bildungsmittel sind die außerordentlich billigen Schallplatten. Nahezu alle meine jungen russischen Kollegen sammeln Bücher und Schallplatten und besuchten regelmäßig kulturelle Veranstaltungen, welche in Moskau in einmaliger Fülle geboten werden.

Inwieweit diese Verbreitung von Bildung von den Städten auch schon auf das Land vorgedrungen ist, weiß ich nicht. Selbst wenn man vom Land wenig gesehen hat, so gewinnt man den Eindruck, dass dieses in seiner Entwicklung im Vergleich zu den Städten noch ganz außerordentlich zurück ist. Hört man jedoch von der großen Zahl Lehrer und Lehrerinnen, welche ausgebildet und insbesondere auch aufs Land geschickt werden, so dürfte sich auch hier gerade im Hinblick auf die Bildung in absehbarer Zeit einiges ändern.

Der Atheismus, die Religion der UdSSR

Mit dem Marxismus unmittelbar verbunden ist der Atheismus; wie hat sich dieser mit der religiösen Gläubigkeit der Russen der Vorrevolutionszeit auseinandergesetzt? Man beobachtet Folgendes: Die Religiosität des Volkes hat sich durch die Revolution vom Christentum abgewandt und ist auf den neuen Glauben, auf den Glauben an Lenin und den Glauben an den Fortschritt gerichtet. Dieser Glaube hat inner-

Akademie unzweifelhaft die besten derartigen Kräfte erhält, während bei uns einerseits zufolge besserer Bezahlung im Mittel die besten von der Industrie abgezogen und andererseits insbesondere auch zu wenige ausgebildet werden.

lich und äußerlich alle Züge einer Religion angenommen. Viele der Verehrungsstätten von Lenin und des Fortschrittes erinnern peinlich an Altäre und Tempel. Am deutlichsten wird dies jedoch beim Besuch des Mausoleums auf dem Roten Platz. Wenn man beobachtet, mit welcher Ehrfurcht hier die Eltern bereits ihren kleinen Kindern den "Erlöser" zeigen, so wird einem vieles verständlich, was sich in Russland in dieser Beziehung gewandelt hat. Rein äußerlich wurden viele christliche Bräuche in umgemünzter Form übernommen. So begegnet man z.B. dem Weihnachtsmann als „Väterchen Frost" und unserem Weihnachtsbaum als geschmückte Tanne wieder, welche zu Neujahr aufgestellt und unter welcher die Kinder, wie bei uns, beschenkt werden. Die ursprüngliche Bedeutung dieser Bräuche ist der jungen Generation meist bereits völlig unbekannt. Sieht man sich die "Erfolge" der Revolutionäre auf diesem Gebiet an, so sind sie ein nachdrücklicher Beweis der Behauptung der Psychologen, dass Instinkte nur schwer unterdrückt, aber leicht umgemünzt werden können.

Nun stellt sich die Frage, wie kann eine Religion ohne Gott auskommen? Im Hinblick auf die Masse der Gläubigen erscheint dies nicht verwunderlich, wenn man Folgendes bedenkt: In allen Religionen steht für die einfachen Menschen die Verehrung Gottes hinter der Verehrung leichter erreichbarer menschlicher Personen oder Gegenstände zurück. So ist z.B. im Falle des Christentums die Verehrung Christi und speziell im Falle des Katholizismus die Verehrung von Maria und den Heiligen für den einfachen Menschen weit wesentlicher als die Verehrung des nur schwer vorstellbaren abstrakten Gottes. Damit kann man sich sehr wohl denken, dass das religiöse Bedürfnis auch durch eine Religion ohne Gott befriedigt werden kann.

Vermag diese Form der Religion die Intellektuellen des heutigen Russlands zu befriedigen? Ich selbst bin keinem Intellektuellen begegnet, welcher nicht überzeugter Atheist gewesen wäre. Fragt man sich jedoch nach einer Begründung, so tritt stets an die Stelle einer Begründung des Atheismus die Ablehnung des Christentums. Diese "Möglichkeit" sich als Begründung mit einer negierenden Ablehnung zufrieden zu geben, ist sehr eng mit der russischen Wesensart verknüpft! Umgekehrt ist der Glaube an den Fortschritt – das konstruktive Element der russischen Religion – letzten Endes für den im Grunde seines Wesens pessimistischen Russen ein Fremdkörper. Er wird damit ohne Nachdenken sozusagen als Erlösungswunder angenommen.

Man gewinnt den Eindruck, dass eine geistige Strömung des Europa vor 70 Jahren in der UdSSR, und zwar auch bei den Intellektuellen, Dogma geworden ist. Ich halte es aber für denkbar, dass dieser Dogmatismus mit der Zeit, insbesondere mit steigendem Lebensstandard überwunden wird. Dies würde für das russische Geistesleben ganz ungeahnte Perspektiven eröffnen.

Einiges im Hinblick auf das Verhalten der Russen

Kommt man das erste Mal in die UdSSR, so ist man sich kaum darüber im Klaren, wie sehr man in diesem Land Fremdkörper ist.

Wenn die Menschen auch zunächst keinesfalls zurückhaltend erscheinen, so ist es doch sehr schwer, engen Kontakt zu bekommen, d.h. in den ersten Wochen erfährt man nur sehr selten von einem Russen seine wahren Meinungen und Ansichten, es sei denn, er ist für kurze Zeit durch den Einfluss von Alkohol aufgeschlossen. Die wesentliche Ursache für diese Zurückhaltung ist die Angst, welche die Russen vor dem Verkehr mit einem Ausländer haben. Eine spezielle Angst vor uns Deutschen spürt man insbesondere in Leningrad. Diese Angst ist meiner Meinung nach primär eine Folge des Krieges und nur sekundär eine Folge der einseitigen Darstellung der Bundesrepublik. Hierzu kommt, dass die Russen anfänglich durch eine besondere Form von Takt zurückgehalten, keine ungünstigen Meinungen und Ansichten sagen, dies geht sogar soweit, dass man zunächst oft gerade das Gegenteil ihrer wahren Meinung erfährt. Dieser Takt macht sich auch in Äußerlichkeiten bemerkbar, so vermeiden die Russen einem gegenüber strikt die Anrede Genosse, umgekehrt empfinden sie die Anrede Herr als taktlos. Man muss sich darüber im Klaren sein, dass die Russen stets ungemein bestrebt sind, einen guten Eindruck zu machen. Sie sind sich jedoch häufig nicht im Klaren, wie sie dies erreichen können. Dieser Unklarheit sind sie sich bewusst und deshalb häufig – wie auch in anderen Dingen – außerordentlich unsicher. Behandelt man diese Eigenschaft mit Fingerspitzengefühl, so wirkt sie sich für beide Teile im Mittel nicht ungünstig aus.

Als Naturwissenschaftler hat man es nun relativ einfach, denn man kann im wissenschaftlichen Gespräch zunächst das Vertrauen seiner Kollegen gewinnen. Die Russen selbst sind außerordentlich interessiert über das Wissenschaftliche hinaus, etwas über die westlichen Länder zu erfahren. Denn die einzigen Informationen, welche meine Kollegen aus nicht russischen Quellen über den Westen hatten, sind die Ausstellungen, welche westliche Länder bisweilen in Moskau veranstalten, ferner eine Illustrierte, welche in Amerika für Russland gedruckt und ganz offensichtlich mit außerordentlichem Interesse gelesen wird. Ich wurde, als man sich näher kannte, vieles über unser System gefragt. Was ich nicht auf Anhieb beantworten konnte, so z.B. über Löhne, und insbesondere daran anknüpfend, über die Lohnbildung. Kann man derartige Dinge anhand von praktischem Material, d.h. in diesem Fall von Tarifverträgen erklären, so wird man ganz besonderem Interesse begegnen, und die Russen werden einem dann umgekehrt auch über ihr System ausführlich erzählen. Man muss sich zunächst auf jeden Fall auf die nackten Tatsachen beschränken und darf in keinem Fall mit eigenen Meinungen mit der Tür ins Haus fallen – dies gilt, nebenbei bemerkt, genauso für die anderen Länder Asiens. Durch ein derartiges Verhalten zerstört man nur das mit Mühe gewonnene Vertrauen. Ferner muss man bedenken, dass z.B. die Funktionsweise der Lohnbildung in den kapitalistischen Ländern für die Russen genau so schwer verständlich ist wie für uns die Bedeutung der Betriebskollektive in der UdSSR für die Erziehung des Einzelnen und damit des Volkes zu sozialem Verhalten. Einen besonderen Eindruck macht es, wenn man in irgendeinem Fall die Meinung unserer Regierung genau begründend erklärt und dann hinzufügt, dass man selbst aus den und den Gründen aber eine andere Ansicht habe.

Es sei noch angemerkt, dass die Russen ungemein gastfreundlich sind, insbesondere erhält man häufig die verschiedensten Geschenke. Man sollte sich vor der Reise mit Gegengeschenken versehen. Ich habe mit Büchern gute Erfahrungen gesammelt. Bei Deutschlandbüchern muss man jedoch vorsichtig sein, da diese häufig für Russen provozierende Stellen enthalten.

Abschließende Bemerkung

Mir scheint gerade der Austausch junger Wissenschaftler, welche aber bereits über eigene Ergebnisse verfügen sollten, besonders wertvoll, denn ein derartiger Austausch führt in jedem Fall mindestens zu wissenschaftlichen Kontakten. Eine Dauer von 2-3 Monaten ist hierzu hinreichend. Diese Kontakte sind für uns von Wichtigkeit, da es nicht mehr möglich ist, die Fülle der Ergebnisse der russischen Wissenschaftler einfach zu ignorieren, wie dies bisher insbesondere aus Sprachschwierigkeiten üblich war. Umgekehrt ist für die Scharen junger russischer Wissenschaftler dieser Kontakt von ganz besonderer Bedeutung, damit sie bei uns einen Vergleichsstab für ihre eigene wissenschaftliche Tätigkeit gewinnen. Darüber hinaus können insbesondere Naturwissenschaftler relativ leicht – über wissenschaftliche Kontakte hinaus – zu menschlichen Kontakten kommen. Etwas Derartiges ist für Touristen in Russland unmöglich und dürfte auch für unsere offiziellen Vertreter weit schwieriger sein, da in diesem Fall ein neutraler Anknüpfungspunkt fehlt.

Dr. W. Kassack möchte ich für seine Mühe bei der Einfädelung des Austauschs herzlich danken. Ferner danke ich den Damen und Herren der Deutschen Botschaft, insbesondere Kulturattaché R. Dirnecker und Gattin für ihre Bemühungen und insbesondere für ihre herzliche Gastfreundschaft.

HYDRATION AND INTERMOLECULAR INTERACTION

Infrared Investigations with Polyelectrolyte Membranes

GEORG ZUNDEL

PHYSIKALISCH-CHEMISCHES
INSTITUT DER UNIVERSITÄT
MÜNCHEN, GERMANY

ACADEMIC PRESS New York and London 1969

CONTENTS

Chapter VI **Preparation of the Membranes**

Chapter VII **IR Investigation Method**

Anhang 6

Die „Schwäbische Zeitung" zur Ausstellung „Sie nennen es Frieden" in Bad Waldsee, Mai 1982

„Den Bezug zur Realität mussten die Organisatoren nicht erst lange nachweisen. Denn über Nacht hat diese Ausstellung eine bestürzende Aktualität erlangt. Damit verwies Rainer Plackmeyer auf den Krieg um die Falklandinseln. Plackmeyer ist Mitorganisator der Ausstellung ‚Sie nennen es Frieden', welche die Friedensinitiative Ravensburg/Weingarten in Zusammenarbeit mit ‚Spektrum K' und der ‚Wortwerkstatt' am Wochenende im Foyer der Waldseer Stadthalle eröffnet. Auf 72 Schautafeln werden dem Besucher Bilder und Daten zum Thema Krieg nahegebracht, mal nüchtern aufzählend, mal schockierend darstellend.

Gerade der Falkland-Krieg zeige, so Plackmeyer weiter, welch geringen Anlasses es bedürfe, Gewalt eskalieren zu lassen. Dem dürfe nicht mit Gleichgültigkeit und Stillhalten gegenübergetreten werden; jeder müsse hier Standpunkt beziehen, unabhängig vom politischen Standpunkt'. So sei denn auch diese Ausstellung keine Selbstdarstellung von Friedensaposteln, ergänzte Birgit Berg, sondern ein Hinweis auf die uns auch in nächster Nähe umgebende Bedrohung.

Professor Dr. Georg Zundel beantwortete in seinem Vortrag die Frage nach Sinn und Zweck der von der Arbeitsgemeinschaft Friedenspädagogik München zusammen-gestellten Ausstellung: es gelte, die in Ost und West praktizierte Militärpolitik zu hinterfragen. Mit ihren Gleichgewichts-Konzepten habe diese Militärpolitik bislang noch nicht zu Abrüstung, sondern zu einem ständigen Wettlauf der Waffen geführt. Ein solcher Wettlauf aber, dies lehre die Geschichte, ‚endete fast immer im Krieg'; in einem Krieg, der immer mehr Opfer unter der Zivilbevölkerung fordere. Er wisse zwar, dass die Anwendung geschichtlicher Erfahrung nicht unproblematisch sei, und er wisse auch, dass sich die Situation durch die Existenz der Atombombe entscheidend verändert habe – aber: ‚Gerade hiervon haben die Militärs keine Kenntnis genommen.' Ihr Denken sei immer noch von klassisch-militärischen Konzepten geprägt, sorgte sich der aus Haisterkirch stammende Friedensforscher.

Um den Rüstungswettlauf zu beenden, müsse man von diesem klassisch-militärischen Denken abkommen. Langfristiges Ziel sei der Abzug aller landstationierten Atomwaffen aus Europa. Außerdem müsste die Bundeswehr zur reinen Defensivarmee umgestaltet werden. Demgegenüber sei zu beobachten, dass vermehrt aggressive Waffen produziert werden. Und ein drittes forderte Zundel: auf beiden Seiten müssten Feindbilder durch Freundbilder ersetzt werden.

Gelänge es aber nicht, den Rüstungswettlauf zu stoppen, drohe Apokalyptisches: ‚Die vollständige Zerstörung nicht nur allen menschlichen, sondern allen höherwertigen Lebens auf der Erde. Dies kann aber nicht auf der Basis irgendeiner Ethik, schon gar nicht auf der Basis der christlichen Ethik verantwortet werden', schloss Professor Zundel seine Ausführungen.

Doch nicht nur gesprochen wurde auf der Veranstaltung. Die rund 50 Besucher hörten Lieder zu Gitarren- und Geigenbegleitung. Weniger kämpferisch-parolenhaft, mehr nachdenklich-beklemmend, und dafür umso nachhaltiger, klangen die vorgetragenen Lieder von Tucholsky, Degenhardt und Biermann. Dazwischen eingestreute Zitate und das vertonte Wolfgang-Borchert-Gedicht ‚Sagt Nein!', das in seiner Eindringlichkeit besonders wirkte. Birgit Berg von der Friedensinitiative schließlich fasste die Zielrichtung ihres und der anderen Veranstalter Engagement in dem Lied ‚Nie wieder Krieg!' zusammen – und in der Erkenntnis: ‚Der Fortschritt gegenüber dem Steinzeitknüppel besteht nicht in der Neutronenbombe, sondern im Senken des Knüppels.' – Die Ausstellung, die vorher in Friedrichshafen, Ravensburg und Weingarten gezeigt wurde, ist in Bad Waldsee noch bis Samstag in der Stadthalle zu besichtigen."

Schriftenverzeichnis Georg Zundel

[1] G. Zundel, H. Noller and G.-M. Schwab: *IR-Untersuchungen über Hydratation und Protonenbeweglichkeit in Ionenaustauschern.*
In: Z. Elektrochem., Ber. Bunsenges. **65**, 703-704 (1961).

[2] G. Zundel, H. Noller and G.-M. Schwab: *Folien aus Polystyrol Sulfonsäure und ihren Salzen. I. Mitteilung: Herstellung und IR-Spektren mit Zuordnung.*
In: Z. Naturforschg. **16b**, 716-725 (1961).

[3] G. Zundel, H. Noller and G.-M. Schwab: *Folien aus Polystyrol Sulfonsäure und ihren Salzen. II. Mitteilung: IR-Untersuchungen über Hydratation.*
In: Z. Elektrochem., Ber. Bunsenges. **66**, 122-129 (1962).

[4] G. Zundel, H. Noller and G.-M. Schwab: *Folien aus Polystyrol Sulfonsäure und ihren Salzen. III. Mitteilung: Zum Verständnis der Natur des Hydronium-Ions.*
In: Z. Elektrochem., Ber. Bunsenges. **66**, 129-140 (1962).

[5] G. Zundel, A. Murr and G.-M. Schwab: *Folien aus Polystyrol Sulfonsäure und ihren Salzen. IV. Mitteilung: IR-Küvette zur Untersuchung von Proben bei definiertem Dampfdruck.* In: Z. Naturforschg. **17a**, 1027-1029 (1962).

[6] G. Zundel, A. Murr and G.-M. Schwab: *Folien aus Polystyrol Sulfonsäure und ihren Salzen. V. Mitteilung: IR-Banden des Hydratwassers an den Alkali- und Erdalkali-Metallionen.* In: Naturwissenschaften **50**, 17-18 (1963).

[7] G. Zundel, A. Murr and G.-M. Schwab: *Folien aus Polystyrol Sulfonsäure und ihren Salzen. VI. Mitteilung: IR-Untersuchung der Be-, Al-, Ga-, In- und Tl-Form.*
In: Z. Physik. Chem. (Frankfurt) **35**, 199-204 (1962).

[8] G. Zundel: *Infrarot-Tieftemperatur-Küvette.*
In: Chem.-Ing.Technik **35**, 306-309 (1963).

[9] G. Zundel and G.-M. Schwab: *Foils of Polystyrenesulfonic Acid and its Salts. VIII. Low-Temperature Investigation of the Infrared Continuous Absorption Spectrum of Aqueous Acid Solutions.* In: J. Phys. Chem. **67**, 771-773 (1963).

[10] G. Zundel: *Untersuchungen der Hydratation und Hydratstruktur in Abhängigkeit von der Wasserstoff-Brücken-Akzeptoreneigenschaft der Anionen mit Hilfe der IR Spektroskopie.* In: J. Strukt. Khimii (russ.) **6**, 384-386 (1965).

[11] Th. Ackermann, G. Zundel and K. Zwernemann: *Infrarotspektroskopische Untersuchungen an Anionenaustauscherfolien aus quaterniertem Poly-p-dimethylaminostyrol.* In: Z. Physik. Chem. (Frankfurt) **49**, 331-334 (1966).

[12] G. Zundel and A. Murr: *Die Kation-Wasser-Wechselwirkung, die Valenzschwingung und die Wasserstoff-Brücken-Donator-Eigenschaft der OH-Gruppen in den Wasserstoff-Brücken Hydratwasser-Anion.* In: Z. Physik. Chem. (Frankfurt) **54**, 49-58 (1967).

[13] G. Zundel and A. Murr: *Die freien OH-Gruppen in konzentrierten wäßrigen Elektrolytlösungen - Eine infrarotspektroskopische Untersuchung an Polyelektrolyten.* In: Z. Naturforschg. **21a**, 1391-1394 (1966).

[14] G. Zundel and A. Murr: *Infrarotspektroskopische Untersuchung zur Hydratation der Ionen der Übergangselemente.* In: Z. Physik. Chem. (Frankfurt) **54**, 59-67 (1967).

[15] G. Zundel and A. Murr: *Nachweis der „zweiten" Hydrathülle durch eine IR-spektroskopische Untersuchung von Polyelektrolyten.* In: Z. Physik. Chem. (Leipzig) **233**, 415-418 (1966).

[16] G. Zundel and A. Murr: *Die Aufhebung der Entartung von Molekülschwingungen durch elektrostatische Felder in Infrarot-Spektren.* In: Z. Naturforschg. **21a**, 1640-1647 (1966).

[17] G. Zundel and A. Murr: *Dissoziation, Ionenpaar und Leitfähigkeit - eine IR-Untersuchung an Polyelektrolyten.* In: Electrochim. Acta (London) **12**, 1147-1151 (1967).

[18] G. Zundel, H. Metzger and I. Scheuing: *Assoziation von Säure-Gruppen über Wasserstoff-Brücken in Polyelektrolyten - eine IR-spektroskopische Untersuchung.* In: Z. Naturforschg. **22b,** 127-131 (1967).

[19] G.Zundel and H. Metzger: *Bandenpaare im Infrarot-Spektrum und die Potentialverhältnisse in den Wasserstoff-Brücken assoziierter Säuregruppen.* In: Spectrochim. Acta (London) **23A**, 759-766 (1967).

[20] E. G. Weidemann and G. Zundel: *Protonen-Dispersionskräfte und IR-Kontinuumsabsorption bei Säure- und Laugelösungen.* In: Z. Physik **198**, 288-303 (1967).

[21] G. Zundel: *Die Umordnung der Bindungselektronen in den Anionen durch das Proton - Eine IR-spektroskopische Untersuchung von Polyelektrolyten.* In: Z. Naturforschg. **22a**, 199-203 (1967).

[22] G. Zundel and A. Murr: *Etude spectroscopique de polyélectrolytes montrant l'influence du degré d'hydration sur l'interaction ion - eau.* In: J. Chimie Physique **66**, 246-248 (1969).

[23] G. Zundel: *Herstellung und Infrarot-Spektren von Folien aus Polystyrol-Phosphinsäure und deren Na-Salz.* In: Kunststoff-Rundschau **15**, 166-171 (1968).

[24] G. Zundel: *Herstellung und Infrarot-Spektren von Folien aus Polystyrol-Selenon-Säure, Polystyrol-Selenin-Säure und deren Salze.* In: Z. Naturfoschg. **23b**, 119-125 (1968).

[25] G. Zundel and H. Metzger: *Energiebänder der tunnelnden Überschuß-Protonen in flüssigen Säuren - eine IR-spektroskopische Untersuchung der Natur der Gruppierungen* $H_5O_2^+$. In: Z. Physik. Chem. (Frankfurt) **58**, 225-245 (1968).

[26] G. Zundel and H. Metzger: *Die Hydratation der Polystyrol Sulfonsäure - eine IR-spektroskopische Untersuchung.* In: Z. Physik. Chem. (Frankfurt) **59**, 225-241 (1968).

[27] G. Zundel and H. Metzger: *Die Hydratation von sauren Polyelektrolyten verschiedener Stärke - eine infrarotspektroskopische Untersuchung.* In: Z. Physik. Chem. (Leipzig) **240**, 50-64 (1969).

[28] G. Zundel and H. Metzger: *Eine IR-spektroskopische Untersuchung der Natur der Gruppierung* $H_9O_4^+$ *in Säurelösungen.* In: Z. Naturforschg. **22a**, 1412-1414 (1967).

[29] G. Zundel and H. Metzger: *Sättigungseffekt der Extinktion der Infrarot-Kontinuumsabsorption tunnelnder Protonen in Säurelösungen.* In: Z. Physik. Chem. (Leipzig) **235**, 333-334 (1967).

[30] G. Zundel and H. Metzger: *Kinetik der Sulfonierungsreaktion und die Gleichmäßigkeit der Verteilung der* $-SO_3H$*-Gruppen in Polystyrol Sulfonsäure.* In: Z. Physik. Chem. (Leipzig) **240**, 90-91 (1969).

[31] W.-D. Mross and G. Zundel: *Die Herstellung von perdeuterierten Verbindungen: Acetylchlorid-*d_3*, Acetophenon-*d_8 *und Styrol-*d_8. In: Chem. Ber. **101**, 2865-2869 (1968).

[32] W.-D. Mross and G. Zundel: *Schwingungsspektren von Derivaten des Benzol-*d_6*. I. Verschieden deuterierte Acetophenone.* In: Spectrochim. Acta (London) **26A**, 1097-1107 (1970).

[33] W.-D. Mross and G. Zundel: *Schwingungsspektren von Derivaten des Benzol-d_6. II. Styrol-d_0 und Styrol-d_8.* In: Spectrochim. Acta (London) **26A**, 1109-1111 (1970).

[34] W.-D. Mross and G. Zundel: *Schwingungsspektren von Derivaten des Benzol-d_6. III. Verschiedene deuterierte Derivate des Polystyrols.* In: Spectrochim. Acta (London) **26A**, 1113-1120 (1970).

[35] G. Zundel and A. Murr: *Hydratation und hydrophobe Wechselwirkung der Ionen in Polyelektrolyten mit einer Folgerung bezüglich der biologischen Membranen.* In: Z. Naturforschg. **24b**, 375-377 (1969).

[36] G. Zundel: *Hydratstruktur und zwischenmolekulare Wechselwirkung in Polyelektrolyten.* In: Angew. Chem. **81**, 507-518 (1969); Internat. Ed. **8**, 499-509 (1969).

[37] G. Zundel: Monography: *Hydration and Intermolecular Interaction. Infrared Investigations with Polyelectrolyte Membranes. Academic Press, New York, N.Y. (1969).*

[38] Th. Ackermann, K. Zwernemann and G. Zundel: *Infrarotspektroskopische Untersuchung der Ionenhydratation an Anionenaustauscherfolien aus quaterniertem Poly-p-dimethylaminostyrol.* In: Ber. Bunsenges. Physik. Chem. **73**, 446-452 (1969).

[39] H. Strassmair, J. Engel and G. Zundel: *Binding of Alcohols to the Peptide CO-Group of Poly-L-Proline in the I and II Conformation. I. Demonstration of the Binding by Infrared Spectroscopy and Optical Rotatory Dispersion.* In: Biopolymers **8**, 237-246 (1969).

[40] E. G. Weidemann and G. Zundel: *Field-dependent Mechanism of Anomalous Proton Conductivity and the Polarizability of Hydrogen Bonds with Tunneling Protons.* In: Z. Naturforschg. **25a**, 627-634 (1970).

[41] G. Zundel and E. G. Weidemann: *Tunnel Frequency Dependence of the IR Continuous Absorption and the Proton Dispersion Forces.* In: J. Chem. Soc. Faraday Trans. **66**, 1941-1947 (1970).

[42] I. Kampschulte-Scheuing and G. Zundel: *Tunnel Effect, Infrared Continuum and Solvate Structure in Aqueous and Anhydrous Acid Solutions.* In: J. Phys. Chem. **74**, 2363-2368 (1970).

[43] G. Zundel and J. Mühlinghaus: *Tunneleffekt und Protonendispersionskräfte bei halbprotoniertem Poly-L-Histidin und Modellsubstanzen.* In: Hoppe-Seyler's Z. Physiol. Chem. **351**, 138 (1970).

[44] G. Zundel and J. Mühlinghaus: *Proton Dispersion Forces and Continuous Energy Level Distribution of Protons in the Hydrogen Bonds of Semi-protonated Poly-L-Histidine and with Model Substances.* In: Z. Naturforschg. **26b**, 546-555 (1971).

[45] J. Mühlinghaus and G. Zundel: *Infrared Investigation of Poly-L-Histidine Structure Dependent on Protonation.* In: Biopolymers **10**, 711-719 (1971).

[46] G. Zundel: *Wasserstoff-Brücken mit Tunnelproton - anomale Protonenleitfähigkeit - Infrarot-Kontinuum und Protonendispersionskräfte.*
In: Allgem. Prakt. Chemie (Wien) **21**, 329-340 (1970).

[47] G. Zundel and E. G. Weidemann: *Possible Mechanism of Proton Conductivity in Biological Membranes.* In: First Europ. Biophys. Congress **6**, 43-47 (1971).

[48] E. G. Weidemann and G. Zundel: *Polarizability of Hydrogen Bonds and Correlations of Tunneling Protons.* In: First Europ. Biophys. Congress **6**, 49-54 (1971).

[49] K. P. Hofmann and G. Zundel: *Quantitative Spectroscopy - Reproducible Production of Thin Layers on Supports from Solutions.* In: Rev. Sci. Instr. **42**, 1726-1727 (1971).

[50] R. Janoschek, E. G. Weidemann, H. Pfeiffer and G. Zundel: *Extremely High Polarizability of Hydrogen Bonds.* In: J. Amer. Chem. Soc. **94**, 2387-2396 (1972).

[51] R. Lindemann and G. Zundel: *Symmetry of Hydrogen Bonds, Infrared Continuous Absorption and Proton Transfer.*
In: J. Chem. Soc. Faraday Trans. II **68**, 979-990 (1972).

[52] G. Zundel, W. D. Lubos and K. Kölkenbeck: *Fermi Resonance of IR Vibrations in the –NH_2 Groups of Polynucleotides.* In: Canad. J. Chem. **49**, 3795-3798 (1971).

[53] G. Zundel, W. D. Lubos and K. Kölkenbeck: *Proton Dispersion Forces - Secondary-Structure Stabilising Forces between the Hydrogen Bonds of the Polynucleotides.*
In: Biophys. J. **12**, 1509-1514 (1972).

[54] W. Seßler and G. Zundel: *IR Investigation of Extremely Strongly Polarizable Hydrogen Bonds: pK_a Dependence in the Case of Hydrous Solutions of Protonated Amines.*
In: Z. Physik. Chem. (Frankfurt) **79**, 180-199 (1972).

[55] W. Seßler and G. Zundel: *Extremely Strongly Polarizable Hydrogen Bonds in Purine Solutions.* In: Chem. Phys. Letters **14**, 356-357 (1972).

[56] H. Noller, B. Mayerböck and G. Zundel: *Hydrogen Bonds of Extremely High Polarizability between Molecules Adsorbed on Silica Gel - an IR Investigation.* In: Surface Science **33**, 82-90 (1972).

[57] G. Papakostidis and G. Zundel: *Polarizable Hydrogen Bond Formation and Ionic Interactions in Model Phospholipid Polar Head Molecules.* In: Naturforschg. **28b**, 323-330 (1973).

[58] R. Janoschek, E. G. Weidemann and G. Zundel: *Calculated Frequencies and Intensities Associated with Coupling of the Proton Motion with the Hydrogen Bond Stretching Vibration in a Double Minimum Potential Surface.* In: J. Chem. Soc. Faraday Trans II **69**, 505-520 (1973).

[59] D. Schiöberg and G. Zundel: *Very Polarizable Hydrogen Bonds in Solutions of Bases, having IR Absorption Continua.* In: J. Chem. Soc. Faraday Trans. II **69**, 771-781 (1973).

[60] G. Zundel and E. G. Weidemann: *Polarization of Hydrogen Bonds of Hydration Water Molecules by Ion Fields.* In: Z. Physik. Chem. (Frankfurt) **83**, 327-329 (1973).

[61] E. G. Weidemann and G. Zundel: *Influence of the Environment on Proton Transfer in Symmetrical Hydrogen Bonds.* In: Z. Naturforschg. **28a**, 236-245 (1973).

[62] G. Zundel: *Monography: Hydratation and Intermolecular Interaction - Infrared Spectroscopic Investigations of Polyelectrolyte Membranes [extended Russian edition of my monography (37)].* Mir, Moskau (1972).

[63] G. Papakostidis, G. Zundel and E. Mehl: *Na^+– K^+-dependent Conformation Change of Proteins of Excitable Membranes.* In: Biochim. Biophys. Acta **288**, 277-281 (1972).

[64] K. P. Hofmann and G. Zundel: *Intermolecular Interaction in Systems with Energy-Rich Phosphates. I. Stepwise Protonation of PO_4^{3-}, ADP and ATP Salts - IR Investigations.* In: Z. Naturforschg. **29c**, 19-28 (1974). Erratrum: Z. Naturforschg. 30c (1975).

[65] K. P. Hofmann and G. Zundel: *Intermolecular Interaction in Systems with Energy-Rich Phosphates. II. Effect of the Protons Arising in Aqueous Hydrolysing ATP Solutions – IR Investigations.* In: Z. Naturforschg. **29c**, 29-35 (1974).

[66] K. P. Hofmann and G. Zundel: *Large Hydration Structure Changes by Hydrolysing ATP.* In: Experientia **30**, 139-140 (1974).

[67] K. P. Hofmann and G. Zundel: *Ein Verfahren zur Herstellung von Schichten reproduzierbarer Dicke auf Trägern.* In: Ber. Bunsenges. Physik. Chem. **78**, 1244-1246 (1974).

[68] K. Kölkenbeck and G. Zundel: *The Significance of the 2'OH Group and the Influence of Cations on the Secondary Structure of the RNA Backbone.* In: Biophys. Struct. Mechanism **1**, 203-219 (1975).

[69] R. Herbeck and G. Zundel: *Influence of Temperature and Magnesium Ions on the Secondary Structure of $tRNA^{Phe}$ and 23 S RNA – Infrared Investigations.* In: Biochim. Biophys. Acta **418**, 52-62 (1976).

[70] G. Zundel: *Influence of Cations on Secondary Structures of Macromolecules and Membranes – IR Investigations.* In: „Environmental Effects of Molecular Structure and Properties", B. Pullman, Ed., Reidel Publ. Co., 1976, pp. 371-388.

[71] D. Schiöberg, K. P. Hofmann and G. Zundel: *Easily Polarizable Hydrogen Bonds and Hydration of Phosphate Ions in Aqueous Solutions Dependent on the Presence of H^+ – IR Investigations.* In: Z. Physik. Chem. (Frankfurt) **90**, 181-188 (1974).

[72] I. Pernoll, U. Maier, R. Janoschek and G. Zundel: Interpretation of the Raman Spectra of Aqueous Acid Solutions in Terms of the Polarizability of Hydrogen Bonds. I. HCl Solutions. In: J. Chem. Soc. Faraday Trans. II **71**, 201-206 (1975).

[73] G. Zundel: *Easily Polarizable Hydrogen Bonds – Their Interactions with the Environment – IR Continuum and Anomalous Large Conductivity.* In: „The Hydrogen Bond - Recent Developments in Theory and Experiments", Vol. II, Ch. 15, P. Schuster, G. Zundel and C. Sandorfy, Eds., North Holland Publ. Co., 1976, pp. 683-766.

[74] D. Schiöberg and G. Zundel: *The Influence of Neutral Salts on the Easily Polarizable Hydrogen Bond of $H_5O_2^+$ Groupings in Acid Solutions.* In: Canad. J. Chem. **54**, 2193-2200 (1976).

[75] D. Schiöberg and G. Zundel: *$H_5O_2^+$ and Other Easily Polarizable Hydrogen Bonds in Aqueous Solutions of H_2SO_4.* In: Z. Physik. Chem. (Frankfurt) **102**, 169-174 (1976).

[76] D. Schiöberg and G. Zundel: *Study of the Influence of Temperature on IR Continua of Easily Polarizable Hydrogen Bonds.* In: Chem. Phys. Letters **38**, 334-335 (1976).

[77] B. Brzezinski and G. Zundel: *„Symmetrical" and Asymmetrical $(NH\cdots N)^+$ Hydrogen Bonds.* In: J. Chem. Soc. Faraday Trans. II **72**, 2127-2137 (1976).

[78] B. Brzezinski and G. Zundel: *Intramolecular Easily Polarizable Hydrogen Bonds with 1-Piperidine Carboxylic Acids.* In: Chem. Phys. Letters **44**, 521-525 (1976).

[79] M. Matthies and G. Zundel: *Hydration and Self-association of ATP, ADP and their 1:1 Complexes with Mg^{2+} at various pH Values: Infrared Investigations.* In: J. Chem. Soc. Perkin Trans. II, 1824-1830 (1977).

[80] M. Matthies and G. Zundel: *Phosphate-N Base Hydrogen Bonds Involving Proton Transfer with Reference to the Non-Enzymic Hydrolysis of ATP.* In: Biochem. Biophys. Res. Commun. **74**, 831-837 (1977).

[81] M. Matthies and G. Zundel: *Nonenzymic Hydrolysis of ATP - Infrared Investigations of Intermolecular Interactions.* In: Bioinorganic Chemistry **10**, 109-123 (1979).

[82] G. Zundel: *The Influence of Cations on the Conformation of Biological Membranes and Macromolecules - Infrared Investigations.* In: „Charged Gels and Membranes II", E. Sélégny, Ed., Vol. II, Reinhold Reidel Publ. Co., Dortrecht, 1976, pp. 121-141.

[83] B. Brzezinski and G. Zundel: *Anilides of 6-Methyl-Picolinic Acid N-Oxides - Infrared Investigations.* In: Z. Physik. Chem. (Frankfurt) **105,** 125-133 (1977).

[84] B. Brzezinski and G. Zundel: *Intramolecular Easily Polarizable Hydrogen Bonds with Anilides of 1-Piperidine Carboxylic Acids.* In: Chem. Phys. Letters **53**, 177-181 (1978).

[85] A. Hayd, E. G. Weidemann and G. Zundel: *Theory of IR Continua with Polarizable Hydrogen Bonds. I. Aqueous Solutions of Strong Acids.* In: J. Chem. Phys. **70**, 86-91 (1979).

[86] H. Formanek, K. H. Schleifer, H. P. Seidel, R. Lindemann and G. Zundel: *Three-dimensional Structure of Peptidoglycan of Bacterial Cell Walls: Infrared Investigations.* In: FEBS Letters **70**, 150-154 (1976).

[87] G. Zundel and A. Murr: *Influence of Transition Element Ions on the Hydrogen Bonds Formed by their First Hydration Shell.* In: „Metal-Ligand Interactions in Organic Chemistry and Biochemistry", part 2, B. Pullman and N. Goldblum, Eds., Reidel Publ. Co., Dortrecht, Holland, 1977, pp. 264-271.

[88] G. Zundel and A. Nagyrevi: *Polarizability, Proton Transfer and Symmetry of Energy Surfaces of Phenol-n-Propylamine Hydrogen Bonds. Infrared Investigations.* In: J. Phys. Chem. **82**, 685-689 (1978).

[89] R. Lindemann and G. Zundel: *Polarizability, Proton Transfer and Symmetry of Energy Surfaces of Carboxylic Acid-N Base Hydrogen Bonds.*
In: J. Chem. Soc. Faraday Trans. II **73**, 788-803 (1977).

[90] R. Lindemann and G. Zundel: *Proton Transfer in and Polarizability of Hydrogen Bonds in Proteins Coupled with Conformational Changes. I. Infrared Investigation of Polyglutamic Acid with Various N Bases.* In: Biopolymers **16**, 2407-2418 (1977).

[91] R. Lindemann and G. Zundel: *Proton Transfer in and Polarizability of Hydrogen Bonds in Proteins Coupled with Conformational Changes. II. IR Investigation of Polyhistidine with Various Carboxylic Acids.* In: Biopolymers **17**, 1285-1307 (1978).

[92] G. Zundel: *The Charge Relay System in Chymotrypsin - IR Studies of Models for the Hydrogen Bonds.* In: J. Mol. Struct. **45**, 55-73 (1978).

[93] G. Zundel: *Anwendung der Infrarotspektroskopie.* In: „Biophysik ein Lehrbuch", W. Hoppe, W. Lohmann, H. Markl und H. Ziegler Eds., Springer 1977, pp. 103-108.

[94] G. Zundel: *Anwendung der ORD und CD Spektroskopie.*
In: „Biophysik ein Lehrbuch", W. Hoppe, W. Lohmann, H. Markl und H. Ziegler Eds., Springer 1977, pp. 108-112.

[95] R. Lindemann, W. Kristof, B. Vogt and G. Zundel: *Proton Translocation via Easily Polarizable Hydrogen Bonds between Side Chains in Proteins.*
In: Hoppe-Seyler's Z. Physiol. Chem. **359,** 1114 (1978).

[96] M. Leuchs and G. Zundel: *Easily Polarizable Hydrogen Bonds in Aqueous Solutions of Acids. Nitric Acid.* In: J. Phys. Chem. **82**, 1632-1635 (1978).

[97] M. Leuchs and G. Zundel: *Easily Polarizable Hydrogen Bonds in Aqueous Solutions of Acids. Perchloric Acid and Trifluoromethane Sulphonic Acid.*
In: J. Chem. Soc. Faraday Trans. II **74**, 2256-2267 (1978).

[98] R. Janoschek, A. Hayd, E. G. Weidemann, M. Leuchs and G. Zundel: *Calculated and Observed Isotope Effects with Easily Polarizable Hydrogen and Deuterium Bonds.*
In: J. Chem. Soc. Faraday Trans. II **74**, 1238-1245 (1978).

[99] B. Brzezinski and G. Zundel: *Intramolecular Easily Polarizable Hydrogen Bonds with 1-Piperidine Carboxylic Acid N-Oxides.*
In: Z. Physik. Chem. (Frankfurt) **111**, 31-37 (1978).

[100] M. Leuchs and G. Zundel: *Easily Polarizable Hydrogen Bonds and Solvate Structure in Aqueous Solutions of Acids with* $pK_a < 1$*.* In: Canad. J. Chem. **58**, 311-322 (1980).

[101] B. Brzezinski and G. Zundel: *Intramolecular Easily Polarizable* $N^+H \cdots N$ *Hydrogen Bonds with NN'-dipiperidylalkane Perchlorates.*
In: J. Chem. Soc. Faraday Trans. II **75**, 661-666 (1979).

[102] B. Brzezinski and G. Zundel: *An Intramolecular Charge Relay System via Easily Polarizable Hydrogen Bonds in N-(4-Methyl-2-Pyridyl) Amide of 6-Methyl Picolinic Acid N-Oxide.* In: J. Phys. Chem. **83**, 1787-1789 (1979).

[103] G. Zundel and E. G. Weidemann: *Comment on the „Phonon Theory of IR Continua".* In: Chem. Phys. **44**, 427-428 (1979).

[104] G. Zundel: *The Nature of Hydrogen Bonds and Structure with Solvated Excess and Defect Protons in Liquids.* In: Acta Universitatis Wratislaviensis 425, Dielektryczne i Optyczne Aspekty. Vol. IV, **5**, Wrocław, pp. 5-18 (1978).

[105] B. Brzezinski and G. Zundel: *Intramolecular Easily Polarizable Hydrogen Bonds in Diamides of Succinic and o-Phthalic Acid.* In: Chem. Phys. Letters **61**, 315-318 (1979).

[106] M. Leuchs and G. Zundel: *Polarizable Acid-Acid and Acid-Water Hydrogen Bonds with* H_3PO_2, H_3PO_3, H_3PO_4 *and* H_3AsO_4. In: Canad. J. Chem. **57**, 487-493 (1979).

[107] B. Brzezinski and G. Zundel: *A Non-Charged Intramolecular Easily Polarizable Hydrogen Bond in 2-(*α *Pyridyl N-Oxide) Ethane Sulfonic Acid.*
In: J. Mol. Struct. **68**, 315-317 (1980).

[108] B. Brzezinski and G. Zundel: Influence of Screening of Intramolecular Easily Polarizable Hydrogen Bonds on Their Infrared Absorbance.
In: J. Chem. Soc. Faraday Trans. II **76**, 1061-1066 (1980).

[109] N. K. Roberts and G. Zundel: *IR Studies of Long-Range Surface Effects - Excess Proton Mobility in Water in Quartz Pores.* In: Nature **278**, 726-728 (1979).

[110] M. Leuchs and G. Zundel: *Polarizable Acid-Water Hydrogen Bonds with Aqueous Solutions of Carboxylic Acids.* In: J. Chem. Soc. Faraday Trans. II **76**, 14-25 (1980).

[111] B. Brzezinski and G. Zundel: *Steric Conditions and Polarizability of Structurally Symmetrical Intramolecular Hydrogen Bonds in R-Di-(*α*-Pyridyl) Hydroperchlorates.*
In: Chem. Phys. Letters **70**, 55-59 (1980).

[112] M. Leuchs and G. Zundel: *Formation of Acid-Water Hydrogen Bonds with Large Proton Polarizability and Molecular Processes with Dissociation of Acids in the* pK_a *Range 0 - 4.* In: Canad. J. Chem. **60**, 2118-2131 (1982).

[113] H. Pfeiffer, E. G. Weidemann and G. Zundel: *Interactions of Easily Polarizable Hydrogen Bonds. Theoretical Considerations. 1. Interactions of a Single Bond.* In: J. Phys. Chem. **83**, 2544-2551 (1979).

[114] B. Brzezinski and G. Zundel: *Proton Polarizability of Intramolecular Hydrogen Bonds with Molecules Non-Conjugated and Conjugated between Donor and Acceptor Groups.* In: Chem. Phys. Letters **75**, 500-504 (1980).

[115] B. Brzezinski and G. Zundel: *Influence of Stereochemistry, Screening and Deuteration with Long and Short Intramolecular Easily Polarizable Hydrogen Bonds on their IR Continua.* In: Canad. J. Chem. **59**, 786-794 (1981).

[116] B. Brzezinski and G. Zundel: *Intramolecular Easily Polarizable Charged and Non-Charged Hydrogen Bonds - IR Continua and Hydrogen Bond Length.* In: J. Mol. Struct. **72**, 9-15 (1981).

[117] B. Brzezinski and G. Zundel: *Intramolecular, Negatively Charged, Easily Polarizable Hydrogen Bonds in Monosalts of Diols.* In: J. Chem. Soc. Faraday Trans. II **77**, 1101-1105 (1981).

[118] W. Danninger and G. Zundel: *Intense Depolarized Rayleigh Scattering in Raman Spectra of Acids Caused by Large Proton Polarizabilities of Hydrogen Bonds.* In: J. Chem. Phys. **74**, 2769-2777 (1981).

[119] W. Danninger and G. Zundel: *Reorientational Motion and Orientational Correlation Functions in Weakly Associated Organic Liquids - Determined by Depolarized Rayleigh Scattering.* In: Chem. Phys. Letters **90**, 69-75 (1982).

[120] J. Fritsch and G. Zundel: *Influence of the Polarity of the Environment on Easily Polarizable* $OH\cdots N \rightleftharpoons O^{-}\cdots H^{+}N$ *Hydrogen Bonds.* In: J. Phys. Chem. **85**, 556-561 (1981).

[121] J. Fritsch and G. Zundel: *Environmental Influences on the Formation and on the Proton Potentials of Easily Polarizable* $N^{+}H\cdots N \rightleftharpoons N\cdots H^{+}N$ *Hydrogen Bonds.* In: J. Chem. Soc. Faraday Trans. I **77**, 2193-2202 (1981).

[122] G. Zundel, U. Böhner, J. Fritsch, H. Merz and B. Vogt: *Infrared Spectroscopy in Food Technology.* In: „Food Analysis, Principles and Techniques", D. W. Gruenwedel and J. R. Whitacker, Eds., Vol. II, Dekker, 1984, pp. 435-509.

[123] W. Kristof and G. Zundel: *Structurally Symmetrical, Easily Polarizable Hydrogen Bonds between Side Chains in Proteins and Proton Conducting Mechanisms.* In: Biopolymers **19**, 1753-1769 (1980).

[124] W. Kristof and G. Zundel: *Proton Transfer in and Polarizability of Hydrogen Bonds in Proteins, Tyrosine-Lysine and Glutamic Acid-Lysine Hydrogen Bonds - IR Investigations.* In: Biophys. Struct. Mech. **6**, 209-225 (1980).

[125] J. Bandekar and G. Zundel: *High Sensitivity of Amide V Bands in Uracil and its Derivatives to the Strength of Hydrogen Bonding.* In: Spectrochim. Acta **38A**, 815-819 (1982).

[126] G. Zundel: *Polare Wechselwirkungen, Hydratation, Protonenleitung und Konformation biologischer Systeme - Infrarot-Untersuchungen.* In: „Biophysik - ein Lehrbuch", W. Hoppe, W. Lohmann, H. Markl und H. Ziegler, Eds., Springer Berlin, 1982, 253-265.

[127] P. P. Rastogi, W. Kristof and G. Zundel: *Easily Polarizable $N^{+}H \cdots N$ Hydrogen Bonds Between Histidine Side Chains and Proton Translocation in Proteins.* In: Biochem. Biophys. Res. Comm. **95**, No. 2, 902-908 (1980).

[128] W. Kristof and G. Zundel: *Proton Transfer and Polarizability of Hydrogen Bonds Formed between Cysteine and Lysine Residues in Proteins.* In: Biopolymers **21**, 25-42 (1982).

[129] P. P. Rastogi, W. Kristof and G. Zundel: *Easily Polarizable Proton Transfer Hydrogen Bonds between the Side Chains of Histidine and Carboxylic Groups of Glutamic and Aspartic Acid Residues in Proteins.* In: Internat. J. Biol. Makromol. **3**, 154-158 (1981).

[130] P. P. Rastogi and G. Zundel: *Proton Translocation in Hydrogen Bonds with Large Proton Polarizability formed between a Schiff Base and Phenols.* In: Biochem. Biophys. Res. Comm. **99**, 804-812 (1981).

[131] H. Merz and G. Zundel: *Proton Conduction in Bacteriorhodopsin via a Hydrogen-Bonded Chain with Large Proton Polarizability.* In: Biochem. Biophys. Res. Comm. **101**, 540-546 (1981).

[132] N. K. Roberts and G. Zundel: *Long-Range Structuring of Water by Quartz and Glass Surfaces as Indicated by the Infrared Continuum and Diffusion Coefficient of the Excess Proton.* In: J. Phys. Chem. **84**, 3655-3660 (1980).

[133] B. Brzezinski and G. Zundel: *An Intramolecular* $SH \cdots N \rightleftharpoons S^{-} \cdots H^{+}N$ *Hydrogen Bond with Large Proton Polarizability.* In: J. Mol. Struct. **84**, 205-211 (1982).

[134] B. Brzezinski and G. Zundel: *Electronic Structure of Molecules and Infrared Continua Caused by Intramolecular Hydrogen Bonds with Great Proton Polarizability.* In: J. Phys. Chem. **86**, 5133-5135 (1982).

[135] B. Brzezinski and G. Zundel: *Screening of Intramolecular Hydrogen Bonds in Monosalts of Diols and IR Continuum.* In: Chem. Phys. Letters **87**, 400-402 (1982).

[136] B. Brzezinski and G. Zundel: *Influence of Solvents on Intramolecular Hydrogen Bonds with Large Proton Polarizability.* In: J. Magn. Resonance **48**, 361-366 (1982).

[137] G. Zundel and J. Fritsch: *Interactions and Structure of Ionic Solvates - Infrared Results.* In: „Chemical Physics of Solvation", Vol. II, Ch. 2, R. R. Dogonadze, E. Kálmán, A. A. Kornyshev and J. Ulstrup, Eds., Elsevier, Amsterdam, 1986, pp. 21-96.

[138] G. Zundel and J. Fritsch: *Infrared Spectroscopic Results on Solvate Structures in Crystals.* In: „Chemical Physics of Solvation", Vol. II, Ch. 3, R. R. Dogonadze, E. Kálmán, A. A. Kornyshev and J. Ulstrup, Eds., Elsevier, Amsterdam, 1986, pp. 97-117.

[139] P. P. Rastogi and G. Zundel: *Aspartic Acid-Aspartate and Glutamic Acid-Gluamate Hydrogen Bonds Having Great Proton Polarizability - IR Investigations.* In: Z. Naturforschg. **36c**, 961-963 (1981).

[140] H. Merz and G. Zundel: *Proton-Transfer Equilibria in Phenol-Carboxylate Hydrogen Bonds. Implications for the Mechanism of Light-Induced Proton Activation in Bacteriorhodopsin.* In: Chem. Phys. Letters **95**, 529-532 (1983).

[141] G. Zundel: *Hydrate Structures, Intermolecular Interactions and Proton Conducting Mechanism in Polyelectrolyte Membranes - Infrared Results.* In: J. Membrane Science **11**, 249-274 (1982).

[142] B. Brzezinski and G. Zundel: *Intramolecular Negatively Charged* $SH \cdots S^{-} \rightleftharpoons {}^{-}S \cdots HS$ *Hydrogen Bonds with Large Proton Polarizability.* In: Chem. Phys. Letters **95**, 458-462 (1983).

[143] G. Zundel and J. Fritsch: *Environmental Interactions of Hydrogen Bonds Showing Large Proton Polarizability. Molecular Processes and Thermodynamics of the Acid Dissociation.* In: J. Phys. Chem. **88**, 6295-6302 (1984).

[144] B. Brzezinski and G. Zundel: *Influence of Substituents and Solvent on the Proton-Transfer Equilibria in an Intramolecular Hydrogen Bond with Large Proton Polarizability - IR and NMR Results.* In: J. Phys. Chem. **87**, 5461-5463 (1983).

[145] B. Brzezinski and G. Zundel: *Intramolecular* $NH\cdots N^- \rightleftharpoons {}^-N\cdots HN$ *Hydrogen Bonds with Large Proton Polarizability in Monosalts of Diamines.*
In: J. Chem. Soc. Faraday Trans. II **79**, 1249-1257 (1983).

[146] J. Fritsch and G. Zundel: *FIR Hydrogen Bond Stretching Vibration as Function of ProtonTransfer with Phenol-Pyridine Systems.* In: Spectroscopy Letters **17**, 41-46 (1984).

[147] M. Rospenk, J. Fritsch and G. Zundel: *Solvent Effect on the Proton-Transfer Equilibria and Thermodynamic Data of the Hydrogen Bond in a Mannich Base.*
In: J. Phys. Chem. **88**, 321-323 (1984).

[148] J. Bandekar and G. Zundel: *The Role of C=O Transition Dipole-Dipole Coupling Interaction in Uracil.* In: Spectrochim. Acta **39A**, 337-341 (1983).

[149] J. Bandekar and G. Zundel: *Normal Coordinate Analysis Treatment on Uracil in Solid State.* In: Spectrochim. Acta **39A**, 343-355 (1983).

[150] G. Zundel and K. Leberle: *Proton Polarizability of Poly (L-tyrosine)-Hydrogen Phosphate - Hydrogen Bonds as a Function of Alkali Cations.*
In: Biopolymers **23**, 695-705 (1984).

[151] G. Albrecht and G. Zundel: *Phenol-Amine Hydrogen Bonds with Large Proton Polarizabilities. Position of the* $OH\cdots N \rightleftharpoons O^-\cdots H^+N$ *Equilibrium as a Function of the Donor and Acceptor.* In: J. Chem. Soc. Faraday Trans. I **80,** 553-561 (1984).

[152] J. Fritsch, G. Zundel, A. Hayd and M. Maurer: *Proton Polarizability of Hydrogen-Bonded Chains - an ab initio SCF Calculation with a Model Related to the Conducting System in Bacteriorhodopsin.* In: Chem. Phys. Letters **107**, 65-69 (1984).

[153] G. Albrecht and G. Zundel: *Carboxylic Acid-N Base Hydrogen Bonds with Large Proton Polarizability in Acetonitrile as a Function of the Basicity of the Hydrogen Bond Acceptors.* In: Z. Naturforschg. **39a**, 986-992 (1984).

[154] G. Albrecht and G. Zundel: *Thiophenol-N Base Hydrogen Bonds. Proton Polarizability and Proton Transfer within these Bonds.*
In: Chem. Phys. Letters **105**, 598-603 (1984).

[155] G. Zundel: *Polar Interactions, Hydration, Proton Conduction and Conformation of Biological Systems - Infrared Results.*
In: „Biophysics", W. Hoppe, W. Lohmann, H. Markl and H. Ziegler, Eds., Springer, Berlin, 1983, pp. 243-254.

[156] B. Brzezinski and G. Zundel: *Far IR continua caused by large polarizabilities of intramolecular* $N^{+}Li\cdots N \rightleftharpoons N\cdots Li^{+}N$ *bonds due to cation motion.*
In: J. Chem. Phys. **81**, 1600-1603 (1984).

[157] B. Brzezinski and G. Zundel: *Intramolecular Hydrogen Bonds with Large Proton Polarizability in Semisalts of Mono- and Di-N-Oxides of N,N'Tetraalkyl-o-Xylyldiamines.*
In: J. Mol. Struct. **118**, 311-318 (1984).

[158] U. Böhner and G. Zundel: *Proton Potentials and Proton Polarizability in Carboxylic Acid - Trimethylamine Oxide Hydrogen Bonds as a Function of the Donor and Acceptor Properties: IR Investigations.* In: J. Phys. Chem. **90**, 964-973 (1986).

[159] U. Böhner and G. Zundel: *Broad Single-minimum Proton Potential and Proton Polarizability of the Hydrogen Bonds in Trifluoroacetic Acid + Pyridine-N-Oxide Systems as a Function of Donor and Acceptor Properties and Environment - Infrared Studies.*
In: J. Chem. Soc. Faraday Trans. I **81**, 1425-1434 (1985).

[160] G. Zundel and H. Merz: *On the Role of Hydrogen Bonds and Hydrogen-Bonded Systems with Large Proton Polarizability for Mechanisms of Proton Activation and Conduction in Bacteriorhodopsin.*
In: „Proceedings of the 10th International Conference of Biological Membranes, Cranes, 1983", J. J. M. Helmreich, Ed., A. R. Liss Inc., New York, 1984, pp. 153-163.

[161] J. Bandekar and G. Zundel: *Low Temperature Conformation of* Mg^{2+}*-Poly(U) in* D_2O *as Revealed by IR and Raman Spectroscopy and by Normal-Mode Analysis Treatment.* In: Biopolymers **23**, 2623-2638 (1984).

[162] H. Merz and G. Zundel: *Thermodynamics of Proton Transfer in Carboxylic Acid-Retinal Schiff Base Hydrogen Bonds with Large Proton Polarizability.*
In: Biochem. Biophys. Res. Comm. **138**, 819-825 (1986).

[163] U. Böhner and G. Zundel: *Proton Potentials and Proton Polarizability of Hydrogen Bonds in Sulfonic Acid-Oxygen Base Systems as a Function of the Δ pK_a.* In: J. Phys. Chem. **89**, 1408-1413 (1985).

[164] G. Zundel, H. Merz and U. Burget: *Proton Polarizability of Hydrogen Bonds and Proton Conduction and Activation in Biological Membranes.* In: „H^+-ATPase (ATP Synthase): Structure, Function, Biogenesis", S. Papa, K. Altendorf, L. Ernster and L. Packer, Eds., Adriatica Editrice, Bari, 1984, 285-294.

[165] U. Burget and G. Zundel: *Proton Polarizability and Proton-Transfer in Histidine-Phosphate Hydrogen Bonds as a Function of Cations Present - IR Investigations.* In: Biopolymers **26**, 95-108 (1987).

[166] U. Burget and G. Zundel: *Lysine-Phosphate Hydrogen Bonds and Hydrogen-Bonded Chains with Large Proton Polarizability in Polylysine-Phosphate Systems: IR Investigations.* In: J. Mol. Struct. **145**, 93-109 (1986).

[167] G. Zundel: *Proton Polarizability of Hydrogen Bonds: Infrared Methods, Relevance to Electrochemical and Biological Systems.* In: „Biomembranes, Protons and Water: Structure and Translocation" (a Volume of Methods in Enzymology), Vol. 127, part 0, L. Packer, Ed., Academic Press, New York, 1986, pp. 439-455.

[168] U. Burget and G. Zundel: *Glutamic Acid-Hydrogen Phosphate Hydrogen Bonds - Proton Polarizability and Proton Transfer as a Function of the Cations Present: Infrared Investigations.* In: J. Chem. Soc. Faraday Trans. I **84**, 885-898 (1988).

[169] U. Burget and G. Zundel: *Glutamic Acid-Dihydrogen Phosphate Hydrogen-Bonded Networks: Their Proton Polarizability as a Function of Cations Present - Infrared Investigations.* In: Biophys. J. **52**, 1065-1070 (1987).

[170] R. Krämer and G. Zundel: *Thermodynamic Data of Proton Transfer Hydrogen Bonds as a Function of the Properties of the Hydrogen Bond Donors and the Polarity of the Environments.* In: Z. Physik. Chem. (Frankfurt) **144**, 265-277 (1985).

[171] H. Merz, U. Tangermann and G. Zundel: *Thermodynamics of Proton Transfer in Phenol-Acetate Hydrogen Bonds with Large Proton Polarizability and the Conversion of Light Energy into Chemical Energy in Bacteriorhodopsin.* In: J. Phys. Chem. **90**, 6535-6541 (1986).

[172] B. Brzezinski and G. Zundel: *Influence of Conjugation of Donor and Acceptor on the Properties of Hydrogen Bonds of cis and trans Isomers.*
In: Chem. Phys. Letters **115**, 212-215 (1985).

[173] B. Brzezinski and G. Zundel: *Proton and Li^+-Polarizability of Systems with Intramolecular Fluctuation of H^+ and Li^+ between Four N or NO Acceptors - an Infrared Investigation of Hydrogen and Li^+ Bonds.* In: J. Chem. Soc. Faraday Trans. I **81**, 2375-2380 (1985).

[174] B. Brzezinski, G. Zundel and R. Krämer: *Proton Polarizability Caused by Collective Proton Motion in a System with two Intramolecular Hydrogen Bonds.*
In: Chem. Phys. Letters **124**, 395-400 (1986).

[175] H. Schmideder, O. Kasende, H. Merz, P. P. Rastogi and G. Zundel: *Influence of Phenol Acidity and Solvent Polarity with Phenol-Retinal Schiff Base Hydrogen Bonds - Thermodynamic Parameters of Bond Formation and Proton Transfer.*
In: J. Mol. Struct. **161**, 87-96 (1987).

[176] U. Burget and G. Zundel: *Tyrosine-Hydrogen Phosphate H-Bonds with Large Proton Polarizability as a Function of the P_i:Tyr Ratio and of the Cations Present - IR Investigations.* In: Biochem. (Life Science Advances) **7**, 35-43 (1988).

[177] M. Eckert and G. Zundel: *Proton Polarizability, Dipole Moment and Proton Transitions of an $AH \cdots B \rightleftharpoons A^- \cdots H^+B$ Proton Transfer Hydrogen Bond as a Function of an External Electrical Field: an ab initio SCF Treatment.*
In: J. Phys. Chem. **91**, 5170-5177 (1987).

[178] B. Brzezinski, G. Zundel and R. Krämer: *Proton Polarizability Caused by Collective Proton Motion in Intramolecular Chains Formed by Two and Three Hydrogen Bonds. Implications for the Charge Conduction in Bacteriorhodopsin.*
In: J. Phys. Chem. **91**, 3077-3080 (1987).

[179] B. Brzezinski, J. Olejnik and G. Zundel: *The Influence of Additional N-Atoms in Molecules on the Formation of the Intramolecular $NH^+ \cdots N$ Bond.*
In: Chem. Phys. Letters **135**, 93-96 (1987).

[180] M. Eckert and G. Zundel: Energy Surfaces and Proton Polarizability of Hydrogen-Bonded Chains: *an ab Initio Treatment with Respect to the Charge Conduction in Biological Systems.* In: J. Phys. Chem. 92, 7016-7023 (1988). See also **93**, 5324 (1989).

[181] M. Eckert and G. Zundel: *Motion of one Excess Proton between Various Acceptors: Theoretical Treatment of the Proton Polarizability of Such Systems.* In: J. Mol. Struct. (Theochem.) **181**, 141-148 (1988).

[182] B. Brzezinski, G. Zundel and R. Krämer: *Intramolecular Li^+ and Bonds with Fluctuating Charge in Dicarboxylates and in a Dialcoholate: A Fourier Transform Infrared Spectroscopic Study.* In: J. Phys. Chem. **92**, 7012-7015 (1988).

[183] B. Brzezinski, G. Zundel and R. Krämer: *Intermolecular Bonds between N-Oxides with Fluctuating Li^+ ions: an FT-IR Study.* In: Chem. Phys. Letters. **146**, 138-142 (1988).

[184] B. Brzezinski, G. Zundel and R. Krämer: *Collective Proton Motion in a Hydrogen-Bonded System in Disubstituted Protonated Mannich Bases: an FT-IR Study.* In: J. Mol. Struct. **189**, 243-247 (1988).

[185] G. Zundel: *Proton Transfer in and Proton Polarizability of Hydrogen Bonds: IR and Theoretical Studies Regarding Mechanisms in Biological Systems.* In: J. Mol. Struct. **177**, 43-68 (1988).

[186] K. Leberle, I. Kempf and G. Zundel: *An Intramolecular Hydrogen Bond with Large Proton Polarizability within the Head Group of Phosphatidylserine - an IR Investigation.* In: Biophys. J. **55**, 637-648 (1989).

[187] K. Leberle and G. Zundel: *Hydrogen Bonds with Large Proton Polarizability in Films of $(L\text{-}His)_n$ and $(L\text{-}Lys)_n$ with a Model Molecule of the Head Group of Phosphatidylserine: Proton Conduction in Polar Surfaces of Biological Membranes.* In: J. Mol. Struct. **201**, 175-188 (1990).

[188] G. Zundel: *Proton Polarization of Hydrogen Bonds - Its Significance in Electrochemistry and Biology.* In: Acta Universitatis Wratislaviensis **843**, Dielektryczne i Optyczne Aspekty VIII, 73-112 (1987).

[189] B. Brzezinski and G. Zundel: *Fluctuation of Be^{2+} between Four Acceptors and Be^{2+} Polarizability of Cation Bonds: a FT-IR Study.* In: J. Phys. Chem. **94**, 4772-4774 (1990).

[190] B. Brzezinski, J. Olejnik, G. Zundel and R. Krämer: *Change of the Proton Potential from a Single to a Double Minimum in Intramolecular Hydrogen Bonds with Increasing pK_a of the Phenolic Group in 4-R-MANNICH Base N-Oxides.* In: J. Mol. Struct. **212**, 247-253 (1989).

[191] B. Brzezinski, J. Olejnik and G. Zundel: *Intramolecular Bonds with Double Minimum Potential Wells.* In: Chem. Phys. Letters **167**, 11-15 (1990).

[192] R. Krämer and G. Zundel: *Influence of Specific Interaction Effects on the Proton Transfer Equilibrium in Intermolecular Hydrogen Bonds of Carboxylic Acids and Amines.* In: J. Chem. Soc. Faraday Trans. **86**, 301-305 (1990).

[193] B. Brzezinski, J. Olejnik, G. Zundel and R. Krämer: *Intramolecular* $O^{-}Li^{+}\cdots ON \rightleftharpoons O^{-}\cdots Li^{+}ON$ *Bonds with Large* Li^{+} *Polarizability. An FT-IR Study.*
In: Chem. Phys. Letters **156**, 213-217 (1989).

[194] B. Brzezinski, H. Maciejewska, G. Zundel and R. Krämer: *Collective Proton Motion and Proton Polarizability of Hydrogen-Bonded Systems in Disubstituted Protonated Mannich Bases.* In: J. Phys. Chem. **94**, 528-531 (1990).

[195] B. Brzezinski, G. Zundel and R. Krämer: *An Intramolecular Chain of Four Hydrogen Bonds with Proton Polarizability due to Collective Proton Motion.*
In: Chem. Phys. Letters **157**, 512-514 (1989).

[196] B. Brzezinski, St. Paszyc and G. Zundel: *The Influence of Temperature on the Proton Polarizability of an Intramolecular Hydrogen-Bonded System within the Gossypol Molecule.* In: Chem. Phys. Letters **167**, 7-10 (1990).

[197] G. Zundel: *Hydrogen-Bonded Systems as Proton Wires Formed by Side Chains of Proteins and by Side Chains and Phosphates.*
In: „Transport through Membranes: Carriers, Channels and Pumps", A. Pullman, J. Jortner and B. Pullman, Eds., Kluwer Acad. Publ., Dortrecht, 1988, pp. 409-420.

[198] G. Zundel: Molecular Processes with Dissociation and Solvate Structures of Acids. In: „Ordering and Organization in Ionic Solutions", N. Ise and I. Sogami, Eds., World Scientific Publ. Co. Pte. Ltd. Singapore, and Yamada Science Found., Osaka, 1988, pp. 53-63.

[199] B. Brzezinski, H. Maciejewska and G. Zundel: *Proton Polarizability Due to Collective Proton Motion in Intramolecular Hydrogen-Bonded Systems in Monoperchlorates of 2,6-Bis((diethylamino)methyl)-4-R-phenol Di-N-oxides as a Function of the* pK_a *of the Phenolic Group.* In: J. Phys. Chem. **94**, 6983-6986 (1990).

[200] G. Zundel and M. Eckert: *IR Continua of Hydrogen Bonds and Hydrogen-Bonded Systems, Calculated Proton Polarizabilities and Line Spectra.*
In: J. Mol. Struct. (Theochem.) **200,** 73-92 (1989).

[201] R. Krämer, R. Lang, B. Brzezinski and G. Zundel: *Proton Transfer in Intramolecular Hydrogen Bonds with Large Proton Polarizability in 1-Piperidine Carboxylic Acids - Temperature, Solvent and Concentration Dependence.*
In: J. Chem. Soc. Faraday Trans. **86**, 627-630 (1990).

[202] G. Zundel and Th. Ruhland: *Proton Polarizability of $N^{+}H\cdots N \rightleftharpoons N\cdots H^{+}N$ Hydrogen Bonds and Far-infrared Continua with Nitrogen-base Systems - a FT-IR Study.*
In: J. Chem. Soc. Faraday Trans. **86**, 3557-3559 (1990).

[203] B. Brzezinski, J. Olejnik and G. Zundel: *Phenol-Retinal Schiff Base Hydrogen Bonds - Influence of Steric Hindrance and Phenol Acidity on the Thermodynamic Data of Formation and Proton Transfer.* In: J. Mol. Struct. **238**, 89-99 (1990).

[204a] B. Brzezinski, St. Paszyc and G. Zundel: *The Structure of Gossypol as a Function of the Presence of $HAuCl_4$ and of Be^{3+} Ions.* In: J. Mol. Struct. 2**46**, 45-51 (1991).

[204b] B. Brzezinski, B. Marciniak, St. Paszyc and G. Zundel: *The Tautomerization of Gossypol as a Function of the Presence of Ni^{2+}, Cu^{2+} or Zn^{2+} Cations.*
In: J. Mol. Struct. **268**, 61-66 (1992).

[205] B. Brycki, H. Maciejewska, B. Brzezinski and G. Zundel: *Preparation and NMR characterisation of hydrogen bonding in 2- and 2,6-bis-(N,N-Diethylaminomethyl)-4R-Phenols.* In: J. Mol. Struct. **246**, 61-71 (1991).

[206] B. Brzezinski and G. Zundel: *Fluctuation of Be^{2+} between Four N-Oxide Acceptors and the Polarizability Caused by the Be^{2+} Motion.*
In: Chem. Phys. Letters **178**, 135-137 (1991).

[207] B. Brzezinski, J. Olejnik and G. Zundel: *Retinal Schiff bases with aromatic and aliphatic amino-acids - the extremely different nature of the intramolecular hydrogen bond between the two types of compounds.* In: J. Mol. Struct. **270**, 11-18 (1992).

[208] R. Krämer and G. Zundel: *Temperature Dependence of the Proton Transfer Equilibria With Phenol + Amine Systems as a Function of the Properties of the Solvent - Thermodynamic Data Determined from Van't Hoff Plots.*
In: Vestn. Slov. Kem. Drus. **39**, 169-177 (1992).

[209] R. Krämer, G. Zundel, B. Brzezinski and J. Olejnik: *Discussion of the Proton Potential with Proton Transfer Equilibria: Thermodynamic Data and Infrared Continua as a Function of Temperature.* In: J. Chem. Soc. Faraday Trans. **88**, 1659-1664 (1992).

[210] B. Brzezinski, J. Olejnik and G. Zundel: *Interaction of Protonated Retinal Schiff Base with N-Methylacetamide: an FT-IR Investigation.*
In: J. Mol. Struct. **246**, 53-60 (1991).

[211] I. Kempf and G. Zundel: *The Allosteric Effector Molecule 2,3-Bisphosphoglycerate as a Function of Protonation in Aqueous Solutions - an FT-IR Study.*
In: J. Mol. Struct. **269**, 65-74 (1992).

[212] B. Brzezinski and G. Zundel: *Fourier-Transform Infrared Study of Intramolecular* $O^{-}Li^{+}\cdots ON \rightleftharpoons O^{-}\cdots Li^{+}ON$ *Bonds with Large* Li^{+} *Polarizability in 4-Substituted 2-Diethylaminomethylphenolate N-Oxides.* In: J. Chem. Soc. Faraday Trans. **87**, 1545-1548 (1991).

[213] B. Brzezinski and G. Zundel: *An Intramolecular Chain of Four Hydrogen Bonds in 1, 11, 12, 13, 14-Penta-hydroxymethylpentacene Tetrabutylammonium Salt.*
In: Chem. Phys. Letters **178**, 138-140 (1991).

[214] B. Brzezinski, B. Brycki, G. Zundel and Th. Keil: *Proton Potential as a Function of the* pK_a *of the Phenol in Intermolecular Phenol - Trimethylamine N-Oxide Hydrogen Bonds.*
In: J. Phys. Chem. **95**, 8598-8600 (1991).

[215] Th. Keil, B. Brzezinski and G. Zundel: *Far-Infrared Investigation of the Proton Transfer with Substituted Phenol + N-Mono- and N-N'-Dioxides as a Function of the* pK_a *of the Phenols.* In: J. Phys. Chem. **96**, 4421-4426 (1992).

[216] B. Brycki, B. Brzezinski, G. Zundel and Th. Keil: ^{1}H *and* ^{13}C *NMR Studies of the Proton Transfer in Complexes of Substituted Phenols with Trimethylamine N-Oxide.*
In: Mag. Res. Chem. **30**, 507-510 (1992).

[217] B. Brzezinski, G. Schroeder, G. Zundel and Th. Keil: *Complex Formation and Proton Transfer in the Polarizable Hydrogen Bonds of Two N,N'-Dioxides + Substituted Phenol Systems as a Function of the* pK_a *of the Phenols. An FT-IR Study.*
In: J. Chem. Soc. Perkin Trans. **2**, 819-823 (1992).

[218] E. Kryachko, M. Eckert and G. Zundel: *Study of Tunnelling in Symmetrical Double-Morse Hydrogen Bonds via the Instanton-Soliton Approach: Large Polarizability and Isotopic Effect.* In: J. Mol. Struct. (Theochem.) **235**, 157-183 (1991).

[219] E. Kryachko, M. Eckert and G. Zundel: *An Approach, Still Analytical, to the Study of Proton Tunneling in Symmetrical Hydrogen Bonds.* In: J. Mol. Struct. **270**, 33-65 (1992).

[220] G. Zundel: Proton Transfer and Proton Polarizability of Hydrogen Bonds and Hydrogen- Bonded Systems in Electrochemistry, Biology and Surface Chemistry. In: „Physics of Many Particle Systems", Vol. **19**, A.S. Davydov, Ed., Naukovce Dumika, Kiew, 1991, pp. 77-97.

[221] G. Zundel and B. Brzezinski: *Proton Polarizability of Hydrogen-Bonded Systems due to Collective Proton Motion - with a Remark to the Proton Pathways in Bacterio-rhodopsin.* In: „Proton Transfer in Hydrogen-Bonded Systems", T. Bountis, Ed., Plenum Press, New York, 1992, pp. 153-166.

[222] J. Olejnik, B. Brzezinski and G. Zundel: *A Proton Pathway with Large Proton Polarizability and the Proton Pumping Mechanism in Bacteriorhodopsin – Fourier Transform Infrared Difference Spectra of Photoproducts of Bacteriorhodopsin and of its Pentademethyl Analogue.* In: J. Mol. Struct. **271**, 157-173 (1992).

[223] G. Zundel: *Hydrogen-Bonded Systems with Large Proton Polarizability due to Collective Proton Motion as Pathways of Protons in Biological Systems.* In: „Electron and Proton Transfer in Chemistry and Biology", A. Müller, H. Ratajczak, W. Junge and E. Diemann, Eds., Elsevier, Amsterdam, 1992, pp. 313-327.

[224] B. Brzezinski, J. Spychala, K. Golankiewicz and G. Zundel: *Intermolecular Li^+ and Na^+ Bonds in N-(1,6-Dihydro-6-oxopyrimidin-2-yl) Amino Acids: Cation Polarizabilities Studied by Fourier-Transform Infrared Spectroscopy.* In: J. Chem. Soc. Faraday Trans. **88**, 1391-1393 (1992).

[225] B. Brzezinski, H. Maciejewska and G. Zundel: *Li^+ Polarizability due to Collective Motion of Li^+ Ions in Dilithium Salts of 2,6-Bis((diethylamino)methyl)-phenolate Di-N-Oxides as a Function of the Electron Density at the O-Atom of the Phenolate Group.* In: J. Phys. Chem. **96**, 9111-9113 (1992).

[226] B. Brzezinski, H. Maciejewska and G. Zundel: *^1H NMR Investigation of the Collective Proton Motion in the Hydrogen-Bonded Systems of Monoaurates of 2,6-Bis ((diethylamino)methyl)-4-R-phenols.* In: J. Phys. Chem. **96**, 6564-6565 (1992).

[227] N. Wellner and G. Zundel: *Proton Transfer Processes in the Hydrogen-Bonded Structure of the Active Centre of Serine Proteases - an FT-IR Study.* In: J. Mol. Struct. **317**, 249-259 (1994).

[228] C. Nadolny, I. Kempf and G. Zundel: *Specific Interactions of the Allosteric Effector 2,3-Bisphosphoglycerate with Human Hemoglobin - A Difference FTIR Study.* In: Biological Chemistry Hoppe-Seyler **374**, 403-407 (1993).

[229] B. Brzezinski, P. Radziejewski, J. Olejnik and G. Zundel: *An Intramolecular Hydrogen-Bonded System with Large Proton Polarizability - A Model with Regard to the Proton Pathway in Bacteriorhodopsin and other Systems with Collective Proton Motion.* In: J. Mol. Struct. **323**, 71-78 (1994).

[230] G. Zundel: *Proton Polarizability and Proton Transfer Processes in Hydrogen Bonds and Cation Polarizabilities of Other Cation Bonds - Their Importance to Understand Molecular Processes in Electrochemistry and Biology.* In: „Trends in Physical Chemistry", J. Menon, Ed., Publ. Research Trends, Trivandrum, India, Vol. **3**, 1992, pp. 129-156.

[231] G. Zundel, B. Brzezinski and J. Olejnik: *On Hydrogen and Deuterium Bonds as well as on* Li^+*,* Na^+ *and* Be^2 *Bonds: IR Continua and Cation Polarizabilities.* In: J. Mol. Struct. **300**, 573-592 (1993).

[232] S. Oh, A. Rabold and G. Zundel: *Far-infrared Study of Heteroconjugated and Homoconjugated Hydrogen Bonds between Trimethylamine N-Oxide and Various Carboxylic Acids as a Function of the* pK_a *of the Acid.* In: J. Chem. Soc. Faraday Trans. **89,** 1733-1736 (1993).

[233] B. Brzezinski and G. Zundel: *Possible Regulatory Role in Biology of Trimethylamine N-oxide and Aromatic N-oxides: Formation of Disulphide Bonds.* In: J. Mol. Struct. **303**, 141-147 (1994).

[234] B. Brzezinski, A. Jarczewski, M. Stanczyk and G. Zundel: *Hydrogen and* Li^+ *Bonds with Guanidine Substituted Azo-Compounds - a FT-IR Study.* In: J. Mol. Struct. **297**, 81-86 (1993).

[235] B. Brzezinski, H. Maciejewska-Urjasz, J. Olejnik and G. Zundel: Na^+ *Polarizability due to Collective Ion Motion in Disodium Salts of 2,6-Bis(diethylaminomethyl)phenolate Di-N-oxides as a Function of the Electron Density at the O Atom of the Phenolate Group.* In: J. Chem. Soc. Faraday Trans. **89**, 1211-1213 (1993).

[236] B. Brzezinski, B. Brycki, H. Maciejewska-Urjasz and G. Zundel: ^{1}H *and* ^{13}C *NMR Studies of the Proton Transfer in Intramolecular Hydrogen Bonds in Substituted 2-Diethylaminomethylphenol N-Oxides.* In: Magn. Reson. Chem. **31**, 642-644 (1993).

[237] B. Brzezinski, P. Radziejewski, J. Olejnik and G. Zundel: *A Cyclic Hydrogen-Bonded System with Collective Proton Motion in Bis[3,3'-(2,2'-dihydroxybiphenyl)]* methane. *In: J. Phys. Chem.* ***97****, 6590-6591 (1993).*

[238] B. Brzezinski and G. Zundel: *Formation of Disulphide Bonds in the Reaction of SH Group-containing Amino Acids with Trimethylamine N-Oxide – A Regulatory Mechanism in Proteins.* In: FEBS Letters **333**, 331-333 (1993).

[239] G. Zundel: *Hydrogen-Bonded Chains with Large Proton Polarizability as Charge Conductors in Proteins - Bacteriorhodopsin and the F_0 Subunit of the E. Coli.* In: J. Mol. Struct. **322**, 33-42 (1994).

[240] B. Brzezinski, H. Maciejewska-Urjasz and G. Zundel: *^1H and ^{13}C NMR Studies of Intramolecular Hydrogen Bonds in Substituted 2,6-Bis((diethylamino)methyl)phenol Di-N-oxides and their Monotetrachloroaurates.* In: J. Mol. Struct. **319**, 177-182 (1994).

[241] B. Brzezinski, A. Jarczewski and G. Zundel: *K^+-Bonds and their Cation Polarizabilities - a FT-IR Study.* In: J. Mol. Liquids **67**, 15-21 (1995).

[242] B. Brzezinski, A. Rabold and G. Zundel: *Far Infrared Study of the Hydrogen Bond Vibration of Intramolecular Bonds in Substituted 2-Diethylaminomethylphenol N-Oxides - as a Function of the pK_a of the Phenolic Group.* In: J. Chem. Soc. Faraday Trans. **90**, 843-844 (1994).

[243] B. Brzezinski, J. Olejnik and G. Zundel: *Active Site of Bacteriorhodopsin - FT-IR and ^1H NMR Studies using a Model Molecule.* In: J. Chem. Soc. Faraday Trans. **90**, 1095-1098 (1994).

[244] B. Brzezinski and G. Zundel: *Collective Hi^+, Li^+ and Na^+ Motions and Cation Polarizabilities of the Cation-Bonded Systems within 1,11,12,13,14-Pentahydroxypentacene Salts: a FT-IR Study.* In: J. Phys. Chem. **98**, 2271-2274 (1994).

[245] B. Brzezinski, A. Jarczewski, M. Stanczyk and G. Zundel: *Hydrogen and Li^+ Bonds with Guanidine Substituted Azo-Compounds - an FT-IR Study.* In: J. Mol. Struct. **297**, 81-86 (1993).

[246] F. Bartl, G. Deckers-Hebestreit, K. Altendorf and G. Zundel: *The F_0 Complex of the ATP Synthase of Escherichia coli Contains a Proton Pathway with Large Proton Polarizability Caused by Collective Proton Fluctuation.* In: Biophys. J. **68**, 104-110 (1995).

[247] J. Olejnik, B. Brzezinski and G. Zundel: *A Proton Pathway with Large Proton Polarizability in Bacteriorhodopsin.* In: „Future Direction of Nonlinear Dynamics in Physical and Biological Systems", P. L. Christiansen et al., Eds., Plenum Press, New York, 1993, pp. 473-476.

[248] A. Rabold, R. Bauer and G. Zundel: *Structurally Symmetrical $N^+H\cdots N \rightleftharpoons N\cdots H^+N$ Bonds. The Proton Potential as a Function of the pK_a of the N-Base. FT-IR Results and Quantum Chemical Calculations.* In: J. Phys. Chem. **99**, 1889-1895 (1995).

[249] G. Iliadis, G. Zundel and B. Brzezinski: *Aspartic Proteinases - Fourier Transform IR Studies of the Aspartic Carboxylic Groups in the Active Site of Pepsin.*
In: FEBS Letters **352**, 315-317 (1994).

[250] B. Brzezinski, G. Schröder, A. Rabold and G. Zundel: *H^+, Li^+ and Na^+ Polarizabilities in 1:1 Crown Ether Cation Complexes. A FT-IR Study.*
In: J. Phys. Chem. **99**, 8519-8523 (1995).

[251] B. Brzezinski, P. Radziejewski, A. Rabold and G. Zundel: *Hydrogen Bonds and Hydrogen-Bonded Systems in Mannich Bases of 2,2'-Biphenol: an FT-IR Study of the Proton Polarizability and Fermi Resonance Effects as a Function of Temperature.*
In: J. Mol. Struct. **355**, 185-191 (1995).

[252] A. Rabold and G. Zundel: *Hydrogen Bond Vibrations of Substituted Phenols with Trimethylamine N-Oxide. Comparison of Quantum Chemical Calculations with Experimental Results.* In: J. Phys. Chem. **99**, 12158-12163 (1995).

[253] A. Rabold, B. Brzezinski and G. Zundel: *Investigation of Substituted Phenol-Quinuclidine Hydrogen Bonded Complexes with IR Spectroscopy in the MIR and FIR as well as ^1H NMR Measurements and Quantum Chemical Simulation.*
In: Acta Chim. Slov. **44**, 237-252 (1997).

[254] B. Brzezinski, M. Labowski and G. Zundel: *Disulphide Bond Formation by Glutathione via the Glutathione-trimethylamine-N-oxide complex.*
In: J. Mol. Struct. **354**, 127-130 (1995).

[255] B. Brzezinski, P. Radziejewski and G. Zundel: *A Model System for the Hydrogen-Bonded Chain with Large Proton Polarizability Present in the L_{550} Intermediate of Bacteriorhodopsin - an FT-IR Study.*
In: J. Chem. Soc. Faraday Trans. **91**, 3141-3146 (1995).

[256] F. Bartl, G. Zundel and B. Brzezinski: *A Model System for the Hydrogen-Bonded Chain in the Active Centre of the Maltodextrinphosphorylase - an FT-IR Study.*
In: J. Mol. Struct. **377**, 193-200 (1996).

[257] F. Bartl, D. Palm, R. Schinzel and G. Zundel: *Proton Relay System in the Active Site of Maltodextrinphosphorylase via Hydrogen Bonds with Large Proton Polarizability - an FT-IR Difference Spectroscopy Study.* In: Eur. J. Biophys. **28**, 200-207 (1999).

[258] R. Langner and G. Zundel: *FT-IR Investigation of Polarizable Hydrogen Bonds in Carboxylic Acid-Pyridine Complexes in the Mid- and Far-IR Region.* In: J. Chem. Soc. Faraday Trans. **91**, 3831-3838 (1995).

[259] G. Zundel: *Hydrogen Bonds with Large Proton Polarizability in Proteins - Studies with Model Systems. Transworld Research Network (Ed.), Trivandrum, India.* In: Recent Res. Devel., Physical Chem. **2**, 501-532 (1998).

[260] R. Langner and G. Zundel: *FT-IR Investigation of Polarizable, Strong Hydrogen Bonds in Sulfonic Acid-Sulfoxide, Phosphine Oxide, and Arsine Oxide Complexes in the Middle- and Far-Infrared Region.* In: J. Phys. Chem. **99**, 12214-12219 (1995).

[261] S. Geppert, A. Rabold, G. Zundel and M. Eckert: *Theoretical Treatment of the Spectroscopical Data of a Strong Hydrogen Bond with a Broad Single-Minimum Potential.* In: J. Phys. Chem. **99**, 12220-12224 (1995).

[262] G. Zundel: *The Far Infrared Vibration of Hydrogen Bonds with Large Proton Polarizability.* In: J. Mol. Struct. **381**, 23-37 (1996).

[263] B. Brzezinski, H. Urjasz and G. Zundel: *A Cyclic Hydrogen-Bonded System with Large Proton Polarizability in Calixarenes - an FT-IR Study.* In: J. Phys. Chem. **100**, 9021-9023 (1996).

[264] V. Schreiber, A. Kulbida, M. Rospenk, L. Sobczyk, A. Rabold and G. Zundel: *The Temperature Effect on the Proton Transfer Equilibrium and IR Spectra of Chlorophenol-Tributylamine Systems.* In: J. Chem. Soc. Faraday Trans. **92**, 2555-2561 (1996).

[265] G. Iliadis, G. Zundel and B. Brzezinski: *Catalytic Mechanism of the Aspartate Proteinase Pepsin A - an FT-IR Study.* In: Biospectroscopy **3**, 291-297 (1997).

[266] G. Iliadis, B. Brzezinski and G. Zundel: *Aspartic Proteinases - Fourier Transform Infrared Spectroscopic Studies of a Model of the Active Site.* In: Biophys. J. **71**, 2840-2847 (1996).

[267] B. Brzezinski and G. Zundel: *Formation of Hydrogen-Bonded Chains between a Strong Base with Guanidine-like Character and Phenols with Various* pK_a *Values - an FT-IR Study.* In: J. Mol. Struct. **380**, 195-204 (1996).

[268] C. Nadolny and G. Zundel: *Protonation, Conformation and Hydrogen Bonding of Nicotinamide Adenine Dinucleotide.* In: J. Mol. Struct. **385**, 81-87 (1996).

[269] C. Nadolny and G. Zundel: *Fourier Transform Infrared Spectroscopic Studies of Proton Transfer Processes and the Dissociation of Zn^{2+} Bound Water in Alcohol Dehydrogenases.* In: Eur. J. Biochem. **247**, 914-919 (1997).

[270] B. Brzezinski and G. Zundel: *The Role of Water and Proton Transfer Processes in Hydrogen-Bonded Chains with Large Proton Polarizability.*
In: Faraday Discussion **103**, 363-370 (1996).

[271] F. Bartl and G. Zundel: *Molecular Recognition and Proton Transfer Processes in Maltodextrinphosphorylase - an FT-IR Study.* In: J. Mol. Struct. **404**, 1-12 (1997).

[272] B. Brzezinski, H. Uriasz and G. Zundel: *A Model Molecule of the Hydrogen-Bonded Chain in the Active Site of Bacteriorhodopsin.*
In: Biochim. Biophys. Res. Comm. **219**, 273-276 (1996).

[273] W. Galezowski, A. Jarczewski, M. Stanczyk, B. Brzezinski, F. Bartl and G. Zundel: *Homoconjugated Hydrogen Bonds with Amidine and Guanidine Bases - Osmometric, Potentiometric and FT-IR Studies.* In: J. Chem. Soc. Faraday Trans. **93**, 2515-2518 (1997).

[274] B. Brzezinski, F. Bartl and G. Zundel: *Excess Proton Hydrate Structures with Large Proton Polarizability, Screened by Tris-(2-Ethylhexyl) Phosphate.*
In: J. Phys. Chem. **101**, 5607-5610 (1997).

[275] B. Brzezinski, R. Bauer and G. Zundel: *Homoconjugated* $NH\cdots N^{-} \rightleftharpoons {}^{-}N\cdots HN$ *Hydrogen Bonds - IR Continuum and Proton Polarizability as a Function of the* pK_a *of the NH acids.* In: J. Mol. Struct. **436-437**, 103-106 (1997).

[276] B. Brzezinski, F. Bartl and G. Zundel: *Cyclic* Li^+ *Bonded System with Large* Li^+ *Polarizability due to Collective* Li^+ *Motion in Calixarenes - an FT-IR Study.*
In: J. Phys. Chem. *B* ***101***, 5611-5613 (1997).

[277] B. Brzezinski, H. Urjasz, G. Zundel and F. Bartl: *Model Molecules for the Active Centre of Alcoholdehydrogenases - an FT-IR Study.*
In: Biochem. Biophys. Res. Comm. **231**, 473-476 (1997).

[278] B. Brzezinski, H. Urjasz, F. Bartl and G. Zundel: *Hydrogen Bonds and a Hydrogen-Bonded Chain in Mannich Bases of 5,5'-Dinitro-2,2'-Biphenol - FT-IR and* ^{1}H *NMR Studies.* In: J. Mol. Struct. **435**, 59-64 (1997).

[279] B. Brzezinski, Z. Rozwadowski, T. Dziembowska and G. Zundel: *Intramolecular Hydrogen Bonds and Hydrogen-Bonded Systems in di-Schiff Bases of 4-Methyl-Isophtalaldehyde with 4-Substituted Anilines.* In: J. Mol. Struct. **440**, 73-79 (1998).

[280] G. Zundel and B. Brzezinski: *Hydrogen-Bonded Chains with Large Proton Polarizability due to Collective Proton Motion - Pathways for Protons in Biological Membranes.* In: Polish J. Chem. **72**, 172-192 (1998).

[281] G. Zundel: *Li^+, Na^+, K^+ and Be^{2+} bonds - IR continua and cation polarizabilities of these bonds.* In: J. Mol. Struct. **511-512**, 19-33 (1999).

[282] F. Bartl, B. Brzezinski, B. Różalski and G. Zundel: *FT-IR Study of the Nature of the Proton and Li^+ Motions in Gramicidin A and C.*
In: J. Phys. Chem. **B 102**, 5234-5238 (1998).

[283] B. Brzezinski, B. Swoboda and G. Zundel: *A Cyclic Cation-Bonded System with Large Cation Polarizability due to Collective Cation Motion in Salts of Bis[3,3'-(2,2'-dihydroxybiphenyl)] methane.* In: J. Mol. Struct. **476**, 69-72 (1999).

[284] B. Brzezinski and G. Zundel: *Formation of Hydrogen-Bonded Chains between N-Base and N-H Acids - a FT-IR Study.* In: J. Mol. Struct. **446**, 199-207 (1998).

[285] B. Brzezinski, B. Różalski, G. Schroeder, F. Bartl and G. Zundel: *Excess Proton Hydrate Structure with Large Proton Polarizability in the Channel of Trioxalkyl Phosphate.* In: J. Chem. Soc. Faraday Trans. **94**, 2093-2096 (1998).

[286] E. Kryachko and G. Zundel: *Quantum Chemical Study of 1-Methyladenine and its Spectra in Gas Phase and in Solvent.* In: J. Mol. Struct. **446**, 41-54 (1998).

[287] B. Brzezinski, G. Wojciechowski, H. Urjasz and G. Zundel: *FT-IR study of the proton polarizability of hydrogen bonds and of the hydrogen-bonded systems in a di-Mannich base of 5,5'-dimethoxy-2,2'-biphenol.*
In: J. Mol. Struct. **470**, 335-339 (1998).

[288] R. Langner and G. Zundel: *FT-IR Investigation of O···H···O Bonds with Large Proton Polarizability in Sulfonic Acid-N-Oxide Systems in the Middle and Far Infrared Region.* In: J. Chem. Soc. Faraday Trans. **94**, 1805-1811 (1998).

[289] R. Langner, G. Zundel and B. Brzezinski: *FT-IR Investigation of CH···O and CH···N Hydrogen Bonds in $CHCl_3$ + Base Systems in the Middle Infrared Region.*
In: Spectrochim. Acta, Part **A 55**, 35-41 (1999).

[290] R. Langner and G. Zundel: *FT-IR Investigation of OH···N ⇌ O^-···H^+N Hydrogen Bonds with Large Proton Polarizability in Phosphinic Acid + N-Base Systems in the Middle and Far Infrared Region.* In: J. Phys. Chem. **A 102**, 6635-6642 (1998).

[291] G. Zundel: *IR and FT-IR Studies of Proton Polarizability and Proton Transfer with Hydrogen Bonds and Hydrogen-Bonded Systems - Importance of these Effects for Mechanisms in Biology.* In: Ferroelectrics **220**, 221-242 (1999).

[292] A. Hayd and G. Zundel: *The Interaction of the Easily Polarizable Hydrogen Bonds with Phonons and Polaritons of the Thermal Bath - Far Infrared Continua.* In: J. Mol. Struct. **500**, 421-427 (2000).

[293] F. Bartl, B. Różalski, G. Schroeder, B. Brzezinski, and G. Zundel: *FTIR Study of the Nature of the Na^+ Cation Motion in Gramicidin A.* In: Biospectroscopy **5**, 284-288 (1999).

[294] G. Schroeder, B. Gierczyk, B. Brzezinski, B. Różalski, F. Bartl, G. Zundel, J. Sośnicki and E. Grech: *^{23}Na NMR and FT-IR Studies of Sodium Complexes with the Ionophore Lasalocid in Solution.* In: J. Mol. Struct. **516**, 91-98 (2000).

[295] R. Langner and G. Zundel: *^{1}H NMR studies of proton transfer equilibria in hydrogen bonds – the role of entropy.* In: Canad. J. Chem. **79**, 1376-1380 (2001).

[296] G. Wojciechowski, G. Schroeder, G. Zundel and B. Brzezinski: *Hydrogen Bonds and Hydrogen-Bonded Chains in Complexes of 3-hydroxymethyl-2,2'-biphenol with N-Bases – FTIR and ^{1}H NMR Studies.* In: J. Phys. Chem. A **104**, 7469-7472 (2000).

[297] B. Brzezinski, G. Wojciechowski, G. Zundel, L. Sobczyk and E. Grech: *Negatively charged hydrogen-bonded chains formed by tetrazole.* In: J. Mol. Struct. **508**, 175-180 (1999).

[298] M. Rospenk, L. Sobczyk, A. Rabold and G. Zundel: *Low temperature studies on ultraviolet and infrared spectra of ortho Mannich bases.* In: Spectrochimica Acta, Part A **55**, 855-860 (1999).

[299] B. Gierczyk, G. Schroeder, G. Wojciechowski, B. Różalski, B. Brzezinski and G. Zundel: *FTIR and Multinuclear Magnetic Resonance Studies of Tris(oxaalkyl) Borates and Their Complexes with Li^+ and Na^+ Cations.* In: Phys. Chem. Chem. Phys. **1**, 4897-4901 (1999).

[300] G. Zundel: Hydrogen Bonds with Large Proton Polarizability and Proton Transfer Processes in Electrochemistry and Biology.
In: Advances in Chemical Physics, Chicago, **111**, 1-217 (2000).

[301] G. Zundel: *Hydrogen Bonds and Hydrogen-Bonded Systems with Large Proton Polarizability - Their Importance in Electrochemistry and Biology.* In: Internet: http://nte-serveur.univ-lyon1.fr/nte/spectroscopie/zundel/internet_ Zundel.htm (1999).

[302] G. Zundel: *Hydrogen Bonds with Large Proton Polarizability and the Molecular Understanding of Processes in Acid and Base Solutions.*
In: Research Trends Chem. Phys. **7**, 143-156 (1999).

[303] B. Brzezinski, G. Wojciechowski, F. Bartl and G. Zundel: *Formation of hydrogen-bonded chains with inter- and intra-molecular hydrogen bonds by a strong base with guanidine-like character and 2,2'-biphenols.* In: J. Mol. Struct. **554**, 245-250 (2000).

[304] G. Zundel: *Hydrogen Bonds with Large Proton Polarizability in Crystals.*
In: J. Mol. Struct. **552**, 81-86 (2000).

[305] R. Bauer and G. Zundel: *Homoconjugated $(NH\cdots N)^-$-Hydrogen Bonds with Great Proton Polarizability – FTIR and NMR studies.* In: J. Phys. Chem. **106**, 5828-5831 (2002).

[306] P. Pankiewicz, G. Wojciechowski, G. Schroeder, B. Brzezinski, F. Bartl and G. Zundel: *FT-IR Study of the Nature of the K^+, Rb^+ and Cs^+ Cation Motions in Gramicidin A.*
In: J. Mol. Struct. **565-566**, 213-217 (2001).

[307] G. Wojciechowski, G. Schroeder, B. Brzezinski and G. Zundel: *Hydrogen Bonds and Hydrogen-Bonded Chains in Complexes of 3-hydroxy-methyl-2,2'-biphenol with N-bases - FTIR and ^1H NMR Studies.* In: J. Phys. Chem. A **104**, 7469-7472 (2000).

[308] B. Swoboda, M. Betowska-Brzezinska, G. Schroeder, B. Brzezinski and G. Zundel: *Kinetic Studies of a Pepsin Active Site Model Compound and Porcine Pepsin.*
In: J. Phys. Org. Chem. **14,** 103-108 (2001).

[309] B. Brzezinski, B. Gierczyk, B. Różalski, G. Wojciechowski, G. Schroeder and G. Zundel: *FTIR and NMR Study of Tris(okaalkyl) Borates and Their Complexes with $HAuCl_4$.* In: J. Mol. Struct. **519**, 119-123 (2000).

[310] G. Zundel: *Proton Polarizability of Hydrogen Bonds and Hydrogen Bonded Systems.* In: Kharkov University Bulletin, Chemical Series **7** (30), 1-21 (2001).

[311] P. Pankiewicz, G. Schroeder, B. Gierczyk, G. Wojciechowski, B. Brzezinski, F. Bartl and G. Zundel: *^{7}Li NMR and FT-IR Studies of Lithium, Potassium, Rubidium and Cesium Complexes with Ionophore Lasalocid in Solution.*
In: Biopolymers: Biospectroscopy **62**, 173-182 (2001).

[312] P. Przybylski, G. Wojciechowski, B. Brzezinski, G. Zundel and F. Bartl: *FT-IR studies of the interactions of 1,3,5-triazabicyclo[4.4.0]dec-5-ene with 4-tert-butylphenol and 4-cyanophenol.* In: J. Mol. Struct. **661-662**, 171-182 (2003).

[313] R. Pankiewicz, A. Gurzkowska, B. Brzezinski, F. Bartl and G. Zundel: *FT-IR Study of the Nature of Proton and Cation Motions in Gramicidin S.*
In: J. Mol. Struct. **646**, 67-74 (2003).

Personenregister

Die Namen im Anhang sind nicht berücksichtigt.
Kursiv gesetzte Ziffern verweisen auf Abbildungen.
Bei Personen, deren Vorname mir nicht bekannt ist, wird in Klammern ihre berufliche Funktion genannt; die im Text erwähnten *Titel* werden im Register nur dann wiederholt, wenn es mangels Vorname zur Identifizierung einer Person unumgänglich ist.

Kleines Glossar für neugierige Leser, die nicht zu meinen Fachkolleginnen / Fachkollegen gehören

Absorption: Moleküle absorbieren Infrarotlicht, wodurch die Molekülschwingungen angeregt werden.

Absorptionsbanden: relativ scharfe bis breite Wellenzahlenbereiche, die durch Absorption des Lichts durch die Moleküle zustande kommen.

ADP: Adenosindiphosphat - ein Nucleosid, bestehend aus der Base Adenin, dem Zucker Ribose und der Diphosphatgruppe. Spielt eine wichtige Rolle im Energiestoffwechsel.

Adsorption: Vorgang, bei dem Moleküle an der Oberfläche eines Feststoffs haften bleiben.

Adsorptionsisotherme: Energie in Abhängigkeit vom Druck, die frei wird, wenn sich Atome oder Moleküle an Oberflächen anlagern, dies bei konstant gehaltener Temperatur.

aliphatische Verbindungen: organische Verbindungen, die sich nur von offenkettigen oder zyklisch gesättigten Kohlenwasserstoffen ableiten, im Gegensatz zu aromatischen Systemen.

Alkalihydroxidlösung: Lösung von Alkalilaugen, z.B. Lösung von NaOH in Wasser.

Alkoholdehydrogenasen: Alkohol abbauende Enzyme.

allosterische Effektoren: Bei Enzymreaktionen aktivierende bzw. hemmende Substanzen, meist Metabolite (Stoffwechselprodukte).

Aminosäuren: Carbonsäuren, organische Verbindungen mit einer funktionellen Gruppe sowie einer Amino- ($-NH_2$) und einer sauren Carboxylgruppe (–COOH) im Rückgrat. In der Natur kommen mehr als 500 A. vor, nur 22 von ihnen sind am Aufbau der Proteine beteiligt.

Aminostyrol: Benzolring mit einer Vinyl- und einer Aminogruppe.

Anionen: negativ geladene Ionen, z.B. F^-, Cl^-, SO_4^{2-}

Anionhydratwasserbindung: Wasserstoffbrückenbindung zwischen Hydratwasser und einem Anion, z.B. $F^- \cdots H\text{-}O\text{-}H$

aprotisches Lösungsmittel: Lösungsmittel, das kein H (z.B. CCl_4) oder kein leicht dissoziierndes H (z.B. CH_3CN), enthält.

Aspartat: Salz der Asparaginsäure:

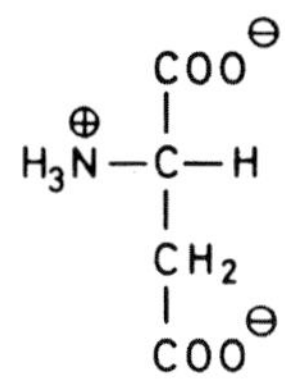

Aspartatproteasen: proteinspaltende Enzyme mit Aspartatgruppen im aktiven Zentrum.

Asp-Wasser-Asp: Asparaginsäure–H_2O–Aspartat

Ätherschwingung: Schwingung der C–O–C Gruppen in Molekülen.

ATP: Adenosintriphosphat - ein Nucleosid, bestehend aus der Base Adenin, dem Zucker Ribose und der Triphosphatgruppe.

ATP-Synthase: Enzym (Membranproteinkomplex), der die Synthese von ATP aus ADP und P bewirkt. Das Enzym spielt im Stoffwechsel fast aller Organismen eine zentrale Rolle, da ATP für die Energieübertragung ständig benötigt wird.

Bakteriorhodopsin: Proteinkomplex, der Protonen über ein polarisierbares Wasserstoffbrückensystem zum aktiven Zentrum leitet. Dort werden sie bei der Phosphorylierung des ADP zu ATP benötigt.

Banden: relativ scharfe bis breite Absorptionsbereiche des Lichts, z.B. im IR-Spektralbereich, verursacht durch Schwingungsübergänge in Molekülen.

Bandenaufspaltung: Aufspaltung einer Absorptionsbande in zwei oder mehrere Banden.

Benzol: C_6H_6 Molekül, der einfachste aromatische Kohlenwasserstoff.

Benzolring: Struktur des Benzol, aromatischer Sechsring.
Bioenergetik: befasst sich mit der Energetik aller Vorgänge in der lebenden Welt, z.B. aktiver Transport, Muskelkontraktion u.a.
Carboxylierung: Übertragung von Kohlendioxid.
charge-relay-Mechanismus: Durch diesen wird über ein Wasserstoffbrückensystem Ladung übertragen.
Chemisches Potential: freie Energie bzw. freie Enthalpie eines Teilchens.
Chemisorptionswärme: Energie, die bei Anlagerung von Molekülen an Oberflächen frei wird.
Chloroplasten: Organellen der Zellen von Grünalgen und höheren Pflanzen, die die Photosynthese betreiben.
Chloroplastenmembran: An dieser bildet sich ein Protonengradient (ΔpH); bei dessen Abbau wird ADP zu ATP phosphoryliert.
Chymotrypsin: Peptidbindungen spaltendes Enzym (Verdauungsenzym).
Coulombmetrische Titration: Titration, die an Hand der Ladungsabscheidung verfolgt wird.
Cystein – Base: Komplex zwischen Cystein (Aminosäure mit SH Gruppe) und Nucleinsäurebase.

Cystein: 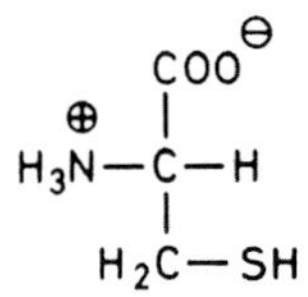

DEBEY-HUECKEL-Theorie: beschreibt interionische Wechselwirkung in Elektrolytlösung, liefert die thermodynamischen Größen.
Defektprotonen: $(OH)^-$ Ionen
Defektprotonendispersionskräfte: Kräfte, die durch fluktuierende $(OH)^-$ Ionen verursacht sind.
Deformationsschwingungen: werden durch Absorption von Infrarotlicht angeregt. Die Atome in den Molekülen schwingen senkrecht zur Bindung.
Deuterium oder **schwerer Wasserstoff:** Isotop des Wasserstoffs mit der Massenzahl 2, das im natürlichen Wasserstoff zu etwa 0,015% enthalten ist.
Deuteriumbrücken: AD···B Brücken, bei denen das brückenbildende Atom nicht H sondern D ist.
Dielektrizitätskonstante ε **:** Stoffeigenschaft, die das Verhalten einer Substanz im Hinblick auf elektrische Felder beschreibt.
Dimer: Molekülkomplex, der aus der Vereinigung zweier gleicher Moleküle entsteht.
Dimere, zyklische: bestehen aus zwei zyklisch angeordneten Molekülen.
Dimethylaminostyrol: Styrol mit Aminogruppe und zwei Methylsubstituenten.
Dispersionskräfte: Anziehungskräfte (van der Waals'sche Kräfte) zwischen unpolaren Molekülen, z.B. zwischen Benzolringen.
Dissoziation: Zerfall eines Moleküls, z.B. einer Säure in Anion und Proton.
distal: z.B. distales Histidin, das O_2 koordinierende Histidin (Histidin, das am Fe^{2+} gegenüber dem O_2 gebunden ist).

proximales Histidin

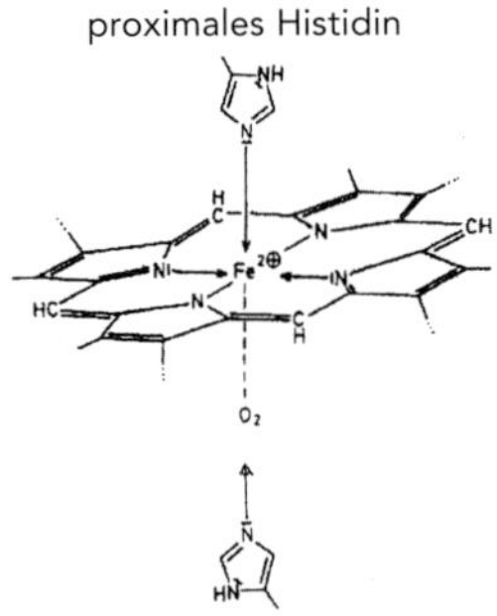

distales Histidin

DNS (Desoxyribonucleinsäure): Trägermolekül der Erbinformation, bestehend aus vielen Nucleotiden. Eine Aminosäure wird durch drei Nucleotide kodiert.
Doppelminimumprotonpotential: Potential (Energie in Abhängigkeit vom Ort, z.B. des H in einer OH Gruppe) mit zwei Minima.
Einfachminimumprotonpotential: Potential (Energie in Abhängigkeit vom Ort, z.B. des H in

einer Wasserstoffbrücke) mit einem Minimum.

Elektron (Symbol e^-) : elektrisch negativ geladenes Elementarteilchen, das neben Proton und Neutron der wichtigste Baustein aller Atome ist; seine Ruhemasse ist etwa 2000 mal kleiner als die des Protons oder Neutrons.

Energiebänder: breite energetische Verteilung von Teilchen.

Energiereiche Phosphate: Moleküle mit Mono-, Di- bzw. Triphosphatgruppen. Durch Abspaltung dieser Gruppen wird freie Energie verfügbar.

Energieterm: diskreter Energiezustand.

Energietermdifferenz: Abstand zwischen zwei Energietermen.

Enthalpie: Energie bei konstant gehaltenem Druck.

Entropie: Maß für Ordnung in einem System.

Enzyme: Proteine, die als Biokatalysatoren in den Zellen an fast allen Stoffwechselvorgängen beteiligt sind, ihre Aktivität ist sehr spezifisch. Eine lebende Zelle enthält mehrere tausend Enzyme.

Erregerlinie: Im Fall von Raman-Spektren werden die Moleküle durch Licht bestimmter Frequenz angeregt.

Exsikkator: Vorrichtung zum Trocknen von Substanzen.

Extinktion der Kontinuumsabsorption: Logarithmus der Absorption.

Fermiresonanzeffekt: Resonanz und Energieübertragung zwischen zwei Molekülschwingungen, führt zur Aufspaltung von Banden.

Fernes Infrarot: Spektralbereich, der an das mittlere Infrarot nach kleinen Wellenzahlen zu anschließt. Mikrowellenstrahlung im Frequenzbereich von 300 GHz bis 3 THz.

Festionen: Ionen, die an einem Polymer chemisch gebunden sind.

Fluktuation des Protons: sehr schnelle Bewegung des Protons in Wasserstoffbrücken und Wasserstoffbrückensystemen.

Folie: dünne (etwa 5 µm) freitragende Membran.

Formamid: Aminderivat der Ameisensäure; Amide sind organische Verbindungen, die an einem Carbonylkohlenstoff eine Gruppe $-NH_2$ enthalten.

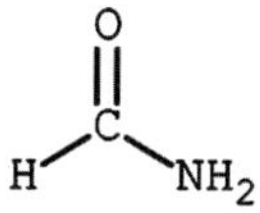

Fourieranalyse: Zerlegung einer periodischen Bewegung in eine Summe harmonischer Teilschwingungen.

Fouriertransformspektroskopie: Bei dieser wird die Strahlung nicht wie bei der klassischen Spektroskopie durch ein Prisma oder Gitter aufgespalten, vielmehr wird in einem Zweistrahlinterferometer mittels eines halbdurchlässigen Spiegels das Licht in zwei Strahlen aufgespalten. Die an einem fest montierten und einem beweglichen Spiegel reflektierten Strahlen werden dann wieder zusammengeführt und das entstandene Interferogramm (Interferenzmuster in Abhängigkeit von der Position des beweglichen Spiegels) aufgenommen. Anschließend wird das Spektrum durch einen Computer errechnet.

FTIR-Spektrometer: Gerät zur Aufnahme von Fouriertransformspektren (Infrarotspektren).

Glutaminsäure: Amionosäure

$H_5O_2^+$: Überschussproton, das mit zwei Wassermolekülen hydratisiert ist, sog. Zundel ion.

Die Protonen-Grenzstrukturen der Gruppierung $H_5O_2^+$

Heisenberg'sche Unschärferelation: Die Größe kanonisch konjugierter Variablen, z.B. Impuls und Ort oder Energie und Zeit, können nicht gleichzeitig exakt bestimmt werden.

Heterocyclen / heterocyclisch: Organische Ringverbindungen, die außer Kohlenstoff und Wasserstoff noch andere Elemente enthalten.

heterokonjugierte Wasserstoffbrücken: Zwei verschiedene Gruppen sind über eine Wasserstoffbrücke verknüpft, AH···B (A und B sind verschiedene Gruppierungen).

Histidin: Aminosäure

homokonjugierte Wasserstoffbrücken: Zwei gleiche Gruppen sind über eine Wasserstoffbrücke verknüpft, z.B. $A^+H \cdots A \rightleftharpoons A \cdots H^+A$.

Homopolymer: Polymer, das nur aus einer Art von Molekülen, z.B. Aminosäuren oder Nucleotiden aufgebaut ist.

Hydratation/Hydratisierung: Wasseranlagerung

Hydratwasser, Hydrathülle, Hydratkomplex, Hydratstruktur: an Kationen, Anionen oder Molekülen angelagertes Wasser.

Hydrogen: Wasserstoff

Hydrolyse / hydrolisieren: Spaltung einer Atombindung durch die Reaktion mit Wasser, z.B. Spaltung von ATP ⟶ ADP+P durch ein Wassermolekül.

Hydroniumion: H_3O^+

Imidazol: aromatischer Fünfring mit zwei N Atomen.

inelastisch: Es wird beim Stoßvorgang zwischen zwei Teilchen Energie (freie Enthalpie) ausgetauscht.

Infrarot (IR): Spektralbereich; schließt sich nach kleinen Wellenzahlen (nach langen Wellen zu) an den sichtbaren Bereich an.

Infrarotbanden, *kurz* **Banden**: relativ scharfe bis breite Absorptionsbereiche des Lichts im IR-Spektralbereich, verursacht durch Schwingungsübergänge in Molekülen.

Infrarotkontinuum bzw. **Infrarotkontinuumsabsorption:** sich über große IR-Bereiche erstreckende Absorption.

Infrarotspektroskopie: Spektroskopie in dem Bereich, der sich nach langen Wellen zu an den sichtbaren Bereich anschließt. Man beobachtet die Schwingungen, die die Atome in den Molekülen gegeneinander ausführen. Jede Substanz besitzt ein charakteristisches IR-Spektrum, das zur Identifizierung, zum Substanzvergleich und zur Strukturaufklärung geeignet ist.

Interferogramm: z.B. das Interferenzmuster, das entsteht, wenn in einem MICHELSON Interferometer der Probenstrahl mit dem Vergleichsstrahl wieder überlagert wird.

Ion: Ein Teilchen, das aus einem oder mehreren Atomen besteht und eine elektrische Ladung trägt, die positiv oder negativ sein kann.

Ion-Dipol-Wechselwirkung: Wechselwirkung eines Ions mit einem Dipol (Molekül, das an einer Stelle eine +, an einer anderen eine - Ladung hat).

Ionenaustauscher: Polymere mit Festionen; die beweglichen Ionen können gegen andere bewegliche Ionen ausgetauscht werden.

Ionenaustauscherfolien: Folien aus Polymer mit Festionen; die beweglichen Ionen können gegen andere bewegliche Ionen ausgetauscht werden.

IR: s. Infrarot

Katalyse: Reaktionsbeschleunigung durch einen Katalysator. Ein Katalysator ist eine Substanz, die eine chemische Reaktion beschleunigt, ohne selbst verbraucht zu werden.

Kationen: positiv geladene Ionen, z.B. H^+, Na^+, Ca^{2+}.

Kationfeld: elektrisches Feld, das von Kationen ausgeht.

Kationhydratwasser: Wasser, das an Kationen angelagert ist.

Konformation: beschreibt die räumliche Anordnung von Atomen in Molekülen, die durch Rotation entlang der Bindungen entsteht, z.B. α-Helix im Fall von Proteinen.

Konformationsumwandlung: Übergang von einer Konformation in eine andere.

Kontinuumsabsorption: kontinuierliche Absorption, die sich über große Wellenzahlenbereiche erstreckt, im Gegensatz zu Absorptionsbanden.

Korrelationsfunktion: beschreibt die Wechselwirkung zweier Energiezustände eines Moleküls.

Küvette: Vorrichtung, in der die Substanzen zur

spektroskopischen Untersuchung gebracht werden.

Laplace **Operator:** fordert die 2. Ableitung nach den Ortskoordinaten:

$$\Delta = \frac{\delta^2}{\delta x^2} + \frac{\delta^2}{\delta y^2} + \frac{\delta^2}{\delta z^2}$$

Lysin: basische Aminosäure.

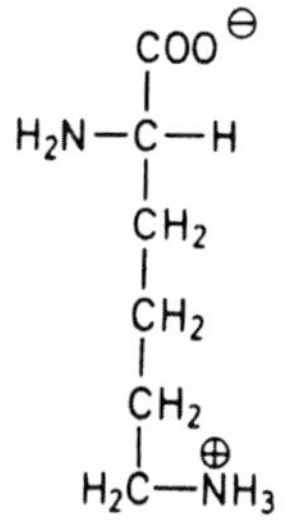

Makromoleküle: Polymere; große Moleküle, die aus vielen Bausteinen aufgebaut sind, z.B. Proteine (sie bestehen aus vielen Aminosäuren).

Membranen, erregbare: Membranen des Nervensystems, die Signale (Aktionspotentiale) leiten und insbesondere verstärken.

Michelson Interferometer: Zweistrahlspektrometer, mit dem man Infrarotspektren erhält.

Mikrotitration: Titration sehr kleiner Mengen, z.B Säuren, Basen, etc.

Mikrowellen: Spektralbereich, der sich nach langen Wellen zu an den Bereich des fernen Infrarot anschließt.

Mitochondrien: zweimembranige Organellen, in denen die wesentlichen Reaktionen zur Energieumwandlung in den Zellen erfolgen (Kraftwerke der Zellen).

Mitochondrienmembran: An dieser bildet sich ein Protonengradient, bei dessen Abbau wird ADP zu ATP phosphoryliert.

Modulationsamplitude: Modulation der Amplitude einer Schwingung.

Molekülkalotten: makroskopische, 3-dimensionale Modellbausteine für die Darstellung von Molekülen (Modelle, welche die van der Waals'schen Radien in Betracht ziehen).

Molekülschwingungen: Man beobachtet die Molekülschwingungen mit Hilfe der Infrarot- oder der Ramanspektroskopie.

Monohydrat: Substanz, an die ein H_2O angelagert ist.

Monomere: Moleküle, die sich mit Molekülen der gleichen Art zu größeren Molekülkomplexen verbinden, d.h. polymerisieren können.

Multiminimumpotential: Potential (Energie in Abhängigkeit vom Ort) mit mehreren Minima.

Neutron (Symbol n): subatomares Teilchen ohne elektrische Ladung, zusammen mit dem Proton Baustein der Atomkerne.

Neutronen, thermische: Neutronen, deren Energie im thermischen Bereich (d.h. um Raumtemperatur) liegt.

Neutronenstoßspektren: Spektren, die durch Wechselwirkung thermischer Neutronen mit Substanzen zustande kommen.

Neutronenstoßspektroskopie: Lässt man langsame Neutronen mit Substanzen wechselwirken, so wird auf diese Substanzen Energie übertragen. Es entsteht ein Spektrum, bei dem es keine Auswahlregeln gibt.

Normalkoordinatenprogramm: Rechenprogramm, mit dem man die Normalkoordinaten (linear unabhängige, d.h. zueinander orthogonale Koordinaten) der Atome in einem Molekül erhält.

Nucleinbasen: Adenin, Guanin, Cytosin, Uracil und Thymin, entdeckt 1869 von Miescher in Tübingen.

Nucleinsäure: ein langkettiges Makromolekül, das aus Nucleotiden aufgebaut ist. Nucleinsäuren sind Datenträger für die Vererbung (DNS, RNS), sie steuern die Synthese der Proteine.

Nucleotide: die Bausteine der Nucleinsäuren DNS und RNS, kommen aber auch frei in der Zelle vor; z.B.

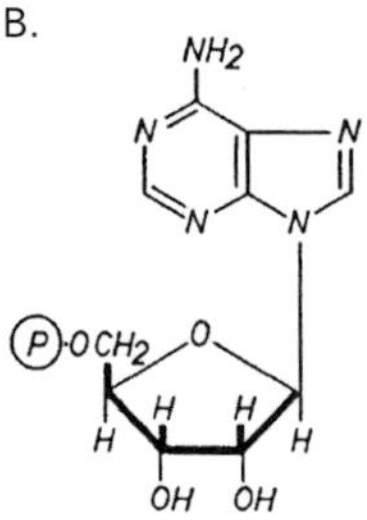

Adenosin-5'-phosphat

Ihre Gruppierungen bestehen 1. aus der Base Purin oder Pyrimidin, 2. Ribose oder Desoyribose (Zucker), 3. anorganischem Phosphat (Phosphorsäure) im Verhältnis 1 : 1 : 1.

Onsagerparameter: $\frac{\varepsilon-1}{2\varepsilon+1}$ Maß für die Stärke des Reaktionsfeldes, das die Protontransfergleichgewichte mitbestimmt. ε ist die Dielektrizitätskonstante (Stoffeigenschaft).

Peptide: erfüllen die Funktion biologischer Katalysatoren. Sie sind an der Regulation des Zellstoffwechsels und der Interaktion zwischen Zellen beteiligt und werden für den Aufbau spezifischer Strukturen benötigt. P. bestehen aus einer Aufeinanderfolge von Aminosäuren, wobei die Verknüpfungen ausschließlich über Peptidbindungen erfolgen.

Peptid-Bindung: Die Bindung zwischen zwei Aminosäuren über die Carboxylgruppe der einen und Aminogruppe der anderen heißt Peptidbindung. Dabei wird 1 Wassermolekül abgespalten.

perdeuterierte Moleküle: Moleküle, bei denen alle Wasserstoff- durch Deuteriumatome ersetzt sind.

Phosphatidylserin: Phospholipid mit Serinrest als funktionelle Gruppe, wichtiges Phospholipid.

Phospholipide: z.B. Lecithin, sind Grundbausteine biologischer Membranen.

Phosphotrichlorid: PCl_3

pH-Wert: Maßzahl für die in einer Lösung enthaltenen Wasserstoff-Ionen. Je niedriger der pH-Wert z.B. des Bodens ist, umso saurer ist er, je höher der Wert, desto basischer ist er, wobei pH 7 neutral ist.

pK_a Wert: pH-Wert, bei dem eine Gruppierung zu 50% protoniert vorliegt.

Polarisierbarkeit: Materialeigenschaft, die beschreibt, wie leicht eine Ladung in einem Molekül verschoben werden kann. $\mu = \alpha E$ (μ Dipolmoment, E elektrisches Feld).

Polyaminosäuren: Polypeptide, bestehend aus vielen Aminosäuren.

Polyelektrolyte: Polymere, an deren Gerüst Festionen gebunden sind.

Polyglutaminsäure: Homopolymer, Polypeptid, bestehend nur aus Glutaminsäureresten.

Polyhistidin: Homopolymer, Polypeptid, bestehend nur aus Histidinresten.

Polymer: Makromolekül, das aus vielen Monomeren aufgebaut ist.

Polynucleotide: Polymere, bestehend aus vielen Nucleotiden.

Polypeptide: Polymere, bestehend aus vielen Aminosäuren.

Polystyrol: Polymer, polymerisiert aus Styrol.

Polystyrol, perdeuteriertes: Polystyrol, bei dem alle H- durch D-Atome ersetzt sind.

Polystyrolgerippe: Homopolymer, das nur aus Styrolmolekülen aufgebaut ist.

Polystyrolseleninsäurefolie: Polymer mit –SeOOH Gruppen.

Polystyrolsulfonsäure: Polymer mit $-SO_2OH$ Gruppen.

Potential: Energie in Abhängigkeit vom Ort, z.B. des H in einer OH Gruppe.

Proteasen: Enzyme, die den Abbau der Proteine und Peptide durch hydrolytische Spaltung der Peptidbindungen katalysieren.

Proteine: makromolekulare Verbindungen (Biopolymere), sie bestehen aus vielen durch Peptidbindungen verknüpften Aminosäuren und bisweilen einer funktionellen Gruppe, z.B. der

Hämgruppe des Hämoglobin. Proteine sind Bestandteile aller Zellen und aktiv am Stoffwechsel beteiligt.

protolytische Spaltung von Wassermolekülen: Spaltung von Wasser, es entstehen H^+ und OH^-.

Proton (Symbol H^+): positiv geladenes Wasserstoffatom; Elementarteilchen, das mit dem Kern des Wasserstoffatoms ^1H identisch ist; zusammen mit dem Neutron Baustein aller Atomkerne.

Protonenakzeptoreigenschaft: Bestreben einer Gruppe, Protonen zu binden.

Protonendispersionskräfte: Kräfte, durch die sich fluktuierende Protonen beeinflussen.

Protonengradient: pH-Differenz, z.B. an den Membranen der Chloroplasten (höherer minus niedrigerer pH).

Protongrenzstrukturen: Grenzstrukturen der Protonen in Wasserstoffbrücken, z.B. $H_2O^+H\cdots OH_2 \rightleftharpoons H_2O\cdots H^+OH_2$.

Protonierung: Anlagerung von Protonen.

Protonenkanal: Wasserstoffbrückenkette, die Protonen leitet.

Protonenleitfähigkeit, anomale: Protonenleitung mittels Grotthus-Mechanismus (Protonen werden über Wassermoleküle, die ein Netzwerk von Wasserstoffbrückenbindungen ausbilden, auch auf weit entfernte Moleküle übertragen):

$$\underset{H}{HO^+}H\cdots\underset{H}{OH}\cdots\underset{H}{OH}\cdots\underset{H}{OH} \rightarrow \underset{H}{HO}\cdots\underset{H}{HO}\cdots\underset{H}{HO}\cdots H^+\,\underset{H}{OH}$$

Protonenpolarisierbarkeit: Polarisierbarkeit, die durch Verschiebung von Protonen in Wasserstoffbrücken verursacht wird.

Protonierung / protonieren: Anlagerung eines Protons.

Protontransfer: Übertritt eines Protons in einer Wasserstoffbrücke vom Donor zum Akzeptor, z.B. $AH\cdots B \longrightarrow A^-\cdots H^+B$

Purin: eine heterozyklische Verbindung, deren Ringsystem aus einem Pyrimidin- und einem Imidazolring besteht.

Pyridin: heterozyklische Base, Sechsring.

Pyridin 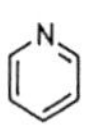

Ramanspektroskopie: benannt nach dem indischen Physiker Raman; die spektroskopische Untersuchung der inelastischen Streuung von Licht an Molekülen oder Festkörpern. Durch Licht werden Moleküle angeregt. Im beobachteten Spektrum subtrahieren bzw. addieren sich die Schwingungsübergänge.

Rayleigh wings: entdeckt von dem Physiker Rayleigh; elastische Streuung von Licht, beobachtet bei der Ramanspektroskopie an der Erregerlinie.

Ribonuklease A: RNS spaltendes Enzym.

Ribose: Zucker

RNS (Ribonucleinsäure): unterscheidet sich von DNS durch die Ribose sowie durch die Base Uracil statt Thymin.

RNS Rückgrat: Polymer, aufgebaut aus Riboseresten und Phosphat-Gruppen. An das RNS-Rückgrat sind die funktionellen Gruppen Purin- und Pyrimidinreste gebunden (unspezifischer Teil dieser Makromoleküle).

Ruhemasse: Masse, die ein ruhendesTeilchen besitzt. Aus der Ruhemasse und der Geschwindigkeit eines Teilchens lässt sich seine geschwindigkeitsabhängige Masse berechnen.

Säure, dissoziierte: Säureanion und abgespaltenes Proton.

Säurekatalyse: durch H^+ bewirkte Katalyse.

Scherenschwingung der Wassermoleküle: Die zwei OH-Gruppen schwingen scherenartig gegeneinander.

Schiff Base: chemische Verbindung, die in der Reaktion zwischen Aldehyd und Amin entsteht, benannt nach dem deutschen Chemiker Hugo Schiff.

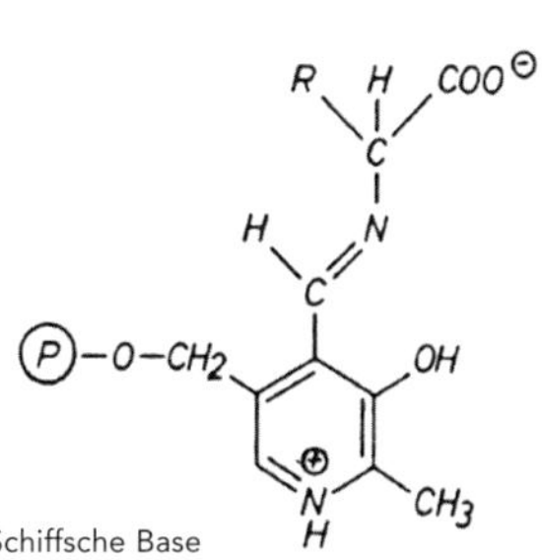

Schiffsche Base

Schrödinger-Gleichung: formuliert von dem Physiker Erwin Schrödinger:

$$\Delta\Psi + \frac{8\pi m}{h^2}(E - U)\Psi = 0$$

Grundlage des Schrödinger-Modells ist die Möglichkeit, jedes Materieteilchen durch eine Welle zu charakterisieren. Das Atom wird als räumlich begrenztes, schwingendes System aufgefasst. Die stationären Schwingungszustände sind „stehende Wellen", deren Amplitude (maximale Elongation) nur vom Ort, nicht aber von der Zeit abhängt. Die Lösung der Schrödinger-Gleichung liefert die stationären Energiezustände des Systems (Eigenwerte).

Selenonsäurefolien: polymere Folien mit $-SeO_3^-$ Festionen.

Self Consistent Field (SCF) Methode: quantenmechanische Methode. Sie liefert die Energieterme.

Serin: Aminosäure mit folgender Struktur:

L-Serin

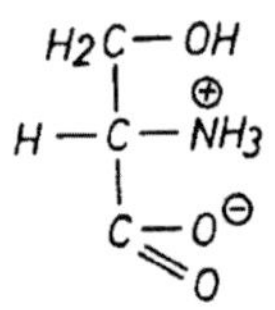

Serinproteasen: proteinspaltende Enzyme mit Serinrest im aktiven Zentrum, Protonrelaysystem Asp102-His57-Ser195.

Solvatmolekül: angelagertes Molekül, z.B. an Kation angelagertes Wasser.

Solvatstrukturen: Strukturen angelagerter Solvatmoleküle, z.B. von H_2O.

Stacking Effekt: Wechselwirkung zwischen aromatischen Ringen, wenn sie sich übereinander stapeln.

Strukturwasser: relativ fest in Strukturen eingelagerte Wassermoleküle.

Styrol: Eine aromatische Substanz (ungesättigte, zyclische organische Verbindung).

Synthetasen: Enzyme, die eine Verknüpfung von 2 Substratmolekülen unter Verbrauch von ATP oder anderen Nucleosidtriphosphaten katalysieren.

Thiophosphonsäure: POSHOH

Thiophosphotrichlorid: $SPCl_3$

Thylakoidmembran: Membran in den Chloroplasten, an der sich der Protonengradient aufbaut, dem die freie Energie für die ATP-Synthese entnommen wird.

Tieftemperatur-Küvette: Küvette für Infrarot-Messsungen der Polystyrolsulfonsäure und anderer Substanzen bei tiefer Temperatur – diese Messungen führten zur Erkenntnis der Temperaturunabhängigkeit des IR-Kontinuums.

Titration: analytische Methode zur Bestimmung der Konzentration, z.B. einer Säure oder Base.

Toluolsulfonsäure: Benzolring mit den Substituenten $-SO_2OH$ und $-CH_3$.

Toluolsulfonsäure-Dimethylsulfoxid: Toluolsulfonsäure mit $(CH_3)_2SO$ (Dimethylsulfoxid)

Translationsschwingung: z.B. Schwingung der Wassermoleküle in Bindungsrichtung gegeneinander.

Tripelmonochromator: Spektrometer, der das Licht dreimal hintereinander aufspaltet.

Tunneleffekt / tunnelnde Protonen: Zufolge der Heisenberg'schen Unschärferelation für Energie und Zeit $\Delta E\,\Delta t \leq h / 4\pi$ kann das Proton einen Potentialwall durchdringen, der höher ist als die Energie des Protons.

Tyrosin: Aminosäure, die in Proteinen vorkommt.

Überschussproton: vom Säuremolekül abgelöstes Proton, z.B. $HCl \rightarrow H^+ + Cl^-$.

Uracil: 2,4-dihydroxy-pirymidin, Baustein der RNS.

Valenzschwingung: wird durch Infrarotlicht angeregt. Die Atome in den Molekülen schwingen längs der Bindungen gegeneinander, d.h. in Bindungsrichtung, z.B. OH Valenzschwingung.

van t'Hoff-Gleichung: analog zur Gleichung für ideale Gase Gleichung für den osmotischen Druck, $\Pi = c\,R\,T$ (R Gaskonstante, T Temperatur).

Wasserstoffbrücke: intermolekulare Anziehung zwischen dem Wasserstoff-Atom eines Moleküls und einem einsamen Elektronenpaar eines anderen Moleküls.

Wasserstoffbrückenbindung: Wasserstoff, der eine Donor- und eine Akzeptorgruppe verknüpft, z.B. AH···B.

Wasserstoffbrückenschwingung: Schwingung der durch eine Wasserstoffbrücke AH···B verknüpften Moleküle A und B gegeneinander.

Tieftemperatur-Küvette

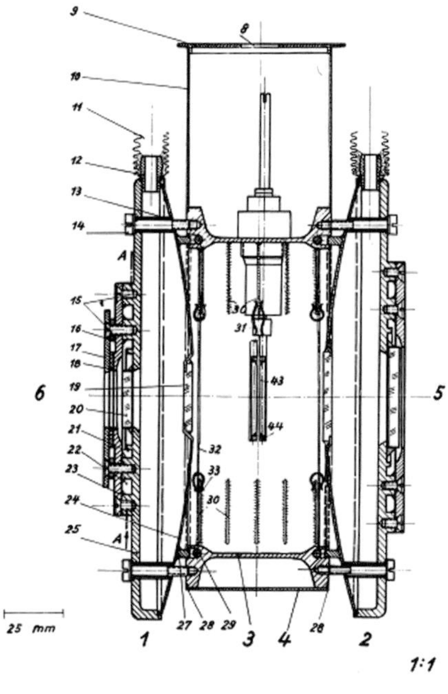

Schnitt in Durchstrahlungsrichtung, Seitenansicht

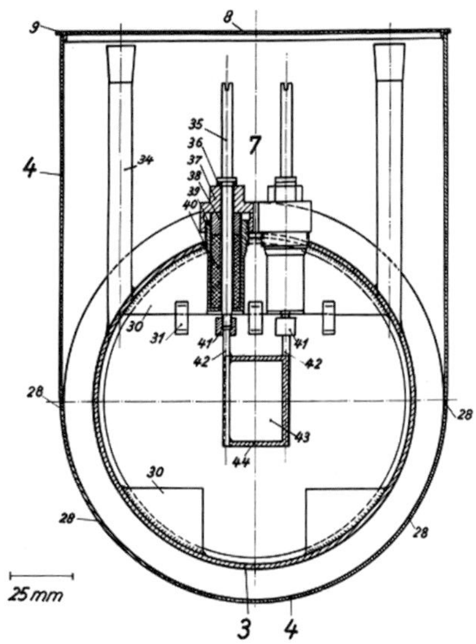

Schnitt, senkrecht zur Durchstrahlungsrichtung

Abbildungsnachweis

Seite 19: Georg Friedrich Zundel: Porträt Anna Bosch, 1924, Öl auf Leinwand, 38 x 31cm, Privatbesitz. Foto U. Maxim Zundel.

Seite 23: Ledertasche des jungen Georg Friedrich Zundel, Privatbesitz. Foto Patrick Reinig, Regensburg.

Seite 25: Felix Hollenberg: Birkenwald beim Schönblick, 1905, Öl auf Leinwand, 42 x 26 cm, Privatbesitz. Foto Patrick Reinig, Regensburg.

Seite 27: Georg Friedrich Zundel: Tote Jugend, 1898, Öl auf Leinwand, 80 x 227 cm, Privatbesitz. Foto Dirk Kittelberger, Stuttgart.

Seite 28: Georg Friedrich Zundel: Streik, 1903, Öl auf Leinwand, 198 x 90 cm, Privatbesitz. Foto Patrick Reinig, Regensburg.

Seite 29: Georg Friedrich Zundel: Der Schlosser, 1901, Öl auf Leinwand, 127 x 67 cm, Privatbesitz. Foto zur Verfügung gestellt vom Haus der Geschichte Baden-Württemberg, Stuttgart.

Seite 30: Georg Friedrich Zundel: Der Mäher, 1914, Öl auf Leinwand, 130 x 80 cm, Privatbesitz. Foto Patrick Reinig, Regensburg.

Seite 31: Zigarettenetui mit Widmung für Friedrich Zundel von Graf Casanova, Privatbesitz. Foto Patrick Reinig, Regensburg.

Seite 33: Georg Friedrich Zundel: Die Erde, 1904, Öl auf Leinwand, 235 x 172 cm, Privatbesitz. Foto Franziska Adriani, Stuttgart.

Seite 34f: Postkarte von Rosa Luxemburg an Georg Friedrich Zundel vom 18.7.1899, abgedruckt mit freundlicher Genehmigung des Russischen Staatsarchivs für soziale und politische Geschichte, Moskau, vormals Institut für Marxismus--Leninismus beim Zentralkomitee der Kommunistischen Partei der Sowjetunion.

Seite 36: Die Gleichheit, Zeitschrift für die Interessen der Arbeiterinnen, 28.12.1891, Privatbesitz. Foto zur Verfügung gestellt vom Haus der Geschichte Baden Württemberg, Stuttgart.

Seite 38: Georg Friedrich Zundel: Bildnis Margarete Bosch, nachmals Dr. Fischer, 1907, Öl auf Leinwand, 106 x 48 cm, Privatbesitz. Foto Patrick Reinig, Regensburg.

Seite 39: Georg Friedrich Zundel: Bildnis Paula Bosch, nachmals Zundel, 1907, Öl auf Leinwand, 106 x 48 cm, Privatbesitz. Foto Patrick Reinig, Regensburg.

Seite 43: Georg Friedrich Zundel: Paula Bosch, 1923, Öl auf Leinwand, 44 x 35,50 cm, Privatbesitz. Foto Dirk Kittelberger, Stuttgart.

Seite 92: Georg Friedrich Zundel: Entwurf zu „Kreuzigung", 1929, Bleistift und Aquarell, 18 x 22,50 cm, Privatbesitz. Foto Franziska Adriani, Stuttgart.

Seite 147: Kachel aus der alten persischen Hauptstadt Isfahan, Privatbesitz. Foto Patrick Reinig, Regensburg.

Seite 155: Gemälde von Helmut Berninger, Anfang 60er Jahre, ohne Titel, Öl auf Leinwand, 129 x 135 cm, Privatbesitz. Foto Patrick Reinig, Regensburg.

Die Vorlagen zu den übrigen Schwarzweiß- und Farbabbildungen wurden vom Autor zur Verfügung gestellt.